U0940725

漳州统计年鉴

ZHANGZHOU STATISTICAL YEARBOOK

2015

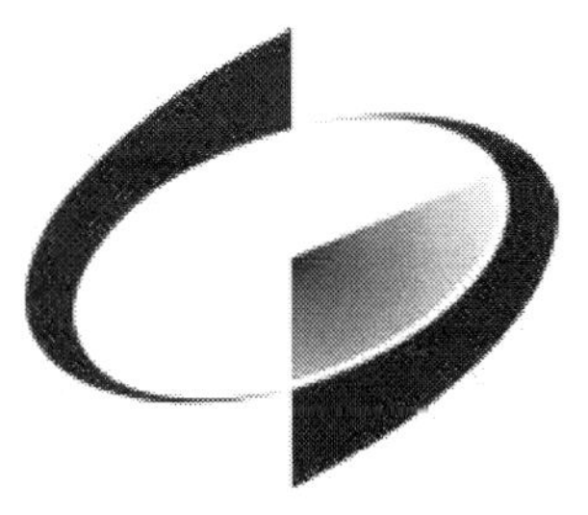

漳 州 市 统 计 局
国家统计局漳州调查队 编

中国统计出版社
China Statistics Press

图书在版编目（CIP）数据

漳州统计年鉴. 2015 / 漳州市统计局, 国家统计局漳州调查队编. -- 北京 : 中国统计出版社, 2015.9
ISBN 978-7-5037-7622-9

Ⅰ. ①漳… Ⅱ. ①漳… ②国… Ⅲ. ①统计资料—漳州市—2015—年鉴 Ⅳ. ①C832.573-54

中国版本图书馆 CIP 数据核字(2015)第 213322 号

漳州统计年鉴-2015

作　　者 / 漳州市统计局　国家统计局漳州调查队
责任编辑 / 陈越月　林长福　黄剑薇
装帧设计 / 程惠林
出版发行 / 中国统计出版社
地　　址 / 北京市丰台区西三环南路甲 6 号　邮政编码 /100073
电　　话 / 邮购(010)63376909　书店(010)68783171
网　　址 / http://csp.stats.gov.cn
印　　刷 / 漳州市鼎峰彩印有限公司
经　　销 / 新华书店
开　　本 / 890mm×1240mm　1/16
字　　数 / 1804 千字
印　　张 / 41.75
版　　别 / 2015 年 9 月第 1 版
版　　次 / 2015 年 9 月第 1 次印刷
定　　价 / 300 元

如有印装差错，由本社发行部调换。

《漳州统计年鉴——2015》编委会及编辑人员

编 委 会

主　　编：黄井南　林水明

副 主 编：李香英　欧阳辉　李耀华　郭丽瑞　苏启明　陈亚强
曾长福　魏素云　黄瑞璇　吴光宗　李水兴　喻武东

编　　委：（以姓氏笔划为序）

丁　燕　叶慧勇　刘洪仁　吴文炳　吴红红
张大明　李　萌　杨和美　邱黄华　陈丽珊
林瑞香　柯聪华　郭小玲　郭朱典　郭舒航
黄正山　黄炜彬　曾小燕　蓝文志　蔡三梅
薛海州

编 辑 部

总 编 辑：李耀华

副总编辑：蓝文志

编辑人员：（以姓氏笔划为序）

方淑娟　刘洪仁　朱凤果　江伟斌　吴文炳
吴惠芳　李　萌　杨和美　陈丽珊　陈明师
陈雨旻　陈舒婷　林长福　林秀敏　林幸福
林瑞香　郑彩霞　郭小玲　黄江城　黄炜彬
黄剑薇　黄雅雅　蔡三梅　蔡龙翔

责任编辑：陈越月　林长福　黄剑薇

编 者 说 明

一、《漳州统计年鉴-2015》是一部全面反映漳州市国民经济和社会发展情况的资料性年刊。全书系统收录了2014年漳州市全市及各县(市、区)、各部门经济、社会、科技、人口和环境等方面大量的统计数据,以及建国以来全市国民经济主要指标的历年数据。

二、《漳州统计年鉴-2015》内容分为15部分,即(一)综合;(二)国民经济核算;(三)人口与劳动力;(四)固定资产投资;(五)人民生活;(六)价格指数;(七)财政金融;(八)农业;(九)工业;(十)建筑业;(十一)交通运输和邮电通信业;(十二)批发零售与住宿餐饮业;(十三)对外经济贸易;(十四)科学、教育、文化、体育、卫生、环境保护与其他;(十五)城市基本情况。同时,附录部分收录了2007-2014年福建省各设区市主要经济指标、2014年全国各省(市、区)国民经济主要指标、2014年港澳台主要经济指标、福建省著名商标(漳州)一览表、福建名牌(漳州)一览表、国家统计局发布的《中华人民共和国2014年国民经济和社会发展统计公报》、福建省统计局发布的《2014年福建省国民经济和社会发展统计公报》和漳州市统计局发布的《漳州市2014年国民经济和社会发展统计公报》。本年鉴各篇末附有《主要统计指标解释》,对主要统计指标的含义、统计范围和统计方法作了简要说明。

三、本年鉴中的2014年统计数据除《统计公报》中使用的数据为快报数外,其他均为初步核实数。

四、本年鉴按照现行国家统计制度,对个别历史统计资料作了调整和修订,凡此前我局发布的与本年鉴不一致的统计数据,均以本年鉴为准。

五、本年鉴重要统计数据的资料来源、计算口径等均在各篇另有注明。

六、本年鉴使用的度量衡单位均采用国家统一标准计量单位。

七、本年鉴部分数据由于单位取舍不同而产生的误差均未作调整。

八、本年鉴表中的符号使用如下:

"…"表示数据不足该指标最小单位数;

"空格"表示没有、未掌握该指标数据;

"#"表示其中项。

九、本年鉴工业部分"规模以上"工业系指年产品销售收入2000万元及以上的工业企业;批发零售贸易与住宿餐饮业部分"限额以上"批发零售贸易与餐饮业是指年销售额2000万元及以上的批发企业(含外贸企业)、年销售额500万元及以上的零售企业和年营业额200万元及以上的住宿餐饮企业。

十、本年鉴中生产总值、农林牧渔业总产值、工业总产值、增加值等总量指标按当年价格计算,增长速度和产值指数按可比价格计算。

限于编者水平,不足之处,敬请批评指正。

编 者

二〇一五年六月

漳 州 名 片

中国历史文化名城
中国优秀旅游城市
中国温泉之城
中国菇都
中国食品名城
国家卫生城市
国家园林城市
国家一类开放口岸
全国双拥模范城
全国科技进步先进市
全国创建文明城市工作先进城市
全国综治工作优秀单位
全国外向型农业示范区
海峡两岸农业合作实验区
海峡西岸石化产业基地
国家级台商投资区
台湾农民创业园

漳州便览——2014

行政区域面积	Area	平方公里	km^2	12880
耕地面积	Cultivated Land Area	千公顷	1,000 hectares	180.26
市区建成区面积	Deleloped Area in Urban Districts	平方公里	km^2	62.27
陆地海岸线	Continental Coastline	公里	km	715
户籍人口	Registered Population	万人	10,000 persons	497.41
常住人口	Residential Population	万人	10,000 persons	496.00
森林覆盖率	Forest Coverage	%	%	63.6
街 道	Number of Subdistricts	个	unit	8
镇	Number of Towns	个	unit	89
乡	Number of Townships	个	unit	24
城市道路面积	Surface Area of Urban Roads	万平方米	10,000m^2	1111
城市绿地面积	Urban Afforestation Area	公顷	hectares	2480
固定电话交换机容量	Capacity of Telephone System	万门	10,000 lines	133.90
城市供水生产能力	Urban Water Production Capacity	万吨 / 日	10,000 tons/day	32.5
全市生产总值	Gross Domestic Product	亿元	100 million yuan	2506.36
人均生产总值	Per Capita GDP	元	yuan / RMB	50685
地方公共财政收入	Local Fiscal Revenue	亿元	100 million yuan	263.84
私营企业户数	Number of Private Enterprises	户	household	35100
私营企业从业人数	Employment of Private Enterprises	万人	10,000 persons	22.02
个体工商户从业人数	Employment of Self-employed Individuals	万人	10,000 persons	14.40
港口吞吐量	Port Cargo Throughput	万吨	10,000 tons	5853.25
公路总里程	Total Length of Highways	公里	km	11426
高速公路里程	Length of Expressways/Motorways	公里	km	519
私人机动车保有量	Number of Motor Vehicles	万辆	10,000 vehicles	88.40
私人汽车保有量	Automobiles	万辆	10,000 vehicles	27.07
市区出租车	Number of Urban Taxis	辆	vehicle	1002
人均用电量	Per Capita Electricity Consumption	千瓦时	kwh	4002

漳 州 市 情

一、地理状况

漳州位于东经 116° 53′ –118° 09′ ,北纬 23° 32′ –25° 13′ ,地处福建省闽南地区南端,东濒台湾海峡,与厦门隔海相望,东北与泉州接壤,西北与龙岩相接,西南与广东的汕头毗邻,距台湾高雄 96 海里,离香港 210 海里,自古以来就是闽、粤、赣的交通要冲。漳州西北多山,东南临海,地势从西北向东南倾斜。地形多样,有山地、丘陵、又有平原。西北部横亘着博平岭山脉,海拔 700 至 1000 米,平和县境内的大芹山为最高点,海拔 1544 米,其他较著名的山岭,有平和县的小芹山、灵通山,长泰县的天柱山、良岗山,漳浦县的梁山,诏安县的九侯山,云霄、诏安、漳浦三县交界的乌山等。全市山地面积 8000 平方公里。海拔 80–240 米的丘陵地约 2956 平方公里,仅占陆地总面积的 23.56%。漳州最大的河流是九龙江。九龙江发源于博平岭山脉,分北溪、西溪两条干流,横贯华安县、长泰县、平和县、南靖县、芗城区、龙海市等六个县市区。两条干流在龙海市的三叉河汇合后,又分流进东海。干流长 258 公里,合支流共长 1923 公里。九龙江在福建省是仅次于闽江的第二大河,除九龙江外,境内较大的河流还有云霄县的漳江,诏安县的东溪,漳浦县的鹿溪,长泰县的龙津江。九龙江沿岸有许多河谷盆地。在九龙江下游的漳州平原有 566 平方公里,是福建省的第一大平原。漳州气候温和,属亚热带季风性湿润气候,年平均气温 21℃,年日照 2000 个小时,雨量充沛,无霜期 330 天以上,平均降雨量 1500 毫米左右,是个天然“大温室”,适宜各种农作物生长,历来是福建粮食、甘蔗、水果、水产、花卉、蘑菇、芦笋的主产区,素有“鱼米花果之乡”和“福建乌克兰”的美称,又是水仙花的故乡。盛产“六大名果”:芦柑、荔枝、香蕉、龙眼、柚子、菠萝,“三大名花”:水仙花、茶花、兰花,以及对虾、石斑鱼、鲍鱼、龙虾、扇贝等海珍品。全市陆地面积 1.29 万平方公里,陆地东西最大横距约 130 公里,南北最大纵距约 190 公里,海域面积 1.86 万平方公里,海岸线长 715 公里,常住人口 496 万人,其中,市区建成区面积 62.27 平方公里,市区常住人口 77 万人。

二、历史沿革

秦汉时,在闽粤通道的盘陀岭设蒲葵关。晋代初年,在梁山下建漳浦县。南朝梁天监年间(502 ~ 519),在荆城(今南靖)建兰水县。梁大同六年(540),在九龙江畔建龙溪县。隋开皇十二年(592),并绥安、兰水入龙溪县。唐高宗总章年间(668 ~ 670),闽粤一带少数民族常联合反抗唐王朝,高宗诏令左郎将归德将军陈政,率府兵 3000 多人入闽,统领岭南行军奋力征战。陈政死后,其子陈元光袭父职,率军平定了闽粤边境。唐垂拱二年(686),陈元光奏请朝廷批准,在泉州、潮州之间设置漳州,州治设在临近漳江的云霄西林,并在绥安故地设置漳浦县。开元四年(716),漳州州治移到李澳川(今漳浦县城)。贞元二年(786),又迁至龙溪桂林村(今漳州城区),改称漳州郡。元代改称漳州路。明清两代称漳州府。民国初年并为汀漳龙道。1934 年改为福建省第五行政区。1949 年 9 月 19 日中国人民解放军接管漳州,福建省人民政府于此设置第六行政区,又称龙溪地区。1985 年 7 月实行“地改市、市管县”行政体制,原龙溪地区改为漳州市,原漳州市改为芗城区。全市现辖二区一市八县,即芗城区、龙文区、龙海市、漳浦县、云霄县、诏安县、长泰县、东山县、南靖县、平和县和华安县，下设121个乡、镇、街道，244个城镇社区、居委会，1668个村民委员会。

三、人文旅游

漳州是一座拥有1300多年历史的文化名城，自然人文资源丰富，拥有众多名胜古迹。全市共有革命史迹和名胜古迹280多处。其中，国家级重点文物保护单位11处——东山关帝庙、龙海慈济宫、华安二宜楼、市区明清石牌坊、漳州文庙大城殿、龙海江东桥、漳浦的赵家堡、诏安堡和南靖的田螺坑土楼群、和贵楼、绳武楼。拥有"灯谜艺术之乡"、"农民画艺术之乡"、"剪纸艺术之乡"、"书画艺术之乡"、"民间音乐艺术之乡"和"玉雕艺术之乡"的美称。1300多年的文化积淀、依山傍海的地理位置、四季如春的气候条件赋予了漳州独具特色的三大旅游资源，海滨风光秀丽、神奇，花果生态绚丽、诱人，民俗史迹悠久、璀璨，是一处集观光、休闲、度假、健身为一体的旅游胜地。漳州海岸线长达715多公里，神奇的古火山地质遗迹、神秘的海底"红树林"、蔚蓝的大海、洁白的沙滩构筑了漳州独具魅力的滨海旅游风光，这里有中国目前唯一的规模最大、保存最完整、最具独特性的天然火山地质博物馆--漳州滨海火山国家地质公园，有被誉为"东方夏威夷"和"海峡西岸旅游岛"的度假胜地——东山岛，以及目前国内罕见的花岗岩风化海蚀奇观——漳浦六鳌抽象岩画廊和国家级自然保护区龙海九龙江口、云霄漳江口"红树林"景观等。漳州依山面海，四季如春，得天独厚的地理和气候优势造就了漳州"花果之乡"这一绝佳的生态旅游黄金宝地，这里四季皆花果飘香，八节尽常春之美，有汇集了亚热带各种珍稀植物和生态自然景观的国家4A级旅游区东南花都——花博园，有目前世界上最大的集学术研究、文化传承、教育娱乐于一体的茶叶专业博物馆、国家4A级旅游区天福茶博物院——石雕园，以及被誉为"福建第一漂"的长泰漂流旅游区和全国农业旅游示范点龙海龙佳生态温泉山庄等。漳州是历史文化名城，民俗史迹悠久璀璨，这里有被誉为"世界建筑奇观"的土楼，有中国历史上仅存的帝王后裔聚居地赵家堡，有荣获联合国亚太地区文化遗产保护奖的明清历史古街区，有在东南亚和台湾久负盛名的千年古刹三平寺、关帝庙、慈济宫等景观；以及被誉为"海峡两岸戏曲姐妹花"的芗剧、"掌中艺术"的布袋木偶戏、古老民间曲艺锦歌、民间传统舞蹈大鼓凉伞等具有浓厚乡土气息的民俗文化。目前，漳州市已拥有国家4A级旅游区5个、全国农业旅游示范点3个、全国重点文物保护单位23处、国家级森林公园4个、国家级自然保护区2个、国家级地质公园1个；拥有国际、国内旅行社41家；星级酒店24家。优美的旅游环境、独特的旅游资源、完善的旅游基础设施、成龙配套的旅游服务体系，使漳州正日益成为海峡西岸旅游的黄金福地。

四、城市特点

漳州是一座正在崛起的生态工贸港口城市。漳州生态条件优越。漳州属亚热带季风性湿润气候，年降雨量约1500毫米，平均气温21℃。全市森林覆盖率63.6%，拥有国家级自然保护区2个、国家级森林公园5个、国家5A级旅游景区1个、国家4A级旅游景区10个。漳州区位条件独特，位于福建最南端，介于厦门、汕头两个特区之间，面对台湾，背靠龙岩，南临广东，是海西南部重要的交通枢纽。漳州生态得天独厚，山、海、江、平原俱全，是全国有名的水果之乡、花卉之都、水产基地，被授予"中国菇都"、"中国食品名城"等称号。福建第二大江——九龙江穿城而过，漳州平原是福建最大的冲积平原。漳州对台优势凸显，是台胞主要祖籍地、台湾文化发祥地和台商投资密集区，2012年，国务院批准在漳州设立台商投资区。台湾现有2300多万人口中，祖籍漳州的近1000万人，台湾的国民党和民进党政要，祖籍大多在漳州。漳台民间习俗、饮食文化等都很相近，"漳州味"就是"台湾味"。漳州自然资源丰富。福建第二大江九龙江横贯全境，漳州拥有全省最大的平原——九龙江下游冲积平原(面积566平方公里)，土地肥沃，淡水充沛，是全国有名的水果之乡、花卉之都、水产基地，被授予"中国菇都"、"中国食品名城"，每年都举办海峡两岸农博会·花博会。全市海域面积1.86万平方公里，海岸线长达715公里，拥有厦门湾南岸和东山湾两大港湾，天然良港众多，可供开发建设万吨级以上泊位码头130多个，目前已建成万吨级以上泊位10个。漳州城市环境优美，拥有中国优秀旅游城市、国家园林城市和国家卫生城市三大品牌，南靖、华安土楼群被列入世界文化遗产名录，漳州历史古街区被评为第二届历史文化名街，东山岛被誉为"东方夏威夷"。漳州文化积淀深厚，历代才俊荟萃，古代最杰出的有明末重臣、理学大师和书画名家黄道周，近代最闻名的有"两脚踏中西文化、一心评宇宙文章"的文学大师林语堂；漳州芗剧、漳州木偶和漳浦剪纸、诏安书画等民间传统文化艺术瑰宝绚烂多姿，谷文昌创业精神、龙江大局精神、漳州110服务精神风靡全国。漳州名产特色突出，水仙花、片仔癀、八宝印泥被誉为"漳州三宝"，驰名中外。水仙花是漳州市市花、福建省省花、中国十大名花之一，片仔癀是国家特级保护的传统名贵中成药，八宝印泥是书画篆刻名家最为喜爱的"用印之宝"。

五、发展现状

近年来，漳州认真贯彻落实科学发展观，按照中央和省委关于建设海峡西岸经济区的决策部署，紧紧围绕"海西建设、漳州先行"发展主线，深入实施"依港立市、工业强市、开放活市、科教兴市"战略，经济发展明显加快，发展后劲持续增强，发展环境不断优化，后发优势更加凸显。2011年召开的市第十次党代会，确立了"建设创业创新的活力漳州、又富又美的幸福漳州"的奋斗目标，明确了建设"田园都市、生态之城"的城市定位，为加快漳州发展注入了强大动力。目前全市已初步培育形成石油化工、特殊钢铁、装备制造、食品工业"四大"主导产业和电子信息、新材料、新能源、生物与新医药"四大"战略性新兴产业的"4+4"产业格局。2014年，面对经济形势下行压力的挑战，漳州市认真贯彻落实党中央、国务院和省委、省政府的各项决策部署，经济发展呈现"增速领先、动力强劲、质量提升"的良好发展态势，主要经济社会发展目标全面完成，多项指标增幅位居全省前列，富美漳州建设加快推进。全市地区生产总值2506.36亿元，增长11.3%；全社会固定资产投资2134.84亿元，增长21.2%；公共财政总收入263.84亿元，增长11.0%；城镇居民人均可支配收入25741元，增长9.6%；农民人均可支配收入12690元，增长10.5%。

目　　录

第一篇　综　　合

第二篇　国民经济核算

第三篇　人口与劳动力

第四篇　固定资产投资

第五篇　人民生活

第六篇 价格指数

第七篇　财政金融

第八篇　农　　业

第九篇　工　　业

第十篇 建 筑 业

第十一篇　交通运输和邮电通信业

第十二篇　批发零售与住宿餐饮业

第十三篇 对外经济贸易

第十四篇 科学、教育、文化、体育、卫生、环境保护与其他

第十五篇　城市基本情况

附录一　福建省各设区市主要经济指标

附录二　全国各省(市、区)国民经济主要指标

第一篇　综　　合

1—1 行政区划（2014年底）

县(市、区)名称	乡、村单位数(个)			乡级行政单位名称	
	乡、镇、街道	社区、居委会	村民委员会	镇人民政府及街道办事处	乡人民政府
总 计	**121**	**244**	**1668**		
芗城区	10	68	84	东铺头、南坑、西桥、新桥、巷口、通北六个办事处;天宝、浦南、石亭、芝山	
龙文区	5	19	47	步文、蓝田、郭坑、朝阳、东岳办事处	
龙海市	14	37	239	石码办事处;海澄、角美、白水、程溪、浮宫、港尾、紫泥、榜山、东园、九湖、颜厝	隆教(畲)、东泗
#漳州开发区		5			
#台商投资区		8	31		
云霄县	9	18	162	云陵、陈岱、莆美、列屿、东厦、火田	下河、马铺、和平
#常山开发区			4		
漳浦县	21	23	286	绥安、佛昙、旧镇、赤湖、杜浔、官浔、霞美、前亭、深土、长桥、盘陀、六鳌、古雷、马坪、石榴、沙西、大南坂	南浦、赤土、湖西(畲)、赤岭(畲)
#古雷开发区			13		
诏安县	15	14	217	南诏、四都、官陂、梅岭、霞葛、桥东、秀篆、深桥、太平	西潭、白洋、红星、金星、建设、梅州
长泰县	5	11	58	武安、岩溪、枋洋、陈巷	坂里
东山县	7	16	61	西埔、铜陵、陈城、杏陈、樟塘、康美、前楼	
南靖县	11	16	183	山城、靖城、船场、龙山、和溪、奎洋、南坑、金山、丰田、梅林、书洋	
平和县	15	16	240	小溪、九峰、山格、南胜、文峰、霞寨、芦溪、大溪、坂仔、安厚	长乐、秀峰、崎岭、国强、五寨
华安县	9	6	91	华丰、高安、新圩、沙建、仙都、丰山	湖林、高车、马坑

1—2 土地面积(2013年底)

单位:公顷

行政单位	土地面积	行政单位	土地面积
漳州市	**1263126.59**	苍坂农场	95.24
芗城区	**25086.13**	林下农场	2707.23
东铺头街道	273.95	招商局开发区	3715.77
西桥街道	353.21	**云霄县**	**105075.29**
新桥街道	299.77	马铺乡	16596.86
巷口街道	60.85	下河乡	13733.75
南坑街道	810.74	火田镇	19111.12
通北街道	564.83	和平乡	12257.19
浦南镇	6525.68	云陵镇	1523.45
天宝镇	5377.52	莆美镇	6861.32
芝山镇	1344.09	东厦镇	12813.16
石亭镇	4675.65	列屿镇	5462.35
奶牛场	39.49	陈岱镇	6751.80
后房农场	838.84	常山开发区	9964.29
天宝林场	2093.42	**漳浦县**	214622.57
五峰农场	1201.41	官浔镇	7711.25
管山林场	39.38	前亭镇	8698.66
其　他	587.30	马坪镇	5264.41
龙文区	**12581.91**	佛昙镇	8010.38
东岳街道	581.81	赤土乡	9432.97
蓝田镇	2960.76	长桥镇	12683.93
步文镇	1151.14	石榴镇	19895.60
朝阳镇	4385.66	盘陀镇	10634.15
郭坑镇	3502.54	绥安镇	11724.04
龙海市	**131476.20**	深土镇	6958.16
石码镇	443.23	赤湖镇	9211.24
海澄镇	7036.88	六鳌镇	4587.30
角美镇	15904.60	旧镇镇	11619.18
白水镇	7223.40	霞美镇	9800.78
浮宫镇	7792.25	杜浔镇	15245.29
程溪镇	23877.06	沙西镇	11935.05
港尾镇	11290.56	古雷镇	6413.36
九湖镇	9071.49	赤岭乡	9930.42
颜厝镇	5059.88	湖西乡	7907.15
榜山镇	6265.94	南浦乡	4194.34
紫泥镇	7634.84	南山茶果场	768.66
东园镇	3511.43	玳瑁山茶场	1309.76
东泗镇	5805.33	白竹湖农场	1490.23
隆教乡	7858.82	万安农场	2675.58
双第华侨农场	2997.90	长桥农场	1454.85
九龙岭林场	2646.22	中西林场	6044.01
程溪农场	492.76	石古农场	768.46
良种场	45.37	大南坂农场	4950.85

注:2014年市国土局数据未定案,未能提供。本表数据为截止2013年底。

1—2　续表　　　　单位:公顷

行　政　单　位	土地面积	行　政　单　位	土地面积
竹屿盐场	2179.26	前楼镇	2036.86
下蔡林场	820.87	樟塘镇	2113.07
杜浔盐场	302.38	康美镇	2129.59
诏安县	**129364.01**	杏陈镇	3276.34
西山农场	201.77	国有土地	2420.03
南诏镇	928.25	**南靖县**	**196197.13**
边贸旅游区管委	2311.01	山城镇	22464.92
梅岭镇	3591.83	丰田镇	5852.76
建设乡	4713.33	靖城镇	14004.57
梅州乡	4937.64	龙山镇	30487.13
白洋乡	5353.70	金山镇	23421.53
西潭乡	6635.75	和溪镇	17630.29
深桥镇	6774.61	奎洋镇	16107.41
霞葛镇	8052.77	梅林镇	10905.74
金星乡	8435.73	书洋镇	18166.16
四都镇	10325.75	船场镇	20479.23
桥东镇	10532.50	南坑镇	16704.39
红星乡	12964.75	**平和县**	**230954.11**
秀篆镇	13806.84	小溪镇	13718.58
太平镇	14877.46	山格镇	17771.56
官陂镇	14920.32	文峰镇	24610.03
长泰县	**90008.75**	南胜镇	12716.60
坂里乡	11607.02	坂仔镇	13366.81
枋洋镇	20331.53	安厚镇	12233.80
岩溪镇	15287.82	大溪镇	13925.51
陈巷镇	12725.39	霞寨镇	20390.39
武安镇	4319.76	九峰镇	20353.54
古农农场	5337.43	芦溪镇	30740.22
经济开发区	1871.85	五寨乡	9177.68
马洋生态旅游区	10598.58	国强乡	14408.80
岩溪林场	5062.60	崎岭乡	12798.51
亭下林场	2556.52	长乐乡	5999.77
其　他	310.25	秀峰乡	8742.31
东山县	**24834.96**	**华安县**	**127760.49**
西埔镇	3910.48	华丰镇	16741.12
铜陵镇	627.38	新圩镇	21441.73
向阳盐场	460.47	丰山镇	6402.31
西港盐场	369.24	仙都镇	13761.00
西埔湾	1697.21	高安镇	10301.71
赤山林场	734.01	湖林乡	16867.50
县良种场	10.28	沙建镇	23116.49
双东盐场	27.95	高车乡	7483.24
陈城镇	5022.05	马坑乡	11645.39

1—3 国民经济

年份	地区生产总值（亿元）	第一产业	第二产业	工业	建筑业	第三产业	#交通运输、仓储及邮政业
1952	1.61	1.16	0.13	0.12	0.01	0.32	0.11
1957	2.62	1.51	0.43	0.38	0.05	0.69	0.23
1962	3.23	1.68	0.62	0.53	0.09	0.93	0.24
1965	4.23	2.18	0.93	0.84	0.10	1.12	0.29
1970	4.44	2.28	1.05	0.94	0.11	1.11	0.29
1975	6.29	3.13	1.62	1.40	0.22	1.54	0.47
1978	8.91	4.24	2.41	2.02	0.40	2.26	0.74
1980	11.67	5.31	3.18	2.70	0.48	3.17	0.78
1985	22.79	10.67	5.77	4.93	0.84	6.35	1.14
1990	53.06	20.79	14.31	12.57	1.74	17.95	4.07
1991	63.57	24.52	17.44	15.26	2.18	21.62	5.21
1992	80.66	28.75	26.11	23.16	2.95	25.80	6.95
1993	106.48	35.66	37.36	33.36	4.00	33.46	7.45
1994	147.43	53.66	50.75	45.40	5.35	43.01	9.69
1995	191.71	68.21	66.09	59.74	6.34	57.41	12.14
1996	227.00	82.76	74.58	66.37	8.21	69.65	14.45
1997	255.12	87.35	83.04	72.73	10.31	84.72	17.05
1998	291.21	99.76	93.05	80.54	12.52	98.41	18.64
1999	319.54	105.74	100.83	85.34	15.48	112.98	20.96
2000	353.56	113.13	110.91	91.56	19.35	129.52	24.99
2001	388.49	118.81	124.59	102.84	21.75	145.09	28.08
2002	418.23	118.33	140.05	117.85	22.20	159.85	30.96
2003	472.14	126.54	167.49	141.67	25.83	178.10	34.35
2004	553.55	141.74	212.38	184.25	28.13	199.43	37.64
2005	661.04	150.80	267.13	232.15	34.98	243.12	45.24
2006	755.20	163.03	315.96	275.13	40.83	276.21	52.10
2007	877.63	186.44	364.64	316.29	48.35	326.55	62.26
2008	1002.39	211.89	416.89	359.12	57.77	373.61	77.56
2009	1178.01	218.65	519.98	453.54	66.45	439.37	86.57
2010	1430.71	254.70	652.04	570.56	81.48	523.97	101.06
2011	1768.20	293.30	836.26	723.38	112.88	638.64	101.14
2012	2012.92	320.45	961.10	818.45	142.64	731.37	115.83
2013	2246.23	327.08	1101.22	917.41	183.81	817.93	124.42
2014	2506.36	350.51	1247.53	1039.95	207.58	908.32	137.53

主 要 指 标

#批发和零售业	总产出（亿元）	财政金融（亿元）						
		公共财政总收入	地方公共财政收入	公共财政支出	金融系统存款年末余额	金融系统贷款年末余额	银行现金收入	银行现金支出
0.15	2.43	0.14	0.14					
0.28	4.49	0.41	0.41	0.15			2.11	2.10
0.41	6.19	0.52	0.52	0.14			2.56	2.60
0.46	8.04	0.76	0.76	0.25			2.67	2.74
0.50	8.36	0.65	0.65	0.39	1.11	2.08	2.56	2.47
0.73	12.36	0.78	0.78	0.60	1.40	2.55	3.34	3.29
1.09	18.62	1.30	1.30	0.94	2.28	3.15	4.40	4.23
1.47	22.27	1.41	1.41	1.11	2.36	2.74	6.54	6.57
2.10	45.30	1.79	1.79	2.01	8.42	12.89	18.07	17.02
4.39	116.91	5.15	5.15	4.87	22.25	28.03	57.30	51.98
5.07	144.72	5.72	5.72	5.36	29.99	31.98	64.68	71.38
6.82	192.34	6.41	6.41	6.12	35.98	38.18	88.35	97.95
9.54	270.30	9.56	9.56	8.76	42.69	44.78	166.95	151.17
12.42	374.54	12.20	8.11	10.13	53.95	54.16	243.21	234.22
16.37	488.32	15.36	10.65	12.60	91.21	78.19	327.40	311.81
19.85	560.60	18.66	13.87	15.60	120.88	98.98	423.61	416.53
24.51	647.70	21.98	16.44	18.49	111.48	94.76	749.23	741.19
27.36	710.88	25.28	19.30	21.15	164.87	132.99	961.16	957.32
30.02	762.06	28.97	22.68	24.44	190.38	161.60	1102.10	1090.76
33.85	846.49	31.60	24.42	26.40	209.22	180.65	1216.10	1194.30
36.85	932.74	30.11	22.13	24.91	230.94	195.42	1360.69	1336.95
40.66	1009.72	27.82	17.08	23.21	262.15	215.82	1387.51	1360.97
45.27	1167.43	30.96	17.25	26.40	315.17	240.89	1566.81	1535.58
49.53	1327.35	38.10	20.10	31.14	369.86	258.22	1884.86	1846.24
49.52	1596.05	50.61	26.96	35.80	430.29	270.27	2047.58	2003.33
54.32	1865.97	63.75	35.06	49.57	519.21	325.71	2329.14	2292.66
62.23	2232.42	83.84	47.41	68.30	603.15	413.56	2491.13	2431.50
69.55	2683.69	101.58	60.49	92.26	719.62	495.88	2241.04	2157.56
81.86	3040.51	113.79	70.95	120.73	868.12	655.80	2143.47	2066.31
91.91	3816.82	139.40	88.57	147.52	1107.34	836.20	2456.16	2373.62
104.10	4851.61	174.53	112.09	182.43	1277.55	1008.01		
113.49	5466.48	205.48	131.71	221.77	1525.74	1212.63		
124.02	6180.57	237.79	154.86	262.25	1851.04	1420.38		
136.62	6935.51	263.84	168.99	274.50	2096.61	1638.72		

1—3 续表1

年份	年末户籍总人口（万人）	社会从业人员（万人）	城镇职工	城镇个私劳动者	全社会固定资产投资（亿元）	房地产开发投资	价格指数 居民消费价格指数
1952	169.49	73.58			0.01		98.3
1957	197.24	81.58	5.47		0.08		98.6
1962	223.91	85.19	9.83		0.22		94.7
1965	245.47	92.77	11.32		0.21		98.9
1970	286.10	109.94	13.08		0.27		98.9
1975	326.72	128.60	18.94		0.45		100.0
1978	344.49	134.76	25.27	0.21	1.04		100.8
1980	354.11	144.29	28.87	0.44	1.38		103.5
1985	380.96	169.10	33.12	2.26	3.67		113.7
1990	416.70	194.57	36.80	3.74	7.95	0.51	98.6
1991	420.90	198.62	37.26	4.09	11.41	0.71	101.8
1992	423.33	202.88	38.03	3.36	13.53	1.47	107.3
1993	426.64	213.86	36.67	7.66	28.17	4.83	115.1
1994	429.45	217.71	38.03	6.72	40.96	6.03	126.4
1995	432.22	217.85	38.32	10.41	46.31	9.19	116.6
1996	436.23	216.67	37.08	10.80	64.40	8.10	106.3
1997	438.76	217.57	36.14	8.95	77.32	6.46	101.9
1998	441.54	215.46	33.04	7.50	105.32	7.03	98.8
1999	445.49	222.68	31.28	7.10	119.86	11.36	100.4
2000	450.27	220.65	30.49	6.98	136.51	17.93	101.8
2001	451.96	220.04	28.42	6.50	141.59	17.11	98.6
2002	453.25	222.08	29.39	6.50	135.69	17.37	99.3
2003	453.93	227.09	31.14	7.41	141.90	20.99	101.5
2004	455.84	231.86	33.10	8.79	163.88	32.73	104.3
2005	457.37	239.85	34.90	8.83	195.22	41.66	102.1
2006	459.14	250.08	35.92	10.20	239.44	55.39	100.6
2007	463.10	260.29	36.43	11.58	327.04	83.53	104.7
2008	468.50	267.35	35.31	13.74	441.40	109.28	104.6
2009	471.77	275.86	34.76	15.75	579.21	99.31	98.1
2010	476.36	275.36	35.79	19.69	837.11	159.62	103.4
2011	479.23	289.21	40.87	23.73	1115.71	223.48	105.0
2012	482.47	294.80	43.58	27.23	1486.90	254.49	102.5
2013	489.46	299.65	44.78	31.07	1761.48	356.10	102.5
2014	497.41	304.26	45.86	36.43	2134.84	472.24	102.0

注:2013年及以前,农村居民人均可支配收入为农民人均纯收入口径。

(以上年价格为100)		城镇单位在岗职工工资总额(亿元)	城镇单位在岗职工平均工资(元)	城镇居民人均可支配收入(元)	农村居民人均可支配收入(元)	居民储蓄存款年末余额(亿元)	农林牧渔业总产值(亿元)
服务项目价格指数	工业品出厂价格指数						
				126	87	0.02	1.65
		0.25	466	166	98	0.10	2.18
		0.45	431	137	95	0.18	2.50
		0.52	473	149	113	2.74	3.24
		0.57	452	192	94	2.47	3.30
		0.89	499	257	119	3.29	4.69
		1.19	497	323	158	0.49	6.24
		1.70	631	399	208	0.81	7.91
102.3		2.90	926	558	403	1.17	16.23
107.3		6.57	1833	1378	822	14.39	34.46
103.5		7.34	2024	1498	958	18.39	40.31
107.6		8.47	2292	1988	1089	23.80	48.55
127.2		9.79	2723	2524	1315	29.18	60.72
128.4		13.77	3687	3270	1672	40.65	94.64
126.9		16.26	4483	4305	2164	56.31	123.71
109.1		17.51	5246	4960	2664	77.63	147.56
111.9		19.90	5968	5214	2980	93.60	157.18
105.7		21.95	6717	5753	3218	113.34	175.03
132.0		23.28	7508	6508	3378	128.33	185.20
140.4		24.93	8235	7059	3530	135.68	196.17
103.2		26.76	9555	7417	3695	155.29	206.04
102.0		28.87	10283	8364	3761	174.31	205.02
102.9	99.5	33.87	11077	9053	3982	203.97	219.70
102.6	103.6	38.93	11964	10117	4320	240.66	246.31
105.1	101.1	45.28	13339	11241	4690	278.44	269.01
97.5	99.9	53.84	14969	12511	5071	326.30	285.17
100.8	102.9	65.75	18024	14153	5696	358.47	329.66
96.7	101.5	79.34	22270	16023	6506	439.30	376.51
99.1	98.2	85.89	25055	16616	7054	507.00	386.43
101.0	102.2	104.12	29535	18482	7861	603.33	448.77
101.9	104.8	136.79	34898	21137	9128	698.56	517.85
100.6	99.8	176.94	42137	23951	10389	818.61	558.85
102.1	99.1	196.72	46610	26471	11639	947.83	600.93
101.3	99.1	228.29	51495	25741	12690	1040.46	644.29

1—3 续表2

年份	主要农产品产量(万吨)					
	粮食	茶叶(吨)	水果	猪牛羊肉	水产品	食用菌
1952	61.80	126	2.70		2.70	
1957	77.20	172	4.30		3.30	
1962	70.40	206	1.70		3.20	
1965	95.00	247	3.60		4.00	
1970	102.40	848	4.50		5.50	
1975	109.70	1674	3.90		5.40	
1978	127.30	2074	3.60	4.72	6.40	
1980	135.30	2573	4.20	4.60	6.90	
1985	115.20	3801	7.60	7.70	10.60	
1990	144.40	5818	24.80	10.90	17.00	
1991	146.00	6688	37.50	11.70	19.40	
1992	150.40	7176	48.60	12.70	26.10	
1993	144.80	7404	62.40	13.50	34.50	9.48
1994	144.70	7889	81.70	15.30	44.10	11.12
1995	147.30	8263	99.20	17.60	50.80	14.34
1996	151.00	8293	118.90	19.50	56.40	12.89
1997	154.40	8588	135.30	21.20	96.20	11.67
1998	152.70	9867	152.80	22.30	107.60	12.49
1999	145.00	10455	168.90	21.80	115.80	14.53
2000	123.70	12183	167.00	23.90	125.50	17.07
2001	113.00	13745	181.80	24.50	128.90	15.50
2002	94.20	14336	185.70	24.40	132.40	14.24
2003	93.00	17716	195.20	25.20	136.40	13.38
2004	96.20	21415	202.10	27.00	141.90	14.07
2005	94.70	28299	214.20	27.30	147.60	16.38
2006	61.96	33682	214.00	19.38	130.48	17.68
2007	61.93	38757	218.99	18.33	134.44	19.41
2008	67.58	42481	240.23	21.18	138.15	21.54
2009	68.56	46614	244.11	21.42	141.87	20.99
2010	70.08	49425	251.52	21.95	144.52	21.95
2011	70.55	50728	270.28	22.62	149.04	23.35
2012	70.26	55173	272.66	23.39	154.40	25.06
2013	69.27	59726	288.56	23.21	160.91	28.13
2014	69.13	61584	313.87	21.55	170.28	30.47

注:2013年交通客货运量根据公路专项调查结果调整;2009-2013年社会消费品零售总额根据全国第三次经济普查结果调整。

主要工业品产量(万吨)			交通运输					邮电业务总量(万元)	社会消费品零售总额(亿元)
成品糖	罐头	发电量(亿千瓦时)	货运量(万吨)	货物周转量(亿吨公里)	客运量(万人)	旅客周转量(亿人公里)	主要港口货物吞吐量(万吨)		
0.37			83	0.19	30	0.19		125	0.56
1.44	0.04	0.02	273	0.70	277	0.97		257	1.77
1.38	0.08	0.19	284	2.52	252	1.33		574	1.90
6.40	0.32	0.42	430	4.25	367	2.04		600	2.19
4.66	0.31	0.91	301	4.74	296	2.08		521	2.16
4.70	0.75	1.54	449	6.14	552	3.57		718	3.09
12.56	1.02	2.25	677	7.63	745	4.51		889	4.18
14.50	1.43	5.04	805	10.48	1122	5.90		998	5.98
19.55	3.95	8.66	1367	19.62	1828	10.73		2150	11.24
15.39	4.77	10.00	2639	30.21	2502	13.31		6927	25.92
15.63	8.48	8.03	2849	34.98	2786	15.03		6734	27.08
22.95	9.79	10.64	3170	50.41	2785	17.04		10296	31.11
26.00	12.95	9.94	3857	56.76	2960	22.15		17298	39.55
14.27	10.86	12.31	5473	51.88	3285	24.42		27668	51.24
11.17	23.34	13.00	4659	59.21	3376	25.04		40535	67.63
10.47	27.49	12.02	5919	58.20	3568	26.82		54061	82.83
10.98	26.00	13.96	5290	25.70	3505	17.58		77158	98.02
12.64	22.52	15.12	5164	31.59	4223	21.30		113186	115.24
13.81	25.22	13.82	4969	33.84	4287	22.31	192	176077	128.94
5.64	20.38	41.46	5054	34.79	4722	23.16	419	188994	143.42
3.60	20.98	56.42	4202	37.77	4776	19.94	534	201911	156.41
5.17	26.89	89.54	4008	27.71	5760	32.73	771	201257	170.47
7.94	31.62	144.56	3700	29.98	5779	34.77	1085	217393	185.64
5.30	36.88	190.49	3158	29.55	5605	34.03	1521	239837	205.74
4.75	41.71	222.85	3243	30.02	5715	35.09	2081	250927	226.54
9.97	43.27	196.22	3418	29.74	5852	36.30	2241	273281	250.77
4.60	48.12	210.56	3956	33.40	6061	38.24	2832	308899	289.91
7.22	72.05	225.00	4577	38.65	5369	27.68	3410	335848	342.75
5.85	72.01	252.17	4712	45.54	5532	27.81	4044	371144	388.22
3.73	93.82	209.78	5670	51.83	5471	27.71	4291	366937	431.15
10.02	99.58	278.49	6338	62.57	5632	28.96	4967	380746	493.54
6.97	104.37	209.98	6101	71.63	5489	28.77	5161	457829	546.35
3.61	111.20	248.91	8420	91.84	2984	22.97	5529	467983	617.85
8.97	117.82	259.04	11000	105.00	3546	23.17	5853	496671	692.20

1—3 续表3

年 份	进出口总额（亿美元）	出口总额	进口总额	利用外资 外商直接投资合同数（项）	外商直接投资合同金额（万美元,验资口径）	实际利用外商直接投资金额（万美元,验资口径）	学校数
1952							
1957							
1962							1
1965							1
1970							
1975							
1978							1
1980				2	34		1
1985	0.05	0.05	0.00	27	794	322	2
1990	0.96	0.94	0.02	86	4537	3051	2
1991	1.45	1.45		120	10499	4086	2
1992	2.03	2.00	0.03	305	64353	10526	2
1993	4.76	3.13	1.63	423	64517	25276	2
1994	6.23	4.23	2.00	232	42852	30453	2
1995	4.59	3.50	1.09	283	143995	36068	2
1996	4.77	3.60	1.17	189	180837	48710	2
1997	6.32	4.07	2.25	272	71661	61058	2
1998	6.48	4.59	1.89	324	81378	70218	2
1999	10.16	4.80	5.36	232	90171	80018	2
2000	9.89	5.75	4.14	257	94419	70958	2
2001	10.08	6.23	3.85	261	100186	71313	2
2002	12.25	7.78	4.47	216	100585	71421	2
2003	20.77	12.23	8.54	268	101052	70017	2
2004	32.44	21.56	10.88	269	101123	25027	2
2005	37.08	25.98	11.10	344	69655	31017	3
2006	42.64	29.82	12.82	342	87685	40065	4
2007	46.49	34.17	12.32	346	94038	45039	6
2008	53.18	38.76	14.42	191	77213	50051	6
2009	48.04	33.87	14.17	154	78500	55018	7
2010	74.09	50.70	23.39	186	102339	70076	7
2011	96.99	64.91	32.08	149	126049	88739	7
2012	94.32	65.91	28.41	129	141580	89025	7
2013	97.38	71.08	26.29	84	130555	94552	7
2014	113.26	81.32	31.94	94	98080	101207	7

教育（人、所）					医疗卫生（人、个、张）				
普通高等学校		中等职业学校			卫生机构数	#医院、卫生院	卫生技术人员数	#医生	医疗床位数
在校学生数	专任教师数	学校数	在校学生数	专任教师数					
		2	1157	61	40		354	104	292
		2	1411	84	64		701	179	619
400	77	4	1380	116	815		4048	1138	2040
973	120	12	2358	78	843		5443	1537	2820
		1		56	272		3797	1316	2839
		5	863	75	151		4678	1479	4190
619	22	4	2274	137	150		6392	2131	4898
1485	96	7	3383	357	391		6740	2294	5553
1243	157	47	10218	502	475		8155	2714	6742
2062	272	83	17329	1841	515		9790	3678	7548
1800	279	104	17966	1911	509		9766	3711	7602
1799	291	76	17987	1733	491		10377	3952	7719
2435	304	73	21068	1817	452		9787	3881	7924
2561	297	81	23777	1981	453		9902	3991	7788
2645	312	73	30501	1935	453		9391	3744	7951
2664	293	66	33788	2082	194		8513	3331	9816
2996	298	74	43466	2553	197		8461	3332	13416
3735	310	71	39660	2602	197		8587	3759	13392
4649	316	72	36587	2431	199	151	8555	3543	13237
5554	346	71	39133	2270	199	151	8439	3539	13132
7479	449	60	36468	2209	199	149	8448	3518	13036
10592	597	61	31128	1948	261	147	7834	3706	7942
16297	963	35	25838	1325	260	146	8023	3596	8137
23816	1493	32	40890	1288	263	145	7795	3321	9793
33125	1558	36	56677	1411	258	141	7770	3387	10773
38836	1839	42	63746	1549	261	142	7662	3304	8862
44970	2362	42	62460	1662	261	140	6956	3051	8862
51796	2480	42	55505	1583	284	137	9277	3756	8930
56764	2726	38	56166	1595	284	137	10252	4105	9335
59992	2843	36	57787	1479	445	163	12184	5067	10930
60243	3076	29	56455	1477	591	171	13615	5307	11924
62453	3404	30	56836	1490	843	172	15767	5862	14453
66106	3586	28	46279	1428	858	174	17526	6414	16819
69525	3773	30	39596	1421	875	177	19559	6948	18958

1—4 国民经济主

（2014 年为

年　份	地　区 生产总值	第一产业	第二产业	第三产业	人均地区 生产总值	公共财政 总 收 入	地方公共 财政收入
1949	24634.4	3220.1	511074.7	73278.6		1589401.6	1018018.6
1952	18545.1	2524.7	295224.8	44903.4	6264.2	190774.2	122191.7
1957	12155.0	1814.1	87217.1	24353.6	4767.6	64666.9	41419.4
1962	12533.6	2207.9	63581.0	16864.0	5593.8	51042.9	32693.2
1965	9377.8	1596.0	42512.6	14721.0	4582.5	34793.7	22285.6
1970	9464.3	1617.0	43067.1	14647.1	5403.3	40478.7	25926.9
1975	7828.6	1432.2	27553.2	11745.2	5120.9	33917.0	21724.0
1978	5820.7	1133.8	18197.6	8116.3	4025.6	20284.5	12992.3
1980	4993.0	1021.8	14482.2	6589.6	3553.2	18722.7	11992.0
1985	3266.0	691.1	8850.9	4239.1	2501.2	14725.1	9431.5
1990	2132.4	561.9	4689.5	2277.1	1771.0	5124.0	3281.9
1991	1848.1	497.4	3946.6	1966.2	1574.2	4613.8	2955.2
1992	1516.1	443.6	2677.6	1734.9	1303.1	4113.6	2634.8
1993	1271.7	401.1	2134.9	1401.3	1100.5	2760.1	1767.8
1994	1043.0	350.1	1676.7	1127.5	907.9	2161.8	2083.4
1995	907.5	310.6	1473.7	944.5	796.4	1718.2	1586.9
1996	794.9	271.0	1305.4	818.5	702.9	1414.0	1217.9
1997	699.7	241.7	1163.1	698.6	622.7	1200.4	1028.2
1998	616.7	208.2	1078.3	594.0	552.8	1043.9	875.6
1999	558.5	189.0	998.5	522.9	504.4	910.7	745.2
2000	505.4	175.0	903.2	462.3	468.3	834.8	691.8
2001	457.0	171.5	799.2	411.7	425.1	876.1	763.6
2002	420.8	164.8	710.5	371.7	393.0	948.2	989.2
2003	380.1	158.1	606.7	337.1	356.4	852.2	979.8
2004	341.2	152.4	507.7	309.3	322.1	692.5	840.6
2005	307.2	147.0	428.1	285.1	291.8	521.3	626.7
2006	273.0	142.9	365.1	251.5	260.6	413.9	482.1
2007	237.2	137.2	305.2	216.4	227.2	314.7	356.5
2008	208.8	130.4	262.1	188.7	201.0	259.7	279.4
2009	184.3	124.0	227.7	164.1	178.5	231.9	238.2
2010	160.4	119.0	187.2	147.3	155.9	189.3	190.9
2011	139.8	114.2	154.6	131.5	136.4	151.1	150.8
2012	124.1	109.4	131.9	119.4	122.2	128.4	128.3
2013	111.3	104.6	114.3	109.4	110.6	111.0	109.1
2014	100.0	100.0	100.0	100.0	100.0	100.0	100.0

要指标发展速度

以下各年%）

地方公共财政支出	金融系统存款年末余额	金融系统贷款年末余额	年末常住人口	全社会从业人员	全社会固定资产投资	房地产开发投资
			315.9	487.5	71197749.0	
			289.8	413.4	18413211.0	
185435.7			249.0	372.7	2663257.4	
191532.3			219.3	357.0	954393.4	
108528.8			200.1	327.9	1033849.2	
70775.2	188561.6	78754.8	171.6	276.6	789040.4	
46042.2	149448.7	64226.1	150.3	236.5	479338.5	
29325.8	91799.8	52043.0	142.6	225.7	204944.6	
24797.3	88832.1	59803.3	138.7	210.8	155227.7	
13646.3	24910.0	12710.7	128.9	179.8	58158.6	
5636.3	9123.1	5846.3	117.8	156.3	26878.3	92596.0
5123.1	6990.0	5124.0	116.7	153.1	18721.2	66512.6
4485.7	5826.7	4292.4	116.0	149.9	15785.7	32125.2
3133.3	4910.9	3659.6	115.1	142.3	7581.7	9777.3
2708.9	3886.2	3026.0	114.4	139.7	5214.2	7831.5
2178.5	2298.7	2095.9	113.6	139.6	4612.7	5138.7
1759.8	1734.2	1655.7	112.6	140.3	3316.9	5830.1
1484.3	1880.7	1729.4	112.0	139.8	2762.4	7310.2
1297.9	1271.6	1232.2	111.3	141.1	2028.0	6717.5
1123.3	1101.3	1014.0	110.3	136.6	1782.1	4157.1
1039.9	1002.1	907.2	109.1	137.8	1564.6	2633.9
1102.1	907.8	838.5	108.7	138.2	1508.5	2760.0
1182.5	799.8	759.3	108.4	137.0	1574.1	1207.5
1039.6	665.2	680.2	108.2	133.9	1505.3	2249.8
881.4	566.9	634.7	107.8	131.2	1303.3	1442.8
766.8	487.3	606.3	107.3	128.0	1094.2	1133.6
553.8	403.8	503.1	106.9	121.6	892.1	852.6
401.9	347.6	396.3	106.0	116.9	653.1	565.3
297.6	291.3	330.4	104.8	117.5	483.9	421.4
227.3	241.5	249.9	104.1	115.4	368.8	475.6
186.1	189.4	196.0	103.1	110.5	255.1	295.9
150.5	164.1	162.6	102.5	105.2	191.5	211.3
123.8	137.4	135.1	101.2	103.2	143.6	185.5
104.7	113.3	115.4	100.6	101.5	121.2	132.6
100.0	100.0	100.0	100.0	100.0	100.0	100.0

1—4 续表1

年份	物价指数(以上年价格为100)		人民生活				
	居民消费价格指数	#服务项目价格指数	城镇单位在岗职工工资总额	城镇单位在岗职工平均工资	城镇居民人均可支配收入	农民人均可支配收入	居民储蓄存款年末余额
1949	1641.7			18065.9	30858.9	19778.7	
1952	853.3			13478.4	23021.7	14777.3	4427482.0
1957	914.8		92387.8	11048.8	17474.3	12361.7	1027105.9
1962	534.9		50184.8	11946.0	21173.2	13532.8	581911.8
1965	620.8		44183.6	10885.3	19468.0	11377.2	457545.4
1970	636.0		40142.5	11391.1	15107.9	13676.8	409790.6
1975	629.0		25575.9	10318.2	11286.9	10803.5	291200.2
1978	624.6		19124.6	10359.7	8980.6	8136.8	211003.6
1980	590.0		17492.3	8159.7	7270.0	6180.8	128961.1
1985	468.7		10616.0	5560.3	5198.4	3190.1	28999.1
1990	268.6	650.0	3472.9	2809.0	2105.0	1564.0	7232.0
1991	263.9	628.1	3111.8	2543.8	1936.4	1342.0	5658.7
1992	246.9	583.7	2696.3	2246.4	1459.1	1180.6	4371.6
1993	214.4	458.8	2331.6	1890.9	1149.3	977.7	3566.2
1994	169.7	357.3	1657.3	1396.5	887.1	768.9	2559.3
1995	145.5	281.6	1404.1	1148.6	673.8	594.0	1847.9
1996	136.8	258.2	1303.5	981.5	584.8	482.6	1340.3
1997	134.3	230.7	1147.2	862.7	556.3	431.4	1110.5
1998	135.9	218.3	1040.2	766.5	504.2	399.5	918.0
1999	135.4	165.3	980.6	685.8	445.7	380.6	810.8
2000	133.1	117.8	915.6	625.2	410.9	364.2	766.9
2001	134.9	114.1	853.1	538.8	391.1	348.0	670.1
2002	135.8	111.8	790.6	500.7	346.8	341.8	596.8
2003	133.9	108.7	674.1	464.8	320.5	322.9	510.1
2004	128.4	105.9	586.4	430.3	286.7	297.6	432.3
2005	125.7	100.8	504.2	386.0	258.0	274.2	373.7
2006	124.9	103.4	424.0	343.9	231.8	253.5	312.7
2007	119.3	102.6	347.2	285.7	205.0	225.8	290.5
2008	114.1	106.0	287.8	231.2	181.1	197.6	238.3
2009	116.3	107.1	265.8	205.5	174.6	182.2	207.0
2010	112.5	105.9	219.2	174.3	156.9	163.5	172.8
2011	107.2	104.0	166.9	147.5	137.2	140.9	149.0
2012	104.5	103.4	129.0	122.2	121.1	123.8	127.1
2013	102.0	101:3	116.0	110.5	109.6	110.5	109.8
2014	100.0	100.0	100.0	100.0	100.0	100.0	100.0

农林牧渔业总产值	交通邮电					社会消费品零售总额
	货运量	货物周转量	客运量	旅客周转量	主要港口货物吞吐量	
4097.4						3418339.1
3181.1	20364.4	53945.3	11819.8	12271.8		131427.6
2260.2	4028.2	15112.5	1280.1	2392.8		41548.0
2638.1	3872.0	4168.1	1407.1	1741.6		38634.4
1922.0	2557.3	2468.6	966.2	1134.3		33611.2
1937.4	3653.4	2215.7	1198.0	1114.8		33995.2
1698.0	2449.2	1710.5	642.4	649.4		23762.3
1354.6	1624.3	1376.1	475.9	514.0		17589.1
1196.6	1366.1	1002.0	316.1	392.8		12282.2
829.0	804.5	535.2	194.0	216.0		6537.7
630.1	416.7	347.7	141.7	174.1	5062.2	2835.9
561.0	385.9	300.2	127.3	154.1	4501.3	2713.8
488.7	346.9	208.3	127.3	135.9	4868.2	2264.0
439.4	285.1	185.1	119.8	104.7	3814.1	1858.1
373.4	201.0	202.5	107.9	94.9	3902.3	1434.8
321.6	236.0	177.4	105.0	92.5	5002.9	1087.0
281.4	185.8	180.5	99.4	86.4	4368.3	887.3
248.2	208.0	408.7	101.1	131.8	3876.4	750.1
220.0	213.0	332.5	83.9	108.8	3113.6	637.8
200.7	221.3	310.4	82.7	103.8	3044.3	570.0
187.7	217.6	301.9	75.1	100.0	1397.0	512.6
175.6	261.6	278.0	74.2	116.2	1096.1	469.8
172.4	274.4	379.1	61.5	70.8	759.2	431.0
165.7	297.3	350.4	61.3	66.6	539.5	395.8
157.8	348.3	355.4	63.2	68.1	384.9	357.2
150.7	339.1	349.8	62.1	66.1	281.3	319.6
144.9	321.8	353.1	60.6	63.9	261.3	284.5
138.0	277.9	314.5	58.5	60.6	206.6	243.1
131.0	240.3	271.8	66.0	83.7	171.6	202.1
124.5	233.5	241.2	64.1	83.3	144.7	178.4
119.5	194.0	202.7	64.8	83.6	136.5	160.6
114.7	173.5	167.9	63.0	80.0	117.8	140.2
109.7	180.3	146.6	64.6	80.5	113.4	126.7
104.8	130.6	114.3	118.8	100.8	105.9	112.0
100.0	100.0	100.0	100.0	100.0	100.0	100.0

1—4 续表2

年份	进出口总额	出口总额	进口总额	利用外资：外商直接投资合同数（项）	利用外资：外商直接投资合同金额（万美元，验资口径）	利用外资：实际利用外商直接投资金额（万美元，验资口径）	普通高等学校数	普通高等学校在校学生数
1949								
1952								
1957								
1962							700.0	17381.3
1965							700.0	7145.4
1970								
1975								
1978							700.0	11231.8
1980				4348.8	316327.7		700.0	4681.8
1985	238028.5	176141.9	4564493.3	322.1	13545.5	39673.7	350.0	5593.3
1990	12229.4	9132.0	143925.5	101.1	2370.5	4187.1	350.0	3371.7
1991	8058.3	5920.6	310208.3	72.5	1024.4	3126.5	350.0	3862.5
1992	5806.7	4300.0	106151.0	28.5	167.1	1213.7	350.0	3864.6
1993	3457.0	2752.0	11199.2	20.6	166.7	505.4	350.0	2855.2
1994	2603.0	2036.1	10462.2	37.5	251.0	419.5	350.0	2714.8
1995	2112.9	1634.3	10069.8	30.7	74.7	354.2	350.0	2628.5
1996	1780.0	2389.6	1055.1	46.0	59.5	262.3	350.0	2609.8
1997	1752.8	2114.2	1200.4	32.0	150.1	209.2	350.0	2320.6
1998	1062.7	1884.0	488.7	26.8	132.2	181.9	350.0	1861.4
1999	1161.1	1793.8	595.4	37.5	119.3	159.7	350.0	1495.5
2000	1193.2	1497.3	771.4	33.8	113.9	180.0	350.0	1251.8
2001	1171.6	1383.4	829.8	33.3	107.4	179.1	350.0	929.6
2002	963.7	1106.6	715.2	40.3	106.9	178.9	350.0	656.4
2003	568.5	704.1	374.4	32.5	106.4	182.5	350.0	426.6
2004	363.9	399.5	293.8	32.3	106.4	510.4	350.0	291.9
2005	318.5	331.6	288.0	25.3	154.4	411.9	233.3	209.9
2006	276.9	288.9	249.2	25.4	122.7	318.9	175.0	179.0
2007	254.0	252.1	259.5	25.1	114.4	283.6	116.7	154.6
2008	222.0	222.2	221.5	45.5	139.3	255.2	116.7	134.2
2009	245.8	254.3	225.5	56.5	137.0	232.2	100.0	122.5
2010	159.4	169.9	136.6	46.8	105.1	182.3	100.0	115.9
2011	121.7	132.7	99.6	58.4	85.3	144.0	100.0	115.4
2012	120.1	123.2	112.5	72.9	69.3	113.7	100.0	111.3
2013	116.3	114.4	121.5	111.9	75.1	107.0	100.0	105.2
2014	100.0	100.0	100.0	100.0	100.0	100.0	100.0	100.0

教育				卫生				
普通高等学校专任教师数	中等职业学校数	在等职业学校在校学生数	中等职业学校专任教师数	卫生机构数	#医院、卫生院	卫生技术人员数	#医生	医疗床位数
	3000.0	5738.6	5920.8			14930.5		28295.5
	1500.0	3422.3	2329.5	2187.5		5525.1	6680.8	6492.4
	1500.0	2806.2	1691.7	1367.2		2790.1	3881.5	3062.7
4900.0	750.0	2869.3	1225.0	107.4		483.2	610.5	929.4
3144.2	250.0	1679.2	1821.8	103.8		359.4	452.0	672.2
	3000.0		2537.5	321.7		515.1	528.0	667.7
	600.0	4588.2	1894.7	579.5		418.1	469.8	452.4
17150.0	750.0	1741.2	1037.2	583.3		306.0	326.1	387.1
3930.2	428.6	1170.4	398.0	223.8		290.2	302.9	341.4
2403.2	63.8	387.5	283.1	500.0		239.8	256.0	281.2
1387.1	36.1	228.5	77.2	169.9		199.8	188.9	251.1
1352.3	28.8	220.4	74.4	171.9		200.3	187.2	249.3
1296.6	39.5	220.1	82.0	232.7		188.5	175.8	245.6
1241.1	41.1	187.9	78.2	500.0		199.9	179.1	239.3
1270.4	37.0	166.5	71.7	497.2		197.5	174.1	243.5
1209.3	41.1	129.8	73.4	494.4		208.2	185.6	238.4
1287.7	45.5	117.2	68.3	451.0		229.8	208.6	193.1
1266.1	40.5	91.1	55.7	444.2		231.1	208.5	141.3
1217.1	42.3	99.8	54.6	444.2		227.8	184.8	141.6
1194.0	41.7	108.2	58.5	439.7	117.2	228.7	196.1	143.3
1090.5	42.3	101.2	62.6	439.7	117.2	231.8	196.3	144.4
840.3	50.0	108.6	64.3	439.7	118.8	231.6	197.5	145.4
632.0	49.2	127.2	72.9	335.2	120.4	249.6	187.5	238.7
391.8	85.7	153.2	107.2	336.5	121.3	243.7	193.3	233.0
252.7	93.8	96.8	110.3	332.7	122.1	250.9	209.2	193.5
242.2	83.3	69.9	100.7	339.1	125.5	251.8	205.2	176.0
205.2	71.4	62.1	91.7	335.2	124.6	255.2	210.3	213.9
159.7	71.4	63.4	85.5	335.2	126.4	281.2	227.7	213.9
152.1	71.4	71.3	89.8	308.1	129.2	210.8	185.0	212.2
138.4	78.9	70.5	89.1	308.1	129.2	190.8	169.2	203.1
132.7	83.3	68.5	96.1	196.6	108.5	160.5	137.1	173.5
122.7	103.4	70.1	96.2	148.1	103.6	143.6	131.0	159.0
110.8	100.0	69.7	95.4	103.8	102.9	124.1	118.5	131.2
105.2	107.1	85.6	99.5	102.0	101.7	111.6	108.3	112.7
100.0	100.0	100.0	100.0	100.0	100.0	100.0	100.0	100.0

1—5 各个计划时期

	一五时期 (1953-1957)	二五时期 (1958-1962)	调整时期 (1963-1965)	三五时期 (1966-1970)	四五时期 (1971-1975)
1、地区生产总值(亿元)	10.77	16.91	11.32	21.88	28.76
第一产业(亿元)	6.71	8.10	6.05	11.31	14.44
第二产业(亿元)	1.36	4.26	2.33	4.80	7.42
工　业	1.21	3.50	2.04	4.36	6.43
建筑业	0.15	0.76	0.29	0.43	1.00
第三产业(亿元)	2.70	4.55	2.94	5.77	6.89
# 交通运输、仓储和邮政业	0.94	1.44	0.64	1.60	2.03
批发和零售业	1.16	1.87	1.33	2.47	3.18
2、农林牧渔业总产值(亿元)	9.62	12.03	8.94	16.62	21.75
3、工业总产值(亿元)	3.03	9.31	5.47	11.61	17.76
4、公共财政总收入(亿元)	1.82	2.72	2.02	3.22	4.19
地方公共财政收入(亿元)					
公共财政支出(亿元)	0.53	1.20	0.75	1.37	2.77
5、全社会固定资产投资(亿元)	0.24	2.24	0.71	0.86	2.04
6、货物周转量(亿吨公里)					
旅客周转量(亿人公里)					
邮电业务总量(亿元)	0.11	0.26	0.18	0.28	0.33
7、社会消费品零售总额(亿元)	5.52	9.20	6.32	11.43	13.88
8、进出口总额(亿美元)					
#出口总额(亿美元)					

主要经济指标总量

五五时期（1976–1980）	六五时期（1981–1985）	七五时期（1986–1990）	八五时期（1991–1995）	九五时期（1996–2000）	十五时期（2001–2005）	十一五时期（2006–2010）	十二五以来（2011–2014）
45.23	88.99	201.24	589.85	1446.44	2460.94	5243.93	8533.71
21.49	43.13	84.47	210.80	448.76	660.27	1034.70	1291.34
11.92	21.76	55.48	197.75	462.41	899.74	2269.51	4146.11
10.04	18.42	48.28	176.92	396.56	771.19	1974.64	3499.19
1.88	3.34	7.19		115.10	174.67	294.87	646.91
11.82	24.10	61.29	181.30	495.28	900.93	1939.72	3096.26
3.39	4.90	12.22	41.43	96.08	166.13	379.56	478.92
5.62	8.77	17.36	50.22	135.59	217.95	359.87	478.24
31.81	64.09	135.71	367.94	861.15	1146.07	1826.54	2321.92
30.60	57.62	169.73	714.45	1485.60	2886.42	7438.79	
5.56	7.94	17.90	49.25	126.49	177.61	502.34	881.64
				96.71	103.53	302.46	567.66
4.44	7.50	18.42	42.97	106.07	141.47	478.37	940.95
4.81	13.63	34.83	140.38	503.41	778.29	2424.20	6498.93
	22.13	45.97	253.24	184.11	155.02	185.54	331.05
	25.96	38.27	103.68	111.17	156.55	157.20	103.87
0.44	0.82	2.14	10.25	60.95	111.13	165.61	180.32
22.30	42.42	99.33	217.94	568.37	948.31	1702.80	2349.94
		2.04	19.07	37.63	112.62	264.43	401.95
	0.11	1.94	14.32	14.81	73.78	187.32	283.22

1—6 各个计划时期主要

	一五时期（1953-1957）	二五时期（1958-1962）	调整时期（1963-1965）	三五时期（1966-1970）	四五时期（1971-1975）	五五时期（1976-1980）
1、地区生产总值	8.8	-0.6	10.2	-0.2	3.9	9.4
第一产业	6.8	-3.9	11.4	-0.3	2.5	7.0
第二产业	27.6	6.5	14.4	-0.3	9.3	13.7
工　业	27.1	4.9	13.8	0.6	8.3	14.4
建筑业	31.5	16.0	16.8	-4.0	14.2	11.0
第三产业	13.0	7.6	4.6	0.1	4.5	12.3
# 交通运输、仓储和邮政业	14.1	1.1	10.9	-0.5	8.8	3.6
批发和零售业	12.5	6.2	3.3	0.9	6.4	10.6
人均地区生产总值	5.7	-3.2	6.9	-3.2	1.1	7.6
2、农林牧渔业总产值	7.1	-3.0	11.1	-0.2	2.7	7.3
3、工业总产值	27.2	6.9	16.5	1.6	9.3	16.1
4、公共财政总收入	24.2	4.8	13.6	-3.0	3.6	12.6
地方公共财政收入						
地方公共财政支出		-0.6	20.8	8.9	9.0	13.2
金融系统存款年末余额					4.8	11.0
金融系统贷款年末余额					4.2	1.4
城乡居民储蓄存款年末余额	33.9	12.0	8.3	2.2	7.1	17.7
5、全社会固定资产投资	47.2	22.8	-2.6	5.6	10.5	25.3
6、货物周转量	29.8	29.2	19.0	2.2	5.3	11.3
旅客周转量	38.5	6.5	15.3	0.4	11.4	10.6
7、社会消费品零售总额	25.9	1.5	4.8	-0.2	7.4	14.1
8、进出口总额						
# 出口总额						

经济指标年均增长速度

单位:%

六五时期（1981–1985）	七五时期（1986–1990）	八五时期（1991–1995）	九五时期（1996–2000）	十五时期（2001–2005）	十一五时期（2006–2010）	（1979–2014）	（1950–2014）
8.9	8.9	18.6	12.4	10.5	13.9	12.0	8.8
8.1	4.2	12.6	12.2	4.1	4.3	7.1	5.5
10.3	13.5	26.1	10.3	16.1	18.0	15.7	14.0
11.2	14.3	27.3	9.1	17.6	18.4	16.3	14.0
6.1	8.6	14.7	22.7	7.6	15.1	13.0	15.9
9.2	13.2	19.2	15.4	10.2	14.1	13.1	10.7
11.8	11.6	13.2	10.8	10.8	15.5	10.2	10.0
8.1	8.0	16.3	13.7	9.5	9.9	10.5	9.2
7.3	7.1	17.3	11.2	9.9	13.4	8.6	7.0
7.6	5.6	14.4	11.4	4.5	4.8	7.6	5.9
12.3	18.6	35.3	9.5	18.7	22.5		
4.9	23.5	24.4	15.5	17.3	22.5	16.0	16.1
			18.1	14.7	26.9	14.6	15.4
12.7	19.3	20.9	15.9	6.3	32.7	17.5	
29.0	21.5	32.6	18.1	15.5	22.2	21.1	
36.3	16.8	22.8	18.2	8.4	25.3	19.1	
34.8	32.0	31.4	19.2	15.5	16.9	24.1	
21.7	16.7	42.3	24.1	7.4	33.8	23.7	23.1
13.4	9.0	14.4	–10.1	–2.9	6.1	6.1	
12.7	4.4	13.5	–1.5	8.7	–5.0	5.4	
13.4	18.2	21.1	16.2	9.9	15.8	16.0	17.7
	8.0	36.6	16.6	30.2	14.9		
54.1	79.8	30.0	10.5	35.2	14.3		

1—7 国民经济主要比例关系

单位:%

	1990	1995	2000	2001	2002	2003	2004	2005	2006	2007	2008	2009	2010	2011	2012	2013	2014
1、地区生产总值																	
第一产业	39.2	35.6	31.8	30.6	28.3	26.8	25.6	22.8	21.6	21.2	21.1	18.6	17.8	16.6	15.9	14.6	14.0
第二产业	27.0	34.5	31.1	32.1	33.5	35.5	38.4	40.4	41.8	41.6	41.6	44.1	45.6	47.3	47.8	49.0	49.8
第三产业	33.8	29.9	37.1	37.3	38.2	37.7	36.0	36.8	36.6	37.2	37.3	37.3	36.6	36.1	36.3	36.4	36.2
2、支出法地区生产总值中:																	
最终消费	70.4	58.6	45.0	45.3	45.4	45.5	45.6	45.1	44.8	44.6	42.0	43.5	39.5	38.3	38.9	39.3	39.6
资本形成总额	24.9	33.1	38.1	44.1	40.0	37.5	37.3	37.0	38.3	41.8	48.2	45.3	52.1	53.3	54.8	53.4	54.4
3、固定资产投资中																	
国 有	44.8	49.6	38.6	35.8	33.0	31.2	32.7	23.4	20.0	20.3	26.1	26.7	24.9	23.6	26.9	25.5	26.2
集 体	13.6	11.4	4.4	1.8	2.1	2.1	2.2	1.5	1.0	1.1	2.3	1.5	1.8	1.2	1.4	2.9	2.9
其 他	41.6	39.0	57.0	62.4	64.9	66.7	65.1	75.1	79.0	78.6	71.6	71.8	73.3	75.2	71.7	71.6	70.9
4、农林牧渔业总产值																	
农 业	60.9	54.9	48.7	49.6	49.4	48.7	47.0	47.7	48.7	47.4	45.2	47.5	48.7	47.8	48.2	48.7	51.0
林 业	2.8	2.5	3.1	2.0	2.4	2.3	2.4	2.6	2.6	2.5	2.8	3.1	3.0	3.1	3.0	3.5	3.7
牧 业	19.4	18.4	15.5	14.6	14.4	14.7	15.9	14.6	12.1	13.5	15.0	12.0	10.8	12.1	10.9	10.3	9.1
渔 业	16.9	24.2	32.7	33.8	33.9	33.6	34.2	34.4	31.4	31.4	32.1	32.3	32.7	32.4	33.2	32.7	31.1
农林牧渔服务业						0.6	0.6	0.6	5.2	5.1	4.9	5.1	4.8	4.6	4.7	4.9	5.1
5、货运量中:																	
铁 路	4.7	3.8	2.6	3.5	3.4	3.5	4.5	3.5	3.1	2.8	2.3	2.3	1.7	1.5	1.2	0.6	0.5
公 路	89.6	92.3	94.1	94.0	94.3	93.7	91.9	92.9	92.9	91.6	76.9	76.6	72.5	72.1	73.6	82.1	82.3
水 运	5.7	3.9	3.3	2.5	2.3	2.8	3.6	3.6	4.0	5.6	20.7	21.1	25.8	26.4	25.2	17.3	17.2
6、客运量中:																	
铁 路	2.6	3.0	1.4	1.0	0.9	1.1	0.9	0.7	0.8	0.9	1.2	1.1	1.1	1.1	0.9	6.0	11.2
公 路	95.5	94.4	97.1	97.7	97.9	97.5	98.0	98.1	98.0	97.8	96.4	96.5	96.4	96.1	97.2	89.9	81.4
水 运	1.9	2.7	1.5	1.3	1.2	1.4	1.1	1.2	1.2	1.3	2.4	2.4	2.5	2.8	1.8	4.1	7.4
7、进出口总额																	
出 口	97.7	76.2	58.1	61.8	63.5	58.9	66.5	70.1	69.9	73.5	72.9	70.5	68.4	66.9	69.9	73.0	71.8
进 口	2.3	23.8	41.9	38.2	36.5	41.1	33.5	29.9	30.1	26.5	27.1	29.5	31.6	33.1	30.1	27.0	28.2

注:2013年交通客货运量根据公路专项调查结果调整。

1—8　主要经济指标人均值

单位:元

年　份	地　区生产总值	财政收支			金融系统贷款年末余额	农林牧渔业总产值
		公共财政总收入	地方公共财政收入	公共财政支出		
1952	97	8				99
1978	261	38		28	92	183
1980	332	40		32	78	225
1985	602	47		53	341	429
1990	1292	126		119	683	840
1995	4427	357	247	292	1815	2871
2000	7732	706	545	589	4033	4380
2001	8462	667	491	552	4332	4567
2002	9074	615	377	513	4768	4530
2003	10199	683	380	582	5311	4844
2004	11879	838	442	685	5677	5415
2005	14095	1108	590	784	5919	5892
2006	16031	1391	765	1082	7108	6424
2007	18554	1818	1028	1481	8969	7440
2008	21081	2181	1299	1981	10646	8083
2009	24619	2420	1509	2553	13949	8219
2010	29771	2901	1843	3070	17403	9340
2011	36793	3617	2323	3780	20888	10731
2012	41333	4193	2688	4526	24748	11405
2013	45702	4823	3141	5320	28811	12189
2014	50685	5319	3407	5534	33039	12990

1—8　续表 1

单位:元

年　份	主要农产品产量(公斤)					邮电业务总　量	全社会固定资产投　资	社会消费品零售总额
	粮　食	水　果	猪牛羊肉	水产品	食用菌			
1952	370	16		16		1	1	34
1978	372	11	14	19		1	30	122
1980	385	12	13	20		2	39	170
1985	304	20	20	28		4	97	297
1990	352	60	27	41		13	194	632
1995	342	230	41	118	33	94	1075	1570
2000	276	373	53	280	38	422	3048	3202
2001	250	403	54	286	34	448	3139	3467
2002	208	410	54	293	31	445	2998	3766
2003	205	430	56	301	29	479	3128	4093
2004	211	444	59	312	31	527	3603	4523
2005	207	469	60	323	36	550	4275	5036
2006	135	467	42	285	37	596	5225	5638
2007	134	475	40	292	42	670	7095	6555
2008	145	515	46	297	46	721	9476	7810
2009	146	519	46	302	45	789	12320	8894
2010	146	524	46	301	46	764	17422	9836
2011	146	560	47	309	48	789	23120	11677
2012	143	556	48	315	51	934	30345	13491
2013	141	585	47	326	57	949	35730	15139
2014	139	633	43	343	61	1001	43041	13956

1—8　续表2

单位:元

年　份	进出口总额(美元)		实际利用外商直接投资金额(美元)	卫生(人/万人)		
	进出口总额	出口总额		卫生技术人员数	#医生	医疗床位数(张/万人)
1952				2	1	2
1978				19	6	14
1980				19	7	16
1985	1	1	1	22	7	18
1990	23	23	7	24	9	18
1995	107	81	84	22	9	18
2000	221	128	158	19	8	29
2001	223	138	158	19	8	29
2002	271	172	158	17	8	18
2003	458	270	154	18	8	18
2004	713	474	55	17	7	22
2005	812	569	68	17	7	24
2006	930	651	87	17	7	19
2007	1008	741	98	15	12	18
2008	1142	832	107	20	8	19
2009	1022	720	117	22	9	20
2010	1542	1055	146	25	11	22
2011	2010	1345	184	28	11	25
2012	1925	1345	182	32	12	29
2013	1975	1442	192	36	13	34
2014	2283	1639	204	39	14	38

1—8　续表3

单位:元

年　份	人民生活							
	在岗职工平均工资	城镇居民可支配收入	城镇居民消费性支出	农村居民可支配收入	农民生活费支出	居民储蓄存款年末余额	城镇居民住房建筑面积(㎡)	农民住房使用面积(㎡)
1952	382	126		87		1		
1978	497	323	315	158	146	14		
1980	631	399	380	208	187	23		
1985	926	558	528	403	363	31		15.80
1990	1833	1378	1371	822	773	351		19.20
1995	4483	4305	3508	2164	1841	1307	14.34	19.00
2000	8235	7059	5285	3530	2296	3029	17.20	24.30
2001	9555	7417	5540	3695	2370	3442	17.80	26.40
2002	10283	8364	6236	3761	2498	3851	20.23	27.50
2003	11077	9053	6648	3982	2652	4497	22.91	28.80
2004	11964	10117	7427	4320	2858	5291	23.83	29.10
2005	13339	11241	8172	4690	3312	6098	24.42	31.60
2006	14969	12511	8961	5075	3489	7120	24.35	32.70
2007	18024	14153	10504	5696	4227	7774	32.70	33.85
2008	22270	16023	11506	6506	4798	9431	30.90	35.18
2009	25055	16616	11615	7054	5079	10784	32.68	36.25
2010	29535	18482	12665	7861	5525	12626	32.44	36.97
2011	34898	21137	14314	9128	6650	14476	35.30	40.00
2012	42137	23951	16231	10389	7582	16629	35.41	41.20
2013	46610	26471	17802	11639	8267	19226	39.40	40.00
2014	51495	25741	18484	12690	9267	20977	40.10	39.30

注:2013年及以前,农村居民人均可支配收入为农民人均纯收入口径。

1—9　平均每天主要社会经济活动

年　份	地　区生产总值（万元）	农林牧渔业总产值	财政收支（万元）	
			公共财政总收入	公共财政支出
1952	44	45	4	
1978	244	171	36	26
1980	320	217	39	30
1985	624	445	49	55
1990	1454	944	141	133
1995	5252	3389	421	345
2000	9753	5375	866	723
2001	10644	5645	825	682
2002	11458	5617	762	636
2003	12935	6019	848	723
2004	15166	6748	1044	853
2005	18111	7370	1387	981
2006	20690	8066	1746	1358
2007	24045	9399	2297	1871
2008	27463	10315	2783	2528
2009	32274	10587	3118	3289
2010	39198	12295	3819	4042
2011	48444	14188	4782	4998
2012	55148	15311	5630	6076
2013	61541	16464	6515	7185
2014	68667	17652	7229	7521

1—9　续表 1

年　份	主要工农业产品产量（吨）							
	罐　头	发电量（万千瓦时）	粮　食	茶　叶	水　果	猪牛羊肉	水产品	食用菌
1952			1694	0.3	74		73	
1978	28	62	3488	6	99		177	
1980	39	138	3706	7	115	126	189	
1985	108	237	3156	10	209	211	290	
1990	131	274	3956	16	679	301	466	
1995	640	356	4036	23	2717	501	1392	393
2000	558	1136	3389	33	4576	654	3437	468
2001	575	1546	3096	38	4981	672	3533	425
2002	737	2453	2581	39	5088	667	3627	390
2003	832	3909	2548	49	5349	690	3736	367
2004	1018	5179	2636	59	5538	741	3888	385
2005	1157	6134	2594	78	5868	749	4043	449
2006	1197	5351	1698	92	5862	531	3575	465
2007	1318	5769	1697	106	6000	502	3683	532
2008	1974	6164	1852	116	6568	580	3785	590
2009	1973	6909	1878	128	6688	587	3887	575
2010	2570	5747	1920	135	6891	601	3959	601
2011	2728	7630	1933	139	7405	620	4083	640
2012	2846	5731	1925	151	7470	641	4230	687
2013	3046	6819	1898	164	7906	636	4408	771
2014	3228	7097	1894	169	8599	590	4665	835

1—9 续表2

年份	全社会固定资产投资（万元）	社会消费品零售总额（万元）	进出口（万美元）		
			进出口总额	出口额	进口额
1952	0.3	15			
1978	29	114			
1980	38	164			
1985	101	308	1	1	
1990	218	710	26	26	1
1995	1269	1852	126	96	30
2000	3740	3928	271	158	113
2001	3879	4286	276	171	105
2002	3718	4672	336	213	122
2003	3888	5087	569	335	234
2004	4490	5637	889	591	298
2005	5348	6300	1016	712	304
2006	6560	7078	1168	817	351
2007	8964	8282	1274	936	338
2008	12093	9967	1457	1062	395
2009	15869	11456	1316	928	388
2010	22935	12949	2030	1389	641
2011	30567	15439	2657	1778	879
2012	40737	18112	2584	1806	778
2013	48260	20448	2668	1947	720
2014	58489	18964	3103	2228	875

1—9 续表3

年份	实际利用外资（万美元）	交通运输邮电通讯			全社会用电量（万千瓦时）
		旅客运输量（万人）	货物运输量（万吨）	邮电业务总量（万元）	
1952		0.1	0.2	0.3	
1978		2	2	1	
1980	1	3	2	2	
1985	1	5	4	4	
1990	9	7	7	15	
1995	99	9	13	111	348
2000	194	13	14	518	781
2001	195	13	12	553	960
2002	196	16	11	551	1022
2003	206	16	10	596	1169
2004	145	15	9	657	1326
2005	168	16	9	687	1561
2006	110	16	9	749	1777
2007	123	17	11	846	2087
2008	137	15	13	920	2367
2009	151	15	13	1017	2494
2010	192	14	10	1005	3113
2011	243	15	17	1043	3654
2012	244	15	12	1254	3998
2013	259	8	23	1282	4549
2014	277	10	30	1361	5421

注:2013年交通客货运量根据公路专项调查结果调整。

1—10　2001—2014年全市行业用电情况

单位:万千瓦时

	2001	2002	2003	2004	2005	2006	2007
全社会用电总计	**304202**	**333121**	**406069**	**483862**	**569924**	**648460**	**761691**
一、农、林、牧、渔业	27107	23752	21210	20581	23097	25558	30636
二、工　业	158107	179089	238012	299136	357621	404195	473890
三、建筑业	7155	7826	7426	4554	4489	5341	5211
四、交通运输、仓储和邮政业	7305	7482	8018	9813	11405	11793	11668
五、信息传输、计算机服务和软件业	3536	3961	4314	5590	6830	7073	7837
六、商业、住宿和餐饮业	17743	17666	21213	16459	16757	18591	19906
七、金融、房地产、商务及居民服务业	5411	4678	5465	8574	9669	9960	11385
八、公共事业及管理组织	11718	11227	14107	18937	21925	24791	29123
九、城乡居民生活用电合计	66120	77440	86304	100217	118131	141158	172035
城镇居民	32567	38074	39387	46487	55859	64797	71937
乡村居民	33553	39366	46917	53730	62272	76361	100098

1—10　续表

单位:万千瓦时

	2008	2009	2010	2011	2012	2013	2014
全社会用电总计	**864065**	**910192**	**1136236**	**1333596**	**1459272**	**1660510**	**1978763**
一、农、林、牧、渔业	31211	37711	45423	65010	82466	94269	95275
二、工　业	535832	528307	691628	819085	876673	1021606	1259144
三、建筑业	7961	11889	17638	25145	26930	32234	39292
四、交通运输、仓储和邮政业	11913	11580	12926	12523	13979	14579	18235
五、信息传输、计算机服务和软件业	7962	8886	10623	11692	13009	13966	15678
六、商业、住宿和餐饮业	22943	24868	31681	36453	41702	48202	57503
七、金融、房地产、商务及居民服务业	13808	11966	21525	23311	23880	24822	27468
八、公共事业及管理组织	26369	47802	35483	40504	44879	48780	57790
九、城乡居民生活用电合计	206066	227183	269309	299872	335753	362051	408377
城镇居民	79331	89053	105327	120393	130812	131284	145349
乡村居民	126735	138130	163982	179482	204943	230766	263028

主要统计指标解释

可比价格 指在不同时期的价值指标对比时，扣除了价格变动的因素，以确切反映物量的变化。按可比价格计算有两种方法：一种是直接用产品产量乘某一年的不变价格计算；另一种是用价格指数换算。

平均每年增长速度 计算平均增长速度有两种方法。一种是习惯上经常使用的"水平法"，又称几何平均法，是以间隔期最后一年的水平同基期水平对比来计算平均每年增长(或下降)速度。另一种是"累计法"，又称代数平均法或方程法，是以间隔期内各年的总和同基期水平对比来计算平均每年增长(或下降)速度。

在一般正常情况下，两种方法计算的平均每年增长速度比较接近，但在经济发展不平衡，出现大起大落时，两种方法计算的结果差别较大。

本《年鉴》内所列的平均每年增长速度，均用"水平法"计算。从某年到某年平均增长速度的年份，均不包括基数年在内。如改革开放二十年的平均增长速度是以 1978 年为基期计算的，则写为 1979-1998 年平均增长速度，余类推。

各个计划时期 表内所用各个"时期"代表的年份如下：恢复时期为 1950 年到 1952 年；第一个五年计划时期(简称一五时期)为 1953 年到 1957 年；第二个五年计划时期(简称二五时期)为 1958 年到 1962 年；第三个五年计划时期(简称三五时期)为 1966 年到 1970 年；第四个五年计划期(简称四五时期)为 1971 年到 1975 年；第五个五年计划时期(简称五五时期)为 1976 年到 1980 年；第六个五年计划时期(简称六五时期)为 1981 年到 1985 年；第七个五年计划(简称七五时期)为 1986 年到 1990 年；第八个五年计划时期(简称八五时期)为 1991 年到 1995 年；第九个五年计划时期(简称九五时期)为 1996 年到 2000 年；第十个五年计划时期(简称十五时期)为 2001 年到 2005 年。

国民经济行业分类 《国民经济行业分类》国家标准于 1984 年首次公布，分别于 1994 年和 2002 年进行修订，2011 年第三次修订。该标准(GB/T 4754-2011)由国家统计局起草，国家质量监督检验检疫总局、国家标准化管理委员会批准发布，并于 2011 年 11 月 1 日实施。此次修订，除参照 2008 年联合国新修订的《国际标准行业分类》修订四版(简称：ISIC4)外，主要依据我国近年来经济发展状况和趋势，对门类、大类、中类、小类做了调整和修改。

企业(单位)登记注册类型 是以在工商行政管理机关登记注册的各类企业为划分对象，以工商行政管理部门对企业登记注册的类型为依据，将企业登记注册类型分为内资企业、港澳台商投资企业和外商投资企业三大类。内资企业包括国有企业、集体企业、股份合作企业、联营企业、有限责任公司、股份有限公司、私营公司和其他企业；港澳台商投资企业和外商投资企业分别包括合资经营企业、合作经营企业、独资经营企业和股份有限公司。对不在工商行政管理部门进行登记注册的行政机关、事业单位和社会团体，主要按其经费来源和管理方式进行划分。

国有企业 指企业全部资产归国家所有，并按《中华人民共和国企业法人登记管理条例》规定登记注册的非公司制的经济组织。不包括有限责任公司中的国有独资公司。

集体企业 指企业资产归集体所有，并按《中华人民共和国企业法人登记管理条例》规定登记注册的经济组织。

股份合作企业 指以合作制为基础，由企业职工共同出资入股，吸收一定比例的社会资产投资组建，实行自主经营，自负盈亏，共同劳动，民主管理，按劳分配与按股分红相结合的一种集体经济组织。

联营企业 指两个及两个以上相同或不同所有制性质的企业法人或事业单位法人，按自愿、平等、互利的原则，共同投资组成的经济组织。联营企业包括国有联营企业、集体联营企业、国有与集体联营企业和其他联营企业。

有限责任公司 指根据《中华人民共和国公司登记管理条例》规定登记注册，由两个以上、五十个以下的股东共同出资，每个股东以其所认缴的出资额对公司承担有限责任，公司以其全部资产对其债务承担责任的经济组织。有限责任公司包括国有独资公司以及其他有限责任公司。

股份有限公司 指根据《中华人民共和国公司登记管理条例》规定登记注册，其全部注册资本由等额股份构成并通过发行股票筹集资本，股东以其认购的股份对公司承担有限责任，公司以其全部资产对其债务承担责任的经济组织。

私营企业 指由自然人投资设立或由自然人控股，以雇佣劳动为基础的营利性经济组织。包括按照《公司法》、《合伙企业法》、《私营企业暂行条例》规定登记注册的私营有限责任公司、私营股份有限公司、私营合伙企业和私营独资企业。

其他企业 指上述企业之外的其他内资经济组织。

与港澳台商合资经营企业 指港澳台地区投资者与内地企业依照《中华人民共和国中外合资经营企业法》及有关法律的规定，按合同规定的比例投资设立、分享利润和分担风险的企业。

与港澳台商合作经营企业 指港澳台地区投资者与内地企业依照《中华人民共和国中外合作经营企业法》及有关法律的规定，依照合作合同的约定进行投资或提供条件设立、分配利润和分担风险的企业。

港澳台商独资经营企业 指依照《中华人民共和国外资企业法》及有关法律的规定，在内地由港澳台地区投资者全额投资设立的企业。

港澳台商投资股份有限公司　指根据国家有关规定，经原外经贸部依法批准设立，其中港、澳、台商的股本占公司注册资本的比例达25%以上的股份有限公司。凡其中港、澳、台商的股本占公司注册资本的比例小于25%的，属于内资企业中的股份有限公司。

中外合资经营企业　指外国企业或外国人与中国内地企业依照《中华人民共和国中外合资经营企业法》及有关法律的规定，按合同规定的比例投资设立、分享利润和分担风险的企业。

中外合作经营企业　指外国企业或外国人与中国内地企业依照《中华人民共和国中外合作经营企业法》及有关法律的规定，依照合作合同的约定进行投资或提供条件设立、分配利润和分担风险的企业。

外资企业　指依照《中华人民共和国外资企业法》及有关法律的规定，在中国内地由外国投资者全额投资设立的企业。

外商投资股份有限公司　指根据国家有关规定，经原外经贸部依法批准设立，其中外资的股本占公司注册资本的比例达25%以上的股份有限公司。凡其中外资股本占公司注册资本的比例小于25%的，属于内资企业中的股份有限公司。

行政机关、事业单位和社会团体　参照企业登记注册类型，主要按其经费来源和管理方式划分。具体规定如下：

(1)行政机关：包括国家机关和政党机关，原则上均列为“国有”。但有特殊规定的，如供销社等，则列为“集体”。

(2)事业单位：包括经国家机构编制部门和有关业务主管部门批准成立的各类事业单位，不包括实行企业化管理的事业单位。事业单位的划分办法如下：

①由国家财政预算拨款或列入财政预算外资金管理以及经费主要来源于国有主管部门或国有上级单位的事业单位，列为“国有”。

②经费主要来源于集体单位的事业单位，列为“集体”。

③公民个人(或个人合伙)开办的事业单位，列为“私营”。

④上述以外的其他事业单位，如果其经费来源不明确，按管理方式进行归类。

(3)社会团体：包括经民政部门批准成立以及未纳入社会团体管理条例范围的工会、妇联等各类社会团体。社会团体的划分办法如下：

①未纳入民政部社会团体管理条例范围的工会、妇联、共青团、青联、工商联、科协、侨联等社会团体，国家拨款设立的基金会或基金管理组织以及经费主要来源于国有业务主管部门或国有上级单位的社会团体，列为“国有”。

②经费主要来源于集体单位的社会团体，列为“集体”。

③公民个人(或个人合伙)开办的社会团体，划为“私营”。

④上述以外的其他社会团体，如果其经费来源不明确，改按管理方式进行归类。

能源生产总量　指一定时期内，全国一次能源生产量的总和。该指标是观察全国能源生产水平、规模、构成和发展速度的总量指标。一次能源生产量包括原煤、原油、天然气、水电、核能及其他动力能(如风能、地热能等)发电量，不包括低热值燃料生产量、生物质能、太阳能等的利用和由一次能源加工转换而成的二次能源产量。

能源消费总量　指一定时期内，全国各行业和居民生活消费的各种能源的总和。该指标是观察能源消费水平、构成和增长速度的总量指标。能源消费总量包括原煤和原油及其制品、天然气、电力，不包括低热值燃料、生物质能和太阳能等的利用。能源消费总量分为终端能源消费量、能源加工转换损失量和能源损失量三部分。

(1)终端能源消费量：指一定时期内，全国生产和生活消费的各种能源在扣除了用于加工转换二次能源消费量和损失量以后的数量。

(2)能源加工转换损失量：指一定时期内，全国投入加工转换的各种能源数量之和与产出各种能源产品之和的差额。该指标是观察能源在加工转换过程中损失量变化的指标。

(3)能源损失量：指一定时期内，能源在输送、分配、储存过程中发生的损失和由客观原因造成的各种损失量，不包括各种气体能源放空、放散量。

能源生产弹性系数　是研究能源生产增长速度与国民经济增长速度之间关系的指标。计算公式：

$$\text{能源生产弹性系数}=\frac{\text{能源生产总量年平均增长速度}}{\text{国民经济年平均增长速度}}$$

电力生产弹性系数　是研究电力生产增长速度与国民经济增长速度之间关系的指标。一般来说，电力的发展应当快于国民经济的发展，也就是说电力应超前发展。计算公式为：

$$\text{电力生产弹性系数}=\frac{\text{电力生产量年平均增长速度}}{\text{国民经济年平均增长速度}}$$

能源消费弹性系数 反映能源消费增长速度与国民经济增长速度之间比例关系的指标。计算公式为：

$$能源消费弹性系数=\frac{能源消费量年平均增长速度}{国民经济年平均增长速度}$$

电力消费弹性系数 反映电力消费增长速度与国民经济增长速度之间比例关系的指标。计算公式为：

$$电力消费弹性系数=\frac{电力消费量年平均增长速度}{国民经济年平均增长速度}$$

能源加工转换效率 指一定时期内，能源经过加工、转换后，产出的各种能源产品的数量与同期内投入加工转换的各种能源数量的比率。该指标是观察能源加工转换装置和生产工艺先进与落后、管理水平高低等的重要指标。计算公式为：

$$能源加工转换率=\frac{能源加工转换产出量}{能源加工转换投入量}\times 100\%$$

单位国内生产总值能耗 指一定时期内，一个国家或地区每生产一个单位的国内生产总值所消耗的能源。计算公式为：

$$单位国内生产总值能源=\frac{能源消费总量}{国内生产总值}$$

单位国内生产总值电耗 指一定时期内，一个国家或地区每生产一个单位的国内生产总值所消耗的电力。计算公式为：

$$单位国内生产总值电耗=\frac{全社会用电量}{国内生产总值}$$

单位工业增加值能耗 指一定时期内，一个国家或地区每生产一个单位的工业增加值所消耗的能源。计算公式为：

$$单位工业增加值能耗=\frac{工业能源消费量}{工业增加值}$$

第二篇　国民经济核算

2—1 历年全国国内生产总值、全省与全市地区生产总值及人均水平

年份	全国		全省		漳州	
	国内生产总值（亿元）	人均国内生产总值（元）	地区生产总值（亿元）	人均地区生产总值（元）	地区生产总值（亿元）	人均地区生产总值（元）
1952	679	119	12.73	102	1.61	97
1953	824	142	14.38	112	1.79	104
1954	859	144	14.86	113	1.90	107
1955	910	150	16.45	122	1.97	108
1956	1028	165	20.81	150	2.48	132
1957	1068	168	22.03	154	2.62	135
1958	1307	200	24.39	166	3.14	157
1959	1439	216	29.22	192	3.47	167
1960	1457	218	29.58	190	3.75	175
1961	1220	185	23.25	147	3.32	153
1962	1149	173	22.12	137	3.23	146
1963	1233	181	23.60	142	3.31	145
1964	1454	208	25.95	153	3.78	161
1965	1716	240	28.81	166	4.23	175
1966	1868	254	32.13	180	4.67	187
1967	1774	235	29.25	159	4.44	173
1968	1723	222	26.06	138	4.03	152
1969	1938	243	31.12	160	4.29	157
1970	2253	275	34.70	173	4.44	157
1971	2426	288	41.03	198	5.09	175
1972	2518	292	44.50	208	5.87	196
1973	2721	309	43.64	200	5.68	184
1974	2790	310	45.16	202	5.83	184
1975	2997	327	46.48	203	6.29	195
1976	2944	316	46.92	201	6.66	202
1977	3202	339	52.41	220	7.74	230
1978	3650	382	66.37	273	8.91	261
1979	4068	420	74.11	300	10.26	296
1980	4552	464	87.06	348	11.67	332
1981	4898	493	105.62	416	13.95	391

2—1 续表

年份	全国		全省		漳州	
	国内生产总值（亿元）	人均国内生产总值（元）	地区生产总值（亿元）	人均地区生产总值（元）	地区生产总值（亿元）	人均地区生产总值（元）
1982	5333	529	117.81	457	15.77	435
1983	5976	584	127.76	487	16.77	455
1984	7226	697	157.06	591	19.72	528
1985	9040	860	200.48	737	22.79	602
1986	10309	966	222.54	809	25.74	671
1987	12102	1116	279.24	999	30.75	790
1988	15101	1371	383.21	1349	41.84	1059
1989	17090	1528	458.40	1589	49.86	1244
1990	18774	1654	522.28	1763	53.06	1292
1991	21896	1903	619.87	2041	63.57	1510
1992	27068	2324	784.68	2557	80.66	1902
1993	35524	3015	1114.20	3556	106.48	2493
1994	48460	4066	1644.39	5193	147.43	3432
1995	61130	5074	2094.90	6526	191.71	4427
1996	71572	5878	2484.25	7646	227.00	5202
1997	79430	6457	2870.90	8775	255.12	5810
1998	84884	6835	3159.91	9603	291.21	6584
1999	90188	7199	3414.19	10323	319.54	7169
2000	99776	7902	3764.54	11194	356.00	7732
2001	110270	8670	4072.85	11691	388.49	8462
2002	121002	9450	4467.55	12739	418.23	9074
2003	136565	10600	4983.67	14125	472.14	10199
2004	160714	12400	5763.35	16235	553.55	11879
2005	185896	14259	6554.69	18353	661.04	14095
2006	217657	16602	7583.85	21105	755.20	16031
2007	268019	20337	9248.53	25582	877.63	18554
2008	316752	23912	10823.01	29755	1002.39	21081
2009	345629	25963	12236.53	33437	1178.01	24619
2010	408903	30567	14737.12	40025	1430.71	29771
2011	484124	36018	17560.18	47377	1768.20	36793
2012	534123	39544	19701.78	52763	2012.92	41333
2013	588019	43320	21868.49	58145	2246.23	45702
2014	636463	46652	24055.76	63472	2506.36	50685

注：本表按当年价格计算。省及省以下地区的“国内生产总值”现已改为“地区生产总值”。第三次全国经济普查后，因基础统计资料变化，全国对 2013 年及以前年度的 GDP 历史数据进行了修订。2014 年全国生产总值为初步核算数。

2—2 历年全国国内生产总值、全省与全市地区生产总值及人均水平指数

（以上年为100）

年份	全国		全省		漳州	
	国内生产总值	人均国内生产总值	地区生产总值	人均地区生产总值	地区生产总值	人均地区生产总值
1953	115.6	113.1	112.6	109.8	108.2	105.1
1954	104.2	101.8	104.4	108.9	103.6	100.5
1955	106.8	104.5	109.8	100.0	101.8	98.6
1956	115.0	112.7	124.8	121.8	121.6	118.3
1957	105.1	102.4	106.7	103.0	110.0	106.6
1958	121.3	118.3	109.3	105.7	111.1	107.6
1959	108.8	106.7	118.3	114.8	104.9	101.0
1960	99.7	99.5	101.7	98.9	103.1	100.0
1961	72.7	73.4	71.7	70.4	85.7	84.7
1962	94.4	93.6	98.6	96.6	94.3	92.5
1963	110.2	107.5	103.9	101.7	102.8	99.5
1964	118.3	115.5	116.8	114.5	118.0	114.6
1965	117.0	114.3	110.9	107.5	110.2	107.0
1966	110.7	107.7	111.6	108.3	106.2	102.8
1967	94.3	91.9	90.9	88.5	91.9	89.3
1968	95.9	93.4	88.9	87.0	94.6	91.8
1969	116.9	113.7	120.1	116.7	107.0	103.4
1970	119.4	116.1	109.9	105.7	100.3	97.3
1971	107.0	104.1	114.0	110.7	107.6	104.4
1972	103.8	101.2	108.4	105.1	107.0	103.8
1973	107.9	105.4	98.3	99.5	95.3	92.5
1974	102.3	100.2	103.6	98.0	102.6	100.1
1975	108.7	106.8	102.9	100.5	107.4	105.1
1976	98.4	96.9	99.9	97.5	104.5	102.4
1977	107.6	106.2	115.7	113.2	113.0	110.9
1978	111.6	110.2	117.8	115.6	113.9	112.0
1979	107.6	106.1	105.5	103.9	107.4	105.8
1980	107.9	106.5	118.4	117.2	108.6	107.1
1981	105.1	103.8	115.5	114.0	110.0	108.4
1982	109.0	107.4	109.3	107.5	108.6	106.9

2—2 续表 （以上年为100）

年份	全国		全省		漳州	
	国内生产总值	人均国内生产总值	地区生产总值	人均地区生产总值	地区生产总值	人均地区生产总值
1983	110.8	109.2	106.2	104.4	104.6	103.0
1984	115.2	113.7	117.9	116.3	114.7	113.1
1985	113.5	112.0	117.6	114.9	106.7	105.2
1986	108.9	107.3	105.7	104.5	107.6	106.1
1987	111.7	109.9	113.6	111.8	111.1	109.5
1988	111.3	109.5	114.3	112.6	110.4	108.7
1989	104.2	102.6	107.8	106.1	109.1	107.5
1990	103.9	102.4	107.5	104.7	106.5	104.0
1991	109.3	107.8	114.2	111.4	115.4	112.5
1992	114.3	112.9	120.3	119.0	121.9	120.8
1993	113.9	112.6	122.6	120.1	119.2	118.4
1994	113.1	111.8	120.3	119.0	121.9	121.2
1995	111.0	109.8	114.6	113.0	114.9	114.0
1996	109.9	108.8	113.3	112.0	114.2	113.3
1997	109.2	108.1	114.0	113.2	113.6	112.9
1998	107.8	106.8	110.8	110.2	113.5	112.6
1999	107.6	106.7	109.9	109.3	110.4	109.6
2000	108.4	107.6	109.3	107.5	110.5	107.7
2001	108.3	107.5	108.7	104.9	108.6	110.2
2002	109.1	108.4	110.2	109.1	110.7	108.2
2003*	110.0	109.3	111.5	110.8	111.4	110.3
2004	110.1	109.4	111.8	111.2	111.0	110.7
2005	111.3	110.7	111.6	110.9	111.1	110.4
2006	112.7	112.1	114.8	114.1	112.5	112.0
2007	114.2	113.6	115.2	114.5	115.1	114.7
2008	109.6	109.1	113.0	112.3	113.6	113.0
2009	109.2	108.7	112.3	111.6	113.3	112.6
2010	110.6	110.1	113.9	113.2	114.9	114.5
2011	109.5	109.0	112.3	111.6	114.7	114.3
2012	107.7	107.2	111.4	110.5	112.6	111.6
2013	107.7	107.2	111.0	110.2	111.5	110.5
2014	107.4	106.8	109.9	109.1	111.3	110.6

注:本表按可比价格计算,加*数据为户籍人口向常住人口的过渡期数据。第三次全国经济普查后,因基础统计资料变化,全国对2013年及以前年度的GDP历史数据进行了修订。2014年全国生产总值为初步核算数。2014年全国人均生产总值为初步核算数。

2—3 主要年份总产出

单位：万元

年份	总产出	第一产业	第二产业	工业	建筑业	第三产业	#交通运输、仓储和邮政业	#批发和零售业	总产出指数(%) 以1952年为100	总产出指数(%) 以上年为100
1952	24333	16571	3291	2819	472	4471	2751	3468	100.0	108.8
1957	44932	21752	11010	9123	1887	12170	5573	6633	157.0	111.4
1962	61867	24963	18239	14935	3304	18665	5471	9369	161.8	95.1
1965	80423	32414	25458	22005	3453	22551	6969	10712	217.5	112.0
1970	83578	33003	28982	25155	3827	21593	6740	11209	218.6	101.7
1975	123630	46912	47331	39524	7807	29387	10212	15447	273.5	107.4
1978	186173	62448	78147	64120	14027	45578	14639	21511	378.2	114.3
1979	211481	73605	86485	69984	16501	51391	13432	25047	408.4	108.0
1980	222690	79071	97066	79956	17110	46553	14517	27677	451.3	110.5
1981	273991	105149	108849	92957	15892	59993	15545	31739	490.1	108.6
1982	307850	117852	124359	101670	22689	65639	16024	34764	538.0	109.8
1983	326482	117332	129252	104804	24448	79898	19308	35601	562.8	104.6
1984	374563	138283	146258	120728	25530	90022	23582	41843	632.8	112.5
1985	453045	162296	187473	156081	31392	103276	28108	48074	709.2	112.1
1986	520272	173820	227191	188278	38913	119261	33633	59330	779.2	109.9
1987	632961	208098	280227	234450	45777	144636	38099	70210	873.8	112.1
1988	900386	293590	412420	360287	52133	194376	52842	104332	1030.2	117.9
1989	1099147	337043	505061	442649	62412	257043	65225	123953	1147.4	111.4
1990	1169113	344570	528775	471641	57134	295768	79172	121479	1243.7	108.4
1991	1447228	403146	688235	616452	71783	355847	95475	131733	1485.8	119.5
1992	1923352	485515	1008336	912263	96073	429501	126712	153803	1911.5	128.6
1993	2703015	606802	1491146	1358762	132384	605067	144256	202365	2297.1	120.2
1994	3745358	945113	2034925	1856205	178719	765320	186184	250353	3010.7	131.1
1995	4883239	1234573	2627865	2422474	205391	1020801	227948	336528	3588.7	119.2
1996	5605965	1471581	2917227	2661124	256103	1217157	267517	399880	4213.8	117.4
1997	6477009	1566466	3432316	3100247	332070	1478226	311934	471031	4949.9	117.5
1998	7108834	1743159	3656350	3262803	393548	1709325	338271	527728	5785.8	116.9
1999	7620633	1843101	3817064	3335983	481081	1960469	372606	582146	6640.3	114.8
2000	8464916	1952508	4237022	3627953	609070	2275386	448667	670913	7636.7	115.0
2001	9327378	2049854	4723233	4043574	679660	2554290	503165	741899	8623.9	112.9
2002	10097212	2045717	5245879	4552145	693735	2805615	551354	812305	9768.6	113.3
2003	11674299	2180220	6354770	5543049	811721	3139310	614826	908047	11288.8	115.6
2004	13273473	2448495	7852921	6909608	943313	2972057	722924	840030	12945.0	114.7
2005	15947963	2671872	9601891	8397085	1204806	3674200	824558	707927	14811.3	114.4
2006	18636117	2851743	11574446	10171228	1403218	4209928	956389	776331	17198.1	116.1
2007	22230347	3296612	13810254	12265112	1545142	5123481	1171604	910131	20041.0	116.5
2008	26751643	3765113	16711471	14847817	1863654	6275060	1487477	1017610	23192.3	115.7
2009	30405140	3864279	19178914	17034092	2144822	7361947	1646257	1198406	26840.4	115.7
2010	38168219	4487707	24952795	22197168	2755627	8727718	1914246	1341980	32507.3	121.1
2011	48516141	5178477	32806157	29022271	3783886	10531507	1982754	1513495	39106.3	120.3
2012	54664827	5588515	37063461	32350925	4712536	12012852	2239506	1656629	44755.8	114.4
2013	61805723	6009291	42432834	36740963	5691871	13363598	2434491	1805273	50100.7	111.9
2014	69355104	6113447	48002377	41516643	6485734	15239280	2682541	1981397	56282.8	112.3

2—4 主要年份地区生产总值

单位：万元

年 份	地 区 生产总值	第一产业	第二产业			第三产业			人均 GDP (元)
				工 业	建筑业		#交通运输、仓储和邮政业	#批发和零售业	
1949	11212	8550	814	801	13	1848	474	1001	73
1950	12993	9657	859	833	26	2477	867	1163	82
1952	16118	11581	1310	1178	132	3227	1125	1488	97
1957	26247	15092	4279	3756	523	6876	2283	2849	135
1962	32298	16762	6224	5312	912	9312	2352	4122	146
1965	42329	21773	9328	8361	967	11228	2923	4601	175
1970	44410	22788	10480	9408	1072	11142	2936	4963	157
1975	62887	31269	16225	14031	2194	15393	4710	7294	195
1978	89099	42401	24137	20175	3962	22561	7446	10899	261
1980	116651	53129	31773	26965	4808	31749	7779	14738	332
1981	139471	69333	34178	29710	4468	35960	8055	15312	391
1982	157734	78848	38367	31969	6398	40519	8631	16644	435
1983	167663	79499	41176	34306	6870	46988	9867	17299	455
1984	197173	96978	46182	38983	7199	54013	11003	17402	528
1985	227882	106681	57686	49250	8436	63515	11418	20995	602
1986	257419	113352	70113	59800	10313	73954	13166	22765	671
1987	307467	133638	86324	73928	12396	87505	16309	25258	790
1988	418356	183944	117320	102869	14451	117092	21829	36904	1059
1989	498566	205840	137883	120564	17319	154843	30223	44783	1244
1990	530595	207937	143127	125681	17446	179531	40715	43854	1292
1991	635739	245163	174399	152636	21763	216177	52073	50669	1510
1992	806564	287508	261055	231550	29505	258001	69527	68194	1902
1993	1064773	356564	373618	333614	40003	334591	74493	95420	2493
1994	1474276	536631	507535	454004	53531	430110	96858	124240	3432
1995	1917105	682106	660884	597434	63449	574115	121384	163699	4427
1996	2269996	827645	745812	663745	82067	696539	144496	198473	5202
1997	2551168	873542	830416	727341	103076	847210	170458	245113	5810
1998	2912147	997550	930546	805395	125152	984050	186359	273648	6584
1999	3195401	1057373	1008267	853447	154820	1129761	209556	300200	7169
2000	3560000	1131260	1109148	915647	193502	1319591	249918	338512	7732
2001	3884892	1188061	1245922	1028384	217537	1450910	280798	368459	8462
2002	4182349	1183347	1400541	1178541	222000	1598461	309598	406595	9074
2003	4721352	1265442	1674947	1416670	258277	1780963	343536	452674	10199
2004	5535504	1417412	2123796	1842496	281300	1994296	376400	495300	11879
2005	6610414	1507992	2671270	2321510	349760	2431152	452365	495204	14095
2006	7551957	1630271	3159563	2751267	408296	2762123	521021	543208	16031
2007	8776292	1864427	3646390	3162929	483461	3265475	622622	622256	18554
2008	10023875	2118852	4168879	3591228	577651	3736144	775612	695468	21081
2009	11780103	2186524	5199844	4535378	664466	4393735	865715	818618	24619
2010	14307097	2547029	6520386	5705586	814800	5239682	1010649	919050	29771
2011	17682006	2933038	8362617	7233844	1128773	6386351	1011437	1040958	36793
2012	20129163	3204531	9610969	8184525	1426444	7313663	1158297	1134915	41333
2013	22462294	3270809	11012198	9174098	1838100	8179287	1244163	1240248	45702
2014	25063612	3505139	12475304	10399477	2075827	9083169	1375302	1366246	50685

注：1、2005 年及以后年份行业分类为按新国民经济行业分类(GB/T 4754-2002)划分；2、2004 年及以前年份交通运输仓储和邮政业包括电信业，但不包括城市公共交通业。3、2004 年及以前年份批发与零售业包括餐饮业。

2—5 主要年份地区生产总值指数(以1949年为100)

年 份	地区生产总值	第一产业	第二产业			第三产业			人均GDP
				工 业	建筑业		#交通运输、仓储和邮政业	#批发和零售业	
1949	100.0	100.0	100.0	100.0	100.0	100.0	100.0	100.0	100.0
1950	113.8	111.8	111.9	110.8	181.2	129.1	184.2	121.4	112.1
1952	132.9	127.6	173.1	164.3	574.2	163.2	236.8	158.7	123.8
1957	202.7	177.6	585.8	545.7	2258.2	300.9	457.9	286.1	162.6
1962	196.6	145.9	803.6	693.0	4750.5	434.5	484.7	387.1	138.6
1965	262.7	201.8	1201.8	1020.9	7565.5	497.8	660.9	427.0	169.2
1970	260.3	199.2	1186.3	1051.9	6157.4	500.3	645.2	445.8	143.5
1975	314.7	224.9	1854.3	1565.6	11958.8	623.9	981.8	606.6	151.4
1978	423.3	284.1	2807.5	2328.4	19356.9	902.8	1403.8	840.2	192.6
1980	493.4	315.2	3527.8	3067.3	20116.1	1112.0	1169.5	1005.9	218.2
1981	542.7	354.5	3648.6	3429.3	13167.7	1220.1	1275.9	1106.5	236.5
1982	589.6	380.3	4112.1	3751.6	18208.2	1326.2	1290.0	1179.5	252.8
1983	616.7	392.6	4350.9	3841.7	23062.7	1413.7	1658.9	1177.2	260.4
1984	707.3	468.2	4666.1	4183.6	22844.5	1564.1	1791.6	1309.0	294.6
1985	754.3	466.0	5772.3	5216.9	27026.1	1728.6	2042.4	1487.0	310.0
1986	811.5	472.8	6560.4	5942.1	30332.5	1991.5	2205.8	1661.0	328.9
1987	901.8	511.4	7625.7	7053.2	30909.3	2238.0	2406.6	1858.7	360.3
1988	995.2	540.8	9232.7	8428.6	40723.2	2450.7	2830.1	2078.0	391.6
1989	1085.3	561.4	10253.5	9507.5	40856.8	2843.1	3124.4	2177.8	420.9
1990	1155.4	573.2	10894.8	10191.9	40739.9	3218.0	3536.9	2186.5	437.8
1991	1333.1	647.5	12945.5	12185.4	46176.2	3726.7	3894.1	2282.7	492.5
1992	1625.0	726.1	19081.1	18488.8	52364.5	4223.6	4618.4	2547.5	595.0
1993	1937.4	802.9	23931.6	23367.1	60009.7	5229.2	5204.9	3189.4	704.5
1994	2362.1	920.1	30471.1	29909.9	71411.6	6499.0	5829.5	4018.7	853.9
1995	2714.8	1037.0	34669.7	34037.5	81052.1	7758.4	6581.5	4661.7	973.5
1996	3099.3	1188.4	39136.5	38292.2	95641.5	8952.4	7371.3	5388.9	1103.1
1997	3520.7	1332.2	43927.2	42504.3	122421.1	10488.9	7997.9	6170.3	1245.2
1998	3994.6	1547.3	47382.0	45224.6	151802.2	12334.8	8877.6	7021.8	1402.5
1999	4411.3	1704.5	51165.0	48073.7	188082.9	14012.2	9721.0	7878.4	1537.0
2000	4874.4	1840.8	56570.0	52592.7	225699.5	15848.9	10984.7	8871.1	1655.5
2001	5391.1	1956.8	63924.1	59482.3	253686.2	17798.3	12335.9	9793.7	1823.6
2002	5854.7	1995.9	71914.6	67988.3	263833.7	19710.8	13742.1	10841.6	1972.9
2003	6481.2	2075.8	84212.0	80294.2	295493.7	21737.6	15130.1	11860.7	2175.6
2004	7220.0	2165.0	100633.3	98199.8	307313.4	23690.3	16718.8	12691.0	2407.6
2005	8019.3	2245.1	119351.1	118330.7	325752.3	25703.9	18273.6	13884.0	2657.1
2006	9024.6	2309.2	139946.5	139283.0	372227.1	29137.1	20622.8	15067.8	2977.0
2007	10389.2	2402.7	167431.9	168070.5	419157.4	33861.8	23770.6	16841.6	3413.2
2008	11807.3	2528.0	194954.3	197725.4	451010.8	38818.9	30395.1	18136.5	3858.5
2009	13381.8	2660.5	224350.6	226155.7	544438.0	44643.0	35048.2	20983.2	4345.6
2010	15379.8	2773.3	272797.0	275164.3	658838.8	49792.2	37628.9	22287.4	4975.8
2011	17646.7	2889.2	330368.0	331063.1	834291.4	55743.0	38802.1	23612.9	5688.4
2012	19877.9	3017.8	387362.7	382408.2	1076629.7	61431.1	41135.5	25301.4	6349.5
2013	22171.1	3147.9	446191.4	436131.2	1316540.9	67000.2	43806.9	27398.8	7016.3
2014	24673.2	3292.5	509921.3	499803.7	1481013.0	73319.3	48276.6	29642.2	7760.8

注:1、2005年及以后年份行业分类为按新国民经济行业分类(GB/T 4754-2002)划分;2、2004年及以前年份交通运输仓储和邮政业包括电信业,但不包括城市公共交通业;3、2004年及以前年份批发与零售业包括餐饮业。

2—6 主要年份地区生产总值指数(以上年为100)

年份	地区生产总值	第一产业	第二产业	工业	建筑业	第三产业	#交通运输、仓储和邮政业	#批发和零售业	人均GDP
1952	108.0	106.1	146.5	141.6	206.7	112.1	113.0	112.0	104.9
1957	110.0	109.5	107.3	121.4	58.5	113.4	105.4	105.2	106.6
1962	94.3	93.6	81.6	81.4	82.2	103.4	79.3	117.5	92.5
1965	110.2	108.4	117.2	119.6	108.4	112.0	126.9	103.8	107.0
1970	100.3	97.7	119.4	117.6	129.4	99.1	95.3	93.7	97.3
1975	107.4	108.2	105.8	106.4	103.3	106.6	101.5	107.1	105.1
1978	113.9	111.4	119.4	116.8	129.5	116.2	123.5	114.7	112.0
1979	107.4	105.5	106.5	112.4	85.2	112.5	79.8	112.1	105.8
1980	108.6	105.1	118.0	117.2	121.9	109.5	104.4	106.8	107.1
1981	110.0	112.5	103.4	111.8	65.5	109.7	109.1	110.0	108.4
1982	108.6	107.3	112.7	109.4	138.3	108.7	101.1	106.6	106.9
1983	104.6	103.2	105.8	102.4	126.7	106.6	128.6	99.8	103.0
1984	114.7	119.2	107.2	108.9	99.1	110.6	108.0	111.2	113.1
1985	106.7	99.5	123.7	124.7	118.3	110.5	114.0	113.6	105.2
1986	107.6	101.4	113.7	113.9	112.2	115.2	108.0	111.7	106.1
1987	111.1	108.2	116.2	118.7	101.9	112.4	109.1	111.9	109.5
1988	110.4	105.7	121.1	119.5	131.8	109.5	117.6	111.8	108.7
1989	109.1	103.8	111.1	112.8	100.3	116.0	110.4	104.8	107.5
1990	106.5	102.1	106.3	107.2	99.7	113.2	113.2	100.4	104.0
1991	115.4	113.0	118.8	119.6	113.3	115.8	110.1	104.4	112.5
1992	121.9	112.1	147.4	151.7	113.4	113.3	118.6	111.6	120.8
1993	119.2	110.6	125.4	126.4	114.6	123.8	112.7	125.2	118.4
1994	121.9	114.6	127.3	128.0	119.0	124.3	112.0	126.0	121.2
1995	114.9	112.7	113.8	113.8	113.5	119.4	112.9	116.0	114.0
1996	114.2	114.6	112.9	112.5	118.0	115.4	112.0	115.6	113.3
1997	113.6	112.1	112.2	111.0	128.0	117.2	108.5	114.5	112.9
1998	113.5	116.1	107.9	106.4	124.0	117.6	111.0	113.8	112.6
1999	110.4	110.2	108.0	106.3	123.9	113.6	109.5	112.2	109.6
2000	110.5	108.0	110.6	109.4	120.0	113.1	113.0	112.6	107.7
2001	110.6	102.0	113.0	114.3	112.4	112.3	112.3	110.4	110.2
2002	108.6	104.0	112.5	118.1	104.0	110.7	111.4	110.7	108.2
2003	110.7	104.3	117.1	122.3	112.0	110.3	110.1	109.4	110.3
2004	111.4	103.7	119.5	118.5	104.0	109.0	110.5	107.0	110.7
2005	111.1	103.7	118.6	120.5	106.0	108.5	109.3	109.4	110.4
2006	112.5	102.9	117.3	117.7	114.3	113.4	112.9	108.5	112.0
2007	115.1	104.1	119.6	120.7	112.6	116.2	115.3	111.8	114.7
2008	113.6	105.2	116.4	117.6	107.6	114.6	127.9	107.7	113.0
2009	113.3	105.2	115.1	114.4	120.7	115.0	115.3	115.7	112.6
2010	114.9	104.2	121.6	121.7	121.0	111.5	107.4	106.2	114.5
2011	114.7	104.2	121.1	120.3	126.6	112.0	103.1	105.9	114.3
2012	112.6	104.5	117.3	115.5	129.0	110.2	106.0	107.2	111.6
2013	111.5	104.3	115.2	114.0	122.3	109.1	106.5	108.3	110.5
2014	111.3	104.6	114.3	114.6	112.5	109.4	110.2	108.2	110.6

注:2005年及以后年份行业分类为按新国民经济行业分类(GB/T 4754-2002)划分。

2—7 主要年份地区生产总值构成

(GDP=100)

年　份	第一产业	第二产业	#工　业	第三产业
1952	71.9	8.1	8.1	20.0
1957	57.5	16.3	16.3	26.2
1962	51.9	19.3	19.3	28.8
1965	51.5	22.0	22.0	26.5
1970	51.3	23.6	23.6	25.1
1975	49.7	25.8	25.8	24.5
1978	47.6	27.1	22.6	25.3
1979	48.3	26.0	21.4	25.7
1980	45.6	27.2	27.2	27.2
1981	49.7	24.5	21.3	25.8
1982	50.0	24.3	20.3	25.7
1983	47.4	24.6	20.5	28.0
1984	49.2	23.4	19.8	27.4
1985	46.8	25.3	21.6	27.9
1986	44.0	27.3	23.2	28.7
1987	43.4	28.1	24.0	28.5
1988	44.0	28.0	24.6	28.0
1989	41.3	27.7	24.2	31.0
1990	39.2	27.0	23.7	33.8
1991	38.6	27.4	24.0	34.0
1992	34.7	34.2	28.7	31.1
1993	33.5	35.1	31.3	31.4
1994	36.4	34.4	30.8	29.2
1995	35.6	34.5	31.2	29.9
1996	36.5	32.8	29.2	30.7
1997	34.2	32.6	28.5	33.2
1998	34.2	32.0	27.7	33.8
1999	33.1	31.5	26.7	35.4
2000	31.8	31.1	25.7	37.1
2001	30.6	32.1	26.5	37.3
2002	28.3	33.5	28.2	38.2
2003	26.8	35.5	30.0	37.7
2004	25.6	38.4	33.3	36.0
2005	22.8	40.4	35.1	36.8
2006	21.6	41.8	36.4	36.6
2007	21.2	41.6	36.0	37.2
2008	21.1	41.6	35.8	37.3
2009	18.6	44.1	38.5	37.3
2010	17.8	45.6	39.9	36.6
2011	16.6	47.3	40.9	36.1
2012	15.9	47.8	40.7	36.3
2013	14.6	49.0	40.8	36.4
2014	14.0	49.8	41.5	36.2

注:2004年以前年份第一产业增加值不含农林牧渔服务业。2006、2007年已根据农业普查进行调整。

2—8 主要社会经济效益指标(2001-2014)

	2001	2002	2003	2004	2005	2006	2007
社会劳动生产率(元/人)	17631	18920	21023	24122	28027	30829	34392
总产出中间投入率(%)	58.3	58.6	59.6	58.3	58.6	59.5	60.5
第一产业	42.0	42.2	42.0	42.1	43.6	42.8	43.4
第二产业	73.6	73.3	73.6	73.0	72.0	72.6	73.6
工 业	74.6	74.1	74.4	73.3	72.3	72.9	74.2
建筑业	68.0	68.0	68.2	70.2	69.9	70.1	68.7
第三产业	43.2	43.0	43.3	32.9	34.9	35.6	36.3
#交通运输、仓储和邮政业	44.2	43.8	44.1	47.9	45.7	46.4	46.9
批发和零售业	50.3	49.9	50.1	41.0	33.2	33.3	31.6
增加值率(%)	41.7	41.4	40.4	41.7	41.4	40.5	39.5
第一产业	58.0	57.8	58.0	57.9	56.4	57.2	56.6
第二产业	26.4	26.7	26.4	27.0	28.0	27.4	26.4
工 业	25.4	25.9	25.6	26.7	27.7	27.1	25.8
建筑业	32.0	32.0	31.8	29.8	30.1	29.9	31.3
第三产业	56.8	57.0	56.7	67.1	65.1	64.4	63.7
#交通运输、仓储和邮政业	55.8	56.2	55.9	52.1	54.3	53.6	53.1
批发和零售业	49.7	50.1	49.9	59.0	66.8	66.7	68.4

2—8 续表

	2008	2009	2010	2011	2012	2013	2014
社会劳动生产率(元/人)	37995	43372	50605	62639	68934	75573	83004
总产出中间投入率(%)	62.5	61.3	62.5	63.6	63.2	63.7	63.9
第一产业	43.7	43.4	43.2	43.4	42.7	42.8	42.7
第二产业	75.1	72.9	73.9	74.5	74.1	74.0	74.0
工 业	75.8	73.4	74.3	75.1	74.7	75.0	75.0
建筑业	69.0	69.0	70.4	70.2	69.7	67.7	68.0
第三产业	40.5	40.3	40.0	39.4	39.1	40.1	40.4
#交通运输、仓储和邮政业	47.9	47.4	47.2	49.0	48.3	48.9	48.7
批发和零售业	31.7	31.7	31.5	31.2	31.5	31.3	31.0
增加值率(%)	37.5	38.7	37.5	36.4	36.8	36.3	36.1
第一产业	56.3	56.6	56.8	56.6	57.3	57.2	57.3
第二产业	24.9	27.1	26.1	25.5	25.9	26.0	26.0
工 业	24.2	26.6	25.7	24.9	25.3	25.0	25.0
建筑业	31.0	31.0	29.6	29.8	30.3	32.3	32.0
第三产业	59.5	59.7	60.0	60.6	60.9	59.9	59.6
#交通运输、仓储和邮政业	52.1	52.6	52.8	51.0	51.7	51.1	51.3
批发和零售业	68.3	68.3	68.5	68.8	68.5	68.7	69.0

注:1、本表均按当年价格计算;2、本部分2004年及以前年份第一产业,不包括农林牧渔服务业。交通运输、仓储和邮政业包括电信业,但不包括城市公共交通业。批发和零售业包括餐饮业。2005-2006年本表行业分类为按新国民经济行业分类(GB/T4754-2002),农林牧渔服务业包括在第一产业中。(下表同)

2—9 经 济 增

	2001	2002	2003	2004	2005	2006
地区生产总值	**100.0**	**100.0**	**100.0**	**100.0**	**100.0**	**100.0**
第一产业	19.0	7.1	10.9	10.2	9.4	5.2
第二产业	38.4	46.5	52.9	60.0	63.2	55.6
工 业	32.0	43.9	46.9	58.1	60.5	49.6
建筑业	6.4	2.6	5.9	1.9	2.7	6.0
第三产业	42.5	46.4	36.3	29.8	27.4	39.2
# 交通运输、仓储和邮政业	8.2	9.5	6.9	6.7	6.4	7.0
批发和零售业	9.4	11.9	8.5	5.9	7.1	5.1

注:2005 年及以后年份行业分类为按新国民经济行业分类(GB/T 4754-2002)划分。

2—10 分 行 业

	1978	1979	1980	1981	1982	1983	1984
地区收入总值	89114	102578	116676	139484	157753	167708	197243
地区生产总值	89099	102557	116651	139471	157734	167663	197173
第一产业	42401	49535	53129	69333	78848	79499	96978
第二产业	24137	26648	31773	34178	38367	41176	46182
工 业	20175	21995	26965	29710	31969	34306	38983
建筑业	3962	4653	4808	4468	6398	6870	7199
第三产业	22561	26374	31749	35960	40519	46988	54013
# 交通运输、仓储和邮政业	7446	7306	7779	8055	8631	9867	11003
批发和零售业	10899	12419	14738	15312	16644	17299	17402
金融业	338	521	952	1079	1459	2073	3044
房地产业	902	1651	2254	3956	4660	6026	7879
其他服务业	2976	4477	6026	7558	9125	11723	14685
人均 GDP(元/人)	261	296	332	391	435	455	528

注:2004 年及以前年份第一产业不包括农林牧渔服务业;交通运输、仓储和邮政业包括电信业,但不包括城市公共交通业;批发

2—10 续表

	1996	1997	1998	1999	2000	2001	2002	2003
地区收入总值	2290455	2564572	2925424	3208967	3550695	3900345	4198025	4739375
地区生产总值	2269996	2551168	2912147	3195401	3560000	3884892	4182349	4721352
第一产业	827645	873542	997550	1057373	1131260	1188061	1183347	1265442
第二产业	745812	830416	930546	1008267	1109148	1245922	1400541	1674947
工 业	663745	727341	805395	853447	915647	1028384	1178540	1416670
建筑业	82067	103076	125152	154820	193502	217537	222000	258277
第三产业	696539	847210	984051	1129761	1319591	1450909	1598461	1780963
# 交通运输、仓储和邮政业	144496	170458	186359	209556	249918	280798	309589	343536
批发和零售业	198473	245113	273648	300200	338512	368459	406595	452674
金融业	51377	55500	54422	55269	63125	65772	75313	86254
房地产业	60727	74958	96923	120760	144147	172280	188847	208267
其他服务业	241466	301181	372699	443976	523887	563600	618117	690232
人均 GDP(元/人)	5202	5810	6584	7169	7732	8462	9074	10199

长　贡　献　率(2001-2014)

单位：%

2007	2008	2009	2010	2011	2012	2013	2014
100.0	**100.0**	**100.0**	**100.0**	**100.0**	**100.0**	**100.0**	**100.0**
5.6	7.2	6.9	4.6	5.0	5.7	5.1	5.5
54.7	52.7	50.7	65.8	65.3	65.4	67.2	65.3
50.2	49.8	43.0	58.4	55.0	51.2	53.5	56.7
4.5	2.9	7.7	7.4	10.3	14.2	13.7	8.6
39.7	40.1	42.5	29.6	29.7	28.9	27.7	29.2
6.9	14.0	8.9	3.9	1.5	3.1	3.5	5.3
5.6	4.0	7.8	2.8	2.6	3.4	4.1	4.0

增　加　值(1978-2014)

单位：万元

1985	1986	1987	1988	1989	1990	1991	1992	1993	1994	1995
228492	257402	308087	421907	499535	532618	638217	815557	1072789	1484750	1935321
227882	257419	307467	418356	498566	530595	635739	806564	1064773	1474276	1917105
106681	113352	133638	183944	205840	207937	245163	287508	356564	536631	682106
57686	70113	86324	117320	137883	143127	174399	261055	373618	507535	660884
49250	59800	73928	102869	120564	125681	152636	231550	333615	454004	597435
8436	10313	12396	14451	17319	17446	21763	29505	40003	53531	63449
63515	73954	87505	117092	154843	179531	216177	258001	334591	430110	574115
11418	13166	16309	21829	30223	40715	52073	69527	74493	96858	121384
20995	22765	25258	36904	44783	43854	50669	68194	95420	124240	163700
4743	6922	8280	12291	16829	20922	23147	24981	31302	42108	50394
8275	9477	8195	9342	10881	11307	11846	15250	21500	29106	42879
18084	21624	29463	36726	52127	62733	78442	80049	111876	137798	195758
602	671	790	1059	1244	1292	1510	1902	2493	3432	4427

和零售业包括餐饮业；其他服务业指第三产业中除交通运输仓储和邮政业、批发和零售业、金融业、房地产业以外的其他行业。

单位：万元

2004	2005	2006	2007	2008	2009	2010	2011	2012	2013	2014
5554745	6630527	7572646	8798263	10046951	11804934	14333030	17710575	18367735	22485645	25095585
5535504	6610414	7551957	8776292	10023875	11780103	14307097	17682006	20129163	22462294	25063612
1417408	1507992	1630271	1864427	2118852	2186524	2547029	2933038	3204531	3270809	3505139
2123796	2671270	3159563	3646390	4168879	5199844	6520386	8362617	9610969	11012198	12475304
1842496	2321510	2751267	3162929	3591228	4535378	5705586	7233844	8184525	9174098	10399477
281300	349760	408296	483461	577651	664466	814800	1128773	1426444	1838100	2075827
1994300	2431152	2762123	3265475	3736144	4393735	5239682	6386351	7313663	8179287	9083169
376400	452365	521021	622622	775612	865715	1010649	1011437	1158297	1244163	1375302
495300	495204	543208	622256	695468	818618	919050	1040958	1134915	1240248	1366246
98800	141721	180163	231997	306005	367637	445290	565116	619175	728148	832905
228400	280746	353861	448852	470540	541483	668360	1026790	1143555	1232460	1300180
795400	1061116	1163870	1339748	1488519	1800282	2196333	2742050	3257721	3734268	4208536
11879	14095	16031	18554	21081	24619	29771	36793	41333	45702	50685

2—11 主要年份地区生产总值

	2001	2002	2003	2004	2005	2006
劳动者报酬	2373172	2451166	2762367	2578917	3073201	3512001
第一产业	1070587	1039781	1120117	1111464	1194500	1282349
第二产业	559997	591522	713793	746874	1007271	1238864
工　业	419793	454195	550431	582552	789827	969655
建筑业	140205	137327	163362	164322	217444	269209
第三产业	742588	819862	928458	720579	871430	990788
#交通运输、仓储和邮政业	105923	122198	139410	64459	73166	87409
批发和零售业	158915	176434	204435	77956	87106	109586
生产税净额	326546	365584	390192	489007	649100	708445
第一产业	36616	33876	25085	17915	14105	3774
第二产业	154245	189989	213308	271766	385935	463657
工　业	125780	161873	184478	259443	352225	430775
建筑业	28465	28116	28830	12323	33710	32882
第三产业	135685	141719	151799	199326	249060	241014
#交通运输、仓储和邮政业	32791	36621	35786	41669	50022	57519
批发和零售业	57883	61569	63324	116697	121740	86559
固定资产折旧	423022	495074	596465	618325	806534	921143
第一产业	34123	33422	36897	45036	52768	61667
第二产业	135136	175503	226426	281175	395204	433567
工　业	115199	155057	201105	250209	382112	422988
建筑业	19937	20446	25321	30966	13092	10579
第三产业	253763	286150	333142	292114	358562	425909
#交通运输、仓储和邮政业	47320	53193	61453	48849	34796	39662
批发和零售业	26448	29618	39308	23618	25333	36597
营业盈余	762153	870524	972327	1849255	2081579	2410368
第一产业	46735	76269	83344	242997	246619	282481
第二产业	396544	443526	521421	823981	882860	1023475
工　业	367613	407415	480656	750292	797346	927849
建筑业	28930	36111	40765	73689	85514	95626
第三产业	318874	350729	367563	782277	952100	1104412
#交通运输、仓储和邮政业	94764	97576	106887	221324	294381	336431
批发和零售业	125212	138975	145607	277027	261025	310466

注:2005 年及以后年份行业分类为按新国民经济行业分类(GB/T4754-2002)划分。

收入法构成项目（2001–2014）

单位：万元

2007	2008	2009	2010	2011	2012	2013	2014
4145773	5954523	6517769	7828331	9317070	10715493	12005942	13377957
1527268	2041290	2122147	2450929	2843671	3110436	3172560	3399928
1473423	1983675	2134449	2707337	3296197	3942102	4639118	5313107
1166166	1560437	1647696	2109524	2459757	2793254	3174571	3665256
307257	423238	486753	597813	836440	1148848	1464547	1647851
1145082	1929558	2261173	2670065	3177202	3662955	4194264	4664922
113237	351193	404248	463599	475277	536913	587805	644893
134251	423969	489640	536854	587956	630659	687269	749452
845444	904653	1140752	1364533	2094524	2395942	2748883	3097615
4377	51	1					
524138	627146	801553	955851	1564768	1793389	2054851	2321640
466989	570940	736848	874201	1451382	1656653	1876720	2116523
57149	56206	64705	81650	113386	136736	178131	205117
316929	277456	339198	408682	529756	602553	694032	775975
70489	28322	30662	35707	37291	44218	51231	56678
93850	100249	119892	130112	152853	165720	186469	206408
969579	1325000	1462744	2353504	2240715	2457966	2608843	2836074
67179	77511	64376	96100	89367	94095	98249	105211
388060	586663	662117	1393814	1007329	1118729	1195986	1299933
377704	571852	644933	1368694	979718	1097331	1166379	1265248
10356	14811	17184	25120	27611	21398	29607	34685
514340	660826	736251	863590	1144019	1245142	1314608	1430930
48272	146712	159684	169912	172077	198906	212898	238173
43225	38166	44993	50872	58581	63858	67164	74010
2815496	1839699	2658838	2760729	4029697	4559762	5098626	5751966
265603							
1260769	971395	1601725	1463384	2494323	2756749	3122243	3540624
1152070	887999	1505901	1353167	2342987	2637287	2956428	3352450
108699	83396	95824	110217	151336	119462	165815	188174
1289124	868304	1057113	1297345	1535374	1803013	1976383	2211342
390624	249385	271121	341431	326792	378260	392229	435558
350930	133084	164093	201212	241568	274678	299346	336376

2—12 主要年份支出法地区生产总值(1990-2014)

单位：万元

年份	支出法地区生产总值	最终消费			资本形成总额			净出口	最终消费率(%)	资本形成率(%)
			居民消费	政府消费		固定资本形成	存货增加			
1990	530595	373451	332881	40570	132307	79825	52482	24837	70.4	24.9
1991	635739	436543	382237	54306	165464	114605	50859	33732	68.7	26.0
1992	806564	538865	456385	82480	204319	135917	68402	63380	66.8	25.3
1993	1064773	677196	586562	90633	373105	282991	90114	14472	63.6	35.0
1994	1474276	883091	768289	114802	545622	411994	133628	45563	59.9	37.0
1995	1917105	1123424	956459	166964	635442	465134	170308	158239	58.6	33.1
1996	2269996	1232608	1053478	179130	834665	646848	187817	202723	54.3	36.8
1997	2551168	1275584	1082516	193068	981858	776692	205166	293726	50.0	38.5
1998	2912147	1371621	1111956	259665	1228958	1054229	174729	311568	47.1	42.2
1999	3195401	1466689	1187184	279505	1398862	1203943	194919	329850	45.9	43.8
2000	3560000	1615395	1306056	309339	1347826	1075216	272609	596780	45.4	37.9
2001	3884892	1759856	1425300	334556	1711526	1422306	289220	413510	45.3	44.1
2002	4182349	1898786	1529652	369134	1671921	1363058	308863	611642	45.4	40.0
2003	4721352	2148215	1731446	416769	1768386	1425422	342964	804751	45.5	37.5
2004	5535504	2524673	2072208	452465	2063494	1649048	414446	947337	45.6	37.3
2005	6610414	2983818	2454641	529177	2447843	1998696	449147	1178753	45.1	37.0
2006	7551957	3385663	2728566	657097	2889367	2403760	485607	1276927	44.8	38.3
2007	8776292	3912549	3120923	791626	3671263	3130714	540549	1192480	44.6	41.8
2008	10023875	4357227	3539374	817853	4542479	3873810	668669	1124169	43.5	45.3
2009	11780103	4951136	3962800	988336	5680908	4906872	774036	1148059	42.0	48.2
2010	14307097	5649848	4504866	1144982	7447361	6613259	834102	1209888	39.5	52.1
2011	17682006	6764941	5372176	1392765	9425733	8495208	930525	1491332	38.3	53.3
2012	20129163	7821958	6221519	1600439	11027258	10151967	875291	1279947	38.9	54.8
2013	22462294	8837469	7082628	1754841	11989452	11042011	947441	1635373	39.3	53.4
2014	25063612	9919525	8035923	1883602	13632673	12607026	1025647	1511414	39.6	54.4

2—13 最终消费与资本形成总额指数(1990-2014)

(以上年为100)

年份	最终消费	居民消费	政府消费	资本形成总额	固定资本形成	存货增加
1990	108.3	108.1	110.0	102.1	102.3	101.8
1991	113.6	111.5	132.1	117.9	126.9	109.0
1992	118.3	115.5	139.4	123.0	126.5	119.0
1993	115.9	116.9	110.0	124.8	134.4	113.0
1994	118.4	117.1	126.9	127.3	135.7	115.0
1995	115.8	116.0	114.4	111.0	110.1	112.5
1996	112.7	111.4	120.3	119.5	129.3	103.0
1997	111.2	109.6	120.6	116.5	120.0	109.0
1998	110.7	109.8	115.3	120.0	126.4	105.0
1999	109.4	109.0	111.4	113.7	117.1	104.0
2000	110.0	110.0	110.3	108.0	109.5	103.1
2001	112.0	112.1	111.6	109.1	109.6	107.0
2002	110.3	110.0	111.3	106.0	105.8	107.1
2003	109.9	109.4	112.3	111.9	112.6	109.2
2004	109.7	109.5	111.0	112.1	113.0	108.2
2005	108.7	108.0	111.7	114.0	115.6	107.2
2006	112.6	110.2	123.9	115.4	117.9	104.4
2007	112.5	111.7	115.8	123.5	125.2	114.5
2008	107.0	108.8	99.9	120.5	121.0	117.4
2009	113.6	111.7	121.6	124.2	125.3	117.7
2010	110.1	109.8	111.4	125.9	129.7	103.4
2011	113.2	112.9	114.3	118.5	120.3	105.0
2012	113.9	114.1	113.3	116.3	118.7	94.5
2013	110.4	111.2	107.1	110.3	110.6	107.3
2014	111.4	112.2	108.0	113.2	113.8	107.2

2—14 漳州市各个计划时期地区生产总值平均增长速度

单位：%

	1953-1978	1953-2014	1979-2014	"一五"时期（1953-1957）	"二五"时期（1958-1962）	调整时期（1963-1965）	"三五"时期（1966-1970）	"四五"时期（1971-1975）
地区生产总值	**4.6**	**8.9**	**12.0**	**8.8**	**-0.6**	**10.2**	**-0.2**	**3.9**
第一产业	3.1	5.4	7.0	6.8	-3.9	11.4	-0.3	2.5
第二产业	11.3	14.1	15.7	27.6	6.5	14.4	-0.3	9.3
工 业	10.7	14.1	16.2	27.1	4.9	13.8	0.6	8.3
建筑业	14.5	13.9	13.0	31.5	16.0	16.8	-4.0	14.2
第三产业	6.8	10.5	13.0	13.0	7.6	4.6	0.1	4.5
# 交通运输、仓储和邮政业	7.1	9.0	10.2	14.1	1.1	10.9	-0.5	8.8
批发和零售业	6.6	9.0	10.4	12.5	6.2	3.3	0.9	6.4
人均地区生产总值	1.7	7.0	8.6	5.7	-3.2	6.9	-3.2	1.1

注:2004 年及以前年份批发和零售业包括餐饮业。

2—14 续表

单位：%

	"五五"时期（1976-1980）	"六五"时期（1981-1985）	"七五"时期（1986-1990	"八五"时期（1991-1995）	"九五"时期（1996-2000）	"十五"时期（2001-2005）	"十一五"时期（2006-2010）	2011-2014
地区生产总值	**9.4**	**8.9**	**8.9**	**18.6**	**12.4**	**10.5**	**13.9**	**12.5**
第一产业	7.0	8.1	4.2	12.6	12.2	4.1	4.3	4.4
第二产业	13.7	10.3	13.5	26.1	10.3	16.1	18.0	16.9
工 业	14.4	11.2	14.3	27.3	9.1	17.6	18.4	16.1
建筑业	11.0	6.1	8.6	14.7	22.7	7.6	15.1	22.4
第三产业	12.3	9.2	13.2	19.2	15.4	10.2	14.1	10.2
# 交通运输、仓储和邮政业	3.6	11.8	11.6	13.2	10.8	10.8	15.5	6.4
批发和零售业	10.6	8.1	8.0	16.3	13.7	9.5	9.9	7.4
人均地区生产总值	7.6	7.3	7.1	17.3	11.2	9.9	13.4	11.7

2—15 总产出(2014年)

单位：万元、%

	按当年价格计算	按可比价格计算	以上年为100的发展速度
总产出	**69355104**	**64793368**	**112.3**
第一产业	6113447	5069910	104.6
1、农、林、牧、渔业	6442934	5362002	104.9
农　业	3287680	2619432	105.2
林　业	238970	189447	111.8
畜牧业	582374	525598	96.0
渔　业	2004423	1735433	105.8
农、林、牧、渔服务业	329488	292091	109.6
第二产业	48002377	46195716	114.2
2、工　业	41516643	40364485	114.4
采矿业	235194	212322	110.1
制造业	38145015	37224824	114.9
电力、燃气及水的生产和供应业	3136434	2927339	108.9
3、建筑业	6485734	5831231	112.8
房屋建筑业	6157324	5534701	112.3
土木工程建筑业	155770	140259	122.1
建筑安装业	126999	114927	126.7
建筑装饰和其他建筑业	45641	41344	116.0
第三产业	15239280	13527741	109.4
4、批发和零售业	1981397	1796006	106.3
批发业	919624	812800	108.9
零售业	1061773	983206	104.3
5、交通运输、仓储和邮政业	2682541	2581276	109.5
铁路运输业	62777	56915	118.9
道路运输业	2264995	2199111	109.3
水上运输业	32650	28663	105.1
装卸搬运和运输代理业	117085	109559	106.4
仓储业	138694	122331	108.5
邮政业	66340	64697	119.1
6、住宿和餐饮业	889911	702379	105.6
住宿业	145120	103893	106.9
餐饮业	744791	598486	105.4
7、信息传输、软件和信息技术服务业	598992	605586	105.2
电信、广播电视和卫星传输服务	570035	578575	104.9
互联网和相关服务	22416	20807	113.6
软件和信息技术服务业	6541	6204	106.3

2—15 续表 单位：万元、%

	按当年价格计算	按可比价格计算	以上年为100的发展速度
8、金融业	1353921	1180093	112.6
货币金融服务	957948	831171	109.7
资本市场服务	43057	39788	142.3
保险业	344212	300867	117.9
其他金融业	8704	8267	121.7
9、房地产业	1503785	1242195	105.6
房地产开发经营业	583853	516030	99.8
物业管理业	34722	32506	112.8
房地产中介服务业	4677	4164	106.7
自有房地产经营活动	654858	432915	104.5
其他房地产业	225675	256580	120.7
10、租赁和商务服务业	864419	694356	121.8
租赁业	23114	20356	118.2
商务服务业	841305	674000	121.9
11、科学研究、技术服务业	88462	71993	103.6
研究与试验发展	4327	3985	103.2
专业技术服务业	72425	58645	103.1
科技推广和应用服务业	11710	9363	107.5
12、水利、环境和公共设施管理业	73764	59383	106.6
水利管理业	23966	19564	105.5
生态保护和环境治理业	15477	13018	105.3
公共设施管理业	34321	26801	108.1
13、居民服务、修理和其他服务业	2061737	1808092	116.6
居民服务业	779744	688575	119.6
其他服务业	1281993	1119517	114.9
14、教　育	666871	579739	104.0
15、卫生和社会工作	561767	487014	104.8
卫　生	514903	453285	105.3
社会工作	46864	33729	98.9
16、文化、体育和娱乐业	445766	414513	119.1
新闻出版业	6334	5811	140.4
广播、电视、电影和影视录音制作业	86613	80843	120.1
文化艺术业	19342	17760	128.6
体　育	16882	15867	116.4
娱乐业	316595	294232	118.1
17、公共管理、社会保障和社会组织	1136459	1013025	104.3

2—16 地区生产总值项目结构(2014年)

单位：万元

	增加值	劳动者报酬	生产税净额	固定资产折旧	营业盈余
地区生产总值	**25063612**	**13377957**	**3097615**	**2836074**	**5751966**
第一产业	3505139	3399928		105211	
1、农、林、牧、渔业	3693757	3582222		111535	
农 业	1945780	1900732		45048	
林 业	139121	134725		4396	
畜牧业	302838	295220		7618	
渔 业	1117399	1069250		48149	
农、林、牧、渔服务业	188618	182294		6324	
第二产业	12475304	5313107	2321640	1299933	3540624
2、工 业	10399477	3665256	2116523	1265248	3352450
采矿业	72074	29489	16808	13785	11992
制造业	9578991	3414214	1985656	1025357	3153764
电力、燃气及水的生产和供应业	748412	221553	114059	226106	186694
3、建筑业	2075827	1647851	205117	34685	188174
房屋建筑业	1973521	1573362	192040	29788	178331
土木工程建筑业	48838	36387	6612	990	4849
建筑安装业	39293	28385	4286	2670	3952
建筑装饰和其他建筑业	14175	9717	2179	1237	1042
第三产业	9083169	4664922	775975	1430930	2211342
4、批发和零售业	1366246	749452	206408	74010	336376
批发业	642951	207928	130930	29302	274791
零售业	723295	541524	75478	44708	61585
5、交通运输、仓储和邮政业	1375302	644893	56678	238173	435558
铁路运输业	33798	17760	8830	5599	1609
道路运输业	1185730	570930	37959	198716	378125
水上运输业	24965	11024	810	5735	7396
装卸搬运和运输代理业	67651	21124	5948	16113	24466
仓储业	35307	9007	1352	6656	18292
邮政业	27851	15048	1779	5354	5670
6、住宿和餐饮业	325854	240290	29232	25754	30578
住宿业	51420	29894	6853	9461	5212
餐饮业	274434	210396	22379	16293	25366
7、信息传输、软件和信息技术服务业	346206	62024	17548	105360	161274
电信、广播电视和卫星传输服务	329332	53037	16684	103046	156565
互联网和相关服务	13444	7344	660	1904	3536
软件和信息技术服务业	3430	1643	204	410	1173

2—16 续表 单位：万元

	增加值	劳动者报酬	生产税净额	固定资产折旧	营业盈余
8、金融业	832905	249123	87364	33407	463011
货币金融服务	713703	199189	73772	29924	410818
资本市场服务	34006	8031	425	220	25330
保险业	77875	39755	12552	2868	22700
其他金融业	7321	2148	615	395	4163
9、房地产业	1300180	98814	248946	595001	357419
房地产开发经营业	543979	67148	213106	9997	253728
物业管理业	21117	5512	5719	705	9181
房地产中介服务业	3375	1102	863	180	1230
自有房地产经营活动	582509	0	0	582509	0
其他房地产业	149200	25052	29258	1610	93280
10、租赁和商务服务业	447199	190291	28015	37767	191126
租赁业	13899	7980	1163	2018	2738
商务服务业	433300	182311	26852	35749	188388
11、科学研究、技术服务业	52985	30801	3906	4130	14148
研究与试验发展	2914	2499	15	264	136
专业技术服务业	43643	24430	3527	3228	12458
科技推广和应用服务业	6428	3872	364	638	1554
12、水利、环境和公共设施管理业	50352	27836	1133	13196	8187
水利管理业	18577	7984	197	8386	2010
生态保护和环境治理业	11619	9785	90	1244	500
公共设施管理业	20156	10067	846	3566	5677
13、居民服务、修理和其他服务业	1106158	832466	51444	94665	127603
居民服务业	377257	257050	16695	35916	67596
其他服务业	728901	575396	34749	58749	60007
14、教　育	510882	444714	5214	42986	17968
15、卫生和社会工作	296363	226209	12281	22217	35656
卫　生	260673	201061	3125	20833	35654
社会工作	35690	25148	9156	1384	2
16、文化、体育和娱乐业	283430	190635	20931	39426	32438
新闻出版业	5496	2466	853	659	1518
广播、电视、电影和影视录音制作业	59126	35533	3328	13509	6756
文化艺术业	14335	11725	128	1536	946
体　育	11094	6355	458	1092	3189
娱乐业	193379	134556	16164	22630	20029
17、公共管理、社会保障和社会组织	600489	495100	6875	98514	0

2—17 按可比价格计算的地区生产总值(2014年)

单位：万元、%

	绝对数	以上年为100的发展速度
地区收入总值	**22794992**	**111.3**
地区生产总值	**22763019**	**111.3**
第一产业	2872412	104.6
1、农、林、牧、渔业	3038314	104.9
农　业	1543033	105.0
林　业	110841	111.9
畜牧业	252387	96.1
渔　业	966151	105.7
农、林、牧、渔服务业	165902	109.5
第二产业	12063542	114.3
2、工　业	10280631	114.6
采矿业	65544	108.7
制造业	9420165	115.1
电力、燃气及水的生产和供应业	794922	109.6
3、建筑业	1782911	112.5
房屋建筑业	1691896	112.0
土木工程建筑业	42854	121.5
建筑安装业	35367	127.6
建筑装饰和其他建筑业	12794	118.7
第三产业	7827065	109.4
4、批发和零售业	1222130	108.2
批发业	537095	110.8
零售业	685035	106.2
5、交通运输、仓储和邮政业	1326292	110.2
铁路运输业	32176	115.3
道路运输业	1148702	110.3
水上运输业	22055	104.6
装卸搬运和运输代理业	64322	107.8
仓储业	31755	107.1
邮政业	27282	113.3
6、住宿和餐饮业	247798	105.8
住宿业	34339	107.6
餐饮业	213459	105.5
7、信息传输、软件和信息技术服务业	367029	105.1
电信、广播电视和卫星传输服务	350457	104.9
互联网和相关服务	13266	113.6
软件和信息技术服务业	3306	105.1

2—17 续表

单位：万元、%

	绝对数	以上年为100的发展速度
8、金融业	643887	113.0
货币金融服务	548460	111.2
资本市场服务	27803	142.2
保险业	61378	119.1
其他金融业	6245	119.7
9、房地产业	1011633	103.2
房地产开发经营业	438445	99.0
物业管理业	23490	116.2
房地产中介服务业	3182	117.3
自有房地产经营活动	393100	105.0
其他房地产业	153416	109.3
10、租赁和商务服务业	360986	121.5
租赁业	11667	118.9
商务服务业	349319	121.6
11、科学研究、技术服务业	38999	102.8
研究与试验发展	2362	103.3
专业技术服务业	31728	102.4
科技推广和应用服务业	4909	105.1
12、水利、环境和公共设施管理业	39967	107.8
水利管理业	14840	107.9
生态保护和环境治理业	9061	107.7
公共设施管理业	16066	107.7
13、居民服务、修理和其他服务业	965373	119.7
居民服务业	320255	120.0
其他服务业	645118	119.5
14、教　育	426127	104.6
15、卫生和社会工作	242923	105.3
卫　生	216468	105.4
社会工作	26455	105.1
16、文化、体育和娱乐业	257656	119.4
新闻出版业	5268	142.5
广播、电视、电影和影视录音制作业	56758	119.9
文化艺术业	13728	129.1
体　育	10715	116.6
娱乐业	171187	118.2
17、公共管理、社会保障和社会组织	510363	101.7
国(地区)外净要素收入	31973	105.5

2—18 按支出法计算的地区生产总值(2014年)

单位：万元

	按当年价格计算	按2010可比价格计算	
		绝 对 数	以上年为100的速度
支出法地区生产总值	**25063612**	**22763019**	**111.3**
一、最终消费支出	9919525	8966207	111.4
居民消费支出	8035923	7254267	112.2
农村居民	2531940	2305109	112.2
城镇居民	5503983	4949158	112.2
政府消费支出	1883602	1711940	108.0
二、资本形成总额	13632673	12653071	113.2
固定资本形成总额	12607026	11706544	113.8
存货增加	1025647	946527	107.2
三、货物和服务净流出	1511414	1143741	93.0
流　出	6825360	5948310	108.7
流　入	5313946	4804569	113.3

2—19 最终消费支出(当年价)

单位：万元

	2014		2014
最终消费支出	9919525	(二)城镇居民	5503983
一、居民消费支出	8035923	1、食品类支出	2042018
(一)农村居民	2531940	2、衣着类支出	375310
1、食品类支出	997567	3、居住类支出	496456
2、衣着类支出	119481	4、家庭设备、用品及服务类支出	341591
3、居住类支出	342234	5、医疗保健类支出	286629
4、家庭设备、用品及服务类支出	137516	6、公共医疗消费支出	25810
5、医疗保健类支出	151045	7、交通和通信类支出	615031
6、公共医疗消费支出	3062	8、文化娱乐用品及服务类支出	518305
7、交通和通信类支出	238689	9、金融中介服务虚拟支出	30307
8、文化娱乐用品及服务类支出	194619	10、金融机构实际服务消费支出	23961
9、金融中介服务虚拟支出	9824	11、保险服务消费支出	69417
10、金融机构实际服务消费支出	3721	12、自有住房服务虚拟支出	417379
11、保险服务消费支出	5383	13、实物收入消费支出	91719
12、自有住房服务虚拟支出	267148	14、其它商品和服务类支出	170050
13、其它商品和服务类支出	61651	二、政府消费支出	1883602

2—20　分县(市、区)总产出(2014年)

单位：万元、%

	总产出		第一产业		第二产业		#工业		建筑业		第三产业	
	总量	增速	总量	增速	总量	增速	总量	增速	总量	增速	总量	增速
漳州市	**69355104**	**12.3**	**6113447**	**4.6**	**48002377**	**14.2**	**41516643**	**14.4**	**6485734**	**12.8**	**15239280**	**9.4**
市区	15361880	9.2	231800	0.3	10512992	9.4	8777405	11.9	1735587	−3.6	4617088	9.3
龙海市	16471658	12.6	935831	3.7	12419766	14.0	10679699	12.5	1740067	27.2	3116061	8.7
云霄县	3636777	14.4	396001	5.1	2467899	17.5	2196872	17.1	271027	20.7	772877	10.7
漳浦县	8276508	16.8	1100141	3.0	5399534	22.1	4306335	22.8	1093199	19.9	1776833	12.1
诏安县	4386648	13.4	599234	6.5	2693177	16.2	2351190	16.0	341987	18.0	1094237	10.5
长泰县	5363648	14.3	267628	4.0	4333029	16.0	4194241	15.0	138788	49.3	762990	9.5
东山县	3880717	11.4	503131	5.0	2705074	12.7	2439779	13.2	265295	7.3	672512	10.5
南靖县	5525636	13.4	807188	6.1	3736458	15.5	3450786	15.7	285672	13.4	981990	10.9
平和县	4012619	11.1	943863	6.0	1973532	17.5	1627889	20.3	345643	5.1	1095223	3.5
华安县	2439013	11.4	328629	2.7	1760916	13.4	1492447	13.4	268469	13.6	349468	7.9

2—20　续表1

单位：万元、%

	#交通运输、仓储和邮政业		信息传输计算机服务和软件业		批发和零售业		住宿和餐饮业		金融业		房地产业		租赁和商务服务业	
	总量	增速	总量	增速	总量	增速	总量	增速	总量	增速	总量	增速	总量	增速
漳州市	**2682541**	**9.5**	**598992**	**5.2**	**1981397**	**6.3**	**889911**	**5.6**	**1353921**	**12.6**	**1503785**	**5.6**	**864419**	**21.8**
市区	909722	9.4	236354	3.9	672492	6.8	216499	2.2	669889	10.1	397202	−7.2	356067	35.5
龙海市	583127	6.2	97995	6.5	324933	9.8	161734	4.6	204127	18.8	493077	18.9	108913	2.5
云霄县	102183	9.9	44826	4.4	105740	10.0	84476	7.3	56542	13.8	58997	12.4	22472	15.2
漳浦县	315635	9.5	70504	5.2	169635	6.0	91316	8.3	91251	18.7	139667	19.6	74751	17.9
诏安县	130674	10.0	22399	7.5	144055	7.8	80352	6.8	57581	18.6	94558	9.4	120857	14.9
长泰县	135524	10.9	24563	4.2	83692	9.2	61214	6.4	79374	20.6	84700	−0.2	48591	16.7
东山县	100823	10.4	30718	4.9	79600	6.9	53606	6.9	57932	11.4	63764	4.4	33528	29.4
南靖县	217930	11.6	21508	5.9	131451	9.6	69489	9.3	55074	11.9	64880	13.8	37601	22.3
平和县	148375	18.2	32630	10.5	228426	−4.7	45402	4.6	46394	−4.9	74816	−23.4	45241	17.6
华安县	38548	10.8	17495	6.8	41373	8.3	25823	9.1	35757	14.8	32124	−13.2	16398	15.7

2—20 续表2

单位：万元、%

	科学研究、技术服务和地质勘查业		水利、环境和公共设施管理业		居民服务和其他服务业		教育		卫生、社会保障和社会福利业		文化、体育和娱乐业		公共管理和社会组织	
	总量	增速	总量	增速	总量	增速	总量	增速	总量	增速	总量	增速	总量	增速
漳州市	**88462**	**3.6**	**73764**	**6.6**	**2061737**	**16.6**	**666871**	**4.0**	**561767**	**4.8**	**445766**	**19.1**	**1136459**	**4.3**
市区	53553	0.5	13711	2.3	304065	29.8	149995	2.9	195963	6.0	174598	31.8	250410	1.9
龙海市	12953	6.8	15390	7.4	323835	0.7	136127	8.8	94407	7.6	46407	–0.5	457955	6.8
云霄县	3499	3.5	6119	6.4	124909	17.7	35935	3.6	34316	5.6	19339	9.0	49361	14.2
漳浦县	4465	6.2	7025	5.9	483486	18.0	67887	6.2	56922	8.0	43376	19.1	85599	1.6
诏安县	1382	3.9	2789	11.8	252669	15.5	41845	0.6	36726	1.7	11249	10.7	59562	6.1
长泰县	1859	23.3	3875	42.7	97227	16.8	29823	5.2	19823	–4.2	26638	17.4	53545	–5.0
东山县	2325	0.9	2907	3.6	80117	26.9	38070	2.7	28922	3.1	35419	16.9	38909	2.7
南靖县	2357	6.4	3581	8.4	174592	18.5	37118	2.0	20610	1.6	54904	12.5	63041	–4.1
平和县	4760	21.4	17929	4.5	153850	19.2	110595	–0.4	61500	–0.6	24574	18.9	54241	7.5
华安县	1309	7.3	438	–52.1	66987	13.9	19476	5.2	12578	6.0	9262	2.3	23836	5.8

2—21 分县(市、区)地区生产总值(2014年)

单位：万元、%

	地区生产总值		第一产业		第二产业		#工业		建筑业		第三产业		#交通运输、仓储和邮政业	
	总量	增速	总量	增速	总量	增速	总量	增速	总量	增速	总量	增速	总量	增速
漳州市	**25063612**	**11.3**	**3505139**	**4.6**	**12475304**	**14.3**	**10399477**	**14.6**	**2075827**	**12.5**	**9083169**	**9.4**	**1375302**	**10.2**
市区	5658749	9.0	121391	0.4	2729849	9.2	2125585	11.0	604264	1.9	2807509	9.1	449397	10.1
龙海市	5739036	12.6	558234	3.8	3257882	15.2	2729741	14.2	528141	21.9	1922920	9.7	306289	10.8
云霄县	1360905	12.4	237386	5.1	663630	18.0	575500	17.4	88130	22.2	459889	9.5	52048	10.0
漳浦县	3118317	13.8	600945	3.1	1445208	20.5	1114516	22.9	330692	13.7	1072164	11.6	161971	9.5
诏安县	1662892	11.5	356475	6.3	742071	15.5	638479	16.0	103592	11.8	564346	9.5	58361	9.8
长泰县	1671505	11.6	158694	4.0	1043178	15.2	998906	13.9	44272	49.3	469633	7.2	67310	9.9
东山县	1395029	10.1	277883	4.9	677356	12.4	597055	13.0	80301	7.3	439790	9.5	65669	10.2
南靖县	1954579	11.3	467827	6.0	944941	15.0	856370	15.3	88571	12.2	541811	9.1	109123	10.0
平和县	1598400	11.0	525743	5.8	484273	19.0	362692	19.8	121581	16.2	588384	8.7	85363	10.3
华安县	904200	10.0	200561	2.8	486916	13.9	400633	13.8	86283	14.2	216723	7.2	19771	11.4

备注：1.增长速度按可比价格计算；2.年平均人口使用的是常住人口数据。

2—21 续表1

单位：万元、%

	信息传输计算机服务和软件业		批发和零售业		住宿和餐饮业		金融业		房地产业		租赁和商务服务业		科学研究、技术服务和地质勘查业	
	总量	增速	总量	增速	总量	增速	总量	增速	总量	增速	总量	增速	总量	增速
漳州市	**346206**	**5.1**	**1366246**	**8.2**	**325854**	**5.8**	**832905**	**13.0**	**1300180**	**3.2**	**447199**	**21.5**	**52985**	**2.8**
市区	129117	5.0	489215	8.6	81239	3.0	427921	11.5	348159	-8.2	191436	36.2	32331	0.4
龙海市	60865	5.7	240213	8.4	62681	5.6	151489	15.4	410063	9.9	62819	2.5	9142	6.9
云霄县	24997	4.4	76480	9.8	30030	6.9	29877	10.9	51729	5.9	11420	15.3	1902	3.5
漳浦县	42784	5.1	124566	6.2	35705	7.8	47368	16.8	127987	15.5	35041	18.0	1673	6.3
诏安县	14601	5.6	104301	7.6	27692	6.6	18782	18.5	65883	9.3	58093	15.0	981	4.2
长泰县	14741	3.0	64185	7.7	17254	3.1	48383	19.1	73617	-1.4	25420	15.9	1128	21.7
东山县	14356	4.9	60873	6.7	19903	6.8	30439	11.2	74319	4.2	16329	29.5	1226	0.9
南靖县	12181	4.8	89160	8.8	24800	7.4	26996	9.9	54448	13.1	20254	21.8	1452	5.0
平和县	21332	4.9	86429	8.9	15642	10.8	32533	16.3	67216	5.0	18133	16.2	2367	4.3
华安县	11232	8.6	30824	8.3	10908	8.5	19117	11.9	26759	-9.9	8254	17.1	783	6.2

2—21 续表2

单位：万元、%

	水利、环境和公共设施管理业		居民服务和其他服务业		教育		卫生、社会保障和社会福利业		文化、体育和娱乐业		公共管理和社会组织		人均GDP	
	总量	增速	总量	增速	总量	增速	总量	增速	总量	增速	总量	增速	总量(元)	增速
漳州市	**50352**	**7.8**	**1106158**	**19.7**	**510882**	**4.6**	**296363**	**5.3**	**283430**	**19.4**	**600489**	**1.7**	**50684**	**10.6**
市区	10719	3.6	182036	30.7	120573	3.3	80456	5.8	108883	32.3	148763	2.2	73643	8.3
龙海市	9947	7.4	200331	19.1	112928	8.8	65425	7.6	33570	3.9	166650	2.3	62273	11.8
云霄县	5342	5.9	69603	16.5	30116	3.5	19831	5.3	11899	9.4	32654	12.3	32832	11.8
漳浦县	5459	5.9	281662	18.0	54466	6.2	30141	7.8	28846	19.2	52027	1.5	38526	13.1
诏安县	2242	12.4	74419	15.8	34457	1.0	22669	5.5	7388	10.5	51716	6.4	27724	10.8
长泰县	2982	44.6	54378	15.5	25272	3.8	12376	-5.1	18152	15.2	34012	-6.5	77384	10.8
东山县	1568	3.5	41535	26.8	26725	2.7	22036	3.1	20565	16.8	26436	2.7	64198	9.4
南靖县	2349	6.4	84239	16.9	28507	0.3	10553	0.6	31057	11.8	35870	-9.0	57828	11.4
平和县	9446	7.1	79221	15.5	61927	4.3	25159	4.5	16609	16.2	35824	-0.9	32064	10.4
华安县	298	9.6	38734	14.4	15911	4.7	7717	5.2	6461	3.5	16537	6.2	55953	9.3

2—22 分县(市、区)支出法地区生产总值(2014年)

单位：万元、%

	支出法 GDP		最终消费		居民消费		农村居民		城镇居民	
	总量	增速	总量	增速	总量	增速	总量	增速	总量	增速
漳州市	**25063612**	**11.3**	**9919525**	**11.4**	**8035923**	**12.2**	**2531940**	**12.2**	**5503983**	**12.2**
市区	5658749	9.0	2367806	7.9	1946486	9.5	104561	8.0	1841925	9.6
龙海市	5739036	12.6	1941195	17.8	1546834	17.5	554040	13.9	992794	19.7
云霄县	1360905	12.4	607346	11.5	495928	11.0	195912	11.5	300016	10.7
漳浦县	3118317	13.8	1440661	13.4	1224102	13.2	456349	17.2	767753	11.0
诏安县	1662892	11.5	908489	10.8	780047	10.7	345892	9.6	434155	11.6
长泰县	1671505	11.6	472430	8.9	347194	14.6	148527	20.9	198667	10.3
东山县	1395029	10.1	555222	8.6	416019	9.3	144345	6.7	271674	10.7
南靖县	1954579	11.3	610872	5.9	451980	9.3	192066	9.8	259914	8.9
平和县	1598400	11.0	764087	10.9	612459	10.9	310504	11.0	301955	10.8
华安县	904200	10.0	251417	9.8	214874	10.5	79744	1.1	135130	16.9

2—22 续表1

单位：万元、%

	政府消费		资本形成总额		固定资本形成		存货增加		货物和服务净出口	
	总量	增速	总量	增速	总量	增速	总量	增速	总量	增速
漳州市	**1883602**	**8.0**	**13632673**	**13.2**	**12607026**	**13.8**	**1025647**	**7.2**	**1511414**	**–7.0**
市区	421320	1.1	3198882	7.8	3078524	8.0	120358	2.8	92061	58.8
龙海市	394361	18.9	3234963	20.9	2871325	22.9	363638	7.0	562878	–23.7
云霄县	111418	13.7	745303	13.0	701273	13.6	44030	4.3	8256	13.1
漳浦县	216559	14.4	1487438	14.1	1431309	14.1	56129	13.7	190218	26.5
诏安县	128442	11.5	599372	11.4	423539	12.8	175833	8.3	155031	16.2
长泰县	125236	–4.0	1003378	14.1	909078	14.8	94300	8.0	195697	–21.1
东山县	139203	6.2	764475	9.6	740760	9.7	23715	7.3	75332	81.0
南靖县	158892	–2.6	1263686	14.0	1201188	14.6	62498	4.5	80021	12.0
平和县	151628	10.8	683367	11.1	608712	11.0	74655	11.7	150946	11.3
华安县	36543	6.0	651809	9.1	641318	9.1	10491	8.8	974	–105.2

2—22 续表2 单位：万元、%

	出口		进口		居民消费水平		农村居民		城镇居民	
	总量	增速	总量	增速	当年价	可比价增速	当年价	可比价增速	当年价	可比价增速
漳州市	**6825360**	**8.7**	**5313946**	**13.3**	**16250**	**11.5**	**10989**	**13.7**	**20841**	**9.6**
市区	1996614	6.5	1904553	3.0	25332	8.9	11644	12.1	27143	8.3
龙海市	1021214	-1.8	458336	63.2	16784	16.7	12670	14.3	20500	17.7
云霄县	105221	13.1	96965	12.3	11964	10.4	8696	13.0	15857	7.7
漳浦县	1308913	13.7	1118695	13.7	15124	12.5	10677	18.2	20098	8.4
诏安县	169974	15.4	14943	7.6	13005	9.9	9611	10.1	18097	8.9
长泰县	423717	2.3	228020	5.3	16074	13.8	13881	21.4	18226	8.3
东山县	1227650	20.5	1152318	19.6	19145	8.8	14463	9.0	23121	7.8
南靖县	317944	8.2	237923	7.3	13372	8.7	10724	11.5	16357	5.8
平和县	221222	11.2	70276	11.0	12286	10.3	10576	13.5	14737	5.9
华安县	32891	16.6	31917	1.6	13297	9.8	9393	7.3	17618	7.5

2—23 分县(市、区)三次产业增加值构成

	2014年三次产业增加值构成(%)			2013年三次产业增加值构成(%)		
	第一产业	第二产业	第三产业	第一产业	第二产业	第三产业
漳州市	**14.0**	**49.8**	**36.2**	**15.4**	**48.8**	**35.8**
市区	2.1	48.2	49.7	2.3	48.6	49.1
龙海市	9.7	56.8	33.5	11.0	56.4	32.6
云霄县	17.4	48.8	33.8	20.1	46.6	33.3
漳浦县	19.3	46.3	34.4	22.9	42.1	35.0
诏安县	21.4	44.6	34.0	24.2	43.2	32.6
长泰县	9.5	62.4	28.1	10.7	61.1	28.2
东山县	19.9	48.6	31.5	22.7	47.3	30.0
南靖县	23.9	48.3	27.8	23.8	48.4	27.8
平和县	32.9	30.3	36.8	35.5	28.6	35.9
华安县	22.1	53.9	24.0	22.8	52.6	24.6

主要统计指标解释

国民总收入(简称GNI) 是指一个国家(或地区)所有常住单位在一定时期内收入初次分配的最终结果。一国常住单位从事生产活动所创造的增加值在初次分配过程中主要分配给该国的常住单位,但也有一部分以生产税及进口税(扣除生产和进口补贴)、劳动者报酬和财产收入等形式分配给非常住单位;同时,国外生产所创造的增加值也有一部分以生产税及进口税(扣除生产和进口补贴)、劳动者报酬和财产收入等形式分配给该国的常住单位,从而产生了国民总收入的概念,它等于国内生产总值加上来自国外的净要素收入。与国内生产总值不同,国民总收入是一个收入概念,而国内生产总值是一个生产概念。各地区GNI中文译名为地区收入总值。

国内生产总值(简称GDP) 是按市场价格计算的一个国家(或地区)所有常住单位在一定时期内生产活动的最终成果。国内生产总值有三种表现形态,即价值形态、收入和产品形态。从价值形态看,它是所有常住单位在一定时期内所生产的全部货物和服务价值超过同期投入的全部非固定资产货物和服务价值的差额,即所有常住单位的增加值之和;从收入形态看,它是所有常住单位在一定时期内所创造并分配给常住单位和非常住单位的初次收入之和;从产品形态看,它是所有常住单位在一定时期内最终使用的货物和服务价值减去进口货物和服务价值。各地区GDP中文译名为地区生产总值。

在核算中,国内生产总值的三种表现形态表现为三种计算方法,即生产法、收入法和支出法。三种方法分别从不同的方面反映了国内生产总值及其构成。

按生产法计算,它等于各部门增加值之和;按收入法计算,它等于固定资产折旧、劳动者报酬、生产税净额和营业盈余之和;按支出法计算,它等于总消费、总投资和净出口之和。

在国内生产总值定义中,常住单位的概念对于确定计算国内生产总值的口径,明确各种的交易的范围具有十分重要的意义。所谓常住单位是指在一国经济领土上具有经济利益中心的经济单位。一国经济领土是由该国政府控制或拥有的地理领土组成的。若一个经济单位在一国的经济领土之内拥有一定的活动场所(住宅、厂房或其他建筑物等),从事一定规模的经济活动,并超过一定的时期(一般在一年以上),则称该经济单位在该国具有经济利益中心。国内生产总值反映了所有常住单位生产活动的最终成果。在这里,最终成果有双重含义:一是从使用价值形态上看,它包括了一切用于现期消费、投资和净出口的货物和服务,而不包括用于生产过程中的货物和服务;二是从价值形态上看,生产过程也是价值的转移过程,生产中耗用的产品(中间产品)价值随同生产过程转移到新产品价值之中,因此,必须在总产出基础上扣除一切中间产品的转移价值,以避免产品价值的重复计算。

三次产业 是根据社会生产活动历史发展的顺序对产业结构的划分,产品直接取自自然界的部门称为第一产业,对初级产品进行再加工的部门称为第二产业,为生产和消费提供各种服务的部门称为第三产业。它是世界上较为通用的产业结构分类,但各国的划分不尽一致。

我国的三次产业划分根据《国民经济行业分类》(GB/T 4754-2011)划分为:

第一产业:指农、林、牧、渔业(不含农、林、牧、渔服务业)。

第二产业:指采矿业(不含开采辅助活动),制造业(不含金属制品、机械和设备修理业),电力、热力、燃气及水生产和供应业,建筑业。

第三产业:即服务业,是指除第一产业、第二产业以外的其他行业。包括:批发和零售业,交通运输、仓储和邮政业,住宿和餐饮业,信息传输、软件和信息技术服务业,金融业,房地产业,租赁和商务服务业,科学研究和技术服务业,水利、环境和公共设施管理业,居民服务、修理和其他服务业,教育,卫生和社会工作,文化、体育和娱乐业,公共管理、社会保障和社会组织,国际组织,以及农、林、牧、渔业中的农、林、牧、渔服务业,采矿业中的开采辅助活动,制造业中的金属制品、机械和设备修理业。

支出法国内生产总值 指一个国家(或地区)所有常住单位在一定时期内用于最终消费、资本形成总额,以及货物和服务的净出口总额,它反映本期生产的国内生产总值的使用及构成。

最终消费 指常住单位在一定时期内对于货物和服务的全部最终消费支出,也就是常住单位为满足物质、文化和精神生活的需要,从本国经济领土和国外购买的货物和服务的支出; 不包括非常住单位在本国经济领土内的消费支出。最终消费分为居民消费和政府消费。

资本形成总额 指常住单位在一定时期内获得的减去处置的固定资产加存货的变动, 包括固定资本形成总额和存货增加。

劳动者报酬 指劳动者因从事生产活动所获得的全部报酬。包括劳动者获得的各种形式的工资、奖金和津贴,既包括货币形式的,也包括实物形式的;还包括劳动者所享受的公费医疗和医药卫生费、上下班交通补贴和单位支付的社会保险费、住房公积金等。对于个体经济来说,其所有者所获得的劳动报酬和经营利润不易区分,这两部分统一作为劳动者报酬处理。

生产税净额 指生产税减生产补贴后的余额。生产税指政府对生产单位生产、销售和从事经营活动以及因从事生产活动使用某些生产要素(如固定资产、土地、劳动力)所征收的各种税、附加费和规费。生产补贴与生产税相反,指政府对生产单位的单方面转移支出,因此视为负生产税,包括政策亏损补贴、价格补贴等。

固定资产折旧 指一定时期内为弥补固定资产损耗按照规定的固定资产折旧率提取的固定资产折旧,或按国民经济核算统一规定的折旧率虚拟计算的固定资产折旧。它反映了固定资产在当期生产中的转移价值。各类企业和企业化管理的事业单位的固定资产折旧是指实际计提并计入成本费中的折旧费; 不计提折旧的政府机关、非企业化管理的事业单位和居民住房的固定资产折旧是按照统一规定的折旧率和固定资产原值计算的虚拟折旧。原则上,固定资产折旧应按固定资产的重置价值计算,但是目前我国尚不具备对全社会固定资产进行重估价的基础,所以暂时只能采用上述办法。

营业盈余 指常住单位创造的增加值扣除劳动者报酬、生产税净额和固定资产折旧后的余额。它相当于企业的营业利润加上生产补贴,但要扣除从利润中开支的工资和福利等。

第三篇　人口与劳动力

3—1 主要年份全国、全省、全市年末常住人口及自然增长率

年份	全国		全省		漳州	
	常住人口（万人）	自然增长率（‰）	常住人口（万人）	自然增长率（‰）	常住人口（万人）	自然增长率（‰）
1949	54167	16.0	1186		155.47	
1950	55196	19.0	1211	18.8	160.11	
1951	56300	20.0	1238	21.6	164.35	
1952	57482	20.0	1270	24.6	169.49	
1953	58796	23.0	1303	24.1	174.03	
1954	60266	24.8	1342	27.8	180.02	
1955	61465	20.3	1379	26.5	185.35	
1956	62828	20.5	1416	24.4	190.41	
1957	64653	23.2	1461	27.8	197.24	36.5
1958	65994	17.2	1506	25.7	202.92	22.9
1959	67207	10.2	1537	17.6	212.57	21.8
1960	66207	-4.6	1547	4.7	215.81	16.2
1961	65859	3.8	1558	7.0	217.18	8.1
1962	67295	27.0	1602	29.6	223.91	34.8
1963	69172	33.3	1656	36.5	231.56	38.8
1964	70499	27.6	1703	29.9	237.46	30.6
1965	72538	28.4	1759	33.3	245.47	35.6
1966	74542	26.2	1812	29.4	253.27	31.8
1967	76368	25.5	1857	27.6	259.97	29.5
1968	78534	27.4	1912	29.8	269.13	32.5
1969	80671	26.1	1966	28.7	278.14	31.4
1970	82992	25.8	2020	27.3	286.10	29.3
1971	85229	23.3	2078	27.9	295.25	31.2
1972	87177	22.2	2135	27.0	304.28	28.5
1973	89211	20.9	2194	26.4	312.82	26.3
1974	90859	17.5	2245	22.9	319.76	22.8
1975	92420	15.7	2297	22.6	326.72	21.6
1976	93717	23.7	2351	22.6	332.99	18.7
1977	94974	12.1	2402	21.0	339.04	17.7
1978	96259	12.0	2446	19.0	344.49	15.9
1979	97542	11.6	2487	16.6	349.21	13.5
1980	98705	11.9	2519	12.4	354.11	12.9

3—1 续表

年 份	全国 常住人口（万人）	全国 自然增长率（‰）	全省 常住人口（万人）	全省 自然增长率（‰）	漳州 常住人口（万人）	漳州 自然增长率（‰）
1981	100072	14.6	2563	17.2	359.72	12.6
1982	101654	15.7	2620	21.6	365.81	13.1
1983	103008	13.3	2668	18.2	370.83	11.9
1984	104357	13.1	2720	19.4	375.91	11.7
1985	105851	14.3	2769	17.7	380.96	10.9
1986	107507	15.6	2820	18.2	386.35	12.9
1987	109300	16.6	2875	19.2	392.08	13.7
1988	111026	15.7	2929	18.5	398.21	13.1
1989	112704	15.0	2984	18.6	403.64	11.8
1990	114333	14.4	3037	17.7	416.70	26.5
1991	115823	13.0	3079	13.8	420.90	11.3
1992	117171	11.6	3116	12.2	423.33	6.6
1993	118517	11.5	3150	11.1	426.64	8.3
1994	119850	11.2	3183	10.3	429.45	7.7
1995	121121	10.6	3227	9.3	436.81	8.0
1996	122389	10.4	3261	7.3	440.36	8.1
1997	123626	10.1	3282	6.3	443.62	7.4
1998	124761	9.1	3299	5.3	446.84	7.3
1999	125786	8.2	3316	5.2	449.75	6.5
2000	126743	7.6	3410	5.8	458.17	6.2
2001	127627	7.0	3440	6.0	460.00	6.4
2002	128453	6.5	3466	5.8	461.84	6.1
2003	129227	6.0	3488	5.9	464.00	5.9
2004	129988	5.9	3511	6.0	468.00	6.0
2005	130756	5.9	3535	6.0	470.00	5.9
2006	131448	5.3	3558	6.3	472.00	5.8
2007	132129	5.2	3581	6.1	474.00	5.8
2008	132802	5.1	3604	6.3	477.00	5.9
2009	133474	5.1	3627	6.2	480.00	6.5
2010	134091	4.8	3693	6.1	481.16	6.0
2011	134735	4.8	3720	6.2	484.00	6.4
2012	135404	5.0	3748	7.0	490.00	7.7
2013	136072	4.9	3774	6.2	493.00	5.9
2014	136782	5.2	3806	7.5	496.00	7.3

注:1、全国、全省 1981 及以前数据为户籍统计数;1982、1990、2000、2010 年数据为当年人口普查数据推算数;其余年份数据为在年度人口抽样调查基础上,根据人口普查数据修订数。2、漳州 1994 及以前数据为户籍统计数。

3—2 主要年份全国、全省、全市全社会从业人员年末数及指数

以上年为100

年 份	全 国		全 省		漳 州	
	绝对数（万人）	指 数（%）	绝对数（万人）	指 数（%）	绝对数（万人）	指 数（%）
1949					62.39	100.0
1950					67.66	108.4
1951					69.47	102.7
1952	20729		473.66		73.58	105.9
1953	21364	103.1	484.37	102.3	75.89	103.1
1954	21832	102.2	492.09	101.6	78.29	103.2
1955	22328	102.3	507.27	103.1	80.03	102.2
1956	23018	103.1	520.64	102.6	79.67	99.6
1957	23771	103.3	531.68	102.1	81.58	102.4
1958	26600	111.9	567.91	106.8	90.28	110.7
1959	26173	98.4	587.54	103.5	88.74	98.3
1960	25880	98.9	619.03	105.4	90.53	102.0
1961	25590	98.9	597.16	96.5	85.79	94.8
1962	25910	101.3	582.96	97.6	85.19	99.3
1963	26640	102.8	590.24	101.2	86.38	101.4
1964	27736	104.1	611.27	103.6	89.88	104.1
1965	28670	103.4	633.15	103.6	92.77	103.2
1966	29805	104.0	656.35	103.7	94.47	101.8
1967	30814	103.4	675.85	103.0	99.86	105.7
1968	31915	103.6	696.30	103.0	102.42	102.6
1969	33225	104.1	722.41	103.7	106.29	103.8
1970	34432	103.6	759.43	105.1	109.94	103.4
1971	35620	103.5	794.99	104.7	113.74	103.5
1972	35854	100.7	805.81	101.4	118.65	104.3
1973	36652	102.2	817.59	101.5	121.65	102.5
1974	37369	102.0	830.14	101.5	124.49	102.3
1975	38168	102.1	854.32	102.9	128.60	103.3
1976	38834	101.7	867.19	101.5	130.62	101.6
1977	39377	101.4	882.13	101.7	130.89	100.2
1978	40152	102.0	824.41	93.5	134.76	103.0
1979	41024	102.2	953.72	115.7	140.44	104.2
1980	42361	103.3	963.72	101.0	144.29	102.7

3—2 续表

以上年为100

年份	全国		全省		漳州	
	绝对数（万人）	指数（%）	绝对数（万人）	指数（%）	绝对数（万人）	指数（%）
1981	43725	103.2	1001.75	103.9	148.59	103.0
1982	45295	103.6	1027.96	102.6	153.07	103.0
1983	46436	102.5	1056.72	102.8	155.95	101.9
1984	48197	103.8	1101.82	104.3	157.87	101.2
1985	49873	103.5	1152.09	104.6	169.10	107.1
1986	51282	102.8	1188.93	103.2	173.44	102.6
1987	52783	102.9	1237.74	104.1	181.01	104.4
1988	54334	102.9	1281.07	103.5	189.39	104.6
1989	55329	101.8	1301.81	101.6	193.97	102.4
1990	64749	117.0	1348.38	103.6	194.57	100.3
1991	65491	101.1	1436.50	106.5	198.62	102.1
1992	66152	101.0	1489.61	103.7	202.88	102.1
1993	66808	101.0	1531.42	102.8	213.86	105.4
1994	67455	101.0	1553.57	101.4	217.71	101.8
1995	68065	100.9	1567.09	100.9	217.85	100.1
1996	68950	101.3	1594.37	101.7	216.67	99.5
1997	69820	101.3	1613.41	101.2	217.57	100.4
1998	70637	101.2	1621.87	100.5	215.46	99.0
1999	71394	101.1	1630.85	100.6	222.68	103.4
2000	72085	101.0	1660.19	101.8	220.65	99.1
2001	72979	101.2	1677.79	101.1	220.04	99.7
2002	73280	100.4	1711.32	102.0	222.08	100.9
2003	73736	100.6	1756.71	102.7	227.09	102.3
2004	74264	100.7	1814.03	103.3	231.86	102.1
2005	74647	100.5	1868.50	103.0	239.85	103.4
2006	74978	100.4	1949.58	104.3	250.08	104.3
2007	75321	100.5	2015.33	103.4	260.29	104.1
2008	75564	100.3	2079.78	103.2	258.79	99.4
2009	75828	100.3	2168.86	104.3	263.45	101.8
2010	76105	100.4	2181.33	100.6	275.36	104.5
2011	76420	100.4	2250.00	103.1	289.21	105.0
2012	76704	100.4	2568.93	104.4	294.80	101.9
2013	76977	100.4	2555.85	99.5	299.65	101.6
2014	77253	100.4	2648.51	103.6	304.26	101.5

3—3　主要年份年末户籍统计人口数和人口变动系数

年　份	年末户籍统计总人口（万人）	平均人口（万人）	人口出生率（‰）	人口死亡率（‰）	人口自然增长率（‰）
1952	169.49	166.92			
1957	197.24	193.83	43.60	6.95	36.50
1962	223.91	220.55	43.30	8.32	34.80
1965	245.47	241.47	43.40	7.63	35.60
1970	286.10	282.12	35.60	6.65	29.30
1975	326.72	323.24	28.70	6.97	21.60
1978	344.49	341.77	22.10	6.10	15.90
1979	349.21	346.85	19.59	6.08	13.51
1980	354.11	351.66	17.36	5.80	12.86
1981	359.72	356.92	18.39	5.82	12.57
1982	365.81	362.77	18.80	5.75	13.05
1983	370.83	368.32	17.90	5.99	11.91
1984	375.91	373.37	17.18	5.47	11.71
1985	380.96	378.44	16.29	5.42	10.87
1986	386.35	383.66	18.23	5.36	12.86
1987	392.08	389.22	15.45	5.30	13.72
1988	398.21	395.15	18.29	5.22	13.07
1989	403.64	400.93	16.81	4.98	11.83
1990	416.70	410.17	22.66	6.14	16.52
1991	420.90	418.80	16.39	5.11	11.27
1992	423.33	422.12	11.98	5.41	6.57
1993	426.64	424.99	13.53	5.23	8.30
1994	429.45	428.05	12.94	5.22	7.72
1995	432.22	430.84	13.57	5.57	8.00
1996	436.23	434.23	16.81	5.59	11.22
1997	438.76	437.50	13.04	5.27	7.77
1998	441.54	440.15	12.17	5.37	6.80
1999	445.49	443.52	13.54	5.18	8.36
2000	450.27	447.88	16.42	5.78	10.64
2001	451.96	451.12	11.63	4.95	6.68
2002	453.25	452.61	10.03	4.45	5.58
2003	453.93	453.59	8.78	4.05	4.73
2004	455.84	454.89	10.70	5.03	5.67
2005	457.37	456.61	10.73	5.03	5.70
2006	459.14	458.26	11.50	5.70	5.80
2007	463.10	461.12	11.70	5.90	5.80
2008	468.50	465.80	11.80	5.90	5.90
2009	471.77	470.14	11.70	5.20	6.50
2010	476.36	474.07	11.72	5.70	6.02
2011	479.23	477.80	11.90	5.50	6.40
2012	482.47	480.85	13.84	5.91	7.93
2013	489.46	485.41	19.40	5.04	14.36
2014	497.41	493.97	20.47	4.15	16.32

3—4 主要年份按城乡劳动者分全社会从业人员数(年底数)

单位：万人

年 份	合 计	城 镇 职 工				城镇个私劳动者	乡 村 劳动者	其他从业人 员
			国有单位	城镇集体单 位	其他单位			
1952	73.58							
1957	81.58	5.47	5.47				68.37	
1962	85.19	9.83	9.83				74.04	
1965	92.77	11.32	11.32				78.56	
1970	109.94	13.08	13.08				91.73	
1975	128.60	18.94	14.12	4.82			110.53	
1978	134.76	25.27	18.91	6.36		0.21	115.57	
1979	140.44	26.99	20.10	6.87				
1980	144.29	28.87	21.54	7.33		0.44	121.19	
1981	148.59	30.52	22.68	7.84				
1982	153.07	31.44	23.36	8.08				
1983	155.95	31.49	23.59	7.90				
1984	157.87	32.40	22.93	9.47				
1985	169.10	33.12	23.61	9.47	0.04	2.26	133.76	
1986	173.44	33.87	24.44	9.39	0.04			
1987	181.01	35.14	25.32	9.63	0.19			
1988	189.39	36.50	26.38	9.63	0.48			
1989	193.97	36.10	25.99	9.31	0.80			
1990	194.57	36.80	25.87	9.61	1.32	3.74	153.10	
1991	198.62	37.26	26.10	9.05	2.11	4.09	161.36	
1992	202.88	38.03	26.37	9.13	2.53	3.35	164.84	
1993	213.86	36.67	25.60	7.58	3.49		168.75	0.78
1994	217.71	38.03	25.17	8.26	4.60	6.72	170.35	0.71
1995	217.85	38.32	25.46	7.66	5.21	10.41	169.11	0.65
1996	216.67	37.08	24.57	6.62	5.89	10.80	169.89	0.45
1997	217.57	36.14	23.43	6.59	6.12	8.95	171.82	0.61
1998	215.46	33.04	20.87	4.41	7.76	7.50	174.29	0.62
1999	222.68	31.28	20.00	3.40	7.88	7.10	174.59	0.62
2000	220.65	30.49	18.92	3.27	8.31	6.98	182.55	0.63
2001	220.04	28.42	17.27	2.92	8.22	6.50	184.01	0.71
2002	222.08	29.39	16.71	2.43	10.24	6.50	185.32	0.87
2003	227.09	31.14	16.16	2.53	12.45	7.41	187.60	0.94
2004	231.86	33.10	15.96	2.10	15.04	8.79	188.79	1.18
2005	239.85	34.90	15.86	2.08	16.96	8.83	194.90	1.22
2006	250.08	35.92	15.67	2.03	18.22	10.20	202.54	1.42
2007	260.29	36.43	15.95	1.98	18.51	11.58	210.17	2.11
2008	267.35	35.31	14.82	1.64	18.85	13.74	206.53	3.21
2009	275.86	34.76	16.78	1.62	20.25	15.75	209.05	3.89
2010	275.36	35.79	14.26	1.16	20.36	19.69	215.56	4.32
2011	289.21	40.87	14.58	1.41	24.88	23.73	219.77	4.84
2012	294.80	43.58	13.72	1.26	28.60	27.23	218.94	5.05
2013	299.65	44.78	12.82	0.99	30.97	31.07	218.00	5.80
2014	304.26	45.86	12.97	0.98	31.91	36.43	214.89	7.08

注：1998 年起职工的统计口径为“在岗职工”。1998 年以前国有单位统计口径为国有经济单位，集体单位统计口径为集体经济单位，其他单位统计口径为其他各种经济类型单位。

3—5 主要年份户籍统计人口构成

单位：%

年份	按性别分		按户口性质分	
	男	女	农业	非农业
1952	50.2	49.8	86.2	13.8
1957	50.3	49.7	84.6	15.4
1962	50.4	49.6	85.1	14.9
1965	50.4	49.6	85.9	14.1
1970	50.3	49.7	89.3	10.7
1975	50.3	49.7	89.4	10.6
1978	50.5	49.5	89.3	10.7
1979	50.5	49.5	88.4	11.6
1980	50.5	49.5	88.0	12.0
1981	50.6	49.4	87.5	12.5
1982	50.7	49.3	87.1	12.9
1983	50.8	49.2	86.8	13.2
1984	50.8	49.2	86.2	13.8
1985	50.9	49.1	85.9	14.1
1986	51.0	49.0	85.8	14.2
1987	51.0	49.0	85.6	14.4
1988	51.1	48.9	85.5	14.5
1989	51.2	48.8	85.4	14.6
1990	51.1	48.9	85.6	14.4
1991	51.2	48.8	85.5	14.5
1992	51.3	48.7	85.2	14.8
1993	51.3	48.7	84.9	15.1
1994	51.3	48.7	84.7	15.3
1995	51.4	48.6	84.5	15.5
1996	51.3	48.7	84.1	15.9
1997	51.4	48.6	83.8	16.2
1998	51.4	48.6	83.5	16.5
1999	51.4	48.6	83.3	16.7
2000	51.3	48.7	82.9	17.1
2001	51.3	48.7	82.8	17.2
2002	51.4	48.6	69.0	31.0
2003	51.4	48.6	72.3	27.7
2004	51.3	48.7	71.8	28.2
2005	51.4	48.6	71.7	28.3
2006	51.4	48.6	71.6	28.4
2007	51.4	48.6	71.0	29.0
2008	51.4	48.6	71.2	28.8
2009	51.4	48.6	70.1	29.9
2010	51.3	48.7	70.9	29.1
2011	51.4	48.6	71.0	29.0
2012	51.3	48.7	71.1	28.9
2013	51.3	48.7	71.2	28.8
2014	51.4	48.6	71.2	28.8

注：从2002年起，人口统计年报已取消原有农业、非农业户口性质的统计，改为按照《关于统计上划分城乡的规定》对常住户籍人口进行城乡人口的统计。

3—6 按三次产业分全社会从业人员、构成及登记失业情况

年份	从业人员数(万人)				构成(%)			城镇登记失业人数(人)	城镇登记失业率(%)
	合计	第一产业	第二产业	第三产业	第一产业	第二产业	第三产业		
1952	73.58	64.86	3.71	5.01	88.15	5.04	6.81		
1957	81.58	69.08	5.81	6.69	84.68	7.12	8.20		
1962	85.19	70.00	6.92	8.27	82.17	8.12	9.71		
1965	92.77	75.65	6.89	10.23	81.55	7.43	11.03		
1970	109.94	89.39	9.06	11.49	81.31	8.24	10.45		
1975	128.60	105.38	10.80	12.42	81.94	8.40	9.66		
1978	134.76	105.80	13.72	15.24	78.51	10.18	11.31		
1979	140.44	110.01	14.59	15.84	77.33	10.39	12.28		
1980	144.29	112.09	15.41	16.79	77.68	10.68	11.64		
1981	148.59	114.32	16.69	17.58	76.94	11.23	11.83		
1982	153.07	116.30	17.84	18.93	75.98	11.65	12.37		
1983	155.95	117.13	17.99	20.83	75.11	11.54	13.35		
1984	157.87	117.16	17.23	23.48	74.21	10.91	14.88		
1985	169.10	117.88	23.24	27.98	69.71	13.74	16.55		
1986	173.44	122.00	21.85	29.59	70.34	12.60	17.06		
1987	181.01	125.77	25.24	30.00	69.48	13.94	16.58		
1988	189.39	128.89	27.07	33.43	68.06	14.29	17.65		
1989	193.97	133.88	26.42	33.67	69.02	13.62	17.36		
1990	194.57	135.90	26.42	32.25	69.85	13.58	16.58		
1991	198.62	137.14	27.94	33.54	69.05	14.07	16.89		
1992	202.88	135.57	29.88	37.43	66.82	14.73	18.45		
1993	213.86	133.69	30.56	49.61	62.51	14.29	23.20		
1994	217.71	134.12	28.49	55.10	61.60	13.09	25.31		
1995	217.85	131.04	28.00	58.81	60.15	12.85	27.00		
1996	216.67	130.53	26.95	59.19	60.24	.12.44	27.32		
1997	217.57	132.40	29.50	55.67	60.85	13.56	25.59		
1998	215.46	128.64	36.83	49.99	59.70	17.09	23.20		
1999	222.68	127.62	36.38	58.68	57.31	16.34	26.35		
2000	220.65	128.70	38.66	53.29	58.33	17.52	24.15		
2001	220.04	128.00	38.70	53.34	58.17	17.59	24.24		
2002	222.08	127.85	41.83	52.40	57.57	18.84	23.60		
2003	227.09	125.89	44.47	56.73	55.44	19.58	24.98	12708	4.06
2004	231.86	121.62	49.85	60.39	52.50	21.50	26.00	12829	4.09
2005	239.85	114.76	57.08	66.84	47.85	23.80	27.87	12400	3.96
2006	250.08	113.40	67.72	68.96	45.35	27.08	27.57	13889	3.83
2007	260.29	112.03	78.35	69.91	43.04	30.10	26.86	13562	3.80
2008	258.79	107.97	78.74	74.93	41.72	30.43	28.95	10920	3.10
2009	263.45	103.11	82.40	77.94	41.88	29.87	28.25	11938	3.00
2010	275.36	103.66	88.75	82.95	37.65	32.23	30.12	11430	2.58
2011	289.21	119.07	88.93	81.21	41.17	30.75	28.08	9876	2.02
2012	294.80	118.72	91.97	84.11	40.27	31.20	28.53	9817	2.00
2013	299.65	118.41	92.93	88.31	39.52	31.01	29.47	9722	1.99
2014	304.26	116.87	94.01	93.38	38.41	30.90	30.69	10775	2.02

3—7 城镇单位从业人员数(2014年)

单位：万人

	从业人员	国有单位	城镇集体单　位	其他单位
合　计	**52.94**	**15.42**	**1.12**	**36.40**
#女　性	21.47	6.08	0.53	14.85
按国民经济行业分				
农、林、牧、渔业	1.71	1.68	0.00	0.03
采矿业	0.06	0.04	0.01	0.01
制造业	20.82	0.05	0.07	20.70
电力、热力、燃气及水的生产和供应业	0.99	0.11	0.03	0.86
建筑业	9.34	0.06	0.03	9.24
批发和零售业	1.67	0.26	0.13	1.27
交通运输、仓储和邮政业	1.10	0.33	0.04	0.74
住宿和餐饮业	0.53	0.17	0.00	0.36
信息传输、计算机服务和软件业	0.36	0.04	0.00	0.32
金融业	1.38	0.88	0.21	0.30
房地产业	1.43	0.12	0.00	1.31
租赁和商务服务业	0.64	0.13	0.02	0.49
科学研究、技术服务业	0.52	0.40	0.05	0.07
水利、环境和公共设施管理业	0.53	0.44	0.02	0.07
居民服务、修理和其他服务业	0.05	0.03	0.00	0.02
教　育	5.34	4.87	0.00	0.47
卫生和社会工作	2.13	1.51	0.50	0.12
文化、体育和娱乐业	0.27	0.24	0.00	0.02
公共管理、社会保障和社会组织	4.05	4.05	0.00	0.00
按三次产业分				
第一产业	1.71	1.68	0.00	0.03
第二产业	31.21	0.25	0.14	30.81
第三产业	20.02	13.49	0.98	5.56

3—8 城镇单位在岗职工人数(2014年)

单位：万人

	在岗职工	国有单位	城镇集体单位	其他单位
合　计	**43.82**	**12.46**	**0.95**	**30.40**
按国民经济行业分				
农、林、牧、渔业	0.32	0.29	0.00	0.03
采矿业	0.06	0.03	0.01	0.01
制造业	20.03	0.04	0.07	19.92
电力、热力、燃气及水的生产和供应业	0.87	0.11	0.03	0.73
建筑业	5.04	0.03	0.03	4.98
批发和零售业	1.44	0.24	0.12	1.08
交通运输、仓储和邮政业	0.76	0.23	0.02	0.52
住宿和餐饮业	0.52	0.16	0.00	0.35
信息传输、软件和信息技术服务业	0.23	0.03	0.00	0.20
金融业	0.96	0.61	0.16	0.19
房地产业	1.28	0.11	0.00	1.17
租赁和商务服务业	0.62	0.11	0.02	0.49
科学研究、技术服务业	0.48	0.36	0.05	0.07
水利、环境和公共设施管理业	0.40	0.33	0.00	0.06
居民服务、修理和其他服务业	0.04	0.03	0.00	0.01
教　育	5.06	4.61	0.00	0.45
卫生和社会工作	1.93	1.39	0.43	0.12
文化、体育和娱乐业	0.23	0.21	0.00	0.02
公共管理、社会保障和社会组织	3.56	3.56	0.00	0.00
按三次产业分				
第一产业	0.32	0.29	0.00	0.03
第二产业	26.00	0.21	0.13	25.65
第三产业	17.50	11.96	0.81	4.73

3—9　城镇单位分行业在岗职工人数(年底数)

单位：万人

	2005	2006	2007	2008	2009	2010	2011	2012	2013	2014
合　计	**34.90**	**35.92**	**36.43**	**35.31**	**34.76**	**35.79**	**39.10**	**41.53**	**42.43**	**43.82**
按国民经济行业分										
农、林、牧、渔业	2.80	2.69	2.86	1.49	0.80	0.73	0.54	0.41	0.33	0.32
采矿业	0.31	0.30	0.25	0.23	0.26	0.25	0.14	0.11	0.06	0.06
制造业	16.04	16.81	16.71	46.44	16.33	17.23	19.31	22.76	19.64	20.03
电力、热力、燃气及水的生产和供应业	0.79	0.83	0.81	0.92	0.94	1.00	1.01	0.91	0.84	0.87
建筑业	1.90	1.98	2.56	2.95	2.94	2.81	3.25	1.79	4.85	5.04
批发和零售业	0.65	0.69	0.70	0.63	0.62	0.60	0.59	1.62	1.46	1.44
交通运输、仓储和邮政业	0.23	0.30	0.25	0.19	0.33	0.31	0.20	0.51	0.70	0.76
住宿和餐饮业	1.05	1.12	1.08	1.11	0.94	0.97	1.35	0.49	0.44	0.52
信息传输、软件和信息技术服务业	0.24	0.25	0.23	0.26	0.25	0.28	0.38	0.24	0.24	0.23
金融业	0.80	0.83	0.82	0.83	0.84	0.85	0.86	0.89	0.91	0.96
房地产业	0.35	0.40	0.47	0.46	0.51	0.56	0.72	0.81	1.09	1.28
租赁和商务服务业	0.20	0.18	0.15	0.14	0.15	0.16	0.18	0.18	0.53	0.62
科学研究、技术服务业	0.25	0.26	0.26	0.26	0.26	0.26	0.26	0.41	0.45	0.48
水利、环境和公共设施管理业	0.39	0.39	0.37	0.38	0.39	0.38	0.38	0.35	0.36	0.40
居民服务、修理和其他服务业	0.07	0.04	0.05	0.05	0.05	0.05	0.06	0.06	0.03	0.04
教　育	4.72	4.70	4.67	4.61	4.61	4.64	4.97	4.89	5.00	5.06
卫生和社会工作	1.07	1.09	1.09	1.20	1.26	1.30	1.44	1.60	1.79	1.93
文化、体育和娱乐业	0.26	0.26	0.26	0.27	0.29	0.29	0.28	0.21	0.23	0.23
公共管理、社会保障和社会组织	2.78	2.81	2.93	2.91	2.99	3.11	3.17	3.29	3.49	3.56
按三次产业分										
第一产业	2.80	2.69	2.86	1.49	0.80	0.73	0.54	0.41	0.33	0.32
第二产业	19.04	19.92	20.33	20.53	20.47	21.29	23.70	25.56	25.38	26.00
第三产业	13.06	13.31	13.24	13.30	13.49	13.77	14.86	15.56	16.72	17.50

3—10 城镇单位其他从业人员数(年底数)

单位：人

	2002	2003	2004	2005	2006	2007	2008	2009	2010	2011	2012	2013	2014
合　计	**8724**	**9367**	**11836**	**12242**	**14235**	**21124**	**32125**	**38926**	**43200**	**48351**	**50548**	**58002**	**70766**
# 聘用离退休人员	1016	903	900	935	936	918							
聘用港澳台和外籍人员	497	573	591	627	654	792							
按企事业机关分													
企　业	6911	7641	9922	9508	11180	17422	26947	33384	36542	41940	43622	50301	62360
事　业	1457	1178	1356	2096	2422	2877	4042	4258	5078	4582	4708	5155	5362
机　关	356	548	558	638	633	825	1136	1284	1580	1829	2218	2546	3044
按国民经济行业分													
农、林、牧、渔业	1824	1293	2202	1102	1365	1227	11767	18752	19354	17549	14340	13947	13761
采矿业	71	67	66	33	32	32	56	62	61	63	42	43	43
制造业	2000	2220	2566	3272	2549	8024	4397	5286	4472	3580	4779	3926	4789
电力、热力、燃气及水的生产和供应业	27	32	63	85	48	292	404	386	695	676	368	94	83
建筑业	211	973	1513	1004	3216	3739	5536	5271	5734	14976	18635	26176	37779
批发和零售业	869	399	476	664	569	626	508	455	691	164	806	845	717
交通运输、仓储和邮政业	32	769	879	959	1354	1366	1030	189	400	227	3499	536	433
住宿和餐饮业	608	668	487	425	504	619	993	845	938	645	98	60	71
信息传输、软件和信息技术服务业	56	38	83	129	213	153	283	317	60	45	360	170	29
金融业	1183	1137	1413	1719	1223	1223	1972	1797	4051	3248	3093	3170	3079
房地产业	209	149	181	178	234	195	272	238	329	657	443	976	910
租赁和商务服务业	376	157	124	153	132	145	218	120	134	117	103	104	117
科学研究、技术服务业	40	144	156	156	192	172	162	261	226	161	200	375	305
水利、环境和公共设施管理业	33	50	75	533	579	961	1012	962	1076	1133	1215	1293	1262
居民服务、修理和其他服务业	18	20	11	15	10	30	47	24	25	56	42	64	66
教　育	479	344	439	545	608	441	1124	1208	1372	1593	1883	1850	2021
卫生和社会工作	214	289	551	484	647	913	1041	1260	1727	1291	1223	1499	1746
文化、体育和娱乐业	79	71	64	104	78	90	130	173	224	274	251	202	297
公共管理、社会保障和社会组织	395	547	487	682	682	876	1173	1320	1631	1896	2318	2672	3258
按三次产业分													
第一产业	1824	1293	2202	1102	1365	1227	11767	18752	19354	17549	14340	13947	13761
第二产业	2309	3292	4208	4394	5845	12087	10393	11005	10962	19295	23824	30239	42694
第三产业	4591	4782	5426	6746	7025	7810	9965	9169	12884	11507	12384	13816	14311

说明:2002年行业分类与该分类有出入,不便归类。

3—11 城镇私营及个体劳动者人数(2009-2014)

单位：人

	2009			2010			2011		
	小 计	个 体	私 营	小 计	个 体	私 营	小 计	个 体	私 营
合　计	**281457**	**126333**	**155124**	**339050**	**147080**	**191970**	**400878**	**179729**	**221149**
农、林、牧、渔业	10444	2563	7881	13582	3250	10332	17677	4565	13112
采矿业	1978	812	1166	1910	742	1168	1763	630	1133
制造业	82932	14843	68089	99580	16024	83556	107789	18594	89195
电力、燃气及水的生产和供应业	4778	447	4331	5050	470	4580	4945	475	4470
建筑业	7167	117	7050	8433	144	8289	9923	193	9730
交通运输、仓储和邮政业	3922	577	3345	5621	667	4954	7029	757	6272
信息传输、计算机服务和软件业	6070	1134	4936	6516	1149	5367	6639	1010	5629
批发和零售业	114151	81189	32962	135758	94689	41069	168382	115658	52724
住宿和餐饮业	12952	10623	2329	15715	13030	2685	19094	16001	3093
金融业									
房地产业	6127	161	5966	7553	257	7296	8303	454	7849
租赁和商务服务业	9907	1213	8694	13383	1545	11838	16247	1643	14604
#广告业	2192	46	2146	2913	43	2870	3550	49	3501
科学研究、技术服务和地质勘查业									
水利、环境和公共设施管理业									
居民服务和其他服务业	15052	11796	3256	18170	14040	4130	23173	18330	4843
教　育									
卫生、社会保障和社会福利业	800	320	480	859	372	487	942	467	475
文化、体育和娱乐业	1828	431	1397	2478	595	1883	2847	840	2007
其他行业	1157	61	1096	4442	106	4336	6125	112	6013

3—11 续表

单位：人

	2012			2013			2014		
	小 计	个 体	私 营	小 计	个 体	私 营	小 计	个 体	私 营
合　计	**454017**	**208592**	**245425**	**310689**	**117152**	**193537**	**364290**	**144045**	**220245**
农、林、牧、渔业	22577	6615	15962	15338	2366	12972	16597	2799	13798
采矿业	1828	606	1222	878	87	791	953	112	841
制造业	116615	22502	94113	61940	6437	55503	63675	7421	56254
电力、燃气及水的生产和供应业	4919	497	4422	1525	63	1462	1610	64	1546
建筑业	11665	242	11423	12314	139	12175	14874	194	14680
交通运输、仓储和邮政业	7858	879	6979	6273	496	5777	7415	572	6843
信息传输、计算机服务和软件业	6909	1122	5787	5568	367	5201	6802	388	6414
批发和零售业	192088	132187	59901	130716	75587	55129	154579	89322	65257
住宿和餐饮业	21288	18063	3225	17209	14195	3014	24044	20560	3484
金融业	857		857	723		723	1019		1018
房地产业	9175	508	8667	8248	551	7697	8805	699	8106
租赁和商务服务业	19784	2084	17700	19528	1353	18175	25868	2024	23844
#广告业	4228	165	4063						
科学研究、技术服务和地质勘查业	5214	41	5173	6009	440	5569	8177	485	7692
水利、环境和公共设施管理业	1298	27	1271	1300	9	1291	1387	25	1362
居民服务和其他服务业	27131	21460	5671	19173	13981	5192	23780	17881	5899
教　育	497	30	467	357	12	345	432	53	379
卫生、社会保障和社会福利业	1045	577	468	853	421	432	872	478	394
文化、体育和娱乐业	3269	1152	2117	2709	642	2067	3379	967	2412
其他行业				28	6	22	22	0	22

注：工商部门报表制度于2013年改革，新版报表删去广告业。

3—12 城镇单位企业、事业、机关年末从业人数(1990-2014)

单位：万人

年 份	总 计	企 业	事 业	机 关	民间非营利组织	其 他
1990	36.80					
1991	37.26					
1992	38.03					
1993	36.67					
1994	38.03					
1995	38.32					
1996	37.08					
1997	36.14	25.91	7.23	2.99		
1998	33.04	22.33	7.78	2.93		
1999	31.28	20.49	7.84	2.95		
2000	30.49	19.56	7.97	2.96		
2001	28.42	17.47	7.74	3.21		
2002	29.39	18.79	7.61	2.99		
2003	31.14	20.76	7.32	3.06		
2004	33.10	22.78	7.31	3.01		
2005	34.90	24.76	7.38	2.76		
2006	35.92	25.81	7.31	2.80		
2007	36.43	26.31	7.30	2.82		
2008	38.52	27.70	7.81	3.01		
2009	38.66	27.69	7.89	3.08		
2010	40.11	28.79	8.11	3.21		
2011	45.70	33.93	8.38	3.39		
2012	48.64	36.82	8.37	3.45		
2013	50.58	38.46	8.42	3.65	…	0.04
2014	52.94	40.49	8.61	3.80		0.05

3—13 分县(市、区)人

	人口抽查				年末户籍总户数(户)	年末户籍总人口(人)					
	常住人口数(万人)	出生率(‰)	自然增长率(‰)	城镇化率(%)		合计	其中:非农业人口	性别		年	
								男	女	18岁以下	18-35岁
合计	**496.00**	**14.1**	**7.3**	**53.8**	**1366296**	**4974115**	**1430062**	**2555300**	**2418815**	**1011958**	**1298777**
市区	77.00	11.0	5.5	88.7	186764	584599	381078	290791	293808	109065	134231
芗城区	58.40	9.9	5.0	89.9	148390	446721	343985	221636	225085	80416	98463
龙文区	18.60	14.3	7.1	85.1	38374	137878	37093	69155	68723	28649	35768
龙海市	92.50	15.1	7.9	52.8	227091	852828	163973	429306	423522	162415	231096
龙海市辖	—	—	—	—	186080	703622	114110	355526	348096	132306	190476
漳州开发区	—	—	—	—	4752	15929	15929	7857	8072	4126	4342
台商投资区	—	—	—	—	36259	133277	33934	65923	67354	25983	36278
云霄县	41.60	13.4	6.9	45.9	112203	449588	71238	236664	212924	93638	119015
漳浦县	81.20	15.2	8.1	47.5	234365	886137	260338	455575	430562	181049	242750
诏安县	60.20	15.5	8.2	40.5	162937	646524	90934	337330	309194	145305	174459
长泰县	21.70	15.4	8.3	50.8	60308	203806	40454	103381	100425	37835	55552
东山县	21.80	12.1	5.3	54.5	61147	213959	112020	107666	106293	37906	53789
南靖县	33.90	13.5	6.6	47.5	96975	359836	92417	183749	176087	66663	87261
平和县	50.00	14.7	7.7	41.5	173918	609496	160625	324178	285318	144291	159886
华安县	16.20	14.8	7.7	48.9	50588	167342	56985	86660	80682	33791	40738

3—14 分县(市、区)城镇

	2010					2011					
	从业人员	在岗职工				从业人员	在岗职工				从业人员
			国有	集体	其他			国有	集体	其他	
全市	**401108**	**357908**	**142649**	**11612**	**203647**	**457015**	**390976**	**134816**	**13736**	**242424**	**486360**
市直	56310	48992	35939	2097	10956	67982	42778	27307	2170	13301	44599
芗城区	38599	36038	5622	1471	28945	45735	42115	7454	1587	33074	91356
龙文区	18687	18309	4011	141	14157	25754	24124	4430	142	19552	31456
龙海市	73309	69258	17239	1358	50661	89472	83212	17675	1918	63619	76655
云霄县	22762	16261	10473	927	4861	24396	17617	10606	968	6043	28435
漳浦县	58958	47354	17875	1267	28212	61615	50266	16527	1432	32307	59217
诏安县	26967	21976	10706	725	10545	29935	24880	10816	742	13322	37721
长泰县	28970	27930	5794	991	21145	33121	31913	5717	1064	25132	36536
东山县	17962	17206	9194	265	7747	18950	17370	8532	282	8556	19168
南靖县	24640	23826	8909	1104	13813	23921	22851	8748	1358	12745	22626
平和县	20343	17957	11603	700	5654	20879	19707	11815	1379	6513	21710
华安县	13601	12801	5284	566	6951	15255	14143	5189	694	8260	16881

口及其变动情况

龄		本年度人口变动(人)									
		出生			死亡			迁入		迁出	
35-60岁	60岁以上	合计	男	女	合计	男	女	省内迁入	省外迁入	迁往省内	迁往省外
1926170	**737210**	**101133**	**55125**	**46008**	**20505**	**11496**	**9009**	**35692**	**9657**	**40660**	**5762**
243485	97818	7632	4026	3606	1637	903	734	13528	1556	10020	927
190211	77631	5402	2839	2563	1099	606	493	10406	1174	8882	794
53274	20187	2230	1187	1043	538	297	241	3122	382	1138	133
327355	131962	15419	8336	7083	2826	1633	1193	4633	1922	5459	858
270709	110131	12676	6912	5764	2048	1218	830	3091	1073	4552	651
5934	1527	337	188	149	23	12	11	679	240	175	41
50712	20304	2406	1236	1170	755	403	352	863	609	732	166
172673	64262	8056	4416	3640	2220	1195	1025	1963	652	3011	683
340356	121982	16866	9790	7076	4344	2414	1930	3724	1463	4752	812
235574	91186	25295	13791	11504	2886	1578	1308	2991	1320	3707	941
80525	29894	3801	2085	1716	566	338	228	1671	383	1928	252
88184	34080	3329	1741	1588	1231	652	579	1605	393	1891	227
149323	56589	5332	2870	2462	1630	966	664	2103	519	3231	345
219988	85331	12324	6389	5935	2213	1287	926	2738	1145	5015	550
68707	24106	3079	1681	1398	952	530	422	736	304	1646	167

单位从业人员年末人数

单位：人

2012				2013					2014				
在岗职工	国有	集体	其他	从业人员	在岗职工	国有	集体	其他	从业人员	在岗职工	国有	集体	其他
415282	**162194**	**13508**	**310658**	**505790**	**424268**	**123341**	**9551**	**291376**	**529392**	**438176**	**154241**	**11192**	**363959**
35958	31475	1803	11321	36082	29531	24398	294	4839	30627	25884	27430	258	2939
66119	11840	1116	78400	88751	59102	7591	1064	50447	93346	66679	11478	1155	80713
27121	4683	27	26746	33890	30006	4133	31	25842	35300	30781	4683	48	30569
72046	19079	2023	55553	108027	96544	15829	1518	79197	117305	91429	18115	1850	97340
21624	15405	748	12282	29884	23706	9983	564	13159	32815	26247	15081	786	16948
50862	22766	1896	34555	58726	47773	14347	1627	31799	64861	54838	22303	2013	40545
30785	14725	1243	21753	35020	28889	10109	802	17978	37425	31325	14481	961	21983
35371	6673	501	29362	36827	34986	6061	567	28358	37178	36175	6355	686	30137
17403	9185	372	9611	15816	14255	7776	293	6186	15505	13368	8976	308	6221
21372	9370	755	12501	22091	20889	8255	572	12062	23356	22050	8798	808	13750
20994	11380	1952	8378	24231	23554	10310	1542	11702	25131	24281	11127	1524	12480
15627	5613	1072	10196	16445	15033	4549	677	9807	16543	15119	5414	795	10334

主要统计指标解释

人口数 指一定时点、一定地区范围内的有生命的个人的总和。

出生率(又称粗出生率) 指在一定时期内(通常为一年)出生的人数与同期平均人数的比率,一般用千分率表示。

出生人数 指活产婴儿,即胎儿脱离母体时(不管怀孕月数),有过呼吸或其他生命现象。

死亡率(又称粗死亡率) 指在一定时期内(通常为一年)一定地区的死亡人数与同期平均人数(或期中人数)之比,一般用千分率表示。

人口自然增长率 指在一定时期内(通常为一年)人口自然增加数(出生人数减死亡人数)与该时期内平均人数(或期中人数)之比,一般用千分率表示。

人口自然增长率=人口出生率-人口死亡率

从业人口(又称就业人口) 指十五周岁及十五周岁以上人口中从事一定的社会劳动并取得劳动报酬或经营收入的人口。

社会负担系数 指社会劳动人口与被抚养人口的比例。

计算公式:社会负担系数=被抚养人口÷劳动人口×100%。

老年负担系数 指社会劳动人口与老年人口的比例。

计算公式:老年负担系数=老年人口÷劳动人口×100%

少年负担系数 指社会劳动人口与少年儿童比例。

计算公式:少年负担系数=少年儿童人口÷劳动人口×100%

从业人员 指从事一定社会劳动并取得劳动报酬或经营收入的人员。包括:

(1)在岗职工

(2)再就业的离退休人员

(3)私营业主

(4)个体户主

(5)私营和个体从业人员

(6)乡镇企业从业人员

(7)农村从业人员

(8)其他从业人员(包括宗教职业者等)

单位从业人员 指在各级国家机关、政党机关、社会团体及企业、事业单位中工作,并取得工资或其他形式的劳动报酬的全部人员。包括在岗职工、再就业的离退休人员以及在各单位中工作的外方人员和港、澳、台方人员、兼职人员、借用的外单位人员和第二职业者。不包括离开本单位仍保留劳动关系的职工。

在岗职工 指在国有单位、城镇集体单位、联营经济、股份制经济、外商和港、澳、台投资、其他经济单位及其附属机构工作,并由其支付工资的职工,不包括:返聘的离退休人员、雇用的外方人员和港、澳、台人员。

城镇私营和个体从业人员 城镇私营从业人员指在工商管理部门注册登记,其经营地址设在县城关镇(含城关镇)以上的私营企业从业人员。包括:私营企业投资者和雇工。城镇个体从业人员指在工商管理部门注册登记,并持有城镇户口或在城镇长期居住,经批准从事个体工商经营的从业人员。包括:个体经营者和在个体工商户劳动的家庭帮工和雇工。

第四篇　固定资产投资

4—1 主要年份全国、全省、全市全社会固定资产投资额及指数

以上年为100

年份	全国		全省		漳州	
	绝对数（亿元）	指数（%）	绝对数（亿元）	指数（%）	绝对数（亿元）	指数（%）
1949						
1950			0.38			
1951			0.37	97.4		
1952			0.62	167.6	0.012	
1953			0.82	132.3	0.014	119.8
1954			1.18	143.9	0.020	142.4
1955			2.16	183.1	0.034	169.2
1956			5.41	250.5	0.092	275.5
1957			2.42	44.7	0.080	86.9
1958			5.79	239.3	0.376	468.3
1959			8.16	140.9	0.642	170.8
1960			10.09	123.7	0.712	110.9
1961			3.87	38.4	0.291	40.9
1962			3.23	83.5	0.224	76.9
1963			3.29	101.9	0.195	87.0
1964			4.29	130.4	0.311	159.8
1965			4.94	115.2	0.207	66.4
1966			4.58	92.7	0.243	117.5
1967			3.01	65.7	0.084	34.4
1968			2.76	91.7	0.074	88.8
1969			3.41	123.6	0.187	251.6
1970			7.21	211.4	0.271	145.0
1971			8.45	117.2	0.335	123.7
1972			9.74	115.3	0.399	119.1
1973			9.09	93.3	0.461	115.6
1974			9.09	100.0	0.402	87.2
1975			10.26	112.9	0.446	110.9
1976			9.09	88.6	0.515	115.6
1977			8.60	94.6	0.582	112.8
1978			13.35	155.2	1.04	178.8
1979			15.30	114.6	1.30	125.0
1980			18.30	119.6	1.38	106.2

4—1 续表 以上年为100

年份	全国		全省		漳州	
	绝对数（亿元）	指数（%）	绝对数（亿元）	指数（%）	绝对数（亿元）	指数（%）
1981	961.0	105.5	18.47	100.9	1.23	89.1
1982	1230.4	128.0	24.45	132.4	2.85	231.7
1983	1430.1	116.2	26.97	110.3	3.10	108.8
1984	1832.9	128.2	34.61	128.3	2.78	89.7
1985	2543.2	138.8	55.62	160.7	3.67	132.0
1986	3120.6	122.7	64.46	115.9	5.08	138.4
1987	3791.7	121.5	81.60	126.6	6.77	133.3
1988	4753.8	125.4	100.29	122.9	7.32	108.1
1989	4410.4	92.8	101.64	101.3	7.72	105.5
1990	4517.0	102.4	115.41	113.5	7.95	103.0
1991	5594.5	123.9	145.62	126.2	11.41	143.5
1992	8080.1	144.4	227.55	156.3	13.53	118.6
1993	13072.3	161.8	368.45	161.9	28.17	208.2
1994	17042.1	130.4	538.86	146.3	40.96	145.4
1995	20019.3	117.5	681.17	126.4	46.31	113.1
1996	22974.0	114.8	790.00	116.0	64.40	139.1
1997	24941.1	108.6	898.47	113.7	77.32	120.1
1998	28406.2	113.9	1048.52	116.7	105.32	136.2
1999	29854.7	105.1	1040.00	99.2	119.86	113.8
2000	32917.7	110.3	1082.47	104.1	136.51	113.9
2001	37213.5	113.1	1134.48	104.8	141.59	103.7
2002	43499.9	116.9	1230.76	108.5	135.69	95.8
2003	55566.6	127.7	1507.87	122.5	141.90	104.6
2004	70477.4	126.8	1899.10	125.9	163.88	115.5
2005	88773.6	126.0	2344.73	123.5	195.22	119.1
2006	109998.2	123.9	3115.08	132.9	239.44	122.6
2007	137323.9	124.8	4321.74	138.7	327.04	136.6
2008	172828.4	125.9	5301.69	122.7	441.40	135.0
2009	224598.8	130.0	6362.03	120.0	579.21	131.2
2010	251683.3	112.1	8273.42	130.0	837.11	144.5
2011	311485.1	123.8	10119.47	127.1	1115.71	138.4
2012	374694.8	120.3	12709.66	125.5	1486.90	133.3
2013	444618.0	118.7	15526.87	122.2	1761.48	118.5
2014	512761.0	115.3	18449.48	118.8	2134.84	121.2

4—2 主要年份全社会固定资产投资额

单位：亿元

年 份	全社会固定资产投资额	城 镇	#房地产开发	农 村	集 体	个 人	全社会固定资产投资比上年增长(%)	全社会固定资产投资相当于GDP比重(%)
1952	0.01	0.01					262.5	0.7
1957	0.08	0.08					591.4	3.1
1962	0.22	0.22					179.1	6.9
1965	0.21	0.20					-7.7	4.9
1970	0.27	0.26					31.0	6.1
1975	0.45	0.43					64.6	7.1
1978	1.04	0.98		0.06			133.9	11.7
1979	1.30	1.28		0.02			24.5	12.7
1980	1.38	1.35		0.03			6.0	11.8
1981	1.23	1.16		0.07			-10.5	8.8
1982	2.85	1.58		1.27	0.45	0.67	131.4	18.1
1983	3.10	1.86		1.24	0.55	0.50	8.7	18.5
1984	2.78	1.24		1.54	0.59	0.65	-10.2	14.1
1985	3.67	1.73		1.94	0.69	0.82	32.1	16.1
1986	5.08	2.63		2.45	0.81	1.05	38.3	19.7
1987	6.77	3.39		3.38	0.67	1.90	33.3	22.0
1988	7.32	3.30		4.02	0.86	2.28	8.1	17.5
1989	7.72	3.14		4.58	0.97	2.30	5.4	15.5
1990	7.95	3.56	0.51	4.39	0.84	2.38	3.0	15.0
1991	11.41	5.64	0.71	5.77	0.97	3.18	43.6	17.9
1992	13.53	7.31	1.47	6.22	1.47	3.00	18.6	16.8
1993	28.17	17.68	4.83	10.49	1.86	5.11	108.2	26.5
1994	40.96	27.85	6.03	13.11	2.40	7.32	45.4	27.8
1995	46.31	31.59	9.19	14.72	3.45	8.15	13.0	24.2
1996	64.40	46.71	8.10	17.69	3.93	8.53	39.1	28.4
1997	77.32	58.37	6.46	18.95	5.06	7.86	20.1	30.3
1998	105.32	79.90	7.03	25.42	5.35	10.93	36.2	36.2
1999	119.86	87.53	11.36	32.33	6.68	15.45	13.8	37.5
2000	136.51	110.31	17.93	26.20	2.95	13.90	13.9	38.6
2001	141.59	118.06	17.11	23.53	1.70	10.07	3.7	36.4
2002	135.69	110.87	17.37	24.82	2.16	9.14	-4.2	32.4
2003	141.90	115.44	20.99	26.46	2.15	6.79	4.6	30.1
2004	163.88	136.02	32.73	27.86	1.53	9.40	15.5	29.6
2005	195.22	161.03	41.66	34.18	2.07	13.07	19.1	31.1
2006	239.44	204.59	55.39	34.85	1.58	18.36	22.7	33.4
2007	327.04	279.28	83.53	47.76	2.93	26.82	36.6	38.3
2008	441.40	390.10	112.04	51.30	5.27	28.18	35.0	44.1
2009	579.21	516.28	99.31	62.92	4.44	33.16	31.2	52.0
2010	837.11	757.23	159.62	79.88	7.30	37.04	44.5	58.5
2011	1115.71	1030.50	223.48	85.21	4.38	40.06	38.4	63.1
2012	1486.90	1384.18	254.49	102.72	6.11	43.65	33.3	73.9
2013	1761.48	1619.33	356.10	142.15	19.91	49.60	18.5	78.7
2014	2134.84	1988.77	472.24	146.07	25.99	52.99	21.2	85.2

注:1、1999-2006年农村集体系非农户投资(下同);2、按国家制度要求,为剔除与"农村投资"重复计算因素,从1999年始全社会投资均扣除城关镇以下私人建房投资;3、自2006年开始城镇工矿区私人建房投资纳入项目统计;4、2013年起全社会固定资产投资取消城镇和农村分组。

4—3 主要年份按经济类型分全社会固定资产投资额

单位：亿元

年　　份	国有经济	集体经济	个人投资	其他经济
1952	0.01			
1957	0.08			
1962	0.22			
1965	0.20			
1970	0.26			
1975	0.43			
1978	0.98	0.06		
1979	1.28	0.02		
1980	1.35	0.03		
1981	1.16	0.07		
1982	1.58	0.53	0.73	
1983	1.86	0.65	0.58	
1984	1.24	0.71	0.84	
1985	1.73	0.89	1.05	
1986	2.63	0.95	1.50	
1987	3.39	1.01	2.36	
1988	3.30	1.09	2.93	
1989	3.14	1.22	3.35	
1990	3.56	1.08	3.31	
1991	5.64	1.19	4.58	
1992	7.31	1.89	4.32	
1993	15.15	2.15	8.36	2.51
1994	20.34	3.14	10.36	7.12
1995	22.98	5.28	10.75	7.30
1996	26.71	4.76	13.63	19.29
1997	32.85	6.02	13.45	25.00
1998	32.86	6.98	20.18	45.31
1999	46.96	8.29	24.50	40.10
2000	52.72	6.04	25.08	52.67
2001	50.64	2.64	20.48	67.83
2002	44.83	2.88	20.60	67.38
2003	44.29	2.95	19.33	75.34
2004	53.54	3.60	11.84	94.90
2005	45.70	2.84	15.86	130.81
2006	48.04	2.32	18.36	170.71
2007	66.21	3.72	26.82	230.29
2008	115.37	10.31	28.18	287.54
2009	154.61	8.77	33.16	382.67
2010	208.58	15.10	37.04	576.39
2011	263.64	13.26	40.06	798.75
2012	400.13	21.20	43.74	1021.83
2013	449.41	51.60	51.31	1209.20
2014	545.35	60.23	57.04	1472.23

4—4 按行业分全社会固定

	2002	2003	2004	2005	2006
合　计	**1356944**	**1419036**	**1638773**	**1952181**	**2394352**
#国　有	448302	442881	535365	396308	604047
A、农林牧渔业	26225	43551	42863	62754	43242
B、采矿业	1660	2405	4696	6625	8193
C、制造业	180937	332684	327998	493527	806518
D、电力、燃气及水的生产和供应业	289620	249406	290890	361645	411619
#电力生产与供应	260991	219956	249062	350643	396743
E、建筑业	52605	74133	63733	76050	120297
F、交通运输、仓储和邮政业	323938	226372	295813	209796	139222
G、信息传输、计算机服务和软件		57102	82642	42501	39939
H、批发和零售业	20534	4543	4727	7032	7320
I、住宿和餐饮业		2659	10987	22133	9785
J、金融业	3220	128	36	3821	3499
K、房地产业(含商品房投资)	197640	247299	358739	472615	603101
L、租赁和商务服务业		4250	2516	11457	6340
M、科研、技术服务和地质勘查业	13011	4297	300	210	865
N、水利、环境和公共设施管理业	6547	29611	39138	34178	62443
O、居民服务和其他服务业	64974	6897	14766	12060	990
P、教　育	27162	83415	56315	55433	52938
Q、卫生、社会保障和社会福利业	6396	9730	7902	9722	7300
R、文化、体育和娱乐业	11148	11307	10446	18740	12278
S、公共管理和社会组织	28831	28967	24266	31238	58463
按三次产业分					
第一产业	26225	43551	42863	62754	43242
第二产业	524822	658628	687317	937847	1346627
第三产业	805897	716857	908593	951580	1004483

注:本表国民经济行业分类标准采用GB/T 4754-2002。

资产投资额(2002–2014)

单位：万元

2007	2008	2009	2010	2011	2012	2013	2014
3270423	**4413992**	**5792055**	**8371065**	**11157079**	**14869041**	**17614783**	**21348444**
663536	1153748	1546055	2085824	2636430	4001325	4494066	5453468
69251	88601	157174	160390	99837	233813	490115	982887
9430	23910	28984	10188	17063	25863	62397	161239
1200147	1622300	2441957	3628972	5067468	6455307	6945458	7532870
278195	175305	223915	163280	275944	491704	586123	823500
254526	133379	118422	103054	219828	374458	474059	420691
198765	2950	8525	3428	15115	20505	216426	442973
222065	553694	692647	1183570	1315594	1996721	1876052	1967073
55999	53875	54309	34746	52807	64840	78334	159113
9024	14501	36023	128329	230187	314809	225723	175702
29705	36922	33610	134597	180918	254526	380449	331438
4122	4732	7276	8319	5100	2166	6410	2339
874685	1376585	1255340	1941966	2612068	3187566	4278508	5848964
3136	23437	32230	56001	97996	100445	84609	81237
3090	1170	5031	7496	14729	13093	19712	37394
164927	225553	499796	637267	800379	1152814	1519089	1892989
9867	5111	3464	468	27822	8882	34278	41416
57454	58629	110742	133348	155159	206963	156767	266086
17209	18983	33701	50606	77594	95719	154113	95862
7978	7064	24370	34379	36695	132173	282373	298480
55464	120670	142962	53715	74604	111132	217847	206882
69251	88601	157174	160390	99837	233813	490115	982887
1686537	1824465	2703381	3805868	5375590	6993379	7810404	8960582
1514725	2500926	2931500	4404807	5681652	7641849	9314264	11404975

4—5 按行业分城乡全社会固定资产投资额

单位：万元

	合　计	城　镇	农　村
合　计	**21348444**	**19887725**	**1460719**
#国　有	5453468	5219322	234146
农林牧渔业	982887	655439	327448
采矿业	161239	161239	
制造业	7532870	7314277	218593
电力、燃气及水的生产和供应业	823500	789935	33565
建筑业	442973	426592	16381
交通运输、仓储和邮政业	1967073	1917947	49126
信息传输、计算机服务和软件业	159113	55629	103484
批发和零售业	175702	164058	11644
住宿和餐饮业	331438	330326	1112
金融业	2339	589	1750
房地产业	5848964	5384429	464535
租赁和商务服务业	81237	77670	3567
科学研究、技术服务和地质勘查业	37394	37394	
水利、环境和公共设施管理业	1892989	1764873	128116
居民服务和其他服务业	41416	32079	9337
教　育	266086	248630	17456
卫生、社会保障和社会福利业	95862	87011	8851
文化、体育和娱乐业	298480	258465	40015
公共管理和社会组织	206882	181143	25739
按三次产业分			
第一产业	982887	655439	327448
第二产业	8960582	8692043	268539
第三产业	11404975	10540243	864732

注：本表国民经济行业分类标准采用GB/T 4754-2002。

4—6 分行业城镇以上固定资产投资项目数(不含房地产开发企业)

(2005-2014)　　单位：个

	2005	2006	2007	2008	2009	2010	*2010	2011	2012	2013	2014
合　计	**676**	**905**	**1122**	**1371**	**1622**	**1748**	**1422**	**1672**	**1859**	**1826**	**2205**
#国　有	229	218	240	290	406	429	346	467	638	606	666
民营投资	251	397	579	749	917	1020	856	987	813	1053	1380
农、林、牧、渔业	10	7	8	16	28	22	16	28	45	79	109
采矿业	1	3	6	11	8	8	8	7	6	7	13
制造业	389	618	798	915	988	1051	891	978	935	829	1034
电力、燃气及水的生产和供应	39	37	41	57	77	59	50	62	81	95	96
建筑业		9	9	3	6	3	2	6	8	31	41
交通运输、仓储和邮政业	52	45	46	71	96	155	121	137	182	172	231
信息传输、计算机服务和软件业	13	14	14	14	10	8	8	5	7	12	29
批发和零售业	6	10	8	19	23	42	34	33	55	51	47
住宿和餐饮业	8	6	11	11	14	37	37	38	37	38	31
金融业	6	5	7	4	6	6	2	4	3	2	2
房地产业(不含房地产开发企业)	7	7	7	15	14	25	23	20	40	21	61
租赁和商务服务业	6	4	4	6	9	10	9	6	15	16	12
科学研究、技术服务和地质勘查业	1	1	2	2	4	10	3	6	4	4	9
水利、环境和公共设施管理业	38	47	58	78	151	162	131	180	194	228	274
居民服务和其他服务业			5	4	6	1	1	6	5	9	11
教　育	30	34	22	41	53	56	33	71	96	62	55
卫生、社会保障和社会福利业	11	8	15	16	21	29	17	30	45	42	31
文化、体育和娱乐业	16	11	9	8	14	22	15	20	27	51	41
公共管理和社会组织	43	39	52	80	94	42	21	35	74	77	78

注：从 2011 年起，固定资产投资统计口径由原计划总投资 50 万元以上调整为 500 万元以上，表中“*2010”为调整基数后的 2010 年总量。

4—7 亿元以上投资项目完成情况(2007-2014)

	单 位	2007	2008	2009	2010	2011	2012	2013	2014
项目数	个	124	133	140	246	313	422	463	505
计划总投资额	万元	3746828	4853836	5930392	11577697	13741308	18938833	18518071	19825248
实际完成投资额	万元	930870	912131	1474062	2900537	4437473	6956732	7691263	8600299
其中：一产项目数	个	1	1	2	2	2	5	10	20
一产投资额	万元	2400	4059	10293	12594	6046	52135	124264	246487
二产项目数	个	85	88	95	158	192	265	291	297
二产投资额	万元	591031	601687	1117406	2089516	3173012	4565075	5106134	5061252
三产项目数	个	38	44	43	86	119	152	162	188
三产投资额	万元	337439	306385	346363	798427	1258415	2339522	2460865	3292560
新增项目数	个	55	35	37	142	132	197	228	298
计划总投资额	万元	1570256	1743595	2418506	6389347	3644988	7130030	6367263	9839112
实际完成投资额	万元	391647	220409	693651	1313913	1346870	3581459	3839537	5545317

4—8 按各类分组的固定资产投资额及房屋建筑面积(2001-2014)

	2001	2002	2003	2004	2005	2006	2007
一、全社会固定资产投资(万元)	1415934	1356944	1419036	1638773	1952181	2394352	2792841
按隶属关系分							
中 央	45558	21783	382983	31646	6123	21312	54071
地 方	1370376	1335161	1036053	1607127	1946058	2373040	2738770
#省	88138	65941	77389	80255	109733	114781	134276
按构成分							
建筑安装工程	975700	720822	871609	954616	1185697	1304648	1597495
设备工具器具购置	350320	345925	371584	404428	425721	594986	522261
其他费用	89914	178899	175843	279729	340763	494718	673085
按工程用途分							
第一产业	23221	26225	43551	42863	62754	43242	7990
第二产业	688749	524822	658628	687317	937847	1346627	1356720
第三产业	703964	805897	716857	908593	951580	1004483	1428131
二、资金来源(亿元)	96.90	122.76	131.40	175.64	199.89	263.69	354.84
本年资金来源合计	92.29	114.95	121.94	128.36	160.06	230.03	335.15
#上年末结余资金	4.60	7.81	9.46	19.74	15.91	15.29	19.70
国家预算内资金	2.20	6.73	4.28	4.23	7.36	3.44	15.35
国内贷款	9.36	22.24	22.43	27.91	21.96	30.85	39.45
债 券		0.73	0.16	0.11	0.25	0.27	0.05
利用外商投资	25.09	22.51	23.23	15.35	19.83	25.13	26.51
自筹资金	50.96	56.47	80.12	65.65	110.01	148.74	192.61
三、房屋建筑面积(万平方米)							
施工面积	495.83	516.49	737.49	719.48	641.31	1285.50	1528.24
#住 宅	230.55	145.12	387.17	346.96	293.50	725.47	771.58
竣工面积	325.18	348.69	437.68	477.36	408.14	510.43	348.08
#住 宅	273.61	253.94	201.32	210.70	272.13	340.81	171.06

4—8 续表

	2008	2009	2010	2011	2012	2013	2014
一、全社会固定资产投资(万元)	4413992	5792055	8371065	11157079	14869041	17614783	21348444
按隶属关系分							
中　央	409166	81998	78528	133381	142135	76388	34005
地　方	4004826	5710057	8292537	11023698	14726906	17538395	21314439
#省	114157	568093	788638	980544	1140803	1102868	878499
按构成分							
建筑安装工程	2587650	3391226	4883474	7533571	10283322	12796821	14745293
设备工具器具购置	763791	1387109	1651418	1970346	2784586	2804401	3615810
其他费用	1062551	1013720	1836173	1653162	1801133	2013561	2987341
按工程用途分							
第一产业	88601	157174	160390	99837	233813	490115	982887
第二产业	1824465	2703381	3805868	5375590	6993379	7810404	8960582
第三产业	2500926	2931500	4404807	5681652	7641849	9314264	11404975
二、资金来源(亿元)	549.19	689.97	998.01	1199.98	1580.72	1894.68	2282.47
本年资金来源合计	515.82	665.27	946.19	1127.48	1485.76	1750.01	2148.63
#上年末结余资金	33.37	24.70	51.82	72.49	94.96	144.67	132.84
国家预算内资金	52.42	39.29	22.18	30.67	42.96	43.74	43.25
国内贷款	43.98	94.53	152.65	117.13	150.10	144.48	148.55
债　券	0.07	0.25	0.37	0.55	0.56		
利用外商投资	40.58	50.63	79.77	81.56	120.45	84.88	34.52
自筹资金	284.90	364.80	574.22	738.82	978.47	1150.60	1558.86
三、房屋建筑面积(万平方米)							
施工面积	2447.35	2889.59	3372.13	5051.08	5215.72	5988.56	7087.21
#住　宅	1360.19	759.23	1561.18	2132.10	1902.62	2221.93	2770.21
竣工面积	691.71	839.17	947.28	1393.00	1456.77	1766.09	1878.88
#住　宅	415.15	434.21	487.45	394.79	222.87	369.56	457.98

4—9 主要年份全社会新增固定资产

单位：万元

年份	全社会新增固定资产	城镇	农村
1952	104		
1957	646		
1962	1301		
1965	1506		
1970	654		
1975	2057		
1978	6037		
1979	15819		
1980	10618		
1981	11396		
1982	23639		
1983	23217		
1984	32651		
1985	37078		
1986	44597		
1987	64650		
1988	60130		
1989	77309		
1990	75543		
1991	92274	58933	33341
1992	122213	85294	36919
1993	237741	168657	69084
1994	258499	165214	93285
1995	347292	235782	111510
1996	526674	394397	132277
1997	415354	368460	46894
1998	476334	434441	41893
1999	790277	733288	56989
2000	1512318	1410000	102318
2001	1016197	927423	88774
2002	1006235	964701	41534
2003	1038993	937885	101108
2004	1361338	1127776	233562
2005	830794	581845	248949
2006	1109252	827042	282210
2007	1652268	1248167	404101
2008	1989906	1545453	444453
2009	2781662	2326939	454723
2010	3139533	2516927	622606
2011	4832080	4170417	661663
2012	8760551	7900697	859854
2013	12198466	11071459	1127007
2014	15896774	14626510	1270264

4—10　按行业分城镇新增固定资产(2002-2014)

单位：万元

	2002	2003	2004	2005	2006	2007
合　　计	**1591236**	**937885**	**2771271**	**406826**	**634078**	**922405**
农、林、牧、渔业	21010	14243	10729	7505	8078	3240
采矿业	3200	300		1449	605	2903
制造业	232790	180793	327911	188208	337195	534457
电力、燃气及水的生产和供应业	1179322	32874	1785351	65329	113675	151621
建筑业	1430	23427	250		4720	6070
交通运输、仓储和邮政业	114096	526532	389353	35238	47217	57666
信息传输、计算机服务和软件业		55888	80148	37385	16130	32669
批发和零售业	9372	1220	4987	1390	4338	1756
住宿和餐饮业		485	8582	12649	3341	18633
金融业		180		3429	4034	3880
房地产业	1400		3460	5770	3916	1050
租赁和商务服务业		5545				2120
科学研究、技术服务和地质勘查业	957	5195			815	90
水利、环境和公共设施管理业		21095	76131	10383	11689	33721
居民服务和其他服务业	9577	3294	5930			979
教　育		25655	40150	7560	55946	39082
卫生、社会保障和社会福利业	3570	4586	5188	6625	1320	4005
文化、体育和娱乐业	3642	2656	15034	2349	284	680
公共管理和社会组织	6260	33917	18067	21557	20775	27783
其　他	4790					

注:本表国民经济行业分类标准采用 GB/T 4754-2002。

4—10　续表

单位：万元

	2008	2009	2010	2011	2012	2013	2014
合　　计	**1545453**	**2326939**	**2516927**	**4170417**	**7900697**	**11071459**	**14626510**
农、林、牧、渔业	21371	43587	37961	34960	78562	268060	435049
采矿业	14034	22554	8486	11902	16892	28637	109617
制造业	618848	970429	1224375	2589958	4833577	5475484	7749069
电力、燃气及水的生产和供应业	121202	183604	95583	215555	356231	465347	634978
建筑业	2060	5945		9565	11673	77263	369889
交通运输、仓储和邮政业	98533	133192	163751	166796	718546	770512	557462
信息传输、计算机服务和软件业	37165	51145	30467	45715	51540	68313	94173
批发和零售业	10011	21493	14470	60377	100929	180863	127575
住宿和餐饮业	32475	11772	35778	104956	87941	322719	131779
金融业	4782	4961	5770		7090	6360	
房地产业	394780	497815	609618	499131	541778	1686043	2214873
租赁和商务服务业	12589	907	24658	19708	38993	54534	39539
科学研究、技术服务和地质勘查业	3170	4935	5394	3745	5546	14687	8112
水利、环境和公共设施管理业	75540	237476	167628	271473	805477	1094390	1484367
居民服务和其他服务业	1367	2696		10400	11342	20394	23326
教　育	12473	41182	38938	78962	122122	98020	63276
卫生、社会保障和社会福利业	15733	10089	7201	9494	33433	57329	135625
文化、体育和娱乐业	2563	2603	13250	10310	25778	211220	267965
公共管理和社会组织	66757	80554	33599	27410	53247	171284	179836
其　他							

4—11 按各类分组的城镇新增固定资产(2001–2014)

单位：万元

	2001	2002	2003	2004	2005	2006	2007
合　　计	**927423**	**964701**	**937885**	**1127776**	**581845**	**827042**	**1248167**
按登记注册类型分							
国　有	415861	390772	684813	530071	166077	187642	183479
集　体	7906	2732	6662	3813	4740	4037	4640
股份合作	3796	1977	1250	1098	2410	2554	867
联　营	4776	2824		617		2500	
有限责任公司	25984	107464	30803	141453	91962	83192	208568
股份有限公司	17771	29113	33879	23118	13819	24291	15860
私营企业	4490	2448	25130	40634	122654	190937	443770
港澳台商投资企业	328399	353923	107584	329030	124205	138705	265190
外商投资企业	53615	69048	46794	53126	51342	152002	118919
其他企业	64825	4400	970	1628	4636	41182	6874
个体经营							
按隶属关系分							
中　央	47547	392633	15599	35284	5320	5296	13696
地　方	909956	680044	922286	1092492	576525	821746	1234471
#省	136008	195413	39370	92448	71118	73501	60840
按建设性质分							
新　建	464049	689459	753111	889812	441042	545163	1073201
扩　建	204679	154543	130155	157791	63111	126149	93874
改　建	110141	106052	45315	57608	24647	104773	46244

4—11 续表

单位：万元

	2008	2009	2010	2011	2012	2013	2014
合　　计	**1545453**	**2326939**	**2516927**	**4170417**	**7900697**	**11071459**	**14626510**
按登记注册类型分							
国　有	369623	653484	523734	710101	2023721	2465868	3208730
集　体	21620	19626	41041	56389	121676	290542	255198
股份合作	7930	767	4939			600	4607
联　营		4626	1018			11500	8800
有限责任公司	254797	216798	420995	819726	1493718	3279568	3700281
股份有限公司	46082	43260	40599	130462	234765	512406	160189
私营企业	447535	903862	1009116	1683592	2308635	3188191	4127737
港澳台商投资企业	254363	294806	282777	456615	835928	862533	1103545
外商投资企业	135860	134679	189603	254383	852482	351327	1859517
其他企业	7643	55031	3105	59149	29772	91833	188237
个体经营						17091	9669
按隶属关系分							
中　央	5461	43722	39438	42340	224210	96678	20609
地　方	1539992	2283217	2477489	4128077	7676487	10974781	14605901
#省	87469	92953	60439	151417	209676	303524	234574
按建设性质分							
新　建	1288090	1719224	1658896	2670078	4984986	7237780	9111611
扩　建	109488	254534	449967	1207367	2486900	2274305	3236481
改　建	72146	179485	209219	218329	292365	1397260	1682092

注:2001 年没有分本年新增固定资产，而 2005 年、2006 年、2007 年没有按自开始建设累计新增固定资产分。因此此表 2001 年新增固定资产采用自开始建设累计新增固定资产。

4—12 全社会住宅投资额和竣工面积(1981-2014)

单位：万元

年份	全社会住宅投资额（万元）	#房地产开发	#城乡个人	城镇	农村	全社会住宅竣工面积（万平方米）	#房地产开发	#城乡个人	城镇	农村
1981										
1982										
1983								119.07	8.67	110.40
1984			6706	1831	4875			127.04	28.41	98.63
1985	12974		9146	2115	7031	154.03		31.81	31.81	
1986										
1987	15378					130.28		113.31	30.18	83.13
1988	21386		17129	6401	10728	125.33		108.74	32.88	75.86
1989	24736		20973	9935	11038	140.93		125.23	50.46	74.77
1990	27569	4607	19977	8151	11826	128.07	8.78	108.48	36.53	71.95
1991	36920	6291	26374	10197	16177	148.59	10.97	124.85	40.91	83.94
1992	46673	11647	30329	12308	18021	158.67	13.54	134.09	44.16	89.93
1993	104242	40667	52651	28685	23966	192.65	34.87	136.42	54.66	81.76
1994	140156	53963	70427	27440	42987	217.47	23.87	172.01	61.80	110.21
1995	152471	59380	71019	25928	45091	218.98	42.04	145.04	45.63	99.41
1996	157812	37643	86413	38928	47485	269.91	41.24	186.54	80.50	106.04
1997	157927	3006	91928	50435	41493	269.09	37.23	184.40	100.10	84.30
1998	195102	48288	116312	71607	44705	263.85	34.85	220.47	116.27	104.20
1999	215676	62431	128068	76312	51756	325.46	56.12	230.44	124.55	105.89
2000	333105	15310	178867	63461	115406	436.40	61.52	328.49	107.49	221.00
2001	217548	108243	86826	24190	62636	273.61	96.19	151.68	29.68	122.00
2002	179756	94202	75766	17840	57926	253.94	99.60	139.85	23.85	116.00
2003	170931	102980	50610	20812	29798	201.32	79.47	85.82	28.82	57.00
2004	232529	167337	56064	21878	34186	210.70	74.63	124.11	29.04	95.07
2005	284727	211092	67137	9856	57281	272.13	114.26	150.09	7.64	84.64
2006	436954	278603	145149	8662	136487	353.40	87.47	250.59	12.59	238.00
2007	737834	502342	202931	10077	192854	537.67	145.70	366.61	7.21	359.40
2008	908165	666756	192448	1207	191241	415.15	150.90	244.82		244.82
2009	896138	601708	261821		261821	434.21	202.27	224.60		224.60
2010	1164684	841754	284385		284385	487.45	244.24	220.71		220.71
2011	1908564	1534852	324416		324416	394.79	141.40	234.29		234.29
2012	2151152	1728570	347041		374041	485.59	164.37	262.73		262.73
2013	2968745	2427727	398773		398773	667.66	328.34	298.10		298.10
2014	3856217	3361762	440645		440645	801.48	427.88	332.38		332.38

4—13 城镇投资项目数及计划总投资(1991-2014)

年份	施工项目(个)	全部建成投产项目(个)	计划总投资(亿元)
1991	677	398	
1992	593	368	
1993	585	361	
1994	592	320	45.36
1995	637	415	56.29
1996	744	523	83.29
1997	713	438	202.96
1998	884	504	266.31
1999	1013	625	317.27
2000	735	418	320.79
2001	739	402	331.51
2002	600	278	275.16
2003	590	293	325.31
2004	924	433	470.03
2005	642	285	516.96
2006	1027	533	634.22
2007	1122	457	579.60
2008	1315	470	828.98
2009	1486	627	1062.63
2010	1522	543	1693.51
2011	1672	774	1885.16
2012	1859	1105	2432.97
2013	1924	1157	2419.18
2014	2205	1449	2856.87

注:本表不含城镇私人和房地产开发。

4—14 城镇项目生产能力

项目	计量单位	建设规模	本年施工规模	本年新开工	累计新增生产能力	本年新增
发电机组容量						
火力发电	万千瓦	0.9	0.9		0.9	0.9
水力发电	万千瓦					
输电线路长度(11万伏及以上)	公里					
平板玻璃	万重量箱 / 年					
农用氮、磷、钾化学肥料						
磷肥	吨 / 年	524	0.2	0.2	0.4	0.1
钾肥	吨 / 年	352	42	42	42	42
轮胎外胎	万条 / 年	50	50	50	50	50
酒						
白酒	万吨 / 年	0.5	0.5	0.5	0.5	0.5
新建公路	公里	147.86	139.86	130.80	131.06	131.06
改建公路	公里	53	53	53	53	53
城市自来水供水能力	万吨 / 日	3	3	3		

4—15 主要年份房地产开发投资完成情况(2001-2014)

项目	2001	2002	2003	2004	2005	2006	2007
企业个数(个)	203	205	197	231	255	286	326
完成投资额(万元)	171066	173671	209877	327280	416573	553932	835318
新增固定资产(万元)	140548	155316	146478	141467	175019	192964	325762
本年资金来源(万元)	217924	256975	281105	422014	567242	867516	1316968
上年末结余资金	39661	37952	39810	56411	81985	81767	148618
国内贷款	20819	57020	55830	65506	73633	156403	197964
利用外资	8408	20993	7003	3262	8174	16423	29972
自筹资金	42083	53073	64619	166565	188013	277472	405779
其他资金来源	106633	87827	112458	129694	215437	335451	534635
#定金及预收款	91797	79811	94937	118155	171734	209621	246069
施工面积(万平方米)	272.22	270.60	278.90	366.96	478.66	567.30	882.10
#新开工面积	98.12	128.88	124.50	219.56	223.77	250.01	406.67
#住　宅	77.79	100.18	91.22	176.62	165.47	213.93	344.63
本年竣工面积(万平方米)	123.61	126.31	137.34	102.22	141.26	112.87	186.32
#住　宅	96.19	99.60	79.47	74.63	114.26	87.47	145.70
土地开发投资额(万元)	20379	14583	35499	42460	30112	60880	38895
土地购置费(万元)	15279	37171	47223	108151	131359	166027	202437
完成土地开发面积(万平方米)	63.73	158.25	352.11	140.55	174.80	196.95	514.85
土地购置面积(万平方米)	65.10	443.78	413.92	375.02	752.34	16.60	999.06
商品房屋销售额(万元)	134880	148606	205684	131622	607164	446130	806343
#住　宅(万元)	88686	86217	195749	99481	474845	351450	709418

4—15 续表

项目	2008	2009	2010	2011	2012	2013	2014
企业个数(个)	400	403	429	478	501	393	404
完成投资额(万元)	1120375	993051	1596212	2234841	2544853	3561031	4722441
新增固定资产(万元)	390274	470840	590665	479136	446783	1551916	1711189
本年资金来源(万元)	1561471	1723901	2664178	3535378	3891973	5710000	6882231
上年末结余资金	199711	182227	361494	504201	748118	1126314	1142918
国内贷款	252641	299737	246905	245412	394122	502730	812729
利用外资	54968	22622	50793	26447	22933	13552	11112
自筹资金	545936	458167	1018535	1314722	1176128	1693119	2116635
其他资金来源	508215	761148	986451	1444596	1550672	2374285	2798837
#定金及预收款	225371	376075	498723	876990	869162	1224554	1769121
施工面积(万平方米)	1115.29	1182.82	1395.70	2140.86	2397.12	3051.92	3783.93
#新开工面积	399.70	261.35	453.50	1014.73	462.48	810.36	1113.48
#住　宅	343.86	208.39	337.89	731.59	336.98	507.49	787.33
本年竣工面积(万平方米)	178.74	240.75	292.19	178.61	203.01	509.59	539.84
#住　宅	150.91	202.27	244.24	141.40	164.37	328.34	427.88
土地开发投资额(万元)	61297	46994					
土地购置费(万元)	303635	215418	469778	368608	223918	456942	1003322
完成土地开发面积(万平方米)	185.42	260.85					
土地购置面积(万平方米)	468	245.53	351.38	297.66	112.69	233.29	323.42
商品房屋销售额(万元)	561318	979037	1222134	1846884	1968689	3008386	2755838
#住　宅	475689	886594	1054516	1473151	1546742	2533835	2328178

4—16 按各类分组的房地产开发投资（2003-2014）

项 目	2003	2004	2005	2006	2007	2008
完成投资额(万元)	**209877**	**327280**	**416573**	**553932**	**835318**	**1120375**
按登记注册类型分						
国 有	32996	32332	37683	50874	36683	97633
集 体		434	376	60	180	
股份合作		1130		3678	9813	
联 营		34422				
有限责任公司		88379	112596	133622	225712	282933
股份有限公司		6580	11228	11746	15338	24521
私营企业		90975	116585	169213	282340	394635
港澳台商投资企业	49055	52156	78984	107188	185599	237048
外商投资企业	14433	20872	59121	76881	77169	82307
其他企业					2484	1298
按构成分						
# 建筑工程	143845	188289	241343	305073	542947	703345
安装工程	2870	3213	7306	5650	13603	12167
设备工器具购置	430	550	800	1575	6104	4915
按工程用途分						
住 宅	102980	167337	211092	278603	502342	666756
办公楼	4865	5368	3794	1785	1252	2907
商业营业用房	22443	33466	41948	46421	56944	57835
其 他	79589	121109	159739	227123	274780	392877
按隶属关系分						
中 央						19628
地 方	209877	327280	241343	553932	835318	1100747
# 省	10341	17759				2160

4—16 续表

项 目	2009	2010	2011	2012	2013	2014
完成投资额(万元)	**993051**	**1596212**	**2234841**	**2544853**	**3561031**	**4722441**
按登记注册类型分						
国 有	69663	56505	82480	98172	169519	85354
集 体	286	885	5671	6146	4162	2493
股份合作						
联 营						
有限责任公司	286925	499251	573803	854446	1924017	2799007
股份有限公司	24277	45770	89665	94503	143009	127651
私营企业	341824	742716	1172873	1072140	945805	1127523
港澳台商投资企业	154985	183777	214303	227112	185855	307050
外商投资企业	92345	67308	96046	145658	215907	99641
其他企业	393					
按构成分						
# 建筑工程	681025	928357	1608646	1920437	2731451	3374920
安装工程	19196	36347	37069	46955	71234	119072
设备工器具购置	5331	7594	5592	57393	46716	31342
按工程用途分						
住 宅	601708	841754	1537684	1729343	2427727	3361762
办公楼	5026	18730	26652	96981	90089	93901
商业营业用房	57271	137986	265263	395913	538443	626270
其 他	329046	597742	405242	322616	504772	640508
按隶属关系分						
中 央	8725	17946	22221	43631		
地 方	984326	1578266	2212620	2501222	3561031	4722441
# 省	200	1009	1427	1964	1930	7456

4—17 房地产开发施工、竣工和销售情况

	合计	住宅	#90平方米以下	#140平方米以下	#别墅高档公寓	办公楼	商业营业	其他
房屋施工面积(平方米)	37839281	27253671	7686203	3186478	825394	767392	4230741	5587477
#新开工面积	11134833	7873274	1840584	856728	268706	267899	955066	2038594
房屋竣工面积(平方米)	5398412	4278821	1215318	759862	102209	24040	502259	593292
住宅竣工套数(套)	41062	41062	17505	3687	286			
竣工房屋价值(万元)	1252004	981069	268244	220230	51303	5562	134936	130437
出租房屋面积(平方米)	115669	57733	57733			1272	52783	3881
商品房销售面积(平方米)	4747053	4172066	919860	423687	73867	71206	288784	214997
#现房销售面积	548814	399837	153381	126562	24540	9432	66543	73002
期房销售面积	4198239	3772229	766479	297125	49327	61774	222241	141995
商品房销售额(万元)	2755838	2328178	516774	300866	72685	51871	290135	85654
#现房销售额	241637	147360	42460	70055	24753	5087	62081	27109
期房销售额	2514201	2180818	474314	230811	47932	46784	228054	58545
住宅销售套数(套)	40622	40622	13506	2213	265			
#现房	4074	4074	2415	661	85			
期房	36548	36548	11091	1552	180			
年(月)末待售面积(平方米)	1920953	928251	252798	380295	166605	13421	455970	523311
#待售1-3年(含1年)	610812	335908	83657	106915	45276	11035	117239	146630
待售3年以上(含3年)	132026	46986	14030	27085	14485	231	27360	57449

4—18 按用途分农村固定资产投资额(2001-2014)

单位：万元

项目	2001	2002	2003	2004	2005	2006	2007
总计	**235300**	**248200**	**264600**	**278600**	**341836**	**348478**	**477582**
按经济类型分							
非农户	134672	156825	196719	184636	102632	164839	209385
农户	100628	91375	67881	93964	239204	183639	268197
按用途分							
农、林、牧、渔业	9889	13420	29082	8885	50350	33885	61261
采矿业			2105	3768	5677	7338	3857
制造业	8526	22755	78767	62712	70620	106274	137389
电力、燃气及水的生产和供应业	28058	24535	24462	37855	11747	18492	10673
建筑业	29336	32173	54984	19231	76050	111893	177808
交通运输、仓储和邮政业	9870	4826	35230	27241	62232	18458	20878
信息传输、计算机服务和软件业	10039		1251	194	1414		150
批发和零售业	20528	596	1106	773	454		3238
住宿和餐饮业			273	19	1018		400
金融业		3005	3	36	99		
房地产业		1347	10433	1797	15470	36269	30486
租赁和商务服务业			270	1216	1580	70	
科学研究、技术服务和地质勘查业		2403	670			50	
水利、环境和公共设施管理业			4472	6279	11052	1885	3010
居民服务和其他服务业	5197	38462	2673	2299	12059		4216
教育	4729	7495	13483	4510	14769	3698	3655
卫生、社会保障和社会福利业	628	880	553	914	584		6797
文化、体育和娱乐业			3779	3552	2115	2920	1140
公共管理和社会组织		866	1004	3355	4546	7346	12624

注：本表国民经济行业分类标准采用GB/T4754-2002。

4—18 续表

单位：万元

项目	2008	2009	2010	2011	2012	2013	2014
总计	**513031**	**629228**	**798752**	**852075**	**1027260**	**1421463**	**1460719**
按经济类型分							
非农户	231274	297599	428332	451484	599069	939320	930844
农户	281757	331629	370420	400591	428191	482143	529875
按用途分							
农、林、牧、渔业	60506	81160	101214	51989	82032	162933	327448
采矿业	4478	5113		684	10892	5333	
制造业	147107	184112	212437	236979	226203	295786	218593
电力、燃气及水的生产和供应业	11149	12315	21497	14032	41394	45040	33565
建筑业	250	600		500	2563	41924	16381
交通运输、仓储和邮政业	28733	36522	56390	40662	63740	123090	49126
信息传输、计算机服务和软件业	800					2248	103484
批发和零售业	4059	4929	7606	25817	37228	36133	11644
住宿和餐饮业	2000	5787	12990	16111	29699	30048	1112
金融业							1750
房地产业	226898	235499	276102	336441	393117	438372	464535
租赁和商务服务业	430	3205	1612	3205	1940	3040	3567
科学研究、技术服务和地质勘查业			700			2846	
水利、环境和公共设施管理业	4998	35894	71498	68717	69153	141563	128116
居民服务和其他服务业	2229	256	133	5233		5319	9337
教育	2871	2665	9165	31332	47217	18247	17456
卫生、社会保障和社会福利业	3115	5570	12524	5431	2818	12275	8851
文化、体育和娱乐业	1220		3257	4516	11351	15287	40015
公共管理和社会组织	12188	15602	11627	10426	7913	41979	25739

4—19 城镇固定资产投资项目投资平衡表

单位：万元

项目	计划总投资	新开工项目计划总投资	自开始建设累计完成投资	本年完成投资	其中：住宅
总计	**28568736**	**15106018**	**22796519**	**14781496**	**52176**
按登记注册类型分					
内资企业	23371627	13547363	18257011	13372513	52176
国有企业	7098806	3700998	5601810	3866749	37582
集体企业	451834	314174	373450	339870	4863
股份合作企业	55480	55480	24084	24084	
联营企业	41728	8800	35213	23161	
国有联营企业	41728	8800	35213	23161	
有限责任公司	7395657	4524485	5617955	4128338	7557
国有独资公司	1988627	933811	1289754	641642	
其他有限责任公司	5407030	3590674	4328201	3486696	7557
股份有限公司	650127	471442	367924	283915	
私营企业	7370556	4296014	5978025	4543590	384
私营独资企业	2080497	957135	1701170	1201336	
私营合伙企业	174362	151807	141541	125108	
私营有限责任公司	4945910	3031785	4006022	3095851	
私营股份有限公司	169787	155287	129292	121295	384

4—19　续表 1　　单位：万元

项　　目	计　划 总投资	新开工项目 计划总投资	自开始 建设累计 完成投资	本　年 完成投资	其中:住宅
其他企业	307439	175970	258550	162806	1790
港、澳、台商投资企业	2033500	875858	1639861	912993	
合资经营企业(港或澳、台资)	805985	294867	700365	328739	
合作经营企业(港或澳、台资)	14540	9540	17399	13128	
港、澳、台商独资经营企业	1050675	469151	785624	476176	
港、澳、台商投资股份有限公司	162300	102300	136473	94950	
外商投资企业	3134313	654001	2873862	470205	
中外合资经营企业	2038920	450475	1841782	228326	
外资企业	1045393	153526	982080	191879	
其他外商投资企业	50000	50000	50000	50000	
个体经营	29296	28796	25785	25785	
个体户	14496	13996	12484	12484	
个人合伙	14800	14800	13301	13301	
按隶属关系分					
中　央	59336	44836	42498	34005	
省(自治区、直辖市)	667790	459812	533864	486166	
地区(州、盟、省辖市)	2819143	1032913	1865721	816840	
县(旗、县级市)	5400098	2925489	4239479	3027636	37841
其　他	19622369	10642968	16114957	10416849	14335
按建设性质分					
新　建	18786041	9503003	14519651	8552287	46992
扩　建	6581769	3768738	5409277	3861489	5184
改建和技术改造	2433901	1669285	2121221	1767404	
单纯建造生活设施	20322	13880	20838	14510	
迁　建	371463	147012	376194	276911	
恢　复	60315	4100	33201	6885	
单纯购置	314925		316137	302010	
按控股情况分					
国有控股	9540121	5022442	7227472	4807792	41088
集体控股	530844	384794	420434	381709	4863
私人控股	12376828	7521666	9948010	7704130	4435
港澳台商控股	1815930	764833	1427561	777445	
外商控股	2562850	233171	2664516	305895	
按期末项目建设状况分					
在　建	15028445	8973216	8501828	5558080	9413
全部投产	13523707	6128452	14281588	9214985	42763
全部停缓建	16584	4350	13103	8431	
按国民经济行业分					
农、林、牧、渔业	946532	744798	768524	655439	
农　业	363399	320104	316225	269171	
林　业	36890	31900	25179	23249	
畜牧业	73396	73396	57204	57204	
渔　业	433458	281814	333186	270391	
农、林、牧、渔服务业	39389	37584	36730	35424	
采矿业	230617	199317	188888	161239	384
石油和天然气开采业	135400	135400	118942	118942	
黑色金属矿采选业	4000	4000	4000	4000	
非金属矿采选业	46400	15100	46400	18751	
其他采矿业	44817	44817	19546	19546	384
制造业	13508026	6909910	11692974	7314277	175
农副食品加工业	1007162	722056	804454	615947	

4—19 续表 2

单位：万元

项目	计划总投资	新开工项目计划总投资	自开始建设累计完成投资	本年完成投资	其中:住宅
食品制造业	612112	340462	578586	462694	
酒、饮料和精制茶制造业	311915	214275	300284	264482	
纺织业	124700	81700	107013	75703	
纺织服装、服饰业	192300	109650	149939	120471	
皮革、毛皮、羽毛及其制品和制鞋业	104540	40500	85340	49415	
木材加工和木、竹、藤、棕、草制品业	133300	87800	119654	96477	
家具制造业	327891	196291	262147	220812	
造纸及纸制品业	552264	282264	490232	444440	
印刷和记录媒介复制业	122935	88750	82403	53863	
文教、工美、体育和娱乐用品制造业	310655	171140	263781	195559	
石油加工、炼焦和核燃料加工业	2593404	450000	2439262	152276	
化学原料和化学制品制造业	539090	371122	362738	306019	
医药制造业	217602	31600	195738	89497	
化学纤维制造业	87806	50000	73280	59130	
橡胶和塑料制品业	641408	479210	418379	387757	
非金属矿物制品业	1388600	690940	1264038	958964	175
黑色金属冶炼和压延加工业	369574	134004	402708	308889	
有色金属冶炼和压延加工业	58680	31100	46770	27022	
金属制品业	1062939	696197	948920	732801	
通用设备制造业	443762	290962	368527	288136	
专用设备制造业	276680	201300	235898	196375	
汽车制造业	220427	141227	159681	122319	
铁路、船舶、航空航天和其他运输设备制造业	135260	76260	126684	83508	
电气机械和器材制造业	1059448	609372	870178	608786	
计算机、通信和其他电子设备制造业	390872	159528	318726	216021	
仪器仪表制造业	53500	53500	45259	45259	
其他制造业	139800	86300	146065	105815	
废弃资源综合利用业	23400	22400	20290	20290	
金属制品、机械和设备修理业	6000		6000	5550	
电力、热力、燃气及水的生产和供应业	1227729	787013	960204	789935	
电力、热力生产和供应业	577511	373317	504492	408506	
燃气生产和供应业	341033	203042	266508	242802	
水的生产和供应业	309185	210654	189204	138627	
建筑业	533145	383580	505898	426592	
房屋建筑业	15260	560	15260	1408	
土木工程建筑业	491685	367820	464438	405684	
建筑安装业	11000		11000	4300	
建筑装饰和其他建筑业	15200	15200	15200	15200	
批发和零售业	229364	133074	197714	147323	
批发业	100025	72525	84604	72258	
零售业	129339	60549	113110	75065	
交通运输、仓储和邮政业	3744878	1912636	2448653	1453319	
铁路运输业	200700		100300	11800	
道路运输业	2911989	1543498	1940678	1230063	
水上运输业	349242	223535	184202	112400	
管道运输业	22800	13000	23531	14581	
装卸搬运和运输代理业	106980	76980	58496	47143	
仓储业	150581	53037	140995	36881	
邮政业	2586	2586	451	451	
住宿和餐饮业	858213	443027	472673	325506	
住宿业	760199	433779	420748	280372	
餐饮业	98014	9248	51925	45134	
信息传输、软件和信息技术服务业	168719	168719	158177	158024	

4—19 续表 3

单位：万元

项　　目	计划总投资	新开工项目计划总投资	自开始建设累计完成投资	本年完成投资	其中:住宅
电信、广播电视和卫星传输服务	16319	163719	153181	153028	
互联网和相关服务	5000	5000	4996	4996	
金融业	4440	940	2229	589	
货币金融服务	4440	940	2229	589	
房地产业	1119602	776697	881264	661988	18103
租赁和商务服务业	119295	66783	99469	77670	
商务服务业	119295	66783	99469	77670	
科研研究和技术服务业	82319	47403	55311	37394	
研究和试验发展	13265	13265	7168	7168	
专业技术服务业	51054	16138	32900	14983	
科技推广和应用服务业	18000	18000	15243	15243	
水利、环境和公共设施管理业	3866223	1613167	3037986	1764873	33144
水利管理业	330728	193696	256550	193409	
生态保护和环境治理业	193103	43639	127782	89349	
公共设施管理业	3342392	1375832	2653654	1482115	33144
居民服务、修理和其他服务业	55156	46967	36127	32079	
居民服务业	47949	39760	28920	24872	
机动车、电子产品和日用产品修理业	4087	4087	4087	4087	
其他服务业	3120	3120	3120	3120	
教　育	516237	258971	329754	248630	370
卫生和社会工作	337403	38940	293104	87011	
卫　生	318594	23731	289576	85228	
社会工作	18809	15209	3528	1783	
文化、体育和娱乐业	756903	435036	423525	258465	
广播、电视、电影和影视录音制作业	11514	6000	10708	7608	
文化艺术业	362847	260808	174469	117210	
体　育	364642	159128	219854	118468	
娱乐业	17900	9100	18494	15179	
公共管理、社会保障和社会组织	263935	139040	244045	181143	
国家机构	174417	71925	158892	109203	
群众团体、社会团体和其他成员组织	36353	24300	31943	24765	
基层群众自治组织	53165	42815	53210	47175	
按县(市、区)分					
漳州市	28568736	15106018	22796519	14781496	52176
市辖区	115657	115657	111985	111985	
芗城区	1672551	799592	1478869	965687	5963
龙文区	1553386	578455	1292009	706498	
龙海市	5871569	2961073	4176569	2715919	3506
其中:龙海市辖	3341833	1818211	1941429	1204131	3506
漳州开发区	831792	129608	645588	93521	
台商投资区	1697944	1013254	1589552	1418267	
云霄县	2564821	1231693	1884393	1253173	
其中:云霄县辖	2245984	977671	1558667	972249	
常山开发区	318837	254022	325726	280924	
漳浦县	6032168	2015712	4904161	1634908	
其中:漳浦县辖	2470850	1190506	1838679	1238554	
古雷开发区	3561318	825206	3065482	396354	
诏安县	1916046	1134131	1663172	1263482	31340
长泰县	3236765	2053768	2540101	2028680	1979
东山县	1235642	748150	1047931	886281	
南靖县	2060896	1478811	1820076	1485343	
平和县	1320186	1123474	957212	875109	1356
华安县	989049	865502	920041	854431	8032

备注:本表不包括省局反馈高速公司、铁路;各县(市、区)不包括跨地区项目。

4—20 按构成分的城镇项目投资和新增固定资产

单位：万元

项目	按构成分的投资额						本年新增固定资产
	1、建筑工程	2、安装工程	3、设备工器具购置	4、其他费用	旧建筑物购置费	土地购置费	
总计	**9365265**	**499188**	**3288955**	**1628088**	**21334**	**1084624**	**12915321**
按登记注册类型分							
内资企业	8654100	469085	2722935	1526393	21051	1023059	10214561
国有企业	2875438	246876	237952	506483	12787	337370	3074040
集体企业	242328	5911	39389	52242	2904	40350	245658
股份合作企业	21141			2943		2943	4607
联营企业	20361	800		2000		2000	8800
国有联营企业	20361	800		2000		2000	8800
有限责任公司	2336400	71504	1149441	570993	3648	362518	282191
国有独资公司	352352	9748	61874	217668		56172	102081
其他有限责任公司	1984048	61756	1087567	353325	3648	306346	2719830
股份有限公司	201675	8998	36897	36345	403	19413	119982
私营企业	2840063	128792	1237049	337686	1309	244177	3751326
私营独资企业	699474	54967	398711	48184		32639	1069351
私营合伙企业	97857	6031	12067	9153		5288	104984
私营有限责任公司	1995339	45398	802826	252288	1309	179279	2501333
私营股份有限公司	47393	22396	23445	28061		26971	75658
其他企业	116694	6204	22207	17701		14288	188237
港、澳、台商投资企业	507244	22998	325703	57048	283	44579	892671
合资经营企业(港或澳、台资)	85769	13801	220049	9120		5464	545145
合作经营企业(港或澳、台资)	5264		4494	3370		3370	16799
港、澳、台商独资经营企业	354764	6748	80602	34062		29519	275415
港、澳、台商投资股份有限公司	61447	2449	20558	10496	283	6226	55312
外商投资企业	191226	7105	230642	41232		14659	1798420
中外合资经营企业	71544	2417	139887	14478		4368	1622443
外资企业	107042	2473	69760	12604		9352	140127
其他外商投资企业	12640	2215	20995	14150		939	35850
个体经营	12695		9675	3415		2327	9669
个体户	8431		3510	543		450	9669
个人合伙	4264		6165	2872		1877	
按隶属关系分							
中　央	2243	9804	20959	999	3	589	20609
省(自治区、直辖市)	141166	188069	87950	68981	5400	13501	234574
地区(州、盟、省辖市)	534224	8469	29616	244531		116465	241360
县(旗、县级市)	2264023	47481	247110	469022	8620	324817	2380355
其　他	6423609	245365	2903320	844555	7311	629252	10038423
按建设性质分							
新　建	6123182	241820	1091989	1095296	16270	796851	7400422
扩　建	2104277	189491	1233358	334363	1807	170847	3236481
改建和技术改造	964689	67321	555406	179988	3257	99423	1682092
单纯建造生活设施	14510						14510
迁　建	152013	548	105949	18401		17503	274550
恢　复	6594	8	243	40			12822
单纯购置			302010				294444
按控股情况分							
国有控股	3380413	270828	329357	827194	12790	489187	3290634
集体控股	278362	6216	40415	56716	3304	44037	262427
私人控股	4595418	184990	2338771	584951	4957	436739	6310589
港澳台商控股	440557	13138	279243	44507	283	38419	760746
外商控股	137324	6605	131270	30696		12247	1773037
按期末项目建设状况分							
在　建	3956529	128923	528642	943986	12904	615693	176457
全部投产	5402919	370122	2759054	682890	8430	467949	12738864
全部停缓建	5817	143	1259	1212		982	
按国民经济行业分							
农、林、牧、渔业	432971	27159	134701	60608	125	36747	435049
农　业	172937	19732	48022	28480		12864	210135
林　业	18162	200	2375	2512		1120	9521

4—20　续表 1

单位：万元

项　　目	按构成分的投资额						本年新增
	1、建筑工　程	2、安装工　程	3、设备工器具购置	4、其他费　用	旧建筑物购置费	土　地购置费	固定资产
畜牧业	37593	1379	7730	10502	125	5290	31057
渔　业	180778	3070	69900	16643		15719	165617
农、林、牧、渔服务业	23501	2778	6674	2471		1754	18719
采矿业	69365	28439	28389	35046	5234	28212	109617
石油和天然气开采业	42282	28375	15985	32300	5000	27300	56500
黑色金属矿采选业	1755		1745	500		500	3500
非金属矿采选业	6141	64	10659	1887		287	44700
其他采矿业	19187			359	234	125	4917
制造业	4195908	141929	2516260	460180		356566	7749069
农副食品加工业	441670	16979	120611	36687		32052	526707
食品制造业	300150	4992	118533	39019		30012	387867
酒、饮料和精制茶制造业	125889	8411	111586	18596		15204	209189
纺织业	47109	3788	18795	6011		3697	57208
纺织服装、服饰业	70051	592	36310	13518		12383	99286
皮革、毛皮、羽毛及其制品和制鞋业	31866	4674	10270	2605		2256	66283
木材加工和木、竹、藤、棕、草制品业	51682	4607	34128	6060		3485	91884
家具制造业	160523	2170	40100	18019		13610	127569
造纸和纸制品业	184518	7636	230929	21357		19442	368239
印刷和记录媒介复制业	41696	78	10820	1269		922	39482
文教、工美、体育和娱乐用品制造业	124183	11129	41613	18634		15786	198343
石油加工、炼焦和核燃料加工业	46553	1196	95433	9094		961	1683292
化学原料和化学制品制造业	199938	14146	77096	14839		12025	190885
医药制造业	41037	1524	39944	6992		3985	65584
化学纤维制造业	48720		8760	1650		1650	8760
橡胶和塑料制品业	262468	4010	94918	26361		24227	288169
非金属矿物制品业	553529	13946	327647	63842		37296	869395
黑色金属冶炼和压延加工业	57181	10080	226728	14900		1689	373845
有色金属冶炼和压延加工业	9401	371	15148	2102		1772	39073
金属制品业	400081	5647	289159	37914		35851	698163
通用设备制造业	176294	6252	78935	26655		19348	239711
专用设备制造业	132125	5941	44265	14044		11185	143531
汽车制造业	57523	1800	58286	4710		4578	91616
铁路、船舶、航空航天和其他运输设备制造业	53065	13	25855	4575		4395	106659
电气机械和器材制造业	341572	4154	233305	29755		28028	407794
计算机、通信和其他电子设备制造业	109089	7552	89809	9571		9540	210250
仪器仪表制造业	27795	47	12247	5170		5101	35730
其他制造业	89829	96	11892	3998		3943	100935
废弃资源综合利用业	8611	61	9475	2143		2143	18160
金属制品、机械和设备修理业	1760	37	3663	90			5460
电力、热力、燃气及水的生产和供应业	292381	173811	239110	84633		27809	634978
电力、热力生产和供应业	100045	96003	192240	20218		2645	411018
燃气生产和供应业	79728	75523	32856	54695		17435	111634
水的生产和供应业	112608	2285	14014	9720		7729	112326
建筑业	317722	22305	38742	47823		44985	369889
房屋建筑业	1327	10	71				1408
土木工程建筑业	304708	18182	34971	47823		44985	349581
建筑安装业		600	3700				3700
建筑装饰和其他建筑业	11687	3513					15200
批发和零售业	99847	3694	23490	20292	400	17639	127575
批发业	49764	744	4488	17262	400	14911	46027
零售业	50083	2950	19002	3030		2728	81548
交通运输、仓储和邮政业	1102638	8080	32924	309677	1919	185915	557462
铁路运输业	11800						
道路运输业	920092	2918	16199	290854	969	171295	499133
水上运输业	100273		2744	9383	950	5688	8665
管道运输业	7678	1474	5429				23531
装卸搬运和运输代理业	42553			4590		4423	
仓储业	19926	3688	8552	4715		4508	26133
邮政业	316			135		1	

4—20 续表2

单位：万元

项目	按构成分的投资额						本年新增固定资产
	1、建筑工程	2、安装工程	3、设备工器具购置	4、其他费用	旧建筑物购置费	土地购置费	
住宿和餐饮业	255277	7719	14829	47681		20693	131779
住宿业	220758	6970	11833	40811		13872	125490
餐饮业	34519	749	2996	6870		6821	6289
信息传输、软件和信息技术服务业	39017	44416	72614	1977		80	94173
电信、广播电视和卫星传输服务	38217	42396	70438	1977		80	94173
互联网和相关服务	800	2020	2176				
金融业	565			24			
货币金融服务	565			24			
房地产业	470723	1721	82780	106764		64233	503684
房地产业	470723	1721	82780	106764		64233	503684
租赁和商务服务业	66242	1025	2000	8403		7490	39539
商务服务业	66242	1025	2000	8403		7490	39539
科研研究和技术服务业	29392	611	3594	3797		2807	8112
研究和试验发展	5596			1572		1425	1265
专业技术服务业	9175	611	3594	1603		760	6847
科技推广和应用服务业	14621			622		622	
水利、环境和公共设施管理业	1380400	27405	41322	315746	7833	200440	1484367
水利管理业	157798	2819	6791	26001		17596	116417
生态保护和环境治理业	43881	3555	7190	34723		4820	42462
公共设施管理业	1178721	21031	27341	255022	7833	178024	1325488
居民服务、修理和其他服务业	24595	658	3904	2922	283	1907	23326
居民服务业	20366		2264	2242	283	1227	16599
机动车、电子产品和日用产品修理业	2590	80	937	480		480	3607
其他服务业	1639	578	703	200		200	3120
教　育	182927	680	2991	62032	432	54054	63276
教　育	182927	680	2991	62032	432	54054	63276
卫生和社会工作	55717	6360	22964	1970	12	1264	135625
卫　生	54804	6344	22964	1116		583	134939
社会工作	913	16		854	12	681	686
文化、体育和娱乐业	194534	50	12830	51051	4333	28749	267965
广播、电视、电影和影视录音制作业	7608						5526
文化艺术业	91513	12	11806	13879		12002	130219
体　育	85831	38	1024	31575	685	15488	113726
娱乐业	9582			5597	3648	1259	18494
公共管理、社会保障和社会组织	155044	3126	15511	7462	760	5034	179836
国家机构	86739	3126	15395	3943		3180	115648
群众团体、社会团体和其他成员组织	23968			797		585	17413
基层群众自治组织	44337		116	2722	760	1269	46775
按县(市、区)分							
漳州市	9365265	499188	3288955	1628088	21334	1084624	12915321
市辖区	4856	74680	22908	9541			108748
芗城区	476537	55949	347654	85547		66937	919907
龙文区	429738	2781	104919	169060		73056	401117
龙海市	1193077	44633	1096947	381262	283	185902	2243472
其中:龙海市辖	648467	25504	270666	259494	283	119050	686472
漳州开发区	79669	2007	2691	9154		5950	275640
台商投资区	464941	17122	823590	112614		60902	1281360
云霄县	887415	45041	299425	21292		17652	765110
其中:云霄县辖	682011	8125	260821	21292		17652	506235
常山开发区	205404	36916	38604				258875
漳浦县	1175819	59891	199049	200149	4435	153601	2400364
其中:漳浦县辖	945051	55108	79290	159105	4435	135027	717072
古雷开发区	230768	4783	119759	41044		18574	1683292
诏安县	915681	65390	163505	118906	3660	107447	1409313
长泰县	1669841	9916	89499	259424	5840	171173	1469325
东山县	642034	7549	130377	106321	1713	80625	681375
南靖县	806029	129778	393326	156210	5169	117608	1242180
平和县	701768	3340	110599	59402	234	53030	573420
华安县	462470	240	330747	60974		57593	700990

备注：本表不包括省局反馈高速公司、铁路；各县(市、区)不包括跨地区项目。

4—21　城镇项目房屋施工竣工面积和项目个数

单位：万元、平方米、个

项　　目	本年施工房屋面积	其中：住宅	本年竣工房屋面积	其中：住宅	本年竣工房屋价值	其中：住宅	施工项目个数	其中：本年新开工	本年投产项目个数
总　　计	**31762658**	**436771**	**12558745**	**293547**	**1968014**	**51566**	**2129**	**1542**	**1378**
按登记注册类型分									
内资企业	28265720	436771	11736998	293547	1798805	51566	1970	1454	1275
国有企业	4181928	258585	2361226	236682	305823	41376	661	476	417
集体企业	262052	29188	132269	29188	20189	4227	77	68	47
股份合作企业	1245						2	2	1
联营企业							2	1	1
国有联营企业							2	1	1
有限责任公司	10082792	120679	3408266		566676		503	395	336
国有独资公司	470074		180000		13000		60	29	12
其他有限责任公司	9612718	120679	3228266		553676		443	366	324
股份有限公司	472119		182380		25289		37	29	19
私营企业	12904120	642	5430385		826507		638	444	419
私营独资企业	3039828		1010285		166214		147	93	95
私营合伙企业	522579		352682		39814		21	16	16
私营有限责任公司	9317255		4064818		609504		459	326	301
私营股份有限公司	24458	642	2600		10975		11	9	7
其他企业	361464	27677	222472	27677	54321	5963	50	39	35
港、澳、台商投资企业	2558427		507019		110407		94	56	61
合资经营企业(港或澳、台资)	636908		52340		4450		32	15	24
合作经营企业(港或澳、台资)							2	1	2
港、澳、台商独资经营企业	1578237		370179		96532		53	35	32
港、澳、台商投资股份有限公司	343282		84500		9425		7	5	3
外商投资企业	869653		293051		57699		59	26	39
中外合资经营企业	160404		36894		9118		20	9	14
外资企业	667529		256157		48581		38	16	24
其他外商投资企业	41720						1	1	1
个体经营	68858		21677		1103		6	6	3
个体户	52401		21677		1103		4	4	3
个人合伙	16457						2	2	
按隶属关系分									
中　央	10123						10	8	4
省(自治区、直辖市)	87498		22590		3491		40	31	23
地区(州、盟、省辖市)	889321		102101		38699		107	51	46
县(旗、县级市)	3440885	250053	1487220	228150	199431	41646	508	368	306
其　他	27334831	186718	10946834	65397	1726393	9920	1464	1084	999
按建设性质分									
新　建	18820473	327697	7627792	189827	1177467	40809	1262	901	768
扩　建	8827199	109074	3493623	103720	581415	10757	546	384	379
改建和技术改造	2909619		955594		145486		287	238	210
单纯建造生活设施							3	2	2
迁　建	872630		481736		63646		27	15	16
恢　复	332737						4	2	3

4—21 续表1 单位：万元、平方米、个

项 目	本年施工房屋面积	其中：住宅	本年竣工房屋面积	其中：住宅	本年竣工房屋价值	其中：住宅	施工项目个数	其中：本年新开工	本年投产项目个数
按控股情况分									
国有控股	4988669	290785	2587667	236682	329456	41376	759	536	454
集体控股	394154	29188	144182	29188	21738	4227	86	75	52
私人控股	20975286	89121	8764698		1360394		1047	780	724
港澳台商控股	2337741		454679		105957		82	52	50
外商控股	813959		288357		54699		49	21	34
按期末项目建设状况分									
在　建	11908034	143224	24895		10976		751	572	3
全部投产	19791827	293547	12533850	293547	1957038	51566	1375	969	1375
全部停缓建	62797						3	1	
按国民经济行业分									
农、林、牧、渔业	1994194		280718		98561		101	87	65
农　业	1597235		193505		71593		51	44	35
林　业	34000		22000		4490		6	5	2
畜牧业	63850		31600		8140		8	8	4
渔　业	258751		32963		12533		26	21	18
农、林、牧、渔服务业	40358		650		1805		10	9	6
采矿业	284325	642	282733		32056		12	11	9
石油和天然气开采业							5	5	3
黑色金属矿采选业	18205		18205		1755		1	1	1
非金属矿采选业	262462		261512		30000		4	3	4
其他采矿业	3658	642	3016		301		2	2	1
制造业	21605424	1683	8852607		1355445		978	714	688
农副食品加工业	1957446		1003581		172901		105	82	68
食品制造业	1665803		975353		116997		76	57	56
酒、饮料和精制茶制造业	303064		223586		53839		50	38	43
纺织业	292392		125897		18897		16	11	11
纺织服装、服饰业	525256		242285		47138		15	11	11
皮革、毛皮、羽毛及其制品和制鞋业	159008		36667		4793		9	5	6
木材加工和木、竹、藤、棕、草制品业	178975		97140		28292		20	16	15
家具制造业	889481		274977		40674		31	20	20
造纸和纸制品业	1053146		415983		54532		41	33	28
印刷和记录媒介复制业	365962		46994		8218		8	4	7
文教、工美、体育和娱乐用品制造业	1131482		509747		74543		36	28	25
石油加工、炼焦和核燃料加工业	72400						7	2	2
化学原料和化学制品制造业	833065		104524		18860		42	34	23
医药制造业	346676		56676		9883		14	7	6
化学纤维制造业	57819						2	1	
橡胶和塑料制品业	1401224		721898		100329		54	46	37
非金属矿物制品业	1818558	1683	887889		119357		111	80	84
黑色金属冶炼和压延加工业	389005		312785		40928		18	8	17
有色金属冶炼和压延加工业	117336		14000		1820		8	6	5
金属制品业	2792893		1041570		127010		91	65	70

4—21　续表 2

单位：万元、平方米、个

项　　目	本年施工房屋面积	其中：住宅	本年竣工房屋面积	其中：住宅	本年竣工房屋价值	其中：住宅	施工项目个数	其中：本年新开工	本年投产项目个数
通用设备制造业	1021878		281427		50575		32	25	24
专用设备制造业	601128		181178		31844		31	24	21
汽车制造业	367095		69489		12532		16	9	14
铁路、船舶、航空航天和其他运输设备制造业	219598		156976		3176		13	11	8
电气机械和器材制造业	1845108		539463		129101		83	55	57
计算机、通信和其他电子设备制造业	641345		322253		46352		25	15	15
仪器仪表制造业	197153		76271		25000		6	6	3
其他制造业	286952		92718		11944		12	10	8
废弃资源综合利用业	53940		41280		5910		5	5	3
金属制品、机械和设备修理业	20236						1		1
电力、热力、燃气及水的生产和供应业	201776		89307		9724		95	68	63
电力、热力生产和供应业	89007		44067		4151		44	33	33
燃气生产和供应业	45958		28212		2190		18	13	10
水的生产和供应业	66811		17028		3383		33	22	20
建筑业	49106						41	32	32
房屋建筑业	41795						2	1	2
土木工程建筑业	7311						37	30	28
建筑安装业							1		1
建筑装饰和其他建筑业							1	1	1
批发和零售业	636720		137851		22999		47	30	32
批发业	256089		72969		10416		20	17	13
零售业	380631		64882		12583		27	13	19
交通运输、仓储和邮政业	845481		84591		10935		230	159	124
铁路运输业							1		
道路运输业	471607		77771		10253		200	139	114
水上运输业							10	4	3
管道运输业	20000						3	2	3
装卸搬运和运输代理业	100601						5	4	
仓储业	245690		6820		682		10	9	4
邮政业	7583						1	1	
住宿和餐饮业	881161		209687		61718		31	19	15
住宿业	774122		202559		55429		27	18	14
餐饮业	107039		7128		6289		4	1	1
信息传输、软件和信息技术服务业	650						29	29	24
电信、广播电视和卫星传输服务	650						28	28	24
互联网和相关服务							1	1	
金融业	5041						2	1	
货币金融服务	5041						2	1	
房地产业	962730	168564	595438	49568	119639	9408	61	53	46
租赁和商务服务业	224936		26850		4734		12	7	6
商务服务业	224936		26850		4734		12	7	6
科研研究和技术服务业	159547						9	7	3
研究和试验发展	40252						3	3	1
专业技术服务业	92064						5	3	2

4—21 续表3

单位：万元、平方米、个

项目	本年施工房屋面积	其中：住宅	本年竣工房屋面积	其中：住宅	本年竣工房屋价值	其中：住宅	施工项目个数	其中：本年新开工	本年投产项目个数
科技推广和应用服务业	27231						1	1	
水利、环境和公共设施管理业	1776963	260528	1477484	243979	130581	42158	273	195	150
水利管理业	2784						60	48	30
生态保护和环境治理业	61308		22050		992		13	10	7
公共设施管理业	1712871	260528	1455434	243979	129589	42158	200	137	113
居民服务、修理和其他服务业	37090		15000		2940		9	8	5
居民服务业	34890		14000		2700		6	5	2
机动车、电子产品和日用产品修理业	1000		1000		240		2	2	2
其他服务业	1200						1	1	1
教育	755736	5354	92384		17893		55	43	26
卫生和社会工作	561875		193230		37576		28	13	10
卫生	511325		193230		37576		24	10	9
社会工作	50550						4	3	1
文化、体育和娱乐业	412582		118176		40286		41	21	30
广播、电视、电影和影视录音制作业	28632		17632		4385		2	1	1
文化艺术业	219258		39352		8772		20	11	14
体育	129008		25508		19432		17	8	13
娱乐业	35684		35684		7697		2	1	2
公共管理、社会保障和社会组织	367321		102689		22927		75	45	50
国家机构	254750		42222		10878		51	26	35
群众团体、社会团体和其他成员组织	49130		19787		5930		10	8	4
基层群众自治组织	63441		40680		6119		14	11	11
按县(市、区)分									
漳州市	31762658	436771	12558745	293547	1968014	51566	2129	1542	1378
市辖区							4	4	3
芗城区	2470425	98434	1103270	11638	206262	2087	162	90	108
龙文区	667150		55823		9467		185	102	109
龙海市	4962255	32200	1271606		141594		400	290	290
其中：龙海市辖	2571201	32200	1165965		123594		204	138	109
漳州开发区	440378		105641		18000		21	5	9
台商投资区	1950676						175	147	172
云霄县	3449629		978310		168733		176	103	116
其中：云霄县辖	2617905		978310		168733		137	72	80
常山开发区	831724						39	31	36
漳浦县	3915778		795132		110698		255	168	129
其中：漳浦县辖	3775417		795132		110698		221	157	127
古雷开发区	140361						34	11	2
诏安县	4096769	252808	3220204	236259	342110	41001	160	118	122
长泰县	4481862	9403	1835442	7720	206841	1157	170	125	90
东山县	1007571		323768		76335		170	137	85
南靖县	3340330		879609		372660		170	150	120
平和县	1632444	10472	799908	9830	80569	983	133	115	85
华安县	1738445	33454	1295673	28100	252745	6338	144	140	121

4—22 城镇项目

项目	一、本年资金来源合计	1、上年末结余资金	2、本年资金来源小计	(1)国家预算内资金	(2)国内贷款	(3)债券
总计	**14505345**	**177703**	**14327642**	**396573**	**579619**	
按登记注册类型分						
内资企业	13074487	153724	12920763	396573	470181	
国有企业	3704352	27922	3676430	350342	193255	
集体企业	335114	1783	333331	14819		
股份合作企业	27480		27480			
联营企业	8800		8800			
国有联营企业	8800		8800			
有限责任公司	4097959	59610	4038349	23491	178524	
国有独资公司	568151	12653	555498	23491	35623	
其他有限责任公司	3529808	46957	3482851		142901	
股份有限公司	264101	5044	259057	2921	2000	
私营企业	4478556	59365	4419191	5000	95402	
私营独资企业	1216612	26237	1190375	5000	7755	
私营合伙企业	123509	2689	120820		6986	
私营有限责任公司	3024414	27731	2996683		79661	
私营股份有限公司	114021	2708	111313		1000	
其他企业	158125		158125		1000	
港、澳、台商投资企业	966099	14420	951679		35250	
合资经营企业(港或澳、台资)	350718	2272	348446		1000	
合作经营企业(港或澳、台资)	13128		13128			
港、澳、台商独资经营企业	512692	12148	500544		24250	
港、澳、台商投资股份有限公司	89561		89561		10000	
外商投资企业	439902	9559	430343		74188	
中外合资经营企业	198282	8347	189935		65022	
外资企业	191620	1212	190408		9166	
其他外商投资企业	50000		50000			
个体经营	24857		24857			
个体户	11556		11556			
个人合伙	13301		13301			
按隶属关系分						
中央	34821		34821	3390		
省(自治区、直辖市)	471039	1854	469185	2290	92975	
地区(州、盟、省辖市)	747288	10190	737098	24516	15661	
县(旗、县级市)	2833318	12360	2820958	231590	99682	
其他	10418879	153299	10265580	134787	371301	
按建设性质分						
新建	8386997	134535	8252462	258130	272947	
扩建	3834856	21212	3813644	74024	198943	
改建和技术改造	1707831	13409	1694422	41094	101162	
单纯建造生活设施	14510		14510			
迁建	257855	4958	252897	22151	6567	
恢复	6474	500	5974			
单纯购置	296822	3089	293733	1174		
按控股情况分						
国有控股	4524441	41794	4482647	373833	228878	
集体控股	379133	1783	377350	14819		
私人控股	7674400	112246	7562154	5000	224694	
港澳台商控股	830593	14420	816173		25250	
外商控股	308732	7447	301285		9166	
按期末项目建设状况分						
在建	5649407	81649	5567758	113584	363779	
全部投产	8848946	96054	8752892	282989	215840	
全部停缓建	6992		6992			
按国民经济行业分						
农、林、牧、渔业	650932	2823	648109	7448	20750	
农业	266935	1604	265331		16750	
林业	23616		23616	4084		

资　金　来　源

单位：万元

(4)利用外资	其中:外商直接投资	(5)自筹资金	其中:企事单位自有资金	其中:股	其中:借	(6)其他资金来源	二、本年各项应付款	其中:工程款
330326	**150500**	**12597353**	**1818105**	**216329**	**50312**	**423771**	**1559909**	**1147687**
4880	4320	11625558	1678311	191601	48312	423571	1414891	1047180
560		2972994	253003		14364	159279	409535	274401
		306764	76625			11748	34339	27166
		27480						
		8800					14361	14361
		8800					14361	14361
		3597064	598088	47022	33638	239270	356558	275940
		339182	7385			157202	103881	46951
		3257882	590703	47022	33638	82068	252677	228989
		254136	16225	1000			53504	23988
4320	4320	4305829	715983	143579	310	8640	534316	420833
675	675	1172905	198157	102443	310	4040	123671	117209
		113234	64235			600	7179	3617
3645	3645	2909377	435591	40340		4000	392771	290452
		110313	18000	796			10695	9555
		152491	18387			4634	12278	10491
265857	121786	650372	107348	24173	2000	200	85272	79955
25747	24747	321699	63650	24169			17667	16517
		13128	1614					
228697	89126	247397	17352	4	2000	200	51157	48594
11413	7913	68148	24732				16448	14844
59589	24394	296566	32446	555			57432	18238
10408	10208	114505	30000	555			47390	12857
49181	14186	132061	2446				10042	5381
		50000						
		24857					2314	2314
		11556					2314	2314
		13301						
560		30871	940				30	
		373920	8586		350		36644	24825
		482250	27225	2398	23638	214671	134124	51705
		2340387	363756	24169	13414	149299	373591	285971
329766	150500	9369925	1417598	189762	12910	59801	1015520	785186
178639	87824	7327178	1119127	149641	48902	215568	979588	693891
142011	62001	3216783	417030	66133	310	181883	422466	344736
9676	675	1525468	122974	555		17022	117206	76602
		9980				4530		
		219411	139374			4768	31748	30248
		5974					450	
		292559	19600		1100		8451	2210
560		3500983	283836	2398	38002	378393	563378	370499
		350783	80625			11748	35555	28382
35528	34528	7268136	1228752	188758	10310	28796	800473	616416
244857	101786	545866	87597	24173	2000	200	68397	63080
49381	14186	242738	2446				12899	8238
242850	110933	4511002	589318	107510	48612	336543	748884	505909
87476	39567	8079359	1226478	108819	1700	87228	808836	641778
		6992	2309				2189	
21558	19118	584983	102700		2000	9810	51366	35710
16000	10000	223371	39489		2000	9210	20369	15467
		19532	7200				140	50

4—22 续表1

项目	一、本年资金来源合计	1、上年末结余资金	2、本年资金来源小计			
				(1)国家预算内资金	(2)国内贷款	(3)债券
畜牧业	48036		48036		1400	
渔　业	277740	1219	276521			
农、林、牧、渔服务业	34605		34605	3364	2600	
采矿业	161802		161802		3400	
石油和天然气开采业	118630		118630			
黑色金属矿采选业	4000		4000			
非金属矿采选业	16255		16255		3400	
其他采矿业	22917		22917			
制造业	7232019	107458	7124561	5000	228024	
农副食品加工业	646172	2627	643545		13229	
食品制造业	430871	800	430071		11801	
酒、饮料和精制茶制造业	263871		263871		1000	
纺织业	86012	5678	80334		800	
纺织服装、服饰业	113539	1023	112516		100	
皮革、毛皮、羽毛及其制品和制鞋业	66906	19639	47267			
木材加工和木、竹、藤、棕、草制品业	95385	2708	92677		1900	
家具制造业	183886		183886			
造纸和纸制品业	428464		428464		2200	
印刷和记录媒介复制业	65870		65870			
文教、工美、体育和娱乐用品制造业	191197	200	190997		9786	
石油加工、炼焦和核燃料加工业	119150	2112	117038		67022	
化学原料和化学制品制造业	282419	8985	273434		11000	
医药制造业	95819	2886	92933			
化学纤维制造业	48970	250	48720			
橡胶和塑料制品业	392179		392179		3700	
非金属矿物制品业	919119	11312	907807		20000	
黑色金属冶炼和压延加工业	316369		316369			
有色金属冶炼和压延加工业	22664		22664			
金属制品业	772014	16964	755050		8001	
通用设备制造业	272606		272606		20000	
专用设备制造业	186642	225	186417		3900	
汽车制造业	123956	6750	117206		4050	
铁路、船舶、航空航天和其他运输设备制造业	82859		82859		5735	
电气机械和器材制造业	632218	17878	614340		12800	
计算机、通信和其他电子设备制造业	216685	7421	209264		31000	
仪器仪表制造业	45607		45607			
其他制造业	103537		103537			
废弃资源综合利用业	21483		21483	5000		
金属制品、机械和设备修理业	5550		5550			
电力、热力、燃气及水的生产和供应业	773989	6267	767722	13393	99405	
电力、热力生产和供应业	402052	105	401947	7070	89905	
燃气生产和供应业	228571	5875	222696	2921	500	
水的生产和供应业	143366	287	143079	3402	9000	
建筑业	432543		432543	7485	9997	
房屋建筑业	1391		1391		831	
土木工程建筑业	411552		411552	5120	9166	
建筑安装业	4300		4300	2365		
建筑装饰和其他建筑业	15300		15300			
批发和零售业	152684	1302	151382			
批发业	77737	286	77451			
零售业	74947	1016	73931			
交通运输、仓储和邮政业	1442859	7683	1435176	66451	198893	
铁路运输业						
道路运输业	1142985	7565	1135420	66451	91263	
水上运输业	190896	118	190778		107630	
管道运输业	14130		14130			
装卸搬运和运输代理业	57543		57543			
仓储业	34719		34719			
邮政业	2586		2586			

单位：万元

(4)利用外资	其中:外商直接投资	(5)自筹资金	其中:企事单位自有资金	其中:股	其中:借	(6)其他资金来源	二、本年各项应付款	其中:工程款
		46636	13230				14573	8820
9118	9118	267403	42781				13802	9011
		28041				600	2482	2362
		158402	18000				3135	2545
		118630					590	
		4000						
		12855					2545	2545
		22917	18000					
204297	131382	6662424	1130540	163791	10310	24816	769917	609144
2600	2600	627716	154682	33575	160		65459	44863
3645	3645	414025	66383			600	46540	24343
8500	8500	254371	11581				4509	4260
1467	1267	78067	6363				4016	4016
		112416	20923	4855	150		11893	554
6863	6863	36404	3530	21960		4000	7231	7231
		90777					4528	4423
		183886	15443	20433			49961	47254
16000	16000	410264	34314				60494	54888
675	675	65195	2491				1579	
32866	8000	148345	33183	3660			25537	23527
1090	1090	48926	30000				48284	12857
8000		254434	39112	32103			29049	16020
4376	4376	88557	47311				3689	3163
39960	39960	8760					19350	19350
		388479	94935	2000			14633	10653
17000		870807	43582	10176	10000		76154	70785
		316369	130012	24169			2158	1878
		22664		4			4408	4408
3675	3675	743374	67640	8466			94197	85084
6500	3000	246106	10051				41845	38953
		182517	16890	2390			28449	27932
		108156	40683			5000		
		77124					1220	1220
26948	22748	559376	207295			15216	54436	37188
15131	8983	163133	27004				28832	25275
9001		36606	3468				1030	520
		103537	20821				38779	38499
		16483	2843				1657	
		5550						
994		642046	78879			11884	47148	22886
994		296050	8446			7928	19763	7354
		219275	10714				18512	11238
		126721	59719			3956	8873	4294
		415061	40844		12314		5021	1484
		560					17	17
		397266	40844		12314		5004	1467
		1935						
		15300						
		151382	27477				7638	6721
		77451	9436				4962	4045
		73931	18041				2676	2676
		1064827	60185	15198	24238	105005	174710	100566
							11800	200
		872701	19639	15198	24238	105005	140862	80139
		83148	20000				16904	15363
		14130	4229				451	451
		57543						
		34719	13731				4693	4413
		2586	2586					

4—22　续表 2

项　　目	一、本年资金来源合计	1、上年末结余资金	2、本年资金来源小计	(1)国家预算内资金	(2)国内贷款	(3)债　券
住宿和餐饮业	306488	7863	298625		2800	
住宿业	251929	7863	244066		2800	
餐饮业	54559		54559			
信息传输、软件和信息技术服务业	160149		160149	875		
电信、广播电视和卫星传输服务	155153		155153	875		
互联网和相关服务	4996		4996			
金融业	940		940			
货币金融服务	940		940			
房地产业	667979	171	667808	17667		
房地产业	667979	171	667808	17667		
租赁和商务服务业	70772	300	70472			
商务服务业	70772	300	70472			
科研研究和技术服务业	39207	215	38992			
研究和试验发展	7995		7995			
专业技术服务业	15211	215	14996			
科技推广和应用服务业	16001		16001			
水利、环境和公共设施管理业	1671408	20982	1650426	163960	2735	
水利管理业	196077	3297	192780	43249		
生态保护和环境治理业	73193	4365	68828	2500		
公共设施管理业	1402138	13320	1388818	118211	2735	
居民服务、修理和其他服务业	33460		33460			
居民服务业	26328		26328			
机动车、电子产品和日用产品修理业	4087		4087			
其他服务业	3045		3045			
教　育	240267	13120	227147	40589	3070	
教　育	240267	13120	227147	40589	3070	
卫生和社会工作	83626	3352	80274	7722	10545	
卫　生	81764	3352	78412	7091	10545	
社会工作	1862		1862	631		
文化、体育和娱乐业	207974	298	207676	19543		
广播、电视、电影和影视录音制作业	7991		7991	411		
文化艺术业	92849		92849	9275		
体　育	92740	113	92627	9857		
娱乐业	14394	185	14209			
公共管理、社会保障和社会组织	176247	5869	170378	46440		
国家机构	106675	5031	101644	45880		
群众团体、社会团体和其他成员组织	24302		24302			
基层群众自治组织	45270	838	44432	560		
按县(市、区)分						
漳州市	14505345	177703	14327642	396573	579619	
市辖区	119872		119872		89905	
芗城区	940692	7717	932975	18735	16462	
龙文区	717879	2242	715637	17445	7263	
龙海市	2531911	19287	2512624	23966	14698	
其中:龙海市辖	942776	5119	937657	21601	6398	
漳州开发区	149893	3193	146700			
台商投资区	1439242	10975	1428267	2365	8300	
云霄县	1342453	85479	1256974	86146	1000	
其中:云霄县辖	1086018	85479	1000539	8115	1000	
常山开发区	256435		256435	78031		
漳浦县	1784107	42734	1741373	27377	282103	
其中:漳浦县辖	1348114	31394	1316720	27377	98285	
古雷开发区	435993	11340	424653		183818	
诏安县	1321998	1113	1320885	15248		
长泰县	1621112	13	1621099	37791	6000	
东山县	813910	19117	794793	122103	1000	
南靖县	1467216		1467216	28927	161188	
平和县	985483	1	985482	11435		
华安县	858712		858712	7400		

单位：万元

(4)利用外资	其中:外商直接投资	(5)自筹资金	其中:企事单位自有资金	其中:股	其中:借	(6)其他资金来源	二、本年各项应付款	其中:工程款
		295825	33404	10000			51011	11612
		241266	27404	10000			50756	11357
		54559	6000				255	255
		159274	4299				30	
		154278	4299				30	
		4996						
		940	940					
		940	940					
		538954	19221			111187	36180	34812
		538954	19221			111187	36180	34812
		70472	6814	1000			8538	8252
		70472	6814	1000			8538	8252
		38992	4138				13633	13073
		7995					1562	1562
		14996	4138					
		16001					12071	11511
30684		1363909	260195	26340		89138	288418	236791
		147410	22350			2121	11547	7956
		65134	8010	26340		1194	22490	17837
30684		1151365	229835			85823	254381	210998
		31960	328			1500	5423	3274
		24828	328			1500	5348	3274
		4087						
		3045					75	
69233		57752	6520			56503	22369	17870
69233		57752	6520			56503	22369	17870
		59266	18647		1100	2741	4690	2710
		58035	17947		1100	2741	4690	2710
		1231	700					
		184122	4774			4011	59635	32569
		7580					415	
		83534				40	25872	25704
		78799				3971	32563	6865
		14209	4774				785	
		116762	200		350	7176	11047	7668
		49003	200		350	6761	7767	5886
		23887				415	463	92
		43872					2817	1690
330326	150500	12597353	1818105	216329	50312	423771	1559909	1147687
		29967						
		859462	179023	14194	23638	38316	33655	33151
		432045	2176	2000		258884		
4839	3645	2451021	152125	64254		18100	339810	113997
4639	3645	891919	98853	37140		13100	317521	96374
		146700	52574	2390			962	196
200		1412402	698	24724		5000	21327	17427
89275	14454	1051947	435554	131379	600	28606	54533	29818
89275	14454	873543	360426	28103	600	28606	27120	3500
		178404	75128	103276			27413	26318
32222	26222	1339219	287888	2502	3410	60452	87984	33024
31132	25132	1125474	257888	2502	3410	34452	15860	5806
1090	1090	213745	30000			26000	72124	27218
		1287464	82768		12314	18173		
157045	106179	1420223	173831	2000	10000	40	823106	765133
560		671130	24145		350		133653	89296
15701		1260200	145982			1200	87168	83268
30684		943363	34613					
		851312						

4—23　房地产开发投资情况(一)

单位：个、万元

项　　目	计　划 总投资	自开始 建设累计 完成投资	本年 完成投资	按工程用途 分:商品住宅	其中:配套 工程投资	本年新增 固定资产
总　　计	**18252124**	**14296839**	**4722441**	**3361762**		**1711189**
按登记注册类型分						
内资企业	16355566	12480744	4315750	3092359		1439218
国有企业	319325	290167	85354	76847		50056
集体企业	12040	12007	2493	2493		9540
国有独资公司	887499	419809	217001	145738		84634
其他有限责任公司	10210725	7812749	2799007	2022249		878370
股份有限公司	344848	273583	84372	65635		40207
私营独资企业	6000	8167	2850	2800		
私营合伙企业						
私营有限责任公司	4346575	3519685	1081394	733596		355808
私营股份有限公司	228554	144577	43279	43001		20603
港澳台商投资企业	1306251	1110674	307050	194406		210874
与港澳台商合资经营企业	833673	730228	248333	169531		93094
港澳台商独资经营企业	472578	380446	58717	24875		117780
外商投资企业	590307	705421	99641	74997		61097
中外合资经营企业	191842	270902	15555	13625		8457
外资企业	398465	434519	84086	61372		52640
按控股情况分						
国有控股	1898213	1382627	402691	305004		304166
集体控股	18728	18695	4250	4073		16414
私人控股	10796094	8408268	2555095	1773540		872186
港澳台商控股	1263661	1057757	304382	191743		210874
外商控股	523249	554463	101146	77162		66777
其　他	3752179	2875029	1354877	1010240		240772
按隶属关系分						
省(自治区、直辖市)	20000	16086	7456	5912		
地区(州、盟、省辖市)	1216786	860805	283027	211389		205604
县(区、市、旗)	1467895	1372347	359003	253129		239859
镇	133488	108322	15758	11470		18337
乡	6688	6688	1757	1580		6874
其　他	15407267	11932591	4055440	2878282		1240515
按企业营业状态分						
营　业	17832636	14022797	4606646	3275278		1664484
停　业(歇业)	193616	108328	48234	35529		150
其　他	225872	165714	67561	50955		46555
按企业资质等级分						
一　级	28000	28000				7678
二　级	1114943	1272662	191160	141498		111685
三　级	5945889	5625077	1086489	754564		691198
四　级	945479	881068	204773	170588		104890
暂　定	8999855	5999989	2900728	2098853		776613
其　他	1217958	490043	339291	196259		19125
按市、县分						
漳州市	18252124	14296839	4722441	3361762		1711189
芗城区	2249096	2351004	428825	348643		396057
龙文区	3523843	3182552	946252	617373		275858
龙海市	4627821	2644536	1090610	769001		378008
其中:龙海市辖	1839880	1014523	355120	218051		265620
漳州开发区	1466271	829489	446774	308892		56075
台商投资区	1321670	800524	288716	242058		56313
云霄县	980678	631414	211687	137470		109044
其中:云霄县辖	897505	560998	202500	131636		102029
常山开发区	83173	70416	9187	5834		7015
漳浦县	2158226	2158832	1022569	718055		147717
其中:漳浦县辖	1140226	1004695	318923	191807		147676
古雷开发区	1018000	1154137	703646	526248		41
诏安县	563725	272647	109304	75332		12010
长泰县	1248688	1065731	312207	254865		52869
东山县	1261268	811388	208644	160646		241497
南靖县	694456	461063	161888	123249		38459
平和县	566723	452532	140536	79900		34875
华安县	377600	265140	89919	77228		24795

4—23 房地产开发投资情况(二)

单位：万元

项目	按构成分					
	建筑工程	安装工程	设备工器具购置	其他费用	旧建筑物购置费	土地购置费
总计	**3374920**	**119072**	**31342**	**1197107**	**8563**	**1003322**
按登记注册类型分						
内资企业	3066343	110703	29231	1109473	8563	927426
国有企业	79595		210	5549	100	1426
集体企业	2493					
国有独资公司	143223		273	73505		40035
其他有限责任公司	2076324	83625	20881	618177	1239	532415
股份有限公司	63938	6858		13576		7008
私营独资企业	2850					
私营合伙企业						
私营有限责任公司	655791	20220	7867	397516	7224	346542
私营股份有限公司	42129			1150		
港澳台商投资企业	219392	7278	1981	78399		71846
与港澳台商合资经营企业	168790	6377	137	73029		71846
港澳台商独资经营企业	50602	901	1844	5370		
外商投资企业	89185	1091	130	9235		4050
中外合资经营企业	14882	160		513		
外资企业	74303	931	130	8722		4050
按控股情况分						
国有控股	290033	4214	897	107547	1100	62866
集体控股	4250					
私人控股	1687220	72646	15839	779390	7463	679303
港澳台商控股	216811	7191	1981	78399		71846
外商控股	90764	1091	130	9161		4204
其他	1085842	33930	12495	222610		185103
按隶属关系分						
省(自治区、直辖市)	5912		273	1271		
地区(州、盟、省辖市)	194483	14555	4629	69360		50452
县(区、市、旗)	259102	8388	656	90857	100	69619
镇	13268	442		2048		1575
村委会	1757					
其他	2900398	95687	25784	1033571	8463	881676
按企业营业状态分						
营业	3289153	111691	31162	1174640	8563	995139
停业(歇业)	37163	5028	150	5893		
其他	48604	2353	30	16574		8183
按企业资质等级分						
一级						
二级	133535	5494		52131		39569
三级	919684	32829	3460	130516	700	88507
四级	177295	7293	688	19497		14877
暂定	1936412	55599	26880	881837	6624	773820
其他	207994	17857	314	113126	1239	86549
按市、县分						
漳州市	3374920	119072	31342	1197107	8563	1003322
芗城区	249563	4694	1755	172813	600	152197
龙文区	630677	27591	3816	284168	100	264775
龙海市	676510	54218	7468	352414		277541
其中：龙海市辖	208178	2481	3087	141374		100993
漳州开发区	285579	37629	4193	119373		101008
台商投资区	182753	14108	188	91667		75540
云霄县	157139	3367	104	51077		43061
其中：云霄县辖	150185	2649	74	49592		42361
常山开发区	6954	718	30	1485		700
漳浦县	864858	11747	11749	134215	114	116692
其中：漳浦县辖	220594	11747	3696	82886	114	66777
古雷开发区	644264		8053	51329		49915
诏安县	62506	348	374	46076	1239	40556
长泰县	268592	25		43590		24432
东山县	161845	2988	3371	40440	6510	18255
南靖县	118927	12787	2416	27758		23183
平和县	115011	755		24770		23454
华安县	69292	552	289	19786		19176

4—23(二) 续表

单位：万元

项目	按工程用途分						
	住宅	90平方米以下住房	140平方米以上住房	别墅、高档公寓	办公楼	商业营业用房	其他
总计	**3361762**	**866703**	**503585**	**141177**	**93901**	**626270**	**640508**
按登记注册类型分							
内资企业	3092359	809061	457807	114874	83556	571542	568293
国有企业	76847	8266	1128		42	1919	6546
集体企业	2493	2493					
国有独资公司	145738	26836	36552	1	96	23526	47641
其他有限责任公司	2022249	579078	298022	109828	61514	363014	352230
股份有限公司	65635	13074	839		6985	4256	7496
私营独资企业	2800	1420	830	550			50
私营合伙企业							
私营有限责任公司	733596	174640	89147	4495	14919	178549	154330
私营股份有限公司	43001	3254	31289			278	
港澳台商投资企业	194406	35393	14492	8226	10345	43792	58507
与港澳台商合资经营企业	169531	25969	12601	8226	1763	29348	47691
港澳台商独资经营企业	24875	9424	1891		8582	14444	10816
外商投资企业	74997	22249	31286	18077		10936	13708
中外合资经营企业	13625	7805	3273			817	1113
外资企业	61372	14444	28013	18077		10119	12595
按控股情况分							
国有控股	305004	62733	56283	885	1446	28848	67393
集体控股	4073	3488				100	77
私人控股	1773540	440172	181763	30729	79121	392388	310046
港澳台商控股	19174	35393	11829	8226	10345	43792	58502
外商控股	77162	27039	30181	18077		10839	13145
其他	1010240	297878	223529	83260	2989	150303	191345
按隶属关系分							
省(自治区、直辖市)	5912	1211	1748			273	1271
地区(州、盟、省辖市)	211389	79011	20903	9029	16708	21064	33866
县(区、市、旗)	253129	54565	39332	1933	4695	39923	61256
镇	11470	3602	3734	1		3297	991
村委会	1580	995				100	77
其他	2878282	727319	437868	130214	72498	561613	543047
按企业营业状态分							
营业	3275278	839501	499671	139677	86426	617488	627454
停业(歇业)	35529	12086	339		6985	2537	3183
其他	50955	15116	3575	1500	490	6245	9871
按企业资质等级分							
一级							
二级	141498	19235	41774		4557	20315	24790
三级	754564	194181	156899	86750	17270	186607	128048
四级	170588	29140	36178	2471	11	13276	20898
暂定	2098853	607092	264972	49502	66723	300283	434869
其他	196259	17055	3762	2634	5340	105789	31903
按市、县分							
漳州市	3361762	866703	503585	141177	93901	626270	640508
芗城区	348643	97763	28837	480	4320	29569	46293
龙文区	617373	116898	59473	8145	25256	176394	127229
龙海市	769001	203282	75679	35595	52922	114487	154200
其中：龙海市辖	218051	58152	25437		13778	42752	80539
漳州开发区	308892	38754	4887	1090	38947	50822	48113
台商投资区	242058	106376	45355	34505	197	20913	25548
云霄县	137470	22800	7654	1933	560	41653	32004
其中：云霄县辖	131636	21109	7506	433	560	38521	31783
常山开发区	5834	1691	148	1500		3132	221
漳浦县	718055	234838	113956	11830	2459	134697	167358
其中：漳浦县辖	191807	49815	23604	11830	2459	104211	20446
古雷开发区	526248	185023	90352			30486	146912
诏安县	75332	12925	3832		5969	14930	13073
长泰县	254865	35026	168557	69492	1194	17817	38331
东山县	160646	84121	21485	13569	394	17501	30103
南靖县	123249	14493	9175	133	4	25302	13333
平和县	79900	25993	11722		823	43234	16579
华安县	77228	18564	3215			10686	2005

4—24 土地开发面积

单位：平方米、万元

项目	待开发土地面积	本年购置土地面积	本年土地成交价款
总计	**2851052**	**3234198**	**767049**
按登记注册类型分			
内资企业	2469562	3194115	750639
国有企业			
其他有限责任公司	1706798	2172758	385648
股份有限公司		25325	4936
私营独资企业			
私营有限责任公司	724163	775878	326845
私营股份有限公司	38601		
港澳台商投资企业	257429		
与港澳台商合资经营企业	89087		
港澳台商独资经营企业	168342		
外商投资企业	124061	40083	16410
中外合资经营企业			
外资企业	124061	40083	16410
按控股情况分			
国有控股	890	220154	33210
私人控股	1377109	2074497	571655
港澳台商控股	257429		
外商控股	90061	6083	4050
其他	1125563	933464	158134
按隶属关系分			
省(自治区、直辖市)			
地区(州、盟、省辖市)			
县(区、市、旗)	66666	171700	39698
镇			
乡			
其他	2784386	3062498	727351
按企业营业状态分			
营业	2850162	3234198	767049
停业(歇业)			
其他	890		
按企业资质等级分			
一级			
二级		14888	13600
三级	567635		
四级	87334	31858	7199
暂定	1816222	2988251	688549
其他	379861	199201	57701
按市、县分			
漳州市	2851052	3234198	767049
芗城区	193182	235606	150400
龙文区	293122	313298	146970
龙海市	1126976	559057	187871
其中：龙海市辖	699005	2122267	83913
漳州开发区	251534		
台商投资区	176437	346831	103958
云霄县	10454	88322	23109
其中：云霄县辖		77868	22094
常山开发区	10454	10454	1015
漳浦县	436581	1134530	128295
其中：漳浦县辖	436581	721460	85523
古雷开发区		413070	42772
诏安县	15487	125257	34282
长泰县	297192	216801	17117
东山县	144487	41234	11208
南靖县	27209	168021	24910
平和县	153605	168141	12935
华安县	122566	136754	19352

注：本年完成开发土地面积这一指标2012年已经取消。

4—25 房 地 产 开

项 目	本年资金来源合计	1、上年末结余资金	2、本年资金来源小计	(1)国内贷款	银行贷款
总 计	**6882231**	**1142918**	**5739313**	**812729**	**659890**
按登记注册类型分					
内资企业	6313279	1043756	5269523	691729	568890
国有企业	108043	33531	74512	6200	6200
集体企业	2493		2493		
国有独资公司	194575	26023	168552	36996	36996
其他有限责任公司	4083247	598360	3484887	461788	369129
股份有限公司	158327	19312	139015	19450	19450
私营独资企业	2880	30	2850		
私营合伙企业					
私营有限责任公司	1709117	364544	1344573	164295	134115
私营股份有限公司	54597	1956	52641	3000	3000
港澳台商投资企业	435257	74751	360506	120000	90000
与港澳台商合资经营企业	307178	35760	271418	100000	70000
港澳台商独资经营企业	128079	38991	89088	20000	20000
外商投资企业	133695	24411	109284	1000	1000
中外合资经营企业	21550	2444	19106		
外资企业	112145	21967	90178	1000	1000
按控股情况分					
国有控股	685466	158013	527453	100196	100196
集体控股	4345	205	4140		
私人控股	3940588	771320	3169268	433804	331094
港澳台商控股	422032	72475	349557	120000	90000
外商控股	135022	25966	109056	1000	1000
其 他	1694778	114939	1579839	157729	137600
按隶属关系分					
省(自治区、直辖市)	17792	2334	15458	7950	7950
地区(州、盟、省辖市)	540492	73987	466505	114500	84500
县(区、市、旗)	484190	78340	405850	52746	52746
街 道					
镇	19778	4438	15340		
村委会	1852	205	1647		
其 他	5818127	983614	4834513	637533	514694
按企业营业状态分					
营 业	6651577	1102874	5548703	779683	626844
停 业(歇业)	129432	32180	97252	15000	15000
其 他	101222	7864	93358	18046	18046
按企业资质等级分					
一 级	5102	5031	71		
二 级	368387	42543	325844	118550	48000
三 级	1867987	430430	1437557	165174	155825
四 级	323101	84555	238546	18600	18600
暂 定	3933992	559359	3374633	402621	329681
其 他	383662	21000	362662	107784	107784
按县市区分					
漳州市	6882231	1142918	5739313	812729	659890
芗城区	940439	248369	692070	60900	60900
龙文区	1262486	110129	1152357	247160	146610
龙海市	1940303	399966	1540337	310160	279951
其中:龙海市辖	610873	125045	485828	61665	61456
漳州开发区	621617	90822	530795	116700	116700
台商投资区	707813	184099	523714	131795	101795
云霄县	303321	111457	191864	52980	51000
其中:云霄县辖	291085	110517	180568	52980	51000
常山开发区	12236	940	11296		
漳浦县	1213736	80298	1133438	45400	35550
其中:漳浦县辖	412236	35405	376831	45400	35550
古雷开发区	801500	44893	756607		
诏安县	137774	18073	119701	9820	8890
长泰县	324993	68132	256861	24984	15664
东山县	250704	36158	214546	13900	13900
南靖县	188955	11853	177102	26475	26475
平和县	187709	54929	132780	13000	13000
华安县	121109	3554	117555	7950	7950

发资金来源

单位：万元

(2)利用外资	外商直接投资	(3)自筹资金	自有资金	(4)其他资金来源	定金及预收款	个人按揭贷款	本年各项应付未付款	工程款
11112	**11112**	**2116635**	**706598**	**2798837**	**1769121**	**797653**	**854552**	**513675**
		1984580	651656	2593214	1638204	736191	819951	489374
		61875	2000	6437	311	576	13095	
				2493			2493	2493
		88556	32304	43000	11669	6343	87796	17060
		1051323	410593	1971776	1385777	490036	533277	353101
		58758	38510	60807	4352	15045	466	335
		2850	2650					
		692111	136492	488167	229094	210658	159766	98385
		29107	29107	20534	7001	13533	23058	18000
5077	5077	73639	261	161790	110901	42533	31095	22367
1160	1160	53701	261	116557	90995	22296	28934	20364
3917	3917	19938		45233	19906	20237	2161	2003
6035	6035	58416	54681	43833	20016	18929	3506	1934
		12275	8540	6831	1943			
6035	6035	46141	46141	37002	18073	18929	3506	1934
		165582	35693	261675	169692	61127	101398	17385
				4140	1647		4758	4551
		1418989	468335	1316475	593239	571578	510819	317590
5077	5077	73639	261	150841	104128	38357	22563	22317
6035	6035	60281	55086	41740	21854	19886	3506	1934
		398144	147223	1023966	878561	106705	211508	149898
				7508	3171	4337		
		87037	4100	264968	193335	66654	32500	20000
		194426	25358	158678	71148	56525	76865	20185
		6352	1725	8988	5591	3397	8846	2093
				1647	1647		2265	2058
11112	11112	1828820	675415	2357048	1494229	666740	734076	469339
11112	11112	2068050	663660	2689858	1755143	770320	833299	495344
		37747	37330	44505	358	2687	15	
		10838	5608	64474	13620	24646	21238	18331
				71	31	40		
		87443	42672	119851	64955	54896	10145	7397
		361092	135577	911291	507911	292330	119656	63617
		134572	53216	85374	32953	43431	34497	32329
11112	11112	1363380	360156	1597520	1113980	378430	614172	374573
		170148	114977	84730	49291	28526	76082	35759
11112	11112	2116635	706598	2798837	1769121	797653	854552	513675
3917	3917	228975	30524	398278	186853	184911	28374	17748
		561671	154735	343526	146321	122818	88973	55234
6035	6035	461434	100642	762708	423508	259241	195484	87263
		247918	20003	176245	60546	72153	55707	8778
		88502	58095	325593	165439	131332	116059	75328
6035	6035	125014	22544	260870	197523	55756	23718	3157
		87816	1800	51068	25011	22925	70604	41060
		80506	1300	47082	23973	20157	68817	39404
		7310	500	3986	1038	2768	1787	1656
		173999	85879	914039	816833	62974	165859	118110
		173999	85879	157432	90208	62974	80134	32385
				756607	726625		85725	85725
		74624	54538	35257	18241	16648	52797	19961
1160	1160	180704	118444	50013	26633	21387	104487	78262
		106600	59133	94046	57140	30884	30672	30426
		67902	37590	82725	39375	43300	47240	16964
		59515	24516	60265	28406	30625	37157	28020
		102693	38797	6912	800	1940	32905	20627

4—26 商品房施工面积

单位：平方米

项目	合计	按用途分				
		住宅	别墅、高档公寓	办公楼	商业用房	其他
总计	**37839281**	**27253671**	**825394**	**767392**	**4230741**	**5587477**
按登记注册类型分						
内资企业	33275254	24345253	728097	556022	3441910	4932069
国有企业	774223	691932		1913	17258	63120
集体企业	48880	48880				
国有独资公司	1406629	1081544	3413	3326	117013	204746
其他有限责任公司	21742875	15642947	627314	401320	2384107	3314501
股份有限公司	799267	470748		70123	106950	151446
私营独资企业	69619	43528	744			26091
私营合伙企业						
私营有限责任公司	8218176	6152212	96626	79340	814459	1172165
私营股份有限公司	215585	213462			2123	
港澳台商投资企业	3001395	1673111	63589	211370	662385	454529
与港澳台商合资经营企业	1766046	878982	54744	168504	454653	263907
港澳台商独资经营企业	1235349	794129	8845	42866	207732	190622
外商投资企业	1562632	1235307	33708		126446	200879
中外合资经营企业	581693	469741			37780	74172
外资企业	980939	765566	33708		88666	126707
按控股情况分						
国有控股	4091415	3459789	64748	17174	181969	432483
集体控股	78440	70310			4100	4030
私人控股	21661346	15483907	367186	503914	2512384	3161141
港澳台商控股	2894153	1591235	63589	211370	662385	429163
外商控股	1245051	1009472	33708		104039	131540
其他	7868876	5638958	296163	34934	765864	1429120
按隶属关系分						
省(自治区、直辖市)	72960	59842			5707	7411
地区(州、盟、省辖市)	2681126	2293869	100326	32098	83512	271647
县(区、市、旗)	3091902	2406637	5924	20369	280551	384345
镇	193615	151165	3413		30083	12367
村委会	29560	21430			4100	4030
其他	31770118	22320728	715731	714925	3826788	4907677
按企业营业状态分						
营业	36708912	26473048	824144	679168	4138198	5418498
停业(歇业)	457858	276775		70123	41783	69177
其他	672511	503848	1250	18101	50760	99802
按企业资质等级分						
一级	22606	21060				1546
二级	1747584	1332237		15130	167018	233199
三级	13317010	10000039	395033	286058	1368604	1662309
四级	2215437	1890625	37940	68	151136	173608
暂定	18712334	12948368	343921	436989	2196283	3130694
其他	1824310	1061342	48500	29147	347700	386121
按县市区分						
漳州市	37839281	27253671	825394	767392	4230741	5587477
芗城区	5256946	4122481	23799	29563	370135	734767
龙文区	6368423	4017815	38991	315330	974828	1060450
龙海市	9096657	6224515	242053	289935	838556	1743651
其中：龙海市辖	3418346	2078333		46688	376704	916621
漳州开发区	2683655	1470904	66886	241763	377151	593837
台商投资区	2994656	2675278	175167	1484	84701	233193
云霄县	1846980	1349956	5924	10847	298589	187588
其中：云霄县辖	1651197	1196809	4674	10847	266472	177069
常山开发区	195783	153147	1250		32117	10519
漳浦县	6299584	4529738	115284	30453	730825	1008568
其中：漳浦县辖	2990844	2084951	115284	30453	508383	367057
古雷开发区	3308740	2444787			222442	641511
诏安县	944429	709827		32320	128063	74219
长泰县	1426690	1029772	171649	21938	144096	230884
东山县	2989715	2520538	222711	1925	211477	255775
南靖县	1600666	1221175	4983	17000	199851	162640
平和县	1191363	865448		18081	237890	69944
华安县	766222	612007			95869	58346

4—27 新开工商品房面积

单位：平方米

项目	合计	按用途分				
		住宅	别墅、高档公寓	办公楼	商业用房	其他
总计	**11134833**	**7873274**	**268706**	**267899**	**955066**	**2038594**
按登记注册类型分						
内资企业	10538836	7406594	205085	267899	919825	1944518
国有企业	99427	91025			574	7828
集体企业						
国有独资公司	474007	376577			34117	63313
其他有限责任公司	7357700	5072827	196820	224463	710083	1350327
股份有限公司	277521	205030		28413	16644	27434
私营独资企业						
私营合伙企业						
私营有限责任公司	2248217	1579171	8265	15023	158407	495616
私营股份有限公司	81964	81964				
港澳台商投资企业	535389	427016	38991		32791	75582
与港澳台商合资经营企业	373324	296004	38991		28168	49152
港澳台商独资经营企业	162065	131012			4623	26430
外商投资企业	60608	39664	24630		2450	18494
中外合资经营企业	5296	5296				
外资企业	55312	34368	24630		2450	18494
按控股情况分						
国有控股	1189059	1073350			38564	77145
集体控股						
私人控股	5505379	3873189	44529	267675	524850	839665
港澳台商控股	535389	427016	38991		32791	75582
外商控股	60608	39664	24630		2450	18494
其他	3844398	2460055	160556	224	356411	1027708
按隶属关系分						
省(自治区、直辖市)	46104	41906			3771	427
地区(州、盟、省辖市)	901745	846348	38991	20163	29992	5242
县(区、市、旗)	466326	338983	1000	15130	35954	76259
镇	57193	47666			3223	6304
村委会						
其他	9663465	6598371	228715	232606	882126	1950362
按企业营业状态分						
营业	10768879	7633458	267706	223746	925425	1986250
停业(歇业)	188190	115417		28413	16985	27375
其他	177764	124399	1000	15740	12656	24969
按企业资质等级分						
一级						
二级	288167	202468		15130	13827	56742
三级	2289368	1937466	94857	34343	98289	219270
四级	345947	310591			18158	17198
暂定	7046144	4815609	125349	199239	552340	1478956
其他	1165207	607140	48500	19187	272452	266428
按县市区分						
漳州市	11134833	7873274	268706	267899	955066	2038594
芗城区	638433	492589	20355	8718	18651	118475
龙文区	1318505	957473	38991	62730	64219	234083
龙海市	4457656	3232644	106738	145716	290635	788661
其中：龙海市辖	1284647	891963		5930	59996	326758
漳州开发区	1458037	796396	44500	139786	182191	339664
台商投资区	1714972	1544285	62238		48448	122239
云霄县	482422	394976	1000		36203	51243
其中：云霄县辖	378560	314998			19068	44494
常山开发区	103862	79978	1000		17135	6749
漳浦县	2157920	1244229	42463		239269	674422
其中：漳浦县辖	525522	294952	42463		174804	55766
古雷开发区	1632398	949277			64465	618656
诏安县	487877	325241		32320	80099	50217
长泰县	296064	245840	28630		23175	27049
东山县	263063	196365	30529	461	32444	33793
南靖县	458353	352016			55165	51172
平和县	272962	156928		17954	94246	3834
华安县	249972	224574			20398	5000

4—28 竣工商品房面积

单位：平方米

项目	合计	按用途分				
		住宅	别墅、高档公寓	办公楼	商业用房	其他
总计	**5398412**	**4278821**	**102209**	**24040**	**502259**	**593292**
按登记注册类型分						
内资企业	4769372	3732591	89920	21989	476565	538227
国有企业	202827	188023			2088	12716
集体企业	40600	40600				
国有独资公司	316648	253913		965	21768	40002
其他有限责任公司	2671735	2078918	72137	16326	225004	351487
股份有限公司	163899	76597			58231	29071
私营独资企业						
私营合伙企业	1304964	1025841	17783	4698	169474	104951
私营有限责任公司	68699	68699				
私营股份有限公司						
港澳台商投资企业	363634	303312	12289	2051	14003	44268
与港澳台商合资经营企业	215298	165726	3444		7915	41657
港澳台商独资经营企业	148336	137586	8845	2051	6088	2611
外商投资企业	265406	242918			11691	10797
中外合资经营企业	20250	20250				
外资企业	245156	222668			11691	10797
按控股情况分						
国有控股	970330	799148		12900	38700	119582
集体控股	70160	62030			4100	4030
私人控股	3019180	2395788	89920	4698	343295	275399
港澳台商控股	363634	303312	12289	2051	14003	44268
外商控股	295002	271253			12952	10797
其他	680106	447290		4391	89209	139216
按隶属关系分						
省(自治区、直辖市)						
地区(州、盟、省辖市)	562313	454109		11935	18421	77848
县(区、市、旗)	877222	695241		965	92051	88965
镇	58575	55335			3240	
村委会	29560	21430			4100	4030
其他	3870742	3052706	102209	11140	384447	422449
按企业营业状态分						
营业	5253088	4166242	102209	24040	493642	569164
停业(歇业)						
其他	145324	112579			8617	24128
按企业资质等级分						
一级	22606	21060				1546
二级	397106	323262			14619	59225
三级	2161651	1766960		19705	172873	202113
四级	425160	401074	26628	68	15286	8732
暂定	2309999	1698303	75581	4267	291733	315696
其他	81890	68162			7748	5980
按县市区分						
漳州市	5398412	4278821	102209	24040	502259	593292
芗城区	889668	728358	3444	16152	40966	104192
龙文区	943267	683022		2464	132259	125522
龙海市	1300093	954472		362	124422	220837
其中：龙海市辖	840217	572626		362	110201	157028
漳州开发区	221362	157540			14028	49794
台商投资区	238514	224306			193	14015
云霄县	320597	304717			8868	7012
其中：云霄县辖	288253	280157			4183	3913
常山开发区	32344	24560			4685	3099
漳浦县	511477	354275	12295	965	92965	63272
其中：漳浦县辖	511477	354275	12295	965	92965	63272
古雷开发区						
诏安县	41587	35028			2958	3601
长泰县	186594	179321	17783	3553	2051	1669
东山县	856624	743707	68687	476	69733	42708
南靖县	92147	86068			6079	
平和县	190915	162258		68	21958	6631
华安县	65443	47595				17848

4—29 竣工商品房价值

单位：万元

项目	合计	按用途分				
		住宅	别墅、高档公寓	办公楼	商业用房	其他
总计	**1252004**	**981069**	**51303**	**5562**	**134936**	**130437**
按登记注册类型分						
内资企业	1100202	850248	48919	4999	129085	115870
国有企业	37107	34054			418	2635
集体企业	6476	6476				
国有独资公司	81248	65449		270	5721	9808
其他有限责任公司	628673	485005	43585	3789	66109	73770
股份有限公司	40207	18016			15966	6225
私营独资企业						
私营合伙企业						
私营有限责任公司	285888	220645	5334	940	40871	23432
私营股份有限公司	20603	20603				
港澳台商投资企业	92832	75968	2384	563	3711	12590
与港澳台商合资经营企业	62340	47847	999		2340	12153
港澳台商独资经营企业	30492	28121	1385	563	1371	437
外商投资企业	58970	54853			2140	1977
中外合资经营企业	6378	6378				
外资企业	52592	48475			2140	1977
按控股情况分						
国有控股	213496	173181		2961	9472	27882
集体控股	13350	11668			1040	642
私人控股	706028	556588	48919	940	91069	57431
港澳台商控股	92832	75968	2384	563	3711	12590
外商控股	64650	60293			2380	1977
其他	161648	103371		1098	27264	29915
按隶属关系分						
省(自治区、直辖市)						
地区(州、盟、省辖市)	124474	99089		2691	4424	18270
县(区、市、旗)	205738	158496		270	24907	22065
镇	16258	15418			840	
村委会	6874	5192			1040	642
其他	898660	702874	51303	2601	103725	89460
按企业营业状态分						
营业	1245089	975792	51303	5562	134505	129230
停业(歇业)						
其他	6915	5277			431	1207
按企业资质等级分						
一级	5878	5476				402
二级	100536	81127			2902	16507
三级	478361	388310		4541	40816	44694
四级	87987	82870	6719	11	3391	1715
暂定	560403	407497	44584	1010	86090	65806
其他	18839	15789			1737	1313
按县市区分						
漳州市	1252004	981069	51303	5562	134936	130437
芗城区	203145	164872	999	3691	10309	24273
龙文区	225232	160109		492	31949	32682
龙海市	262817	186777		108	33210	42722
其中:龙海市辖	190651	121308		108	32176	37059
漳州开发区	15989	12152			977	2860
台商投资区	56177	53317			57	2803
云霄县	68953	65793			1854	1306
其中:云霄县辖	61960	60483			841	636
常山开发区	6993	5310			1013	670
漳浦县	129508	89048	2692	270	25149	15041
其中:漳浦县辖	129508	89048	2692	270	25149	15041
古雷开发区						
诏安县	9674	8269			593	812
长泰县	52246	50438	5334	850	458	500
东山县	225729	192298	42278	140	25146	8145
南靖县	25975	24284			1691	
平和县	34125	28561		11	4577	976
华安县	14600	10620				3980

4—30 商品房现房销售面积

单位：平方米

项目	合计	按用途分				
		住宅	别墅、高档公寓	办公楼	商业用房	其他
总计	**548814**	**399837**	**24540**	**9432**	**66543**	**73002**
按登记注册类型分						
内资企业	521134	375502	20761	9432	65443	70757
国有企业	48493	48174				319
集体企业	12206	12206				
国有独资公司	109521	107102			2419	
其他有限责任公司	116453	59927	18108	6968	26331	23227
股份有限公司	6869	6485				384
私营独资企业						
私营合伙企业				2464		
私营有限责任公司	227446	141462	2653		36693	46827
私营股份有限公司	146	146				
港澳台商投资企业	25515	22534	3142		736	2245
与港澳台商合资经营企业	7080	5630	1000		37	1413
港澳台商独资经营企业	18435	16904	2142		699	832
外商投资企业	2165	1801	637		364	
中外合资经营企业						
外资企业	2165	1801	637		364	
按控股情况分						
国有控股	184314	165988	1260		4314	14012
集体控股	15224	15224				
私人控股	287643	187978	19229	2464	44735	52466
港澳台商控股	25515	22534	3142		736	2245
外商控股	6478	5127	637		1351	
其他	29640	2986	272	6968	15407	4279
按隶属关系分						
省(自治区、直辖市)	472	321			151	
地区(州、盟、省辖市)	8717	4205			37	4475
县(区、市、旗)	153246	148001			2637	2608
街道	2397	2049				348
镇	3018	3018				
村委会	380964	242243	24540	9432	63718	65571
其他						
按企业营业状态分	544677	395736	24540	9432	66543	72966
营业	4137	4101				36
停业(歇业)						
按企业资质等级分						
一级						
二级	27130	17252	637		5247	4631
三级	189503	126379	15703		31373	31751
四级	80521	77306	5169		3095	120
暂定	247322	174677	3031	9432	26713	36500
其他	4338	4223			115	
按县市区分						
漳州市	548814	399837	24540	9432	66543	73002
芗城区	47349	16359	637		11745	19245
龙文区	174897	135977		2464	28242	8214
龙海市	187004	128149	16337		16241	42614
其中：龙海市辖	140295	97465			5640	37190
漳州开发区	44576	28551	16065		10601	5424
台商投资区	2133	2133	272			
云霄县	10848	10213	626		635	
其中：云霄县辖	3885	3885	626			
常山开发区	6963	6328			635	
漳浦县	38059	29191	1771	6968	1900	
其中：漳浦县辖	38059	29191	1771	6968	1900	
古雷开发区						
诏安县	4018	2756			1262	
长泰县	46996	44352	5169		2137	507
东山县	18801	14954			1773	2074
南靖县	7266	6528			390	348
平和县	12156	11358			798	
华安县	1420				1420	

4—31 商品房现房销售额

单位：万元

项目	合计	按用途分				
		住宅	别墅、高档公寓	办公楼	商业用房	其他
总计	**241637**	**147360**	**24753**	**5087**	**62081**	**27109**
按登记注册类型分						
内资企业	228686	136874	22478	5087	60965	25760
国有企业	10450	10290				160
集体企业	3574	3574				
国有独资公司	34560	32253			2307	
其他有限责任公司	76645	39269	19983	4225	22786	10365
股份有限公司	4571	4387				184
私营独资企业						
私营合伙企业						
私营有限责任公司	98744	46959	2495	862	35872	15051
私营股份有限公司	142	142				
港澳台商投资企业	11395	9443	1912		603	1349
与港澳台商合资经营企业	4914	3935	673		80	899
港澳台商独资经营企业	6481	5508	1239		523	450
外商投资企业	1556	1043	363		513	
中外合资经营企业						
外资企业	1556	1043	363		513	
按控股情况分						
国有控股	61408	51055	2925		4658	5695
集体控股	4178	4178				
私人控股	141168	78639	19341	862	43486	18181
港澳台商控股	11395	9443	1912		603	1349
外商控股	3592	2369	363		1223	
其他	19896	1676	212	4225	12111	1884
按隶属关系分						
省(自治区、直辖市)	457	157			300	
地区(州、盟、省辖市)	6170	3462			37	2671
县(区、市、旗)	45251	41412			2262	1577
街道	893	725				168
镇	604	604				
村委会	188262	101000	24753	5087	59482	22693
其他						
按企业营业状态分						
营业	237918	143657	24753	5087	62081	27093
停业(歇业)	3719	3703				16
按企业资质等级分						
一级						
二级	22034	10771	363		9048	2215
三级	107995	65374	16373		28794	13827
四级	23364	21205	4128		2071	88
暂定	86568	48408	3889	5087	22094	10979
其他	1676	1602			74	
按县市区分						
漳州市	241637	147360	24753	5087	62081	27109
芗城区	34871	10611	363		15009	9251
龙文区	63238	34528		862	24317	3531
龙海市	88241	59593	19019		15173	13475
其中：龙海市辖	51347	33440			6449	11458
漳州开发区	35046	24305	18807		8724	2017
台商投资区	1848	1848	212			
云霄县	4227	3827	279		400	
其中：云霄县辖	1884	1884	279			
常山开发区	2343	1943			400	
漳浦县	15050	9310	964	4225	1515	
其中：漳浦县辖	15050	9310	964	4225	1515	
古雷开发区						
诏安县	2216	873			1343	
长泰县	21561	19196	4128		2265	100
东山县	6316	4812			920	584
南靖县	1969	1525			276	168
平和县	3521	3085			436	
华安县	427				427	

4—32　商品房期房销售面积

单位：平方米

项　目	合计	按用途分				
		住宅	别墅、高档公寓	办公楼	商业用房	其他
总　计	**4198239**	**3772229**	**49327**	**61774**	**222241**	**141995**
按登记注册类型分						
内资企业	3765626	3362415	46774	57513	214695	131003
国有企业	59846	58671			1175	
集体企业						
国有独资公司	32380	29953			1888	539
其他有限责任公司	2690755	2382254	43500	51249	169131	88121
股份有限公司	79951	66439		5615	4923	2974
私营独资企业	3124	3124				
私营合伙企业						
私营有限责任公司	886490	808894	3274	649	37578	39369
私营股份有限公司	13080	13080				
港澳台商投资企业	277492	269151		4261	3856	224
与港澳台商合资经营企业	207101	200847		4261	1962	31
港澳台商独资经营企业	70391	68304			1894	193
外商投资企业	155121	140663	2553		3690	10768
中外合资经营企业	54011	43911			2126	7974
外资企业	101110	96752	2553		1564	2794
按控股情况分						
国有控股	248537	226393	19031		4258	17886
集体控股						
私人控股	2457969	2139062	13076	55575	159762	103570
港澳台商控股	267432	259091		4261	3856	224
外商控股	110245	105887	2553		1564	2794
其　他	1114056	1041796	14667	1938	52801	17521
按隶属关系分						
省(自治区、直辖市)	17343	17343				
地区(州、盟、省辖市)	265698	250173	19031	5269	3146	7110
县(区、市、旗)	227169	202903	4695		10111	14155
镇	18198	15771			1888	539
村委会						
其　他	3669831	3286039	25601	56505	207096	120191
按企业营业状态分						
营　业	4099923	3684830	44632	56159	220137	138797
停　业(歇业)	61728	50811		5615	2104	3198
其　他	36588	36588	4695			
按企业资质等级分						
一　级						
二　级	185968	162865			3219	19884
三　级	1419009	1313293	32726	7811	47265	50640
四　级	201474	171202	3274		27419	2853
暂　定	2076477	1844271	13327	53963	109901	68342
其　他	315311	280598			34437	276
按县市区分						
漳州市	4198239	3772229	49327	61774	222241	141995
芗城区	464859	427062			8245	29552
龙文区	693766	630524		7162	25073	31007
龙海市	1051890	898732	24169	49793	46992	56373
其中：龙海市辖	150571	94284		649	2571	53067
漳州开发区	599516	507722		49144	40243	2407
台商投资区	301803	296726	24169		4178	899
云霄县	197675	137331	4695		59846	498
其中：云霄县辖	175077	114857			59722	498
常山开发区	22598	22474	4695		124	
漳浦县	851240	823663	1398	1938	23431	2208
其中：漳浦县辖	128143	112446	1398	1938	11551	2208
古雷开发区	723097	711217			11880	
诏安县	150818	139976			10842	
长泰县	113627	99108	15799	2881	4918	6720
东山县	216605	206132	3266		7709	2764
南靖县	245568	225179			9577	10812
平和县	177725	165386			10278	2061
华安县	34466	19136			15330	

4—33 商品房期房销售额

单位：万元

指标名称	合计	按用途分				
		住宅	别墅、高档公寓	办公楼	商业营业用房	其他房屋
总计	**2514201**	**2180818**	**47932**	**46784**	**228054**	**58545**
按登记注册类型分						
内资企业	2207093	1891973	44540	44934	217408	52778
国有企业	20558	18529			2029	
集体企业						
国有独资公司	19324	17648			1429	247
其他有限责任公司	1566453	1327750	40907	41289	165888	31526
股份有限公司	52293	39864		3136	7743	1550
私营独资企业	1365	1365				
私营合伙企业						
私营有限责任公司	535879	475596	3633	509	40319	19455
私营股份有限公司	11221	11221				
港澳台商投资企业	194217	187463		1850	4682	222
与港澳台商合资经营企业	148451	144021		1850	2561	19
港澳台商独资经营企业	45766	43442			2121	203
外商投资企业	112891	101382	3392		5964	5545
中外合资经营企业	37031	28321			4746	3964
外资企业	75860	73061	3392		1218	1581
按控股情况分						
国有控股	161701	144410	19052		5703	11588
集体控股						
私人控股	1431029	1200445	13802	43702	150434	36448
港澳台商控股	186341	179587		1850	4682	222
外商控股	81676	78877	3392		1218	1581
其　他	653454	577499	11686	1232	66017	8706
按隶属关系分						
省(自治区、直辖市)	7519	7519				
地区(州、盟、省辖市)	211840	198611	19052	3680	3505	6044
县(区、市、旗)	113039	93911	486		11508	7620
镇	9284	7608			1429	247
村委会						
其　他	2172519	1873169	28394	43104	211612	44634
按企业营业状态分						
营　业	2450728	2125281	47446	43648	224734	57065
停　业(歇业)	41571	33635		3136	3320	1480
其　他	21902	21902	486			
按企业资质等级分						
一　级						
二　级	136262	119818			4747	11697
三　级	852386	773271	33138	4486	50124	24505
四　级	98312	74025	3633		22230	2057
暂　定	1200064	1028272	11161	42298	109275	20219
其　他	227177	185432			41678	67
按县市区分						
漳州市	2514201	2180818	47932	46784	228054	58545
芗城区	372876	341037			12362	19477
龙文区	421683	374355		3977	28677	14674
龙海市	770632	663618	25893	40390	52956	13668
其中：龙海市辖	80661	64463		509	3566	12123
漳州开发区	445208	359680		39881	44290	1357
台商投资区	244763	239475	25893		5100	188
云霄县	117963	62105	486		55288	570
其中：云霄县辖	111508	55725			55213	570
常山开发区	6455	6380	486		75	
漳浦县	384297	351421	747	1232	30894	750
其中：漳浦县辖	83919	64568	747	1232	17369	750
古雷开发区	300378	286853			13525	
诏安县	69063	59589			9474	
长泰县	91150	80033	18225	1185	7638	2294
东山县	94312	85856	2581		7451	1005
南靖县	99623	86368			8528	4727
平和县	80227	70739			8108	1380
华安县	12375	5697			6678	

4—34 商品房待售面积

单位：平方米

指标名称	合计	按用途分				
		住宅	别墅、高档公寓	办公楼	商业营业用房	其他房屋
总计	**1920953**	**928251**	**166605**	**13421**	**455970**	**523311**
按登记注册类型分						
内资企业	1725814	852894	148370	13421	384020	475479
国有企业	109364	93348		231	4921	10864
集体企业	58654	58654				
国有独资公司	73777	49716			16965	7096
其他有限责任公司	689463	347018	100617	8065	153875	180505
股份有限公司	63964	10320		5125	43860	4659
私营独资企业						
私营合伙企业						
私营有限责任公司	720845	284091	47753		164399	272355
私营股份有限公司	9747	9747				
港澳台商投资企业	112804	51200	16961		36998	24606
与港澳台商合资经营企业	70989	24221	11931		30094	16674
港澳台商独资经营企业	41815	26979	5030		6904	7932
外商投资企业	82335	24157	1274		34952	23226
中外合资经营企业	10288	3747			1872	4669
外资企业	72047	20410	1274		33080	18557
按控股情况分						
国有控股	290838	184487	4366	231	39594	66526
集体控股	82782	77066			3700	2016
私人控股	1281978	578772	141370	11035	324161	368010
港澳台商控股	112804	51200	16961		36998	24606
外商控股	84976	25097	1274		36653	23226
其　他	67575	11629	2634	2155	14864	38927
按隶属关系分						
省(自治区、直辖市)	1524	783			741	
地区(州、盟、省辖市)	75147	22047			23398	29702
县(区、市、旗)	342109	251345		231	46577	43956
镇	15387	7004		5125	2625	633
村委会	24128	18412			3700	2016
其　他	1462658	628660	166605	8065	378929	447004
按企业营业状态分						
营　业	1891399	906790	166605	13421	449294	521894
停　业(歇业)	29554	21461			6676	1417
其　他						
按企业资质等级分						
一　级						
二　级	106942	30791	1274		20023	56128
三　级	775024	328669	61206	5910	255251	185194
四　级	365823	278497	36238	231	69087	18008
暂　定	639858	269644	67887	7280	104774	258160
其　他	33306	20650			6835	5821
按县市区分						
漳州市	1920953	928251	166605	13421	455970	523311
芗城区	324328	124458	2414		64754	135116
龙文区	176377	21996			110253	44128
龙海市	457620	134834	45822	6141	70628	246017
其中：龙海市辖	285756	55971	361	231	48083	181471
漳州开发区	139472	49854	29326	5910	19162	64546
台商投资区	32392	29009	16135		3383	
云霄县	162182	153031	13474		5297	3854
其中：云霄县辖	142421	137574	13474		1110	3737
常山开发区	19761	15457			4187	117
漳浦县	144110	36439	8081	2155	67733	37783
其中：漳浦县辖	144110	36439	8081	2155	67733	37783
古雷开发区						
诏安县	18134	2945			15189	
长泰县	168215	122335	36238		25961	19919
东山县	360704	267513	60576		61221	31970
南靖县	12446	4063		5125	2625	633
平和县	78737	60637			14209	3891
华安县	18100				18100	

4—35 待售一年以上三年以下的商品房面积

单位：平方米

项目	合计	按用途分				
		住宅	别墅、高档公寓	办公楼	商业用房	其他
总计	**610812**	**335908**	**45276**	**11035**	**117239**	**146630**
按登记注册类型分						
内资企业	509927	275633	28315	11035	85743	137516
国有企业	73661	68634			276	4751
集体企业						
国有独资公司	19290	11480			3823	3987
其他有限责任公司	237340	118274	28315	5910	47029	66127
股份有限公司	13869	4069		5125	2625	2050
私营独资企业						
私营合伙企业						
私营有限责任公司	165767	73176			31990	60601
私营股份有限公司						
港澳台商投资企业	69964	44172	16961		22299	3493
与港澳台商合资经营企业	34550	17363	11931		16493	694
港澳台商独资经营企业	35414	26809	5030		5806	2799
外商投资企业	30921	16103			9197	5621
中外合资经营企业	10288	3747			1872	4669
外资企业	20633	12356			7325	952
按控股情况分						
国有控股	144431	104683	3355		18537	21211
集体控股	24128	18412			3700	2016
私人控股	302489	143325	24960	11035	56925	91204
港澳台商控股	69964	44172	16961		22299	3493
外商控股	33562	17043			10898	5621
其他	36238	8273			4880	23085
按隶属关系分						
省(自治区、直辖市)	1524	783			741	
地区(州、盟、省辖市)	19507	3271			4485	11751
县(区、市、旗)	146341	105056			10875	30410
镇	15387	7004		5125	2625	633
村委会	24128	18412			3700	2016
其他	403925	201382	45276	5910	94813	101820
按企业营业状态分						
营业	581258	314447	45276	11035	110563	145213
停业(歇业)	29554	21461			6676	1417
其他						
按企业资质等级分						
一级						
二级	38923	684			7898	30341
三级	280343	142346	24960	5910	57415	74672
四级	150493	127286	15821		18406	4801
暂定	138897	63510	4495	5125	33446	36816
其他	2156	2082			74	
按县市区分						
漳州市	610812	335908	45276	11035	117239	146630
芗城区	172144	79897	1140		20242	72005
龙文区	43609	7498			17093	19018
龙海市	167201	78506	28315	5910	40027	42758
其中：龙海市辖	88639	34636			24207	29796
漳州开发区	74505	42963	28315	5910	12670	12962
台商投资区	4057	907			3150	
云霄县	90644	88724			930	990
其中：云霄县辖	87174	86184				990
常山开发区	3470	2540			930	
漳浦县	18270	565			8690	9015
其中：漳浦县辖	18270	565			8690	9015
古雷开发区						
诏安县	16124	2945			13179	
长泰县	27814	24504	15821		3115	195
东山县						
南靖县	12446	4063		5125	2625	633
平和县	62560	49206			11338	2016
华安县						

4—36 农村非农户固定资产投资项目投资平衡表

单位：万元

项 目	计划总投资	新开工项目计划总投资	自开始建设累计完成投资	本年完成投资	其中:住宅
总 计	**974515**	**693912**	**1000371**	**930844**	**1634**
按登记注册类型分					
内资企业	935342	662790	959486	895167	1634
国有企业	256721	216666	260808	234146	478
集体企业	265869	105676	277778	259903	1156
股份合作企业	2550	500	1750	1750	
联营企业	2130	2130	2130	2130	
国有与集体联营企业	2130	2130	2130	2130	
有限责任公司	97205	85336	94178	92156	
国有独资公司	2747	1800	2304	1627	
其他有限责任公司	94458	83536	91874	90529	
股份有限公司	2500	2500	2959	2959	
私营企业	265724	209537	275073	259258	
私营独资企业	84747	67810	86750	75367	
私营合伙企业	5700	5700	5441	5441	
私营有限责任公司	166577	127327	173277	168845	
私营股份有限公司	8700	8700	9605	9605	
其他企业	42643	40445	44810	42865	
港、澳、台商投资企业	18080	11780	18599	14593	
合资经营企业(港或澳、台资)	7000	4500	7028	5057	
港、澳、台商独资经营企业	11080	7280	11571	9536	
外商投资企业	6192	6192	6355	6355	
中外合资经营企业	1000	1000	1100	1100	
中外合作经营企业	2032	2032	2094	2094	
外资企业	3160	3160	3161	3161	
个体经营	14901	13150	15931	14729	
个体户	12350	12350	13353	13353	
个人合伙	2551	800	2578	1376	
按隶属关系分					
省(自治区、直辖市)	1089	1089	1089	1089	
地区(州、盟、省辖市)	3747	2800	3977	3300	
县(旗、县级市)	193961	162622	193711	174100	135
其 他	775718	527401	801594	752355	1499
按建设性质分					
新 建	610280	521208	629049	575074	1156
扩 建	114510	99499	120501	110083	
改建和技术改造	69272	63573	69752	66360	478
单纯建造生活设施	2659	1712	2717	2040	
迁 建	8070	6570	8497	7432	
恢 复	1350	1350	1481	1481	
单纯购置	168374		168374	168374	
按控股情况分					
国有控股	262438	221436	265471	238132	478
集体控股	271669	109426	282778	264903	1156
私人控股	379363	310503	387946	369584	
港澳台商控股	16280	9980	16849	12843	
外商控股	4160	4160	4261	4261	
按期末项目建设状态分					
在 建	104123	91490	76694	69111	135

4—36 续表 1

单位：万元

项目	计划总投资	新开工项目计划总投资	自开始建设累计完成投资	本年完成投资	其中:住宅
全部投产	870392	602422	923677	861733	1499
按国民经济行业分					
农、林、牧、渔业	286376	115336	292151	288849	
农　业	40529	34203	41067	37860	
林　业	2500	2500	2505	2505	
畜牧业	31137	28637	32749	32654	
渔　业	188929	26715	191941	191941	
农、林、牧、渔服务业	23281	23281	23889	23889	
制造业	227112	195590	229575	215316	
农副食品加工业	31012	26550	30909	27893	
食品制造业	24415	21915	24950	22979	
酒、饮料和精制茶制造业	21509	21009	21207	21207	
纺织业	2600	2600	2563	2563	
纺织服装、服饰业	15150	10550	15550	12422	
皮革、毛皮、羽毛及其制品和制鞋业	6400	4400	4939	4844	
木材加工及木、竹、藤、棕、草制品业	7250	6300	7508	7508	
家具制造业	13120	13120	13905	13905	
造纸和纸制品业	9608	8908	8054	7810	
印刷和记录媒介的复制业	3414	2894	3511	3511	
文教、工美、体育和娱乐用品制造业	6800	6800	7363	7363	
化学原料和化学制品制造业	6386	6386	6386	6386	
医药制造业	2500	2500	2960	2960	
橡胶和塑料制品业	11610	8930	9873	9661	
非金属矿物制品业	33907	24457	38006	33693	
有色金属冶炼和压延加工业	3060	2500	3060	3060	
金属制品业	5920	3320	5177	3897	
通用设备制造业	2540	2540	2896	2896	
专用设备制造业	800	800	800	800	
汽车制造业	4679	4679	4788	4788	
铁路、船舶、航空航天和其他运输设备制造业	7232	7232	7242	7242	
电气机械及器材制造业	4600	4600	5344	5344	
计算机、通信和其他电子设备制造业	2600	2600	2584	2584	
电力、热力、燃气及水的生产和供应业	40622	33764	38236	33565	
电力、热力的生产和供应业	14252	11752	14072	12185	
水的生产和供应业	26370	22012	24164	21380	
建筑业	15327	15327	14552	14552	
房屋建筑业	4000	4000	2568	2568	
土木工程建筑业	11327	11327	11984	11984	
批发和零售业	24019	22069	24479	22644	
批发业	8900	8900	9195	9195	
零售业	15119	13169	15284	13449	
交通运输、仓储和邮政业	101276	95826	107481	103484	
道路运输业	99776	94326	105901	101904	
仓储业	1500	1500	1580	1580	
住宿和餐饮业	6767	4780	7396	5909	
住宿业	5567	3580	5982	4495	
餐饮业	1200	1200	1414	1414	

4—36 续表2

单位：万元

项　　目	计划总投资	新开工项目计划总投资	自开始建设累计完成投资	本年完成投资	其中:住宅
信息传输、软件和信息技术服务业	1089	1089	1089	1089	
电信、广播电视和卫星传输服务	1089	1089	1089	1089	
金融业	2550	500	1750	1750	
货币金融服务	2550	500	1750	1750	
房地产业	11689	11169	12501	12324	478
房地产业	11689	11169	12501	12324	478
租赁和商务服务业	1935	1935	2205	2205	
商务服务业	1935	1935	2205	2205	
水利、环境和公共设施管理业	147330	117737	150503	128116	
水利管理业	61663	48642	62246	51320	
生态保护和环境治理业	7070	7070	7910	7910	
公共设施管理业	78597	62025	80347	68886	
居民服务、修理和其他服务业	8350	7000	9528	8980	
居民服务业	4850	3500	5618	5070	
机动车、电子产品和日用产品修理业	3500	3500	3910	3910	
教　育	20134	15595	20070	17456	
教　育	20134	15595	20070	17456	
卫生和社会工作	10199	7399	10711	8851	
卫　生	6800	4000	7313	5453	
社会工作	3399	3399	3398	3398	
文化、体育和娱乐业	41013	30621	45298	40015	
文化艺术业	39317	30121	43435	38658	
体　育	1696	500	1863	1357	
公共管理、社会保障和社会组织	28727	18175	32846	25739	1156
国家机构	3454	598	4253	2099	
基层群众自治组织	25273	17577	28593	23640	1156
按县(市、区)分					
漳州市	974515	693912	1000371	930844	1634
市辖区					
芗城区					
龙文区	11381	8281	13411	11285	
龙海市	49061	41541	48541	44092	478
其中:龙海市辖	49061	41541	48541	44092	478
漳州开发区					
台商投资区					
云霄县	35785	26397	38376	31840	
其中:云霄县辖	35785	26397	38376	31840	
常山开发区					
漳浦县	152572	120483	156177	142523	
其中:漳浦县辖	151625	120483	155500	142523	
古雷开发区	947		677		
诏安县	116301	81703	114630	109889	
长泰县	55431	40573	53454	41946	
东山县	207688	55076	214367	205132	1156
南靖县	72243	59355	72070	62859	
平和县	215344	201794	230446	222379	
华安县	58709	58709	58899	58899	

4—37 按构成分的农村非农户固定资产投资和新增固定资产

单位：万元

项目	按构成分的投资额						本年新增固定资产
	1、建筑工程	2、安装工程	3、设备工器具购置	4、其他费用	旧建筑物购置费	土地购置费	
总计	**645959**	**11648**	**228734**	**44503**	**1333**	**34766**	**913832**
内资企业	617513	11093	224634	41927	1333	33080	878588
国有企业	215810	2933	8716	6687	364	4743	225308
集体企业	116902	746	135181	7074	911	4844	271479
股份合作企业	1316	160	230	44			1750
联营企业	270	10	1850				2130
国有与集体联营企业	270	10	1850				2130
有限责任公司	64750	3083	15085	9238		7920	78683
国有独资公司	1182			445		407	
其他有限责任公司	63568	3083	15085	8793		7513	78683
股份有限公司	2652			307		307	2959
私营企业	175104	4022	62925	17207		14642	253449
私营独资企业	58344	1394	8989	6640		5229	74496
私营合伙企业	4401	15	380	645		535	3280
私营有限责任公司	103416	2455	53452	9522		8478	166068
私营股份有限公司	8943	158	104	400		400	9605
其他企业	40709	139	647	1370	58	624	42830
港、澳、台商投资企业	12020	320	1276	977		130	15648
合资经营企业(港或澳、台资)	3567	20	1210	260		130	5057
港、澳、台商独资经营企业	8453	300	66	717			10591
外商投资企业	5794	35	383	143		106	5374
中外合资经营企业	1100						1100
中外合作经营企业	2063			31		31	2094
外资企业	2631	35	383	112		75	2180
个体经营	10632	200	2441	1456		1450	14222
个体户	9524		2392	1437		1437	11644
个人合伙	1108	200	49	19		13	2578
按隶属关系分							
省(自治区、直辖市)		272	817				1089
地区(州、盟、省辖市)	2575		725				3300
县(旗、县级市)	156666	3057	6550	7827	385	5813	164841
其他	486718	8319	220642	36676	948	28953	744602
按建设性质分							
新建	501731	8464	34057	30822	313	26891	566909
扩建	86251	2542	10923	10367	385	6421	108306
改建和技术改造	49755	642	14137	1826	41	789	60819
单纯建造生活设施	1597			443		395	2040
迁建	5144		1243	1045	594	270	6508
恢复	1481						1481
单纯购置			168374				167769
按控股情况分							
国有控股	217491	2943	10566	7132	364	5150	227438
集体控股	121468	906	135411	7118	911	4844	276479
私人控股	254244	7247	80732	27361		23157	351651
港澳台商控股	11320	320	226	977		130	13898
外商控股	3731	35	383	112		75	3280
按期末项目建设状态分							
在建	57099	315	4913	6784		6065	7453

4—37 续表 1

单位：万元

项目	按构成分的投资额						本年新增固定资产
	1、建筑工程	2、安装工程	3、设备工器具购置	4、其他费用	旧建筑物购置费	土地购置费	
全部投产	588860	11333	223821	37719	1333	28701	906379
按国民经济行业分							
农、林、牧、渔业	94743	4013	177336	12757		10012	284834
农业	30061	1299	3162	3338		1455	38077
林业	2422			83		83	2505
畜牧业	25295	481	3304	3574		3134	30462
渔业	19040	211	168323	4367		4278	191941
农、林、牧、渔服务业	17925	2022	2547	1395		1062	21849
制造业	160110	3440	36150	15616		13151	203246
农副食品加工业	21456	861	4226	1350		1128	19025
食品制造业	18104	978	2980	917		792	21333
酒、饮料和精制茶制造业	17080	36	1842	2249		2244	20597
纺织业	2563						2563
纺织服装、服饰业	10819	155	1324	124		20	15530
皮革、毛皮、羽毛及其制品和制鞋业	3217	124	634	869		797	4661
木材加工及木、竹、藤、棕、草制品业	4966	7	2485	50			5608
家具制造业	9572	100	1444	2789		2189	13905
造纸和纸制品业	3698	146	3470	496		420	7175
印刷和记录媒介的复制业	2843		520	148		148	3511
文教、工美、体育和娱乐用品制造业	5168		1166	1029		1029	7363
化学原料和化学制品制造业	5586	50	390	360		360	6386
医药制造业	2076		884				2512
橡胶和塑料制品业	6596		2560	505		505	9320
非金属矿物制品业	23315	320	8006	2052		1514	35349
有色金属冶炼和压延加工业	1730		1190	140		140	2920
金属制品业	3897						3897
通用设备制造业	2629			267		160	2896
专用设备制造业	655	20	80	45		45	800
汽车制造业	4277	20	181	310		180	2810
铁路、船舶、航空航天和其他运输设备制造业	3833	573	1685	1151		810	7242
电气机械及器材制造业	3644	50	1083	567		567	5259
计算机、通信和其他电子设备制造业	2386			198		103	2584
电力、热力、燃气及水的生产和供应业	21450	1059	8864	2192		1948	28935
电力、热力的生产和供应业	4830	306	6933	116		94	10187
水的生产和供应业	16620	753	1931	2076		1854	18748
建筑业	13952	182	252	166		102	11984
房屋建筑业	2568						
土木工程建筑业	11384	182	252	166		102	11984
批发和零售业	20365	415	962	902		902	24249
批发业	8695	20		480		480	9095
零售业	11670	395	962	422		422	15154
交通运输、仓储和邮政业	99621	186	537	3140		2525	101561
道路运输业	98546	171	157	3030		2525	99981
仓储业	1075	15	380	110			1580
住宿和餐饮业	5155	114	326	314		314	6174
住宿业	4016	100	179	200		200	4760
餐饮业	1139	14	147	114		114	1414

4—37 续表2　　　　单位：万元

项　　目	按构成分的投资额						本年新增固定资产
	1、建筑工程	2、安装工程	3、设备工器具购置	4、其他费用	旧建筑物购置费	土　地购置费	
信息传输、软件和信息技术服务业		272	817				1089
电信、广播电视和卫星传输服务		272	817				1089
金融业	1316	160	230	44			1750
货币金融服务	1316	160	230	44			1750
房地产业	11573		725	26		26	11871
房地产业	11573		725	26		26	11871
租赁和商务服务业	2166			39	28	6	2205
商务服务业	2166			39	28	6	2205
水利、环境和公共设施管理业	119173	1458	1549	5936	657	3902	125925
水利管理业	48470	842	473	1535	21	1003	52699
生态保护和环境治理业	7865			45	17	16	7910
公共设施管理业	62838	616	1076	4356	619	2883	65316
居民服务、修理和其他服务业	8503	40	237	200			9528
居民服务业	5070						5618
机动车、电子产品和日用产品修理业	3433	40	237	200			3910
教　育	16649	100	444	263		131	15512
教　育	16649	100	444	263		131	15512
卫生和社会工作	8108	209	250	284		284	7587
卫　生	4908	209	250	86		86	6187
社会工作	3200			198		198	1400
文化、体育和娱乐业	39230			785	268	449	45298
文化艺术业	37873			785	268	449	43435
体　育	1357						1863
公共管理、社会保障和社会组织	23845		55	1839	380	1014	32084
国家机构	1724		40	335		18	3491
基层群众自治组织	22121		15	1504	380	996	28593
按县(市、区)分							
漳州市	645959	11648	228734	44503	1333	34766	913832
市辖区							
芗城区							
龙文区	11285						13111
龙海市	30211	1287	9311	3283		2449	44865
其中：龙海市辖	30211	1287	9311	3283		2449	44865
漳州开发区							
台商投资区							
云霄县	25933	735	4322	850		850	28864
其中：云霄县辖	25933	735	4322	850		850	28864
常山开发区							
漳浦县	108567	1283	20571	12102	150	9878	131556
其中：漳浦县辖	108567	1283	20571	12102	150	9878	131556
古雷开发区							
诏安县	70837	3432	30300	5320		5137	111428
长泰县	32082	134	1575	8155	582	5681	36898
东山县	61634	171	138893	4434	543	2872	208125
南靖县	43427	4256	10647	4529		2213	64641
平和县	216421	290	1913	3755	58	3611	217490
华安县	45562	60	11202	2075		2075	56854

4—38　分县(市、区)全社会固定资产投资完成额

单位：万元

	全社会固定资产投资			1、固定资产投资（不含农户投资）			(1)项目投资		
	总　量	上　年	增长%	总　量	上　年	增长%	总　量	上　年	增长%
总　　计	**21348444**	**17614783**	**21.2**	**20818569**	**17132640**	**21.5**	**16096128**	**13571609**	**18.6**
市　　直	449173	778806	-42.3	449173	778806	-42.3	449173	778806	-42.3
芗 城 区	1416351	1387405	2.1	1394512	1367263	2.0	965687	958806	0.7
龙 文 区	1675875	1361275	23.1	1664035	1350462	23.2	717783	587577	22.2
龙 海 市	3976116	3110493	27.8	3897221	3038509	28.3	2806611	2475195	13.4
其中:龙海市辖	1715268	1322807	29.7	1649943	1263204	30.6	1294823	1036181	25.0
漳州开发区	383398	284258	34.9	382237	283209	35.0	93521	111931	-16.4
台商投资区	1877450	1503428	24.9	1865041	1492096	25.0	1418267	1327083	6.9
云 霄 县	1540753	1195320	28.9	1496700	1155344	29.5	1285013	865626	48.4
其中:云霄县辖	1249673	965878	29.4	1206589	926782	30.2	1004089	669957	49.9
常山开发区	291080	229442	26.9	290111	228562	26.9	280924	195669	43.6
漳 浦 县	2904294	1949094	49.0	2800000	1854364	51.0	1777431	1243222	43.0
其中:漳浦县辖	1804294	1454735	24.0	1700000	1360005	25.0	1381077	1078215	28.1
古雷开发区	1100000	494359	122.5	1100000	494359	122.5	396354	165007	140.2
诏 安 县	1542820	1167161	32.2	1482675	1112434	33.3	1373371	1073886	27.9
长 泰 县	2413006	2046350	17.9	2382833	2019020	18.0	2070626	1751156	18.2
东 山 县	1330030	1201205	10.7	1300057	1174275	10.7	1091413	829434	31.6
南 靖 县	1759596	1411998	24.6	1710090	1366244	25.2	1548202	1264537	22.4
平 和 县	1311535	1031470	27.2	1238024	964944	28.3	1097488	851381	28.9
华 安 县	1028895	974205	5.6	1003249	950975	5.5	913330	891983	2.4

4—38　续表

单位：万元

	其中:工　业			(2)房地产开发投资			2、农户投资		
	总　量	上　年	增长%	总　量	上　年	增长%	总　量	上　年	增长%
总　　计	**8514332**	**7590969**	**12.2**	**4722441**	**3561031**	**32.6**	**529875**	**482143**	**9.9**
市　　直	111985	101915	9.9						
芗 城 区	561840	561758		428825	408457	5.0	21839	20142	8.4
龙 文 区	221271	205547	7.6	946252	762885	24.0	11840	10183	9.5
龙 海 市	1649188	1679609	-1.8	1090610	563314	93.6	78895	71984	9.6
其中:龙海市辖	610267	535735	13.9	355120	227023	56.4	65325	59603	9.6
漳州开发区	31964	36260	-11.8	288716	171278	68.6	1161	1049	10.7
台商投资区	1006957	1107614	-9.1	446774	165013	170.8	12409	11332	9.5
云 霄 县	879678	643182	36.8	211687	289718	-26.9	44053	39976	10.2
其中:云霄县辖	718834	502599	43.0	202500	256825	-21.2	43084	39096	10.2
常山开发区	160844	140583	14.4	9187	32893	-72.1	969	880	10.1
漳 浦 县	773726	617271	25.3	1022569	611142	67.3	104294	94730	10.1
其中:漳浦县辖	605689	556808	8.8	318923	281790	13.2	104294	94730	10.1
古雷开发区	168037	60463	177.9	703646	329352	113.6			
诏 安 县	594640	472405	25.9	109304	38548	183.6	60145	54727	9.9
长 泰 县	1272581	1179287	7.9	312207	267864	16.6	30173	27330	10.4
东 山 县	308256	391649	-21.3	208644	34481	-39.5	29973	26930	11.3
南 靖 县	1041351	846388	23.0	161888	101707	59.2	49506	45754	8.2
平 和 县	556874	302617	84.0	140536	113563	23.8	73511	66526	10.5
华 安 县	542942	589341	-7.9	89919	58992	52.4	25646	23230	10.4

4—39 分县(市、区)按构成分的全社会固定资产投资额

单位：万元

	合 计	按构成分:			
		1、建筑工程	2、安装工程	3、设备工器具购置	4、其他费用
全社会固定资产投资	**21348444**	**14115385**	**629908**	**3615810**	**2987341**
1、农户投资	529875	457096		66779	6000
2、固定资产投资(不含农户投资)	20818569	13658289	629908	3549031	2981341
市 直	495773	277001	74680	22908	121184
芗城区	1394512	726100	60643	349409	258360
龙文区	1664035	1071700	30372	108735	453228
龙海市	3850621	1899798	100138	1113726	736959
其中:龙海市辖	1603343	886856	29272	283064	404151
漳州开发区	540295	365248	39636	6884	128527
台商投资区	1706983	647694	31230	823778	204281
云霄县	1496700	1070487	49143	303851	73219
其中:云霄县辖	1206589	858129	11509	265217	71734
常山开发区	290111	212358	37634	38634	1485
漳浦县	2800000	2149244	72921	231369	346466
其中:漳浦县辖	1700000	1274212	68138	103557	254093
古雷开发区	1100000	875032	4783	127812	92373
诏安县	1482675	1049024	69170	194179	170302
长泰县	2382833	1970515	10075	91074	311169
东山县	1300057	865513	10708	272641	151195
南靖县	1710090	968383	146821	406389	188497
平和县	1238024	1033200	4385	112512	87927
华安县	1003249	577324	852	342238	82835

主要统计指标解释

全社会固定资产投资 是以货币表现的建造和购置固定资产活动的工作量。它是反映固定资产投资规模、速度、比例关系和使用方向的综合性指标。全社会固定资产投资包括国有经济投资、城乡集体经济投资、其他各种经济类型的投资和城乡居民个人投资。按照报表管理种类,全社会固定资产投资分为基本建设投资、更新改造投资、房地产开发投资、其他固定资产投资(含城镇集体和私营、个体投资)、城镇和工矿区私人建房投资、农村非农户投资、农户固定资产投资。

城镇固定资产投资 指城镇各种登记注册类型的企业、事业、行政单位及个体户进行的计划总投资(或实际需要总投资)50万元及50万元以上的建设项目投资、房地产开发投资、城镇和工矿区私人建房投资。县城及以上区域内发生的投资,县及县以上各级政府及主管部门直接领导、管理的建设项目和企业事业单位的投资均为城镇固定资产投资。

房地产开发投资 指各种登记注册类型的房地产开发公司、商品房建设公司及其他房地产开发法人单位和附属于其他法人单位实际从事房地产开发或经营活动的单位统一开发的包括统代建、拆迁还建的住宅、厂房、仓库、饭店、宾馆、度假村、写字楼、办公楼等房屋建筑物和配套的服务设施,土地开发工程(如道路、给水、排水、供电、供热、通讯、平整场地等基础设施工程)的投资;不包括单纯的土地交易活动。

农村投资 包括在农村区域范围内进行固定资产投资活动的企业、事业、行政单位及农村个人投资。

其他固定资产投资 全社会固定资产投资中未列入基本建设、更新改造和房地产开发投资统计的,总投资达50万元以上(含50万元)的其他建造和购置固定资产投资。(未含城镇和工矿区私人建房及农村固定资产投资)

建筑工程 指各种房屋、建筑物的建造工程,又称建筑工作量。这部分投资额必须兴工动料,通过施工活动才能实现。

安装工程 指各种设备、装置的安装工程。

新增固定资产 指通过投资活动所形成的新的固定资产价值。包括已经建成投入生产或交付使用的工程投资和达到固定资产标准的设备、工具、器具的投资及有关应摊入的费用。

固定资产交付使用率 指一定时期新增固定资产与同期完成投资额的比率。

房屋建筑面积 是指房屋建筑物勒脚以上外墙外围的水平截面面积,包括房屋建筑物的有效面积和结构面积。

施工面积 是指报告期内施工全部建筑面积。一栋房屋开始施工,即按整栋房屋的全部建筑面积计算施工面积。不能按其实际施工部位或层次的面积分割计算。

竣工面积 是指报告期内房屋建筑按照设计要求已经全部完工,达到住人和使用条件,经验收鉴定合格(或达到竣工验收标准),正式移交使用单位的各栋房屋建筑面积的总和。

销售面积 指报告期内出售商品房屋的合同总面积(即双方签署的正式买卖合同中所确定的建筑面积)。由现房销售建筑面积和期房销售建筑面积两部分组成。

空置面积 指报告期末已竣工尚未销售或出租的商品房屋建筑面积。

商品房销售额 指报告期内出售商品房屋的合同总价款(即双方签署的正式买卖合同中所确定的合同总价)。该指标与商品房销售面积同口径,由现房销售额和期房销售额两部分组成。

经济适用房 指根据经济适用房计划安排建设的政策性住宅。经济是指房屋建筑造价和销售价格低于一般商品住宅;适用是指适合中低收入家庭购买使用。经济适用房主要是由国家统一下达投资计划,房地产公司开发,对外销售;用地一般采用行政划拨或招标投标方式,免收土地出让金;对各种经批准的收费减半征收,开发利润不超过3%;销售价格实行政府指导价。该指标可以分析房地产投资结构,反映中低收入家庭商品住宅的供求平衡情况。

第五篇 人民生活

5—1 主要年份全国、全省、全市城镇单位在岗职工平均工资及指数

(以上年为100)

年份	全国		全省		漳州	
	职工平均工资(元)		职工平均工资(元)		职工平均工资(元)	
	绝对数	指数(%)	绝对数	指数(%)	绝对数	指数(%)
1949					285	
1950					347	121.8
1951					364	104.9
1952	445		385		382	104.9
1953	495	111.2	435	113.0	401	105.0
1954	517	104.4	469	107.8	428	106.7
1955	527	101.9	482	102.8	436	101.9
1956	601	114.0	533	110.6	443	101.6
1957	624	103.8	516	96.8	466	105.2
1958	536	85.9	433	83.9	381	81.8
1959	512	95.5	434	100.2	396	103.9
1960	511	99.8	423	97.5	402	101.5
1961	510	99.8	433	102.4	395	98.3
1962	551	108.0	470	108.5	431	109.1
1963	576	104.5	492	104.7	461	107.0
1964	586	101.7	503	102.2	478	103.7
1965	590	100.7	501	99.6	473	99.0
1966	583	98.8	507	101.2	470	99.4
1967	587	100.7	510	100.6	454	96.6
1968	577	98.3	510	100.0	455	100.2
1969	575	99.7	512	100.4	442	97.1
1970	561	97.6	492	96.1	452	102.3
1971	560	99.8	505	102.6	442	97.8
1972	588	105.0	536	106.1	501	113.3
1973	587	99.8	535	99.8	484	96..6
1974	584	99.5	543	101.5	513	106.0
1975	580	99.3	538	99.1	499	97.3
1976	575	99.1	537	99.8	491	98.4
1977	576	100.2	538	100.2	499	101.6
1978	615	106.8	567	105.4	497	99.6
1979	668	108.6	610	107.6	541	108.9
1980	762	114.1	703	115.2	631	116.6

5—1 续表 (以上年为100)

年份	全国		全省		漳州	
	职工平均工资(元)		职工平均工资(元)		职工平均工资(元)	
	绝对数	指数(%)	绝对数	指数(%)	绝对数	指数(%)
1981	772	101.3	715	101.7	663	105.1
1982	798	103.4	765	107.0	702	105.9
1983	826	103.5	827	108.1	749	106.7
1984	974	117.9	921	111.4	828	110.5
1985	1148	117.9	1059	115.0	926	111.8
1986	1329	115.8	1243	117.4	1088	117.5
1987	1459	109.8	1319	106.1	1158	106.4
1988	1747	119.7	1644	124.6	1421	122.7
1989	1935	110.8	1895	115.3	1636	115.1
1990	2140	110.6	2162	114.1	1833	112.0
1991	2340	109.3	2420	111.9	2024	110.4
1992	2711	115.9	2780	114.9	2292	113.2
1993	3371	124.3	3480	125.2	2723	118.8
1994	4538	134.6	4890	140.5	3867	142.0
1995	5500	121.2	5857	119.8	4483	115.9
1996	6210	112.9	6683	114.1	5246	117.0
1997	6470	104.2	7559	113.1	5968	113.8
1998	7479	106.6	8531	112.9	6717	112.6
1999	8346	111.6	9490	111.2	7508	111.8
2000	9371	112.3	10584	111.5	8235	109.7
2001	10870	116.0	12013	113.5	9555	116.0
2002	12422	114.3	13306	110.8	10283	107.6
2003	14040	113.0	14310	107.5	11077	107.7
2004	16024	114.1	15603	109.0	11964	108.0
2005	18364	114.6	17146	109.9	13339	111.5
2006	21001	114.4	19318	112.7	14969	112.2
2007	24932	118.7	22283	115.3	18024	120.4
2008	29229	117.2	25702	115.3	22270	123.6
2009	32736	112.0	28666	111.5	25055	112.5
2010	37147	113.5	32647	113.9	29535	117.9
2011	42452	114.3	38989	119.4	34898	118.2
2012	47593	112.1	44979	115.4	42137	120.7
2013	52388	110.1	49328	109.7	46610	110.6
2014	57346	109.5	54235	109.9	51495	110.5

注:本表1998年起“职工平均工资”统计口径为“在岗职工平均工资”。

5—2 城镇单位从业人员工资总额

单位：万元

	单位从业人员工资总额	在岗职工工资总额	劳务派遣人员工资总额	其他从业人员工资总额
合计	**2549785**	**2282935**	**83168**	**183682**
按企事业机关分				
企业	1879825	1638837	75218	165770
事业	443531	427180	4419	11932
机关	224587	215075	3532	5980
民间非营利组织				
其他	1843	1843	0	0
按国民经济行业分				
农、林、牧、渔业	24746	12484	334	11928
采矿业	2079	1969	0	110
制造业	957333	925278	12433	19621
电力、热力、燃气及水的生产和供应业	63735	58644	4790	301
建筑业	410487	269927	24275	116285
批发和零售业	69134	61918	5548	1668
交通运输、仓储和邮政业	55999	42063	12700	1236
住宿和餐饮业	18340	17955	215	170
信息传输、软件和信息技术服务业	27420	20223	7126	71
金融业	126335	110479	6834	9021
房地产业	76961	72359	1078	3523
租赁和商务服务业	19673	19122	290	261
科学研究、技术服务业	28993	28004	351	638
水利、环境和公共设施管理业	19919	17199	226	2494
居民服务、修理和其他服务业	2385	2145	68	172
教育	276099	270672	1457	3970
卫生和社会工作	120312	114311	825	5176
文化、体育和娱乐业	12497	11634	317	545
公共管理、社会保障和社会组织	237341	226549	4301	6491
按三次产业分				
第一产业	24746	12484	334	11928
第二产业	1433634	1255818	41498	136318
第三产业	1091406	1014633	41337	35437

5—3 城镇单位分行业在岗职工工资总额(2002-2014)

单位：万元

	2002	2003	2004	2005	2006	2007
合　计	**288718**	**338667**	**389335**	**452783**	**538365**	**657522**
农、林、牧、渔业	12342	12257	15591	16328	16795	20586
采矿业	2040	2032	2164	2376	2335	2418
制造业	86500	118664	150016	186076	228814	274942
电力、热力、燃气及水生产和供应业	11480	12479	15980	20371	23825	28143
建筑业	9138	19709	19074	22726	38228	47239
批发和零售业	12468	8903	9890	9905	11327	13520
交通运输、仓储和邮政业	340	7744	7592	8112	9674	10544
住宿和餐饮业	10626	10601	11453	12184	15195	16674
信息传输、软件和信息技术服务业	2747	2218	2345	2262	2667	2889
金融业	13662	14921	16965	21050	23825	29461
房地产业	3135	3283	3841	5534	7298	9784
租赁和商务服务业	3305	2002	2511	2646	2679	2812
科学研究、技术服务业	2527	3608	3591	3744	4244	5222
水利、环境和公共设施管理业	2607	3504	4858	5081	5485	6929
居民服务、修理和其他服务业	846	958	948	994	721	949
教　育	57964	58742	63289	67540	74330	95529
卫生和社会工作	13739	13966	15383	17591	17983	23116
文化、体育和娱乐业	2507	2681	2896	3162	3390	4310
公共管理、社会保障和社会组织	40456	40398	40949	45101	49550	62455

5—3 续表

单位：万元

	2008	2009	2010	2011	2012	2013	2014
合　计	**793355**	**858932**	**1041195**	**1367888**	**1769409**	**1967174**	**2282935**
农、林、牧、渔业	17983	13481	14428	16237	13111	11539	12484
采矿业	2361	3093	3618	3606	3516	1882	1969
制造业	322028	322413	401342	559539	887705	834076	925278
电力、热力、燃气及水生产和供应业	33886	38728	50031	55658	58681	52068	58644
建筑业	64925	68375	73031	108095	58289	200114	269927
批发和零售业	15160	15326	18053	22616	53753	54492	61918
交通运输、仓储和邮政业	10270	13981	15493	14894	23887	35251	42063
住宿和餐饮业	21690	21405	25191	38410	14776	13892	17955
信息传输、软件和信息技术服务业	3975	4538	6309	10688	18149	19216	20223
金融业	37986	42704	62387	73242	89672	99320	110479
房地产业	11922	14105	17665	30072	41452	54387	72359
租赁和商务服务业	2828	4095	4654	5887	6542	14092	19122
科学研究、技术服务业	6955	7466	9056	10645	16913	23172	28004
水利、环境和公共设施管理业	9518	8903	10541	12037	12394	13518	17199
居民服务、修理和其他服务业	1216	1324	1603	2185	2002	1197	2145
教　育	112604	138089	157846	197286	218673	244404	270672
卫生和社会工作	30441	35928	43851	56748	73153	91111	114311
文化、体育和娱乐业	5444	6415	8137	9728	9283	10259	11634
公共管理、社会保障和社会组织	82164	98565	117960	140317	167459	193184	226549

5—4 城镇单位企事业机关在岗职工工资总额(1978-2014)

单位：万元

年份	合计	企业	事业	机关	民间非营利组织	其他
1978	11937					
1979	13780					
1980	16982					
1981	18597					
1982	21008					
1983	22703					
1984	25282					
1985	29024					
1986	35373					
1987	38988					
1988	49619					
1989	57921					
1990	65734					
1991	73364					
1992	84669					
1993	97912					
1994	137745	93488	30327	13886		
1995	162594	114549	33184	14861		
1996	175138	114735	41900	18503		
1997	199014	129263	48185	21566		
1998	219488	135905	58945	24638		
1999	232795	134740	68959	29096		
2000	249316	141010	76736	31570		
2001	267602	144313	84841	38449		
2002	288718	159960	90269	38489		
2003	338667	207728	90677	40262		
2004	389335	247990	100496	40849		
2005	452783	300637	107290	44855		
2006	538365	373599	115366	49401		
2007	657522	447150	148119	62253		
2008	793355	531519	179984	81852		
2009	858932	549222	211990	97721		
2010	1041195	674503	250267	116426		
2011	1367888	926173	303233	138482		
2012	1769409	1263560	343877	161971		
2013	1967174	1405630	376329	183536	54	1625
2014	2282935	1638837	427180	215075	0	1843

注:本表1998年起"职工工资总额"统计口径为"在岗职工工资总额"。

5—5 按登记注册类型分城镇单位在岗职工工资总额(1978-2014)

单位：万元

年份	合计	国有单位	集体单位	其他单位
1978	11856	9035	2959	
1979	13688	10500	3311	
1980	16982	13051	4114	
1981	18597	14193	4908	
1982	21008	16068	5197	
1983	22703	17549	5412	
1984	25283	18391	7216	
1985	28991	21492	7823	
1986	35347	26964	8649	
1987	38988	29475	9765	
1988	49619	37627	11874	118
1989	57921	43683	12690	1548
1990	65734	49291	14357	2088
1991	73364	53660	15267	4437
1992	84669	61109	16909	6651
1993	97912	69228	17048	11636
1994	137745	94045	24035	19665
1995	162594	107751	27148	27695
1996	175138	116740	24111	34287
1997	199014	132905	26984	39126
1998	219488	141861	23044	54583
1999	232795	154613	19941	58241
2000	249316	163730	22231	63355
2001	267602	175155	22341	70106
2002	288718	182439	17138	89141
2003	338667	186962	23650	128056
2004	389335	202699	19373	167263
2005	452783	222036	22018	208728
2006	538365	247463	25051	265851
2007	657522	306067	28408	323046
2008	793355	372912	30050	390393
2009	858932	423669	31264	404000
2010	1041196	506587	33990	500619
2011	1367888	580033	46748	741107
2012	1769409	653953	53318	1062138
2013	1967174	662100	50323	1254751
2014	2282935	748606	58223	1476106

5—6 各行业城镇单位在岗职工工资总额

单位：万元

	在岗职工工资总额	国有单位	集体单位	其他单位
合　　计	**2282935**	**748606**	**58223**	**1476106**
按国民经济行业分				
农、林、牧、渔业	12484	11769	46	669
采矿业	1969	1153	400	416
制造业	925278	2447	1621	921210
电力、热力、燃气及水的生产和供应业	58644	5711	1982	50951
建筑业	269927	2377	1224	266327
批发和零售业	61918	19779	2627	39512
交通运输、仓储和邮政业	42063	13348	780	27936
住宿和餐饮业	17955	6151	89	11716
信息传输、软件和信息技术服务业	20223	1589	0	18634
金融业	110479	65517	26838	18125
房地产业	72359	5319	27	67013
租赁和商务服务业	19122	5499	739	12883
科学研究、技术服务业	28004	21291	2698	4015
水利、环境和公共设施管理业	17199	14044	126	3030
居民服务、修理和其他服务业	2145	1655	112	378
教　育	270672	242811	0	27862
卫生和社会工作	114311	90750	18882	4680
文化、体育和娱乐业	11634	10849	34	751
公共管理、社会保障和社会组织	226549	226549	0	0
按三次产业分				
第一产业	12484	11769	46	669
第二产业	1255818	11688	5226	1238904
第三产业	1014633	725149	52950	236533

5—7 城镇单位人均工资总额

单位：元

	单位从业人员人均工资总额	在岗职工人均工资	劳务派遣人员人均工资	其他从业人员人均工资总额
合计	**49046**	**52035**	**40083**	**30410**
按企事业机关分				
企业	47350	50080	42798	31767
事业	52241	54855	24866	22732
机关	59848	64860	25283	20141
民间非营利组织				
其他	40856	40856		
按国民经济行业分				
农、林、牧、渔业	14667	39506	40707	8752
采矿业	34074	34721		25535
制造业	46315	46669	38926	37431
电力、热力、燃气及水的生产和供应业	63741	67523	38848	37198
建筑业	46134	48222	42881	42533
批发和零售业	42245	43898	36051	23137
交通运输、仓储和邮政业	52562	57004	44282	30371
住宿和餐饮业	35598	35896	28667	22680
信息传输、软件和信息技术服务业	73710	88001	52748	10042
金融业	92675	116860	55027	30726
房地产业	55575	58050	29782	34509
租赁和商务服务业	31547	31742	30219	22491
科学研究、技术服务业	55734	58659	27614	21199
水利、环境和公共设施管理业	37675	43378	27181	20128
居民服务、修理和其他服务业	47412	50587	48714	26415
教育	52282	54053	17681	20773
卫生和社会工作	58412	61458	31846	29781
文化、体育和娱乐业	47069	51094	34879	19000
公共管理、社会保障和社会组织	59243	64295	26100	20424
按三次产业分				
第一产业	14667	39506	40707	8752
第二产业	46807	47660	41136	41680
第三产业	55479	58964	39074	25193

5—8 城镇单位分行业在岗职工平均工资(2001-2014)

单位：元

	2001	2002	2003	2004	2005	2006	2007	2008	2009	2010	2011	2012	2013	2014
合　　计	**9555**	**10283**	**11077**	**11964**	**13339**	**14969**	**18024**	**22270**	**25055**	**29535**	**34898**	**42137**	**46610**	**51495**
农、林、牧、渔业	4441	4793	4896	5734	6210	6354	7175	11938	16673	19900	29467	32698	35021	39536
采矿业	6835	6550	7001	7543	7902	7907	9591	9875	12405	14524	26852	31086	33486	34721
制造业	8196	9188	10045	10804	12032	13446	16106	18884	19920	23559	28976	38441	42019	46546
电力、热力、燃气及水的生产和供应业	13138	15613	16393	20197	25773	28725	34680	38877	41065	49497	53087	58530	58818	63958
建筑业	9904	8860	12697	12953	13267	2006	20644	23920	25448	27673	32245	32595	44840	47731
批发和零售业	13464	14212	12070	13418	14921	16266	19464	23592	24960	30029	37865	33827	38544	43126
交通运输、仓储和邮政业	10463	11651	29068	31818	36135	34245	41173	53211	45437	55117	57109	45736	48603	53443
住宿和餐饮业	7209	7574	8722	9573	11522	13787	15321	19878	22812	27349	29253	30344	31007	35789
信息传输、软件和信息技术服务业	7793	8210	8050	8695	9541	10583	12346	15761	18253	22644	28148	66272	67750	74949
金融业	13767	15480	17397	20765	25968	28309	35885	46671	50929	73830	79036	95038	103376	109680
房地产业	12372	13124	13633	13763	16715	19713	23239	26658	28283	32448	41390	52434	50989	57252
租赁和商务服务业	10071	10719	10429	12002	13258	14616	18672	20172	26957	28659	33488	35972	26930	31718
科学研究、技术服务业	12841	13610	13140	13876	14881	15937	20272	26699	28119	35170	40327	46964	50805	57855
水利、环境和公共设施管理业	11266	10829	10403	11511	13352	14236	18658	24890	22905	27784	31333	35536	37333	43046
居民服务、修理和其他服务业	8678	9285	11032	12929	14897	15608	18859	25027	28174	33958	35269	34411	43293	50527
教　育	10843	11778	12274	13273	14271	15774	20444	24342	29938	34110	39898	44906	49100	53465
卫生和社会工作	12046	12402	13074	14689	16541	16674	21151	25991	29122	34474	40784	46757	53252	61051
文化、体育和娱乐业	10615	11379	10994	11106	12247	13145	16796	19861	21781	28087	34227	38369	43919	50471
公共管理、社会保障和社会组织	11963	12780	13150	14571	16283	17726	22132	28368	33200	38219	43930	50203	54872	62588

备注：在岗职工包含劳务派遣人员。

5—9 按登记注册类型分城镇单位在岗职工平均工资(1978–2014)

单位:元

年份	合计	国有单位	集体单位	其他单位
1978	497	515	466	
1979	541	567	482	
1980	631	656	562	
1981	663	676	626	
1982	702	722	644	
1983	749	770	685	
1984	828	855	762	
1985	926	968	827	
1986	1088	1153	923	
1987	1158	1212	1014	
1988	1421	1490	1233	
1989	1636	1712	1363	1936
1990	1833	1956	1494	1594
1991	2024	2111	1687	2103
1992	2292	2391	1852	2629
1993	2723	2764	2252	3325
1994	3867	3804	2926	4451
1995	4483	4479	3772	5525
1996	5246	5355	4027	6130
1997	5968	6159	4482	6807
1998	6717	6890	5301	7054
1999	7508	7705	6040	7624
2000	8235	8628	6858	7862
2001	9555	10207	7884	8750
2002	10283	10982	7369	9754
2003	11077	11591	9727	10660
2004	11964	12711	9380	11511
2005	13339	14278	10950	12740
2006	14969	15771	12883	14566
2007	18024	19324	15084	17221
2008	22270	25375	18819	20195
2009	25055	30239	22976	21363
2010	29535	35784	30058	25074
2011	34898	42108	35198	30650
2012	42137	49249	45114	38612
2013	46610	53728	53395	43451
2014	51495	59727	61663	47891

备注:在岗职工包含劳务派遣人员。

5—10 城镇单位企事业机关在岗职工平均工资(1978-2014)

单位：元

年份	合计	企业	事业	机关	民间非营利组织	其他
1978	497					
1979	541					
1980	631					
1981	663					
1982	702					
1983	749					
1984	828					
1985	926					
1986	1088					
1987	1158					
1988	1421					
1989	1636					
1990	1833					
1991	2024					
1992	2292					
1993	2723					
1994	3867	3388	4450	4729		
1995	4483	4308	4922	5065		
1996	5246	5015	5629	6045		
1997	5968	5541	6829	7280		
1998	6717	6138	7783	8329		
1999	7580	6641	8879	9858		
2000	8235	7253	9706	10778		
2001	9555	8416	11062	12061		
2002	10283	9142	11887	12895		
2003	11077	10288	12385	13150		
2004	11964	11160	13367	14572		
2005	13339	12625	14542	16288		
2006	14969	14454	15744	17709		
2007	18024	16959	20279	22146		
2008	22270	20969	24357	28356		
2009	25055	22960	28535	33330		
2010	29535	27336	33139	38465		
2011	34898	32805	39079	44049		
2012	42137	40750	44295	50910		
2013	46610	45191	48852	55461	41615	39449
2014	51495	49709	54186	63260		40856

注:本表1998年起"职工平均工资"统计口径为"在岗职工平均工资"。2012年职工平均工资统计口径调整为包含全部在岗职工和劳务派遣人员。

5—11　城镇单位各行业在岗职工平均工资

单位：元

	合　计	国有单位	集体单位	其他单位
合　　计	**51495**	**59727**	**61663**	**47891**
按国民经济行业分	39536	40654	46300	26224
农、林、牧、渔业	34721	34723	33856	35590
采矿业	46546	58133	23394	46602
制造业	63958	52440	70779	65202
电力、热力、燃气及水的生产和供应业	47731	58398	48753	47656
建筑业	43126	81052	20426	37761
批发和零售业	53443	62430	42698	49551
交通运输、仓储和邮政业	35789	38895	32778	34384
住宿和餐饮业	74949	56291		77214
信息传输、软件和信息技术服务业	109680	103815	150693	91344
金融业	57252	48408	30000	58152
房地产业	31718	47870	48625	27171
租赁和商务服务业	57855	58182	51682	60877
科学研究、技术服务业	43046	42557	31450	46255
水利、环境和公共设施管理业	50527	62206	46750	27577
居民服务、修理和其他服务业	53465	52396		65105
教　育	61051	66994	44840	47948
卫生和社会工作	50471	51530	30636	39547
文化、体育和娱乐业	62588	62588		
公共管理、社会保障和社会组织				

5—12　分县(市、区)从业人员平均工资

单位：元

	2013					2014				
	从业人员平均工资	在岗工资	国　有	集　体	其　他	从业人员平均工资	在岗工资	国　有	集　体	其　他
全　　市	**44032**	**46610**	**53728**	**53395**	**43451**	**49046**	**51495**	**52677**	**57428**	**47227**
市　　直	60811	65482	71506	32609	42437	72606	77909	74973	33081	54058
芗 城 区	41418	43468	55782	34137	41980	45005	46059	57977	36807	43344
龙 文 区	47427	47984	60345	61931	46177	55464	54976	64596	61938	54111
龙 海 市	48370	51064	53201	62310	50377	53315	55735	59748	71584	51737
云 霄 县	37629	42746	45665	61015	39536	42226	47535	36691	59164	46586
漳 浦 县	38647	42893	45464	56699	40990	45294	50230	37654	58897	49216
诏 安 县	32815	36739	41371	40423	34003	35756	39874	33909	48538	36422
长 泰 县	45467	45714	58380	86569	42167	50809	51097	62460	83137	47554
东 山 县	44014	45589	51718	76388	37417	46797	49589	53180	83802	37187
南 靖 县	41154	41475	50139	38498	35660	46912	47446	52928	37377	43579
平 和 县	39687	40047	42176	44241	37503	43651	44079	45569	51265	40841
华 安 县	46482	47787	48724	68165	45926	51549	53069	53168	68298	49431

5—13 主要年份全国、全省、全市城乡

年份	全国						全省	
	城镇居民家庭人均可支配收入(元)		农村居民家庭人均可支配收入(元)		城镇居民家庭恩格尔系数(%)	农村居民家庭恩格尔系数(%)	城镇居民家庭人均可支配收入(元)	
	绝对数	指数	绝对数	指数			绝对数	指数
1949								
1952							106	
1957							165	
1962							203	
1965							217	
1970								
1975							333	
1978	343		134		57.5	67.7	371	
1979	405	115.7	160	119.2		64.0		
1980	478	109.7	191	116.6	56.9	61.8	450	
1981	500	102.2	223	115.4	56.7	59.9	452	100.4
1982	535	104.9	270	119.9	58.6	60.7	520	115.0
1983	565	103.9	310	114.2	59.2	59.4	573	110.2
1984	652	112.2	355	113.6	58.0	59.2	582	101.6
1985	739	101.1	398	107.8	53.3	57.8	733	125.9
1986	901	113.9	424	103.2	52.4	56.4	929	126.7
1987	1002	102.2	463	105.2	53.5	55.8	1021	109.9
1988	1180	97.6	545	106.4	51.4	54.0	1236	121.1
1989	1374	100.1	602	98.4	54.5	54.8	1555	125.8
1990	1510	108.5	686	101.8	54.2	58.8	1749	112.5
1991	1701	107.1	709	102.0	53.8	57.6	1953	111.7
1992	2027	109.7	784	105.9	53.0	57.6	2351	120.4
1993	2577	109.5	922	103.2	50.3	58.1	2923	124.3
1994	3496	108.5	1221	105.0	50.0	58.9	3935	134.6
1995	4283	104.9	1578	105.3	50.1	58.6	4853	123.3
1996	4839	103.8	1926	109.0	48.8	56.3	5574	114.9
1997	5160	103.4	2090	104.6	46.6	55.1	6144	110.2
1998	5425	105.8	2162	104.3	44.7	53.4	6486	105.6
1999	5854	109.3	2210	103.8	42.1	52.6	6860	105.8
2000	6280	106.4	2253	102.1	39.4	49.1	7432	108.3
2001	6860	108.5	2366	104.2	38.2	47.7	8313	111.9
2002	7703	113.4	2476	104.8	37.7	46.2	9189	110.5
2003	8472	109.0	2622	104.3	37.1	45.6	10000	108.8
2004	9422	107.7	2936	106.8	37.7	47.2	11175	111.8
2005	10493	109.6	3255	106.2	36.7	45.5	12321	110.3
2006	11759	110.4	3587	107.4	35.8	43.0	13753	111.6
2007	13786	112.2	4140	109.5	36.3	43.1	15505	112.7
2008	15781	114.5	4761	115.0	37.9	43.7	17961	115.8
2009	17175	108.8	5153	108.2	36.5	41.0	19577	109.0
2010	19109	111.3	5919	114.9	35.7	41.1	21781	111.3
2011	21810	114.1	6977	117.9	36.3	40.4	24907	114.4
2012	24565	112.6	7917	113.5	36.2	39.3	28055	112.6
2013	26955	109.7	8896	112.4	35.0	37.7	30816	109.8
2014	28844	109.0	10489	111.2	30.0	33.6	30722	109.0

注:①1990-1996 年可支配收入 = 实际收入 - 个人所得税 - 家庭副业生产支出;②1997-2001 年可支配收入 = 实际收入 - 支出 - 记帐补贴;④2002 年以前全市汇总数采用简单法计算,2002 年起采用加权法计算。⑤2008 年城镇居民家庭人均可支配

居民家庭人均收入及恩格尔系数

（上年 =100）

全省				全市					
农村居民家庭人均可支配收入(元)		城镇居民家庭恩格尔系数(%)	农村居民家庭恩格尔系数(%)	城镇居民家庭人均可支配收入(元)		农村居民家庭人均可支配收入(元)		城镇居民家庭恩格尔系数(%)	农村居民家庭恩格尔系数(%)
绝对数	指数			绝对数	指数	绝对数	指数		
				94		65			
70	114.4			126	105.0	87	113.0		
112	105.9			166	113.7	104	106.1		
155	123.5			137	105.4	95	96.0		
129	95.7			149	94.3	113	95.8		
121	104.8			192	131.5	94	89.5		
100	90.3			257	94.1	119	111.2		
138	116.2			323	121.4	158	114.5		
142	103.4			341	105.6	179	113.3		
172	120.8			399	117.0	208	116.2		
232	134.9	62.1		413	103.5	264	126.9		
268	115.8	60.7		447	108.2	306	115.9		
302	112.6	63.4		462	103.4	304	99.3		
345	114.3	62.4		487	105.4	348	114.5		
396	114.9	54.0	62.4	558	114.6	403	115.8		61.7
419	105.6	55.9	60.2	739	132.4	613	152.1		60.9
485	115.9	58.8	60.0	771	104.3	517	84.3		59.1
613	126.5	62.6	57.1	963	124.9	690	133.5		59.1
697	113.7	63.7	58.1	1241	128.9	799	115.8		60.8
764	109.6	63.5	60.0	1378	111.0	822	102.9		62.4
850	111.2	60.5	59.0	1498	108.7	958	116.5		62.8
984	115.8	58.3	58.9	1988	132.7	1089	113.7	62.4	62.1
1211	123.0	57.9	60.6	2524	127.0	1315	120.8	60.4	47.1
1578	130.3	58.7	62.4	3270	129.6	1672	127.1	66.1	51.1
2049	129.8	61.1	61.0	4305	131.7	2164	129.4	65.6	51.4
2492	121.7	59.9	60.1	4960	115.2	2664	123.1	63.6	52.2
2786	111.8	52.8	55.1	5214	105.1	2980	111.9	61.7	55.9
2946	105.8	51.8	54.4	5753	110.3	3218	108.0	58.5	55.0
3091	104.9	51.4	52.0	6508	113.1	3378	105.0	55.6	51.0
3230	104.5	44.7	48.7	7059	108.5	3530	104.5	47.8	45.0
3381	104.7	44.1	47.5	7417	105.1	3695	104.7	48.2	53.2
3539	104.7	43.4	45.9	8364	112.8	3761	101.8	42.5	51.7
3734	105.5	42.1	45.1	9053	108.2	3982	105.9	42.4	49.5
4089	109.5	41.6	46.7	10117	111.8	4320	108.5	44.9	57.0
4450	108.8	40.9	46.1	11241	111.1	4690	108.6	43.3	50.9
4835	108.6	39.3	45.2	12511	111.3	5075	108.2	40.3	45.9
5467	113.1	38.9	46.1	14153	113.1	5696	112.2	41.0	47.1
6196	113.3	40.6	45.9	16023	115.9	6506	114.2	43.1	47.3
6680	107.8	39.7	46.1	16616	110.0	7054	108.4	44.1	47.1
7427	111.2	39.3	46.1	18482	111.2	7861	111.4	42.1	46.7
8779	118.2	39.2	46.4	21137	114.4	9128	116.1	44.3	47.8
9967	113.5	39.4	46.0	23951	113.3	10389	113.8	43.3	46.4
11184	112.2	37.0	44.2	26471	110.5	11639	112.0	41.8	45.2
12650	110.9	33.2	38.2	25741	109.6	12690	110.5	37.8	40.8

个人所得税－家庭副业生产支出－记帐补贴；③2002-2007 年可支配收入＝家庭总收入－个人所得税－个人交纳的社会保障收入指数是省核定数。⑥2013 年及以前，农村居民家庭人均可支配收入为农村居民家庭人均纯收入口径，2014 年起采用新口径。

5—14 主要年份城镇居民家庭基本情况

年份	平均每户家庭人口（人）	平均每户就业人数（人）	平均每户就业面（%）	平均一就业者负担人数（人）	平均每人全年可支配收入（元）	平均每人消费性支出（元）	平均每人住房使用面积（平方米）
1952					126	123	
1957					166	161	
1959					137	135	
1965					149	146	
1975					257	251	
1978					323	315	
1979					341		
1980					399	380	
1981					413		
1982					447		
1983					462		
1984					487		
1985					558	528	
1986					739		
1987					771		
1988					963		
1989					1241		
1990					1378	1373	
1991					1498	1497	
1992	3.78	2.14	56.61	1.77	1988	1906	11.30
1993	3.74	2.16	57.75	1.73	2524	2420	12.00
1994	3.67	2.16	58.86	1.70	3270	2928	13.75
1995	3.59	2.16	60.17	1.66	4305	3508	14.34
1996	3.52	2.15	61.08	1.64	4960	3964	14.50
1997	3.63	2.19	60.33	1.66	5214	4123	14.78
1998	3.51	2.09	59.54	1.68	5753	4461	15.42
1999	3.45	2.10	60.87	1.64	6508	4986	16.21
2000	3.32	1.91	57.53	1.74	7059	5285	17.20
2001	3.29	1.94	58.97	1.70	7417	5540	17.80
2002	3.10	1.80	48.06	1.72	8364	6236	20.23
2003	2.98	1.84	61.74	1.62	9053	6648	22.91
2004	2.84	1.48	52.11	1.92	10117	7427	23.83
2005	2.82	1.66	58.87	1.70	11241	8172	24.42
2006	3.00	1.83	61.00	1.64	12511	8961	24.35
2007	2.91	1.77	60.82	1.64	14153	10504	32.70
2008	2.94	1.73	58.84	1.70	16023	11506	30.90
2009	2.96	1.71	57.77	1.73	16616	11615	32.68
2010	3.00	1.71	57.00	1.75	18482	12665	32.44
2011	3.04	1.78	58.55	1.71	21137	14314	35.30
2012	3.00	1.77	59.00	1.69	23951	16231	35.41
2013	2.90	1.78	61.38	1.63	26471	17802	39.40
2014	3.33	1.95	58.61	1.71	25741	18484	40.10

备注:2014年数据为一体化新口径。

5—15 城镇居民人均现金收支情况(2003-2014)

单位：元

	2003	2004	2005	2006	2007	2008	2009	2010	2011	2012	2013	2014
一、人均总收入（未扣除生产费用）	9653	10849	12244	13759	15278	17635	18291	20291	22978	26027	28404	27694
#可支配收入	9053	10117	11241	12511	14153	16023	16616	18482	21137	23951	26471	25741
(一) 工资性收入	7059	7111	9101	9762	10487	12616	13154	14258	14970	17489	17601	15650
工　资	6751	6677	8630	8931	9921	11753	12505	13674	14667	17074	17129	14844
其他收入	381	434	471	831	566	863	649	583	303	416	472	744
(二) 经营净收入	384	303	353	742	1053	1319	1529	1530	2871	3243	3888	4689
(三) 财产净收入	182	210	471	429	736	514	394	609	887	1028	661	1640
# 利息收入	29	10	26	29	54	64	22	46	29	23	34	42
股息与红利收入	64	122	110	57	355	179	147	188	47	112	256	175
出租房屋收入	89	75	80	126	326	227	197	238	501	656	251	168
知识产权收入												
(四) 转移净收入	1991	3225	2319	2826	3003	3187	3215	3895	4249	4267	6254	3763
#养老金或离退休金	1438	2266	1686	1770	2193	1617	2181	2658	2530	3103	4755	3668
社会救济收入	3	20	13	1	1	21	12	8	64	77	47	59
辞退金		2							1			
赔偿收入	1					33			18	19		
保险收入	26		1	8		42	44	34	9	12	32	
赡养收入	43	93	99	103	92	117	170	252	304	146	445	427
捐赠收入	218	547	173	355	442	465	637	680	988	523	356	
提取住房公积金	129	20	152	332	89	53	33	34			2	62
二、出售财物收入	3	11	15	4	8	1	20	2	3	11	14	56
# 出售住房收入	1	10	1		7					5		
三、借贷收入	1931	765	1134	4175	5497	4639	4294	5090	4095	4304	5063	1635
# 提取储蓄存款	1340	724	1075	3818	4537	4557	4070	5082	4036	4253	4773	1483
收回储蓄性保险本金	3			16			1				35	
兑售有价证券	16				950				2			0
住房贷款	395		4	4		6		3	3		3	
汽车贷款				95							5	
教育贷款											9	2
四、人均总支出	9418	9007	10607	12381	12726	14315	14671	15999	17823	20011	22964	25222
(一) 消费支出	6648	7427	8172	8961	10504	11506	11615	12665	14314	16231	17802	18484
#服务性消费支出	1568	2066	2201	2590	3185	3579	3127	3254	3669	4068		
(二) 购房与建房支出	1267	12	300	1113	5	123	8	90			1285	315
#购　房	1267	11	299	1105	5	123	8	90			1285	171
(三) 转移性支出	952	894	1214	1105	1168	1219	1494	1618	1814	1946	2201	874
#交纳的个人收入税	24	23	34	24	32	33	46	65	25	18	23	33
捐赠支出	720	632	791	826	936	918	992	1078	1297	1326	1416	1185
购买彩票	4	10	8	12	1	4	8	6	10	13	2	9
赡养支出	156	195	273	139	127	184	373	369	388	379	306	93
#在外就学子女费用	42	80	128	43	50	145	316	307	305	262	148	
(四) 财产性支出	21	4		24	2		34	29	22	15	47	85
(五) 社会保障支出	530	669	921	1179	1047	1467	1520	1598	1673	1819	1629	673
#个人交纳的养老基金	187	228	289	340	345	481	486	481	631	656	573	438
个人交纳的住房公积金	248	338	486	462	521	638	693	776	702	825	766	
个人交纳的医疗基金	48	67	97	352	156	296	309	297	282	284	251	208
个人交纳的失业基金	22	201	21	25	29	38	29	30	44	43	35	19
五、借贷支出	1862	1571	2094	4872	6425	6014	6609	7580	5406	6078	6615	3024
#存入储蓄款	1321	1068	1322	3895	4426	5332	6323	7454	4980	5801	6061	2567
储蓄性保险支出	62	95	169	83	82	69	111	34	52	40	22	
购买有价证券	28	20			1239	2	8		1			
归还住房贷款	298	328	460	727	552	79	131	75	124	159	364	292
归还汽车贷款				44	39				8	21	17	18
归还教育贷款												

备注:2014年数据为一体化新口径。

5—16 城镇居民人均消费支出(2003-2014)

单位：元

	2003	2004	2005	2006	2007	2008	2009	2010	2011	2012	2013	2014
消费支出	**6648**	**7427**	**8172**	**8961**	**10504**	**11506**	**11615**	**12665**	**14314**	**16231**	**17802**	**18484**
#服务性消费支出	1568	2066	2201	2590	3185	3579	3127	3254	3669	4068	—	—
一、食品烟酒	2819	3333	3535	3609	4306	4955	5117	5333	6335	7035	7446	6982
1、粮油类	342	4543	432	414	475	522	523	454	706	728	761	1175
#粮　食	219	301	290	282	302	333	339	374	478	483	515	1019
油脂类	77	104	89	80	115	130	118	104	136	151	163	156
2、肉禽蛋水产品类	1074	1276	1298	1312	1658	1594	1762	1817	2435	2773	2738	2561
#肉类(肉禽及制品)	484	626	624	620	759	776	819	857	1178	1336	1285	1245
禽　类	166	172	196	177	252	248	271	277	384	414	327	302
蛋　类	61	73	76	68	79	72	78	84	94	103	108	90
水产品类	363	405	402	447	568	498	594	599	778	920	1018	923
3、蔬菜类	268	309	330	346	396	402	426	478	588	680	724	639
4、调味品	36	44	39	37	46	41	48	50	64	68	60	56
5、烟酒饮料类	379	318	394	448	509	483	639	735	797	839	873	1071
#烟草类	222	182	209	257	257	252	322	335	388	417	366	770
酒　类	78	50	59	67	95	96	107	134	113	111	172	175
饮　料	64	68	107	102	117	114	170	238	270	278	301	301
6、干鲜瓜果类	167	179	207	218	271	217	259	277	360	431	448	394
7、糕点、奶及奶制品	173	178	177	194	225	188	216	235	256	276	403	327
8、其他食品	32	31	33	40	49	74	104	115	104	111	67	106
9、饮食服务	348	544	625	599	677	1341	1141	1079	1025	1129	1111	713
#在外饮食	348	544	625	599	677	1341	1140	1079	1025	1129	1110	712
二、衣　着	508	456	634	655	929	1060	1043	1041	1182	1353	1437	1273
三、生活用品及服务	414	444	357	366	694	510	718	857	1013	1142	1438	1243
#家具	56	49	42	25	182	7	64	55	107	91	309	158
家庭器具	167	151	103	147	203	170	233	297	337	258	330	338
家庭服务	29	20	23	13	35	37	45	44	33	46	45	51
四、医疗保健	384	359	414	315	378	499	552	560	605	746	591	749

5—16 续表 单位：元

	2003	2004	2005	2006	2007	2008	2009	2010	2011	2012	2013	2014
五、交通通信	821	816	1080	1129	1135	1302	1400	1784	1540	1921	2520	2310
1、交　通	311	226	373	479	346	509	549	945	675	1027	1612	1424
#交通费	58	87	70	65	72	81	95	145	118	91	127	137
2、通　信	510	550	707	650	788	793	851	839	864	894	907	886
#通信服务	462	512	617	588	713	769	763	743	747	783	687	673
六、教育文化娱乐服务	712	1048	1036	1373	1598	1588	1189	1423	1765	2070	1813	1727
1、文化娱乐用品	232	205	274	340	206	257	281	331	318	397	408	304
# 彩色电视机	31	3	6	9	22	3	16	133	87	76	91	55
家用电脑	104	69	105	172	74	115	133	68	85	84	121	70
书报杂志	38	33	50	44	39	35	28	25	34	41	30	22
2、文化娱乐服务	106	300	302	447	721	564	456	621	871	952	447	496
#参观游览	10	8	8	6	11	72	22	37	60	85	11	13
团体旅游	53	230	221	356	594	389	333	394	615	709	255	338
文娱用品修理服务费	11	3	4	5	15	5	10		9	8	16	30
3、教　育	374	543	460	586	671	767	452	471	577	722	902	926
#非义务教育学杂费	140	197	199	209	220	537	213	218	207	304	403	698
义务教育学杂费	102	53	55	49	56	17		21	37	38	112	120
托幼费	18	31	45	61	65	43	75	56	36	61	88	109
七、居　住	791	761	830	1138	1040	1099	1085	1155	1351	1392	1870	3661
1、租赁房房租	24	20	39	55	53	68	48	65	34	24	150	102
2、水电燃料及其他	490	585	631	642	694	744	764	726	861	907	866	1098
3、住房维修及管理	23	22	44	39	51	92	84	122	179	211	116	383
八、其他用品和服务	200	211	286	376	424	494	510	513	523	572	686	538
1、其他用品	106	99	147	148	253	292	293	351	342	351	455	359
2、服　务	94	112	139	228	172	202	217	162	182	221	231	179
# 美容美发洗浴	50	68	80	72	93	100	129	73	88	122	63	117

备注:2014 年数据为一体化新口径。

5—17 按人均可支配收入五等分组的城镇居民家庭基本情况

单位：元

	低收入组	中　低 收入组	中　等 收入组	中　高 收入组	高收入组
占调查总户数的比重(%)	20	20	20	20	20
平均每户家庭人口数(人)	3.92	3.68	3.45	2.92	2.69
平均每户就业人口数(人)	2.10	2.03	2.04	1.82	1.77
平均每户就业面(%)	53.44	55.25	59.09	62.42	65.98
平均每一就业者负担人数(人)	1.87	1.81	1.69	1.60	1.52
家庭总收入	13619	21598	26801	34734	52657
可支配收入	12212	19425	25363	32652	49615
#工资性收入	7494	11732	14909	19680	31046
经营净收入	2901	4195	4886	4741	7921
财产净收入	593	1355	1564	2146	3274
转移净收入	1224	2142	4004	6085	7374
#养老金或离退休金	880	1922	3785	6334	7653
社会救济和补助	63	74	89	33	17
赡养收入	439	221	598	418	492
提取住房公积金		81		252	9
消费支出	11044	14611	17908	23673	31217
食品烟酒	4507	5775	7003	8980	10517
#粮油类	718	809	1262	1358	2126
肉禽蛋水产品类	1725	2305	2615	3410	3277
蔬菜类	446	592	640	847	788
干鲜瓜果类	234	330	368	518	643
衣　着	643	949	1235	1682	2365
生活用品及服务	670	1017	1119	1720	2144
医疗保健	381	872	684	658	1330
交通通信	986	1417	1850	3089	5522
教育文化娱乐服务	1101	1428	1702	2223	2659
居　住	2471	2818	3821	4689	5478
#租赁房房租	43	47	187	202	51
水电燃料及其他	660	915	1029	1579	1638
住房维修及管理	527	192	417	128	672
自有住房折算租金	1241	1665	2187	2780	3117
其他用品和服务	285	335	495	632	1201

5—18 城镇居民人均日常消费品购买量(2003-2014)

单位:公斤

	2003	2004	2005	2006	2007	2008	2009	2010	2011	2012	2013	2014
粮 食		91.54	83.52	73.02				76.81	79.59	75.78	84.68	119.29
油脂类	8.76	10.46	8.69	7.65		7.05		6.76	8.18	8.00	11.42	9.84
猪 肉	28.56	33.55	31.63	29.59	26.52	24.57	28.94	28.77	35.28	35.21	34.25	34.17
牛 肉	2.04	2.16	1.95	2.64	2.57	1.94	2.11	2.24	3.13	3.32	2.45	2.14
羊 肉	0.12	0.09	0.27	0.32	0.33	0.29	0.35	0.39	0.41	0.34	0.37	0.39
禽 类	11.88	11.37	12.62	11.07				12.94	15.51	15.75	12.15	10.10
鲜 蛋	9.24	9.41	9.35	8.56	8.27	6.73	7.06	7.98	7.01	8.83	7.13	6.51
鱼	13.92	16.87	15.26	14.65	16.55	14.22	15.67	14.80	17.28	18.13	20.66	18.58
虾、贝、蟹类	2.52	2.53	2.17	2.51	2.93	2.18	2.58	2.38	2.89	3.09	3.46	8.82
蔬菜及菜制品	92.28	105.17	97.07	88.36	88.64	84.18	93.64	86.47	99.66	98.09	100.43	93.10
酒 类	12.60	5.57	6.13	6.66				6.11	4.32	5.74	8.29	8.76
茶 叶	0.84	0.52	0.59	0.39	0.48	0.48	0.69	0.80	0.73	5.05	1.47	1.48
干鲜瓜果类	31.68	36.05	35.05	33.26	36.76	25.92	29.29	29.11	30.44	33.91	32.68	35.71
糕 点	5.16	4.76	5.24	5.69	6.31	5.49	7.04	6.03	5.29	4.03	5.71	3.45
奶和奶制品	15.84	13.10	12.76	15.99	15.67	8.40	10.02	9.82	12.20	12.90	13.6	12.02
鞋 类(双)	2.04	1.62	1.89	1.83	2.01	1.94	2.46	2.44	2.35	2.85	2.62	2.39
煤 炭	60.96	32.71	5.61	38.97	8.78	2.33	0.75	0.19	1.31	0.95		4.73
液化石油气	73.92	78.42	62.03	48.93	46.02	37.25	27.80	17.76	20.48	17.51	19.22	23.32
管道天然气(立方米)								3.09	9.32	11.28	0.01	1.36

备注:2014 年数据为一体化新口径。

5—19 城镇居民家庭每百户耐用消费品拥有量(2003-2014)

	2003	2004	2005	2006	2007	2008	2009	2010	2011	2012	2013	2014
摩托车(辆)	62.0	65.0	75.0	79.0	84.3	74.2	83.6	82.7	79.4	80.8	84.2	85.5
助力车(辆)	2.0	3.0	6.0	11.0	16.8	27.0	29.1	30.5	32.0	34.6	33.4	43.6
家用汽车(辆)		1.0	1.0	1.0	3.8	4.9	5.0	6.3	8.7	11.0	22.9	15.7
洗衣机(台)	85.0	85.0	90.0	94.0	87.8	93.6	94.3	94.4	96.0	98.7	84.7	88.0
电冰箱(台)	93.0	95.0	98.0	101.0	99.4	99.4	99.7	99.2	103.1	103.9	101.9	98.3
彩色电视机(台)	124.0	133.0	142.0	145.0	141.0	141.2	139.0	138.9	128.0	129.9	113.5	112.6
家用电脑(台)	26.0	42.0	61.0	70.0	74.3	74.8	76.9	83.3	87.7	90.7	70.2	68.0
组合音响(套)	29.0	30.0	40.0	43.0	45.0	26.2	32.1	33.3	30.5	29.3	11.7	9.2
摄像机(架)	0.1	2.0	3.0	5.0	7.7	9.6	8.7	9.6	5.5	4.8	4.9	2.5
照相机(架)	28.0	30.0	32.0	46.0	40.6	27.3	30.6	31.8	35.1	34.8	22.7	18.8
其他中高档乐器(件)	8.0	6.0	6.0	8.0	7.8	2.9	3.5	2.7	2.5	2.6	4.1	4.1
微波炉(台)	53.0	66.0	74.0	81.0	82.4	85.9	86.5	92.0	87.2	87.2	73.0	74.2
空调器(台)	64.0	110.0	125.0	144.0	158.4	144.3	147.3	153.4	183.8	188.3	156.7	128.5
淋浴热水器(台)	87.0	91.0	93.0	92.0	103.7	102.3	103.4	104.5	114.4	115.4	99.3	96.8
消毒碗柜(台)	40.0	56.0	59.0	64.0	63.0	51.9	61.3	62.0	67.3	67.6	64.2	68.2
洗碗机(台)	1.0	1.0	1.0	1.0	1.9		0.2	1.0	1.4	1.4	3.0	1.4
健身器材(套)	5.0	5.0	8.0	10.0	9.6	3.1	4.7	4.0	7.7	7.9	4.3	5.3
普通电话(部)	100.0	101.0	103.0	104.0	104.0	89.2	89.5	89.4	91.9	91.8	67.3	75.1
移动电话(部)	116.0	130.0	156.0	192.0	194.7	185.6	191.9	196.4	214.4	217.6	225.8	222.5

注:2014 年数据为一体化新口径。

5—20 分县(市、区)城镇居民家庭基本情况

	平均每户家庭人口(人)	平均每户就业人数(人)	平均每户就业面(%)	平均每一就业者负担人数(人)	平均每人全年可支配收入(元)
漳州市	**3.33**	**1.95**	**58.61**	**1.71**	**25741**
芗城区	2.84	1.66	58.29	1.72	28261
龙文区	3.12	1.75	55.93	1.79	29543
龙海市	3.59	2.20	61.41	1.63	26324
云霄县	3.66	2.15	58.76	1.70	23306
漳浦县	3.56	1.93	54.12	1.85	25572
诏安县	3.70	2.30	62.09	1.61	21987
长泰县	3.36	1.76	52.34	1.91	26027
东山县	3.25	2.04	62.77	1.59	25796
南靖县	3.28	1.78	54.17	1.85	24111
平和县	3.69	2.08	56.50	1.77	23322
华安县	2.98	2.16	72.57	1.38	24084

5—20 续表

	平均每人全年消费性支出(元)	#食品烟酒	#衣着	#居住	#生活用品及服务	#交通通信	#教育文化娱乐	#医疗保健	#其他用品和服务	通过互联网购买的商品和服务(元)
漳州市	**18484**	**6982**	**1273**	**3661**	**1243**	**2310**	**1727**	**749**	**538**	**145**
芗城区	20049	7299	1125	4014	1148	2898	2159	916	488	152
龙文区	22543	8192	2155	3466	1934	2268	2571	1254	703	92
龙海市	18087	7360	1451	3236	1245	1502	1940	763	590	250
云霄县	17129	6703	871	5247	986	1712	988	409	212	44
漳浦县	18538	7041	1039	4786	1168	1798	1391	743	572	109
诏安县	17516	7160	1800	2353	1709	1840	1091	819	745	147
长泰县	18515	6420	1178	3764	1169	2466	1922	1064	533	98
东山县	17697	7293	1319	2811	1422	1676	1807	432	936	265
南靖县	16544	6537	1247	2849	797	2097	1863	543	611	38
平和县	16898	5034	800	3163	1227	5120	1019	398	136	90
华安县	16918	5913	1152	3309	752	2571	2196	499	525	204

5—21 主要年份农民家庭基本情况

年份	平均每户常住人口（人）	平均每户整半劳力（人）	平均每个劳力负担人口（人）	平均每人可支配收入（元）	平均每人生活消费支出（元）	#平均每人食品烟酒支出（元）	#平均每人文化生活服务支出（元）	平均每人使用住房面积（平方米）
1952				87				
1957				104				
1962				95				
1965				113				
1970				94				
1978				158	146			
1979				179				
1980				208	187			
1981				264				
1982				306				
1983				304				
1984	6.06	3.01	2.01	348	272			
1985	5.84	3.00	1.95	403	363	224	7	13.61
1986	5.72	2.96	1.93	613	389	237	12	14.10
1987	5.53	2.96	1.87	517	470	278	23	14.41
1988	5.44	2.98	1.82	690	609	360	30	14.04
1989	5.41	3.00	1.80	799	729	443	40	15.11
1990	5.48	3.16	1.74	822	773	482	26	15.98
1991	5.39	3.12	1.73	958	829	521	30	16.59
1992	5.27	3.74	1.41	1089	933	579	41	16.87
1993	5.10	3.22	1.58	1315	1293	609	47	17.86
1994	4.99	3.17	1.57	1672	1559	796	89	20.48
1995	4.82	3.15	1.53	2164	1966	1010	174	18.88
1996	4.72	3.16	1.49	2664	2201	1148	216	20.43
1997	4.65	3.06	1.52	2980	2128	1190	246	22.00
1998	4.56	3.04	1.50	3218	2161	1189	231	22.71
1999	4.52	3.04	1.49	3378	2176	1109	238	23.60
2000	4.39	2.75	1.60	3530	2636	1187	242	24.28
2001	4.23	2.95	1.43	3695	2370	1260	217	26.42
2002	4.18	2.89	1.45	3761	2498	1291	216	27.54
2003	4.08	2.93	1.39	3982	2652	1314	220	25.76
2004	4.04	2.91	1.39	4320	2588	1474	217	29.14
2005	3.94	2.75	1.43	4690	3124	1590	321	31.63
2006	3.90	2.77	1.41	5075	3777	1732	329	32.73
2007	3.87	2.76	1.40	5696	4267	2010	304	33.85
2008	3.89	2.81	1.39	6506	4798	2271	326	35.18
2009	3.91	2.86	1.36	7054	5079	2349	357	36.25
2010	3.88	2.86	1.36	7861	5525	2577	361	36.97
2011	4.02	2.73	1.47	9128	6650	3181	424	40.00
2012	3.73	2.73	1.49	10389	7582	3522	435	41.20
2013	3.88	2.74	1.46	11639	8267	3763	578	40.00
2014	3.56	2.55	1.40	12690	9267	3784	831	39.30

备注：2013年及以前，平均每人可支配收入为平均每人纯收入口径，2014年数据为一体化新口径。

5—22　按收入高低五等分分组农民家庭基本情况

	总　计	低收入组	中　低 收入组	中　等 收入组	中　高 收入组	高收入组
占调查总户数比重(%)	100.00	20.00	20.00	20.00	20.00	20.00
平均每户常住人口(人)	3.56	3.71	3.87	3.72	3.54	2.96
平均每户整半劳动力(人)	2.55	2.44	2.55	2.76	2.61	2.37
平均每一劳动力负担人口(人)	1.40	1.52	1.52	1.35	1.35	1.25
平均每户生产性固定资产原值(元)	34652	68200	19211	17664	24683	43688
平均每人可支配收入(元)	12690	4562	8856	11875	15146	25887
平均每人生活消费支出(元)	9267	7235	7716	8947	10455	12789
食品烟酒消费支出	3784	2982	3276	3800	4265	4847
衣着消费	476	341	409	444	599	625
居住消费	1888	1441	1692	1800	1937	2750
生活用品及服务	597	410	500	549	789	785
交通通信	977	693	752	848	1178	1544
教育文化娱乐	831	918	619	816	870	966
医疗保健	504	287	307	513	569	942
其它用品和服务消费	210	162	160	176	249	330

5—23　农民人均家庭经营净收入(2003-2014)

单位：元

	2003	2004	2005	2006	2007	2008	2009	2010	2011	2012	2013	2014
家庭经营净收入	**2275**	**2501**	**2669**	**2820**	**3109**	**3494**	**3693**	**4044**	**4385**	**4767**	**5000**	**5551**
种植业收入	1122	1178	1447	1425	1567	1751	1756	1951	2067	2389	2232	2619
林业收入	63	31	17	14	12	20	18	27	82	126	76	146
牧业收入	219	296	132	221	286	378	434	458	464	402	421	390
渔业收入	189	285	313	292	245	315	354	408	517	543	520	560
工业收入	65	79	128	120	171	186	200	190	73	83	128	129
建筑业收入	70	64	71	86	109	117	114	126	246	277	258	328
交通、运输和邮电业收入	201	200	99	110	119	121	120	136	259	280	337	176
批发和零售贸易、餐饮业收入	174	172	287	368	395	397	419	479	537	504	753	779
社会服务业收入	39	44	54	34	66	71	75	100	108	79	186	176
文教卫生业收入	13	22	13	15	22	31	38	47	18	27		
其他收入	122	130	108	134	116	108	165	120	16	57	87	28
农林牧渔服务业												221

备注:2014年数据为一体化新口径。

5—24 农民人均生活消费支出(2003-2014)

单位：元

	2003	2004	2005	2006	2007	2008	2009	2010	2011	2012	2013	2014
总　计	**2652**	**2858**	**3312**	**3720**	**4267**	**4798**	**5079**	**5525**	**6650**	**7582**	**8267**	**9267**
食品烟酒	1314	1474	1590	1732	2010	2271	2349	2577	3181	3522	3736	3784
衣　着	116	129	158	181	212	223	231	254	304	381	419	476
居　住	409	346	492	696	853	922	1065	1104	1017	1273	1339	1888
生活用品及服务	130	135	160	181	212	275	294	364	392	500	530	597
交通通信	327	389	371	405	427	500	503	558	903	944	988	977
教育文化娱乐	220	217	321	329	304	326	357	361	424	435	578	831
医疗保健	73	103	142	98	142	154	152	153	258	323	437	504
其它用品和服务	63	65	79	99	106	129	128	153	171	204	240	210

5—25 农民人均食品消费量(2003-2014)

单位：公斤

	2003	2004	2005	2006	2007	2008	2009	2010	2011	2012	2013	2014
粮　食	192.00	190.00	163.00	156.00	160.00	153.99	149.93	156.82	150.37	144.03	139.80	126.52
豆类及豆制品	2.00	2.00	2.00	2.00	2.00	2.72	2.36	4.49	3.35	3.39	5.97	3.46
蔬菜及菜制品	114.00	99.00	95.00	96.00	98.00	89.54	91.47	92.96	104.04	98.97	84.53	84.01
油脂类	5.00	5.00	5.00	4.00	6.00	6.24	6.36	6.57	8.69	8.30	7.92	7.60
肉禽及其制品	29.00	28.00	33.00	35.00	32.00	30.02	32.95	33.51	40.36	40.88	39.46	41.18
蛋类及蛋制品	3.00	3.00	3.00	3.00	3.00	3.15	3.20	3.49	3.81	4.06	3.63	3.91
奶和奶制品	1.00	2.00	2.00	1.00	2.00	1.62	1.57	1.49	2.24	2.29	2.68	3.15
水产品	12.00	13.00	14.00	14.00	15.00	15.73	17.43	15.95	15.53	15.89	17.13	19.05
食　糖	2.00	3.00	2.00	2.00	2.00	1.89	1.80	1.68	2.05	3.50	1.94	1.78
酒和饮料	13.00	18.00	13.00	15.00	17.00	15.87	14.82	14.22	14.25	14.89	10.63	11.11
水果及水果制品	17.00			12.00	12.00	15.28	16.48	13.10	15.25	17.01	9.76	19.33
坚果及果制品						0.53	0.42	0.41	0.50	0.51	0.74	0.89

备注:2014年数据为一体化新口径。

5—26 平均每百户农民家庭主要耐用消费品拥有量(2003-2014)

	2003	2004	2005	2006	2007	2008	2009	2010	2011	2012	2013	2014
洗衣机(台)		29.6	23.0	25.1	35.3	40.0	41.5	45.8	46.8	48.5	46.1	51.2
电冰箱(台)	24.2	29.7	34.2	44.7	51.6	53.0	60.8	73.4	87.9	78.3	89.6	88.7
摩托车(辆)	86.3	109.3	98.2	100.1	107.0	110.0	112.5	120.0	122.9	126.4	129.1	127.9
彩色电视(台)	92.7	112.9	106.0	107.3	106.0	105.0	104.0	110.7	109.9	111.7	107.3	108.3
照相机(架)	3.9	4.1	2.5	2.1	1.5	2.0	1.8	2.7	5.2	5.3	3.7	5.1
抽油烟机(台)	7.7	8.2	12.6	15.1	25.8	22.0	24.7	29.2	42.4	46.3	42.9	49.3
空调机(台)	3.8	6.2	8.8	12.6	17.3	24.0	23.4	29.6	43.9	50.5	40.3	43.0
热水器(台)	24.8	36.0	43.0	48.5	55.2	58.0	59.9	67.0	77.1	82.4	77.2	79.3
微波炉(台)	6.5	13.7	17.3	22.2	30.4	27.0	28.1	35.3	49.9	50.7	50.0	54.9
电话机(部)	88.6	104.4	99.9	98.6	94.0	95.0	94.8	96.2	71.1	70.0	56.0	68.9
移动电话(部)	48.0	78.9	94.2	110.4	131.0	142.0	147.0	171.1	220.3	227.9	212.5	218.2
摄像机(台)		0.1	1.4	0.3	3.6	1.0	2.2	2.1	1.9	2.7	0.5	1.5
中高档乐器(件)	0.5		0.1		1.0	1.0	1.0	1.0	1.5	1.5	0.9	1.2
家用计算机									28.4	35.3	23.7	24.2

5—27 农民家庭房屋情况(2003-2014)

单位:平方米、元

	2003	2004	2005	2006	2007	2008	2009	2010	2011	2012	2013	2014
建房情况												
每人新建房屋面积			0.80	1.24	1.27	1.45	1.64	0.43	0.71	1.14	0.85	0.77
每平方米新建房屋价值			460	703	957	1003	516	905	1211	1357	1100	1270
房屋使用情况												
每人年末使用房屋面积	25.76	29.14	31.63	32.73	33.85	35.18	36.25	36.99	40.00	41.00	39.92	39.53

备注:2014 年数据为一体化新口径。

5—28 平均每百户农民家庭主要生产性固定资产拥有量(2003-2014)

单位：元

	2003	2004	2005	2006	2007	2008	2009	2010	2011	2012	2013	2014
年末生产用固定资产原值	589437	652901	926498	896799	1157800	1077384	1166086	1424053	1687566	1938232	2446566	2316243
农业	187219	205843	245217	282610	322400	307247	259015	900812	992656	485720	251890	1310698
#房屋及建筑物	113822	103844	172164	163897	259800	356358	180773	451750	377247	277339	107567	425910
役畜、产品畜	20389	29092	15904	10274	12200	21556	14836	157006	217762	4563	4376	189200
农业设施	11396	12853	9673	10474	10600	49590	20866	22566	14027	7598	45462	48983
农林牧渔业机械	30027	35616	33886	91626	32500	95992	36414	231400	358224	185673	89491	49124
工业	159316	142288	140685	106493	189200	225027	225534	233560	318013	306864	584785	286062
建筑业	1734	5459	332	58	1400	3205	5178	7856	15320	22007	30396	18773
交通运输业、仓储和邮政业	72608	74014	54110	32384	32100	41322	46233	130040	156643	124080	175460	147524
批发和零售贸易餐饮业	39038	21123	70247	106507	75900	80384	78925	79133	124240	171196	192232	496499
社会服务业	3519	3534	4500	4432	11000	8993	3452	14204	3800	3320	43873	53880
其他	17576	20775	4000	8329	17900	12273	11519	2067	59213	46133	839	2807

5—29 平均每百户农民家庭经营土地情况(2003-2014)

单位：公顷

	2003	2004	2005	2006	2007	2008	2009	2010	2011	2012	2013	2014
经营耕地面积	12.73	17.36	13.88	11.13	11.13	11.60	11.66	11.27	10.33	10.01	10.25	11.20
经营山地面积	4.91	16.60	8.33	7.47	7.47	7.67	7.72	8.00	8.03	8.19	8.32	14.35
经营园地面积	7.98	9.29	6.60	8.33	8.33	8.47	8.23	7.93	10.54	9.97	10.12	9.02
经营水面面积	0.73	1.21	8.7	0.93	0.53	0.73	0.68	1.20	2.48	2.49	2.51	1.18
经营牧草地面积	0.02											0.03

备注:2014年数据为一体化新口径。

5—30 分县(市、区)农民家庭基本情况

	平均每户常住人口(人)	平均每户整半劳动力(人)	平均每个劳动力负担人口(人)	平均每人总收入(元)	平均每人可支配收入(元)			平均每人使用住房面积(平方米)	平均每人总支出(元)	平均每人生活消费支出(元)
						#家庭经营净收入	#非农产业净收入			
漳州市	**3.56**	**2.55**	**1.40**	**17421**	**12690**	**5551**	**1836**	**39.5**	**16273**	**9267**
芗城区	3.64	2.55	1.43	33375	12680	4881	1281	43.4	32221	10799
龙文区	3.68	2.92	1.26	18470	13766	4022	845	56.1	19484	12130
龙海市	3.78	2.70	1.40	16806	13355	5245	3229	54.0	19539	10237
云霄县	3.39	2.41	1.41	14720	11705	4426	2215	34.8	12456	8172
漳浦县	3.53	2.35	1.50	16173	13580	6014	1487	36.3	14321	9794
诏安县	3.65	2.44	1.49	12948	11308	4313	1525	27.7	11603	8595
长泰县	3.59	2.68	1.34	17933	13421	4108	1898	59.6	18652	11021
东山县	3.60	2.90	1.24	24578	14558	4742	2124	48.2	21254	10667
南靖县	3.35	2.30	1.46	23042	11992	7053	1147	33.1	22663	9004
平和县	3.69	2.31	1.59	18698	12423	7102	737	30.5	14563	7667
华安县	3.35	2.65	1.26	17320	12534	7399	3082	55.2	14288	8589

5—30 续表

	食品烟酒	衣着	居住	生活用品及服务	医疗保健	交通及通信	教育文化娱乐	其他用品和服务	平均每人生产费用支出(元)	通过互联网购买的商品和服务(元)
漳州市	**3784**	**476**	**1888**	**597**	**504**	**977**	**831**	**210**	**4013**	**28.2**
芗城区	4026	596	2079	530	729	1565	1145	130	19461	0.6
龙文区	4559	703	2710	783	563	1537	821	454	3919	56.0
龙海市	3935	489	2321	542	556	930	1089	375	3001	99.3
云霄县	3549	469	1620	633	360	807	598	137	2349	0.1
漳浦县	3912	529	2008	628	659	895	938	226	1812	17.7
诏安县	3729	381	1816	645	379	1020	456	168	1201	19.9
长泰县	4361	499	2623	661	392	1335	889	260	1897	2.7
东山县	4906	574	1793	779	452	1065	862	236	8319	29.6
南靖县	3712	442	1185	506	659	1230	1042	229	10367	7.2
平和县	3216	427	1467	533	456	777	731	60	6020	9.6
华安县	3173	532	2070	529	275	1016	876	119	3894	10.9

备注:2014 年数据为一体化新口径。

5—31 分县(市、区)农民

	漳州市	芗城区	龙文区	云霄县	漳浦县
一、总收入(未扣除生产费用)	**17420.56**	**33374.62**	**18470.05**	**14720.45**	**16173.23**
(一)工资性收入	5958.26	7483.39	9134.16	6435.30	5420.79
1、工　资	5753.93	7203.79	4367.24	5730.33	5391.74
2、其　他	187.84	279.55	4766.92	691.69	19.95
(二)经营性收入	9994.77	25356.66	8456.46	7126.85	8254.51
1、第一产业收入	7486.81	23554.20	6877.33	4048.50	5738.34
(1)农业收入	3877.84	2822.81	2499.65	2418.24	3855.51
(2)林业收入	190.05	288.58	283.00	250.50	47.91
(3)牧业收入	2113.34	17514.22	3721.50	1379.69	564.93
(4)渔业收入	1305.59	2928.59	373.19	0.07	1269.99
2、第二产业收入	702.26	442.82	529.32	936.93	5.08
(1)工业收入	345.40	416.14	529.32	598.70	0.00
(2)建筑业收入	356.86	26.68		338.23	5.08
3、第三产业收入	1805.70	1359.65	1049.81	2141.42	2511.08
(1)交通、运输、邮电业收入	421.45	1063.15	445.69	467.39	853.38
(2)批零贸易业、住宿餐饮业收入	922.21	231.94	413.68	1602.53	828.67
(3)社会服务业收入	190	0	190	72	0
(4)其他行业收入	28.74				
(5)农林牧渔服务业	243.09	64.56			829.03
(三)财产性收入	122.94	185.71	206.58	15.80	174.44
(四)转移性收入	1344.59	348.86	672.85	1142.50	2323.48
1、家庭外出从业人员寄带回收入收入	415.48	52.76	135.43	117.73	740.88
2、赡养收入	161.50	14.89	135.35	135.80	248.78
3、报销医疗费	122.00	186.52	8.44	131.88	143.96
二、总支出	**16273**	**32221**	**19484**	**12456**	**14321**
(一)生产经营费用支出	4013	19461	3919	2349	1812
1、第一产业生产费用支出	3546	19138	3488	1806	1018
(1)农业生产费用支出	1189	986	1241	887	565
(2)林业生产费用支出	43	2	28	58	2
(3)牧业生产费用支出	1655	15282	1887	861	324
(4)渔业生产费用支出	660	2869	332		127
2、第二产业生产费用支出	188	108	100	193	1
(1)工业生产费用支出	163	108	100	122	1
(2)建筑业生产费用支出	25			70	

人均总收入与总支出

单位:元

诏安县	长泰县	东山县	南靖县	平和县	华安县	龙海市
12947.94	**17932.64**	**24577.92**	**23041.87**	**18698.00**	**17320.30**	**16806.12**
6132.07	8486.87	8383.40	3771.27	4259.71	4684.57	7071.93
6102.78	8296.43	8309.01	3760.91	4259.02	3610.78	6998.88
10.27	27.98	64.71	6.23	0.68	1073.39	60.92
5817.64	7932.44	14560.06	17759.52	13193.89	11945.35	8373.28
4015.06	4239.70	12221.55	16365.05	11523.46	8263.73	4793.19
1597.83	3676.77	480.21	4983.82	9416.39	5895.96	2585.69
6.56	17.33		909.51	252.25	974.83	5.51
1025.78	510.78	426.31	10251.15	1853.04	1285.23	614.81
1384.90	34.81	11315.04	220.58	1.78	107.70	1587.19
166.74	1979.23	736.74		1239.27	984.63	1355.10
83.44	1854.71	99.34	0.00	917.90	151.91	208.74
83.27	124.52	637.40		321.37	832.71	1146.36
1635.86	1713.51	1601.77	1394.47	431.16	2697.00	2224.98
356.00	600.10	705.29	48.06		993.24	139.99
954.28	191.13	650.05	962.89	308.54	607.52	1425.56
119	475	57	379	123	118	498
		189.66	4.47			117.64
206.67	47.44				978.47	43.84
100.13	306.44	168.95	41.67	1.15	45.94	221.52
898.10	1206.88	1465.50	1469.41	1243.25	644.43	1139.40
367.75	492.62	555.07	315.94	849.80	50.63	64.07
162.73	211.39	156.05	472.08	18.76	99.72	74.25
70.92	33.82	42.29	157.35	184.68	60.98	127.59
11603	**18652**	**21254**	**22663**	**14563**	**14288**	**19539**
1201	1897	8319	10367	6020	3894	3001
1090	1278	8206	10263	5136	3466	2707
241	915	69	1825	3323	2365	1052
8	40		133	24	121	95
642	348	237	8180	1789	912	455
200	12	7899	124		68	1105
61	325	16		879	89	96
58	324		0	879	10	17
3	1	16			79	79

5—31　续表1

	漳州市	芗城区	龙文区	云霄县	漳浦县
3、第三产业生产费用支出	279	216	331	350	793
(1)交通、运输、邮电业生产费用支出	218	210	235	139	777
(2)批零贸易、住宿餐饮业生产费用支出	51	3	43	198	8
(3)社会服务业生产费用支出	6		48	13	
(4)其他行业生产费用支出	0				
(5)农林牧渔服务支出	4	3	6	0	8
(二)购置资产及非经常性转移支出	1569	1625	1383	1261	1277
(1)购置资产支出	526	22	158	352	263
(2)非经常性转移支出	1044	1604	1225	909	1013
(三)借贷性支出	1124	131	1782	360	1077
(1)存入储蓄款	832		844	142	726
(2)借出款	50			50	24
(3)归还借款	121	2	789	99	97
(4)购买有价证券	0				1
(5)其他投资支出	31				5
(6)归还住房贷款	81		21	69	220
(7)归还汽车贷款	6	129	128		
(8)归还教育贷款					
(9)归还其他贷款	1				
(10)其他借贷支出	1				4
(四)生活消费支出	9267	10799	12130	8172	9794
1、食品烟酒消费支出	3784	4026	4559	3549	3912
A、食品消费支出	2901	2888	3139	2587	3264
(1)谷　物	454	489	477	543	414
(2)薯　类	34	6	4	38	89
(3)豆　类	24	27	25	28	24
(4)食用油	103	134	140	100	84
(5)蔬菜和食用菌	414	552	737	338	404
(6)肉、禽、蛋、奶及制品	1159	1030	831	896	1345
(7)水产品	412	250	402	380	583
(8)干鲜瓜果类	161	259	279	109	191
(9)糖果糕点类	70	42	141	74	79
(10)其它类食品	555	752	744	591	366
B、烟、酒	199	214	356	223	203
C、饮　料	69	99	103	82	51

单位:元

诏安县	长泰县	东山县	南靖县	平和县	华安县	龙海市
49	294	97	104	5	338	198
46	261	56	3		276	78
2	17	32	89	4	37	101
0	13		9		9	16
		7				0
0	3	1	3	1	16	3
1612	2949	1147	1986	668	1119	2382
1046	639	527	143	268	810	813
566	2310	621	1843	400	308	1569
66	2080	917	929	23	430	3550
19	1527	660	862		275	2796
		5	36		2	216
38	492	200	32	3	44	242
						171
1	56	33		21	68	126
		8			42	
7	5					
1		11		0		
8595	11021	10667	9004	7667	8589	10237
3729	4361	4906	3712	3216	3173	3935
2959	2872	3890	2667	2394	2570	2961
361	445	421	479	518	512	465
4	69	16	23	10	36	18
27	20	32	16	11	27	32
103	111	87	128	54	163	136
395	415	398	353	354	390	531
1181	1250	1406	1183	1091	1160	1078
619	179	1180	137	126	90	376
151	232	204	197	81	89	181
61	104	65	95	65	35	59
515	922	734	609	623	492	538
165	210	246	214	177	75	223
57	47	81	54	83	68	86

5—31 续表 2

	漳州市	芗城区	龙文区	云霄县	漳浦县
D、饮食服务	129	172	320	148	80
2、衣着消费支出	476	596	703	469	529
A、衣　类	387	490	545	382	441
B、鞋　类	90	106	159	88	88
3、居住消费支出	1888	2079	2710	1620	2008
A、租赁房房	28	18	1	13	21
B、住房维修及管理	226	181	262	92	250
C、水电燃料及其他	537	647	562	679	440
D、自有住房折算租金	1097	1233	1885	835	1297
4、生活用品及服务	597	530	783	633	628
A、生活用品	584	510	762	621	622
B、家庭服务	12	20	22	12	6
5、交通通信	977	1565	1537	807	895
A、交　通	568	1020	899	416	521
(1)交通工具	136	429	310	55	206
(2)交通服务	433	591	589	361	316
B、通　信	409	545	638	392	374
(1)通信工具	76	150	201	34	89
(2)通信服务	333	395	437	358	285
6、教育文化娱乐	831	1145	821	598	938
A、教　育	622	903	476	476	691
B、文化娱乐	209	243	345	122	247
(1)文娱耐用消费品	64	58	37	31	82
(2)其他文娱用品	75	25	123	45	100
(3)文化娱乐服务	70	160	185	45	65
7、医疗保健	504	729	563	360	659
A、医疗器具及药品	132	108	199	104	138
B、医疗服务	373	621	364	256	521
(1)门诊总费用	121	252	153	102	162
(2)住院总费用	252	369	211	154	359
8、其他商品和服务	210	130	454	137	226
A、其他商品	163	95	373	89	179
B、其他服务	47	35	81	47	47
(五)财产性支出	28	22			71
(六)转移性支出	257	163	269	314	282

单位:元

诏安县	长泰县	东山县	南靖县	平和县	华安县	龙海市
90	357	36	222	22	37	213
381	499	574	442	427	532	489
314	400	466	363	343	451	379
67	100	108	79	84	80	111
1816	2623	1793	1185	1467	2070	2321
22	14		4		9	100
114	286	253	107	156	528	398
464	587	557	495	500	443	664
1216	1736	983	579	811	1089	1159
645	661	779	506	533	529	542
627	648	748	490	524	516	532
17	13	31	17	9	13	10
1020	1335	1065	1230	777	1016	930
562	901	651	847	426	643	492
64	185	91	340	62	241	56
498	716	561	507	363	402	435
458	434	413	383	351	373	438
114	90	86	66	66	76	41
344	344	327	317	285	297	397
456	889	862	1042	731	876	1089
315	540	459	867	616	655	822
142	349	403	175	114	221	267
61	121	101	60	27	143	57
31	115	157	45	70	19	104
50	113	145	66	17	58	106
379	392	452	659	456	275	556
98	144	155	256	80	60	162
281	248	297	403	376	215	393
80	143	128	134	55	69	152
201	106	169	269	322	146	241
168	260	236	229	60	119	375
135	169	202	200	25	87	306
34	91	34	29	35	32	70
3	48	10		28	45	28
126	640	191	343	155	195	295

5—32 分县(市、区)

	漳州市	芗城区	龙文区	云霄县	漳浦县
一、全年可支配收入	**12690**	**12680**	**13766**	**11705**	**13580**
(一)工资性收入	5958	7483	9134	6435	5421
(二)经营净收入	5551	4881	4022	4426	6014
1、第一产业经营净收入	3715	3599	3177	2211	4527
(1)农业收入	2619	1826	1228	1504	3259
(2)林业收入	146	265	218	193	46
(3)牧业收入	390	1474	1694	515	109
(4)渔业收入	560	35	36	0	1113
2、非农产业经营净收入	1836	1281	845	2215	1487
A、第二产业经营净收入	457	255	225	735	4
(1)工业收入	129	228	225	467	-1
(2)建筑业收入	328	27		268	5
B、第三产业经营净收入	1379	1027	620	1480	1483
(1)交通、运输、邮电业收入	176	802	182	323	4
(2)批零贸易业、住宿餐饮业收入	779	216	313	1126	658
(3)社会服务业收入	176	0	142	31	0
(4)农林牧渔服务业收入	221	12	-18	0	821
(5)其他行业收入	28	-3			-1
(三)财产性净收入	93	129	207	16	103
(四)转移性净收入	1088	186	403	828	2042
二、全年现金可支配收入	**12819**	**13549**	**14382**	**11800**	**13838**
三、全年实物可支配收入	**-129**	**-869**	**-616**	**-94**	**-259**

农民人均可支配收入

单位：元

诏安县	长泰县	东山县	南靖县	平和县	华安县	龙海市
11308	13421	14558	11992	12423	12534	13355
6132	8487	8383	3771	4260	4685	7072
4313	4108	4742	7053	7102	7399	5245
2788	2211	2618	5906	6365	4317	2016
1320	2098	402	3106	6073	3165	1520
-1	14	0	776	228	854	-92
384	93	178	1930	62	259	138
1086	6	2039	94	2	39	449
1525	1898	2124	1147	737	3082	3229
101	686	699		356	854	1242
22	565	95	0	38	120	182
79	122	604		318	734	1061
1424	1211	1424	1147	381	2228	1987
298	268	638	45		629	48
896	482	613	733	271	536	1309
114	416	57	368	111	101	478
117	44	-59	-3	-1	963	35
		176	4		0	117
91	259	159	42	-26	1	193
772	567	1274	1126	1088	450	845
11441	14088	16006	11853	12204	12420	13217
-132	-667	-1448	139	220	114	138

5—33 分县(市、区)农民

	漳州市	芗城区	龙文区	云霄县	漳浦县
一、期内现金收入(未扣除生产费用)	**17116**	**33196**	**18571**	**14463**	**16004**
(一)工资性收入	5942	7483	9134	6422	5412
(二)现金经营收入	9835	25365	8565	7033	8238
1、第一产业现金收入	7327	23562	6986	3955	5722
(1)农业现金收入	3758	2831	2609	2328	3858
(2)林业现金收入	189	289	283	250	48
(3)牧业现金收入	2077	17514	3821	1367	547
(4)渔业现金收入	1304	2929	373		1270
2、第二产业现金收入	702	443	529	937	5
(1)工业收入	345	416	529	599	
(2)建筑业收入	357	27		338	5
3、第三产业现金收入	1806	1360	1050	2141	2511
(1)交通、运输、邮电业收入	421	1063	446	467	853
(2)批零贸易业、住宿餐饮业收入	922	232	414	1603	829
(3)社会服务业收入	190	0	190	72	0
(4)其他行业收入	29				
(5)农林牧渔服务业收入	243	65			829
(三)现金财产性收入	123	186	207	16	174
(四)现金转移性收入	1216	162	664	992	2180
1、养老金或离退休金	463	51	247	358	1107
2、社会救济和补助	51	20		193	24
3、政策性生活补贴	32			155	2
4、家庭外出从业人员寄回带回收入	415	53	135	118	741
5、赡养收入	162	15	135	136	249
6、其他转移性收入	84	20	135	9	45
7、现金政策性惠农补贴	10	4	11	24	12
(五)非收入所得	903	441	605	724	990
1、出售资产所得	230	2	3		250
2、非经常性转移所得	642	429	603	711	606
3、其他非收入所得	32	10		13	134
二、借贷性所得	**760**	**542**	**735**	**385**	**470**
1、提取储蓄存款	351	391	455	179	232
2、借入款	259	141	259	176	162
3、收回借出款	33	10		30	76
4、收回储蓄性保险本金	12				
5、住房贷款	8				
6、汽车贷款	3		21		
7、教育贷款	6				
8、其他贷款	17				
9、其他借贷所得	72				

人均现金收支情况

单位：元

诏安县	长泰县	东山县	南靖县	平和县	华安县	龙海市
12771	**16666**	**24525**	**22560**	**18407**	**16542**	**16541**
6113	8324	8374	3767	4260	4684	7060
5730	6910	1456	17465	13087	11231	8248
3928	3218	12221	16071	11417	7549	4668
1515	2838	494	4775	9331	5466	2489
7			907	252	974	6
1023	347	424	10170	1832	1006	589
1383	33	11303	219	2	103	1584
167	1979	737		1239	985	1355
83	1855	99	0	918	152	209
83	125	637		321	833	1146
1636	1714	1602	1394	431	2697	2225
356	600	705	48		993	140
954	591	650	963	309	608	1426
119	475	57	379	123	118	498
		190	4			118
207	47				978	44
100	306	169	42	1	46	222
827	1125	1423	1285	1059	582	1011
249	182	604	414	86	333	456
30	89	52	73	39	39	16
2		43	2	65	34	21
368	493	555	316	850	51	64
163	211	156	472	19	100	74
11	118		4			374
4	33	13	4		25	5
374	3688	1123	1122	253	465	1178
122	1920	682	90		106	189
240	1768	441	1020	253	359	981
12			12			7
1254	**1517**	**1100**	**357**	**245**	**610**	**1211**
633	416	518	253	10	329	571
167	598	326	25	219	159	562
3	14	227	9		41	11
						67
	163					
					80	
			71			
	326			17		
451		29				

5—33 续表1

	漳州市	芗城区	龙文区	云霄县	漳浦县
三、期内现金支出	**14886**	**30790**	**17591**	**11378**	**12723**
(一)生产费用支出	4012	19461	3919	2349	1812
1、第一产业生产费用支出	3545	19138	3488	1806	1018
(1)农业生产费用支出	1188	986	1241	887	565
(2)林业生产费用支出	43	2	28	58	2
(3)牧业生产费用支出	1654	15282	1887	861	324
(4)渔业生产费用支出	660	2869	332		127
2、第二产业生产费用支出	188	108	100	193	1
(1)工业生产费用支出	163	108	100	122	1
(2)建筑业生产费用支出	25			70	
3、第三产业生产费用支出	279	216	331	350	793
(1)交通、运输、邮电业生产费用支出	218	210	235	139	777
(2)批零贸易餐饮业生产费用支出	51	3	43	198	8
(3)社会服务业生产费用支出	6		48	13	
(4)其他行业生产费用支出	0.4				
(5)农林牧渔服务业支出	4	3	6	0	8
(二)生活消费支出	7881	9368	10237	7095	8197
1、食品消费支出	3624	4015	4559	3451	3757
a 购买食品支出	2753	2877	3139	2490	3114
b 食品消费服务性支出	118	172	320	148	75
(1)在外饮食	116	171	315	147	75
(2)食品加工费	1	1	4	1	0
2、衣　着	476	596	703	469	529
a 衣　类	387	490	545	382	441
b 鞋　类	90	106	159	88	88
3、居　住	788	845	825	782	710
a 租赁房房租	28	18	1	13	21
b 住房维修及管理	226	181	262	92	250
c 水电燃料及其他	533	647	562	677	439
4、生活用品及服务	594	530	783	633	627
a 生活用品支出	582	510	762	621	621
b 家庭服务支出	12	20	22	12	6
5、交通通信	977	1565	1537	807	895
a 交　通	568	1020	899	416	521
(1)交通工具	136	429	310	55	206
(2)交通服务支出	433	591	589	361	316
a 通　信	409	545	638	392	374
(1)通信工具	76	150	201	34	89
(2)通信服务支出	333	395	437	358	285
6、教育文化娱乐	831	1145	821	598	938
a 教　育	622	903	476	476	691

单位：元

诏安县	长泰县	东山县	南靖县	平和县	华安县	龙海市
10259	**16234**	**20196**	**21607**	**13430**	**12489**	**18155**
1201	1891	8318	10363	6020	3883	
1090	1272	8205	10259	5136	3456	2707
241	909	69	1822	3323	2361	1052
8	4	0	133	24	121	95
642	347	236	8179	1789	906	455
200	12	7899	124		68	1105
61	325	16		879	89	96
58	324	0	0	879	10	17
3	1	16			79	79
49	294	97	104	5	338	198
46	261	56	3		276	78
2	17	32	89	4	37	101
0	13		9		9	16
		7.3				0.3
0	3	1	3	1	16	3
7250	8609	9610	7953	6533	6804	8852
3671	3792	4880	3427	3079	2535	3838
2920	2451	3867	2382	2257	1937	2864
71	209	32	222	22	37	213
71	202	32	219	21	33	210
0	7	0	3	0	4	2
381	499	574	442	427	532	489
314	399	466	363	343	451	378
67	100	108	79	84	80	111
600	823	808	606	656	980	1161
22	14		4		9	100
114	286	253	107	156	528	398
464	522	555	495	500	443	664
645	661	779	476	533	529	542
627	648	748	459	524	516	532
17	13	31	17	9	13	10
1020	1335	1065	1230	777	1016	930
562	901	651	847	426	643	492
64	185	91	340	62	241	56
498	716	561	507	363	402	435
458	434	413	383	351	373	438
114	90	86	66	66	76	41
344	344	327	317	285	297	397
456	883	862	1042	731	876	1089
315	540	459	867	616	655	822

5—33 续表 2

	漳州市	芗城区	龙文区	云霄县	漳浦县
b 文化娱乐	209	243	345	122	247
(1)文娱耐用消费品	64	58	37	31	82
(2)其他文娱用品	75	25	123	45	100
(3)文化娱乐服务	70	160	185	45	65
7、医疗保健	382	542	554	228	515
a 医疗器具及药品	132	108	199	104	138
b 医疗服务(不含报销医疗费)	251	435	356	125	377
(1)门诊费用(不含报销医疗费)	113	215	149	102	158
(2)住院费用(不含报销医疗费)	165	219	207	146	240
8、其他用品和服务	209	130	454	126	226
a 其他用品支出	163	95	373	89	179
b 其他服务	46	35	81	36	47
(三)现金财产性支出	28	22			71
1、生活贷款利息支出	28	22			71
2、其他财产性支出	0				
(四)现金转移性支出	257	163	269	314	282
1、个人所得税	20		2		
2、社会保障支出	175	100	240	230	191
3、外来从业人员寄给家人的支出	1				
4、赡养支出	28	17	28	61	7
5、其他转移性支出	33	46	0	24	85
(五)部分商业保险支出	14	20	0		7
1、意外伤害保险	3	1	0		
2、商业医疗保险(含大病保险)	3				7
3、其他非储蓄性商业保险	1				
4、其他储蓄性商业保险	8	19			
(六)购置资产及非经常性转移支出	1569	1625	1383	1261	1277
1、购置资产支出	526	22	158	352	263
2、非经常性转移支出	1044	1604	1225	909	1013
(七)借贷性支出	1124	131	1782	360	1077
1、存入储蓄款	832		844	142	726
2、借出款	50			50	24
3、归还借款	121	2	789	99	97
4、购买有价证券	0				1
5、其他投资支出	31				5
6、归还住房贷款	81		21	69	220
7、归还汽车贷款	6	129	128		
8、归还教育贷款					
9、归还其他贷款	1				
10、其他借贷支出	1				4

单位：元

诏安县	长泰县	东山县	南靖县	平和县	华安县	龙海市
142	343	403	175	114	220	267
61	121	101	60	27	143	57
31	115	157	49	70	19	104
50	107	145	66	17	58	106
308	358	406	502	271	214	428
98	144	152	256	80	60	162
210	214	255	245	192	154	266
75	134	122	118	51	35	144
140	84	132	156	198	120	121
168	259	236	229	60	119	375
135	168	202	200	25	87	306
34	91	34	29	35	32	70
3	48	10		28	45	28
3	48	10		26	45	28
				2	0	
126	640	191	343	155	195	295
	373	1				12
107	226	130	204	135	132	219
		17				
14	39	9	104	20	27	24
5	2	34	35	1	36	40
	17	2	33	2	16	47
		0	6	2	1	12
		2			13	7
	9		2			
	9		24		3	27
1612	2949	1147	1986	668	1119	2382
1046	639	527	143	268	810	813
566	2310	621	1843	400	308	1569
66	2080	917	929	23	430	3550
19	1527	660	862		275	2796
		5	36		2	216
38	492	200	32	3	444	242
						171
1	56	33		21	68	126
		8			42	
7	5					
1		11		0		

主要统计指标解释

从业人员劳动报酬 指各单位在一定时期内直接支付给本单位全部从业人员的劳动报酬总额。包括职工工资总额和本单位其他从业人员劳动报酬两部分。

职工工资总额 指各单位在一定时期内直接支付给本单位全部职工的劳动报酬总额。包括:计时工资、计件工资、奖金、津贴和补贴、加班加点工资和其他工资。

其他从业人员劳动报酬 指各单位在一定时期内直接支付给本单位其他从业人员的全部劳动报酬。

职工平均工资 指企业、事业、机关单位职工在一定时期内平均每人所得的货币工资额。是反映职工工资水平的主要指标。

城镇家庭人口 指居住在一起,经济上合在一起共同生活的家庭成员。凡计算为家庭人口的成员其全部收支都包括在本家庭中。

城镇就业面 指就业人口占家庭人口的百分比。

城镇就业者负担人数 指家庭人口与就业人口之比。

城镇家庭总收入 指家庭成员得到的工薪收入、经营净收入、财产性收入、转移性收入之和,不包括出售财物收入和借贷收入。

城镇家庭可支配收入 指家庭成员得到可用于最终消费支出和其它非义务性支出以及储蓄的总和,即居民家庭可以用来自由支配的收入。它是家庭总收入扣除交纳的所得税、个人交纳的社会保障支出以及记账补贴后的收入。计算公式为:

可支配收入=家庭总收入-交纳所得税-个人交纳的社会保障支出-记账补贴

城镇家庭总支出 指除借贷支出以外的全部家庭支出。包括消费性支出、购房建房支出、转移性支出、财产性支出、社会保障支出。

城镇家庭消费性支出 指家庭用于日常生活的支出,包括食品、衣着、家庭设备用品及服务、医疗保健、交通和通信、娱乐教育文化服务、居住、杂项商品和服务等八大类支出。

城镇家庭服务性消费支出 指家庭用于支付社会提供的各种非商品性服务费用。

城镇家庭收入分组方法 是将所有调查户按户人均可支配收入由低到高排队,按10%,10%,20%,20%,20%,10%,10%的比例依次分成:最低收入户、低收入户、中等偏下收入户、中等收入户、中等偏上收入户、高收入户、最高收入户等七组。总体中最低5%的户为困难户。

农村住户 指农村常住户。农村常住户指长期(一年以上)居住在乡镇(不包括城关镇)行政管理区域内的住户,以及长期居住在城关镇所辖行政村范围内的农村住户。户口不在本地而在本地居住一年及以上的住户也包括在本地农村常住户范围内;有本地户口,但举家外出谋生一年以上的住户,无论是否保留承包耕地都不包括在本地农村住户范围内。

常住人口 指全年经常在家或在家居住6个月以上,而且经济和生活与本户连成一体的人口。外出从业人员在外居住时间虽然在6个月以上,但收入主要带回家中,经济与本户连为一体,仍视为家庭常住人口;在家居住,生活和本户连成一体的国家职工、退休人员也为家庭常住人口。但是现役军人、中专及以上(走读生除外)的在校学生、以及常年在外(不包括探亲、看病等)且已有稳定的职业与居住场所的外出从业人员,不算家庭常住人口。家庭常住人口主要作为计算农村住户平均每人收入、消费和积累水平及分析家庭人口状况的依据。

整、半劳动力 整劳动力指男子18周岁到50周岁,女子18周岁到45周岁;半劳动力指男子16周岁到17周岁,51周岁到60周岁;女子16周岁到17周岁,46周岁到55周岁,同时具有劳动能力的人。虽然在劳动年龄之内,但已丧失劳动能力的人,不应算为劳动力;超过劳动年龄,但能经常参加劳动,计入半劳动力数内。常住人口中的职工,若这些职工为劳动力,就包括在本户的整半劳动力中。

总收入 指调查期内农村住户和住户成员从各种来源渠道得到的收入总和。按收入的性质划分为工资性收入、家庭经营收入、财产性收入和转移性收入。

工资性收入 指农村住户成员受雇于单位或个人,靠出卖劳动而获得的收入。

家庭经营收入 指农村住户以家庭为生产经营单位进行生产筹划和管理而获得的收入。农村住户家庭经营活动按行业划分为农业、林业、牧业、渔业、工业、建筑业、交通运输业邮电业、批发和零售贸易餐饮业、社会服务业、文教卫生业和其他家庭经营。

财产性收入 指金融资产或有形非生产性资产的所有者向其他机构单位提供资金或将有形非生产性资产供其支配,作为回报而从中获得的收入。

转移性收入 指农村住户和住户成员无须付出任何对应物而获得的货物、服务、资金或资产所有权等，不包括无偿提供的用于固定资本形成的资金。一般情况下，是指农村住户在二次分配中的所有收入。

现金收入 指农村住户和住户成员在调查期内得到以现金形态表现的收入。按来源分成工资性收入、家庭经营现金收入、财产性收入、转移性收入。

纯收入 指农村住户当年从各个来源得到的总收入相应地扣除所发生的费用后的收入总和。计算方法：

纯收入 = 总收入 − 税费支出 − 家庭经营费用支出 − 生产性固定资产折旧 − 赠送农村亲友支出

纯收入主要用于再生产投入和当年生活消费支出，也可用于储蓄和各种非义务性支出。"农民人均纯收入"按人口平均的纯收入水平，反映的是一个地区或一个农户农村居民的平均收入水平。

总支出 指农村住户用于生产、生活和再分配的全部支出。家庭经营费用支出、购置生产性固定资产支出、生产性固定资产折旧、税费支出、生活消费支出、财产性支出和转移性支出。

恩格尔系数 是用来衡量一个国家和地区人民生活水平的重要指标，指食品支出金额在生活消费支出金额中所占的比例。计算公式为：

恩格尔系数 = 食物支出额 ÷ 消费支出总额 × 100%

基尼系数 基尼系数是国际上通常用来判定收入分配差异程度的指标。基尼系数是根据分组资料计算的，等于实际收入分配线与绝对平均线所夹面积同绝对平均线对不平均线所夹面积之比。当基尼系数为 0.2 以下时，表示绝对平等；在 0.2–0.3 之间为比较平均；0.3–0.4 之间表示较为合理；0.4–0.5 之间表示差距较大；0.5 以上为差距悬殊。

第六篇　价格指数

6—1 主要年份全国、全省、全市各种价格指数

(上年 =100)

年 份	全 国		全 省		全 市	
	居民消费价格指数	工业品出厂价格指数	居民消费价格指数	工业品出厂价格指数	居民消费价格指数	工业品出厂价格指数
1978	100.7	100.1	100.2		100.8	
1979	101.9	101.5	102.8		102.3	
1980	107.5	100.5	105.3		103.5	
1981	102.5	100.2	102.7		103.1	
1982	102.0	99.8	103.4		103.0	
1983	102.0	99.9	101.3		101.7	
1984	102.7	101.4	102.1		102.5	
1985	109.3	108.7	111.3		113.7	
1986	106.5	103.8	106.5		105.9	
1987	107.3	107.9	109.4		108.2	
1988	118.8	115.0	126.5		128.6	
1989	118.0	118.6	118.9		120.1	
1990	103.1	104.1	99.3		98.6	
1991	103.4	106.2	103.5		101.8	
1992	106.4	106.8	105.9	102.7	106.9	
1993	114.7	124.0	115.4	117.1	115.1	
1994	124.1	119.5	125.3	116.9	126.4	
1995	117.1	114.9	115.2	115.7	116.6	
1996	108.3	102.9	105.9	101.8	106.3	
1997	102.8	99.7	101.7	100.3	101.9	
1998	99.2	95.9	99.7	95.7	98.8	
1999	98.6	97.6	99.1	96.6	100.4	
2000	100.4	102.8	102.1	100.5	101.8	
2001	100.7	98.7	98.7	98.1	98.6	
2002	99.2	97.8	99.5	97.6	99.3	
2003	101.2	102.3	100.8	100.7	101.5	99.5
2004	103.9	106.1	104.0	102.6	104.3	103.6
2005	101.8	104.9	102.2	100.2	102.1	101.1
2006	101.5	103.0	100.8	99.2	100.6	99.9
2007	104.8	103.1	105.2	100.8	104.7	102.9
2008	105.9	106.7	104.6	102.7	104.6	101.5
2009	99.3	94.6	98.2	95.5	98.1	98.2
2010	103.3	105.5	103.2	103.2	103.4	102.2
2011	105.4	106.0	105.3	103.9	105.0	104.8
2012	102.6	98.3	102.4	98.7	102.5	99.8
2013	102.6	98.1	102.5	98.4	102.5	99.1
2014	102.0	98.1	102.0	98.6	102.0	99.1

6—2 主要年份各种价

年份	居民消费价格指数	城市	农村	1、消费品价格指数	城市	农村	食品	烟酒及用品
1979	102.3							
1980	105.9							
1981	109.2							
1982	112.4	101.3	102.8	102.3	101.3	102.7	104.0	119.9
1983	114.3	104.6	104.0	103.7	104.6	103.4	105.8	118.9
1984	117.2	107.5	110.9	109.3	107.5	110.3	107.2	118.9
1985	133.3	126.3	131.6	130.0	128.6	130.6	133.8	120.5
1986	141.1	135.3	139.4	138.7	137.6	138.8	144.7	123.3
1987	152.7	146.4	150.7	150.5	150.4	150.2	161.5	124.6
1988	196.4	191.6	187.6	189.9	195.8	185.2	214.0	154.1
1989	235.8	225.9	220.1	227.1	231.3	224.1	257.8	165.6
1990	232.5	223.4	214.6	221.9	226.6	216.9	249.3	164.4
1991	236.7	227.4	218.6	225.4	230.0	220.8	249.6	172.3
1992	253.1	245.6	230.9	241.7	248.2	233.4	271.0	180.6
1993	291.3	283.2	266.2	275.8	283.2	266.1	313.0	199.2
1994	368.2	358.0	336.5	340.3	348.1	329.7	413.2	230.6
1995	429.3	422.8	389.0	388.9	398.5	376.8	491.7	239.2
1996	456.3	458.7	412.7	411.5	425.2	397.6	520.2	249.4
1997	465.0	470.2	420.2	414.0	426.5	401.5	519.2	262.7
1998	459.4	464.5	414.7	406.5	418.4	394.3	510.3	266.1
1999	461.3	459.0	417.2	396.4	409.2	383.7	495.0	266.9
2000	469.6	465.8	424.7	394.8	413.7	379.8	486.1	264.7
2001	463.0	458.4	419.2	386.1	404.6	371.4	469.1	275.6
2002	459.7	458.4	415.4	381.5	402.2	366.2	463.0	279.2
2003	466.6	460.7	422.5	386.0	403.0	371.4	473.2	283.4
2004	486.7	482.3	440.2	404.2	425.9	387.7	515.8	287.0
2005	496.9	489.6	450.3	410.2	429.8	393.9	531.3	289.3
2006	499.9	495.0	452.6	416.4	434.9	400.2	545.1	289.9
2007	523.4	520.7	473.4	441.0	461.0	423.4	607.8	293.4
2008	547.5	554.5	493.3	472.3	501.1	451.8	688.0	298.7
2009	537.1	539.5	484.9	461.3	487.1	442.8	674.2	300.2
2010	555.4	559.5	500.9	480.2	509.5	460.5	720.7	305.9
2011	583.2	586.4	525.9	510.5	540.6	489.5	780.0	312.6
2012	597.8	601.7	538.9	527.3	557.4	505.8	824.4	318.3
2013	612.7	616.8	552.4	540.5	571.3	518.5	845.1	326.3
2014	624.7	629.3	563.2	552.6	584.0	530.1	880.5	325.3

注:除居民消费价格指数外,其它消费分类项以1982年为基期;工业品价格指数以2002年为100。

格 总 指 数(以1978年价格为100)

消费品价格分类指数						2、服务项目价格指数			工业品出厂价格指数
衣着	家庭设备用品及维修服务	医疗保健和个人用品	交通和通讯	娱乐教育文化用品及服务	居住		城市	农村	
98.4	101.4	100.6	100.0	99.5	101.3	100.8	100.5	101.2	
99.5	100.5	107.3	100.0	99.0	103.0	104.0	104.3	103.9	
99.2	100.8	120.4	100.0	98.5	104.2	110.7	111.8	110.3	
101.1	103.3	121.4	100.0	100.4	104.3	113.2	114.6	112.5	
103.6	110.0	121.6	112.5	101.3	108.3	121.5	123.8	118.9	
105.3	116.3	124.4	123.2	101.7	112.2	129.0	132.7	126.2	
126.4	132.6	167.0	123.2	111.4	113.8	147.0	139.7	140.6	
146.8	147.4	204.6	153.9	114.2	115.2	170.3	162.6	161.8	
190.4	147.7	203.5	209.1	112.3	112.1	182.8	175.0	171.3	
177.0	149.9	217.0	270.8	109.0	140.0	189.2	183.0	174.8	
180.2	152.8	245.2	275.7	106.9	155.6	203.5	198.6	184.5	
183.5	160.9	257.2	344.3	108.1	206.5	258.9	250.8	238.8	
190.3	180.7	279.3	373.9	117.7	249.5	332.4	359.2	283.2	
231.9	196.9	303.3	391.8	121.2	283.2	421.8	552.8	341.2	
267.6	204.2	333.4	382.8	128.9	305.8	460.3	665.0	368.2	
294.1	205.0	370.1	366.0	126.4	339.8	515.0	730.8	413.1	
308.2	200.9	387.1	342.9	121.3	346.5	544.4	745.4	441.2	
296.2	195.3	400.6	327.2	115.7	354.9	718.6	786.4	643.8	
284.4	190.4	409.8	307.9	109.8	386.4	1008.9	940.6	942.5	
275.3	184.7	421.1	308.5	108.8	387.2	1041.2	957.6	978.3	
271.4	179.4	425.1	306.0	108.9	387.2	1062.0	987.2	994.0	
272.2	173.4	422.1	302.9	113.4	400.4	1092.8	1006.9	1024.8	99.5
270.1	170.7	424.2	302.0	117.0	422.8	1121.2	1009.9	1058.6	103.1
269.8	169.1	418.7	301.0	123.6	449.4	1178.4	1046.3	1120.0	104.2
261.2	169.5	409.1	310.4	116.8	462.5	1149.0	1059.9	1083.0	104.1
262.7	172.9	417.3	311.4	115.6	476.8	1158.2	1084.3	1087.4	107.1
261.6	176.0	427.3	306.1	108.2	504.9	1119.9	1073.5	1089.6	108.7
257.2	173.2	428.6	301.5	106.1	480.7	1109.8	1048.8	1083.1	106.8
252.8	174.4	438.9	303.9	106.8	507.6	1120.9	1055.1	1095.0	109.1
256.8	178.2	455.1	306.6	105.8	529.9	1142.2	1074.1	1115.8	113.9
267.0	181.1	467.9	307.2	104.0	532.7	1148.8	1089.0	1120.2	113.7
273.7	185.7	479.6	314.9	106.6	546.0	1177.5	1116.3	1148.3	112.6
280.5	186.7	483.3	314.4	107.3	551.4	1192.6	1133.4	1162.4	111.6

6—3 主要年份各种价

年份	居民消费价格指数	城市	农村	1、消费品价格指数	城市	农村	食品	烟酒及用品
1979	102.3							
1980	103.5							
1981	103.1							
1982	103.0	101.3	102.8	102.3	101.3	102.7	104.0	119.9
1983	101.7	103.3	101.2	101.4	103.3	100.7	101.7	99.2
1984	102.5	102.7	106.6	105.4	102.7	106.6	101.4	99.6
1985	113.7	117.5	118.7	119.0	119.6	118.4	124.8	101.3
1986	105.9	107.1	106.2	106.6	107.0	106.3	108.1	102.3
1987	108.2	109.2	108.1	108.5	109.3	108.2	111.6	101.1
1988	128.6	130.9	120.5	126.2	130.2	123.3	132.5	123.7
1989	120.1	117.9	121.1	119.6	118.1	121.0	120.5	107.4
1990	98.6	98.9	97.5	97.7	98.0	96.8	96.7	99.3
1991	101.8	101.8	101.8	101.6	101.5	101.8	100.1	104.8
1992	106.9	108.0	105.7	107.2	107.9	105.7	108.6	104.8
1993	115.1	115.3	115.3	114.1	114.1	114.0	115.5	110.3
1994	126.4	126.4	126.4	123.4	122.9	123.9	132.0	115.8
1995	116.6	118.1	115.6	114.3	114.5	114.3	119.0	103.7
1996	106.3	108.5	106.1	105.8	106.7	105.5	105.8	104.3
1997	101.9	102.5	101.8	100.6	100.3	101.0	99.8	105.3
1998	98.8	98.8	98.7	98.2	98.1	98.2	98.3	101.3
1999	100.4	98.8	100.6	97.5	97.8	97.3	97.0	100.3
2000	101.8	101.5	101.8	99.6	101.1	99.0	98.2	99.2
2001	98.6	98.4	98.7	97.8	97.8	97.8	96.5	104.1
2002	99.3	100.0	99.1	98.8	99.4	98.6	98.7	101.3
2003	101.5	100.5	101.7	101.2	100.2	101.4	102.2	101.5
2004	104.3	104.7	104.2	104.7	105.7	104.4	109.0	101.3
2005	102.1	101.5	102.3	101.5	100.9	101.6	103.0	100.8
2006	100.6	101.1	100.5	101.5	101.0	101.6	102.6	100.2
2007	104.7	105.2	104.6	105.9	106.0	105.8	111.5	101.2
2008	104.6	106.5	104.2	107.1	108.7	106.7	113.2	101.8
2009	98.1	97.3	98.3	97.8	97.2	98.0	98.0	100.5
2010	103.4	103.7	103.3	104.1	104.6	104.0	106.9	101.9
2011	105.0	104.8	105.0	106.3	106.1	106.3	111.0	102.2
2012	102.5	102.6	102.5	103.3	103.1	103.3	105.7	101.8
2013	102.5	102.7	102.4	102.7	102.6	102.7	105.3	99.5
2014	102.0	102.0	102.0	102.2	102.2	102.2	104.2	99.7

格 总 指 数(以上年价格为100)

消费品价格分类指数						2、服务项目价格指数	城　市	农　村	工业品出厂价格指数
衣　着	家庭设备用品及维修服务	医疗保健和个人用品	交通和通讯	娱乐教育文化用品及服务	居　住				
98.4	101.4	100.6	100.0	99.5	101.3	100.8	100.5	101.2	
101.1	99.1	106.7	100.0	99.5	101.7	103.2	103.8	102.7	
99.7	100.3	112.2	100.0	99.5	101.1	106.4	107.2	106.1	
101.9	102.5	100.8	100.0	101.9	100.1	102.3	102.5	102.0	
102.5	106.5	100.2	112.5	100.9	103.9	107.3	108.0	105.7	
101.6	105.7	102.3	109.5	100.4	103.6	106.3	107.2	106.1	
120.1	114.0	134.2	100.0	109.6	101.4	113.8	115.3	111.4	
116.1	111.2	122.5	124.9	102.5	101.2	115.9	116.4	115.1	
103.9	100.2	99.5	135.9	98.3	97.3	107.3	107.6	105.9	
101.8	101.5	106.6	129.5	97.1	124.9	103.5	104.6	102.0	
101.8	101.9	113.0	101.8	98.0	111.2	107.6	108.5	105.6	
103.7	105.3	104.9	124.9	101.2	132.7	127.2	126.3	129.4	
121.7	112.3	108.6	108.6	108.8	120.8	128.4	143.2	118.6	
115.4	109.0	109.9	104.8	103.0	113.5	126.9	153.9	120.5	
109.9	103.7	111.0	97.7	106.4	108.0	109.1	120.3	107.9	
104.8	100.4	104.6	95.6	98.0	111.1	111.9	109.9	112.2	
96.1	98.0	103.6	93.7	96.0	102.0	105.7	102.0	106.8	
96.0	97.2	102.3	95.4	95.4	102.4	132.0	105.5	145.9	
96.8	97.5	102.9	94.1	94.9	108.9	140.4	119.6	146.4	
98.6	97.0	100.8	100.2	99.1	100.2	103.2	101.8	103.8	
100.3	97.1	99.3	99.2	100.1	100.0	102.0	103.1	101.6	
99.2	96.7	100.5	99.0	104.1	103.4	102.9	102.0	103.1	99.5
99.9	98.4	98.7	99.5	103.2	105.6	102.6	100.3	103.3	103.6
96.8	99.1	97.7	99.7	105.6	106.3	105.1	103.6	105.8	101.1
99.7	100.2	99.1	103.1	94.5	102.9	97.5	101.3	96.7	99.9
100.6	102.0	102.0	100.3	99.0	103.1	100.8	102.3	100.4	102.9
99.6	101.8	102.4	98.3	93.6	105.9	96.7	99.0	96.2	101.5
98.3	98.4	100.3	98.5	98.1	95.2	99.1	97.7	99.4	98.2
98.3	100.7	102.4	100.8	100.7	105.6	101.0	100.6	101.1	102.2
101.6	102.2	103.7	100.9	99.1	104.4	101.9	101.8	101.9	104.8
104.0	101.6	102.8	100.2	98.3	100.5	100.6	101.4	100.4	99.8
101.9	101.1	101.0	100.4	102.5	100.8	102.1	103.2	101.9	99.1
102.5	100.6	100.8	99.9	100.7	101.0	101.3	101.5	101.2	99.1

6—4 居民消费价格指数

(以上年价格为100)

项　　目	全　市	城　市	农　村
居民消费价格指数	**102.0**	**102.0**	**102.0**
一、按商品和非商品分			
消费品价格指数	102.2	102.2	102.2
服务项目价格指数	101.3	101.5	101.2
二、按类别分			
食　品	104.2	104.0	104.2
烟酒及用品	99.7	98.7	99.9
衣　着	102.5	103.3	102.3
家庭设备用品及维修服务	100.6	99.6	100.8
医疗保健和个人用品	100.8	101.8	100.5
交通和通讯	99.9	100.0	99.8
娱乐教育文化用品及服务	100.7	100.6	100.7
居　住	101.0	101.3	100.9

6—5 居民消费价格分类指数(1990–2014)

(以上年价格为 100)

	1990	1991	1992	1993	1994	1995	1996	1997	1998	1999	2000	2001
居民消费价格指数	**98.6**	**101.8**	**107.3**	**115.2**	**126.4**	**116.6**	**106.3**	**101.8**	**98.8**	**100.4**	**101.8**	**98.6**
1、食　品	96.7	100.1	108.6	115.5	132.0	119.0	105.8	100.3	98.3	97.0	98.2	96.5
#粮　食	90.2	118.2	113.6	127.3	162.4	131.1	98.9	88.2	98.2	97.6	87.1	94.8
干豆类及豆制品							118.0	108.5	100.8	97.0	101.5	100.8
油　脂							98.7	99.0	95.5	98.1	96.1	89.4
淀粉及薯类							113.8	98.5	99.3	96.7	101.6	87.3
肉禽及其制品							108.1	103.0	91.5	90.5	97.7	95.9
蛋							115.6	87.0	97.2	97.3	84.7	105.2
水产品							105.7	102.8	96.2	94.0	106.3	94.3
菜							108.1	107.6	107.0	101.5	108.1	100.1
调味品							107.2	101.8	99.9	99.2	98.6	96.7
糖							98.7	100.8	93.6	88.6	106.4	107.7
茶及饮料							106.2	104.6	101.3	101.3	98.2	99.7
干鲜瓜果							109.8	109.8	109.8	109.8	109.8	109.8
糕点饼干							106.4	86.9	101.8	99.2	99.3	102.1
奶及奶制品							108.8	106.3	95.1	99.7	100.6	98.4
在外用膳食品							107.7	105.0	99.4	102.2	100.7	98.5
其他食品及加工服务费							105.3	104.3	100.6	101.4	102.2	97.0
2、烟酒及用品	99.3	104.8	104.8	110.3	117.0	103.2	102.4	107.8	101.3	100.6	99.8	104.1
3、衣着	103.9	101.8	101.8	103.7	121.9	115.4	109.9	102.7	96.1	96.0	96.8	98.6
#服　装							110.9	102.2	94.2	94.2	95.6	98.1
衣着材料							105.4	100.5	99.2	100.2	99.0	100.1
鞋袜帽							110.3	107.2	101.0	99.4	100.8	99.8
衣着加工服务费												100.6
4、家庭设备用品及维修服务费	100.2	101.5	101.9	105.3	112.3	109.0	103.7	100.0	98.0	97.2	97.5	97.0
#耐用消费品							101.8	98.0	96.6	95.8	95.9	94.9
室内装饰品							102.0	109.9	102.2	98.0	98.9	100.4
床上用品							105.2	102.0	100.0	100.5	99.6	99.2
家庭日用杂品							106.2	104.4	99.5	98.6	99.0	99.3
5、医疗保健和个人用品	99.5	106.6	113.0	104.9	108.6	109.9	111.0	104.7	103.5	102.3	102.9	100.8
6、交通和通讯	109.5	101.0	103.4	127.9	108.6	104.8	97.7	96.1	93.7	95.4	94.1	100.2
#交　通							98.3	97.6	94.7	95.8	97.0	98.2
通　信							96.0	90.1	90.7	93.8	85.1	103.4
7、娱乐教育文化用品及服务	98.3	97.1	98.0	101.2	108.8	103.0	106.4	96.6	96.0	95.4	94.9	99.1
#文娱用耐用消费品及服务							98.3	92.7	92.5	93.5	91.2	92.4
教　育							155.3	109.7	102.2	104.7	100.0	102.1
文化娱乐用品							116.3	106.5	101.9	97.2	102.1	100.3
8、居　住	102.6	101.9	113.2	136.9	120.8	113.5	108.0	109.9	102.0	102.4	108.9	100.2
#建房及装修材料							106.8	107.7	104.9	99.2	103.7	98.6
水、电、燃料							108.7	110.8	100.5	103.9	111.3	102.6

6—5 续表

(以上年价格为100)

	2002	2003	2004	2005	2006	2007	2008	2009	2010	2011	2012	2013	2014
居民消费价格指数	**99.3**	**101.5**	**104.3**	**102.1**	**100.6**	**104.7**	**104.6**	**98.1**	**103.4**	**105.0**	**102.5**	**102.5**	**102.0**
1、食　品	98.7	102.2	109.0	103.0	102.6	111.5	113.2	98.0	106.9	111.0	105.7	105.3	104.2
#粮　食	97.2	107.2	130.0	98.6	104.6	110.6	105.6	100.3	114.1	115.7	102.7	102.0	102.8
干豆类及豆制品	96.0	102.1	109.3	101.3	101.3	107.5	125.9	95.4	112.6	109.1	99.9	105.4	104.7
油　脂	99.7	107.9	115.5	97.9	100.2	118.3	118.5	84.9	104.2	110.9	100.8	101.9	96.7
淀粉及薯类	104.3	96.5	101.8	100.8	103.1	107.5	118.5	98.9	111.3	112.2	103.7	106.9	106.1
肉禽及其制品	96.6	101.1	110.6	103.3	98.0	127.0	120.5	89.7	101.8	120.3	103.4	102.4	101.4
蛋	108.5	92.5	110.6	104.1	96.7	117.1	105.2	100.7	107.0	113.0	97.1	112.2	105.6
水产品	96.5	100.6	107.2	105.5	102.1	104.4	108.8	98.4	108.9	108.6	107.7	109.2	108.2
菜	98.4	105.0	100.8	109.8	107.9	112.4	126.2	104.0	117.8	96.8	123.3	111.2	104.4
调味品	103.5	100.7	100.2	99.9	100.1	101.8	102.7	101.2	104.5	103.8	101.7	103.0	104.8
糖	96.1	96.0	106.9	107.9	114.3	98.8	100.8	103.8	112.4	112.0	101.7	98.7	98.5
茶及饮料	100.4	99.9	99.5	100.8	100.4	98.9	103.2	100.9	101.1	102.2	102.7	102.5	101.3
干鲜瓜果	109.8	109.8	109.8	105.6	123.6	106.3	107.4	113.5	113.3	118.3	105.2	109.9	113.8
糕点饼干	101.1	98.7	101.4	100.0	100.3	103.1	106.1	102.0	102.1	104.9	102.4	103.0	102.9
奶及奶制品	97.3	98.3	98.7	100.2	100.7	101.5	110.5	97.4	100.2	103.9	100.7	103.2	104.3
在外用膳食品	99.5	101.4	102.2	102.0	100.2	102.4	105.8	100.6	102.0	106.8	105.7	103.1	102.4
其他食品及加工服务费	99.2	97.8	101.4	97.9	99.3	102.7	105.3	102.7	102.6	108.9	104.2	105.3	102.3
2、烟酒及用品	101.3	101.5	101.3	100.8	100.2	101.2	101.8	100.5	101.9	102.2	103.2	99.5	99.7
3、衣着	102.7	99.2	99.9	96.8	99.7	100.6	99.6	98.3	98.3	101.6	102.3	101.9	102.5
#服　装	100.3	98.6	99.4	97.7	99.8	100.8	99.7	98.1	98.1	101.4	104.8	102.4	103.4
衣着材料	99.6	102.0	102.1	99.7	101.4	102.5	102.2	98.7	103.2	105.7	102.6	100.5	99.9
鞋袜帽	99.2	100.2	101.2	94.7	99.3	99.8	99.1	98.7	99.1	102.2	101.1	100.1	98.9
衣着加工服务费	103.2	100.9	98.4	99.6	100.0	100.6	100.2	101.7	100.9	102.0	105.4	103.1	103.6
4、家庭设备用品及维修服务费	102.1	96.7	97.5	99.1	100.2	102.0	101.8	98.4	100.7	102.2	101.6	101.1	100.6
#耐用消费品	97.1	96.1	99.9	98.5	100.4	102.5	100.2	95.6	99.8	101.2	100.1	100.0	100.1
室内装饰品	95.5	97.3	101.1	100.2	100.1	99.8	102.4	99.5	100.8	101.9	100.2	100.2	102.7
床上用品	103.0	98.5	98.8	99.4	101.0	99.2	99.6	97.7	103.2	105.0	101.0	99.9	100.6
家庭日用杂品	99.9	96.3	98.7	99.8	99.8	101.9	104.1	102.0	101.3	103.1	104.3	102.7	100.1
5、医疗保健和个人用品	99.3	100.5	99.5	97.7	99.1	102.0	102.4	100.3	102.4	102.2	102.8	101.0	100.8
6、交通和通讯	99.2	99.0	100.0	99.7	100.7	100.3	98.3	98.5	100.8	100.9	100.2	100.4	99.9
#交　通	97.8	100.1	98.9	100.9	103.6	101.4	102.9	99.5	102.5	102.4	101.1	101.2	100.1
通　信	101.5	97.8	103.2	98.2	97.7	99.1	93.6	97.3	91.6	99.4	99.2	99.5	99.5
7、娱乐教育文化用品及服务	100.1	104.1	95.6	105.6	94.5	99.0	93.6	98.1	100.7	99.1	98.3	102.5	100.7
#文娱用耐用消费品及服务	90.7	94.8	107.2	93.0	96.0	96.8	95.4	89.9	97.0	96.9	96.5	97.7	98.0
教　育	104.6	109.9	100.0	112.2	90.2	98.8	87.3	99.8	100.5	98.1	95.6	103.2	102.2
文化娱乐用品	99.8	100.6	100.0	100.0	100.2	101.2	102.0	103.3	100.9	101.3	101.8	102.5	100.7
8、居　住	100.0	103.4	105.6	106.3	102.9	104.4	105.9	95.2	105.6	104.4	100.5	100.8	101.0
#建房及装修材料	98.9	99.5	107.3	103.8	104.7	106.8	104.5	97.3	103.9	106.8	101.1	101.7	101.3
水、电、燃料	101.0	108.7	105.9	110.1	102.8	101.3	107.0	94.8	107.4	103.1	98.8	97.8	99.5

6—6 城市居民消费价格分类指数(1990-2014)

(以上年价格为100)

	1990	1991	1992	1993	1994	1995	1996	1997	1998	1999	2000	2001
居民消费价格指数	**98.9**	**101.8**	**108.0**	**115.2**	**126.9**	**118.1**	**108.5**	**102.5**	**98.8**	**98.8**	**101.5**	**98.4**
1、食　品	96.9	99.6	109.6	116.4	128.4	119.7	107.6	98.0	99.0	97.3	99.6	94.1
#粮　食	91.1	121.9	114.9	127.0	157.8	133.1	100.3	84.0	100.9	98.7	83.3	89.6
干豆类及豆制品							125.0	100.8	99.4	95.2	101.5	98.6
油　脂							92.8	96.4	99.8	100.1	98.1	82.1
淀粉及薯类							115.1	91.7	99.4	95.0	109.8	97.7
肉禽及其制品							107.0	104.4	89.0	87.9	100.1	93.1
蛋							115.7	81.9	103.1	94.8	83.2	106.9
水产品							107.3	97.3	99.4	90.8	121.1	89.4
菜							116.0	109.2	107.6	105.2	120.8	95.3
调味品							109.9	103.6	96.4	97.6	99.3	85.6
糖							98.5	98.3	93.1	82.9	98.6	114.3
茶及饮料							102.3	107.1	94.5	106.0	93.9	99.3
干鲜瓜果							106.9	99.5	115.2	101.5	99.8	98.4
糕点饼干							109.8	91.1	101.1	100.4	91.0	103.1
奶及奶制品							107.8	95.9	99.7	100.0	100.0	99.5
在外用膳食品							126.0	103.9	100.0	100.0	100.0	99.9
其他食品及加工服务费							106.5	101.4	100.2	100.0	113.0	94.1
2、烟酒及用品	99.4	107.6	108.0	110.6	119.3	96.0	114.2	99.4	98.6	102.5	100.0	113.1
3、衣着	104.5	103.3	102.5	104.2	133.9	116.3	114.9	109.8	93.6	97.5	97.9	99.4
#服　装							115.5	111.7	91.1	96.5	97.3	99.8
衣着材料							102.2	100.0	100.0	100.0	100.0	100.4
鞋袜帽							120.2	111.0	103.3	100.1	99.9	97.9
衣着加工服务费												100.4
4、家庭设备用品及维修服务费	100.3	102.3	102.1	105.5	118.4	107.9	106.3	102.7	99.7	98.3	97.5	99.2
#耐用消费品							102.7	103.2	99.5	97.6	96.2	97.0
室内装饰品							98.7	99.3	99.7	97.9	105.7	105.0
床上用品							102.5	100.0	100.0	99.5	99.4	101.1
家庭日用杂品							114.5	104.0	99.8	99.9	99.4	99.8
5、医疗保健和个人用品	99.6	105.5	113.2	105.0	115.7	115.0	108.7	104.3	100.4	101.8	103.4	97.6
6、交通和通讯	110.0	101.0	103.0	127.0	108.6	111.0	96.8	93.1	94.0	100.4	100.0	101.5
#交　通							96.2	97.3	96.2	102.0	103.7	96.8
通　信							97.9	89.7	88.6	89.5	75.0	105.8
7、娱乐教育文化用品及服务	97.8	96.6	97.9	101.1	108.9	101.1	110.7	105.5	98.3	98.1	99.1	97.2
#文娱用耐用消费品及服务							100.3	102.1	92.4	100.0	95.7	91.5
教　育							147.7	109.9	100.7	104.3	98.9	102.8
文化娱乐用品							121.1	109.4	102.2	94.9	103.0	100.7
8、居　住	102.1	102.5	113.2	136.9	116.8	105.3	101.2	118.5	101.3	100.1	107.6	102.0
#建房及装修材料							92.9	108.7	113.4	92.0	97.9	100.6
水、电、燃料							106.6	125.1	95.5	103.3	113.3	104.9

6—6 续表

(以上年价格为100)

	2002	2003	2004	2005	2006	2007	2008	2009	2010	2011	2012	2013	2014
居民消费价格指数	**100.0**	**100.5**	**104.7**	**101.5**	**101.1**	**105.2**	**106.5**	**97.3**	**103.7**	**104.8**	**102.6**	**102.7**	**102.0**
1、食　品	97.8	99.8	111.3	103.4	100.8	112.3	117.4	98.2	110.3	112.4	103.7	103.8	104.0
#粮　食	95.6	106.8	137.3	101.1	102.2	106.6	105.6	100.9	114.7	119.9	104.4	105.0	100.8
干豆类及豆制品	93.5	101.5	115.9	103.4	100.8	107.3	121.0	97.7	127.0	134.4	100.0	109.1	105.6
油　脂	96.7	107.7	118.1	99.4	99.5	106.7	112.0	89.8	107.7	116.1	105.6	100.9	97.7
淀粉及薯类	118.0	89.5	100.6	100.0	109.6	121.0	152.2	99.4	105.9	109.9	102.3	106.5	97.7
肉禽及其制品	95.0	99.0	120.9	105.7	97.0	131.8	122.3	85.5	105.2	120.2	101.5	100.0	100.6
蛋	105.4	91.6	122.0	104.4	98.1	110.9	108.9	103.0	109.5	112.8	99.3	114.5	104.9
水产品	91.3	99.0	99.5	97.6	97.3	101.7	110.1	101.7	115.4	105.4	106.0	103.4	110.2
菜	104.2	95.4	110.8	96.6	104.2	115.2	135.3	101.4	124.3	102.7	114.4	111.1	102.3
调味品	97.6	97.2	100.6	100.3	100.1	103.5	107.8	104.8	107.8	104.2	104.1	105.2	104.2
糖	118.6	96.6	96.9	107.6	113.6	105.4	105.2	112.2	103.8	113.5	99.8	94.2	99.3
茶及饮料	100.0	99.7	95.1	97.6	100.8	98.9	106.9	102.5	100.8	100.1	103.8	103.9	100.9
干鲜瓜果	101.4	105.2	90.8	116.5	116.6	105.6	107.4	103.3	119.5	116.9	99.0	108.4	114.6
糕点饼干	100.5	97.4	98.4	98.2	98.8	105.5	110.8	106.6	105.3	111.6	106.4	104.2	99.7
奶及奶制品	99.8	99.2	98.3	100.9	102.6	102.5	119.7	97.9	100.2	101.3	97.5	105.0	104.8
在外用膳食品	101.7	98.7	102.4	105.7	101.9	106.5	116.1	104.4	104.6	112.1	103.3	101.6	103.4
其他食品及加工服务费	92.8	94.2	109.5	101.3	98.4	104.5	110.5	106.9	105.5	116.4	99.0	97.9	97.9
2、烟酒及用品	108.1	99.6	102.9	101.6	100.0	99.0	101.0	100.0	102.7	101.7	102.2	100.6	98.7
3、衣着	103.2	97.3	98.8	92.8	101.8	97.5	94.7	92.3	91.3	100.1	105.2	101.2	103.3
#服　装	100.4	97.0	98.2	94.9	103.1	98.5	95.3	93.1	90.3	99.2	107.0	102.3	105.6
衣着材料	104.7	101.0	102.7	109.5	109.7	111.8	107.2	95.3	102.4	104.7	100.0	99.6	98.9
鞋袜帽	100.1	98.5	100.7	83.1	96.5	93.0	91.5	88.8	94.7	103.0	98.6	96.6	94.2
衣着加工服务费	99.5	100.0	100.0	100.0	100.0	104.1	100.0	100.0	103.1	100.5	114.7	113.4	102.4
4、家庭设备用品及维修服务费	96.8	95.3	98.7	100.0	99.5	101.4	102.0	100.1	99.3	99.6	102.2	99.0	99.6
#耐用消费品	115.1	96.2	99.4	100.0	99.4	100.6	99.0	98.1	98.4	96.2	98.7	97.7	100.1
室内装饰品	101.4	90.1	99.0	99.1	102.1	101.4	100.6	101.5	100.4	103.6	102.5	96.0	95.0
床上用品	99.6	100.1	98.7	95.6	94.7	95.4	98.3	100.4	101.4	104.8	97.5	92.4	97.4
家庭日用杂品	101.0	91.9	96.9	101.0	100.5	103.9	107.2	102.8	99.8	103.2	108.6	101.8	97.9
5、医疗保健和个人用品	97.6	98.7	97.9	95.1	99.0	101.5	103.4	100.1	101.0	102.9	103.3	102.2	101.8
6、交通和通讯	101.7	99.0	99.5	99.2	103.1	100.7	98.4	97.8	100.3	100.9	99.9	100.0	100.0
#交　通	98.9	101.3	100.4	100.7	107.8	102.4	103.1	98.7	101.1	102.3	101.4	100.4	100.0
通　信	104.8	98.0	99.0	98.3	97.3	98.6	92.7	96.7	99.2	99.2	98.0	99.4	99.9
7、娱乐教育文化用品及服务	99.5	102.2	100.3	102.0	98.9	98.2	95.0	97.7	101.0	100.2	99.3	102.6	100.6
#文娱用耐用消费品及服务	87.8	90.0	95.9	89.2	91.9	95.6	97.6	93.8	96.3	93.4	95.2	96.3	97.6
教　育	108.9	109.9	104.6	111.7	100.5	100.5	86.3	98.0	100.4	99.6	94.8	101.8	103.5
文化娱乐用品	100.2	102.3	100.3	99.8	100.5	100.8	103.0	109.2	103.1	102.5	101.1	103.2	100.4
8、居　住	100.8	109.2	104.2	106.4	103.5	104.9	105.7	90.6	104.3	103.2	103.1	105.0	101.3
#建房及装修材料	95.6	93.7	106.1	103.7	104.9	102.3	101.9	97.9	102.7	105.6	102.1	105.6	102.6
水、电、燃料	102.4	114.2	104.9	108.6	102.5	101.9	104.0	92.3	106.6	101.9	104.9	106.2	100.1

6—7 农村居民消费价格分类指数(1990-2014)

(以上年价格为100)

	1990	1991	1992	1993	1994	1995	1996	1997	1998	1999	2000	2001
居民消费价格指数	**97.5**	**101.8**	**105.7**	**115.3**	**126.4**	**115.6**	**106.1**	**101.9**	**98.7**	**100.6**	**101.8**	**98.7**
1、食　品	95.7	101.0	105.8	112.9	134.2	117.6	105.6	99.8	98.1	96.8	97.6	97.3
#粮　食	84.7	111.8	109.3	128.3	164.7	130.3	98.8	87.4	97.5	97.0	88.4	96.0
干豆类及豆制品							116.5	106.9	101.2	97.4	101.6	101.8
油　脂							99.2	98.4	94.8	96.8	95.6	91.3
淀粉及薯类							113.5	97.5	99.3	97.7	99.1	84.2
肉禽及其制品							108.2	103.1	92.1	92.0	96.9	97.1
蛋							115.5	86.0	95.4	99.0	85.5	104.5
水产品							105.5	101.6	95.1	96.1	101.8	96.2
菜							106.8	107.9	106.9	98.7	102.2	102.5
调味品							107.0	102.1	100.6	100.5	98.5	100.5
糖							98.8	100.4	93.9	91.4	107.9	106.7
茶及饮料							102.5	104.9	103.0	98.8	99.8	99.8
干鲜瓜果							106.1	103.5	103.4	100.3	99.7	91.1
糕点饼干							109.8	87.8	102.1	98.0	103.9	101.6
奶及奶制品							106.3	104.0	93.9	99.2	101.0	97.3
在外用膳食品							106.3	104.7	99.2	104.9	101.6	98.1
其他食品及加工服务费							107.8	103.8	100.7	101.0	96.0	97.2
2、烟酒及用品	99.1	102.7	103.9	109.7	116.2	104.4	104.0	106.8	102.0	100.3	99.8	101.4
3、衣着	101.8	100.5	100.7	102.8	115.6	116.7	109.3	104.8	96.6	95.4	96.5	98.3
#服　装							110.5	104.9	95.0	93.1	95.1	97.5
衣着材料							105.7	100.4	99.1	100.3	98.7	100.0
鞋袜帽							108.0	100.8	100.5	99.1	101.2	100.5
衣着加工服务费												100.6
4、家庭设备用品及维修服务费	99.9	100.8	101.6	105.1	109.6	108.4	103.4	100.4	97.7	96.7	97.6	96.5
#耐用消费品							101.7	98.7	96.1	94.8	95.8	94.7
室内装饰品							102.3	107.3	103.0	98.2	98.1	99.2
床上用品							105.3	101.7	100.0	100.7	99.7	98.8
家庭日用杂品							105.4	104.3	99.5	98.0	99.0	99.1
5、医疗保健和个人用品	99.2	107.5	112.7	104.8	106.7	110.1	111.2	104.6	104.0	102.6	102.8	101.8
6、交通和通讯	106.8	100.9	104.2	129.4	108.3	102.6	97.8	95.6	93.9	94.3	93.1	99.8
#交　通							98.4	97.5	94.7	94.2	95.9	98.5
通　信							95.8	90.0	91.3	94.4	85.8	102.2
7、娱乐教育文化用品及服务	100.3	97.7	98.1	101.4	106.8	102.7	106.0	98.0	95.0	93.8	93.3	99.7
#文娱用耐用消费品及服务							98.2	93.9	91.9	91.2	89.8	92.9
教　育							156.2	109.8	104.5	104.8	100.4	102.0
文化娱乐用品							115.9	107.1	101.8	98.7	101.4	100.1
8、居　住	104.2	101.8	113.7	137.5	123.3	116.8	108.7	111.1	102.2	104.2	109.4	99.6
#建房及装修材料							108.4	107.9	103.4	97.9	105.6	98.2
水、电、燃料							108.9	112.8	101.5	104.5	111.3	101.5

6—7 续表

(以上年价格为100)

	2002	2003	2004	2005	2006	2007	2008	2009	2010	2011	2012	2013	2014
居民消费价格指数	**99.1**	**101.7**	**104.2**	**102.3**	**100.5**	**104.6**	**104.2**	**98.3**	**103.3**	**105.0**	**102.5**	**102.4**	**102.0**
1、食　品	99.0	102.9	118.3	102.9	103.1	111.1	112.2	98.0	105.9	110.7	106.1	105.6	104.2
#粮　食	97.6	107.6	128.8	98.1	105.2	111.4	105.7	100.2	113.9	114.9	102.4	101.3	103.2
干豆类及豆制品	97.1	102.3	107.2	100.6	101.5	107.5	126.9	94.8	108.4	103.5	99.9	104.3	104.5
油　脂	100.4	107.9	114.9	97.6	100.4	121.4	120.1	83.9	103.2	109.8	99.7	102.1	96.5
淀粉及薯类	100.2	98.8	102.0	100.9	102.0	105.0	109.8	98.7	113.3	112.7	104.0	106.9	107.9
肉禽及其制品	97.3	101.5	107.8	102.5	98.2	125.3	119.9	90.8	100.7	120.4	103.8	102.8	101.6
蛋	109.7	93.1	108.3	104.0	96.4	119.0	104.2	99.9	106.2	113.0	96.6	111.7	105.7
水产品	98.9	101.3	110.1	108.4	103.1	105.0	108.6	97.8	107.2	109.3	108.0	110.4	107.8
菜	95.7	109.5	98.0	114.7	108.9	110.9	123.7	105.1	115.7	95.7	125.2	111.2	104.8
调味品	105.2	101.3	100.2	99.8	100.1	101.4	101.6	100.3	103.6	103.7	101.2	102.5	104.9
糖	92.1	95.3	107.8	107.9	114.4	97.3	99.5	101.9	114.6	111.7	102.1	99.6	98.4
茶及饮料	100.4	100.0	100.1	101.2	100.3	101.3	102.2	100.4	101.2	102.8	102.4	102.1	101.4
干鲜瓜果	109.3	104.6	97.9	101.5	125.1	106.3	107.5	115.6	111.9	118.7	106.7	110.3	113.6
糕点饼干	101.4	99.1	102.5	100.7	100.5	102.3	104.7	100.8	101.2	103.5	101.5	102.7	103.7
奶及奶制品	95.0	97.7	99.2	99.4	100.2	101.2	107.9	97.3	100.2	104.5	101.4	102.8	104.2
在外用膳食品	99.0	101.9	102.0	100.1	99.7	100.7	102.6	99.3	100.9	105.2	106.4	103.6	102.0
其他食品及加工服务费	99.9	98.3	99.9	97.2	99.5	102.3	104.2	101.8	101.9	107.6	105.2	106.7	103.0
2、烟酒及用品	99.0	101.9	101.0	100.6	100.2	101.6	102.0	100.2	101.8	102.3	101.8	99.3	99.9
3、衣着	99.1	100.0	100.2	98.1	99.3	101.6	100.7	99.8	100.7	101.9	103.7	102.1	102.3
#服　装	98.1	99.6	99.8	97.8	99.2	101.6	100.7	99.5	100.7	101.9	104.2	102.4	102.9
衣着材料	98.8	102.1	102.1	99.2	100.3	101.0	101.2	99.5	103.5	105.8	103.1	100.7	100.0
鞋袜帽	102.8	100.9	101.3	98.7	99.9	101.9	100.8	100.9	100.6	102.1	101.7	100.9	100.0
衣着加工服务费	102.5	101.0	99.8	99.6	100.0	100.2	100.2	102.0	100.5	102.2	104.3	101.8	103.7
4、家庭设备用品及维修服务费	96.8	97.0	98.4	98.9	100.4	102.0	101.8	98.1	101.0	102.8	101.5	101.6	100.8
#耐用消费品	95.9	96.2	96.9	98.0	100.6	102.8	100.6	95.2	100.2	102.3	100.4	100.5	100.1
室内装饰品	98.4	99.1	100.0	100.3	99.7	99.5	102.8	99.1	100.8	101.6	99.7	101.2	104.5
床上用品	99.1	98.1	101.5	100.0	102.3	100.1	100.0	97.2	103.6	105.0	101.7	101.5	101.2
家庭日用杂品	97.9	97.5	99.3	99.5	99.7	101.4	103.4	101.8	101.6	103.1	103.3	102.9	100.6
5、医疗保健和个人用品	99.8	100.8	99.1	98.5	99.1	102.6	102.3	100.4	102.6	103.8	102.7	100.7	100.5
6、交通和通讯	98.3	99.1	99.5	99.9	100.1	102.0	98.3	98.6	100.9	100.9	100.2	100.5	99.8
#交　通	97.6	99.9	99.9	101.0	102.4	100.1	102.9	99.8	102.9	102.4	101.0	101.4	100.2
通　信	99.7	97.8	98.8	98.2	97.8	101.0	93.8	97.4	98.9	99.4	99.5	99.5	99.5
7、娱乐教育文化用品及服务	100.3	104.4	103.7	106.6	93.6	99.2	93.3	97.7	100.7	98.9	98.1	102.4	100.7
#文娱用耐用消费品及服务	92.3	95.8	95.4	94.8	96.8	97.1	94.9	89.3	97.2	97.7	96.8	98.0	98.1
教　育	103.7	109.4	107.5	112.3	88.5	98.4	87.3	100.1	100.5	97.8	95.8	103.5	101.9
文化娱乐用品	99.6	99.9	99.8	100.1	100.2	101.3	101.8	102.1	100.3	101.1	101.9	102.3	100.8
8、居　住	99.7	101.2	106.0	106.2	102.8	102.6	105.8	96.2	105.9	104.7	100.0	100.0	100.9
#建房及装修材料	99.3	100.0	107.1	103.8	104.6	107.9	105.2	97.0	104.2	107.1	100.9	100.9	101.0
水、电、燃料	100.1	104.7	106.3	110.7	102.9	101.2	107.5	95.2	107.6	103.3	97.6	96.1	99.3

6—8 分县(市、区)居民消费价格指数

(以上年价格为 100)

	居民消费价格总指数	其中:①服务项目价格指数	②消费品价格指数
全　　市	**102.0**	**101.3**	**102.2**
市　　区	102.0	101.5	102.2
龙 海 市	102.1	100.9	102.6
云 霄 县	101.9	101.6	102.0
漳 浦 县	101.9	101.4	102.1
诏 安 县	101.8	101.1	102.1
长 泰 县	102.1	102.5	102.0
东 山 县	101.7	101.8	101.7
南 靖 县	101.8	100.2	102.4
平 和 县	101.6	101.5	101.7
华 安 县	102.1	100.6	102.4

6—9 工业品出厂价格指数(2003-2014)

(以上年价格为 100)

	2003	2004	2005	2006	2007	2008	2009	2010	2011	2012	2013	2014
总指数	**99.5**	**103.6**	**101.1**	**99.9**	**102.9**	**101.5**	**98.2**	**102.2**	**104.8**	**99.8**	**99.1**	**99.1**
按轻重分												
轻工业	99.6	103.0	100.3	100.0	103.7	100.0	100.0	101.5	105.6	100.4	99.2	98.9
以农产品为原料	99.7	103.8	100.9	102.9	107.3	101.0	100.5	104.5	108.7	100.4	98.7	99.1
以非农产品为原料	99.6	101.9	99.7	97.3	100.2	99.0	99.4	98.2	99.5	100.5	100.4	98.5
重工业	99.3	105.0	103.2	99.8	101.6	104.1	95.9	103.4	103.8	99.0	98.9	99.3
采掘工业	98.9	100.6	101.8	101.0	100.4	103.6	105.3	101.0	105.8	102.0	102.9	104.7
原料工业	101.0	104.0	100.7	100.1	101.0	100.8	100.3	102.1	103.5	103.3	99.5	98.8
加工工业	98.1	106.3	106.4	99.4	102.3	108.8	92.1	104.5	103.9	97.4	98.6	99.5
按两大部类分												
生产资料	100.1	105.1	103.6	99.8	101.6	104.0	96.6	102.4	103.9	99.0	98.3	98.9
采掘工业	98.9	100.6	101.8	101.0	100.4	103.6	105.3	101.0	105.8	102.0	102.9	104.7
原料工业	100.9	104.0	100.8	100.3	100.8	100.2	100.4	102.1	103.6	103.3	99.5	98.9
加工工业	99.9	105.7	105.8	99.5	102.3	106.9	94.8	102.6	104.0	97.7	98.0	98.9
生活资料	99.2	102.3	99.4	100.1	104.1	99.1	101.1	101.9	105.8	100.7	100.0	99.3
食　品	99.2	103.7	100.8	104.4	110.7	100.8	99.4	105.0	110.8	101.1	99.2	99.8
衣　着	99.3	107.8	101.9	100.3	95.0	101.3	103.6	99.6	110.0	100.6	101.0	100.2
一般日用品	100.2	100.7	101.8	101.6	102.0	101.1	100.3	99.1	101.8	102.3	99.9	100.1
耐用消费品	96.2	92.6	96.1	94.7	98.6	96.1	98.5	98.0	97.9	99.1	101.3	97.7
按工业部门分												
冶金工业	101.2	104.3	109.4	96.5	103.9	111.7	86.2	104.0	105.8	93.4	97.0	96.9
电力工业	100.4	103.8	100.8	100.0	100.3	100.0	102.8	101.1	101.7	104.6	99.2	98.9
煤炭及炼焦工业	98.2	100.0							100.7	100.2	100.2	100.7
石油工业	102.8						73.4	104.9	107.7	103.6	105.1	98.6
化学工业	101.4	104.0	107.9	100.2	104.5	107.0	89.4	103.8	106.8	103.1	100.9	99.8
机械工业	96.1	101.7	98.2	97.2	99.3	97.7	98.8	98.8	99.8	99.5	100.3	99.7
建筑材料工业	100.6	105.4	101.7	101.5	100.2	102.8	102.8	99.9	105.3	98.0	96.5	100.4
森林工业	99.3	99.3	100.3	100.3	99.6	97.2	99.1	102.1	100.4	101.5	100.5	100.5
食品工业	99.3	104.4	100.6	104.4	111.1	101.0	98.8	104.7	110.1	101.1	99.2	99.7
纺织工业	99.7	100.7	104.6	97.6	100.5	100.7	96.7	106.7	106.1	98.5	95.6	98.1
缝纫工业	97.7	112.5	102.5	102.6	95.3	100.3	105.8	99.3	113.1	100.6	100.9	100.6
皮革工业	100.9	102.2	103.8	97.3	96.1	102.7	100.2	101.1	99.1	100.1	101.7	99.0
造纸工业	101.3	104.2	100.8	97.3	100.2	104.3	96.6	107.1	104.1	98.1	94.6	95.9
文教艺术用品工业	101.9	101.2	101.2	101.2	100.4	99.8	101.8	97.5	101.0	100.1	98.8	98.8
其它工业	100.7	100.7	101.6	102.5	101.5	100.8	100.7	102.1	104.6	102.8	101.0	100.5

6—10 分行业工业品出厂价格指数(2003-2014)

(以上年价格为100)

	2003	2004	2005	2006	2007	2008	2009	2010	2011	2012	2013	2014
煤炭开采和洗选业	98.2	—	—	—	—	—	—	—	—			
有色金属矿采选业	102.2	99.7	100.9	100.6	—	—	100.6	99.8	—			
非金属矿采选业	99.0	100.6	101.8	101.1	100.4	103.4	106.8	101.1	105.8	102.0	102.9	104.7
农副食品加工业	101.4	108.0	100.4	104.0	114.0	102.7	98.1	105.5	109.5	100.2	99.3	99.0
食品制造业	96.5	100.8	101.3	106.7	106.5	96.8	98.8	103.3	112.4	101.0	97.9	101.4
饮料制造业	99.2	100.0	99.9	100.5	100.4	101.3	100.2	104.9	106.9	108.6	102.3	100.5
纺织业	100.7	100.9	102.1	96.8	101.6	101.5	97.6	104.8	105.1	99.8	96.6	99.2
纺织服装、鞋、帽制造业	97.3	114.4	103.4	103.4	95.3	100.3	106.1	98.8	114.6	100.6	101.3	100.5
皮革、毛皮、羽毛(绒)及其制品业	100.9	102.2	103.8	97.3	96.1	102.7	100.0	101.3	100.7	99.1	102.9	100.4
木材加工及木、竹、藤、棕、草制品业	98.7	100.6	100.9	101.0	102.3	99.4	98.9	100.6	99.5	102.3	100.8	103.1
家具制造业	98.8	96.6	102.4	99.1	99.1	99.3	99.2	96.8	102.8	97.9	98.0	98.8
造纸及纸制品业	101.3	104.2	100.8	97.3	100.2	104.3	96.6	107.1	104.1	98.1	94.6	95.9
印刷业和记录媒介的复制	98.8	102.7	102.6	98.3	100.5	100.8	103.1	88.3	101.4	100.3	97.4	97.3
文教体育用品制造业	102.2	101.0	101.1	102.2	100.4	99.4	100.6	100.2	100.8	100.4	99.2	99.4
石油加工、炼焦及核燃料加工业	102.8	—	—	—	—	—	73.4	104.9	107.7	103.6	105.1	98.6
化学原料及化学制品制造业	99.3	106.2	108.4	99.2	105.1	112.2	91.3	104.7	108.3	104.2	100.5	99.2
医药制造业	103.5	102.1	106.9	99.9	100.1	100.4	100.4	106.9	112.8	115.9	109.7	99.4
橡胶制品业	100.1	99.9	97.3	100.6	99.3	—	100.0	90.5	96.9	98.9	98.4	100.9
塑料制品业	101.1	104.0	112.4	102.0	106.1	103.4	85.8	101.8	102.5	101.2	100.5	100.0
非金属矿物制品业	101.4	105.9	101.8	101.5	100.4	103.8	102.4	99.9	105.2	98.0	96.2	100.2
黑色金属冶炼及压延加工业	105.2	105.4	111.0	93.8	106.9	117.4	81.8	111.3	108.8	90.7	95.3	95.1
有色金属冶炼及压延加工业	—	—	101.8	120.4	103.2	98.3	91.9	114.6	101.7	94.2	95.6	95.2
金属制品业	100.6	104.1	108.7	98.5	100.9	106.5	96.1	94.9	101.9	100.3	100.4	100.0
通用设备制造业	96.5	107.5	106.4	109.3	101.1	98.6	98.6	102.1	100.8	100.2	102.8	100.6
专用设备制造业	98.6	99.7	100.1	96.5	103.0	103.5	100.0	100.2	103.3	100.6	100.4	98.4
交通运输设备制造业	99.5	104.3	99.3	97.8	95.9	104.3	98.9	100.2	102.3	97.8	98.5	102.6
电气机械及器材制造业	99.5	104.8	99.2	98.8	101.6	100.1	100.5	100.2	96.4	100.3	97.9	99.0
通信设备、计算机及其他电子设备制造业	91.1	83.0	82.8	87.9	95.2	90.5	94.5	93.6	95.2	99.7	108.2	96.2
仪器仪表及文化、办公用机械制造业	100.6	102.1	102.4	103.1	101.5	100.7	101.9	97.8	105.1	103.0	100.0	98.9
工艺品及其他制造业	100.6	99.2	101.2	103.2	101.9	99.2	101.2	103.5	103.6	103.4	101.2	99.9
电力、热力的生产和供应业	100.4	103.8	100.8	100.0	100.3	100.0	102.8	101.1	101.7	104.6	99.2	98.9
水的生产和供应业	101.9	100.0	100.0	104.4	102.6	100.0	100.0	100.0	100.0	100.0	100.0	100.7

6—11 分县(市、区)工业品出厂价格指数(2003-2014)

(以上年价格为100)

	2003	2004	2005	2006	2007	2008	2009	2010	2011	2012	2013	2014
全　市	**99.5**	**103.6**	**101.1**	**99.9**	**102.9**	**101.5**	**98.2**	**102.2**	**104.8**	**99.8**	**99.1**	**99.1**
市　直	98.5	103.9	101.1	101.1	98.0	102.1	102.5	—	—			
芗　城	99.8	101.5	102.1	99.0	100.6	105.1	96.5	102.2	104.5	97.9	98.3	98.8
龙　文	98.6	102.1	103.1	100.7	101.9	102.2	97.2	100.5	105.3	100.9	99.3	100.1
龙　海	100.2	103.7	102.1	100.3	103.8	103.2	99.0	102.2	105.8	101.6	99.2	99.8
云　霄	99.7	103.1	102.5	100.7	100.5	101.8	99.5	103.1	104.9	101.5	99.6	100.5
漳　浦	99.8	102.4	101.7	101.3	101.1	101.6	103.0	101.7	105.3	101.8	100.9	100.7
诏　安	98.8	100.7	102.2	100.6	99.9	101.7	98.2	102.1	104.1	102.8	100.3	101.0
长　泰	99.5	103.9	102.6	102.2	101.7	104.4	93.9	103.2	103.8	102.5	97.5	98.0
东　山	98.6	105.0	100.8	100.8	100.3	100.3	93.5	101.4	101.1	101.7	102.7	102.9
南　靖	96.4	98.6	89.2	92.9	98.8	95.7	99.4	102.2	103.0	99.9	99.6	98.2
平　和	99.0	103.5	102.0	107.1	103.7	100.1	96.9	102.3	106.3	100.8	98.7	99.1
华　安	104.6	105.4	103.3	99.9	104.9	107.4	97.5	102.7	106.3	102.3	97.2	100.3

主要统计指标解释

居民消费价格指数 是度量一组代表性消费商品及服务项目价格水平随着时间而变动的相对数,是反映居民家庭购买并用于消费的商品和服务价格水平变动趋势和变动幅度的统计指标。它是分析和制定货币政策、价格政策、居民消费政策、工资政策以及进行国民经济核算的重要依据。其按年度计算的变动率通常被用来作为反映通货膨胀(或紧缩)程度的指标。

工业品出厂价格指数 是反映工业品出厂价格在一定时期内变动幅度的相对数。工业品出厂价格是工业品进入流通领域的初始价格,是制定其他销售价格的基础。通过它可以观察轻工业与重工业、生产资料与生活资料及分部门工业产品价格的变动趋势和变动幅度,消除价格变动因素,真实反映工业产成品实际价值量。

第七篇　财政金融

7—1　主要年份全国、全省、全市财政收支总额及增长速度

单位：亿元、%

年　份	全　国				全　省				漳　州			
	公共财政总收入		公共财政支出		公共财政总收入		公共财政支出		公共财政总收入		公共财政支出	
	总额	增速	总额	增速	总额	增速	总额	增速	总额	增速	总额	增速
1950	62.17		68.05		0.83		0.42		0.04	139.2		
1951	124.96	101.0	122.07	79.4	1.58	90.4	0.75	78.6	0.06	39.5		
1952	173.94	39.2	172.07	41.0	2.20	39.2	1.25	66.7	0.14	149.6		
1953	213.24	22.6	219.21	27.4	1.98	−10.0	1.40	12.0	0.32	129.4	0.08	
1954	245.17	15.0	244.11	11.4	2.32	17.2	1.49	6.4	0.36	14.8	0.08	0.3
1955	249.27	1.7	262.73	7.6	2.46	6.0	1.49	0.0	0.35	−2.8	0.10	24.7
1956	280.19	12.4	298.52	13.6	2.96	20.3	2.44	63.8	0.38	7.7	0.11	11.7
1957	303.20	8.2	295.95	−0.9	3.22	8.8	2.47	1.2	0.41	7.0	0.15	29.8
1958	379.62	25.2	400.36	35.3	5.52	71.4	6.77	174.1	0.72	76.5	0.41	174.9
1959	487.12	28.3	543.17	35.7	7.38	33.7	8.97	32.5	0.57	−20.8	0.23	−43.9
1960	572.29	17.5	643.68	18.5	7.31	−0.9	11.05	23.2	0.57	0.4	0.25	11.3
1961	356.06	−37.8	356.09	−44.7	4.95	−32.3	5.78	−47.7	0.34	−40.6	0.17	−33.2
1962	313.55	−11.9	294.88	−17.2	5.07	2.4	3.60	−37.7	0.52	52.1	0.14	−15.6
1963	342.25	9.2	332.05	12.6	5.20	2.6	4.17	15.8	0.62	20.5	0.27	86.1
1964	399.54	16.7	393.79	18.6	5.92	13.8	4.52	8.4	0.63	1.9	0.23	−12.5
1965	473.32	18.5	459.97	16.8	6.60	11.5	4.99	10.4	0.76	19.5	0.25	8.4
1966	558.71	18.0	537.65	16.9	6.70	1.5	5.36	7.4	0.79	3.7	0.24	−3.2
1967	419.36	−24.9	439.84	−18.2	5.26	−21.5	4.43	−17.4	0.65	−16.8	0.24	−0.7
1968	361.25	−13.9	357.84	−18.6	3.50	−33.5	3.33	−24.8	0.57	−13.5	0.20	−19.3
1969	526.76	45.8	525.86	47.0	5.18	48.0	5.34	60.4	0.56	−1.2	0.30	54.1
1970	662.90	25.8	649.41	23.5	6.45	24.5	8.34	56.2	0.65	16.6	0.39	28.3
1971	744.73	12.3	732.17	12.7	6.85	6.2	9.11	9.2	0.79	20.5	0.51	31.3
1972	766.56	2.9	765.86	4.6	8.59	25.4	9.15	0.4	1.03	31.7	0.53	3.4
1973	809.67	5.6	808.78	5.6	9.58	11.5	10.24	11.9	0.84	−18.9	0.59	11.1
1974	783.14	−3.3	790.25	−2.3	9.29	−3.0	10.18	−0.6	0.75	−10.3	0.56	−5.1
1975	815.61	4.1	820.88	3.8	9.59	3.2	9.86	−3.1	0.78	3.5	0.60	7.4
1976	776.58	−4.8	806.20	−1.8	8.91	−7.1	10.14	2.8	0.69	−11.9	0.63	5.1
1977	874.46	12.6	843.53	4.6	10.48	17.6	11.35	11.9	0.94	36.8	0.12	−81.3
1978	1132.26	29.5	1122.09	33.0	15.13	44.4	15.14	33.4	1.30	38.7	0.94	696.7
1979	1146.38	1.2	1281.79	14.2	12.72	−15.9	16.03	5.8	1.23	−5.8	1.05	12.4
1980	1159.93	1.2	1228.83	−4.1	15.33	20.5	15.05	−6.1	1.41	15.0	1.11	5.2
1981	1175.79	1.4	1138.41	−7.5	14.52	−5.3	14.27	−5.2	1.51	7.4	1.21	9.5
1982	1212.33	3.1	1229.98	8.0	13.67	−5.8	16.42	15.1	1.60	5.6	1.27	4.6

7—1 续表

单位：亿元、%

年份	全国				全省				漳州			
	公共财政总收入		公共财政支出		公共财政总收入		公共财政支出		公共财政总收入		公共财政支出	
	总额	增速	总额	增速	总额	增速	总额	增速	总额	增速	总额	增速
1983	1366.95	12.8	1409.52	14.6	12.37	-9.5	17.55	6.9	1.51	-5.7	1.37	8.4
1984	1642.86	20.2	1701.02	20.7	16.78	35.7	20.52	17.0	1.52	0.8	1.63	18.8
1985	2004.82	22.0	2004.25	17.8	25.08	49.5	30.64	49.3	1.79	17.8	2.01	23.3
1986	2122.01	5.8	2204.91	10.0	29.14	16.2	37.62	22.8	2.12	18.2	2.72	35.3
1987	2199.35	3.6	2262.18	2.6	33.16	13.8	39.99	6.3	2.59	22.2	2.82	3.7
1988	2357.24	7.2	2491.21	10.1	40.16	21.1	49.29	23.3	3.43	32.5	3.71	31.3
1989	2664.90	13.1	2823.78	13.3	53.01	32.0	60.48	22.7	4.61	34.4	4.30	16.0
1990	2937.10	10.2	3083.59	9.2	57.06	7.6	68.45	13.2	5.15	11.6	4.87	13.3
1991	3149.48	7.2	3386.62	9.8	69.70	22.2	78.13	14.1	5.72	11.1	5.36	10.1
1992	3483.37	10.6	3742.20	10.5	75.35	8.1	84.50	8.2	6.41	12.1	6.12	14.2
1993	4348.95	24.8	4642.30	24.1	110.58	46.7	113.88	34.8	9.56	49.1	8.76	43.1
1994	5218.10	20.0	5792.62	24.8	149.66	35.3	137.73	20.9	12.20	27.6	10.13	15.6
1995	6242.20	19.6	6823.72	17.8	184.58	23.3	171.58	24.6	15.36	25.9	12.60	24.4
1996	7407.99	18.7	7937.55	16.3	215.11	16.5	200.31	16.7	18.66	21.5	15.60	23.8
1997	8651.14	16.8	9233.56	16.3	251.30	16.8	224.36	12.0	21.98	17.8	18.49	18.5
1998	9875.95	14.2	10798.18	16.9	281.42	12.0	254.87	13.6	25.28	15.0	21.15	14.4
1999	11444.08	15.9	13187.67	22.1	312.57	11.1	279.24	9.6	28.97	14.6	24.44	15.6
2000	13395.23	17.0	15886.50	20.5	369.67	18.3	324.18	16.1	31.60	9.1	26.40	8.0
2001	16386.04	22.3	18902.58	19.0	428.33	15.9	373.19	15.1	30.11	-4.7	24.91	-5.6
2002	18903.64	15.4	22053.15	16.7	476.20	11.2	397.56	6.5	27.82	-7.6	23.21	-6.8
2003	21715.25	14.9	24649.95	11.8	551.00	15.7	452.30	13.8	30.96	11.3	26.40	13.7
2004	26396.47	21.6	28486.89	15.6	622.57	13.0	516.68	14.2	38.10	23.1	31.14	18.0
2005	31649.29	19.9	33930.28	19.1	788.11	26.6	593.07	14.8	50.61	32.8	39.80	27.8
2006	38760.20	22.5	40422.73	19.1	1012.77	28.5	728.70	22.9	63.75	26.0	49.57	24.5
2007	51321.78	32.4	49781.35	23.2	1282.84	26.7	910.64	25.0	83.84	31.5	68.30	37.8
2008	61330.35	19.5	62592.66	25.7	1516.51	18.2	1137.72	24.9	101.58	21.2	92.26	35.1
2009	68518.30	11.7	76299.93	21.9	1694.63	11.7	1411.82	24.1	113.79	12.0	120.73	30.9
2010	83101.51	21.3	89874.16	17.8	2056.01	21.3	1695.09	20.1	139.40	22.5	147.52	22.2
2011	103874.43	25.0	109247.79	21.6	2597.01	26.3	2198.18	29.7	174.53	25.2	182.43	23.7
2012	117253.52	12.9	125952.97	15.3	3008.88	15.9	2607.50	18.6	205.48	17.7	221.77	21.6
2013	129209.64	10.1	140212.10	11.3	3430.35	14.0	3068.80	17.7	237.79	15.7	262.25	18.3
2014	140349.74	8.6	151661.54	8.2	3828.02	11.6	3306.70	7.8	263.84	11.0	274.50	4.7

注:1、在国家财政收支中,价格补帖1985年以前冲减财政收入,1986年以后列为财政支出。为了可比,本表将1985年以前冲减财政收入的价格补帖改列在财政支出中。2、从2000年起,财政支出中包括国内外债务付息支出。3、2014年全国数据为预算执行数。

7—2 主要年份全国、全省、全市公共财政总收入及相当于GDP比例

单位：亿元、%

年份	全国			全省			漳州		
	公共财政总收入	国内生产总值	公共财政总收入相当于GDP比例	公共财政总收入	地区生产总值	公共财政总收入相当于GDP比例	公共财政总收入	地区生产总值	公共财政总收入相当于GDP比例
1949							0.02	1.12	1.5
1950	62.17			0.83	9.54	8.7	0.04	1.30	3.1
1951	124.96			1.58	10.41	15.2	0.06	1.41	3.9
1952	173.94	679.00	25.6	2.20	12.73	17.3	0.14	1.61	8.6
1953	213.24	824.00	25.9	1.98	14.38	13.8	0.32	1.79	17.7
1954	245.17	859.00	28.5	2.32	14.86	15.6	0.36	1.90	19.2
1955	249.27	910.00	27.4	2.46	16.45	15.0	0.35	1.97	18.0
1956	280.19	1028.00	27.3	2.96	20.81	14.2	0.38	2.48	15.4
1957	303.20	1068.00	28.4	3.22	22.03	14.6	0.41	2.62	15.6
1958	379.62	1307.00	29.0	5.52	24.39	22.6	0.72	3.14	22.9
1959	487.12	1439.00	33.9	7.38	29.22	25.3	0.57	3.47	16.4
1960	572.29	1457.00	39.3	7.31	29.58	24.7	0.57	3.75	15.3
1961	356.06	1220.00	29.2	4.95	23.25	21.3	0.34	3.32	10.2
1962	313.55	1149.30	27.3	5.07	22.12	22.9	0.52	3.23	16.0
1963	342.25	1233.30	27.8	5.20	23.60	22.0	0.62	3.31	18.8
1964	399.54	1454.00	27.5	5.92	25.95	22.8	0.63	3.78	16.8
1965	473.32	1716.10	27.6	6.60	28.81	22.9	0.76	4.23	17.9
1966	558.71	1868.00	29.9	6.70	32.13	20.9	0.79	4.67	16.8
1967	419.36	1773.90	23.6	5.26	29.25	18.0	0.65	4.44	14.7
1968	361.25	1723.10	21.0	3.50	26.06	13.4	0.57	4.03	14.0
1969	526.76	1937.90	27.2	5.18	31.12	16.6	0.56	4.29	13.0
1970	662.90	2252.70	29.4	6.45	34.70	18.6	0.65	4.44	14.7
1971	744.73	2426.40	30.7	6.85	41.03	16.7	0.79	5.09	15.4
1972	766.56	2518.10	30.4	8.59	44.50	19.3	1.03	5.87	17.6
1973	809.67	2720.90	29.8	9.58	43.64	22.0	0.84	5.68	14.8
1974	783.14	2789.90	28.1	9.29	45.16	20.6	0.75	5.83	12.9
1975	815.61	2997.30	27.2	9.59	46.48	20.6	0.78	6.29	12.4
1976	776.58	2943.70	26.4	8.91	46.92	19.0	0.69	6.66	10.3
1977	874.46	3201.90	27.3	10.48	52.41	20.0	0.94	7.74	12.1
1978	1132.26	3650.20	31.0	15.13	66.37	22.8	1.30	8.91	14.6
1979	1146.38	4067.70	28.2	12.72	74.11	17.2	1.23	10.26	11.9
1980	1159.93	4551.60	25.5	15.33	87.06	17.6	1.41	11.67	12.1
1981	1175.79	4898.10	24.0	14.52	105.62	13.7	1.51	13.95	10.9

7—2 续表

单位：亿元、%

年份	全国			全省			漳州		
	公共财政总收入	国内生产总值	公共财政总收入相当于GDP比例	公共财政总收入	地区生产总值	公共财政总收入相当于GDP比例	公共财政总收入	地区生产总值	公共财政总收入相当于GDP比例
1982	1212.33	5333.00	22.7	13.67	117.81	11.6	1.60	15.77	10.1
1983	1366.95	5975.60	22.9	12.37	127.76	9.7	1.51	16.77	9.0
1984	1642.86	7226.30	22.7	16.78	157.06	10.7	1.52	19.72	7.7
1985	2004.82	9039.90	22.2	25.08	200.48	12.5	1.79	22.79	7.9
1986	2122.01	10308.80	20.6	29.14	222.54	13.1	2.12	25.74	8.2
1987	2199.35	12102.20	18.2	33.16	279.24	11.9	2.59	30.75	8.4
1988	2357.24	15101.10	15.6	40.16	383.21	10.5	3.43	41.84	8.2
1989	2664.90	17090.30	15.6	53.01	458.40	11.6	4.61	49.86	9.3
1990	2937.10	18774.30	15.6	57.06	522.28	10.9	5.15	53.06	9.7
1991	3149.48	21895.50	14.4	69.70	619.87	11.2	5.72	63.57	9.0
1992	3483.37	27068.30	12.9	75.35	784.68	9.6	6.41	80.66	8.0
1993	4348.95	35524.30	12.2	110.58	1114.20	9.9	9.56	106.48	9.0
1994	5218.10	48459.60	10.8	149.66	1644.39	9.1	12.20	147.43	8.3
1995	6242.20	61129.80	10.2	184.58	2094.90	8.8	15.36	191.71	8.0
1996	7407.99	71572.30	10.4	215.11	2484.25	8.7	18.66	227.00	8.2
1997	8651.14	79429.50	10.9	251.30	2870.90	8.8	21.98	255.12	8.6
1998	9875.95	84883.70	11.6	281.42	3159.91	8.9	25.28	291.21	8.7
1999	11444.08	90187.70	12.7	312.57	3414.19	9.2	28.97	319.54	9.1
2000	13395.23	99776.30	13.4	369.67	3764.54	9.8	31.60	356.00	8.9
2001	16386.04	110270.40	14.9	428.33	4072.85	10.5	30.11	388.49	7.8
2002	18903.64	121002.00	15.6	476.21	4467.55	10.7	27.82	418.23	6.7
2003	21715.25	136564.60	15.9	551.00	4983.67	11.1	30.96	472.14	6.6
2004	26396.47	160714.40	16.4	622.57	5763.35	10.8	38.10	553.55	6.9
2005	31649.29	185895.80	17.0	788.11	6554.69	12.0	50.61	661.04	7.7
2006	38760.20	217656.60	17.8	1012.77	7583.85	13.4	63.75	755.20	8.4
2007	51321.78	268019.40	19.1	1282.84	9248.53	13.9	83.84	877.63	9.6
2008	61330.35	316751.70	19.4	1516.51	10823.01	14.0	101.58	1002.39	10.1
2009	68518.30	345629.20	19.8	1694.63	12236.53	13.8	113.79	1178.01	9.7
2010	83101.51	408903.00	20.3	2056.01	14737.12	14.0	139.40	1430.71	9.7
2011	103874.43	484123.50	21.5	2597.01	17560.18	14.8	174.53	1768.20	9.9
2012	117253.52	534123.00	22.0	3008.88	19701.78	15.3	205.48	2012.92	10.2
2013	129209.64	588018.80	22.0	3430.35	21868.49	15.7	237.79	2236.82	10.6
2014	140349.74	636462.71	22.1	3828.02	24055.76	15.9	263.84	2506.36	10.5

注：根据国家统计局规定，省及省以下各地区的“国内生产总值”现已改称为“地区生产总值”。2014 年全国生产总值为初步核算数。

7—3 历年财政收支(一)

单位：万元

年份	公共财政总收入	其中：(一)地方公共财政收入	(二)上划中央收入	公共财政支出	1、经济建设类支出	2、各项事业行政经费支出	其中：文教科卫经费	行政管理费	抚恤社会救济	另：地方基金收入	地方基金支出
1949	166	166									
1950	397	397									
1951	554	554									
1952	1383	1383									
1953	3173	3173		816	20	796	258	447	77		
1954	3643	3643		818	27	792	247	476	61		
1955	3541	3541		1021	96	925	329	506	89		
1956	3812	3812		1141	92	1048	287	626	122		
1957	4080	4080		1480	255	1225	504	582	102		
1958	7200	7200		4069	2679	1390	628	627	75		
1959	5706	5706		2283	994	1289	625	650	78		
1960	5727	5727		2540	908	1632	829	721	63		
1961	3399	3399		1697	218	1480	669	739			
1962	5169	5169		1433	124	1310	559	577	119		
1963	6228	6228		2667	917	1750	581	595	364		
1964	6348	6348		2334	665	1669	693	644	146		
1965	7583	7583		2529	809	1720	707	667	127		
1966	7866	7866		2448	596	1853	791	727	183		
1967	6545	6545		2431	623	1808	852	612	165		
1968	5659	5659		1961	311	1651	744	600	132		
1969	5590	5590		3022	712	2310	1071	717	141		
1970	6518	6518		3879	939	2939	1083	1095	130		
1971	7851	7851		5091	1870	3221	1346	1387	146		
1972	10339	10339		5266	1797	3469	1623	1450	226		
1973	8381	8381		5851	2403	3448	1733	1206	209		
1974	7518	7518		5553	1886	3666	1976	1113	236		
1975	7779	7779		5962	2107	3855	2098	1110	213		
1976	6857	6857		6268	2344	3924	2221	1155	248		
1977	9377	9377		1175	2939	-1764	2343	1261	314		
1978	13007	13007		9361	4387	4974	2848	1472	316		
1979	12256	12256		10525	4909	5616	3110	1478	348		
1980	14092	14092		11070	3954	7116	3895	1826	509		
1981	15141	15141		12119	588	11531	4540	2070	872		
1982	15996	15996		12673	943	11730	5081	1810	466		
1983	15089	15089		13742	634	13107	3726	381	1506		
1984	15210	15210		16320	2452	13868	6125	3000	648		
1985	17918	17918		20116	3297	16819	7495	3158	996		
1986	21187	21187		27225	3775	23450	9181	3861	910		
1987	25900	25900		28226	2654	25572	9601	5110	918		
1988	34328	34328		37060	3820	33239	11605	5923	1107		
1989	46126	46126		43003	4772	38231	14725	7953	1138		
1990	51492	51492		48703	3478	45225	19469	8857	1540		

7—3 历 年 财

年 份	公共财政总收入	其中:(一)地方公共财政收入	(二)上划中央收入	公共财政支出	基本建设支出	企业挖改资金	科技三项费用	流动资金
1991	57185	57185		53581	1172	1358	221	
1992	64138	64138		61196	1345	1898	288	
1993	95593	95593		87607	2898	5499	788	
1994	122047	81114	40933	101333	2838	3115	453	
1995	153552	106496	47056	126003	5310	3496	547	
1996	186595	138749	47846	155980	10067	3106	795	
1997	219787	164364	55423	184934	9130	5043	1277	616
1998	252759	192996	59763	211490	13176	4003	3248	
1999	289716	226776	62940	244362	6872	4920	2779	
2000	316045	244246	71799	263957	5172	3115	2778	
2001	301149	221304	79845	249088	5014	3907	2366	
2002	278244	170837	107407	232145	5601	2251	1839	
2003	309591	172466	137125	264043	7394	4248	3210	
2004	380998	201046	179952	311437	8802	6284	2533	
2005	506111	269649	236462	357975	15665	5911	4004	
2006	637469	350550	286919	495690	17959	10122	3507	
2007	838398	474086	364312	682974				
2008	1015750	604859	410891	922578				
2009	1137870	709464	428406	1207303				
2010	1393953	885656	508297	1475168				
2011	1745278	1120936	624342	1824288				
2012	2054776	1317078	737698	2217738				
2013	2377933	1548628	829305	2622539				
2014	2638407	1689911	948496	2745041				

注:本部分所采用的财政数字均为当年决算定案数。2002 年起口径有调整。
各项事业行政经费支出 = 财政支出 - 经济建设类支出
农业类支出 = 农业支出 + 林业支出 + 水利气象支出
工交商事业费支出 = 工业交通等部门事业费 + 流通部门事业费
文教科卫经费 = 文体广播事业费 + 教育支出 + 科学支出 + 医疗卫生支出
行政管理费 = 行政管理费
抚恤社会救济 = 抚恤社会福利救济
各项事业行政经费支出 = 财政支出 - 基本建设支出 - 企业挖改支出 - 科技三项费用 - 流动资金

政 收 支(二)

单位：万元

各项事业行政经费支出	其中：农业类支出	工交商事业费	城市维护费	文教科卫经费	行政管理费	抚恤社会救济	另：地方基金收入	地方基金支出
50830	7404	557	2283	18824	7412	1217		
57665	7103	667	2321	21076	8532	1270		
78422	7372	810	3153	24683	11339	1258		
94927	8959	932	4026	35027	15645	1460		
116650	12794	824	5710	40433	18318	2036		
142012	14818	967	6722	48722	20136	3611		
168868	15792	1538	7508	60006	24505	4388	5982	4823
191063	17435	1666	8041	64487	24649	4544	6132	7054
229791	18676	2072	8002	71049	26934	4949	3918	4607
252892	20103	1916	9560	76928	29089	5369	4598	5920
237801	20760	1562	8384	81064	26858	6043	12876	11979
222454	15642	1730	6178	84233	26686	7956	15277	12114
249191	15521	1834	7493	88437	29317	9668	70739	27588
293818	17898	3044	7063	99256	34878	13266	39854	37280
332395	20936	5556	8943	103764	41089	16044	36228	27867
464102	27510	6097	26824	133874	49563	30511	74812	66517
							257864	221085
							255700	281043
							346697	347063
							899144	781330
							735257	860833
							947417	1087286
							1663813	1704914
							1800326	1743905

7—4 主要年份分税种财

	2001	2002	2003	2004	2005
收 入 合 计	**221304**	**170837**	**172466**	**201046**	**269649**
1、增值税	25039	28506	34165	22954	59298
2、营业税	37403	41670	46218	55737	63694
3、企业所得税	22888	8793	11808	17965	24427
4、企业所得税退税					
5、个人所得税	25606	11919	10724	11802	13859
6、资源税	449	707	835	1137	1657
7、固定资产投资方向调节税	35	8			
8、城市维护建设税	4860	5266	5683	6741	8810
9、房产税	4988	5950	7051	8074	9158
10、印花税	1360	1766	2346	3217	4383
11、城镇土地使用税	882	951	996	1182	1541
12、土地增值税	1020	1724	1282	1758	3995
13、车船使用和牌照税	642	798	1071	1021	1070
14、屠宰税	550	633	52		
15、农业税	2449	3805	3220	3768	
16、农业特产税(烟叶税)	15530	19813	462	583	37
17、耕地占用税	1628	2649	3070	2959	5408
18、契 税	5133	5034	5959	8753	13087
19、国有资产经营收益	10014	2808	3818	6025	5958
20、国有企业计划亏损补贴	-31				
21、行政性收费收入	3398	4076	5275	8818	9969
22、罚没收入	12502	16651	20894	23910	28585
23、海域场地矿区使用费收入(国有资源有偿使用收入)			39	71	502
24、专项收入	3745	3830	3746	5492	7433
25、其他收入	41214	3480	3752	9079	6778

政地方级一般预算收入

单位：万元

2006	2007	2008	2009	2010	2011	2012	2013	2014
350550	**474086**	**604859**	**709464**	**885656**	**1120936**	**1317078**	**1548628**	**1689911**
71504	85447	93769	94812	100469	117913	146553	170605	196888
78506	112852	128561	160873	205084	257531	300776	368231	394252
30957	48997	59388	59815	90229	122770	137521	159373	202723
16378	22061	25935	28369	33574	41327	43694	49603	60036
1837	2594	2921	4527	5030	8005	9672	10222	12159
10328	13679	15757	18244	24554	42599	50984	58456	63955
10775	11657	14626	15380	18490	25346	24956	46431	46103
5252	6480	7609	7824	11700	15234	16383	20520	24048
3924	8031	21194	20271	27579	28924	22477	43723	43367
6938	13046	39437	42437	67208	91461	133436	162616	183532
1190	1761	3384	4370	5393	6105	8402	10020	11378
125	24	51	1		152	18	79	41
7698	9144	17982	41350	47105	66105	68740	59207	51861
17603	26600	36550	33431	39962	45180	44966	69924	78443
15043	12581	15955	27309	29534	36206	67412	58093	37524
15257	22528	39341	40748	45446	62030	76087	84622	92417
36708	43733	53162	49906	41584	48851	61895	64971	53194
403	13746	3254	11300	23708	23573	33452	56087	64439
9726	13877	16969	13527	18116	27980	33364	38083	45846
10398	5248	9014	34970	50891	53644	36290	17762	27705

7—5 主要年份财

	1978	1980	1985	1990	1991	1992
支出合计	**9361**	**11070**	**20116**	**48703**	**53581**	**61196**
1、基本建设支出	151	113	462	797	1172	1345
2、企业挖潜改造资金	1110	230	489	1469	1358	1898
3、地质勘探费						
4、科技三项费用	52	41	134	169	221	288
5、流动资金	263	509				
6、农业支出	2652	2754	1156	3613	4625	3931
7、林业支出						
8、水利和气象支出			1999	2730	2779	3172
9、工业交通等部门的事业费	62	80	169	491	554	650
10、流通部门事业费					3	17
11、文体广播事业费					2795	2742
12、教育支出					12039	13856
13、科学支出					216	278
14、医疗卫生支出					3774	4200
15、其他部门的事业费					2464	3186
16、抚恤和社会福利救济费	316	509	996	1540	1217	1270
17、行政事业单位离退休经费					443	618
18、社会保障补助支出			37	26		
19、国防支出	97	15	75	131	126	146
20、行政管理费	1472	1826	3158	6270	7412	8532
21、外交外事支出(简易建筑费)			131	526	619	887
22、武装警察部队支出						
23、公检法司支出				2586	2637	3012
24、城市维护费	85	334	553	2054	2283	2321
25、政策性补贴支出			1579	2541	1221	2650
26、支援不发达地区支出				493	238	227
27、海域开发建设和场地使用费支出						
28、车辆税费支出						
29、专项支出			64	326	1000	1039
30、其他支出	152	553	1462	3471	4385	4931

政一般预算支出

单位：万元

1993	1994	1995	1996	1997	1998	1999	2000
87607	**101333**	**126003**	**155980**	**184934**	**211490**	**244362**	**263957**
2898	2838	5310	10067	9130	13176	6872	5172
5499	3115	3496	3106	5043	4003	4920	3115
							15
788	453	547	795	1277	3248	2779	2778
				616			
4060	4610	6728	6915	7417	7980	9465	9650
3312	4348	6066	7903	8375	9455	9211	10453
805	932	813	905	1155	1389	1439	1029
5		11	62	383	277	633	887
3126	4061	8069	5785	6770	6579	7295	7762
16297	24295	27813	33865	42379	46216	50836	56991
346	434	535	631	958	1035	964	925
4914	6237	4016	8441	9899	10657	11954	11250
4517	5789	7270	10418	12207	12118	12829	12329
1258	1460	2036	3611	4388	4544	4949	5369
665	1074	1009		256	10377	17606	20791
					1605	2898	7872
168	241	292	563	477	623	797	585
11339	15645	18318	20136	24505	24649	26934	29089
1036	1073	1171	352	824	587		
			329	461	760	831	798
3792	6836	9191	11897	14110	13408	15361	18226
3153	4026	5710	6722	7508	8041	8002	9560
4311	2930	3287	3702	4227	4522	4247	3906
246	252	271	358	198	293	939	1270
					1721	5229	2
1461	1983	2295	2533		2306	3341	3095
13611	8701	11749	16884	22371	21921	34031	41038

7—5 续表 单位：万元

	2001	2002	2003	2004	2005	2006
支 出 合 计	**249088**	**232145**	**264043**	**311437**	**357975**	**495690**
1、基本建设支出	5014	5601	7394	8802	15665	17959
2、企业挖潜改造资金	3907	2251	4248	6284	5911	10122
3、地质勘探费	63	50		95		110
4、科技三项费用	2366	1839	3210	2533	4004	3507
5、流动资金						
6、农业支出	8968	5383	9142	10060	12527	15998
7、林业支出			2209	2567	2961	2873
8、水利和气象支出	11792	10259	4170	5271	5448	8639
9、工业交通等部门的事业费	937	1078	1114	2295	4770	5318
10、流通部门事业费	625	652	720	749	786	779
11、文体广播事业费	7951	8021	8800	11451	12855	15995
12、教育支出	61135	64256	66806	72556	75223	94673
13、科学支出	984	949	866	913	1116	1355
14、医疗卫生支出	10994	11007	11965	14336	14570	21851
15、其他部门的事业费	11762	12744	14300	17656	21185	24631
16、抚恤和社会福利救济费	6043	7956	9668	13266	16044	30511
17、行政事业单位离退休经费	24901	28374	30718	34130	38488	44807
18、社会保障补助支出	2433	2073	1952	2959	3649	4892
19、国防支出	691	582	629	1119	918	1114
20、行政管理费	26858	26686	29317	34878	41089	49563
21、外交外事支出(简易建筑费)						
22、武装警察部队支出	787	692	956	1386	2113	2780
23、公检法司支出	18533	19178	22697	25875	34418	41491
24、城市维护费	8384	6178	7493	7063	8943	26824
25、政策性补贴支出	2747	1484	2500	2227	2241	13892
26、支援不发达地区支出	529	623	2149	2803	591	851
27、海域开发建设和场地使用费支出	11	27	12	105	339	320
28、车辆税费支出				33	20	
29、专项支出	3600	2977	3248	2611	5290	9113
30、其他支出	27073	11225	17760	27414	26811	45722

7—6 财政一般预算支出(2006-2014)

单位：万元

	2006	2007	2008	2009	2010	2011	2012	2013	2014	增长%
支　出　合　计	**495690**	**682974**	**922578**	**1207303**	**1475168**	**1824288**	**2217738**	**2622539**	**2745041**	**4.7**
一、一般公共服务	92991	126239	150421	161254	174635	209123	246144	275275	245112	4.8
二、国　防	1473	1672	1897	2218	1834	2949	2511	6236	4626	-25.8
三、公共安全	46991	68892	86600	95256	104158	126180	148408	163365	171498	5.0
四、教　育	100848	127179	167884	231053	286072	334937	405553	477182	518165	8.6
其中：教育附加及基金支出	4677	5713	8524							
五、科学技术	4633	8210	12770	14804	18014	25778	30894	40040	44054	10.0
其中：技术研究与开发	2543	4822	8361							
六、文化体育与传媒	6132	10430	11746	15095	16038	19113	26524	40073	46283	15.5
七、社会保障和就业	81173	88751	102882	134926	152155	190276	231454	251454	270529	7.6
八、医疗卫生	23403	42007	72157	94318	116421	157347	191799	239700	317391	12.9
九、节能环保	3913	3759	13506	39505	38133	28761	56189	56168	64992	15.7
其中：污染防治	2688	2264	9783							
十、城乡社区事务	41672	73292	94565	139513	179000	173611	228925	213345	268246	25.7
十一、农林水事务	27349	42313	60821	141163	160568	246671	296413	422075	366403	-13.2
十二、交通运输	8798	10528	12202	31310	39062	61823	54305	64149	60829	-5.2
十三、商业服务业等事务	28142	50814	90514		27460	34512	42963	39597	33123	-16.3
十四、资源勘探电力信息等事务				37279	44955	51471	71821	126529	105510	-16.6
十五、粮油物资储备管理等事务				20001	6545	6917	7481	8951	11801	31.8
十六、金融监管支出				43	136	233	578	555	926	66.8
十七、地震灾后恢复重建支出			4643	6064	7114					
十八、援助其他地区支出								941	907	-3.6
十九、国债还本付息支出				1334	6782	8550	15704	13427	31386	133.8
二十、其他支出	28172	28888	39970	42167	44774	52557	68929	85164	75034	-11.9
二十一、国土资源气象等事务					17970	23717	25274	33644	27104	-19.4
二十二、住房保障支出					33342	66124	65428	64669	81122	25.4
二十三、储备事务支出						3638	441			

备注:2012 年起,储备事务支出中填写的数据为援助其他地区支出。

7—7 分县(市、区)预算内财政收支

单位：万元

	公共财政总收入									
	2006	2007	2008	2009	2010	2011	2012	2013	2014	增长%
漳州市	**637469**	**838398**	**1015750**	**1137870**	**1393953**	**1745283**	**2054776**	**2377933**	**2638407**	**11.0**
市本级	144901	190037	218521	215430	255418	334618	375575	440307	478896	8.8
市区县合计	492568	648361	797229	922440	1138535	1410665	1679201	1937626	2164512	11.7
芗城区	80624	100097	113678	126716	150219	182279	204928	216315	221951	2.6
龙文区	22309	29633	36506	41537	50359	71273	88807	111137	123968	11.5
龙海市	212885	278840	336308	377604	453464	517385	551767	616412	706284	14.6
龙海市属	187506	231006	277306	313407	374608	416189	262596	295683	331725	12.2
漳州开发区	25379	47834	59002	64197	78856	101196	111889	118114	130015	10.1
台商投资区							177282	202615	244545	20.7
云霄县	17033	22812	29608	35809	44802	51988	63806	74919	86718	15.7
云霄县属	13418	18000	23588	29000	36500	41188	50008	58100	67513	16.2
常山开发区	3615	4812	6020	6809	8302	10800	13799	16820	19205	14.2
漳浦县	37625	52169	67263	81646	106688	150169	208689	252859	294217	16.4
漳浦县属							153526	165959	180023	8.5
古雷开发区							55163	86900	114194	31.4
诏安县	16957	22088	28011	32246	40650	51812	62857	73748	81413	10.4
长泰县	22508	31539	43208	55228	73509	106860	150103	180018	200114	11.2
东山县	18715	24669	32068	42340	66072	95398	124558	154146	173949	12.8
南靖县	37368	48088	60980	70668	75368	79259	93616	109169	120089	10.0
平和县	15626	20808	26290	31676	42018	54214	67008	78198	85008	8.7
华安县	10918	17618	23309	26970	35386	50028	63063	70707	70803	0.1

备注：公共财政总收入指地方级收入＋中央级收入。

7—7 续表1

	#地方公共财政收入									
	2006	2007	2008	2009	2010	2011	2012	2013	2014	增长%
漳州市	**350550**	**474086**	**604859**	**709464**	**885656**	**1120936**	**1317078**	**1548628**	**1689911**	**9.1**
市本级	85955	116233	139531	136660	157553	212008	234649	285980	303912	6.3
市区县合计	264595	357853	465328	572804	728103	908928	1082429	1262648	1385999	9.8
芗城区	49775	60146	68766	75482	87549	103332	119040	131163	134285	2.4
龙文区	11820	16551	22282	27613	34308	49259	58764	75966	83662	10.1
龙海市	96634	135727	180581	219744	281132	330406	352123	389729	424449	8.9
龙海市属	82523	106363	142998	174029	228732	265932	171670	184470	183182	-0.7
漳州开发区	14111	29364	37583	45715	52400	64474	68138	78433	89656	14.3
台商投资区							112315	126826	151611	19.5
云霄县	12402	17415	23116	28346	35076	38202	46893	53645	60725	13.2
云霄县属	9827	13739	18416	23166	28917	30918	38385	43598	50007	14.7
常山开发区	2575	3676	4700	5180	6159	7284	8508	10047	10718	6.7
漳浦县	23084	32266	41557	51369	66386	96648	140901	172068	203342	18.2
漳浦县属							96545	107368	120242	12.0
古雷开发区							44356	64700	83100	28.4
诏安县	12207	16392	21612	24480	30866	38922	44072	51148	57300	12.0
长泰县	11309	15533	24029	31266	44689	63116	85623	109185	118404	8.4
东山县	12080	16673	21685	28916	45268	65000	83008	98020	107016	9.2
南靖县	18050	23489	31839	46248	51182	54415	62601	76142	84318	10.7
平和县	10908	13656	17424	22440	29656	37800	48139	57269	63124	10.2
华安县	6326	10005	12437	16900	21991	31828	41265	48313	49374	2.2

7—7 续表 2

单位：万元

	公共财政支出									
	2006	2007	2008	2009	2010	2011	2012	2013	2014	增长%
漳州市	**495690**	**682974**	**922578**	**1207303**	**1475168**	**1824288**	**2217738**	**2622539**	**2745041**	**4.7**
市本级	121577	145511	164055	182213	206170	247489	288421	337950	338364	0.1
市区县合计	374113	537463	758523	1025090	1268998	1576799	1929317	2284589	2406677	5.3
芗城区	40415	50529	62127	68992	86591	97624	125172	146716	150528	2.6
龙文区	11497	17039	22422	30756	46508	43441	70460	79864	93681	17.3
龙海市	98261	145679	222557	279221	351108	418689	463450	501227	519865	3.7
龙海市属	83972	118139	184305	233672	297491	353944	270551	306381	297758	-2.8
漳州开发区	14289	27540	38252	45549	53617	64745	66690	61101	69626	14.0
台商投资区							126209	133745	152481	14.0
云霄县	30293	40677	58217	80489	94846	112211	134842	177221	191808	8.2
云霄县属	26967	35499	51268	73685	86494	102506	122302	159645	173606	8.7
常山开发区	3326	5178	6949	6804	8352	9705	12540	17576	18202	3.6
漳浦县	52025	70673	90842	146229	154155	211087	291075	343229	369780	7.7
漳浦县属										
古雷开发区										
诏安县	28603	39490	53501	75628	87914	127336	138908	189035	206119	9.0
长泰县	19506	33127	45793	64251	85259	106092	144124	166646	174274	4.6
东山县	19793	30845	61252	68303	90903	151484	186369	200818	197483	-1.7
南靖县	28085	43003	59903	87389	111943	118796	140611	165597	180078	8.7
平和县	31701	42772	50776	79831	109064	122175	150109	208741	208954	0.1
华安县	13934	23629	31133	44001	50707	67864	84197	105495	114107	8.2

7—8　分县(市、区)财政一般预算收支平衡表

单位：万元

	收支部分									
	收入									
	收入合计	税收收入								
		小计	增值税	营业税	企业所得税	个人所得税	资源税	城市维护建设税	耕地占用税	契税
漳州市	**1689911**	**1368786**	**196888**	**394252**	**202723**	**60036**	**12159**	**63955**	**51861**	**78443**
市本级	303912	253432	36424	61091	36985	10688	684	15357		28353
市区县合计	1385999	1115354	160464	333161	165738	49348	11475	48598	51861	50090
芗城区	134285	118217	18661	27728	16541	7210	316	7956	5600	1
龙文区	83662	76894	7777	24503	10066	2429	348	3850	2367	22
龙海市	424449	367980	51731	104133	77825	12394	2559	13567	6537	24075
龙海市属	183182	142628	26180	33119	39840	5132	1288	4899	2658	6952
漳州开发区	89656	87326	3945	31281	19040	2988	473	2375		6531
台商投资区	151611	138026	21606	39733	18945	4274	798	6293	3879	10592
云霄县	60725	49723	6184	14893	4437	1906	348	1791	5056	4262
云霄县属	50007	40859	3837	13188	3707	1656	297	1341	3888	3927
常山开发区	10718	8864	2347	1705	730	250	51	450	1168	335
漳浦县	203342	175995	14924	76194	20271	6102	2190	6481	6531	7731
漳浦县属	120242									
古雷开发区	83100									
诏安县	57300	37652	5693	10223	4296	1259	374	1313	4056	1541
长泰县	118404	88676	16474	20176	11992	10982	2287	4200	3728	3479
东山县	107016	70269	18817	16001	7262	1619	1163	3969	622	3731
南靖县	84318	55121	8936	16704	5106	2517	597	2629	5860	2204
平和县	63124	42231	5769	14161	4882	1803	614	1486	4438	2655
华安县	49374	32596	5498	8445	3060	1127	679	1356	7066	389

7—8　续表 1

单位：万元

	收支部分								
	收入								
	税收收入		非税收入						
	烟叶税	其他各项收入	小计	专项收入	行政事业性收费收入	罚没收入	国有资本经营收入	国有资源(资产)有偿使用收入	其他收入
漳州市	**41**	**308428**	**321125**	**45846**	**92417**	**53194**	**37524**	**64439**	**27705**
市本级		63850	50480	8291	21984	10838		7970	1397
市区县合计	41	244578	270645	37555	70433	42356	37524	56469	26308
芗城区		34204	16068	3808	2832	3650		665	5113
龙文区		25532	6768	1648	1493	1298		2328	1
龙海市		75159	56469	9106	11333	10330	20250	3189	2261
龙海市属		22560	40554	4232	7885	6107	17750	2704	1876
漳州开发区		20693	2330	1298	633	159		240	
台商投资区		31906	13585	3576	2815	4064	2500	245	385
云霄县		10846	11002	1266	4735	1302		1792	1907
云霄县属		9018	9148	992	4483	946		1788	939
常山开发区		1828	1854	274	252	356		4	968
漳浦县		35571	27347	4922	8606	5447		7105	1267
漳浦县属									
古雷开发区									
诏安县		8897	19648	1021	8278	1904		6931	1514
长泰县		15358	29728	3040	4452	5121	13032	4069	14
东山县		17085	36747	7733	7392	2892	96	7401	11233
南靖县		10568	29197	2181	5111	4458	3011	12941	1495
平和县		6423	20893	1561	9728	3523	535	4043	1503
华安县	41	4935	16778	1269	6473	2431	600	6005	

7—8　续表 2

单位：万元

	收支部分									
	支出									
	支出合计	一般公共服务	国防	公共安全	教育	科学技术	文化体育与传媒	社会保障和就业	医疗卫生与计划生育支出	节能环保
漳州市	**2745041**	**245112**	**4626**	**171498**	**518165**	**44054**	**46283**	**270529**	**317391**	**64992**
市本级	338364	35052	1655	44673	50952	7156	10515	25378	24728	7446
市区县合计	2406677	210060	2971	126825	467213	36898	35768	245151	292663	57546
芗城区	150528	15651	516	7792	27408	5033	2040	23933	19128	5192
龙文区	93681	12538	185	3905	23590	2443	1844	5602	10400	2574
龙海市	519865	53308	64	27897	92587	8151	3048	47846	60798	6551
龙海市属	297758	32640		19105	73419	4483	1889	40161	48733	4216
漳州开发区	69626	8865	64	2319	5916	510	795	791	1784	726
台商投资区	152481	11803		6473	13252	3158	364	6894	10281	1609
云霄县	191808	15430	413	9648	46161	597	4311	15880	24578	2661
云霄县属	173606	9732	387	9350	43861	597	3147	14184	23554	2432
常山开发区	18202	5698	26	298	2300		1164	1696	1024	229
漳浦县	369780	20200	929	19481	70789	6752	5271	41646	48155	5344
漳浦县属										
古雷开发区										
诏安县	206119	23349		9121	41187	2563	1919	28379	31827	2248
长泰县	174274	18509	115	9710	29800	2781	3831	11832	15046	12537
东山县	197483	12264		8488	33350	523	3541	13821	15362	3530
南靖县	180078	12502	338	11019	39492	3505	5800	17818	22770	8201
平和县	208954	17159	226	11077	46404	3191	1885	25941	34555	4415
华安县	114107	9150	185	8687	16445	1359	2278	12453	10044	4293

7—8　续表 3

单位：万元

	收支部分											
	支出											
	城乡社区支出	农林水支出	交通运输支出	资源勘探信息等支出	商业服务业等支出	金融支出	援助其他地区支出	国土海洋气象等支出	住房保障支出	粮油物资储备支出	国债还本付息支出	其他支出
漳州市	**268246**	**366403**	**60829**	**105510**	**33123**	**926**	**907**	**27104**	**81122**	**11801**	**31386**	**75034**
市本级	38912	20963	19219	8937	3066	468		7400	16294	1398	4590	9562
市区县合计	229334	345440	41610	96573	30057	458	907	19704	64828	10403	26796	65472
芗城区	7303	6867	1247	18315	3113			62	2387	857	5	3679
龙文区	7495	5896	3474	7869	3155		192	421	1293	292	400	113
龙海市	93011	42030	9719	26889	3055	78	589	3094	8684	2394	12919	17153
龙海市属	8405	38654	2282	5809	1665			2481	7824	2394	1982	1616
漳州开发区	34633	587	3082	8610	603			261				80
台商投资区	49973	2789	4355	12470	787	78	589	352	860		10937	15457
云霄县	15834	32500	4168	1657	2831		126	1601	8040	951	959	3462
云霄县属	14306	30893	4089	1066	2254		126	1340	7269	786	959	3274
常山开发区	1528	1607	79	591	577			261	771	165		188
漳浦县	44869	50607	3072	1767	3083			3902	16383	1666	8694	17170
漳浦县属												
古雷开发区												
诏安县	3543	43880	749	1212	2064	103		1766	5807	960	126	5316
长泰县	9908	31842	6513	9347	2003	56		1762	6674	365	338	1305
东山县	21700	53926	1506	2753	4608	101		3379	3822	559	468	13782
南靖县	17974	24831	3059	5208	2908	51		1839	1693	439	292	339
平和县	5054	33690	6967	8323	2251	25		1332	3820	1253	376	1010
华安县	2643	19371	1136	13233	986	44		546	6225	667	2219	2143

7—9 国税系统分产业税收收入

单位：万元

	合 计	第一产业	第二产业								
			小 计	采掘业	制造业	电力、煤气及水的生产和供应业	建筑业	小计	批发和零售业	交通运输、仓储及邮政业	住宿和餐饮业
税收收入合计	**1730820**	**5196**	**1345961**	**3767**	**1143860**	**178226**	**20108**	**379663**	**176213**	**17146**	**389**
1、增值税收入	702784	4150	554219	3498	444253	106393	75	144415	113559	12803	24
其中：一般纳税人	674159	3813	547346	3198	437887	106220	41	123000	100206	10977	
2、消费税收入	49399		20100		20100			29299	29299		
3、企业所得税	181336	861	57370	223	45829	7711	3607	123105	30361	1629	215
4、外商投资企业外国企业所得税	166296	180	134018	46	53430	64122	16420	32098	2969	2700	149
5、个人所得税								3			
6、车辆购置税	50773	5	25		19		6	50743	25	14	1
7、其他各税（海关）	580229		580229		580229						

7—9 续表

单位：万元

	第三产业										
	信息传输、计算机服务和软件业	金融业	房地产业	租赁和商务服务业	科学研究和技术服务业	居民服务、修理和其他服务业	教育	卫生和社会工作	文化、体育和娱乐业	公共管理、社会保障和社会组织	其它行业
税收收入合计	**14986**	**50972**	**47101**	**4711**	**4140**	**1713**	**136**	**37**	**9146**	**99**	**52874**
1、增值税收入	7840	311	66	3657	3216	1149	7	1	299	1	1482
其中：一般纳税人	7617	275		762	2344	430			222		167
2、消费税收入											
3、企业所得税	7101	50000	30600	762	913	473	129	31	42		849
4、外商投资企业外国企业所得税		646	16420	289	11	82			8803		29
5、个人所得税											3
6、车辆购置税	45	15	15	3		9		5	2	98	50511
7、其他各税（海关）											

7—10 国税系统分企业类型税收收入

单位：万元

	合 计	内资企业					
		小 计	国有企业	集体企业	股份合作企业	联营企业	股份公司
税收收入合计	**1730820**	**1266151**	**690824**	**11062**	**24167**	**58**	**291221**
1、增值税收入	1213433	938872	571458	3654	1215	57	193710
其中：一般纳税人	674159	416994	57643	3369	1113	53	190969
小规模纳税人	28625	11229	3166	285	102	4	2741
2、消费税收入	118979	101093	98624				2268
3、企业所得税	347632	181336	20726	7408	22950	1	95193
4、个人所得税	3						
5、车辆购置税	50773	44850	16		2		50

7—10 续表

单位：万元

	内资企业			港澳台投资企业	外商投资企业	个体经营	附列资料：乡(镇)企业
	其中：国有控股	私营企业	其它企业				
税收收入合计	**37729**	**202202**	**46617**	**329096**	**109904**	**25669**	**281679**
1、增值税收入	10768	167230	1548	180479	74402	19680	184821
其中：一般纳税人	10768	162790	1057	180176	74319	2670	180065
小规模纳税人		4440	491	303	83	17010	4756
2、消费税收入		193	8	14281	3537	68	2896
3、企业所得税	26961	34697	361	134332	31964		93962
4、个人所得税						3	
5、车辆购置税		82	44700	4	1	5918	

7—11 地税系统分行

项目	收入总计	国内税收合计	营业税	企业所得税		个人所得税
				内资企业	外资企业	
税收收入合计	**1815609**	**1360757**	**465064**	**193428**	**563**	**150087**
一、第一产业	25717	2958	338	543		590
二、第二产业	641758	455921	155609	81478	99	76982
(一)采矿业	6231	4534	1004	286		553
1、煤炭开采和洗选业	17	2				2
2、石油和天然气开采业	30	30				6
其中:原油	29	29				5
3、黑色金属矿采选业	7	1				
4、有色金属矿采选业	1					
5、非金属矿采选业	4080	2515	1004	286		122
6、其他采矿业	2096	1986				423
(二)制造业	304163	173097	4464	16684	3	41074
1、农副食品加工业	25795	13115	63	1094		2317
2、食品制造业	14659	7028	116	454		1052
3、酒、饮料和精制茶制造业	7531	3621	19	208		473
①酒的制造	2457	1061	1	156		47
其中:酒精	6					
②饮料制造	2279	1203	1	51		116
③精制茶制造	2795	1357	17	1		310
4、烟草制品业						
其中:卷烟制造						
5、纺织业	4344	1708		11		166
6、纺织服装、服饰业	5065	1843	15	24		167
7、皮革、毛皮、羽毛及其制品和制鞋业	4888	1889	10	61		344
8、木材加工及木竹藤棕草制品业	3808	1878	11	39		483
9、家具制造业	8763	5028	98	65		675
10、造纸及纸制品业	11489	5633	180	318		650
11、印刷和记录媒介复制业	2058	806	100	121		150
12、文教、工美、体育和娱乐用品制造业	8649	4242	79	66		345
13、石油加工、炼焦及核燃料加工业	788	652	12			52
其中:成品油	481	358	12			41
14、化学原料和化学制品制造业	22116	14039	40	2487		2812
15、医药制造业	14492	12564	75	9451		1007
16、化学纤维制造业	831	678				16
17、橡胶和塑料制品业	11142	5839	149	159		663
18、非金属矿物制品业	30563	20657	1159	676		4036
19、黑色金属冶炼及压延加工业	7969	6084	13	98		396
20、有色金属冶炼及压延加工业	6410	3525	391	37		336
21、金属制品业	19472	9946	229	246	3	1436
22、通用设备制造业	16957	7302	291	84		2699
23、专用设备制造业	5613	3237	57	16		223
24、汽车制造业	9135	3826	18	61		585
25、铁路、船舶、航空航天和其他运输设备制造业	3625	1588	1	44		417
其中:铁路运输设备制造	101	58				10
船舶及相关装置制造	3127	1323	1	44		375
航空、航天及设备制造	7					
摩托车制造	56	43				8
26、电气机械及器材制造业	32594	23860	510	25		17925
27、计算机、通信和其他电子设备制造业	13784	7073	423	708		945
28、仪表仪器制造业	4876	1867	75	123		300
29、其他制造业	6747	3569	330	8		404
(三)电力、热力、燃气及水的生产和供应业	43884	20411	2313	7409	8	4566
1、电力、热力的生产和供应业	37233	16489	1539	5444		4138
①电力生产	13058	6184	846	1143		2297

业分税种税收收入

单位：万元

城市维护建设税	房产税	印花税	城镇土地使用税	土地增值税	车船税	耕地占用税	契税	其他各税
64769	**46103**	**24049**	**43369**	**183532**	**11379**	**51861**	**114356**	**12197**
93	159	186	225	405		141	276	2
35922	24763	12381	28035	3488	2	17709	7886	11567
206	31	21	62			12	26	2333
			24					
			24					
1								
186	31	21	38			12	26	789
19								1544
23772	23534	8989	27257	2887		16405	6682	1346
3171	2315	1579	1998	12		209	357	
1418	1038	396	1448	101		803	202	
944	883	116	551			336	84	7
413	276	29	139					
73	305	28	202			336	84	7
458	302	59	210					
265	371	74	503			263	55	
434	370	62	618			96	57	
400	359	114	498			56	47	
390	246	81	476	13		78	61	
943	890	330	1201	15		636	173	2
1136	1426	403	1377	55		49	39	
138	118	28	125				26	
571	904	124	1152	84		659	256	2
34	25	181	53	21		211	63	
34	22	179	49	21				
1799	1168	1471	1190			2759	313	
724	306	52	363			513	73	
29	165	19	114			304	31	
784	1624	290	1317	175		617	61	
2224	2913	526	3002			3363	1454	1304
208	627	468	616	1955			1703	
155	1659	371	575					1
1659	1576	525	2434	121		1362	350	5
908	994	247	860	18		955	246	
258	316	89	638	35		1368	237	
959	433	212	1353			143	62	
273	263	56	523				11	
40	1	5	2					
212	226	48	406				11	
3	3		29					
1255	874	565	1433	79		857	337	
1694	869	394	1557	170		115	198	
428	404	75	442	11			9	
571	398	141	840	22		653	177	25
3864	935	650	436			165	63	2
3712	785	509	262			74	25	1
1080	290	419	106				2	1

7—11 续表

项目	收入总计	国内税收合计	营业税	企业所得税		个人所得税
				内资企业	外资企业	
②电力供应	23923	10233	671	4301		1827
③热力生产和供应业	252	72	22			14
2、燃气生产和供应业	1087	609	302	1	8	79
3、水的生产和供应业	5564	3313	472	1964		349
（四）建筑业	287480	257879	147828	57099	88	30789
1、房屋建筑业	138621	124085	66810	34340	2	12848
2、土木工程建筑业	55865	50466	29984	8654		6235
3、建筑安装业	49655	44383	26318	8633	56	6184
4、建筑装饰和其他建筑业	43339	38945	24716	5472	30	5522
三、第三产业	1148134	901878	309117	111407	464	72515
（一）批发和零售业	71909	33404	1863	2253	10	8404
1、批发业	43535	21000	938	1190	10	4761
其中：烟草制品批发	12588	6489	130			1573
煤炭及制品批发	108	50	4	1		13
石油及其制品批发	2769	1265	155	139		264
汽车及零配件批发	851	377	27	43		101
2、零售业	28374	12404	925	1063		3643
（二）交通运输、仓储及邮政业	20197	10860	670	2640	432	2336
1、交通运输业	13410	5908	335	1860		1678
2、仓储业	3336	2767	11	64	432	67
3、邮政业	3451	2185	324	716		591
（三）住宿和餐饮业	21720	15618	9109	485	3	2215
1、住宿业	11091	7545	4223	129		712
2、餐饮业	10629	8073	4886	356	3	1503
（四）信息传输、软件和信息技术服务业	14165	10214	6560	33		1428
1、电信、广播电视和卫星传输服务业	13399	9861	6400	10		1328
其中：电信	12650	9649	6297	9		1252
2、互联网和相关服务	154	46	8	5		28
3、软件和信息技术服务业	612	307	152	18		72
（五）金融业	124443	107592	69362	999	12	18033
1、货币金融服务	84314	72081	52113	932	3	12739
其中：银行	82791	70697	51614	142	2	12688
金融租赁	391	381	84	292		
2、资本市场服务	3282	2680	834	65	9	1688
3、保险业	36717	32721	16351			3588
4、其他金融	130	110	64	2		18
（六）房地产业	631885	611246	177961	91170	2	23336
	507936	493219	158789	89528		14765
	7770	4326	2335	431		306
	1150	992	241	130		43
	342	341	10			1
	114687	112368	16586	1081	2	8221
（七）租赁和商务服务业	91214	46059	18185	10864		3846
1、租赁业	2097	1585	520	80		230
2、商务服务业	89117	44474	17665	10784		3616
（八）科学研究和技术服务业	54343	7490	2581	1702	5	1628
（九）居民服务、修理和其他服务业	40279	29038	19406	655		5443
其中：居民服务业	12485	5360	4247	160		638
机动车、电子产品和日用产品修理业	5591	4611	3863	71		194
（十）教育	23681	2482	435	45		1628
（十一）卫生和社会工作	8920	2325	60	27		2100
其中：卫生	8279	1999	53	27		1809
（十二）文化、体育和娱乐业	5404	3310	1784	303		677
其中：新闻和出版业	187	70	1	42		14
广播、电视、电影和影视录音制作业	466	133	26			38
体育	504	308	159	3		37
娱乐业	3530	2439	1299	240		575
（十三）公共管理、社会保障和社会组织	34884	19591	485	94		1168
（十四）其他行业	5090	2649	656	137		273

单位：万元

城市维护建设税	房产税	印花税	城镇土地使用税	土地增值税	车船税	耕地占用税	契税	其他各税
2630	491	85	149			74	5	
2	4	5	7				18	
33	22	42	41			60	21	
119	128	99	133			31	17	1
8080	263	2721	280	601	2	1127	1115	7886
3704	115	1240	170	526		2	878	3450
1521	23	584	38	42		932	179	2274
1542	75	485	50		1		1	1038
1313	50	412	22	33	1	193	57	1124
28754	21181	11482	15109	179639	11377	34011	106194	628
8836	3570	3141	2128	616	2	1800	649	132
6850	1395	2456	1388	349	2	1082	455	124
3865	168	573	114	25				41
14	4	5	9					
244	106	150	193			8	6	
56	57	35	38				20	
1986	2175	685	740	267		718	194	8
671	1117	265	900		27	1371	314	117
597	582	229	361		27	75	47	117
23	124	29	454			1296	267	
51	411	7	85					
543	2556	57	594			11	40	5
256	1716	46	452				6	5
287	840	11	142			11	34	
936	998	51	203				40	1
918	987	45	173					
905	970	43	173					
2	3							
16	8	6	30				4	1
4384	1707	1013	172	58	11327		525	
3260	1524	798	151	48			513	
3229	1519	791	151	48			513	
4	1							
58	16	9	1					
1063	163	200	19	10	11327			
3	4	6	1				12	
10877	9263	4115	9988	173078	1	18032	93381	42
9446	3914	3368	8084	165160		16439	23685	41
156	765	22	275	24	1		11	
16	16	31	486	29				
1	27	5	12				285	
1258	4541	689	1131	7865		1593	69400	1
1198	904	1252	611	990	2	6358	1570	279
166	276	74	84		1			154
1032	628	1178	527	990	1	6358	1570	125
329	201	106	87	46		744	53	8
483	229	160	84	1696	10	485	348	39
60	120	7	39	56			20	13
217	72	102	24	20			48	
27	110	18	25	87		108		
3	63	58	4			10		
3	46	58	3					
102	221	4	181			19	16	3
10	3							
14	48	1	6					
8	33		30			19	16	3
66	134	2	123					
263	167	1034	48	3068	8	4565	8691	
102	75	208	85			508	603	2

7—12 地税系统分企

项目	合计	内资企业					
		小计	国有企业	集体企业	股份合作企业	联营企业	其中：国有控股
总计	**1815609**	**1481451**	**109644**	**11379**	**19713**	**417**	**263**
一、税收收入合计	1360757	1110488	67830	4703	16528	306	189
1、增值税收入							
其中：一般纳税人							
小规模纳税人							
2、消费税收入							
3、营业税	465064	415382	28868	1495	7728	76	7
4、企业所得税	193991	193428	4280	1351	2355	182	152
5、个人所得税	150087	116271	6944	533	5343	17	4
6、资源税	12156	11651	589	194	53	2	
7、固定资产投资方向调节税							
8、城市维护建设税	64769	49258	7625	277	528	5	2
9、房产税	46103	27749	2594	399	251	13	13
10、印花税	24049	18142	1230	66	178		
11、城镇土地使用税	43369	28268	1796	173	62	11	11
12、土地增值税	183532	145660	4448	214	27		
13、车船税	11379	10933	1027				
14、车辆购置税							
15、烟叶税	41	41	41				
16、耕地占用税	51861	48238	5742				
17、契　税	114356	45467	2646	1	3		
18、其他税收							
二、非税收入合计	454852	370963	41814	6676	3185	111	74
1、教育费附加收入	36114	26287	3491	160	295	3	1
2、地方教育附加	23865	17303	2327	107	198	1	1
3、文化事业建设费收入	777	578	3				
4、海上石油矿区使用费收入							
5、税务部门罚没收入	160	105	6	1			
6、残疾人就业保障基金	6701	5304	532	36	125	2	2
7、社会保障基金收入	371491	307164	34604	6283	2458	101	70
基本养老保险基金收入	211061	170301	24603	5294	870	61	56
失业保险基金收入	21081	17147	2712	207	311	3	3
基本医疗保险基金收入	116997	103420	6343	650	1155	37	11
工伤保险基金收入	14502	10642	529	72	55		
生育保险基金收入	7850	5654	417	60	67		
其他社会保险基金收入							
8、其他非税收入	15744	14222	851	89	109		
地方水利建设基金收入	5274	4573	462	18	72		
价格调节基金收入	10470	9649	389	71	37	4	
其他收入							
附列资料：工会经费收入	7411	5375	305	49	202	1	1

业类型税收收入

单位：万元

股份公司	其中：国有控股	私营企业	其它企业	港澳台投资企业	其中：国有控股	外商投资企业	其中：国有控股	个体经营	附列资料：乡(镇)企业
914463	**165065**	**284894**	**140941**	**120558**	**11955**	**89522**	**3630**	**124078**	**518991**
753225	128587	224322	43574	78717	9765	54257	1702	117295	407477
288441	49703	74673	14101	22710	5951	8916	374	18056	125215
133402	29365	49044	2814	87		476	27		70326
74326	9337	20805	8303	5473	858	7286	813	21057	37604
6991	64	2222	1600	192	1	26		287	2678
29606	6193	10020	1197	7964	331	6042	108	1505	18205
16168	4108	6665	1659	8061	237	6836	136	3457	16196
10422	1395	4530	1716	2255	32	3112	84	540	9042
18087	2278	7748	391	9984	393	4301	146	816	18896
100386	14815	37458	3127	20208	1961	14111		3553	53158
9890	5032	2	14	430	1	8	1	8	1085
32595	3913	2394	7507	990		2015	3	618	28268
32911	2384	8761	1145	363		1128	10	67398	26804
161238	36478	60572	97367	41841	2190	35265	1928	6783	111514
16217	2928	5441	680	4312	195	4721	55	794	10977
10766	1944	3548	356	2872	130	3160	36	530	7253
176	3	398	1	39		8		152	367
55	10	33	10			22		33	67
2522	706	939	1148	813	35	583	19	1	1936
122226	30228	46522	94970	33296	1753	26425	1816	4606	87445
78615	17849	30749	30109	20380	1245	16267	1208	4113	56569
8882	3245	2948	2084	2136	140	1768	122	30	4407
27238	7723	9457	58540	7196	292	6097	351	284	20289
4335	735	1979	3672	2277	40	1423	98	160	3827
3156	676	1389	565	1307	36	870	37	19	2353
9276	659	3691	202	509	77	346	2	667	3469
2733	545	1234	64	397	76	259	2	45	1332
6553	114	2457	138	112	1	87		622	2137
3236	634	1372	210	1166	27	865	35	5	2454

7—13 地税系统分行

项　　目	其他非税收入合计	教育费附加收入	地方教育附加	文化事业建设费收入	税务部门其他罚没收入	残疾人就业保障基金	合　计
合　　计	**81668**	**5061**	**3370**	**18**	**3**	**1366**	**70983**
一、第一产业	456					2	454
二、第二产业	14385	1489	993		2	199	11596
（一）采矿业							
1、煤炭开采和洗选业							
2、石油和天然气开采业							
其中：原油							
3、黑色金属矿采选业							
4、有色金属矿采选业							
5、非金属矿采选业							
6、其他采矿业							
（二）制造业	11382	774	516		2	82	9992
1、农副食品加工业	481	34	23			4	419
2、食品制造业	33	1				1	31
3、酒、饮料和精制茶制造业	826	98	65			1	662
①酒的制造	634	98	65			1	470
其中：酒精							
②饮料制造	169						169
③精制茶制造	23						230
4、烟草制品业							
其中：卷烟制造							
5、纺织业	39						39
6、纺织服装、服饰业	83	31	21			3	28
7、皮革、毛皮、羽毛及其制品和制鞋业	24	1	1				21
8、木材加工和木竹藤棕草制品业	22	1	1				20
9、家具制造业	111	7	5			1	97
10、造纸和纸制品业	50	3	2			1	44
11、印刷和记录媒介复制业	418	19	12			6	380
12、文教、工美、体育和娱乐用品制造业	83	2	1			2	78
13、石油加工、炼焦和核燃料加工业	4						4
其中：成品油	3						3
14、化学原料和化学制品制造业	1637	127	85			15	1409
15、医药制造业	1730	296	196			8	1225
16、化学纤维制造业							
17、橡胶和塑料制品业	152	6	4			1	140
18、非金属矿物制品业	54	2	1				51
19、黑色金属冶炼及压延加工业							
20、有色金属冶炼及压延加工业	5						5
21、金属制品业	73	1	1			1	70
22、通用设备制造业	4660	95	63			27	4473
23、专用设备制造业	248	16	11			2	219
24、汽车制造业	26	1	1			1	22
25、铁路、船舶、航空航天和其他运输设备制造业	15	1	1				13
其中：铁路运输设备制造	2	1					1
船舶及相关装置制造	5						5
航空、航天及设备制造							
摩托车制造							
26、电气机械和器材制造业	42	1	1			1	38
27、计算机、通信和其他电子设备制造业	40	6	4			1	29
28、仪表仪器制造业	514	24	16		2	5	466
29、其他制造业	12	1	1			1	9
（三）电力、热力、燃气及水的生产和供应业	2673	698	465			104	1357
1、电力、热力生产和供应业	1602	663	442			76	404
①电力生产							
②电力供应	1602	663	442			76	404
③热力生产和供应业							

业分项目其他收入

单位：万元

社会保险基金收入						其他				
基本养老保险费	失业保险费	医疗保险费	工伤保险费	生育保险费	其他社会保险基金收入	合计	地方水利建设基金收入	价格调节基金收入	其他收入	附列资料：工会经费收入
31778	**6220**	**29736**	**1996**	**1253**		**867**	**682**	**185**		**877**
286	2	162	1	3						3
8013	1298	1836	251	198		106	50	56		267
7180	799	1610	227	176		16	16			230
294	33	69	15	8		1	1			10
20	2	9								
493	42	109	10	8						14
348	40	64	10	8						14
131	1	37								
14	1	8								
33		6								
23	3	2								1
15	2	4				1	1			1
16	2	2								
53	6	17	14	7		1	1			2
32	4	8								1
250	28	80	14	8		1	1			10
55	6	16		1						2
3		1								
2		1								
1021	118	225	26	19		1	1			34
726	202	225	37	35		5	5			59
92	10	33	2	3		1	1			2
37	2	12								
4		1								
53	6	6	3	2						1
3463	278	588	83	61		2	2			68
125	14	62	10	8						9
13	1	6	1	1		1	1			1
9	2	2								
	1									
5										
27	3	8				1	1			1
20	2	7								1
297	32	110	12	15		1	1			12
6	1	2								1
680	482	164	160	15		49	32	17		31
	404					17	17			
	404					17	17			

7—13 续表

项　　　　目	其他非税收入合计	教育费附加收入	地方教育附加	文化事业建设费收入	税务部门其他罚没收入	残疾人就业保障基金	
							合计
2、燃气生产和供应业	268	10	6			7	231
3、水的生产和供应业	803	25	17			21	722
(四)建筑业	330	17	12			13	247
1、房屋建筑业	122	5	3			8	94
2、土木工程建筑业	1						
3、建筑安装业	49	10	8				8
4、建筑装饰和其他建筑业	158	2	1			5	145
三、第三产业	66827	3572	2377	18	1	1165	58933
(一)批发和零售业	10429	2000	1333		1	176	6636
1、批发业	7961	1919	1279			123	4403
其中：烟草制品批发	3634	1654	1102			16	825
煤炭及制品批发	18	2	1				15
石油及其制品批发	875	61	41			17	692
汽车及零配件批发	23					1	22
2、零售业	2468	81	54		1	53	2233
(二)交通运输、仓储和邮政业	3147	124	83			52	2869
1、交通运输业	2457	115	78			39	2210
2、仓储业	117	1				2	114
3、邮政业	573	8	5			11	545
(三)住宿和餐饮业	681	34	22	3		13	493
1、住宿业	667	34	22	3		13	479
2、餐饮业	14						14
(四)信息传输、软件和信息技术服务业	1475	72	48			33	1304
1、电信、广播电视和卫星传输服务业	1460	72	48			33	1289
其中:电信	1380	71	47			32	1212
2、互联网和相关服务	3						3
3、软件和信息技术服务业	12						12
(五)金融业	8652	945	631			337	6572
1、货币金融服务	5212	606	405			255	3836
其中:银　行	5154	602	401			253	3791
金融租赁							
2、资本市场服务	471	19	13			15	420
3、保险业	2965	320	213			67	2312
4、其他金融业	4						4
(六)房地产业	259	51	34			4	169
1、房地产开发经营业	109	41	28			1	39
2、物业管理	97	1				1	94
3、房地产中介服务	20					1	19
4、自有房地产经营活动							
5、其他房地产业	33	9	6			1	17
(七)租赁和商务服务业	15512	235	153	1		139	14875
1、租赁业	18			0			18
2、商务服务业	15494	235	153	1		139	14857
(八)科学研究和技术服务业	16863	58	38			108	16635
(九)居民服务、修理和其他服务业	280	11	8			6	254
其中:居民服务业	214	4	3			4	202
机动车、电子产品和日用产品修理业	37	3	2			1	31
(十)教　育	3561	3	2			113	3441
(十一)卫生和社会工作	1722	1				46	1675
其中:卫　生	1633					44	1589
(十二)文化、体育和娱乐业	429	10	6	13		12	383
其中:新闻和出版业	117	4	3			4	106
广播、电视、电影和影视录音制作业	148	4	3			3	138
体　育	32					2	30
娱乐业	22	1		14			3
(十三)公共管理、社会保障和社会组织	3177	3	2			99	3072
(十四)其他行业	640	25	17	1		27	555

单位：万元

社会保险基金收入						其他				
基本养老保险费	失业保险费	医疗保险费	工伤保险费	生育保险费	其他社会保险基金收入	合计	地方水利建设基金收入	价格调节基金收入	其他收入	附列资料：工会经费收入
155	18	49	5	4		14		14		6
525	60	115	11	11		18	15	3		25
153	17	62	8	7		41	2	39		6
56	6	26	3	3		12	1	11		3
						1		1		
6	1	1				23		23		
91	10	35	5	4		5	1	4		3
23479	4920	27738	1744	1052		761	632	129		607
4337	525	1558	85	131		283	280	3		199
2922	372	983	50	76		237	235	2		142
592	66	145	8	14		37	37			31
11	1	3								
452	51	167	8	14		64	64			3
15	2	5								1
1415	153	575	35	55		46	45	1		57
1061	741	871	114	82		19	19			32
763	686	601	100	60		15	15			29
76	9	24	2	3						3
222	46	246	12	19		4	4			
131	65	256	15	26		116	6	110		28
120	64	255	15	25		116	6	110		28
11	1	1		1						
513	252	502	13	24		18	10	8		3
507	251	495	13	23		18	10	8		3
503	235	446	10	18		18	10	8		
2		1								
4	1	6		1						
2548	1061	2606	133	224		167	167			108
814	793	1977	93	159		110	110			47
783	790	1966	93	159		107	107			45
277	41	89	5	8		4	4			7
1454	227	539	35	57		53	53			54
3		1								
95	15	51	3	5		1	1			8
26	3	8	1	1						1
60	7	24	1	2		1	1			5
9	1	8		1						1
	4	11	1	1						1
9268	1187	3628	430	362		109	107	2		163
11	1	6								
9257	1186	3622	430	362		109	107	2		163
5149	164	10424	855	43		24	23	1		49
134	22	86	4	8		1	1			2
122	16	55	3	6		1	1			1
10	2	18		1						
29	506	2885	8	13		2	2			1
7	268	1246	59	95						1
7	265	1167	57	93						
3	33	317	11	19		5		5		1
1	14	83	3	5						
	11	114	5	8						
	3	27								
3						4		4		
22	24	3008	7	11		1	1			1
182	57	300	7	9		15	15			11

7—14 主要年份金融系统年末分项存贷款余额及人民币对美元中间价

单位：万元

	2006	2007	2008	2009	2010	2011	2012	2013	2014
1、各项存款	5310348	6140446	7196186	8681223	11073445	12775456	15257351	18510442	20966119
企业存款	1133775	1397939	1525534	2045866	2078534			8457416	9690614
活　期	910092	1101723	1188567	1600656	1605422			4520623	4806219
定　期	223683	296216	336967	445210	473113			1289368	1769194
财政存款	36957	88127	65868	113963	212035	189602	209808	350433	599429
机关团体存款	246475	310017	384158	489303	1326287				
储蓄存款	3325332	3584748	4357289	5031383	6033326	6985614	8186142	9478317	10404583
活　期	1510768	1761344	1960016	2359649	3044432				
定　期	1814564	1823404	2397274	2671734	2988895				
农业存款	115606	195147	217394	283953	452824				
信托存款									
委托存款	1886	1605	1161	445	10964	2062	23592	18124	25261
其他存款	394426	1106376	528035	599760	740962	52575	61626	89623	107330
2、各项贷款	3458781	4405146	4958763	6558024	8362029	10080141	12126343	14203847	16387231
#短期贷款	1805804	2323984	2578593	3503756	4651458	5653721	6648851	7423439	8217283
#工业贷款	605836	915954	1084028	1457245					
商业贷款	165016	172174	171972	225079					
农业贷款	426470	521110	615012	771086					
三资企业贷款	86379	76028	129191	114812					
中长期贷款	1511144	1926626	2170493	2607802	3269849	4294416	5371309	6639136	7963664
# 基本建设贷款	883347	1065750	1175174	1212930					
信托贷款									
融资贷款									
委托贷款									
3、国家银行年末存款余额	3894209								
国家银行年末贷款余额	2344273								
4、商业银行年末存款余额	3870791	4410225	4428977	5217062					
商业银行年末贷款余额	2667325	3376793	3272028	4223871					
5、人民币兑美元中间价	8.0702	7.8087	6.8346	6.8282	6.6227	6.3009	6.2855	6.0969	6.1190

注：1、2001年及以后年份商业银行包括范围与以前年份不一致；2、2004年起含外资银行；3、从2000年度起，各项存、贷款均用本外币口径。

7—15 分县(市、区)金融系统年末人民币存贷款余额

单位：万元

	金融系统年末存款余额	金融系统年末贷款余额	居民储蓄存款年末余额
漳州市	**20666780**	**15693169**	**10362498**
市区	8952882	7680236	3246640
龙海市	3710180	3019885	2134491
云霄县	924031	529111	630520
漳浦县	2074020	1232475	1099723
诏安县	932845	440864	622619
长泰县	907933	531336	554237
东山县	723583	704790	452995
南靖县	910555	704282	578471
平和县	1089450	561352	787219
华安县	441300	288840	255582

7—16 国内保险业务主要指标

单位：万元

指标	2013年	2014年	增长(%)
保险费收入	449690	577084	28.3
财产保险	168244	203507	21.0
#机动车辆险	128282	179009	39.5
企业财产险	6025	6327	5.0
家庭财产险	1040	835	-19.7
人身保险	281446	373577	32.7
人寿保险	246659	328158	33.0
健康保险	23941	33705	40.8
意外伤害	10845	11708	8.0
有效保单赔款及给付金额	150630	159629	6.0
财产保险	81176	102102	25.8
#机动车辆险	63990	71706	12.1
企业财产险	2120	3310	56.1
家庭财产险	562	181	-67.8
人身保险	69454	57527	-17.2
人寿保险	49990	56104	12.2
健康保险	2712	2273	-16.2
意外伤害	2531	2925	15.6

主要统计指标解释

财政收入 指国家财政参与社会产品分配所取得的收入，是实现国家职能的财力保证。财政收入所包括的内容几经变化，目前主要包括:

（1）各项税收：包括增值税、营业税、消费税、土地增值税、城市维护建设税、资源税、城市土地使用税、印花税、个人所得税、企业所得税、关税、农牧业税和耕地占用税等。

（2）专项收入：包括征收排污费收入、征收城市水资源费收入、教育费附加收入等。

（3）其他收入：包括基本建设贷款归还收入、基本建设收入、捐赠收入等。

（4）国有企业亏损补贴:这项为负收入，冲减财政收入。

财政支出 国家财政将筹集起来的资金进行分配使用，以满足经济建设和各项事业的需要，主要包括:基本建设支出、企业挖潜改造资金、地质勘探费用、科技三项费用、支援农村生产支出、农林水利气象等部门的事业费用、工业交通商业等部门的事业费、文教科学卫生事业费、抚恤和社会福利救济费、国防支出、行政管理费、价格补贴支出。

中央财政收入和地方财政收入 指按财政体制划分的中央本级收入和地方本级收入。1994 年分税制财政体制以后，属于中央财政的收入包括关税、海关代征消费税和增值税，消费税，中央企业所得税，地方银行和外资银行及非银行金融企业所得税，铁道、银行总行、保险总公司等集中缴纳的营业税、所得税、利润和城市维护建设税，增值税的 75%部分，证券交易税（印花税）50%部分和海洋石油资源税。属于地方财政的收入包括营业税，地方企业所得税，个人所得税，城镇土地使用税，固定资产投资方向调节税，城镇维护建设税，房产税，车船使用税，印花税，屠宰税，农牧业税，农业特产税，耕地占用税，契税，增值税 25%部分，证券交易税（印花税）50%部分和除海洋石油资源税以外的其他资源税。

中央财政支出和地方财政支出 指根据政府在经济和社会活动中的不同职责，划分中央和地方政府的责权，按照政府的责权划分确定的支出。中央财政支出包括国防支出，武装警察部队支出，中央级行政管理费和各项事业费，重点建设支出以及中央政府调整国民经济结构、协调地区发展、实施宏观调控的支出。地方财政支出主要包括地方行政管理和各项事业费，地方统筹的基本建设、技术改造支出，支援农村生产支出，城市维护和建设经费，价格补贴支出等。

存款 指企业、机关、团体或居民根据资金必须收回的原则，把货币资金存入银行或其他信用机构保管并取得一定利息的一种信用活动形式。根据存款对象的不同可划分为企业存款、财政存款、机关团体存款、基本建设存款、城镇储蓄存款、农村存款等科目。它是银行信贷资金的主要来源。

贷款 指银行或其他信用机构根据资金必须归还的原则，按一定利率，为企业、个人等提供资金的一种信用活动形式。我国银行贷款分为流动资金贷款、固定资产贷款、城乡个体工商户贷款以及农业贷款等科目。

第八篇　农　　业

8—1 主要年份全国、全省、全市农业总产值及指数

(以上年为100)

年份	全国		全省		漳州	
	绝对数(亿元)	指数(%)	绝对数(亿元)	指数(%)	绝对数(亿元)	指数(%)
1949					1.28	
1950					1.38	112.3
1951					1.49	108.1
1952	461		11.07		1.65	106.1
1953	510	102.4	11.89	105.0	1.78	106.5
1954	535	103.2	11.97	101.6	1.78	100.6
1955	575	108.4	12.92	105.4	1.76	99.0
1956	610	106.4	14.94	112.7	2.13	120.3
1957	537	105.6	17.05	113.4	2.18	110.3
1958	566	102.5	15.47	90.1	2.27	102.4
1959	497	86.4	15.29	96.4	2.21	97.0
1960	457	87.4	12.61	81.7	2.45	97.0
1961	559	97.6	13.49	82.4	2.61	94.1
1962	584	106.3	14.81	111.4	2.5	94.5
1963	642	111.6	15.71	114.3	2.71	108.1
1964	720	113.5	16.35	116	2.99	116.7
1965	833	108.1	18.8	113.1	3.24	108.8
1966	910	108.7	20.67	106.9	3.52	104.1
1967	924	101.6	18.79	90.9	3.27	92.0
1968	928	97.4	18.01	95.8	3.12	96.5
1969	948	101.1	19.91	110.4	3.40	109.2
1970	1021	111.6	21.12	106.4	3.30	98.3
1971	1068	103.0	25.11	110.0	3.96	107.8
1972	1075	99.8	27.12	108.0	4.58	105.5
1973	1173	108.4	25.84	94.9	4.22	91.0
1974	1215	104.1	26.71	103.6	4.29	101.8
1975	1260	104.7	27.06	101.2	4.69	108.3
1976	1258	102.5	26.54	97.6	4.82	101.2
1977	1253	101.7	29.27	109.9	5.49	112.6
1978	1397	94.8	36.33	111.6	6.24	110.0
1979	1698	107.6	43.11	106.8	7.36	106.0
1980	1923	101.4	45.49	105.2	7.91	106.8
1981	2181	106.5	56.11	105.8	10.51	108.3

8—1 续表 （以上年为100）

年份	全国		全省		漳州	
	绝对数（亿元）	指数（%）	绝对数（亿元）	指数（%）	绝对数（亿元）	指数（%）
1982	2483	111.3	63.73	107.6	11.79	108.2
1983	2750	107.8	68.08	105.1	11.73	102.9
1984	3214	112.3	80.66	113.9	13.83	113.8
1985	3619	103.4	99.05	108.4	16.23	105.2
1986	4013	103.4	107.07	102.2	17.38	101.9
1987	1676	105.8	132.97	109.1	20.81	108.0
1988	5865	103.9	182.00	107.7	29.36	108.3
1989	6535	103.1	209.92	106.5	33.70	107.7
1990	7662	107.6	227.12	103.8	34.46	102.4
1991	8157	103.7	253.51	108.1	40.31	112.3
1992	9085	106.2	295.24	108.3	48.55	114.8
1993	10996	108.0	386.34	110.9	60.72	111.2
1994	15750	108.6	574.05	114.2	94.64	117.7
1995	20341	110.9	738.63	113.6	123.71	116.1
1996	22354	109.4	850.67	110.7	147.56	114.3
1997	23788	106.7	925.56	112.3	157.18	113.4
1998	24542	105.9	973.37	106.1	175.03	112.8
1999	24519	104.7	1010.82	106.4	185.2	109.6
2000	24916	103.6	1037.27	103.1	196.17	106.9
2001	26180	104.2	1061.61	103.9	206.04	106.9
2002	27391	104.9	1125.29	103.5	205.02	101.9
2003	29692	104.0	1170.54	102.2	219.7	104.0
2004	36239	107.5	1315.1	103.3	246.31	105.0
2005	39451	105.7	1317.01	103.2	267.19	104.7
2006	40811	105.4	1449.78	101.5	285.17	104.0
2007	48893	103.9	1692.16	104.2	329.66	105.0
2008	58002	105.7	1965.02	105.2	376.51	105.4
2009	60361	104.6	2001.24	105.0	386.43	105.2
2010	69320	104.4	2307.06	103.5	448.77	104.2
2011	81304	104.5	2730.94	104.1	517.85	104.2
2012	89453	104.9	3007.18	104.3	558.85	104.5
2013	96995	104.0	3281.96	104.5	600.93	104.7
2014	102226	104.2	3522.31	104.5	644.29	104.8

8—2　农村基层基本情况(1995-2014)

	1995	1996	1997	1998	1999	2000	2001	2002	2003	2004
乡(镇)政府(个)	110	110	112	112	113	114	114	113	113	113
乡政府(个)	27	27	27	27	26	25	25	25	24	24
镇政府(个)	83	83	85	85	87	89	89	89	89	89
村民委员会(个)	1654	1653	1655	1666	1666	1671	1671	1671	1674	1666
乡村户数(万户)	85.54	86.08	86.62	88.39	88.94	91.72	92.62	93.51	94.06	94.97
乡村人口(万人)	363.61	360.55	363.74	368.69	367.53	371.09	373.26	374.40	375.06	382.11
乡村劳动力(万人)	181.34	181.97	182.74	186.07	186.20	194.44	196.98	199.68	203.60	207.70
国有农林牧渔场(个)	53	51	54	53	51	54	65	67	56	53
自来水受益村数(个)	876	869	879	946	965	987	973	1009	1002	1009
通汽车村数(个)	1633	1666	1655	1663	1663	1668	1669	1669	1670	1664
通电话村数(个)	1295	1434	1564	1638	1661	1669	1670	1671	1672	1666

8—2　续表

	2005	2006	2007	2008	2009	2010	2011	2012	2013	2014
乡(镇)政府(个)	113	113	113	110	113	113	113	113	113	113
乡政府(个)	24	24	24	24	24	24	24	24	24	24
镇政府(个)	89	89	89	86	89	89	89	89	89	89
村民委员会(个)	1661	1661	1661	1662	1666	1664	1664	1665	1660	1661
乡村户数(万户)	95.84	96.59	97.34	101.02	101.74	104.1	105.82	106.51	106.08	105.27
乡村人口(万人)	378.59	380.79	382.99	389.71	393.14	397.27	399.72	401.69	399.82	396.16
乡村劳动力(万人)	213.43	218.25	223.06	228.20	234.31	241.51	247.17	246.31	245.27	241.42
国有农林牧渔场(个)	53	53	53	53	51	51	51	52	52	
自来水受益村数(个)	1040	1094	1148	1415	1486	1606	1621	1628	1624	1635
通汽车村数(个)	1659	1659	1659	1654	1663	1661	1661	1662	1658	
通电话村数(个)	1661	1661	1661	1662	1666	1664	1664	1665	1660	

8—3 乡村劳动力资源及实有从业人员(2001-2014)

单位：人

	2001	2002	2003	2004	2005	2006	2007
一、乡村劳动力资源总数	1969777	1996788	2035954	2077008	2134269	2182418	2230566
#劳动年龄内人口	1843804	1860796	1893720	1929443	1951644	1980713	2009781
二、乡村实有从业人员	1840139	1853226	1876037	1911614	1948966	1983119	2017271
#劳动年龄内从业人员	1738048	1753247	1778283	1812049	1842671		
按性别分							
男	960965	966188	980012	1002891	1022738	1041228	1059718
女	879174	887038	896025	908723	926228	941891	957553
三、国有农林牧渔业从业人员	44866	42113	42142	39259	36427	36277	36127
四、外出乡村实有从业人员	208260	226995	253583	299789	345665		
五、外来乡村实有从业人员	60913	70900	85758	95413	103670		

8—3 续表

单位：人

	2008	2009	2010	2011	2012	2013	2014
一、乡村劳动力资源总数	2281953	2343088	2415116	2471651	2463059	2452694	2414156
#劳动年龄内人口	2073787	2114773	2167815				
二、乡村实有从业人员	2065345	2090547	2155614	2197711	2189394	2180038	2148919
#劳动年龄内从业人员	1904114	1916727	1980127				
按性别分							
男	1083976	1101687	1136340	1160789	1161514	1148931	1133485
女	981369	988860	1019274	1036922	1027880	1031107	1015434
三、国有农林牧渔业从业人员	37692	37531	38222	35240	35072	34109	
四、外出乡村实有从业人员							
五、外来乡村实有从业人员							

8—4 主要年份常用耕地面积(年底数)

年 份	耕地面积(万亩)	#水 田	#有效灌溉面 积	人均耕地面积(亩/人) 按全市人口计算	按农村劳动力计算
1952	289.55	214.58		1.73	4.46
1957	289.93	216.39		1.50	4.20
1962	272.83	201.42		1.24	3.90
1965	274.50	204.47	229.21	1.14	3.63
1970	276.94	206.86	225.42	0.98	3.10
1975	277.49	207.90	229.65	0.86	2.63
1978	277.81	207.94	212.51	0.81	2.63
1980	276.26	206.34	191.90	0.79	2.46
1985	267.75	199.45	174.00	0.71	2.27
1986	262.66	196.86	222.60	0.68	2.15
1987	260.28	195.39	220.50	0.67	2.07
1988	258.76	194.38	221.27	0.65	2.01
1989	258.67	194.06	222.99	0.65	1.93
1990	258.09	193.47	224.42	0.63	1.90
1991	256.78	192.43	225.29	0.61	1.87
1992	256.30	192.64		0.61	1.89
1993	252.26			0.59	1.89
1994	250.06	188.36		0.58	1.86
1995	248.99			0.58	1.90
1996	246.48			0.57	1.89
1997	244.17			0.56	1.84
1998	241.83			0.55	1.88
1999	239.20			0.54	1.87
2000	245.15	181.09	142.47	0.55	1.90
2001	240.04	176.44	155.83	0.53	1.88
2002	234.83	172.27	144.65	0.52	1.84
2003	230.68	168.46	136.01	0.51	1.83
2004	226.84	164.77	133.12	0.50	1.87
2005	224.15	162.79	136.17	0.49	1.95
2006	267.28	193.11		0.58	2.36
2007	265.79	191.94		0.58	2.37
2008	265.45	191.71		0.57	2.28
2009	270.61	217.54		0.56	1.29
2010	269.98	216.83		0.56	1.25
2011	269.93	216.45		0.56	1.23
2012	268.74	215.53		0.55	1.10
2013	270.39			0.55	1.10
2014					

注:2006年以后耕地面积为国土资源局统计数据。

8—5 常用耕地增减变动情况(1995-2014)

单位：亩

	1995	1996	1997	1998	1999	2000	2001	2002	2003	2004
1、当年新增的耕地面积	5577	3130	3371	1811	5321	21452	2617	1862	3836	4114
# 新开荒	2547	666	290	90	244	607	623	34	755	77
围垦(已利用)			10	6	8	10				1
2、当年减少的耕地	16262	28208	24621	25138	31645	363994	53709	53925	45325	42541
# 国家基建	5419	11077	6058	4468	10506	8918	4235	16351	14342	9980
乡村集体基建	1082	1937	1791	1914	1258	1348	1636	1749	1841	5244
农民个人建房占地	809	694	919	877	535	673	461	694	360	597
退耕造林	2	19	557	17	216	33013	4120	903	908	102
退耕改果	6765	8896	12660	15492	16930	134941	26930	9400	10083	13324
退耕改渔	1295	802	780	799	358	11235	10468	14478	2669	3505
灾害毁地	734	4625	929	1179	1706	129700	831	835	787	355

8—5 续表

单位：亩

	2005	2006	2007	2008	2009	2010	2011	2012	2013	2014
1、当年新增的耕地面积	3393	3030	3161	2764	25314	17884	20225	16633		
# 新开荒	78		286	1273	9996	11601	14503	8782		
围垦(已利用)	2			74						
2、当年减少的耕地	30322	41421	18054	14842	10717	24339	20684	20400		
# 国家基建	14706	10205	13495							
乡村集体基建	1824									
农民个人建房占地	408									
退耕造林	280									
退耕改果	4485	30770	2166		46	1271	1379	989		
退耕改渔	2216				180	102	457	777		
灾害毁地	268	316	1952	1236						

8—6 农业机械拥有量(1995-2014)

	1995	1996	1997	1998	1999	2000	2001	2002	2003	2004
农业机械总动力(万千瓦)	104.58	108.46	107.39	117.17	123.67	128.85	133.42	142.61	152.29	161.60
柴油发动机动力	84.72	87.89	86.42	9.42	103.83	109.52	113.49	119.35	128.10	140.42
汽油发动机动力	4.45	4.75	4.57	5.57	3.74	3.18	4.80	6.07	6.18	4.07
电动机动力	14.95	15.50	16.02	17.10	15.79	16.15	15.13	17.18	17.94	17.10
其他机械动力	0.46	0.33	0.37	0.31	0.31				0.08	
1、耕作机械(万千瓦)	21.69	21.29	20.46	20.47	20.05	19.74			17.09	16.65
大中型拖拉机(台)	588	544	490	481	357	273	168	192	138	94
小型拖拉机(台)	21852	21534	20767	20692	20550	17695	18678	15506	15021	12573
2、排灌机械(万千瓦)	12.34	12.83	11.95	12.55	13.40	14.88	14.36	20.18	20.12	20.95
农用水泵(台)	14722	15072	16133	16544	17619	20157	19402	36013	33827	37418
3、收获机械(万千瓦)	1.57	1.65	1.90	2.36	2.37	0.06	0.06	0.06	0.06	0.05
4、植保机械(万千瓦)	1.23	3.01	2.23	2.51	3.64	3.83	5.30	6.22	7.70	10.20
5、畜牧机械(万千瓦)	2.18	2.19	2.26	2.41	2.25	2.50	2.17	2.06	2.25	2.47
饲料粉碎机(台)	3321	3091	3341	3466	3637		3235		3305	3315
6、林业机械(万千瓦)								0.22	0.30	0.30
7、渔业机械(万千瓦)	15.80	16.80	17.26	24.47	30.00	32.41	38.00	39.36	47.78	56.40
8、农产品加工机械(万千瓦)	10.75	10.61	10.70	10.81	9.80	9.20	9.11	9.40	9.65	8.98
9、运输机械(万千瓦)	36.32	37.22	38.16	39.18	39.24	39.73	39.77	41.46	40.82	38.99
农用载重汽车(辆)	1904	1792	1774	1867	1954	1798	1826	1962	1963	1929
农用运输车(辆)	6493	6853	7147	7244	7385	8411	8181	8444	8133	7866
10、其他农业机械(万千瓦)	2.68	2.85	2.46	2.41	2.91	3.64	3.39	3.79	4.20	4.55

8—6 续表

	2005	2006	2007	2008	2009	2010	2011	2012	2013	2014
农业机械总动力(万千瓦)	167.34	168.79	174.23	190.46	191.88	196.92	203.69	207.31	213.36	213.26
柴油发动机动力	141.57	141.47	145.86	145.86	141.29	142.88	142.78	144.37	146.78	144.78
汽油发动机动力	7.80	8.35	7.36	20.73	24.22	26.38	30.84	32.47	33.39	34.36
电动机动力	17.97	18.97	21.01	23.87	26.37	27.65	29.65	30.43	33.05	34.06
其他机械动力										
1、耕作机械(万千瓦)	18.45	20.63	26.59	48.69	52.41	56.27	63.14	64.92	67.11	69.54
大中型拖拉机(台)	57	35	52	60	90	148	186	234	285	314
小型拖拉机(台)	11549	10430	10992	7131	12050	7889	12081	12458	12471	11745
2、排灌机械(万千瓦)	21.88	22.20	23.56	23.64	24.4	25.83	28.21	28.89	29.37	30.96
农用水泵(台)	38664	38140	39350	41197	42530	46697	51926	53111	51946	49772
3、收获机械(万千瓦)	0.05	0.10	0.14	0.39	0.51	0.53	0.59	0.60	0.62	0.67
4、植保机械(万千瓦)	12.92	12.98	13.64						32.58	33.11
5、畜牧机械(万千瓦)	2.42	2.30	2.97	2.89	2.89	2.45	2.65	3.04	3.30	3.26
饲料粉碎机(台)	3284	2969	3435							
6、林业机械(万千瓦)	0.31	0.32	0.80	1.32	1.33	1.33	0.33	0.36	0.39	0.40
7、渔业机械(万千瓦)	56.89	55.19	57.83	63.49	59.36	61.11	59.97	60.19	62.92	60.81
8、农产品加工机械(万千瓦)	8.91	8.77	10.05	13.08	14.61	14.71	15.53	15.80	16.37	17.17
9、运输机械(万千瓦)	38.65	37.37	26.36	36.52	36.45	35.63	34.95	36.09	36.22	36.09
农用载重汽车(辆)	1957	1926	662	118						
农用运输车(辆)	7681	7112	6893	5736	5813	5774	5677	5964	5948	6005
10、其他农业机械(万千瓦)	4.77	6.76								

注:2002 年及以前年份小型拖拉机含变型拖拉机。

8—7　农业基础设施(1995-2014)

	1995	1996	1997	1998	1999	2000	2001	2002	2003	2004
1、农村电力设施										
乡村办水电站(处)	436	436	435	431	409	415	435	468	515	683
发电能力(万千瓦)	7.51	7.55	7.58	7.72	8.24	8.63	10.33	12.19	14.95	18.37
农村用电量(万千瓦时)	29145	32237	35328	38961	40535	44749	58371	63204	66800	77780
2、化肥施用量										
按实物量计算(万吨)	113.13	123.81	134.48	144.49	151.26	144.28	126.46	126.58	128.02	126.99
氮　肥	50.83	53.08	55.32	61.96	62.34	58.58	49.09	48.73	49.02	47.86
磷　肥	31.21	34.22	37.23	37.76	38.25	36.12	31.97	31.55	31.61	31.19
钾　肥	14.08	16.39	18.70	19.83	22.07	20.52	18.73	19.18	19.58	19.66
复合肥	17.01	20.12	23.22	24.94	28.59	29.06	26.67	27.12	27.80	28.27
按折纯量计算(万吨)	30.71	35.33	39.95	43.32	46.37	44.79	39.45	39.81	40.48	40.37
氮　肥	12.03	14.24	16.45	18.39	18.60	17.79	14.96	15.03	15.12	14.79
磷　肥	4.88	5.31	5.74	5.77	6.09	5.68	5.14	5.09	5.10	5.22
钾　肥	6.95	8.01	9.07	9.54	10.61	9.94	9.02	9.11	9.35	9.29
复合肥	6.86	7.78	8.69	9.61	11.07	11.37	10.32	10.57	10.90	11.07
3、沼气池(万个)	2.07	2.26	2.45	2.71	2.77	2.68	2.62	2.72	2.75	2.95
4、水　利										
有效灌溉面积(万亩)						142.47	155.83	144.65	136.01	133.12
旱涝保收面积(万亩)									90.64	86.40
机电排灌面积(万亩)									36.29	37.81
5、农用塑料薄膜使用量(万吨)	0.35	0.87	1.39	0.25	0.21	0.23	0.32	0.44	0.44	0.58
#地膜使用量(万吨)	0.16	0.66	1.16	0.09	0.08	0.09	0.13	0.19	0.20	0.19
6、农药使用量(万吨)	0.93	4.16	7.38	0.86	1.00	0.89	1.08	1.06	1.07	1.04
7、农用柴油使用量(万吨)	2.75	4.89	7.02	7.98	12.94	13.09	19.20	37.81	41.06	41.59

8—7　续表

	2005	2006	2007	2008	2009	2010	2011	2012	2013	2014
1、农村电力设施										
乡村办水电站(处)	630	657	683	668	678	714	717	703	702	
发电能力(万千瓦)	20.82	25.43	30.03		33.22	35.22	34.33	35.37	35.77	
农村用电量(万千瓦时)	87847	102481	117116	130538	146623	116821	169543	183873	199118	
2、化肥施用量										
按实物量计算(万吨)	129.64	129.65	129.65	126.93	127.75	128.41	129.24	128.99	128.94	
氮　肥	48.33	47.52	46.70	44.73	45.56	45.69	46.29	46.1	45.56	
磷　肥	31.64	30.91	30.18	30.30	30.10	30.33	30.02	29.74	29.01	
钾　肥	20.32	20.37	20.42	20.19	19.95	20.37	20.35	20.16	20.62	
复合肥	29.35	30.86	32.36	31.70	32.15	32.02	32.58	32.99	33.76	
按折纯量计算(万吨)	42.22	40.24	38.25	37.06	38.55	38.73	39.21	39.12	39.00	40.63
氮　肥	15.55	14.65	13.75	13.09	13.84	13.85	14.18	14.12	14.00	14.35
磷　肥	5.23	5.16	5.08	5.24	5.71	5.79	5.73	5.69	5.55	5.90
钾　肥	9.90	9.70	9.50	8.69	8.81	9.00	8.95	8.86	8.95	9.28
复合肥	11.53	10.73	9.92	10.03	10.19	10.09	10.35	10.45	10.51	11.10
3、沼气池(万个)	3.15	3.32	3.49							
4、水　利										
有效灌溉面积(万亩)	136.17	137.45	138.73							
旱涝保收面积(万亩)	82.86	79.31	75.77							
机电排灌面积(万亩)	37.97	38.12	38.28							
5、农用塑料薄膜使用量(万吨)	0.58	0.57	0.56	0.57	0.55	0.60	0.63	0.64	0.68	0.70
#地膜使用量(万吨)	0.21	0.23	0.24	0.26	0.26	0.29	0.30	0.31	0.33	0.33
6、农药使用量(万吨)	1.12	1.10	1.08	1.15	1.18	1.20	1.20	1.17	1.19	1.17
7、农用柴油使用量(万吨)	34.29	33.60	32.91	33.45	33.67	34.04	34.32	34.59	34.75	34.94

8—8 主要年份农作物播种面积

单位：万亩

年 份	合 计	粮食作物	#谷 物	非粮作物	复种指数（%）
1952	486.36	428.61	348.76	57.75	1.68
1957	560.13	480.27	355.20	79.86	1.93
1962	500.79	460.94	344.40	39.85	1.84
1965	543.64	469.85	358.97	73.79	1.98
1970	556.37	467.94	372.15	88.43	2.01
1975	625.15	527.39	382.43	97.76	2.25
1978	634.91	530.99	378.48	103.92	2.29
1979	624.23	514.47	371.02	109.76	2.25
1980	595.11	489.65	367.49	105.46	2.15
1981	581.68	468.24	361.14	113.44	2.11
1982	574.33	458.38	354.03	115.95	2.09
1983	570.09	468.71	357.15	101.38	2.08
1984	557.57	434.74	339.79	122.83	2.04
1985	536.83	389.23	301.81	147.60	2.00
1986	544.72	397.68	308.93	147.04	2.07
1987	567.31	419.98	312.53	147.33	2.18
1988	570.38	421.50	309.99	148.88	2.20
1989	577.04	440.43	318.56	136.61	2.23
1990	583.04	444.15	314.76	138.89	2.26
1991	600.00	449.10	307.00	150.90	2.34
1992	611.72	442.79	298.00	168.93	2.39
1993	587.05	393.67	281.46	193.38	2.33
1994	594.94	402.24	277.84	192.70	2.38
1995	593.56	398.32	276.81	195.24	2.38
1996	613.62	403.43	275.49	210.19	2.49
1997	611.10	403.18	276.10	207.92	2.50
1998	610.96	395.42	268.12	215.54	2.53
1999	603.21	389.15	267.35	214.06	2.52
2000	559.93	321.07	215.11	238.86	2.28
2001	540.01	293.59	198.13	246.42	2.25
2002	504.23	254.54	163.67	249.69	2.15
2003	489.88	242.70	159.10	247.18	2.12
2004	479.19	245.92	167.77	233.27	2.11
2005	469.26	241.73	165.65	227.53	2.09
2006	387.71	171.09	128.34	216.62	1.74
2007	371.60	163.97	122.44	207.63	1.40
2008	380.76	170.99	126.62	209.77	1.43
2009	382.20	176.62	126.92	205.58	1.41
2010	387.78	178.72	126.32	209.06	1.44
2011	385.84	176.69	122.81	209.15	1.43
2012	387.58	175.75	122.43	211.83	1.43
2013	390.05	174.21	117.99	215.84	1.44
2014	395.53	171.69	114.52	223.84	1.47

注:2002年起粮食播种面积中稻谷面积为抽样调查数,其他为全面统计数,2006、2007年为农业普查调整数据。

8—9　粮食作物播种面积(1995-2014)

单位:亩

	1995	1996	1997	1998	1999	2000	2001	2002	2003	2004
总　计	**3983236**	**4034310**	**4031811**	**3954216**	**3891532**	**3210737**	**2935907**	**2545396**	**2427007**	**2459244**
按收获季节分										
春收粮食	387773	415643	391748	371620	361148	297062	237516	223998	212338	196076
夏收粮食	1627009	1656447	1663235	1657825	1629291	1291805	1191117	940579	941637	971665
秋收粮食	1968454	1962220	1976828	1924771	1901093	1621870	1507274	1380819	1273032	1291503
按品种分										
稻　谷	2768137	2754901	2761041	2681218	2673543	2151124	1981339	1636718	1591195	1677666
早　稻	1363442	1367596	1359466	1348366	1338023	1046116	963134	726003	752641	793939
中　稻								69127	42893	63599
晚　稻	1404695	1387305	1401595	1332852	1335520	1105008	1018205	841588	795661	820128
大小麦	224826	217620	172117	133370	101368	63565	29170	20033	14660	9121
#小　麦	224776	217495	172117	133298	101368	63565	29170	20033	14660	9121
甘　薯	565561	591683	576418	601779	611588	563838	532919	506972	476176	443622
马铃薯	33355	39769	68541	71134	76399	56528	41475	45492	48870	48519
杂　粮	100132	117117	106658	123025	93093	58095	56733	46623	37906	38329
大　豆	171672	189757	210192	207176	204114	186975	175605	155254	138489	134590
杂　豆	119553	123463	136794	136514	131335	130575	118666	134304	119711	107397

注:2004年之前中稻包含一季晚稻,晚稻为双季晚稻,2006、2007年为农业普查调整数据。

8—9　续表

单位:亩

	2005	2006	2007	2008	2009	2010	2011	2012	2013	2014
总　计	**2417341**	**1710869**	**1639695**	**1709912**	**1766157**	**1787243**	**1766897**	**1757511**	**1742085**	**1716928**
按收获季节分										
春收粮食	197193	141683	113305	114378	143498	159188	164833	167982	173599	174342
夏收粮食	967572	679128	672274	692290	717984	717975	708673	719578	711596	698309
秋收粮食	1252576	890059	854116	903244	904675	910080	893391	869951	856890	844277
按品种分										
稻　谷	1656564	1283393	1224376	1266186	1269241	1263179	1228118	1224342	1179882	1145240
早　稻	797636	613008	593063	604186	621876	612460	599045	604935	587151	574024
中　稻	54068	42422	31166	31387	37239	42858	41797	43068	42242	41998
晚　稻	804860	627963	600147	630613	610126	607862	587276	576339	550489	529218
大小麦	7450	1935	1240	1444	937	676	618	562	640	501
#小　麦	7450	1935	1240	1444	937	676	618	562	640	501
甘　薯	424436	254803	243055	261051	275681	279411	282717	268881	276804	284025
马铃薯	51824	37558	38168	40388	59645	66985	68299	68013	71098	69049
杂　粮	39842	22997	28455	25844	35379	42006	50273	56477	66767	70244
大　豆	130499	70959	68044	64245	66491	69688	71177	71246	74548	76046
杂　豆	106726	39224	36357	50754	58783	65298	65695	67990	72346	71823

8—10 主要非粮作物

	1995	1996	1997	1998	1999	2000	2001	2002	2003
油　料	327072	331387	312798	300497	292476	288485	297615	265134	257657
#花　生	319993	323657	306061	294370	288698	283650	293703	262753	255440
油菜籽	6245	7230	6637	5977	3228	4363	3802	2121	1865
芝　麻		500		150	150			240	352
甘　蔗	274074	280438	283384	276891	181186	101465	114909	125766	126183
麻　类	1124	1435	2210	385	219	767	765	745	442
烟　叶	23628	32895	60885	35967	38698	28442	25105	19169	14563
#烤　烟	11783	22160	47490	21410	20737	12775	9175	6227	4789
莲　籽		1010							
蔬　菜	866080	969239	960505	1136025	1201615	1448929	1531984	1592008	1603744
西　瓜	39405	48182	47137	39238	37363	36075	35867	30730	26565
绿　肥		18445		19121	19273			22910	14718
青饲料	190698	195157	175549	182274	173570	178566	179191	161851	168332

注:2006、2007 年为农业普查调整数据。

8—11 年末各类水果和亚热带

	1990	1991	1992	1993	1994	1995	1996	1997	1998	1999
水果合计	1061908	1279623	1472996	1597821	1810967	2022796	2223949	2422327	2545662	2648709
#柑　桔	249468	287362	315035	315913	310515	309241	329102	336844	328917	313711
龙　眼	71179	109941	153289	179222	234002	294662	369942	433143	456218	461208
荔　枝	223861	255020	281471	302357	338047	391656	441387	499401	540654	555531
香　蕉	128360	173637	229075	250423	269709	281086	282398	288380	325070	409981
枇　杷	8838	8854	8839		9333	10045	10052	11128	12081	17541
蜜　柚	36521	62161	75717	95125	139195	172647	76043	251158	265694	277856
青　梅										
菠　萝	64012	70971	70701	64242	59733	60293	58782	51382	53357	45887
橄　榄	20994	31486	39164		72307	79022	72772	72742	74101	78215
柿	29147	33489	36385		47808	58408	67688	79430	80817	78509
桃	27248	33197	41041		48006	55585	56934	52217	50820	49027
李	111160	110830	110007		130307	139590	96012	148155	148496	141067
梨	5603	4904	5019		4816	4892	5051	4569	4616	6342
葡　萄	35	1508	334		527	1498	1011	1081	1067	225
杨　梅	19934	23669	24151		25100	25453	27961	32716	37497	37533
橡　胶	98954	96596	89634	65197	43730	30753	25934	16670	13260	12812
香料作物	2944	2452	2323	2520	2616	829	2393	1889	1991	1920
剑　麻	17277	15395	15549	15811	13505	10984	9300	8218	5255	5750
花　卉										

播 种 面 积(1995–2014)

单位:亩

2004	2005	2006	2007	2008	2009	2010	2011	2012	2013	2014
248581	244503	162512	149306	176539	183894	189427	189941	186864	188420	193053
246765	242536	160080	146936	173241	181355	187315	188064	184365	185579	189803
1521	1512	1412	2030	1611	1116	1280	1278	1596	2087	1811
295	455	490	200	215	246	430	250	575	745	900
104226	96108	81297	74595	73893	71738	64272	55757	53882	55084	44789
245	237	216	231	218						
11734	12566	6175	3890	3279	4622	5198	4807	4563	4248	3708
2211	3680	1919	1209	653	600	490	470	384	270	276
										20
1651092	1621213	1594863	1577705	1550048	1515810	1549792	1556108	1579008	1596632	1644655
26864	28161	26240	27052	24938	21968	19029	17762	17823	17158	16527
13784	11039	12160	9713	7516	4983	3641	3388	3223	2785	2803
155834	164080	163439	154868	147823	140584	137401	136307	132403	131462	130741

作物实有面积(1990–2014)

单位: 亩

2000	2004	2005	2006	2007	2008	2009	2010	2011	2012	2013	2014
2688849	2511396	2586662	2561090	2500995	2573593	2539904	2530287	2492978	2485967	2514199	2537039
306569	593651	662086	697695	678472	719211	747067	763622	768719	812881	854069	894513
442127	405730	376780	369273	353907	350883	328069	319769	311866	306054	291398	284715
555149	528144	544236	503650	482850	519009	486863	477252	461089	428406	418351	410504
439789	363794	371821	366874	363575	363906	365686	363098	343532	336406	331367	327824
29658	62169	74107	74734	77339	78155	80150	83810	84478	85203	85618	84144
288566	364415	444627	501700	513319	570646	609407	641544	664490	707398	745945	783589
					132857	132765	134811	131832	131263	134363	136682
42058	42363	46393	51968	50716	50446	48792	42583	37200	36570	36168	32312
71788	50279	39687	38066	38726	33506	32256	28642	28339	25956	23701	22115
76824	62796	60790	48874	44585	39694	34756	34032	29760	25686	24957	23827
49396	43540	39855	40253	37300	35251	33810	30678	28016	27414	27345	26105
131755	105161	104120	106771	101673	96417	88654	81066	78800	76040	76316	75874
6314	2969	2937	2684	2688	2730	2708	2616	2579	2464	2315	2331
218	197	222	55	579	553	553	580	825	805	1055	1106
40096	57308	61302	63400	70504	87540	93754	101577	118741	118692	119578	122182
9674											
1852											
5700											
	69267	54937	59802		71969	73276	82110	89110	108062	126798	153310

8—12　主要年份茶叶、水果、食用菌实有面积

单位：万亩

年　份	茶　叶	水　果	食 用 菌
1952	0.71	6.64	
1957	1.72	16.74	
1962	2.99	17.77	
1965	3.26	26.09	
1970	7.60	26.27	
1975	10.17	37.45	
1978	11.48	41.29	
1980	14.56	40.78	
1986	16.12	67.13	
1987	16.44	86.60	
1988	16.41	93.74	
1989	15.60	101.80	
1990	14.74	106.19	
1991	14.01	127.96	
1992	13.97	147.30	
1993	14.12	159.28	
1994	13.90	181.10	
1995	12.85	202.28	
1996	11.94	222.39	0.15
1997	11.63	242.23	0.29
1998	11.74	254.57	0.21
1999	10.00	264.87	0.24
2000	11.46	268.88	0.26
2001	12.47	263.14	0.22
2002	13.58	257.71	0.21
2003	16.90	254.79	0.37
2004	20.37	251.14	0.36
2005	27.45	258.67	0.40
2006	28.78	256.11	0.45
2007	33.10	250.10	0.70
2008	37.88	257.36	0.62
2009	38.25	253.99	0.67
2010	40.42	253.03	1.35
2011	40.45	249.30	3.19
2012	41.20	248.60	2.77
2013	43.28	251.42	2.86
2014	43.85	253.70	2.88

8—13　水产品养殖面积（1990-2014）

单位：公顷

	1990	1991	1992	1993	1994	1995	1996	1997	1998	1999	2000
总　计	**376718**	**391722**	**457284**	**503481**	**534268**	**567641**	**606430**	**668606**	**721976**	**51158**	**53428**
1、海水养殖	225934	240890	302691	328706	338922	358657	393264	450945	492025	35559	37531
# 滩涂养殖											
2、淡水养殖	150784	150832	154593	174775	195346	208984	213166	217661	229951	15599	15897
# 池塘养殖	41333	41576	48221	67071	86386	98272	102389	108572	7349	7521	7866
湖泊养殖											
河沟养殖	34230	33743	34512	34917	36060	36061	36179	35476	2502	2593	2558
水库养殖	72245	72245	70824	67508	68248	68355	68503	73613	4969	4865	4804

8—13　续表

单位：公顷

	2004	2005	2006	2007	2008	2009	2010	2011	2012	2013	2014
总　计	**56367**	**56804**	**44472**	**44466**	**44801**	**46085**	**46410**	**47114**	**48401**	**51550**	**54015**
1、海水养殖	39105	39123	29407	29440	29695	31023	31270	31867	32603	35588	37872
# 滩涂养殖						11267	11488	11381	11680	11198	235718
2、淡水养殖	17262	17681	15065	15026	15106	15062	15140	15247	15798	15962	16143
# 池塘养殖	9728	10050	9788	9670	9212	9448	9527	9635	10223	10386	10499
湖泊养殖				48							
河沟养殖	2236	8859	1627	1589	2372	1824	1819	1857	1648	1658	1693
水库养殖	4949	4918	3058	3184	3372	3615	3620	3549	3760	3739	3738

8—14 分项农林牧渔业增加值(1992-2014)

单位：万元

年份	合计	农业	林业	牧业	渔业	农林牧渔服务业
1992	287508					
1993	356808	212136	16152	52466	76054	
1994	537366	314785	17799	81459	123323	
1995	683508	393744	20396	100518	168850	
1996	829914	472975	24012	126287	206640	
1997	876536	459121	27156	140615	249644	
1998	1001655	529056	40950	139857	291792	
1999	1062451	562972	40223	129809	329447	
2000	1136606	582133	40541	141357	372575	
2001	1194146	624383	25659	132972	411132	
2002	1185913	615790	30683	131144	408296	
2003	1274289	659203	32063	148748	427515	6760
2004	1427847	716369	36553	182279	484004	8642
2005	1548486	781337	43221	183523	530961	9444
2006	1630271	839213	45015	156487	507332	82222
2007	1864427	931507	50532	206275	582452	93661
2008	2118852	1011756	63934	259240	678714	105208
2009	2186524	1086853	71975	216866	699261	111570
2010	2547028	1296286	79222	226703	822103	122714
2011	2933039	1468663	93260	294624	938147	138343
2012	3204531	1597538	98109	320646	1037378	150860
2013	3439647	1733482	121127	320477	1095724	168836
2014	3693756	1945781	139121	302837	1117398	188619

注:2003年起采用国民经济行业分类GB/T 4754-2002,其他年份均采用GB/T 4754-94;2006、2007年为农业普查调整数据。

8—15 主要年份农林牧渔业总产值

单位：万元

年 份	合 计	农 业	林 业	牧 业	渔 业	农林牧渔服务业
1952	16511	14166		1503	759	
1957	21752	17032	827	2784	1109	
1962	24963	19970	749	2771	1473	
1965	32414	25348	972	4473	1621	
1970	33003	25808	858	3993	2344	
1975	46912	37717	1407	5723	2065	
1978	62448	49521	1686	8555	2686	
1979	73605	57964	2208	10487	2944	
1980	79071	58513	2754	12785	5019	
1981	105149	78879	5448	14748	6074	
1982	117852	87290	4997	18102	7463	
1983	117332	84407	5824	18598	8503	
1984	138283	99368	6116	22312	10487	
1985	162296	112362	7310	29280	13344	
1986	173820	115581	6931	31325	19983	
1987	208098	129892	6579	39203	32424	
1988	293590	183471	8000	52567	49552	
1989	337043	214294	8333	63518	50898	
1990	344570	209349	9551	67620	58050	
1991	403146	246485	11719	75333	69609	
1992	485515	287933	21876	88297	87409	
1993	607217	352683	22042	105254	127238	
1994	946407	534523	25148	175934	210802	
1995	1237111	678794	30871	228139	299307	
1996	1475615	803606	37061	273724	361224	
1997	1571835	779255	40620	303846	448115	
1998	1750332	880847	54656	299269	515560	
1999	1851952	939419	58994	282569	570970	
2000	1961735	955342	60046	304169	642178	
2001	2060353	1021708	41784	300740	696121	
2002	2050153	1012624	48508	294596	694425	
2003	2197003	1070819	51444	323287	738266	13187
2004	2463064	1156439	58775	390482	842800	14568
2005	2690061	1284222	70262	392720	926285	16572
2006	2851743	1389899	73563	343961	894650	149670
2007	3296611	1564106	82903	446676	1036118	166809
2008	3765113	1702650	106420	562383	1209924	183737
2009	3864278	1834317	120283	464210	1250040	195428
2010	4487707	2186507	133326	483697	1469577	214600
2011	5178478	2474077	161596	624578	1678079	240148
2012	5588514	2694672	168577	607085	1855054	263125
2013	6009293	2926093	208349	616458	1963684	294710
2014	6442936	3287681	238969	582373	2004424	329489

注：2003 年起采用国民经济行业分类 GB/T 4754-2002，其他年份均采用 GB/T 4754-94；2006、2007 年为农业普查调整数据。

8—16 主要年份农林牧渔业总产值指数(以上年为100)

年 份	合 计	农 业	林 业	牧 业	渔 业	农林牧渔服务业
1949	100.0	100.0	100.0	100.0	100.0	
1950	112.3	107.6	100.0	138.0	132.6	
1951	108.1	113.4	100.0	83.0	149.0	
1952	106.1	114.1	100.0	133.0	120.7	
1953	106.5	102.5	167.0	108.4	107.8	
1954	100.6	92.7	255.4	107.3	118.6	
1955	99.0	99.6	73.6	76.2	98.5	
1956	120.3	128.2	166.8	139.4	120.4	
1957	110.3	89.4	167.9	137.8	89.3	
1958	102.4	89.6	120.0	92.6	107.7	
1959	97.0	98.5	110.6	68.0	99.6	
1960	97.0	94.4	89.9	83.4	84.5	
1961	94.1	94.7	65.7	109.8	99.8	
1962	94.5	101.2	83.9	128.2	109.0	
1963	108.1	108.3	131.7	114.9	125.5	
1964	116.7	100.7	103.5	121.2	89.0	
1965	108.8	132.6	100.7	123.1	104.9	
1966	104.1	101.9	101.6	106.1	116.4	
1967	92.0	92.1	48.2	85.4	90.4	
1968	96.5	91.7	162.5	103.6	109.4	
1969	109.2	109.5	90.1	102.8	105.5	
1970	98.3	112.3	127.3	94.0	121.4	
1971	107.8	106.1	158.1	115.7	86.8	
1972	105.5	105.5	114.5	100.9	98.4	
1973	91.0	91.8	63.5	86.4	58.6	
1974	101.8	98.8	134.1	99.8	113.9	
1975	108.3	109.2	94.4	108.2	138.6	
1976	101.2	101.7	107.6	94.9	87.7	
1977	112.6	115.5	89.3	119.5	132.1	
1978	110.0	114.1	123.9	105.0	110.2	
1979	106.0	104.6	113.8	112.3	105.0	
1980	106.8	113.4	91.1	76.9	99.4	
1981	108.3	103.2	164.2	125.2	137.8	

8—16　续表

年　份	合　计					
		农　业	林　业	牧　业	渔　业	农林牧渔服务业
1982	108.2	107.4	116.7	108.9	113.2	
1983	102.9	99.0	121.2	113.2	123.6	
1984	113.8	116.8	98.3	111.5	94.6	
1985	105.2	98.4	135.1	126.5	129.0	
1986	101.9	99.4	82.1	107.6	132.3	
1987	108.0	107.1	92.8	102.2	134.7	
1988	108.3	107.8	107.0	108.2	112.8	
1989	107.7	108.3	101.9	101.7	113.7	
1990	102.4	86.9	81.2	113.1	191.2	
1991	112.3	112.3	112.2	109.4	113.7	
1992	114.8	112.1	183.3	110.4	115.8	
1993	111.2	109.4	94.4	110.9	119.6	
1994	117.7	114.9	117.0	110.7	129.3	
1995	116.1	114.4	116.0	114.5	120.6	
1996	114.3	113.8	122.3	107.3	117.8	
1997	113.4	109.1	107.8	110.4	124.3	
1998	112.8	112.6	117.7	105.8	115.6	
1999	109.6	112.5	112.9	96.5	109.3	
2000	106.9	102.4	106.6	108.9	114.0	
2001	106.9	113.4	103.7	102.8	107.1	
2002	101.9	102.3	121.3	97.9	101.5	
2003	104.0	101.8	113.1	107.8	106.1	
2004	105.0	103.1	111.7	106.0	106.7	
2005	104.7	104.0	114.9	101.6	106.2	
2006	104.0	103.5	101.5	101.8	105.5	
2007	105.0	105.3	107.2	96.6	107.0	108.4
2008	105.4	104.1	110.7	105.0	107.0	105.3
2009	105.2	104.7	111.1	101.9	106.5	108.3
2010	104.2	103.8	106.2	104.3	104.1	106.4
2011	104.2	104.3	108.2	104.8	103.2	106.3
2012	104.5	104.3	104.0	105.5	103.9	107.0
2013	104.7	104.7	110.4	102.3	104.2	109.3
2014	104.8	105.1	110.2	96.2	105.8	109.6

8—17 主要年份农林牧渔业总产值指数(以1952年为100)

年份	合计	农业	林业	牧业	渔业
1952	100.0	100.0	100.0	100.0	100.0
1957	110.3	89.4	167.9	137.8	89.3
1962	120.6	86.6	577.7	125.9	133.4
1965	165.5	125.2	792.6	215.8	156.4
1970	164.2	132.7	723.4	195.7	230.5
1975	187.3	147.2	1053.8	213.3	182.3
1978	234.8	197.5	1255.2	254.0	232.9
1979	248.9	206.6	1428.5	285.3	244.5
1980	265.8	234.3	1301.3	219.4	243.1
1981	287.9	241.8	2136.8	274.7	335.0
1982	311.5	259.7	2493.6	299.1	379.2
1983	320.6	257.1	3022.3	338.6	468.7
1984	364.8	300.3	2970.9	377.5	443.3
1985	383.8	295.5	4013.7	477.6	571.9
1986	391.1	293.7	3295.2	513.9	756.7
1987	422.3	314.5	3058.0	525.2	1019.2
1988	457.4	339.1	3272.1	568.2	1149.7
1989	492.6	367.2	3334.2	577.9	1307.2
1990	504.4	319.1	2707.4	653.6	2499.3
1991	566.5	358.4	3037.7	715.0	2841.7
1992	650.3	401.7	5568.1	789.4	3290.7
1993	723.2	439.5	5256.3	875.4	3935.7
1994	851.2	505.0	6149.8	969.1	5088.8
1995	988.2	577.7	7133.8	1109.6	6137.1
1996	1129.5	657.4	8724.6	1190.6	7229.6
1997	1280.9	717.2	9405.2	1314.5	8986.3
1998	1444.8	807.6	11069.9	1390.7	10388.2
1999	1583.5	908.5	12497.9	1342.0	11354.3
2000	1692.8	930.3	13322.8	1461.5	12943.9
2001	1809.6	1055.0	13815.7	1502.4	13862.9
2002	1843.9	1079.3	16758.4	1470.8	14070.9
2003	1917.7	1098.7	18953.8	1585.6	14929.2
2004	2013.6	1132.8	21171.4	1680.7	15929.4
2005	2108.2	1178.1	24325.9	1707.6	16917.1
2006	2192.6	1219.3	24690.8	1738.3	17847.5
2007	2302.2	1283.9	26468.6	1679.2	19096.8
2008	2426.5	1336.6	29300.7	1763.2	20433.6
2009	2552.7	1399.4	32553.1	1796.7	21761.8
2010	2659.9	1452.6	34517.4	1873.9	22654.0
2011	2771.6	1515.1	37406.3	1963.8	23378.9
2012	2895.0	1580.7	38898.8	2072.4	24293.0
2013	3031.0	1655.0	42944.2	2120.1	25313.4
2014	3176.5	1739.4	47324.5	2039.5	26781.6

8—18　农林牧渔业分项产值

单位：万元

	2013	2014	2014年比2013年增长(%)
农林牧渔业总产值	**6009293.16**	**6442935.70**	**4.8**
一、农业产值	**2926092.7**	**3287680.60**	**5.1**
谷物及其他作物	299205.71	318874.98	1.5
谷　物	127748.2	138713.2	
薯　类	69292.86	71533.22	
油　料	34072	37246	
豆　类	18244.56	20063.18	
棉　花			
麻　类			
糖　料	29085.8	30383.4	
烟　叶	1634.53	1774.46	
其他农作物	19127.76	19161.85	
蔬菜、食用菌及园艺作物	1360830.37	1511713.40	5.2
蔬菜(含菜用瓜)	715703.54	754974.14	
作物蔬菜			
食用菌	335223.82	341368.93	
花　卉	239814.49	295372.73	
水果、饮料和香料作物	1259409.91	1405776.45	5.1
水果(含果用瓜)	859245.71	990054.04	
园林水果	853710.5	984119.4	
果用瓜类	5535.22	5934.60	
茶　叶	400164.2	415692.0	
香料作物			

8—18 续表 单位：万元

	2013	2014	2014年比2013年增长(%)
中药材	6646.7	51315.8	150
二、林业产值	**208348.78**	**238969.47**	**10.2**
林木的培育和种植	50888.71	48144.21	-17.0
竹木采运	88172.36	114009.66	29.3
#村及村以下			
林产品	69287.7	76815.6	5.7
三、牧业产值	**616457.85**	**582373.09**	**-3.8**
牧畜饲养	38575.52	49661.42	7.3
牛的饲养	28044.68	40959.98	
羊的饲养	4204.04	4963.20	
奶　类	6326.8	3738.3	
#牛　奶	5490	2504	
猪的饲养	470763.33	416936.22	-5.7
家禽饲养	89899.44	97608.54	-0.5
#肉　禽	73627.76	83601.66	
禽　蛋	16271.72	14006.88	
狩猎和捕捉动物	432.26	422.47	-2.3
其他畜禽产品	16787.27	17744.43	5.7
四、渔业产品	**1963683.99**	**2004423.90**	**5.8**
海水产品	1603171.47	1631547.38	5.7
内陆水域水产品	360512.54	372876.52	5.9
五、农林牧渔服务业	**294709.85**	**329488.63**	**9.6**

注:2005年起牧业产值中的猪、禽产量用抽样数计算。

8—19　主要年份粮食总产量及单位播种面积产量

年　份	粮食总产量（万吨）	#稻　谷	粮食单产（公斤/亩）	#稻　谷
1952	61.81		144	
1957	77.20		161	
1962	70.40		153	
1965	95.00		202	
1970	102.40		219	
1975	109.70		208	
1978	127.30		240	
1980	135.30		276	
1986	113.94		287	
1987	128.95		307	
1988	126.88		301	
1989	141.97		322	
1990	144.40	115.50	325	367
1991	146.00	111.50	325	363
1992	150.40	118.50	340	389
1993	144.80	114.90	368	408
1994	144.70	113.00	360	407
1995	147.30	114.30	370	413
1996	151.00	115.70	374	420
1997	154.40	117.10	383	424
1998	152.70	114.20	386	426
1999	145.00	106.90	373	400
2000	123.70	89.80	385	417
2001	113.00	82.10	385	414
2002	94.20	64.20	370	392
2003	93.00	64.70	383	407
2004	96.20	69.60	391	415
2005	94.70	68.90	392	416
2006	61.96	46.74	362	364
2007	61.93	46.62	378	381
2008	67.58	50.86	395	402
2009	68.56	49.8	370	384
2010	70.08	50.39	392	399
2011	70.55	49.83	399	406
2012	70.26	49.84	400	407
2013	69.27	47.77	398	405
2014	69.13	46.56	403	407

注:1988年起粮食总产量及单产中稻谷部分为抽样调查数据(下表同)。

8—20 各 类 粮

	1995	1996	1997	1998	1999	2000	2001	2002	2003
合 计	**147.31**	**151.04**	**154.35**	**152.65**	**145.03**	**123.70**	**112.99**	**94.21**	**93.01**
按收获季节分									
春收粮食	9.60	11.04	11.16	10.63	11.10	9.54	7.83	7.51	7.38
夏收粮食	64.39	65.51	66.61	66.74	66.64	50.83	46.24	32.59	35.31
秋收粮食	73.32	74.49	76.58	75.28	67.29	63.33	58.92	54.11	50.32
按品种分									
稻 谷	114.33	115.74	117.13	114.20	106.93	89.80	82.11	64.18	64.75
早 稻	60.19	60.88	61.51	61.04	61.15	46.11	41.81	28.10	31.36
中 稻	1.59	1.70	2.04	2.16	2.24	2.56	2.67	2.68	1.68
晚 稻	5.25	53.16	53.58	50.99	43.54	41.13	37.62	33.39	31.71
大小麦	4.72	4.87	3.91	2.83	2.21	1.36	0.63	0.42	0.37
#小 麦	4.72	4.86	3.91	2.83	2.21	1.36	0.63	0.42	0.37
甘 薯	21.11	22.45	23.29	24.59	25.06	22.99	21.86	20.97	19.93
马铃薯	1.13	1.39	2.63	2.74	3.07	2.36	1.55	1.69	1.76
杂 粮	1.50	1.88	1.95	2.27	1.76	1.23	1.16	0.96	0.77
豆 类									
#大 豆	2.51	2.81	3.31	3.47	3.39	3.16	3.05	2.68	2.39
杂 豆	2.01	1.90	2.13	2.55	2.61	2.80	2.62	3.33	3.04

注:2004 年之前中稻含一季晚稻,晚稻为双季晚稻。

8—21 非 粮 作

	1995	1996	1997	1998	1999	2000	2001	2002	2003
蔬 菜	1057068	1332800	1400613	1616510	1775176	2071607	2231499	2345875	2359406
油菜籽	594	843	658	752	279	466	409	261	200
芝 麻	102	125	12	23	24	47	11	26	91
黄红麻	254	218	433	72	45	173	167	185	104
苎 麻	11	14	17	15	23				
烟 叶	2190	3466	6683	3812	4086	3290	2826	1993	1774
莲 子	60	107	104	125	140				
西 瓜	59122	75953	69227	60753	55670	53369	53765	48924	42284

注:2006、2007 年为农业普查调整数据。

食 产 量(1995–2014)

单位：万吨

2004	2005	2006	2007	2008	2009	2010	2011	2012	2013	2014
96.20	**94.70**	**61.96**	**61.93**	**67.58**	**68.56**	**70.08**	**70.55**	**70.26**	**69.27**	**69.13**
6.71	6.58	4.71	4.23	4.44	5.59	6.23	6.48	6.48	6.96	7.15
37.61	37.62	22.49	24.54	26.79	28.11	28.62	28.50	28.81	27.95	27.64
51.88	50.50	34.77	33.15	36.36	34.87	35.23	35.57	34.97	34.36	34.34
69.57	68.88	46.74	46.62	50.86	49.8	50.39	49.83	49.84	47.77	46.56
33.79	33.94	21.32	22.95	24.79	25.6	25.76	25.38	25.4	24.31	23.82
2.53	2.14	1.53	1.16	1.23	1.41	1.63	1.62	1.68	1.66	1.66
31.74	32.79	23.87	22.51	24.84	22.78	23.00	22.83	22.76	21.81	21.08
0.23	0.20	0.05	0.05	0.04	0.02	0.02	0.01	0.01	0.01	0.01
0.23	0.20	0.05	0.05	0.04	0.02	0.02	0.01	0.01	0.01	0.01
18.82	17.96	11.29	11.08	11.86	12.20	12.35	12.79	11.94	12.24	12.82
1.57	1.64	1.27	1.39	1.65	2.31	2.64	2.67	2.71	2.98	2.98
0.83	0.86	0.49	0.72	0.65	1.31	1.58	1.95	2.19	2.60	2.88
2.43	2.47	1.28	1.31	1.22	1.45	1.44	1.60	1.75	1.80	1.93
2.74	2.69	0.84	0.76	1.30	1.48	1.67	1.69	1.81	1.87	1.96

物 产 量(1995–2014)

单位：吨

2004	2005	2006	2007	2008	2009	2010	2011	2012	2013	2014
2446795	2400422	2297061	2307248	2307429	2314556	2373741	2451547	2547427	2650994	2795174
186	183	208	261	223	257	190	187	214	287	245
42	53	47	28	37	34	44	13	31	38	57
85	82	74	342	74						
1347	1498	843	505	433	689	875	847	835	806	875
43432	43814	35062	36582	33857	34213	29851	26953	27229	25440	23802

8—22 主要年份茶叶、水果产量

年 份	茶 叶 （吨）	水 果 （万吨）
1952	126	2.72
1957	172	4.30
1962	206	1.70
1965	247	3.60
1970	848	4.50
1975	1674	3.90
1978	2074	3.60
1980	2573	4.20
1986	4101	11.47
1987	4743	14.19
1988	5640	20.16
1989	5304	23.38
1990	5818	24.80
1991	6688	37.50
1992	7176	48.60
1993	7404	62.40
1994	7889	81.70
1995	8263	99.20
1996	8293	118.90
1997	8588	135.30
1998	9867	152.80
1999	10455	168.90
2000	12183	167.00
2001	13745	181.80
2002	14336	185.70
2003	17716	195.20
2004	21415	202.10
2005	28299	214.20
2006	33682	214.00
2007	38757	218.99
2008	42481	240.23
2009	46614	244.11
2010	49425	251.52
2011	50728	270.28
2012	55173	272.66
2013	59726	288.56
2014	61584	313.87

8—23 各类茶叶、水果、食用菌产量(1995-2013)

单位：吨

	1995	1996	1997	1998	1999	2000	2001	2002	2003	2004
乌龙茶	8263	8293	8588	9867	10455	12138	13745	14336	17716	21410
水 果	991694	1189248	1353088	1527527	1689312	1670335	1817892	1856987	1952211	2021306
柑 桔	277034	296477	306290	291549	263646	253104	585704	612668	648573	677411
龙 眼	28742	70314	44210	48330	72305	43846	62329	81808	83352	108290
荔 枝	69705	75302	84960	83041	134399	73208	110173	138641	119076	164361
香 蕉	384798	459879	518080	600997	647757	718634	737609	708092	777266	754528
枇 杷	4204	5223	6015	6636	6507	7488	9844	11041	15283	21891
蜜 柚	50752	84865	134800	209889	263734	287857	354526	390711	434167	486247
菠 萝	39388	47256	45562	43726	38607	28396	31061	31492	33318	34679
橄 榄	4014	4653	5195	6618	11536	9283	10620	10320	10525	9160
柿	4882	7014	8173	8140	11139	20299	22019	17712	17814	17534
桃	29970	32513	35042	42183	41476	38174	54702	53224	52274	32671
李	62548	71426	87323	92724	91096	74566	88612	77419	82722	73791
梨	613	872	1135	1633	1058	1196	1084	1152	936	698
葡 萄	393	347	246	254	107	120	72	75	99	86
杨 梅	5251	6264	7762	8929	11657	11128	12449	12483	14822	14948
食用菌	143379	128936	116746	124873	145345	170658	155045	142406	144066	150404
#蘑 菇	133273	118220	105191	111712	128742	151486	138356	114224	117038	120922
香 菇	833	1086	949	1415	1579	1725	1789	1683	1748	959
白木耳							30	30	7	53
黑木耳	5152	6502	7195	8242	11050	11433	10039	8006	8417	8554

8—23 续表

单位：吨

	2005	2006	2007	2008	2009	2010	2011	2012	2013	2014
乌龙茶	28233	33682	37547	41573	45814	49425	50728	55173	59726	61584
水　果	2141835	2139633	2189942	2402302	2441099	2515212	2702821	2726574	2885576	3138666
柑　桔	738559	781221	824608	921435	988207	1036266	1223821	1200682	1309428	1466267
龙　眼	102900	102359	94815	134085	116776	128807	134832	130735	125802	152246
荔　枝	152185	125651	102697	155441	118410	139010	138377	139347	142344	173785
香　蕉	798325	790431	824068	820191	844016	823809	808047	839316	847481	847063
枇　杷	33422	43089	45354	47548	51124	58000	59265	62646	67857	69806
蜜　柚	557360	619435	685755	784068	855089	907835	1112994	1083525	1193304	1339564
菠　萝	31091	33717	32635	33086	32777	31218	30232	28957	27626	29870
橄　榄	9208	6584	8988	8255	7457	8455	8928	8911	8878	7961
柿	16217	13949	13787	13016	11416	12863	10382	10079	9810	7757
桃	37617	28462	29841	28950	28611	28057	28233	27971	27599	26984
李	77032	70752	67648	72765	61710	62542	62792	60535	61224	64321
梨	805	585	614	772	731	583	584	509	386	399
葡　萄	116	620	869	850	950	1082	920	916	865	1153
杨　梅	17814	14809	18590	21719	25233	37209	38575	41213	44273	44690
食用菌	170713	176761	194068	215426	209862	219536	233539	250582	281340	304654
#蘑　菇	130650	127831	149092	169680	155684	155146	161888	173764	193782	209120
香　菇	964	787	304	234	167	136	83	74	81	65
白木耳	33	26	26	14	15	13	15	14	33	6
黑木耳	5826	6147	6451	6729	7410	8060	8965	9237	9124	11735

8—24　主要年份林业、牧业、水产品产量

年　份	造林面积（万亩）	猪牛羊肉产量（万吨）	猪出栏数（万头）	水产品产量（万吨）
1952				2.70
1957				3.30
1962				3.20
1965				4.00
1970				5.50
1975				5.40
1978			67.00	6.40
1980		4.60	74.00	6.90
1985		7.71	94.07	10.58
1986		8.05	98.97	11.66
1987		8.86	107.23	15.40
1988		9.96	113.79	15.73
1989		10.35	117.73	17.27
1990		10.99	124.94	17.00
1991	78.68	11.78	133.62	19.40
1992	135.07	12.96	149.03	26.10
1993	17.41	14.58	163.05	34.50
1994	14.87	15.89	173.21	44.10
1995	12.13	18.27	195.98	50.80
1996	14.03	20.11	209.32	56.40
1997	8.22	21.23	222.23	96.20
1998	5.26	22.30	237.20	107.60
1999	5.42	21.80	233.41	115.80
2000	4.79	23.90	255.13	125.50
2001	3.50	24.50	265.49	128.90
2002	1.82	24.40	261.61	132.40
2003	4.86	25.20	276.79	136.40
2004	4.32	27.00	301.23	141.90
2005	8.62	27.30	302.03	147.60
2006	8.38	19.38	266.35	130.48
2007	11.06	18.33	243.77	134.44
2008	13.84	21.18	283.43	138.15
2009	14.09	21.42	291.93	141.87
2010	5.17	21.95	297.66	144.52
2011	43.25	22.62	306.06	149.04
2012	39.14	23.39	315.88	154.40
2013	64.67	23.21	309.51	160.91
2014	17.91	21.55	275.74	170.28

注：2006、2007 年为农业普查调整数据。

8—25 造　林

	1995	1996	1997	1998	1999	2000	2001	2002	2003
1、当年造林面积	121286	140309	82245	52601	54197	47879	35023	18159	48643
其中:用材林	25594	34411	20950	17736	18519	3492	9200	6024	24817
经济林	58028	67397	44340	21315	28214	26233	10900	300	3290
防护林	20587	18059	10569	8050	5604	13491	13923	7588	20527
薪炭林	17077	20442	6386	5500	1860	4663	1000	4247	
2、迹地更新面积	46511	72386	131019	100958	71523	82955	80103	69013	45535
3、零星植树(万株)	1511	930	694	764	558	585	490	562	502
4、封山育林面积	2124377	2721392	2859865	2782141	2771143	1186943	1143574	1480533	703351
5、育苗面积	744	590	865	878	428	450	450	565	304
6、幼林抚育作业面积	859320	821098	624252	407371	364264	382526	355717	427190	333632
7、成林抚育作业面积	361807	386163	251594	232360	261200	215244	218152	416770	93703

注:1985年以前造林面积成活率45%以上统计,1986年及以后各年成活率85%以上统计。

8—26 主　要　林　产

	1995	1996	1997	1998	1999	2000	2001	2002	2003
木材产量(立方米)	38964	38870	52273	52149	35469	37466	35518	34865	
毛竹采伐量(万根)	741	818	1220	1715	1408	1502	2102	2492	
篙竹采伐量(万根)	652	554	417	712	574	639	1171	1782	
油桐籽(吨)	343	567	521	526	141	143	129	113	20
油茶籽(吨)	209	282	189	182	155	169	128	66	25
乌桕籽(吨)									
棕片(吨)	154	113	94	120	205	320	577	605	216
松脂(吨)	680	1716	648	762	336	366	423	440	306
笋干(吨)	4983	6675	6350	9846	11329	14158	12031	13520	14508
板栗(吨)	58	87	127	174	119	214	328	344	338
山苍籽(吨)	6	6	3	4	4	4			

注:本表2002年及以前木材、竹材采伐量均为村及村以下数据,2003年起为全社会采伐数据。

面　　积(1995–2014)

单位:亩

2004	2005	2006	2007	2008	2009	2010	2011	2012	2013	2014
43168	86188	83786	110566	138426	79572	51658	432518	391406	646700	179056
20483	73644	75085	105574	127152	42260	29974	238662	79825	201604	78026
	1243	3967	1069		2110	5733	29633	181	14611	5125
22685	11301	4734	3923	11274	34523	15951	163389	50142	3135	14864
								38	850	
100656	152775	179535	151064	119369	174023	172067	302912	248092		
442	178	168	91	724	323	162	860	1131	820	819
717703	195678	127244	747346	1535097	1574337	1607212	1631102	170000	200000	942253
276	235	414	207	373	91	1605	1834	899	999	2192
329062	423890	410657	670236	996597	765899	812438	1606609	2262916	2490034	1469274
89900	111789	91239	72696	90020	98073	185538	234713	446558	544229	767974

品　　产　　量(1995–2014)

2004	2005	2006	2007	2008	2009	2010	2011	2012	2013	2014
			325422	342779	532612	858037	731478	1019793	1345258	1563459
			688	672	658	663	718	898	1092	2436
			894	651	670	672	722	973	1407	1611
21	9	6	8	1	1	1			337	372
70	62	265	51	46	48	47	43	45	12049	13276
	641									
481	471	119	140	191	157	211	204	157	362	360
227	246	189	225	93	100	110	180	160	182	180
15324	15785	16885	19140	19441	18267	18866	19720	22104	24575	26728
260	232	187	205	181	167	122	86	26	24	28
		1								

8—27 主要畜禽

	1995	1996	1997	1998	1999	2000	2001	2002	2003
1、肉类产量(吨)	182737	201073	212291	223302	218124	238652	245134	243613	251728
猪肉(吨)	143344	156172	165601	174938	171488	188364	193822	189665	197946
牛肉(吨)	2537	3358	3492	3937	4004	4393	4620	5056	4974
羊肉(吨)	401	309	421	423	331	438	481	441	
禽肉(吨)	36210	40834	42265	43448	41765	44672	45339	47683	48173
兔肉(吨)	245	400	512	556	536	785	872	768	635
2、牛奶产量(吨)	2157	2964	4635	4930	5721	6647	6197	5782	5828
羊奶产量(吨)	2111	2839	4317	4900	5655	6573	6125	5711	5729
3、蜂蜜产量(吨)	1341	1703	1392	1522	1744	1955	2293	2583	2297
4、禽蛋产量(吨)	17759	21134	23307	26927	26658	28874	29701	29831	29829
5、肉猪出栏数(头)	1959759	2093174	2222263	2371953	2334098	2551339	2654930	2616065	2767936
出栏率(%)	107.44	116.38	134.34	141.86	143.07	152.44	154.95	155.56	171.26
肉羊出栏数(头)	15386	17814	20485	25239	22525	26579	30602	31104	
肉牛出栏数(头)	28939	37673	38223	42703	42799	46043	48790	54636	54815
6、家禽出栏数(只)	27649347	30617900	32155447	33729216	33731681	34460927	34577189	35880266	37094473
7、家兔出栏数(只)	177103	236848	305000	376673	404123	520867	587986	466755	468338

注:2006、2007年为农业普查调查数据。

8—28 畜禽存

	1995	1996	1997	1998	1999	2000	2001	2002	2003
1、大牲畜存栏数(万头)	30.55	30.78	28.40	26.67	26.20	25.25	24.22	22.53	21.53
# 役畜(万头)	22.09	21.03	19.40	17.76	17.41	16.88	14.53	14.38	12.17
牛(万头)	30.55	30.78	28.40	26.67	26.20	25.25	24.22	22.53	21.53
# 奶牛(万头)								0.14	0.19
2、猪存栏数(万头)	182.40	179.85	165.43	167.21	163.14	167.37	171.34	168.17	161.63
# 能繁殖母猪(万头)	13.90	12.86	13.67	12.41	11.36	11.93	12.54	11.45	13.44
3、羊存栏数(万头)	2.07	2.50	2.77	2.89	3.03	3.44	3.10	3.09	
4、蜜蜂年末箱数(万箱)	4.24	4.67	4.03	6.11	5.70	7.25	7.77	7.34	9.11
5、家兔年末数(万只)	17.06	17.35	19.95	20.90	20.79	28.05	36.95	29.29	22.91
6、家禽年末数(万只)	1693.82	1830.56	1749.49	1910.28	1803.67	1664.59	1671.78	1531.15	1567.99

注:2006、2007年为农业普查调整数据。

产　品　产　量(1995–2014)

2004	2005	2006	2007	2008	2009	2010	2011	2012	2013	2014
270392	273335	223046	208168	242146	244278	256930	271560	279232	284279	254841
215729	217560	193753	180334	208751	210788	215804	222282	229831	227579	210716
6165	6226	2783	2583	2678	3029	3274	3439	3608	4071	4309
513	565	382	367	379	424	430	448	446	463	495
47314	48179	25471	24335	27304	27533	34965	43339	44654	51464	38612
671	805	656	549	494	451	506	610	659	669	687
5737	5286	15103	14634	9453	6774	5258	5424	5495	5490	4663
5571	5036	310	406	354	334	351	361	483	523	617
2343	2314	2344	2099	1751	2334	2064	2176	2470	2787	2973
29275	28485	23129	23747	19407	20766	21418	21887	22925	23041	18273
3012333	3020329	2663449	2437653	2834311	2919340	2976562	3060590	3158831	3095132	2757403
164.47	169.45	167.97	125.01	140.54	151.31	147.30	147.41	150	160	
36543	38860	27652	26071	27188	29487	29795	31297	30895	32133	34340
64330	63697	27556	26129	27835	30311	30397	33427	35676	40131	37889
36229948	36280906		17124597	19225604	20002177	25589456	33132577	34012864	38466761	30681501
456261	488269	389760	317475	301878	287042	321895	406171	440402	412601	418441

栏　数(1995–2014)

2004	2005	2006	2007	2008	2009	2010	2011	2012	2013	2014
20.91	20.19	8.91	8.54							
11.62	10.76	6.32	5.47							
20.91	20.19	8.32	7.99	10.78	10.60	10.49	10.24	10.35	9.83	10.10
0.16	0.13	0.55	0.59	0.29	0.29	0.33	0.35	0.42	0.38	0.40
183.15	178.24	179.03	195.00	201.68	192.94	202.08	207.62	211.08	193.32	152.63
14.33	13.74	13.09	23.43	31.30	30.22	29.15	30.11	30.14	26.45	17.45
3.54	3.82	2.66	2.71	2.99	3.09	3.01	3.01	3.15	3.62	3.98
8.12	9.15	7.92	8.34	7.78	7.83	7.17	8.11	8.53	9.06	9.58
24.91	24.37	19.78	17.41	16.64	17.05	21.08	21.53	28.18	28.08	29.57
1472.20	1368.21	1038.66	1081.50	909.09	972.02	1281.58	1399.94	1190.83	1168.80	1046.88

8—29 水　产　品

	1995	1996	1997	1998	1999	2000	2001	2002	2003
淡水产品产量	68250	79728	97194	104327	114274	124192	136677	159229	158049
海水产品产量	436550	480667	865152	964550	1036509	1130373	1152790	1164538	1194077
#鱼　类				302828	285991	275618	284070	312430	309958
虾蟹类				60957	68479	96836	100398	92624	100433
贝　类				565964	635805	699742	707155	709302	703364
藻　类				31061	43341	43972	49832	49305	47220
#海水养殖产量	140376	176503	492396	552659	631592	712309	735702	753238	779960
#鱼　类	6665	8730	10305	21855	15255	19943	21446	23522	27116
虾蟹类	6528	7238		11375	12430	21347	17610	20150	26674
贝　类	101196	128084	439149	488368	560566	627047	646556	660261	678944
藻　类	21511	32451	34927	31061	43341	43972	49832	49305	47220
主要品种产量									
大黄鱼	269	370	131	1565	1380	637	515	891	821
带　鱼	14358	15429	18465	18883	27027	28965	28524	24473	20017
鲳　鱼	2925	3016	3425	8394	7755	14170	16937	14897	15916
鳓　鱼									
马鲛鱼	2522	2708	3317	11139	12510	15101	18906	15862	
鲷　鱼	237	244	724	890	2764	7675	8914	25429	17714
鲐　鱼				6607	3151	2804	7991	13168	13192
鳗　鱼				1637	1773	1824	2476	2120	3012
墨　鱼	33307	19780							
海蜇皮	223	390							
对　虾	4383	5262	4351	11192	10036	12468	15492	15909	17186
毛　虾	401	419	897	1364	1551	2222	2901	2377	2947
梭子蟹			3317	24861	17745	33567	45211	42085	42826
蛏	14181	16141	17204	20685	17879	20867	19495	18651	19094
蛤	28210	40798	99394	68646	100356	100977	102023	114705	17672
蚶	1511	2731	5712	7577	9914	11825	15520	14972	121157
牡　蛎	16510	22889	240690	282397	313649	373478	392019	393040	421213
海　带	15415	25848	27144	20178	29200	28993	32404	32339	29383
紫　菜	2505	2044	1651	1214	2374	2661	3838	3552	3839

注:2006、2007 年为农业普查调整数据。

产　　量(1995-2014)

单位：吨

2004	2005	2006	2007	2008	2009	2010	2011	2012	2013	2014
179978	179264	179197	194346	207817	216466	222401	233163	248036	259878	275576
1239225	1281934	1125612	1150088	1173712	1202190	1222769	1257207	1295974	1349239	1427174
313614	312544	282849	288441	290737	299961	303500	309158	314941	323617	332821
105090	104952	90438	97841	101513	106951	106861	113520	510869	128289	140497
731191	771459	669858	682834	698424	712393	725313	745608	479789	786915	835653
53321	54249	48121	49010	49307	48190	50580	52520	17100	72880	80029
815173	858650	749093	765094	784730	807769	822970	853018	885691	935789	1000107
29272	30608	27302	27481	28602	33511	33806	38478	43875	50391	54729
25719	26735	23008	24655	25319	30010	29629	33395	40319	42785	47785
707109	747214	650895	664111	681622	695597	708075	728514	734229	769104	816918
53067	54089	47885	48808	49004	47916	50338	51933	65691	72168	79316
1389	1412	1311	937	825	934	896	958	1041	1060	1162
34348	36320	32086	31516	31395	39045	40686	39214	38679	37823	39211
13286	15267	12587	12135	10894	6201	7423	7586	6821	6038	6335
6439	6653	5408	975	944	1213	1226	1366	1419	1420	1508
6537	6492			6071	5371	5562	5521	6929	6299	6561
19903	21026	22759	24631	27561	30822	31123	32011	34238	36356	37540
12755	13414	12788	13659	8906	6765	6386	6682	6621	6583	7857
7240	8517	6874	7642	7134	5982	5974	5283	4411	3920	4011
13088	12998			11284	11513	12258	12629	14450	14566	15018
1133	1465	876	1040	1467	1668	1780	1711	2266	1892	1913
17652	18256	17581	18209	17130	4231	16975	19346	24806	26929	31760
2996	2660	1591	2875	4222	17617	4478	4507	4907	4912	5110
45113	43688	37843	39128	39713	42511	42099	42587	49220	49931	54190
20148	21257	19083	19675	18990	14931	15039	16381	16134	17178	20051
149931	157071	126506	132380	132031	134538	134782	140547	149393	152652	162566
18885	20950	17799	18104	18538	23270	19324	19984	22831	24443	25580
437189	466519	404112	412219	428957	430228	439914	449401	452187	471130	497845
32411	33736	29842	29379	28118	25108	24817	22817	26183	27777	29816
6620	4740	3785	4961	5282	6445	5837	5593	6121	6188	6516

8—30　海水、淡水养殖面积与产量

单位：公顷、吨

	面　积	产　量		面　积	产　量
一、海水养殖合计	**37872**	**1000107**	海　带	743	29816
(一)贝　类	23019	816918	紫　菜	1680	6516
贻　贝	556	24968	其他藻类	1948	42984
扇　贝	87	3260	(三)鱼　类	2587	54729
蛏	757	20051	(四)虾蟹类	7787	47785
蚶	556	24968	其中:对虾	5078	28312
蛤	7290	162566	二、淡水养殖	**16143**	**261173**
牡　蛎	9863	497845	池　塘	10499	176209
鲍	1303	12995	水　库	3738	52489
(二)藻　类	4371	79316	河　沟	1693	26023

8—31　分县（市、区）农村劳动力资源及实有劳动力构成情况

单位：人

	乡村劳动力资源数	1、男	2、女	乡村从业人员数	1、男	2、女
漳州市	**2414156**	**1261077**	**1153079**	**2148919**	**1133485**	**1015434**
市　区	183658	97833	85825	156172	85454	70718
芗城区	117443	62717	54726	103676	56715	46961
龙文区	66215	35116	31099	52496	28739	23757
龙海市	426260	220474	205786	391193	202744	188449
云霄县	205680	108399	97281	172088	90083	82005
漳浦县	493521	254343	239178	448725	236030	212695
诏安县	348776	185792	162984	318376	167582	150794
长泰县	98750	51022	47728	91031	46542	44489
东山县	89187	45260	43927	82045	41589	40456
南靖县	179797	95516	84281	148943	79193	69750
平和县	306179	159722	146457	264584	145219	119365
华安县	82348	42716	39632	75762	39049	36713

8—32　分县（市、区）农林牧渔业总产值

单位:万元

	农林牧渔总产值	一、农业产值	(一)谷物及其他农作物	1、谷物	其中:小麦	稻谷	玉米	2、薯类	其中:马铃薯
漳州市	**6442936**	**3287681**	**318875**	**138713**	**31**	**132451**	**5420**	**71533**	**8312**
市　区	248368	118462	4746	661		624	37	1140	108
芗城区	137918	53104	4259	562		529	33	1062	108
龙文区	110451	65358	487	99		95	5	78	
龙海市	990912	364231	32775	20974		20258	639	7214	3975
云霄县	420164	181455	38924	19826		19290	271	10101	15
漳浦县	1175456	469710	94161	32974	15	31713	1047	28650	1741
诏安县	636773	256721	44754	21824		21449	231	11070	1664
长泰县	280170	173925	35417	10715		8536	2179	1486	65
东山县	529003	33656	6284	292		268	16	2943	5
南靖县	835041	616109	16527	10994		10875	101	2129	148
平和县	990354	829015	31248	16719	16	15889	723	5088	521
华安县	336693	244397	14038	3734		3550	175	1712	69

8—32　续表1

单位:万元

	3、油料	其中:花生	油菜籽	4、豆类	其中:大豆	5、糖料	6、烟草	7、其他农作物	其中:饲料作物
漳州市	**37246**	**37036**	**123**	**20063**	**10213**	**30383**	**1774**	**19162**	**2960**
市　区	568	559		427	364	1768		182	2
芗城区	430	421		380	339	1667		159	
龙文区	138	138		47	25	101		23	2
龙海市	2353	2347	5	173	161	359		1702	18
云霄县	3900	3900		2458	1475	612		2027	72
漳浦县	15506	15379	100	8147	3044	3234		5650	932
诏安县	5794	5769	16	3101	1612			2965	681
长泰县	2030	1988		384	320	18913		1889	384
东山县	2500	2500		136	56			414	218
南靖县	852	850	2	1296	298	24	47	1185	
平和县	3076	3076		3803	2786		353	2209	203
华安县	668	668		138	98	5473	1375	938	452

8—32 续表2

	(二)蔬菜、食用菌及花卉盆景园艺产品	1、蔬 菜(含菜用瓜)	2、食用菌	3、花 卉	4、盆景园 艺	(三)水果、坚果、茶、饮 料 和香 料	1、水 果(含果用瓜)	园林水果	其中:梨
漳州市	**1511713**	**754974**	**341369**	**295373**	**119998**	**1405776**	**990054**	**984119**	**78**
市 区	89152	25693	19809	39960	3690	24564	23052	22896	1
芗城区	24762	16795	7966			24084	22673	22544	1
龙文区	64390	8898	11842	39960	3690	481	380	351	
龙海市	302156	104973	118097	45425	33660	28967	28792	28720	
云霄县	36086	33090	2995			101278	92408	90959	25
漳浦县	252308	145287	23951	45301	37770	110889	107399	105085	
诏安县	70889	65764	5109	16		130981	68118	67449	
长泰县	80441	58778	13964	5251	2448	58030	28234	27935	
东山县	23964	19680		4215	69	3407	3407	2771	
南靖县	345540	99541	113064	99545	33390	238834	130218	130208	
平和县	222196	176020	31143	7233	7800	571186	489794	489550	51
华安县	88983	26148	13237	48427	1170	137640	18631	18546	

8—32 续表3

	2、造 林	3、抚育和管理	(二)竹木采运	其中:村及村以下	(三)林产品	三、牧业产 值	(一)牲畜饲 养	1、牛的饲 养	2、羊的饲 养
漳州市	**4945**	**42587**	**114010**	**6113**	**76816**	**582373**	**49661**	**40960**	**4963**
市 区	81	486	2995	569	3559	82153	4946	2291	241
芗城区	43	155	2753	569	3559	57326	1274	856	221
龙文区	39	332	243			24827	3671	1435	20
龙海市	337	2422	7858	842	4488	89766	5219	3926	782
云霄县	535	2916	5695	486	1913	31637	4531	4211	291
漳浦县	707	6655	7709	29	3849	74188	8444	7158	1063
诏安县	623	2820	8147	292	24	34979	4685	4544	140
长泰县	632	5339	16269	1098	1362	46976	5271	4230	882
东山县	98	472	148			12536	1405	798	602
南靖县	690	3842	26853	619	37119	104390	3217	2785	361
平和县	726	10171	16647	1116	14695	64669	8442	7890	261
华安县	518	7465	21689	1062	9806	41080	3502	3127	341

单位:万元

柑　桔	果用瓜类	2、坚　果	其中:板栗	3、茶　及饮料原料	其中:茶　叶	(四)中草药　材	二、林业产　值	(一)林木的培育和种植	1、育种育　苗
469032	**5935**	**30**	**30**	**415692**	**415692**	**51316**	**238969**	**48144**	**612**
3272	157			1512	1512		7122	568	
3272	129			1411	1411		6509	197	
	28			101	101		613	370	
221	71			176	176	333	15114	2768	9
10206	1449			8870	8870	5168	11098	3489	39
4865	2315			3490	3490	12352	19219	7662	300
5571	670			62863	62863	10096	11632	3461	18
8735	298	22	22	29774	29774	38	23644	6013	42
87	636						720	572	3
15123	10	9	9	108608	108608	15208	68504	4532	
411659	244			81392	81392	4385	42411	11069	173
9295	85			119009	119009	3736	39506	8011	28

单位:万元

3、其　他牲畜饲养	4、奶产品	其中:牛奶	(二)猪的饲养	(三)家禽饲　养	1、肉　禽	2、禽　蛋	(四)狩猎和捕捉动物	(五)其他畜　牧　业	其中:兔
17744	**3738**	**2504**	**416936**	**97609**	**83602**	**14007**	**422**	**17744**	**3871**
264	2414	2224	62079	14865	14499	366		264	79
101	198	12	53717	2233	1923	310		101	68
163	2216	2212	8362	12632	12576	56		163	11
442	511	29	68244	15860	9776	6084		442	372
880	29	19	22280	3942	2287	1655	4	880	175
555	223	29	58375	6814	5562	1253		555	39
562	1	1	25093	4619	4143	475	20	562	34
493	159	59	33972	7240	6074	1166		493	152
225	5	5	9961	945	701	244		225	225
2334	70	12	64178	34442	33271	1170	220	2334	428
1972	292	126	47049	7056	6140	916	150	1972	964
10019	34		25707	1825	1147	677	27	10019	1403

8—32 续表4 单位:万元

	四、渔业产值	(一)海水产品	1、鱼类	2、虾蟹类	3、贝类	4、藻类	5、其他
漳州市	**2004424**	**1631547**	**477445**	**570308**	**467854**	**42258**	**73682**
市区	24063	2086	1597	391	34		63
芗城区	14006						
龙文区	10057	2086	1597	391	34		63
龙海市	466720	313847	128748	113480	49741	1349	20530
云霄县	171812	151713	12919	12052	126549	193	
漳浦县	537024	462237	137298	156925	132652	30290	5071
诏安县	295902	261164	49872	130227	69822	149	11095
长泰县	23084						
东山县	456219	440500	147011	157233	89056	10277	36923
南靖县	18185						
平和县	7769						
华安县	3646						

8—32 续表5 单位:万元

	(二)淡水产品	1、鱼类	2、虾蟹类	3、贝类	4、其他	五、农林牧渔服务业产值
漳州市	**372877**	**237784**	**107175**	**9804**	**18113**	**329489**
市区	21977	18611	3162	97	107	16568
芗城区	14006	12313	1605	39	50	6973
龙文区	7971	6299	1557	58	58	9596
龙海市	152873	66129	65936	8945	11863	55081
云霄县	20099	18778	832	51	438	24163
漳浦县	74786	39287	32748	655	2097	75314
诏安县	34738	31549	2755	30	404	37539
长泰县	23084	22535	60	17	472	12542
东山县	15719	13373	1543		802	25872
南靖县	18185	16855	84	6	1240	27854
平和县	7769	7546	13	2	207	46490
华安县	3646	3121	42		484	8064

8—33　分县（市、区）农林牧渔业增加值

单位：万元

	农林牧渔业总产值(现价)					
	合　计	农　业	林　业	牧　业	渔　业	服务业
漳州市	**6442935.7**	**3287680.61**	**238969.47**	**582373.09**	**2004423.9**	**329488.63**
市　区	248368.47	118462.13	7121.85	82152.95	24063.14	16568.4
芗城区	137917.54	53104.07	6508.99	57325.64	14006.32	6972.52
龙文区	110450.92	65358.06	612.86	24827.31	10056.82	9595.88
龙海市	990912.22	364231.44	15113.8	89765.61	466720.35	55081.01
云霄县	420164.43	181454.89	11098.26	31636.66	171811.83	24162.79
漳浦县	1175455.75	469710.45	19219.35	74187.97	537023.56	75314.41
诏安县	636773.24	256720.54	11631.75	34979.24	295902.26	37539.46
长泰县	280170.49	173925.4	23643.86	46975.58	23083.59	12542.05
东山县	529002.85	33655.72	720.16	12535.96	456219.01	25872
南靖县	835040.99	616108.62	68503.67	104389.95	18185.11	27853.64
平和县	990353.91	829014.76	42410.77	64669.33	7768.6	46490.45
华安县	336693.36	244396.67	39505.99	41079.84	3646.44	8064.42

8—33 续表1

	农林牧渔业中间消耗				
	合计	农业	林业	牧业	渔业
漳州市	**2749179.42**	**1341899.17**	**99848.39**	**279536.10**	**887025.78**
市区	119713.43	53159.24	2376.09	41459.00	13414.76
芗城区	61815.60	18484.37	2211.19	29402.59	7998.99
龙文区	57897.83	34674.87	164.90	12056.41	5415.77
龙海市	402170.71	130295.7	3251.13	39964.35	204086.81
云霄县	170817.58	72268.71	4006.45	14764.70	67576.16
漳浦县	532042.33	196299.06	9329.79	39524.05	254043.16
诏安县	257537.41	101014.88	3914.38	15658.47	122171.65
长泰县	111053.50	68267.04	9439.44	21290.79	9937.57
东山县	233308.84	16864.42	117.68	5650.26	202615.66
南靖县	356391.90	250644.51	29446.14	51299.15	7970.34
平和县	433427.99	363802.13	20335.45	30611.35	3371.53
华安县	132715.73	89283.48	17631.84	19313.98	1838.14

8—33 续表2

	劳务支出				
	合计	农业	林业	牧业	渔业
漳州市	**616567.23**	**237795.91**	**31100.47**	**41967.60**	**164833.27**
市区	35427.59	16629.65	176.30	7032.02	2285.28
芗城区	9005.61	2864.41	110.34	2190.40	122.00
龙文区	26421.98	13765.24	65.96	4841.62	2163.28
龙海市	82878.37	22829.70	777.34	2635.25	32063.36
云霄县	48539.02	19775.14	632.26	4446.60	11483.46
漳浦县	90385.59	18741.95	1701.01	1596.66	35499.70
诏安县	128333.52	35213.26	1528.40	3607.83	73206.00
长泰县	19520.62	8350.73	5296.00	2129.17	1626.06
东山县	17755.47	2855.39	31.26	2662.11	4145.89
南靖县	65760.29	23746.02	12519.49	9345.98	3117.04
平和县	95179.04	72107.56	2507.93	4280.54	975.48
华安县	32787.72	17546.51	5930.48	4231.44	431.00

单位：万元

服务业	物质消耗					
	合计	农业	林业	牧业	渔业	服务业
140869.98	**2132612.19**	**1104103.26**	**68747.92**	**237568.5**	**722192.51**	
9304.34	84285.84	36529.59	2199.79	34426.98	11129.48	
3718.46	52809.99	15619.96	2100.85	27212.19	7876.99	
5585.88	31475.85	20909.63	98.94	7214.79	3252.49	
24572.72	319292.34	107466.00	2473.79	37329.10	172023.45	
12201.56	122278.56	52493.57	3374.19	10318.10	56092.70	
32846.27	441656.74	177557.11	7628.78	37927.39	218543.46	
14778.03	129203.89	65801.62	2385.98	12050.64	48965.65	
2118.66	91532.88	59916.31	4143.44	19161.62	8311.51	
8060.82	215553.37	14009.03	86.42	2988.15	198469.77	
17031.76	290631.61	226898.49	16926.65	41953.17	4853.30	
15307.53	338248.95	291694.57	17827.52	26330.81	2396.05	
4648.29	99928.01	71736.97	11701.36	15082.54	1407.14	

单位：万元

服务业	农林牧渔业增加值					
	合计	农业	林业	牧业	渔业	服务业
140869.98	**3693756.28**	**1945781.44**	**139121.08**	**302836.99**	**1117398.12**	**188618.65**
9304.34	128655.04	65302.89	4745.76	40693.95	10648.38	7264.06
3718.46	76101.94	34619.70	4297.80	27923.05	6007.33	3254.06
5585.88	52553.09	30683.19	447.96	12770.90	4641.05	4010.00
24572.72	588741.51	233935.74	11862.67	49801.26	262633.54	30508.29
12201.56	249346.85	109186.18	7091.81	16871.96	104235.67	11961.23
32846.27	643413.42	273411.39	9889.56	34663.92	282980.40	42468.14
14778.03	379235.83	155705.66	7717.37	19320.77	173730.61	22761.43
2118.66	169116.99	105658.36	14204.42	25684.79	13146.02	10423.39
8060.82	295694.01	16791.30	602.48	6885.70	253603.35	17811.18
17031.76	478649.09	365464.11	39057.53	53090.80	10214.77	10821.88
15307.53	556925.92	465212.63	22075.32	34057.98	4397.07	31182.92
4648.29	203977.63	155113.19	21874.15	21765.86	1808.30	3416.13

8—34 分县（市、区）农

	农作物总播种面积	其中：非耕地上播种面积	一、粮食作物合计			(1)春收粮食			
			播种面积	总产量	亩产	播种面积	总产量	亩产	播种面积
漳州市	**3955262**	**59227**	**1716928**	**691261**	**403**	**174342**	**71461**	**410**	**698309**
市区	94564	13920	19133	5707	298	1784	690	387	7012
芗城区	70489	13920	17618	5108	290	1784	690	387	6348
龙文区	24075		1515	599	395				664
龙海市	506906	1890	223682	96012	429	38732	16136	417	88944
云霄县	394061		229195	94364	412	18005	6372	354	100317
漳浦县	1026484	6935	478229	195665	409	63623	26849	422	194997
诏安县	512570	1551	281104	108516	386	30332	12932	426	120038
长泰县	280108	18462	100837	42940	426	1052	441	419	44905
东山县	91810		20979	7511	358	2026	592	292	2493
南靖县	361982	7064	125829	45961	365	3034	1052	347	46166
平和县	543975	9205	198699	78136	393	13919	5528	397	81839
华安县	142802	200	39241	16449	419	1835	869	474	11598

8—34 续表1

	①早稻			②中稻			③一季晚稻	
	播种面积	总产量	亩产	播种面积	总产量	亩产	播种面积	总产量
漳州市	**574024**	**238228**	**415**	**41998**	**16562**	**394**	**29305**	**12167**
市区	3008	1173	390					
芗城区	2518	986	392					
龙文区	490	187	382					
龙海市	83289	37466	450				16140	6710
云霄县	85794	35345	412					
漳浦县	152069	66228	436				1390	598
诏安县	98975	40185	406					
长泰县	31679	13044	412	6334	2470	390		
东山县	1485	595	401					
南靖县	39174	14087	360	27712	10959	395	4805	2106
平和县	68310	25949	380				4899	1930
华安县	10241	4156	406	7952	3133	394	2071	823

作物播种面积与产量

单位：亩、吨、公斤

(2)夏收粮食		(3)秋收粮食			1、稻　谷			其中:籼　稻		
总产量	亩　产	播种面积	总产量	亩　产	播种面积	总产量	亩　产	播种面积	总产量	亩　产
276413	**396**	**844277**	**343387**	**407**	**1145240**	**465557**	**407**	**1134039**	**463157**	**408**
1859	265	10337	3158	306	5693	2186	384	5561	2124	382
1599	252	9486	2819	297	4823	1854	384	4691	1792	382
260	392	851	339	398	870	332	382	870	332	382
39756	447	96006	40120	418	164776	71251	432	164776	71251	432
39209	391	110873	48783	440	162676	67630	416	162676	67630	416
78528	403	219609	90288	411	263071	110917	422	262271	110678	422
44412	370	130734	51172	391	190663	75167	394	186649	74887	401
19663	438	54880	22836	416	74467	30109	404	74467	30109	404
754	302	16460	6165	375	2373	935	394	2173	891	410
16387	355	76629	28522	372	105409	38803	368	99354	37028	373
31104	380	102941	41504	403	144347	55889	387	144347	55889	387
4741	409	25808	10839	420	31765	12670	399	31765	12670	399

单位：亩、吨、公斤

	④双季晚稻			2、大小麦			①小　麦		
亩　产	播种面积	总产量	亩　产	播种面积	总产量	亩　产	播种面积	总产量	亩　产
415	**499913**	**198600**	**397**	**501**	**103**	**206**	**501**	**103**	**206**
	2685	1013	377						
	2305	868	377						
	380	145	382						
416	65347	27075	414						
	76882	32285	420						
430	109612	44091	402	240	50	208	240	50	208
	91688	34982	382						
	36454	14595	400						
	888	340	383						
438	33718	11651	346						
394	71138	28010	394	261	53	203	261	53	203
397	11501	4558	396						

8—34 续表 2

	3、甘 薯			①春收甘薯			②夏、秋收甘薯	
	播种面积	总产量	亩 产	播种面积	总产量	亩 产	播种面积	总产量
漳 州 市	**284025**	**128166**	**451**	**89534**	**37259**	**416**	**194491**	**90907**
市 区	7139	2172	304	847	302	357	6292	1870
芗 城 区	6773	2007	296	847	302	357	5926	1705
龙 文 区	366	165	451				366	165
龙 海 市	16964	6817	402	4587	1808	394	12377	5009
云 霄 县	39941	19728	494	13666	5277	386	26275	14451
漳 浦 县	124926	56651	453	44336	18717	422	80590	37934
诏 安 县	41943	19802	472	13727	6002	437	28216	13800
长 泰 县	3088	1512	490	511	208	407	2577	1304
东 山 县	16751	6185	369	1556	517	332	15195	5668
南 靖 县	8266	3445	417	1169	432	370	7097	3013
平 和 县	20612	9456	459	7809	3375	432	12803	6081
华 安 县	4395	2398	546	1326	621	468	3069	1777

8—34 续表 3

	秋收马铃薯			5、杂 粮			①玉 米	
	播种面积	总产量	亩 产	播种面积	总产量	亩 产	播种面积	总产量
漳 州 市				**70244**	**28815**	**410**	**57185**	**25810**
市 区				525	177	337	510	177
芗 城 区				465	155	333	450	155
龙 文 区				60	22	367	60	22
龙 海 市				6972	3370	483	5047	3044
云 霄 县				8360	2204	264	4640	1290
漳 浦 县				16080	5841	363	12173	4985
诏 安 县				6449	1589	246	4121	1101
长 泰 县				19631	10377	529	19631	10377
东 山 县				578	105	182	418	78
南 靖 县				1606	542	337	1443	482
平 和 县				8093	3746	463	7318	3442
华 安 县				1950	864	443	1884	834

单位：亩、吨、公斤

	4、马铃薯			春收马铃薯			夏收马铃薯		
亩　产	播种面积	总产量	亩　产	播种面积	总产量	亩　产	播种面积	总产量	亩　产
467	**69049**	**29792**	**431**	**68897**	**29722**	**431**	**152**	**70**	**461**
297	937	388	414	937	388	414			
288	937	388	414	937	388	414			
451									
405	33950	14249	420	33950	14249	420			
550	140	55	393	140	55	393			
471	14187	6240	440	14187	6240	440			
489	12039	5965	495	12039	5965	495			
506	541	233	431	541	233	431			
373	52	17	327				52	17	327
425	1630	530	325	1630	530	325			
475	5064	1867	369	4964	1814	365	100	53	530
579	509	248	487	509	248	487			

单位：亩、吨、公斤

	②高　粱			③其　他			在杂粮中:春收杂粮		
亩　产	播种面积	总产量	亩　产	播种面积	总产量	亩　产	播种面积	总产量	亩　产
451	**5957**	**1003**	**168**	**7102**	**2002**	**282**	**5065**	**1432**	**283**
347				15					
344				15					
367									
603	1710	232	136	215	94	437	145	64	441
278	435	99	228	3285	815	248	2410	590	245
410	3512	644	183	395	212	537	395	212	537
267	250	23	92	2078	465	224	1666	402	241
529									
187	50	5	100	110	22	200	110	22	200
334				163	60	368	163	60	368
470				775	304	392	176	82	466
443				66	30	455			

8—34 续表4

	夏收杂粮			秋收杂粮			6、大豆	
	播种面积	总产量	亩产	播种面积	总产量	亩产	播种面积	总产量
漳州市	**37296**	**15999**	**429**	**27883**	**11384**	**408**	**76046**	**19270**
市区	150	41	273	375	136	363	4434	686
芗城区	90	19	211	375	136	363	4339	639
龙文区	60	22	367				95	47
龙海市	5120	2175	425	1707	1131	663	936	303
云霄县	3147	897	285	2803	717	256	10344	2783
漳浦县	9852	3440	349	5833	2189	375	26548	5743
诏安县	2688	642	239	2095	545	260	16093	3042
长泰县	11305	6256	553	8326	4121	495	2502	604
东山县	408	67	164	60	16	267	639	106
南靖县	664	265	399	779	217	279	2359	562
平和县	2810	1693	602	5107	1971	386	11737	5256
华安县	1152	523	454	798	341	427	454	185

8—34 续表5

	其中:绿豆			红小豆			在粮食中:非耕地	
	播种面积	总产量	亩产	播种面积	总产量	亩产	播种面积	总产量
漳州市	**7176**	**1512**	**211**	**1004**	**216**	**215**	**4927**	**835**
市区	262	52	198				3063	191
芗城区	201	31	154				3063	191
龙文区	61	21	344					
龙海市	32	7	219	2				
云霄县	735	155	211	331	93	281		
漳浦县	2784	645	232	510	105	206	450	
诏安县	1350	230	170	152	15	99		
长泰县	191	41	215				212	181
东山县	30	5	167					
南靖县								
平和县	1791	377	210				1202	463
华安县	1			9	3	333		

单位：亩、吨、公斤

	①春大豆			②秋大豆			7、杂豆类		
亩　产	播种面积	总 产 量	亩　产	播种面积	总 产 量	亩　产	播种面积	总 产 量	亩　产
253	**49698**	**11727**	**236**	**26348**	**7543**	**286**	**71823**	**19558**	**272**
155	3602	575	160	832	111	133	405	98	242
147	3549	545	154	790	94	119	281	65	231
495	53	30	566	42	17	405	124	33	266
324	506	109	215	430	194	451	84	22	262
269	7579	2020	267	2765	763	276	7734	1964	254
216	17154	3758	219	9394	1985	211	33177	10223	308
189	11032	1937	176	5061	1105	218	13917	2951	212
241	1695	313	185	807	291	361	608	105	173
166	518	70	135	121	36	298	586	163	278
238	991	270	272	1368	292	213	6559	2079	317
448	6426	2617	407	5311	2639	497	8585	1869	218
407	195	58	297	259	127	490	168	84	500

单位：亩、吨、公斤

生产的	二、油料合计			1、花　生			夏 花 生		
亩　产	播种面积	总 产 量	亩　产	播种面积	总 产 量	亩　产	播种面积	总 产 量	亩　产
169	**193053**	**42571**	**221**	**189803**	**42182**	**222**	**144970**	**31283**	**216**
62	3587	648	181	3460	637	184	2536	467	184
62	3099	491	158	2972	480	162	2208	352	159
	488	157	322	488	157	322	328	115	351
	13563	2684	198	13523	2673	198	9196	1701	185
	18668	4442	238	18668	4442	238	14779	3534	239
	77719	17751	228	75772	17516	231	60880	13493	222
	31119	6620	213	30632	6571	215	21032	4163	198
854	12721	2343	184	12081	2264	187	10007	1869	187
	15775	2847	180	15775	2847	180	13879	2531	182
	3465	972	281	3456	968	280	2101	594	283
385	13661	3503	256	13661	3503	256	8481	2343	276
	2775	761	274	2775	761	274	2079	588	283

8—34 续表 6

	秋花生			2、油菜籽			3、芝麻	
	播种面积	总产量	亩产	播种面积	总产量	亩产	播种面积	总产量
漳州市	**44833**	**10899**	**243**	**1811**	**245**	**135**	**900**	**57**
市区	924	170	184				127	11
芗城区	764	128	168				127	11
龙文区	160	42	263					
龙海市	4327	972	225	20	9	450	20	2
云霄县	3889	908	233					
漳浦县	14892	4023	270	1374	200	146	573	35
诏安县	9600	2408	251	408	32	78		
长泰县	2074	395	190				180	9
东山县	1896	316	167					
南靖县	1355	374	276	9	4	444		
平和县	5180	1160	224					
华安县	696	173	249					

8—34 续表 7

	2、果蔗			五、烟叶合计			1、烤烟	
	播种面积	总产量	亩产	播种面积	总产量	亩产	播种面积	总产量
漳州市	**9495**	**45809**	**4825**	**3708**	**875**	**236**	**276**	**43**
市区	165	840	5091					
芗城区								
龙文区	165	840	5091					
龙海市	817	2995	3666					
云霄县	650	3336	5132					
漳浦县	5018	21971	4378					
诏安县								
长泰县	2655	15664	5900					
东山县								
南靖县	35	199	5686	168	23	137	168	23
平和县				610	174	285		
华安县	155	804	5187	2930	678	231	108	20

单位：亩、吨、公斤

	4、其他油料（含油沙豆）			四、甘 蔗			1、糖 蔗		
亩 产	播种面积	总产量	亩 产	播种面积	总产量	亩 产	播种面积	总产量	亩 产
63	**539**	**87**	**161**	**44789**	**253195**	**5653**	**35294**	**207386**	**5876**
87				2956	14732	4984	2791	13892	4977
87				2791	13892	4977	2791	13892	4977
				165	840	5091			
100				817	2995	3666			
				965	5099	5284	315	1763	5597
61				6021	26954	4477	1003	4983	4968
	79	17	215						
50	460	70	152	25948	157607	6074	23293	141943	6094
				35	199	5686			
				8047	45609	5668	7892	44805	5677

单位：亩、吨、公斤

	2、晒 烟			六、药材类			七、蔬菜瓜、果类合计		
亩 产	播种面积	总产量	亩 产	播种面积	总产量	亩 产	播种面积	总产量	亩 产
156	**3432**	**832**	**242**	**23375**	**19141**	**819**	**1665098**	**2824785**	**1696**
							58770	92998	1582
							46981	55941	1191
							11789	37057	3143
				525	46	88	229805	361549	1573
				7185	10335	1438	102004	122549	1201
				2455	613	250	366329	582100	1589
				3100	1048	338	173738	273323	1573
				325	21	65	115635	223560	1933
							46220	78861	1706
137				1627	1096	674	207486	357862	1725
	610	174	285	4628	2622	567	313881	639965	2039
185	2822	658	233	3530	3360	952	51230	92018	1796

8—34 续表8

	1、蔬 菜			2、瓜 果 类			西 瓜	
	播种面积	总 产 量	亩 产	播种面积	总 产 量	亩 产	播种面积	总 产 量
漳 州 市	**1644655**	**2795174**	**1700**	**20443**	**29611**	**1448**	**16527**	**23802**
市 区	58215	92184	1584	555	814	1467	550	805
芗 城 区	46501	55274	1189	480	667	1390	475	658
龙 文 区	11714	36910	3151	75	147	1960	75	147
龙 海 市	229332	361178	1575	473	371	784	473	371
云 霄 县	97049	115300	1188	4955	7249	1463	4369	6456
漳 浦 县	357682	570268	1594	8647	11832	1368	6903	9629
诏 安 县	171496	269980	1574	2242	3343	1491	1678	2519
长 泰 县	114806	222006	1934	829	1554	1875	829	1554
东 山 县	44410	75961	1710	1810	2900	1602	1202	1532
南 靖 县	207454	357846	1725	32	16	500		
平 和 县	313234	638874	2040	647	1091	1686	270	495
华 安 县	50977	91577	1796	253	441	1743	253	441

8—34 续表9

	八、花卉	1、席 草			2、木 薯			
	播种面积	播种面积	总 产 量	亩 产	播种面积	总 产 量	亩 产	播种面积
漳 州 市	**153310**	**382**	**561**	**1469**	**4972**	**4880**	**981**	**130741**
市 区	10088							30
芗 城 区								
龙 文 区	10088							30
龙 海 市	35725							815
云 霄 县	1450				2160	1490	690	32434
漳 浦 县	55426							34087
诏 安 县	20							22953
长 泰 县	9091	214	542	2533	645	1465	2271	13497
东 山 县	426							8410
南 靖 县	16089	148			1380	719	521	
平 和 县	1003	20	19	950	85	157	1847	8211
华 安 县	23992				702	1049	1494	10304

单位：亩、吨、公斤

	甜瓜			草莓			其他瓜类		
亩产	播种面积	总产量	亩产	播种面积	总产量	亩产	播种面积	总产量	亩产
1440	**1437**	**2038**	**1418**	**132**	**107**	**811**			
1464									
1385									
1960									
784									
1478				70	27	386			
1395	934	1327	1421						
1501	503	711	1414	30	64	2133			
1875									
1275									
				32	16	500			
1833									
1743									

单位：亩、吨、公斤

3、青饲料		4、绿肥	5、其它			糯稻		
总产量	亩产	播种面积	播种面积	总产量	亩产	播种面积	总产量	亩产
113858	**871**	**2803**	**16083**	**6666**	**414**	**3273**	**1236**	**378**
60	2000					10	4	400
						10	4	400
60	2000							
688	844		1974	183	93			
2750	85							
35833	1051	430	5788	2225	384	800	239	299
26190	1141	305	231	56	242			
14788	1096	518	677	676	999			
8381	997							
			5755	2491	433			
7789	949	1550	1627	975	599	2112	862	408
17379	1687		31	60	1935	351	131	373

8—35 分县（市、区）茶

	一、茶叶合计				其中:乌龙毛茶	二、园林水果合计		
	年末实有面积	其中：采摘面积	当年新植面积	产量	产量	年末实有面积	其中：采摘面积	当年新植面积
漳州市	**438527**	**378219**	**6805**	**61584**	**61584**	**2537039**	**2192831**	**63453**
市区	1905	1905		224	224	79875	78980	
芗城区	1531	1531		209	209	76393	76393	
龙文区	374	374		15	15	3482	2587	
龙海市	1407	725		26	26	174179	131991	6721
云霄县	10599	9366	600	1314	1314	280585	241580	11199
漳浦县	9279	8119	26	517	517	332347	253206	3327
诏安县	47601	43184	3453	9313	9313	377024	353810	7439
长泰县	30172	22335	179	4411	4411	104894	91857	2564
东山县						22612	20270	70
南靖县	89864	89352	150	16090	16090	232938	231726	
平和县	114600	75189	1928	12058	12058	879519	738577	30273
华安县	133037	128044	469	17631	17631	53066	50834	1860

8—35 续表1

	柑				桔				
	年末实有面积	其中：采摘面积	当年新植面积	产量	年末实有面积	其中：采摘面积	当年新植面积	产量	年末实有面积
漳州市	**71096**	**67625**	**2035**	**80103**	**30874**	**29631**	**626**	**37953**	**7268**
市区	4016	4016		6907	880	880		1450	350
芗城区	4016	4016		6907	880	880		1450	350
龙文区									
龙海市	489	489		477	139	131		55	
云霄县	5071	4689	130	7927	1171	1103		1936	90
漳浦县	2579	2191	110	2449					281
诏安县	11814	10821	1291	14258	4945	4541	404	5798	183
长泰县	4447	3867	502	4559	14488	13782	192	17852	1283
东山县	304	302		360					
南靖县	18914	18864		15645	460	460		468	2295
平和县	23462	22386	2	27521	315	293		130	2043
华安县					8476	8441	30	10264	743

叶、水果生产情况

单位：亩、吨

	1、梨				2、柑 桔 类			
产 量	年末实有面 积	其中：采摘面积	当年新植面 积	产 量	年末实有面 积	其中：采摘面积	当年新植面 积	产 量
3138666	**2331**	**2113**	**218**	**399**	**894513**	**750818**	**32996**	**1466267**
81290	5	5		7	7872	7872		13042
80126	5	5		7	7872	7872		13042
1164								
83818					979	963		867
265294	171	171		130	26496	21154	3992	34831
324644					12186	9911	936	15659
219341					28423	24417	4170	24353
100340					33688	29665	1575	35254
9194					338	336		394
458379					48904	48833		51822
1533749	2155	1937	218	262	714646	587993	21476	1257749
62617					20981	19674	847	32296

单位：亩、吨

橙			柚				其他柑桔类			
其中：采摘面积	当年新植面 积	产 量	年末实有面 积	其中：采摘面积	当年新植面 积	产 量	年末实有面 积	其中：采摘面积	当年新植面 积	产 量
6686	**175**	**8039**	**783589**	**646275**	**29110**	**1339564**	**1686**	**601**	**1050**	**608**
350		580	2626	2626		4105				
350		580	2626	2626		4105				
			345	337		329	6	6		6
80	10	45	18627	14795	2802	24343	1537	487	1050	580
240		351	9326	7480	826	12859				
86	97	42	11481	8969	2378	4255				
1034	66	1235	13470	10982	815	11608				
			34	34		34				
2283		1621	27235	27226		34088				
1943	2	3015	688683	563263	21472	1227061	143	108		22
670		1150	11762	10563	817	20882				

8—35 续表2

	4、热带亚热带水果				香蕉				
	年末实有面积	其中：采摘面积	当年新植面积	产量	年末实有面积	其中：采摘面积	当年新植面积	产量	年末实有面积
漳州市	**1369946**	**1186637**	**28475**	**1491041**	**327824**	**318330**	**11919**	**847063**	**32312**
市区	70930	70035		66822	44990	44960		52194	520
芗城区	67448	67448		65658	44635	44635		52102	500
龙文区	3482	2587		1164	355	325		92	20
龙海市	167941	126054	6564	76406	7130	6614	20	18672	20295
云霄县	247261	213860	7207	222633	29396	28433	5355	59577	4428
漳浦县	266381	193722	2187	251775	43588	41124	427	115380	3994
诏安县	198105	187503	1992	115214	11239	11064	210	30052	141
长泰县	55911	49473	971	52579	16729	16154	482	31901	534
东山县	22274	19934	70	8800	157	157		98	
南靖县	164025	163594		399799	117799	117388		365733	1550
平和县	151316	137480	8533	270250	46166	41979	4519	151480	835
华安县	25802	24982	951	26763	10630	10457	906	21976	15

8—35 续表3

	枇杷				橄榄				
	年末实有面积	其中：采摘面积	当年新植面积	产量	年末实有面积	其中：采摘面积	当年新植面积	产量	年末实有面积
漳州市	**84144**	**76449**	**1253**	**69806**	**22115**	**20742**	**4**	**7961**	**122182**
市区	114	114		51	366	366		472	10
芗城区	114	114		45	366	366		472	
龙文区				6					10
龙海市					250	250		68	86175
云霄县	74623	67751	950	64719	2650	2120		1137	885
漳浦县	3272	2771	30	2945	180	124		45	23237
诏安县	4464	4211	248	747	13818	13719	4	5044	9897
长泰县	138	89	18	35	1514	852		101	32
东山县	47	39		14					
南靖县	756	756		906	1643	1643		42	185
平和县	317	305	7	295	124	113		31	960
华安县	413	413		94	1570	1555		1021	801

单位：亩、吨

菠萝			荔枝				龙眼			
其中：采摘面积	当年新植面积	产量	年末实有面积	其中：采摘面积	当年新植面积	产量	年末实有面积	其中：采摘面积	当年新植面积	产量
21740	**7074**	**29870**	**410504**	**333122**	**545**	**173785**	**284715**	**241658**	**376**	**152246**
520		264	8539	7969		4258	13483	13188		6587
500		260	6920	6920		3632	12035	12035		6185
20		4	1619	1049		626	1448	1153		402
10644	6126	12068	35165	25398	221	13276	17901	12561		8063
4224	640	6628	75031	57794	21	34284	46198	41148		39967
3379	300	6507	103384	62403		54837	79147	57223		43924
141		32	103519	98392	280	42079	49826	45915	369	29687
534		489	17706	14907		6127	14124	12656		2578
			5141	4553		1060	14096	12534		4594
1550		489	11553	11553		5815	24958	24958		8727
733	4	3388	44788	44550	9	10874	18391	15389	7	6096
15	4	5	5678	5603	14	1175	6591	6086		2023

单位：亩、吨

杨梅			芒果				青枣			
其中：采摘面积	当年新植面积	产量	年末实有面积	其中：采摘面积	当年新植面积	产量	年末实有面积	其中：采摘面积	当年新植面积	产量
100743	**1042**	**44690**	**3160**	**2905**	**139**	**3640**	**43901**	**36391**	**3644**	**93458**
10			1205	1205		1191	515	515		530
			1205	1205		1191	500	500		500
10							15	15		30
69615	195	23340	6	6		2	109	109		193
818		560	327	321	6	274	1586	1313	235	1873
18905	800	19304	10	8		1	8726	7081	518	8385
9712	20	660	593	496	97	170	675	565	110	1150
32		24	692	542	36	912	955	895		995
			61	61		16	1952	1840	70	2294
185		11	71	71		903	5510	5490		17173
717		395	124	124		122	23853	18563	2711	60853
749	27	396	71	71		49	20	20		12

8—35 续表4

	番石榴				其他热带亚热带水果				
	年末实有面积	其中：采摘面积	当年新植面积	产量	年末实有面积	其中：采摘面积	当年新植面积	产量	年末实有面积
漳州市	**26027**	**23881**	**2372**	**53283**	**13062**	**10676**	**107**	**15239**	**270249**
市区	1173	1173		1271	15	15		4	1068
芗城区	1173	1173		1271					1068
龙文区					15	15		4	
龙海市	755	702	2	488	155	155		236	5259
云霄县	182	176		161	11955	9762		13453	6657
漳浦县	823	684	112	438	20	20		9	53780
诏安县	3933	3288	654	5593					150496
长泰县	3327	2732	355	9413	160	80	80	4	15295
东山县	308	262		302	512	488		422	
南靖县									20009
平和县	15513	14851	1249	35605	245	156	27	1111	11402
华安县	13	13		12					6283

8—35 续表5

	葡萄				柿子				
	年末实有面积	其中：采摘面积	当年新植面积	产量	年末实有面积	其中：采摘面积	当年新植面积	产量	年末实有面积
漳州市	**1106**	**963**		**1153**	**23827**	**21020**	**5**	**7757**	**502**
市区	130	130		120					
芗城区	130	130		120					
龙文区									
龙海市					55	55		68	
云霄县	500	420		586	241	236		234	7
漳浦县					10				
诏安县					3364	1164		110	
长泰县	380	317		419	911	855		376	434
东山县									
南靖县					11153	10743		4392	20
平和县					8093	7967	5	2577	41
华安县	96	96		28					

单位：亩、吨

5、其他水果			桃				李			
其中：采摘面积	当年新植面积	产量	年末实有面积	其中：采摘面积	当年新植面积	产量	年末实有面积	其中：采摘面积	当年新植面积	产量
253263	**1764**	**180959**	**26105**	**24164**	**285**	**26984**	**75874**	**65895**	**536**	**64321**
1068		1419	294	294		282	644	644		1017
1068		1419	294	294		282	644	644		1017
4974	157	6545	2328	2328		3472	2730	2445	157	2725
6395		7700	1664	1599		2101	2426	2346		2766
49573	204	57210	15569	14328	71	17531	34894	32042	129	39223
141890	1277	79774	2387	1894	198	587	12811	8465	172	3695
12719	18	12507	1130	1015		1627	11805	9553	16	8764
19299		6758	1192	1192		467	2936	2936		995
11167	46	5488	1325	1298	16	758	1657	1598		1765
6178	62	3558	216	216		159	5971	5866	62	3371

单位：亩、吨

柰			青梅				其他鲜果			
其中：采摘面积	当年新植面积	产量	年末实有面积	其中：采摘面积	当年新植面积	产量	年末实有面积	其中：采摘面积	当年新植面积	产量
470		**573**	**136682**	**134815**	**807**	**76235**	**6153**	**5936**	**131**	**3936**
							146	146		280
7		4	204	204		253	1615	1583		1756
			300	200		40	3007	3003	4	416
			131434	129967	807	75006	500	400	100	376
402		520					635	577	2	801
20		4	4708	4408		900				
41		45	36	36		36	250	227	25	307

8—36 分县(市、区)

	一、蔬菜			1、叶菜类			菠菜	
	播种面积(亩)	产量(吨、万粒、万枝、盆)	亩产(公斤、粒、枝、盆/亩)	播种面积(亩)	产量(吨、万粒、万枝、盆)	亩产(公斤、粒、枝、盆/亩)	播种面积(亩)	产量(吨、万粒、万枝、盆)
漳州市	**1644655**	**2795174**	**1700**	**303491**	**463397**	**1527**	**50551**	**68770**
市区	58215	92184	1584	13429	19116	1423	2169	2728
芗城区	46501	55274	1189	11751	14856	1264	1841	1842
龙文区	11714	36910	3151	1678	4260	2539	328	886
龙海市	229332	361178	1575	42652	69400	1627	6749	9423
云霄县	97049	115300	1188	27412	26651	972	4635	4562
漳浦县	357682	570268	1594	45050	56444	1253	10933	12287
诏安县	171496	269980	1574	26655	30929	1160	4039	4154
长泰县	114806	222006	1934	16236	22393	1379	2884	3397
东山县	44410	75961	1710	4175	3671	879	760	578
南靖县	207454	357846	1725	34636	53725	1551	2732	3448
平和县	313234	638874	2040	78327	156619	2000	13125	24166
华安县	50977	91577	1796	14919	24449	1639	2525	4027

8—36 续表1

	蕹菜(空心菜)			其他叶菜类			2、白菜类	
	播种面积(亩)	产量(吨、万粒、万枝、盆)	亩产(公斤、粒、枝、盆/亩)	播种面积(亩)	产量(吨、万粒、万枝、盆)	亩产(公斤、粒、枝、盆/亩)	播种面积(亩)	产量(吨、万粒、万枝、盆)
漳州市	**126218**	**196294**	**1555**	**54711**	**91258**	**1668**	**106707**	**161868**
市区	5852	8922	1525	2529	3538	1399	2600	4730
芗城区	5282	7666	1451	2185	2552	1168	1770	2330
龙文区	570	1256	2204	344	986	2866	830	2400
龙海市	17611	27227	1546	7837	15350	1959	6717	10361
云霄县	18556	17914	965	656	666	1015	5436	7473
漳浦县	14855	18249	1228	8330	12102	1453	20162	29145
诏安县	10194	13580	1332	7646	7348	961	20783	25202
长泰县	5753	8146	1416	2681	3548	1323	4534	7551
东山县	1343	1474	1098	568	474	835	1957	2392
南靖县	12896	20785	1612	5397	9277	1719	25526	38940
平和县	32568	68784	2112	17267	36021	2086	14415	27864
华安县	6590	11213	1702	1800	2934	1630	4577	8210

蔬菜及特种作物生产情况

	芹菜			包菜			油菜		
亩产（公斤、粒、枝、盆/亩）	播种面积（亩）	产量（吨、万粒、万枝、盆）	亩产（公斤、粒、枝、盆/亩）	播种面积（亩）	产量（吨、万粒、万枝、盆）	亩产（公斤、粒、枝、盆/亩）	播种面积（亩）	产量（吨、万粒、万枝、盆）	亩产（公斤、粒、枝、盆/亩）
1360	**37685**	**53487**	**1419**	**126219**	**215738**	**1709**	**34326**	**53588**	**1561**
1258	1186	1464	1234	3938	7161	1818	1693	2464	1455
1001	1030	962	934	2814	4201	1493	1413	1834	1298
2701	156	502	3218	1124	2960	2633	280	630	2250
1396	4295	6594	1535	13930	24591	1765	6160	10806	1754
984	1326	1206	910	13680	21294	1557	2239	2303	1029
1124	7180	8145	1134	39186	63215	1613	3752	5661	1509
1028	3448	3871	1123	12964	20152	1554	1328	1976	1488
1178	1803	2556	1418	6851	16418	2396	3115	4746	1524
761	763	555	727	1363	1782	1307	741	590	796
1262	9847	15925	1617	13112	23562	1797	3764	4290	1140
1841	6944	11942	1720	19476	34626	1778	8423	15706	1865
1595	893	1229	1376	1719	2937	1709	3111	5046	1622

	大白菜			其他白菜			3、瓜类		
亩产（公斤、粒、枝、盆/亩）	播种面积（亩）	产量（吨、万粒、万枝、盆）	亩产（公斤、粒、枝、盆/亩）	播种面积（亩）	产量（吨、万粒、万枝、盆）	亩产（公斤、粒、枝、盆/亩）	播种面积（亩）	产量（吨、万粒、万枝、盆）	亩产（公斤、粒、枝、盆/亩）
1517	**94295**	**145044**	**1538**	**12412**	**16824**	**1355**	**204965**	**432631**	**2111**
1819	2132	3438	1613	468	1292	2761	9522	21271	2234
1316	1770	2330	1316				6331	7489	1183
2892	362	1108	3061	468	1292	2761	3191	13782	4319
1543	6103	9511	1558	614	850	1384	19359	35789	1849
1375	4933	6856	1390	503	617	1227	3507	6485	1849
1446	18778	26658	1420	1384	2487	1797	31103	45863	1475
1213	17251	23191	1344	3532	2011	569	20379	31241	1533
1665	4419	7436	1683	115	115	1000	26683	70945	2659
1222	1632	1982	1214	325	410	1262	2631	3849	1463
1526	25151	38475	1530	375	465	1240	30595	67719	2213
1933	11700	23524	2011	2715	4340	1599	53240	132734	2493
1794	2196	3973	1809	2381	4237	1780	7946	16735	2106

8—36 续表2

	黄瓜			冬瓜			丝瓜	
	播种面积（亩）	产量（吨、万粒、万枝、盆）	亩产（公斤、粒、枝、盆/亩）	播种面积（亩）	产量（吨、万粒、万枝、盆）	亩产（公斤、粒、枝、盆/亩）	播种面积（亩）	产量（吨、万粒、万枝、盆）
漳州市	**96543**	**197249**	**2043**	**41503**	**102335**	**2466**	**27104**	**48328**
市区	3213	6943	2161	3114	4404	1414	1323	2706
芗城区	2337	2541	1087	2951	3532	1197	939	1098
龙文区	876	4402	5025	163	872	5350	384	1608
龙海市	9906	19827	2002	1382	1816	1314	2617	4024
云霄县	1798	2656	1477	1461	3415	2337	132	263
漳浦县	20327	31164	1533	2151	3186	1481	5104	6421
诏安县	8748	14114	1613	5494	9221	1678	3110	4264
长泰县	9659	22982	2379	7948	26208	3297	3858	7902
东山县	510	606	1188	815	1355	1663	461	797
南靖县	24708	57836	2341	4013	7085	1766	223	248
平和县	14857	34637	2331	13769	43190	3137	8864	19119
华安县	2817	6484	2302	1356	2455	1810	1412	2584

8—36 续表3

	白萝卜			葫萝卜			芋头	
	播种面积（亩）	产量（吨、万粒、万枝、盆）	亩产（公斤、粒、枝、盆/亩）	播种面积（亩）	产量（吨、万粒、万枝、盆）	亩产（公斤、粒、枝、盆/亩）	播种面积（亩）	产量（吨、万粒、万枝、盆）
漳州市	**98121**	**200847**	**2047**	**30861**	**69144**	**2240**	**20236**	**35262**
市区	3099	3991	1288	602	674	1120	3336	4787
芗城区	2983	3596	1205	594	648	1091	3026	3358
龙文区	116	395	3405	8	26	3250	310	1429
龙海市	8558	17556	2051	1680	4448	2648	1345	2022
云霄县	7988	11658	1459	256	251	980	252	304
漳浦县	33358	76145	2283	18532	40662	2194	2359	3409
诏安县	11802	20644	1749	873	2148	2460	1515	2184
长泰县	4781	9733	2036	332	536	1614	2132	3948
东山县	7644	21233	2778	5480	15137	2762	180	190
南靖县	2878	4266	1482				4268	8552
平和县	14591	29249	2005	3070	5220	1700	4032	8304
华安县	3422	6372	1862	36	68	1889	817	1553

	南瓜			其他瓜类			4、根类		
亩产（公斤、粒、枝、盆/亩）	播种面积（亩）	产量（吨、万粒、万枝、盆）	亩产（公斤、粒、枝、盆/亩）	播种面积（亩）	产量（吨、万粒、万枝、盆）	亩产（公斤、粒、枝、盆/亩）	播种面积（亩）	产量（吨、万粒、万枝、盆）	亩产（公斤、粒、枝、盆/亩）
1783	**9265**	**21027**	**2270**	**30550**	**63692**	**2085**	**219049**	**394323**	**1800**
2045	15	34	2267	1857	7184	3869	9566	12645	1322
1169	15	34	2267	89	284	3191	9067	10609	1170
4188				1768	6900	3903	498	2036	4088
1538	257	652	2537	5197	9470	1822	12619	25744	2040
1992	15	30	2000	101	121	1198	21918	27864	1271
1258	1222	1935	1583	2299	3157	1373	74289	139915	1883
1371	120	205	1708	2907	3437	1182	15043	25900	1722
2048	618	1532	2479	4600	12321	2678	9245	18240	1973
1729	107	170	1589	738	921	1248	25644	50142	1955
1112				1651	2550	1545	10451	17772	1701
2157	5749	14306	2488	10001	21482	2148	33708	63833	1894
1830	1162	2163	1861	1199	3049	2543	6567	12268	1868

	生姜			芦笋			其他根类		
亩产（公斤、粒、枝、盆/亩）	播种面积（亩）	产量（吨、万粒、万枝、盆）	亩产（公斤、粒、枝、盆/亩）	播种面积（亩）	产量（吨、万粒、万枝、盆）	亩产（公斤、粒、枝、盆/亩）	播种面积（亩）	产量（吨、万粒、万枝、盆）	亩产（公斤、粒、枝、盆/亩）
1743	**22340**	**36461**	**1632**	**45081**	**48055**	**1066**	**2150**	**4094**	**1904**
1435	2524	3185	1262				4	8	2000
1110	2464	3007	1220						
4610	60	178	2967				4	8	2000
1503	688	1101	1600				348	617	1773
1206	584	800	1370	12838	14851	1157			
1445	721	1022	1417	19037	18265	959	282	412	1461
1442	803	880	1096	40	36	900	10	8	800
1852	1329	2340	1761				671	1683	2508
1106	8	13	464	12292	13542	1102	20	18	900
2004	3130	4733	1512	92	115	1250	83	106	1277
2060	10241	18112	1769	782	1246	1593	732	1242	1697
1901	2292	4275	1865						

8—36 续表 4

	5、茄果类			茄 子			西红柿	
	播种面积（亩）	产 量（吨、万粒、万枝、盆）	亩 产（公斤、粒、枝、盆/亩）	播种面积（亩）	产 量（吨、万粒、万枝、盆）	亩 产（公斤、粒、枝、盆/亩）	播种面积（亩）	产 量（吨、万粒、万枝、盆）
漳 州 市	**11952**	**200354**	**1790**	**39469**	**66969**	**1697**	**45328**	**85945**
市 区	3853	4237	1100	2337	2385	1021	668	761
芗 城 区	3262	2807	861	1967	1420	722	572	568
龙 文 区	591	1430	2420	370	965	2608	96	193
龙 海 市	18212	36062	1980	3190	4232	1327	12904	29745
云 霄 县	4188	4798	1146	726	1376	1895	3159	3133
漳 浦 县	30093	51494	1711	4573	5285	1156	18945	33923
诏 安 县	16450	28076	1707	5150	6934	1346	2382	3647
长 泰 县	10169	16590	1631	6453	10654	1651	1464	2723
东 山 县	985	1193	1211	452	527	1166	396	501
南 靖 县	5507	7563	1373	3836	5863	1528	1118	1157
平 和 县	20669	47126	2280	11777	27978	2376	4185	10194
华 安 县	1826	3215	1761	975	1735	1779	107	161

8—36 续表 5

	蒜 头			蒜苗（大蒜）			韭 菜	
	播种面积（亩）	产 量（吨、万粒、万枝、盆）	亩 产（公斤、粒、枝、盆/亩）	播种面积（亩）	产 量（吨、万粒、万枝、盆）	亩 产（公斤、粒、枝、盆/亩）	播种面积（亩）	产 量（吨、万粒、万枝、盆）
漳 州 市	**14610**	**18200**	**1246**	**22649**	**32837**	**1450**	**18300**	**26803**
市 区	249	269	1080	300	302	1007	634	439
芗 城 区	244	262	1074	284	283	996	572	340
龙 文 区	5	7	1400	16	19	1188	62	99
龙 海 市	2206	2303	1044	3031	5374	1773	1495	1725
云 霄 县	171	151	883	2639	2593	983	1650	1477
漳 浦 县	5769	6882	1193	5565	7718	1387	870	846
诏 安 县	1153	1498	1299	3683	4351	1181	7317	11859
长 泰 县	1004	1310	1305	1106	1889	1708	1434	2531
东 山 县	109	88	807	755	1450	1921	601	550
南 靖 县	1569	1270	809	822	1070	1302	295	501
平 和 县	1984	3987	2010	4198	7504	1788	3269	6011
华 安 县	396	442	1116	550	586	1065	735	864

亩　产（公斤、粒、枝、盆/亩）	甜椒(青椒) 播种面积（亩）	产　量（吨、万粒、万枝、盆）	亩　产（公斤、粒、枝、盆/亩）	其他茄果类 播种面积（亩）	产　量（吨、万粒、万枝、盆）	亩　产（公斤、粒、枝、盆/亩）	6、葱蒜类 播种面积（亩）	产　量（吨、万粒、万枝、盆）	亩　产（公斤、粒、枝、盆/亩）
1896	**25560**	**44946**	**1758**	**1595**	**2494**	**1564**	**110326**	**186744**	**1693**
1139	756	896	1185	92	195	2120	1627	1424	875
993	713	800	1122	10	19	1900	1528	1259	824
2010	43	96	2233	82	176	2146	99	165	1667
2305	1844	1728	937	274	357	1303	11537	16264	1410
992	240	222	925	63	67	1063	5222	4883	935
1791	6114	11606	1898	461	680	1475	49425	97914	1981
1531	8918	17495	1962				13656	20054	1469
1860	2252	3213	1427				4952	7631	1541
1265	107	130	1215	30	35	1167	5104	10603	2077
1035	431	457	1060	122	86	705	3025	3277	1083
2436	4304	8148	1893	403	806	2000	13336	22004	1650
1505	594	1051	1769	150	268	1787	2442	2690	1102

亩　产（公斤、粒、枝、盆/亩）	小　葱 播种面积（亩）	产　量（吨、万粒、万枝、盆）	亩　产（公斤、粒、枝、盆/亩）	其他葱蒜类 播种面积（亩）	产　量（吨、万粒、万枝、盆）	亩　产（公斤、粒、枝、盆/亩）	7、菜用豆类 播种面积（亩）	产　量（吨、万粒、万枝、盆）	亩　产（公斤、粒、枝、盆/亩）
1465	**18753**	**26495**	**1413**	**36014**	**82409**	**2288**	**228211**	**310915**	**1362**
692	337	330	979	107	84	785	9341	10367	1110
594	324	296	914	104	78	750	8785	9629	1096
1597	13	34	2615	3	6	2000	556	738	1327
1154	4759	6757	1420	46	105	2283	43035	34867	810
895	762	662	869				13115	13046	995
972	8168	12540	1535	29053	69928	2407	40787	45326	1111
1621	698	761	1090	805	1585	1969	10844	14687	1354
1765	1408	1901	1350				19471	32561	1672
915	539	559	1037	3100	7956	2566	1514	1266	836
1698	68	75	1103	271	361	1332	51873	86148	1661
1839	1258	2122	1687	2627	2380	906	32774	61440	1875
1176	756	788	1042	5	10	2000	5457	11207	2054

8—36 续表6

	四季豆(菜豆)			豌豆(荷兰豆、甜豌)			豇豆	
	播种面积(亩)	产量(吨、万粒、万枝、盆)	亩产(公斤、粒、枝、盆/亩)	播种面积(亩)	产量(吨、万粒、万枝、盆)	亩产(公斤、粒、枝、盆/亩)	播种面积(亩)	产量(吨、万粒、万枝、盆)
漳州市	**112855**	**154303**	**1367**	**45273**	**64028**	**1414**	**29948**	**46097**
市区	8259	9007	1091	829	928	1119	55	135
芗城区	7866	8575	1090	829	928	1119	30	60
龙文区	393	432	1099				25	75
龙海市	18547	15926	859	8138	6759	831	2864	2389
云霄县	7609	7947	1044	2138	1706	798	2996	3016
漳浦县	16047	16807	1047	9635	12651	1313	1330	1323
诏安县	7391	10426	1411	2397	2670	1114	549	547
长泰县	8896	15660	1760	3141	5010	1595	3206	5555
东山县	812	695	856	339	188	555		
南靖县	29620	48799	1648	9125	16374	1794	12772	20548
平和县	14049	26008	1851	8952	16917	1890	4297	8920
华安县	1625	3028	1863	579	825	1425	1879	3664

8—36 续表7

	茭白			荸荠			其他水生菜类	
	播种面积(亩)	产量(吨、万粒、万枝、盆)	亩产(公斤、粒、枝、盆/亩)	播种面积(亩)	产量(吨、万粒、万枝、盆)	亩产(公斤、粒、枝、盆/亩)	播种面积(亩)	产量(吨、万粒、万枝、盆)
漳州市	**19758**	**31992**	**1619**	**1003**	**2524**	**2516**	**66**	**156**
市区	1279	2676	2092					
芗城区	15	24	1600					
龙文区	1264	2652	2098					
龙海市	13622	18511	1359					
云霄县								
漳浦县	30	60	2000	60	48	800		
诏安县								
长泰县	2244	4339	1934	408	945	2316		
东山县								
南靖县							11	11
平和县	2368	5969	2521	535	1531	2862	55	145
华安县	215	437	2033					

	其他菜用豆类			8、水生菜类			莲　藕		
亩　产 （公斤、粒、 枝、盆／亩）	播种面积 （亩）	产　量 （吨、万粒、 万枝、盆）	亩　产 （公斤、粒、 枝、盆／亩）	播种面积 （亩）	产　量 （吨、万粒、 万枝、盆）	亩　产 （公斤、粒、 枝、盆／亩）	播种面积 （亩）	产　量 （吨、万粒、 万枝、盆）	亩　产 （公斤、粒、 枝、盆／亩）
1539	**40135**	**46487**	**1158**	**32874**	**55673**	**1694**	**12047**	**21001**	**1743**
2455	198	297	1500	1292	2694	2085	13	18	1385
2000	60	66	1100	15	24	1600			
3000	138	231	1674	1277	2670	2091	13	18	1385
834	13486	9793	726	21854	34178	1564	8232	15667	1903
1007	372	377	1013	1024	1248	1219	1024	1248	1219
995	13775	14545	1056	488	428	877	398	320	804
996	507	1044	2059	768	1127	1467	768	1127	1467
1733	4228	6336	1499	3072	6085	1981	420	801	1907
	363	383	1055						
1609	356	427	1199	1012	1413	1396	1001	1402	1401
2076	5476	9595	1752	3138	8041	2562	180	396	2200
1950	1374	3690	2686	226	459	2031	11	22	2000

	9、其他蔬菜			花椰菜			莴　笋		
亩　产 （公斤、粒、 枝、盆／亩）	播种面积 （亩）	产　量 （吨、万粒、 万枝、盆）	亩　产 （公斤、粒、 枝、盆／亩）	播种面积 （亩）	产　量 （吨、万粒、 万枝、盆）	亩　产 （公斤、粒、 枝、盆／亩）	播种面积 （亩）	产　量 （吨、万粒、 万枝、盆）	亩　产 （公斤、粒、 枝、盆／亩）
2364	**196693**	**369262**	**1877**	**49845**	**85364**	**1713**	**9747**	**16280**	**1670**
	2948	8284	2810	961	3004	3126	450	716	1591
	1178	2070	1757	236	306	1297	220	261	1186
	1770	6214	3511	725	2698	3721	230	455	1978
	38921	72559	1864	20071	36604	1824	715	1172	1639
	1323	1340	1013	504	494	980	280	285	1018
	26616	39740	1493	9534	14354	1506	741	1148	1549
	31784	72344	2276	905	1464	1618	188	527	2803
	13593	23592	1736	4070	6419	1577	2866	5476	1911
	1037	1063	1025	225	219	973	80	115	1438
1000	31717	57727	1820	6318	9324	1476	4123	6236	1512
2636	43702	83693	1915	5625	10684	1899	244	520	2131
	5052	8920	1766	1632	2798	1714	60	85	1417

8—36 续表8

	芥菜			其他			二、花卉及盆景园艺播种面积（亩）	1、盆栽花	
	播种面积（亩）	产量（吨、万粒、万枝、盆）	亩产（公斤、粒、枝、盆/亩）	播种面积（亩）	产量（吨、万粒、万枝、盆）	亩产（公斤、粒、枝、盆/亩）		播种面积（亩）	产量（吨、万粒、万枝、盆）
漳州市	**111207**	**217717**	**1958**	**25894**	**49901**	**1927**	**153310**	**19808**	**9625.2**
市区	1272	3383	2660	265	1181	4457	10088		
芗城区	722	1503	2082						
龙文区	550	1880	3418	265	1181	4457	10088		
龙海市	10795	20646	1913	7340	14137	1926	35725	11597	4251.2
云霄县	165	167	1012	374	394	1053	1450	540	
漳浦县	13196	20119	1525	3145	4119	1310	55426	1980	471
诏安县	30277	70112	2316	414	241	582	20	20	1
长泰县	5757	10167	1766	900	1530	1700	9091	287	94
东山县	452	497	1100	280	232	829	426		
南靖县	14150	26725	1889	7126	15442	2167	16089	5111	4548
平和县	32432	60981	1880	5401	11508	2131	1003	273	260
华安县	2711	4920	1815	649	1117	1721	23992		

8—36 续表9

	康乃馨			满天星			玫瑰		
	播种面积（亩）	产量（吨、万粒、万枝、盆）	亩产（公斤、粒、枝、盆/亩）	播种面积（亩）	产量（吨、万粒、万枝、盆）	亩产（公斤、粒、枝、盆/亩）	播种面积（亩）	产量（吨、万粒、万枝、盆）	亩产（公斤、粒、枝、盆/亩）
漳州市	**25**	**25**	**1000**	**36**	**40**	**1111**	**259**	**480**	**1853**
市区									
芗城区									
龙文区									
龙海市							20	24	1200
云霄县									
漳浦县									
诏安县									
长泰县	25	25	1000	36	40	1111	202	137	678
东山县							17	119	7000
南靖县							20	200	10000
平和县									
华安县									

亩　产（公斤、粒、枝、盆/亩）	其中:水仙花			2、鲜切花			百合花		
	播种面积（亩）	产　量（吨、万粒、万枝、盆）	亩　产（公斤、粒、枝、盆/亩）	播种面积（亩）	产　量（吨、万粒、万枝、盆）	亩　产（公斤、粒、枝、盆/亩）	播种面积（亩）	产　量（吨、万粒、万枝、盆）	亩　产（公斤、粒、枝、盆/亩）
486	**14802**	**8527**	**576**	**1865**	**2952.5**	**1583**	**10**	**12**	**1200**
367	10070	4127	410	120	140	1167			
238				480	195	406			
50									
328				966	606.5	628	10	12	1200
				259	1571	6066			
890	4731	4400	930	40	440	11000			
952									

菊花（含非洲菊）			其他鲜切花			3、盆景园艺			4、其他花卉		
播种面积（亩）	产　量（吨、万粒、万枝、盆）	亩　产（公斤、粒、枝、盆/亩）	播种面积（亩）	产　量（吨、万粒、万枝、盆）	亩　产（公斤、粒、枝、盆/亩）	播种面积（亩）	产　量（吨、万粒、万枝、盆）	亩　产（公斤、粒、枝、盆/亩）	播种面积（亩）	产　量（吨、万粒、万枝、盆）	亩　产（公斤、粒、枝、盆/亩）
579	**663.5**	**1146**	**956**	**1732**	**1812**	**31604**	**3999.92**	**127**	**100033**	**138414**	**1384**
						465	123	265	9623	24975	2595
						465	123	265	9623	24975	2595
100	116	1160				16997	1122.01	66	7011	12483.4	1781
									910		
			480	195	406	11404	1259	110	41562	23418	563
434	224.5	517	259	168	649	1200	81.6	68	6638	1118	168
25	83	3320	217	1369	6300	105	2.31	22	62	181	2919
20	240	12000				570	1113	1953	10368	44019	4246
						260	260	1000	470	1953	4155
						603	39	65	23389	30267	1294

8—36 续表 10

	三、药材			1、太子参			2、砂仁		
	播种面积（亩）	产量（吨、万粒、万枝、盆）	亩产（公斤、粒、枝、盆/亩）	播种面积（亩）	产量（吨、万粒、万枝、盆）	亩产（公斤、粒、枝、盆/亩）	播种面积（亩）	产量（吨、万粒、万枝、盆）	亩产（公斤、粒、枝、盆/亩）
漳州市	**23375**	**19141**	**818.9**				**2029**	**180**	**89**
市区									
芗城区									
龙文区									
龙海市	525	46	87.6						
云霄县	7185	10335	1438.4						
漳浦县	2455	613	249.7						
诏安县	3100	1048	338.1						
长泰县	325	21	64.6				325	21	65
东山县									
南靖县	1627	1096	673.6						
平和县	4628	2622	566.6						
华安县	3530	3360	951.8				1704	159	93

8—37 分县(市、区)

	一、食用菌总产量		1、香菇产量	2、蘑菇产量	3、黑木耳产量	4、白木耳产量	5、金针菇产量	6、猴头菇产量
	鲜品	干品	干品	鲜品	干品	干品	鲜品	干品
漳州市	**284168**	**20486**	**65**	**209120**	**11732**	**6**	**14877**	
市区	9198	3816		8806	3816		120	
芗城区	7237	825		6875	825		120	
龙文区	1961	2991		1931	2991			
龙海市	126769	5971		105538	2839		300	
云霄县	2973	136		2501	8	6	425	
漳浦县	25154	871		11194			13960	
诏安县	6896	47		6896				
长泰县	16519	675	48	15926	627		60	
东山县								
南靖县	55195	8487	4	22165	4371		6	
平和县	26374	13		21636	13		6	
华安县	15090	470	13	14458	58			

3、半　夏			4、枳　壳			5、泽　泻			6、其　他		
播种面积（亩）	产　量（吨、万粒、万枝、盆）	亩　产（公斤、粒、枝、盆/亩）	播种面积（亩）	产　量（吨、万粒、万枝、盆）	亩　产（公斤、粒、枝、盆/亩）	播种面积（亩）	产　量（吨、万粒、万枝、盆）	亩　产（公斤、粒、枝、盆/亩）	播种面积（亩）	产　量（吨、万粒、万枝、盆）	亩　产（公斤、粒、枝、盆/亩）
			400	**400**	**1000**				**17991**	**18192**	**1011**
									525	46	88
									7185	10335	1438
									2290	489	214
									1450	1018	702
									1627	1096	674
			400	400	1000				3088	2007	650
									1826	3201	1753

食用菌生产情况

单位：吨

7、平菇类产量（含袖珍菇、凤尾菇等）	8、草菇产量	9、杏鲍菇产　量	10、鸡腿菇产　量（9：1）	11、竹荪产量	12、其它菇产量		二、食用菌生产占用耕地面积（亩）	三、蘑菇种植面积（平方米）
鲜　品	鲜　品	干　品	干　品	干　品	鲜　品	干　品		
36836	**6817**	**7982**	**657**	**42**	**16518**	**2**	**6045**	**15873962**
102	170						776	1054450
72	170						395	864000
30							381	190450
14687	6244	3132					565	7370796
20	19	78		42	8	2		174251
		871					596	1112997
		47					3454	551220
200	333						50	1403120
21016	8	3455	657			12000	66	2041513
179	43					4510	158	994815
632		399					380	1170800

8—38 分县（市、区）

	一、猪						
	当年出栏数	期末存栏数	能繁殖母畜	当年生仔畜	肉产量（或数量）	当年出栏头数	期末存栏头数
漳州市	**2757403**	**1526276**	**174548**	**529181**	**210716**	**42052**	**101024**
市区	438068	181358	20226	67774	31374	2281	5221
芗城区	379067	154184	16903	55998	27148	860	3908
龙文区	59001	27174	3323	11776	4226	1421	1313
龙海市	449737	206691	24260	56619	34490	4179	6436
云霄县	140888	94706	12635	42378	11260	3515	9266
漳浦县	384181	219268	23407	72464	29502	7195	26828
诏安县	164046	119447	12015	35722	12682	4617	13859
长泰县	220170	122837	14128	61346	17169	4404	8289
东山县	64945	35501	4622	13731	5034	793	1483
南靖县	433490	246284	30458	74150	32435	3743	6538
平和县	299103	207894	22192	72245	23778	8089	16979
华安县	162775	92290	10605	32752	12992	3236	6125

8—38 续表1

	2、奶牛						
	当年出栏头数	期末存栏头数	能繁殖母畜	当年生仔畜	肉产量（或数量）	当年出栏头数	期末存栏头数
漳州市	**384**	**4007**	**1368**	**926**	**39**	**3779**	**41036**
市区	69	1332	602	486	8	52	1254
芗城区		1182	492	438		40	1129
龙文区	69	150	110	48	8	12	125
龙海市	236	682	95	34	18	535	1683
云霄县		10	10	5		292	5572
漳浦县		306	167	58			10092
诏安县		208				885	7204
长泰县		751	190	129			2092
东山县						91	692
南靖县		350	165	98		51	2873
平和县	39	200			8	934	6605
华安县	40	168	139	116	5	939	2969

畜牧业生产情况

单位：头、只、吨

二、牛			1、肉　牛				
能繁殖母　畜	当年生仔　畜	肉产量（或数量）	当年出栏头　数	期末存栏头　数	能繁殖母　畜	当年生仔　畜	肉产量（或数量）
29863	**14222**	**4309**	**37889**	**55981**	**15924**	**6522**	**3884**
1333	1031	241	2160	2635	346	225	227
835	735	90	820	1597			86
498	296	151	1340	1038	346	225	141
2950	1068	413	3408	4071	290	50	342
2535	1495	443	3223	3684	240	120	408
8350	3096	753	7195	16430	5358	1782	753
1244	561	478	3732	6447	620	261	386
725	570	445	4404	5446	202	170	445
217	121	84	702	791	80	55	74
1910	913	293	3692	3315	1035	420	288
7380	2592	830	7116	10174	6230	2017	729
3219	2775	329	2257	2988	1523	1422	232

单位：头、只、吨

3、役用牛			三、山羊				
能繁殖母　畜	当年生仔　畜	肉产量（或数量）	当年出栏头　数	期末存栏头　数	能繁殖母　畜	当年生仔　畜	肉产量（或数量）
12571	**6774**	**386**	**34340**	**39817**	**5313**	**9942**	**495**
385	320	6	1670	1318			24
343	297	4	1640	1240			22
42	23	2	30	78			2
2565	984	53	5065	4972	240	328	78
2285	1370	35	1807	898			29
2825	1256		7855	10857	1956	2824	106
624	300	92	951	1838	107	190	14
333	271		6036	6836	508	525	88
137	66	10	4276	4050	543	1351	60
710	395	5	2521	1866	165	112	26
1150	575	93	1608	3430	140	280	26
1557	1237	92	2551	3752	1654	4332	34

8—38　续表 2

	四、家禽			1、鸡			
	当年出栏数	期末存栏数	肉产量（或数量）	当年出栏数	期末存栏数	肉产量（或数量）	蛋鸡期末存栏数
漳州市	**30681501**	**10468811**	**38612**	**17643859**	**5815457**	**22074**	**885801**
市区	5652711	1566812	3712	513833	266917	651	19152
芗城区	631328	297908	961	222172	162332	251	16952
龙文区	5021383	1268904	2751	291661	104585	400	2200
龙海市	2902862	1611936	4837	551970	489082	708	115801
云霄县	784025	372427	1122	464207	205284	588	110716
漳浦县	1934327	1103357	2763	655037	393148	819	55276
诏安县	1041735	591389	1675	255703	185666	335	60776
长泰县	2037327	715639	3008	793985	439063	1089	196921
东山县	230728	135582	325	83607	68210	107	36948
南靖县	14327387	3413315	17669	13524623	3217009	16479	118287
平和县	1323369	666956	2911	602293	360802	1056	127115
华安县	447030	291398	590	198601	190276	242	44809

8—38　续表 3

	五、兔			六、养蜂	七、其他	八、禽蛋		
	当年出栏数	期末存栏数	肉产量（或数量）	箱数	肉产量	产量	1、鸡蛋	2、鸭蛋
漳州市	**418441**	**295739**	**687**	**95849**	**22**	**18273**	**5631**	**12302**
市区	9600	3000	14	1431	1	473	147	297
芗城区	8400	3000	12	181	1	401	124	257
龙文区	1200		2	1250		72	23	40
龙海市	45033	31120	66	520		8046	956	7074
云霄县	15255	12877	31	6180		2122	1202	876
漳浦县			7	4250		1619	690	904
诏安县	3676	5057	6	4500	5	610	296	217
长泰县	16234	14721	27	7697	1	1509	679	813
东山县	29043	17162	40			306	298	8
南靖县	46139	18115	76	24800		1524	537	986
平和县	86218	81368	171	7950	13	1180	543	534
华安县	167243	112319	249	38521	2	884	283	593

单位：头、只、吨

2、鸭			3、鹅			4、其他家禽		
当年出栏数	期末存栏数	肉产量（或数量）	当年出栏数	期末存栏数	肉产量（或数量）	当年出栏数	期末存栏数	肉产量（或数量）
7750700	**3134088**	**13006**	**6667427**	**381436**	**1306**	**4619515**	**1137830**	**2226**
634889	210823	982	48982	48439	102	4455007	1040633	1977
400056	132576	699				9100	3000	11
234833	78247	283	48982	48439	102	4445907	1037633	1966
2277966	1070770	3974	40854	14679	129	32072	37405	26
292198	149830	458	22321	11273	59	5299	6040	17
1218504	676085	1857	41275	22446	61	19511	11678	26
330797	171592	530	454435	233931	809	800	200	1
1198860	260035	1841	6282	6041	26	38200	10500	52
109882	50776	164	22519	16596	50	14720		4
794350	193516	1175	1348	640	4	7066	2150	11
645804	250040	1678	28432	26890	65	46840	29224	112
247450	100621	347	979	501	1			

单位：头、只、吨

3、鹅蛋	4、其他禽蛋	九、奶类产量	牛奶	羊奶	十、兔毛产量（公斤）	十一、蜂蜜产量	十二、蜂蜡产量	十三、肉类总产量
259	**81**	**5280**	**4663**	**617**	**1278**	**2973**	**106**	**254841**
4	25	1656	1561	95		39	3	35366
	20	1417	1324	93		7		28234
4	5	239	237	2		32	3	7132
8	8	1399	1158	241		13	5	39884
28	16	15	10	5	18	148	15	12885
1	24	617	520	97	6	114		33131
96	1					115		14860
17		656	606	50		75		20738
								5543
	1	171	142	29	770	399	2	50509
97	6	342	259	83	479	190	29	27729
8		424	407	17	5	1880	52	14196

8—39 分县（市、区）主要林产品生产情况

单位：吨

	林产品采集产量	1、油茶籽	2、棕片	3、松脂	4、竹笋干（鲜笋应折成笋干）	5、茅草	6、其他林产品产量
漳州市	**264228**	**13276**	**360**	**180**	**26728**	**216721**	**6454**
市区	2648		230	180	1258	980	
芗城区	2648		230	180	1258	980	
龙文区							
龙海市	1760				1760		
云霄县	168175				85	167270	820
漳浦县	8132	25			1477	5650	980
诏安县	13				8		
长泰县	10746				494	10252	
东山县							
南靖县	16000		2		14472	1450	76
平和县	44280	13210	128		3883	22572	3983
华安县	12474	41			3291	8547	595

8—40 分县（市、区）渔区基本情况

单位:个、户、人

	一、渔业乡	二、渔业村	三、渔业户数	四、渔业人口	五、渔业从业人员	1、渔业专业从业人员	2、渔农兼业从业人员
漳州市	**4**	**45**	**55695**	**235236**	**146928**	**97116**	**43058**
芗城区			1630	5400	3570	1730	1840
龙文区		1	267	815	288	124	112
龙海市		6	2590	23451	15391	10284	4121
云霄县			3972	23754	7812	5461	2116
漳浦县	3	18	30587	102980	49447	29197	20250
诏安县		3	5575	31295	25398	15493	8246
长泰县			308	2253	1326	809	481
东山县	1	16	9856	39569	40820	31931	5235
南靖县			280	1900	1128	800	277
平和县			290	1519	838	487	270
华安县		1	340	2300	910	800	110

8—41 分县（市、区）水产品产量

单位：吨

	总产量	其中				
		海洋捕捞	远洋渔业	海水养殖	淡水捕捞	淡水养殖
漳州市	**1702750**	**424523**	**2544**	**1000107**	**14403**	**261173**
芗城区	11430				305	11125
龙文区	7938	1610			410	5918
龙海市	398144	118634		167706	6187	105617
云霄县	199020	6450		176852	1075	14643
漳浦县	391825	62767		277509	3428	48121
诏安县	288735	79042		188823	810	20060
长泰县	22136				536	21600
东山县	358074	156020	2544	189217		10293
南靖县	14550				900	13650
平和县	7563				312	7251
华安县	3335				440	2895

8—42 分县（市、区）农业生产条件

	一、乡村人口和从业人员						
	乡村户数	乡村人口	1、男	2、女	乡村劳动力资源数	1、男	2、女
漳州市	**1052727**	**3961637**	**2032279**	**1929358**	**2414156**	**1261077**	**1153079**
市区	78264	287375	148109	139266	183658	97833	85825
芗城区	49933	177328	91111	86217	117443	62717	54726
龙文区	28331	110047	56998	53049	66215	35116	31099
龙海市	182730	711640	359753	351887	426260	220474	205786
云霄县	89594	351128	182050	169078	205680	108399	97281
漳浦县	208459	765359	391992	373367	493521	254343	239178
诏安县	142252	568156	293152	275004	348776	185792	162984
长泰县	45988	155456	78711	76745	98750	51022	47728
东山县	35843	140832	71707	69125	89187	45260	43927
南靖县	84138	309707	159622	150085	179797	95516	84281
平和县	145931	538677	278488	260189	306179	159722	146457
华安县	39528	133307	68695	64612	82348	42716	39632

8—42 续表1

	一、乡村人口和从业人员					二、农村基础设施				
	乡村从业人员数	1、男	其中:从事农业人员	2、女	其中:从事农业人员	自来水受益村数	通有线电视村数	通宽带村数	农用化肥施用量(折纯)	其中:氮肥
漳州市	**2148919**	**1133485**	**552384**	**1015434**	**488772**	**1635**	**1629**	**1661**	**406286**	**143487**
市区	156172	85454	24467	70718	16761	119	119	119	8657	3111
芗城区	103676	56715	20482	46961	13287	82	82	82	8357	2978
龙文区	52496	28739	3985	23757	3474	37	37	37	300	133
龙海市	391193	202744	73981	188449	68555	235	239	239	31599	7547
云霄县	172088	90083	52075	82005	44883	161	151	162	16261	7320
漳浦县	448725	236030	134294	212695	122124	281	291	291	54394	11376
诏安县	318376	167582	94039	150794	84233	217	217	217	32843	11428
长泰县	91031	46542	13060	44489	15812	47	58	58	22081	7243
东山县	82045	41589	14796	40456	15851	61	61	61	5059	880
南靖县	148943	79193	39297	69750	33923	183	176	183	96666	52852
平和县	264584	145219	82886	119365	64990	240	240	240	111832	34189
华安县	75762	39049	23489	36713	21640	91	77	91	26894	7541

8—42 续表2

	三、农业主要物质消耗									村委会个数
	农用化肥施用量(折纯)			农用塑料薄膜使用量	其中:地膜使用量	地膜覆盖面积	农用柴油使用量	农药使用量	农村用电量	
	磷肥	钾肥	复合肥							
漳州市	**59014**	**92765**	**111020**	**7032**	**3323**	**222574**	**349366**	**11737**	**212429**	**1661**
市区	1325	2764	1427	192	113	9209	448	143	24046	119
芗城区	1325	2686	1368	105	38	6099	327	140	11480	82
龙文区	30	78	59	87	75	3110	121	3	12566	37
龙海市	3537	6415	14100	1561	984	33461	84015	1385	80755	239
云霄县	1701	2383	4857	590	273	9677	1809	776	4620	162
漳浦县	8227	16952	17839	686	248	33263	8510	1136	32879	291
诏安县	4279	8076	9060	880	389	22042	23233	1797	13611	217
长泰县	2595	6005	6238	429	230	16245	3175	458	8782	58
东山县	296	720	3163				218936	628	9069	61
南靖县	15924	17953	9937	1231	524	41897	3965	1399	11831	183
平和县	18930	25422	33291	807	252	47815	3736	3043	17228	240
华安县	2170	6075	11108	656	310	8965	1539	972	9608	91

主要统计指标解释

乡镇个数　指农村中经省、自治区、直辖市人民政府批准成立的乡一级行政区划的数量。不包括城关镇、城市街道办事处、工矿区。

村委会个数　指农村中经上级政府批准,按居住地区设立的基层群众性自治组织的个数。含城关镇中的村。

乡村户数　是指长期(一年以上)居住在乡镇(不包括城关镇)行政管理区域内的住户,还包括居住在城关镇所辖行政村范围内的农村住户。户口不在本地而在本地居住一年及以上的住户也包括在本地农村住户内;有本地户口,但举家外出谋生一年以上的住户,无论是否保留承包耕地都不包括在本地农村住户范围内。不包括乡村地区内的国有经济的机关、团体、学校、企业、事业单位的集体户。

乡村人口数　指乡村地区常住居民户数中的常住人口数,即经常在家或在家居住 6 个月以上,而且经济和生活与本户连成一体的人口。外出从业人员在外居住时间虽然在 6 个月以上,但收入主要带回家中,经济与本户连为一体,仍视为家庭常住人口;在家居住,生活和本户连成一体的国家职工、退休人员也为家庭常住人口。但是现役军人、中专及以上(走读生除外)的在校学生、以及常年在外(不包括探亲、看病等)且已有稳定的职业与居住场所的外出从业人员,不应当作家庭常住人口。

乡村劳动力资源数　指乡村人口中劳动年龄以上(16 周岁)能够参加生产经营活动的人员。

乡村从业人员　指乡村人口中 16 周岁以上实际参加生产经营活动并取得实物或货币收入的人员,既包括劳动年龄内经常参加劳动的人员,也包括超过劳动年龄但经常参加劳动的人员。但不包括户口在家的在外学生、现役军人和丧失劳动能力的人,也不包括待业人员和家务劳动者。从业人员年龄为 16 岁以上。从业人员按从事主业时间最长(时间相同按收入)分为农业从业人员、工业从业人员、建筑业从业人员、交通运输仓储及邮电通信业从业人员、批发零售贸易及餐饮业从业人员、其它行业从业人员。

耕地　是指能够种植农作物、经常进行耕锄的田地。包括熟地、当年新开荒地、连续撂荒未满三年的耕地和当年的休闲地(轮歇地)。以种植农作物为主并附带种植桑树、茶树、果树和其它林木的土地及沿海、沿湖地区已围垦利用的"海涂"、"湖田"等也包括在内。但不包括专业性的桑园、茶园、果木苗圃、林地、芦苇地、天然草原等。南方小于一米、北方小于两米宽的渠、路、田埂,包括在耕地中。

农林牧渔业劳动力　指直接从事农业、林业、牧业、渔业生产活动的劳动力,不包括从事工业、建筑业、运输与邮电、批发零售贸易和餐饮业以及其他非农行业的劳动力,也不包括已统计为临时工(合同工)的劳动力。

农用机械总动力　指主要用于农、林、牧、渔业的各种动力机械的动力总和,包括耕作机械、农用排灌机械、收获机械、植保机械、林业机械、畜牧机械、渔业机械,农产品加工机械、农用运输机械、其他农业机械。按能源又分为柴油、汽油、电力和其他动力。总动力按法定计算单位千瓦计算。(注:1 马力 = 735.5 瓦特 = 0.735 千瓦)

农村用电量　指本年度内,扣除在农村中的国有工业、交通、基建等单位的用电量以后的农村生产和生活的全年用电总量(计量单位:千瓦小时,按全年累计数统计)既包括国家电网供电,也包括农村自办电站供电量。

农村化肥施用量　指本年度内实际用于农业生产的化学肥料数量,包括氮肥、磷肥、钾肥和复合肥。施用量要求按折纯量计算数量,即各类化学肥料的实际施用数量按其含氮、含五氧化二磷、含氧化钾的比例折成百分之百计算。

折纯量 = 实物量 × 某种化肥有效成份含量的百分比

农作物播种面积　指实际播种或移植有农作物的面积。凡是实际种植有农作物的面积,不论种植在耕地上还是种植在非耕地上,也不论面积大小,均应如实统计,种什么就报什么,种多少就报多少,不得漏报。

粮食产量　指全社会的产量。包括全民所有制经营的,集体统一经营的和农民家庭经营的粮食产量,还包括农场和其他生产单位产量。粮食除包括稻谷、小麦、玉米、高粱、谷子及其他杂粮外,还包括薯类和大豆。其产量计算方法,豆类按去豆荚后的干豆计算;薯类(包括甘薯和马铃薯,不包括芋头和木薯)1963 年以前按每 4 公斤鲜薯折 1 公斤粮食计算,从 1964 年开始及以后改为按 5 公斤鲜薯折 1 公斤计算。其他粮食一律按脱粒后的原粮计算。

农林牧渔业总产值　以货币表现的农林牧渔全部产品的总量和对农林牧渔业生产活动进行的各种支持性服务活动的价值。它反映一定时期内生产的总规模和总成果。

农林牧渔业中间消耗　指各种经济类型的农业生产单位和农户在农业生产经营过程中投入(或消耗)的各种物质产品和劳务价值的总和。包括中间物质消耗和中间劳务消耗两个部分。计入中间消耗必须具备以下两个条件:一是与总产出相对应的生产过程中消耗的物质产品和劳务活动;二是本期投入并一次消耗的不属于固定资产的非耐用品。

农林牧渔业增加值　指农、林、牧、渔及农林牧渔服务业生产货物或提供服务活动而增加的价值,为农林牧渔业现价总产值扣除农林牧渔业现价中间投入后的余额。增加值的计算方法有两种,一是生产法:农林牧渔业增加值 = 农林牧渔业总产出 - 农林牧渔业中间消耗;二是分配法:农林牧渔业增加值 = 固定资产折旧 + 劳动者报酬 + 生产税净额(生产税 - 生产补贴)+ 营业盈余。

第九篇　工　　业

9—1　主要年份全国、全省、全市工业增加值及指数

以上年为 100

年　份	全　国		全　省		漳　州	
	绝对数（亿元）	指　数（%）	绝对数（亿元）	指　数（%）	绝对数（亿元）	指　数（%）
1949					0.08	
1950					0.08	110.8
1951					0.08	104.7
1952	119.8		2.17	145.7	0.12	141.6
1953	163.5	135.7	2.83	131.8	0.14	128.9
1954	184.7	119.3	2.66	94.7	0.17	126.2
1955	191.2	106.6	2.71	102.6	0.20	117.5
1956	224.7	128.6	3.41	126.4	0.31	143.1
1957	271.0	111.4	4.23	124.2	0.38	121.4
1958	414.5	153.4	5.86	138.9	0.65	180.1
1959	538.5	129.1	8.15	139.7	0.84	126.9
1960	568.2	106.1	9.59	118.1	0.90	110.1
1961	362.1	61.0	5.05	52.9	0.58	62.0
1962	325.4	86.7	4.00	79.4	0.53	81.4
1963	365.6	113.3	4.13	103.6	0.54	101.8
1964	461.1	125.6	5.21	126.6	0.66	121.0
1965	546.5	125.8	6.55	126.2	0.84	119.6
1966	648.6	123.8	7.98	122.3	1.00	118.8
1967	544.9	84.9	7.09	89.0	0.96	91.1
1968	490.3	91.8	5.22	75.7	0.69	73.6
1969	626.1	133.0	7.68	143.3	0.77	110.0
1970	828.1	135.2	8.56	112.9	0.94	117.6
1971	926.6	112.3	9.61	111.5	1.11	113.5
1972	989.9	107.6	11.17	117.1	1.29	117.3
1973	1072.5	108.8	12.97	116.8	1.29	102.6
1974	1083.6	101.0	13.23	102.6	1.34	102.4
1975	1244.9	116.0	14.29	108.7	1.40	106.4
1976	1204.6	96.9	14.35	101.0	1.35	100.5
1977	1372.4	114.4	16.86	118.2	1.78	126.7
1978	1602.9	116.4	23.85	138.7	2.02	116.8
1979	1765.2	108.7	26.20	107.0	2.20	112.4
1980	1991.4	112.7	29.55	113.5	2.70	117.2
1981	2043.2	101.7	33.16	113.8	2.97	111.8

9—1　续表　　　　以上年为100

年　份	全国 绝对数（亿元）	全国 指数（%）	全省 绝对数（亿元）	全省 指数（%）	漳州 绝对数（亿元）	漳州 指数（%）
1982	2156.8	105.8	35.25	104.5	3.20	109.4
1983	2369.6	109.7	37.76	107.4	3.43	102.4
1984	2781.9	114.9	44.47	124.9	3.90	108.9
1985	3439.9	118.2	62.09	124.2	4.93	124.7
1986	3956.9	109.6	67.06	105.2	5.98	113.9
1987	4574.1	113.2	82.69	117.1	7.39	118.7
1988	5762.5	115.3	120.45	132.7	10.29	119.5
1989	6467.5	105.1	142.45	108.5	12.06	112.8
1990	6840.6	103.4	150.55	109.3	12.57	107.2
1991	8066.5	114.4	188.29	123.7	15.26	119.6
1992	10258.4	121.2	241.78	126.8	23.16	151.7
1993	14151.9	120.1	381.95	139.5	33.36	126.4
1994	19431.2	118.9	618.06	133.9	45.40	128.0
1995	24887.2	114.0	748.92	116.4	59.74	113.8
1996	29372.7	112.5	875.50	115.2	66.37	112.5
1997	32837.7	111.3	1039.62	116.5	72.73	111.0
1998	33931.9	108.9	1132.79	112.5	80.54	106.4
1999	35770.3	108.5	1230.22	112.5	85.34	106.3
2000	39931.8	109.8	1422.34	112.2	91.56	109.4
2001	43469.8	108.7	1586.48	110.8	102.84	114.3
2002	47310.7	110.0	1808.95	115.1	117.85	118.1
2003	54805.8	112.8	2061.31	115.4	141.67	122.3
2004	65044.2	111.5	2438.62	115.3	184.25	118.5
2005	77034.4	111.6	2801.88	112.3	232.15	120.5
2006	91078.8	112.9	3230.49	116.0	275.13	117.7
2007	110253.9	114.9	3896.76	118.5	316.29	119.1
2008	129929.1	109.9	4593.24	115.0	391.00	117.9
2009	135849.0	108.8	5106.38	113.0	453.54	114.4
2010	162376.4	112.6	6397.71	118.0	570.56	121.7
2011	191570.8	110.8	7675.09	116.7	723.38	120.3
2012	204539.5	107.9	8541.94	113.8	818.45	115.5
2013	217263.9	107.6	9455.32	112.8	917.41	114.2
2014	227991.0	107.0	10426.71	112.1	1039.95	114.6

9—2 主要年份工业总产值和工业增加值

年份	全部工业总产值			其中:规模工业总产值		规模工业增加值		
	绝对数(亿元)	环比指数(以上年为100)	定基指数(以1949年为100)	绝对数(亿元)	指数(以上年为100)	绝对数(亿元)	指数(以上年为100)	增加值率(%)
1950	0.18	116.7	116.7					
1952	0.28	159.1	173.1					
1957	0.91	121.4	577.0					
1962	1.49	85.0	804.8					
1965	2.20	127.6	1272.8					
1970	2.52	117.6	1375.5					
1975	3.95	106.6	2146.2					
1978	6.41	119.5	3438.9					
1979	7.00	112.4	3865.2					
1980	8.00	117.2	4528.9					
1981	9.30	111.8	5062.5					
1982	10.17	109.4	5538.7					
1983	10.48	102.4	5670.3					
1984	12.07	114.3	6482.3					
1985	15.61	124.7	8085.3					
1986	18.83	116.8	9447.3					
1987	23.45	118.9	11232.7					
1988	36.03	133.9	15044.1					
1989	44.26	112.8	16963.1					
1990	47.16	112.0	18993.3					
1991	61.65	128.3	24360.5					
1992	91.22	149.4	36384.8					
1993	131.78	136.1	49524.1					
1994	195.52	146.9	72765.7					
1995	234.28	118.2	86011.8	122.0	100.0	31.73	100.0	26.0
1996	256.78	112.9	97101.2	136.0	119.0	35.91	118.0	26.4
1997	281.55	111.5	108315.6	156.0	116.4	41.17	114.0	26.4
1998	291.34	106.7	115545.1	161.6	108.6	42.82	108.6	26.5
1999	311.17	107.0	123674.2	177.8	109.0	46.58	109.0	26.2
2000	344.76	109.3	135195.9	207.5	112.2	54.62	112.0	26.3
2001	385.20	114.1	154212.8	239.0	118.0	65.73	117.0	27.5
2002	450.76	117.3	180855.4	290.1	122.0	76.88	121.6	26.5
2003	551.68	120.6	218164.6	375.8	127.0	97.7	127.5	26.0
2004	675.74	120.3	262522.3	489.1	128.0	133.28	124.0	27.3
2005	823.04	121.3	318383.9	620.4	126.7	171.91	125.0	27.7
2006	982.01	122.7	390657.1	785.4	127.6	218.42	123.3	27.8
2007	1209.66	122.3	477773.6	998.9	125.5	265.37	121.8	26.6
2008	1449.50	119.9	572850.6	1243.5	122.5	312.5	118.5	25.1
2009	1648.24	117.6	673672.3	1436.2	119.2	400.42	115.8	27.9
2010	2149.38	130.5	879142.3	1938.9	133.4	542.47	125.3	28.0
2011	2781.62	120.3	1057608.2	2563.4	121.1	715.99	122.0	27.9
2012	3092.97	116.0	1226825.5	2722.4	117.0	755.85	116.9	27.8
2013				3259.2	116.2	895.40	115.7	27.5
2014				4042.1	116.7	1100.31	116.4	27.2

9—3　规模以上工业企业单位数(2004–2014)

单位：个

	2004	2005	2006	2007	2008	2009	2010	2011（旧）	2011（新）	2012	2013	2014
合　计	**1081**	**1190**	**1392**	**1582**	**1862**	**2026**	**2274**	**2360**	**1435**	**1692**	**1867**	**2006**
# 国有及国有控股企业	109	94	87	49	51	54	53	53	39	39	41	42
# 民营企业	452	535	670	829	1044	1227	1436	1538	901	1126	1256	1377
# 亿元企业	69	96	133	186	229	265	370	505	501	587	692	799
#"4+4"产业合计	688	732	852	969	1178	1310	1526	1615	1004	1190	1314	1436
"四大"主导产业	575	622	723	815	986	1094	1281	1328	835	976	1081	1164
石化工业	109	112	131	151	176	196	236	243	120	137	159	177
装备制造	173	198	242	286	380	407	486	493	290	333	365	400
特殊钢铁	24	21	29	38	35	36	42	45	40	58	54	45
食品工业	269	291	321	340	395	455	517	547	385	448	503	542
"四大"新兴产业	208	212	258	312	363	401	473	520	301	358	386	429
电子信息产业	16	16	19	20	24	28	42	51	28	36	37	43
新材料	183	187	229	277	318	352	408	445	256	303	328	364
新能源	3	3	4	7	11	11	13	14	10	12	14	15
生物医药	9	9	9	11	14	13	13	14	9	9	9	11
按轻重工业分												
轻工业	682	770	896	1000	1139	1248	1367	1390	865	1015	1131	1189
重工业	399	420	496	582	723	778	907	970	570	677	736	817
按经济类型分												
国　有	87	73	63	29	29	31	31	28	20	23	6	5
集　体	63	53	46	43	40	33	28	25	14	17	14	13
股份制	401	491	625	784	1001	1164	1389	1511	897	1115	1311	1450
联　营	4	1	1	1	1	1	1	1				
私　营	351	419	546	667	863	993	1146	1310	732	895	941	988
外商及港澳台商投资	459	511	594	664	707	710	727	691	454	488	517	519
其　他	45	36	37	37	62	68	80	84	43	42	15	15
按登记注册分												
国　有	87	73	63	29	29	31	31	28	20	23	6	5
集　体	63	53	46	43	40	33	28	25	14	17	14	13
股份合作	26	26	27	25	23	20	19	21	7	7	4	4
联　营	4	1	1	1	1	1	1	1				
有限责任公司	72	90	99	135	180	219	302	258	192	241	364	454
股份有限公司	17	17	16	18	19	19	19	19	10	17	20	22
私营企业	351	419	546	667	863	993	1146	1310	732	895	941	988
港澳台商投资企业	334	366	418	474	486	492	504	466	294	329	356	358
外商投资企业	125	145	176	190	221	218	223	225	160	159	161	161
其他企业	2						1	7	6	4	1	1
按经济组织分												
独　资	508	534	585	604	645	645	655	619	369	405	388	392
合作、合伙	49	40	41	33	33	31	34	43	21	16	9	9
股份有限公司	37	28	37	35	44	38	39	40	20	29	36	39
有限责任公司	487	588	729	910	1140	1312	1546	1658	1025	1240	1432	1564
按企业规模分												
大型企业	2	2	3	3	3	6	6	8	8	35	43	48
中型企业	60	83	102	120	139	161	209	264	262	307	322	328
小型企业	1019	1105	1287	1459	1719	1859	2059	2088	1165	1289	1415	1544
微型企业										61	87	86

注：企业规模划分标准 2011 年以前年份按 2003 年大中小型划分标准，2012 年起企业规模划分按 2011 年大中小微型划分标准；规模以上工业企业统计口径 2011（旧）及以前为年主营业务收入 500 万元及以上工业企业，2011（新）和 2012 年起调整为年主营业务收入 2000 万元及以上工业企业。

9—4 按行业分规模以上工业企业数(一)

(2004-2011) 单位：个

	2004	2005	2006	2007	2008	2009	2010	2011
总　计	**1081**	**1190**	**1392**	**1582**	**1862**	**2026**	**2274**	**2360**
煤炭开采和洗选业	1	1	1	1				
黑色金属矿采选业			1	2	2	2	2	1
有色金属矿采选业	1	2	2	3	3	1	1	1
非金属矿采选业	11	12	14	11	18	22	22	22
农副食品加工业	144	163	188	193	224	257	297	303
食品制造业	99	101	102	115	132	142	162	178
饮料制造业	26	27	31	32	39	56	58	66
纺织业	33	41	46	47	51	51	52	59
纺织服装、鞋、帽制造业	34	50	62	85	80	95	89	59
皮革、毛皮、羽毛(绒)及其制品业	27	38	39	35	45	47	45	47
木材加工及木、竹、藤、棕、草制品业	31	30	36	46	67	72	67	68
家具制造业	49	54	71	94	105	104	121	130
造纸及纸制品业	57	65	84	93	104	107	120	127
印刷业和记录媒介的复制	16	19	18	20	23	25	25	24
文教体育用品制造业	21	26	31	39	42	47	48	49
石油加工、炼焦及核燃料加工业	2	2	2	2	2	1	3	3
化学原料及化学制品制造业	58	61	70	76	85	89	104	109
医药制造业	7	7	8	9	11	11	11	13
化学纤维制造业				1	2	2	4	2
橡胶制品业	2	3	4	4	5	7	8	8
塑料制品业	47	46	55	68	82	97	117	121
非金属矿物制品业	78	79	96	120	140	148	171	194
黑色金属冶炼及压延加工业	24	21	29	38	35	36	42	45
有色金属冶炼及压延加工业	3	3	5	11	14	16	15	22
金属制品业	50	65	75	86	109	114	133	124
通用设备制造业	28	31	40	51	73	79	93	102
专用设备制造业	19	21	25	27	30	40	36	43
交通运输设备制造业	20	20	30	38	61	56	71	69
电气机械及器材制造业	23	27	32	41	60	72	105	106
通信设备、计算机及其他电子设备制造业	16	16	21	23	26	29	43	53
仪器仪表及文化、办公用机械制造业	33	34	40	43	47	46	48	49
工艺品及其他制造业	57	58	67	70	78	89	91	89
废弃资源和废旧材料回收加工业	1	2	2		5	5	5	7
电力、热力的生产和供应业	49	52	50	47	50	50	54	55
燃气生产和供应业	1						1	1
水的生产和供应业	13	13	15	11	12	11	10	11

注:规模以上工业企业统计口径2011年及以前为年主营业务收入500万元及以上工业企业。

9—4 按行业分规模以上工业企业数(二)

(2011-2014)

	2011	2012	2013	2014
总 计	**1435**	**1692**	**1867**	**2006**
黑色金属矿采选业	1	1	1	1
有色金属矿采选业	1	1	1	
非金属矿采选业	10	13	14	17
农副食品加工业	208	244	275	300
食品制造业	130	148	171	183
酒、饮料和精制茶制造业	48	56	57	59
纺织业	26	37	39	40
纺织服装、服饰业	40	40	42	40
皮革、毛皮、羽毛及其制品和制鞋业	26	36	41	47
木材加工及木、竹、藤、棕、草制品业	38	41	45	45
家具制造业	78	93	99	94
造纸和纸制品业	88	95	97	98
印刷和记录媒介复制业	9	14	23	24
文教、工美、体育和娱乐用品制造业	44	63	78	86
石油加工、炼焦和核燃料加工业	2	2	2	4
化学原料和化学制品制造业	63	80	83	94
医药制造业	8	8	9	9
化学纤维制造业	2	2	3	3
橡胶和塑料制品业	50	53	71	76
非金属矿物制品业	116	142	159	192
黑色金属冶炼和压延加工业	54	58	54	45
有色金属冶炼和压延加工业	17	20	18	19
金属制品业	82	99	106	119
通用设备制造业	39	50	55	57
专用设备制造业	23	25	26	31
汽车制造业	27	32	37	41
铁路、船舶、航空航天和其他运输设备制造业	17	21	21	23
电气机械和器材制造业	67	80	88	99
计算机、通信和其他电子设备制造业	28	37	42	48
仪器仪表制造业	25	26	32	30
其他制造业	25	26	29	30
废弃资源综合利用业	5	8	8	8
金属制品、机械和设备修理业		1	1	1
电力、热力生产和供应业	34	33	34	36
燃气生产和供应业	1	2	3	3
水的生产和供应业	3	3	3	4

注:按2011年新行业标准,规模工业标准按年主营业务收入2000万元及以上。

9—5 规模以上工业企业增加值(2004-2014)

单位：亿元

	2004	2005	2006	2007	2008	2009	2010	2011	2012	2013	2014
合　计	**135.12**	**171.92**	**218.43**	**265.37**	**310.63**	**400.42**	**542.47**	**715.99**	**755.85**	**895.40**	**1100.31**
#国有及国有控股企业	12.08	14.69	17.40	16.91	21.53	20.83	27.47	37.90	37.74	40.44	48.24
#民营企业	24.87	37.78	62.38	85.64	109.33	139.48	222.28	325.45	382.08	465.20	549.00
#亿元企业	84.40	112.21	141.28	179.82	208.75	273.46	386.08	538.76	604.35	745.05	948.37
#"4+4"产业合计	75.34	97.82	132.66	168.93	208.95	267.25	388.05	533.47	567.49	658.46	832.59
"四大"主导产业	62.67	83.63	114.67	146.41	177.74	232.65	338.19	458.54	486.15	553.13	703.84
石化工业	4.36	7.52	13.67	14.94	16.65	20.78	33.69	46.64	52.23	68.28	130.49
装备制造	25.15	42.72	49.73	75.12	88.24	104.66	146.56	181.62	170.62	181.18	211.51
特殊钢铁	7.10	5.69	13.02	14.46	21.89	25.24	32.36	55.57	55.83	60.02	82.76
食品工业	26.06	27.70	38.24	41.90	50.96	81.96	125.58	174.71	207.47	243.64	279.08
"四大"新兴产业	22.92	27.10	42.99	50.23	67.46	77.78	110.26	168.31	172.24	215.75	314.95
电子信息产业	5.91	5.87	7.98	9.22	12.42	12.37	15.18	24.10	19.10	28.15	31.55
新材料	13.92	16.19	30.40	36.50	49.22	56.99	84.06	131.75	139.01	171.74	263.93
新能源	0.48	1.67	1.32	1.51	2.28	3.89	4.48	5.05	5.47	6.33	8.95
生物医药	2.72	3.51	3.41	3.14	3.69	4.91	7.04	8.33	9.28	9.98	11.32
按轻重工业分											
轻工业	65.84	82.96	103.48	127.87	152.67	202.81	280.95	373.85	411.79	495.29	567.49
重工业	69.28	88.96	114.95	137.49	157.96	197.61	261.52	342.14	344.06	400.11	532.81
按经济类型分											
国　有	7.40	9.22	10.57	9.72	12.66	11.11	15.74	18.85	22.41	1.01	0.85
集　体	1.73	2.16	2.38	2.68	2.70	3.17	3.08	3.19	3.23	2.27	2.83
股份制	27.91	41.20	64.52	86.92	111.26	139.45	227.97	339.01	398.45	521.72	629.83
联　营	0.15	0.03	0.04	0.04	0.02	0.04	0.03	0.04			
私　营	18.87	28.79	47.01	65.79	87.90	109.17	175.04	257.71	286.33	320.29	359.23
外商及港澳台商投资	95.48	116.32	136.77	161.54	176.82	237.76	285.76	338.31	320.89	366.57	462.38
其　他	1.52	1.33	1.55	1.35	2.79	4.24	7.04	13.19	7.54	2.64	3.50
按登记注册分											
国　有	7.40	9.22	10.57	9.72	12.66	11.11	15.74	18.85	22.41	1.01	0.85
集　体	1.73	2.16	2.38	2.68	2.70	3.17	3.08	3.19	3.23	2.27	2.83
股份合作	1.09	1.70	2.64	3.16	4.40	4.69	2.87	3.43	3.34	1.19	0.92
联　营	0.15	0.03	0.04	0.04	0.02	0.04	0.03	0.04			
有限责任公司	5.71	8.23	12.71	15.68	22.44	31.25	50.29	79.60	99.75	170.37	237.88
股份有限公司	4.67	5.48	6.31	6.76	3.69	3.23	9.03	12.70	19.04	32.60	34.62
私营企业	18.87	28.79	47.01	65.79	87.90	109.17	175.04	257.71	286.33	320.29	359.23
港澳台商投资企业	47.60	60.61	68.96	84.05	98.58	141.04	176.35	228.53	241.85	288.30	370.61
外商投资企业	47.88	55.71	67.80	77.49	78.24	96.72	109.4	109.78	79.04	78.27	91.77
其他企业	0.02						0.62	2.15	0.87	1.10	1.60
按经济组织分											
独　资	69.80	85.87	104.21	113.25	113.63	162.34	193.80	221.24	220.20	221.38	246.05
合作、合伙	2.22	2.59	3.51	3.48	4.80	5.37	4.56	8.89	5.12	2.82	3.27
股份有限公司	8.09	5.83	7.33	8.74	7.47	11.20	16.80	22.08	29.91	45.12	49.26
有限责任公司	55.00	77.62	103.37	139.90	184.72	221.50	327.31	463.78	500.53	625.91	801.57
按企业规模分											
大型企业	11.02	16.80	19.24	34.33	35.94	50.47	60.47	85.03	159.86	220.67	320.99
中型企业	59.62	82.94	92.09	108.25	122.88	157.51	238.15	315.47	290.82	348.78	364.16
小型企业	64.48	72.18	107.10	122.78	151.81	192.44	243.85	315.49	295.88	318.46	403.23
微型企业									9.29	7.49	11.93

注：企业规模划分标准2011年及以前年份按2003年大中小型划分标准，2012年起企业规模划分按2011年大中小微型划分标准；规模以上工业企业统计口径2011及以前为年主营业务收入500万元及以上工业企业，2012年起调整为年主营业务收入2000万元及以上工业企业。

9—6 规模以上工业企业总产值(2004-2014)

单位：亿元

	2004	2005	2006	2007	2008	2009	2010	2011	2012	2013	2014
合 计	**489.11**	**620.39**	**785.43**	**998.87**	**1243.50**	**1436.18**	**1938.92**	**2563.40**	**2722.37**	**3259.21**	**4042.14**
#国有及国有控股企业	43.59	49.08	56.98	67.04	76.67	87.39	101.42	153.53	156.99	176.43	199.74
#民营企业	105.87	146.19	221.34	331.44	440.38	524.95	810.63	1165.63	1361.08	1687.30	1975.45
#亿元企业	301.81	394.53	502.36	669.26	856.83	990.54	1396.33	1957.40	2204.91	2716.25	3487.51
#"4+4"产业合计	329.07	414.76	545.66	694.83	871.33	990.14	1428.55	1902.28	2057.67	2463.91	3142.52
#四大主导产业	276.67	352.35	470.50	602.16	754.38	865.85	1254.19	1641.66	1778.63	2092.97	2696.37
其中：石化工业	19.62	29.71	46.98	63.78	71.25	80.81	124.47	176.64	187.93	261.69	573.50
装备制造	120.48	164.75	215.90	278.04	329.78	346.5	491.05	598.99	593.76	661.42	732.89
特殊钢铁	29.10	37.26	57.54	76.15	98.55	114.14	147.22	214.95	233.97	249.45	347.40
食品工业	107.47	120.63	150.09	184.20	254.79	324.4	491.44	651.07	762.97	920.40	1042.58
#四大新兴产业	96.45	125.35	173.84	224.33	278.64	309.78	428.21	619.34	639.90	816.90	1208.96
其中：电子信息产业	33.68	40.47	43.95	49.00	60.46	57.49	62.96	90.75	68.05	101.50	114.31
新材料	56.52	75.71	120.24	164.12	202.44	233.04	341.52	498.90	537.01	675.76	1046.38
新能源	2.10	4.31	4.72	5.46	9.58	12.48	14.13	17.33	20.19	23.90	31.50
生物医药	4.45	5.23	5.28	6.14	6.50	8.01	11.28	15.35	16.69	17.32	19.41
按轻重工业分											
轻工业	275.41	341.35	434.33	522.67	650.50	756.62	1034.21	1327.83	1448.94	1766.93	2008.44
重工业	213.70	279.04	351.10	476.20	593.00	679.56	904.72	1235.57	1273.43	1492.28	2033.70
按经济类型分											
国 有	30.40	33.78	38.52	43.67	51.41	60.01	73.19	97.08	116.92	3.30	3.02
集 体	8.82	7.88	8.64	9.73	9.53	10.52	10.75	10.90	11.08	8.50	10.82
股份制	108.58	150.56	222.39	332.85	442.85	520.84	818.33	1202.88	1407.65	1922.07	2363.58
联 营	0.51	0.05	0.06	0.06	0.06	0.05	0.06	0.08			
私 营	81.51	111.32	168.98	254.47	353.68	418.16	641.86	923.59	1017.43	1170.88	1300.60
外商及港澳台商投资	330.17	416.42	499.95	596.39	716.13	817.34	1000.81	1190.32	1148.92	1310.62	1647.98
其 他	5.42	4.54	6.07	5.00	10.10	15.28	24.38	48.45	25.57	8.70	11.66
按登记注册分											
国 有	30.40	33.78	38.52	43.67	51.41	60.01	73.19	97.08	116.92	3.30	3.02
集 体	8.82	7.88	8.64	9.73	9.53	10.52	10.75	10.90	11.08	8.50	10.82
股份合作	5.71	7.23	9.86	11.23	13.47	12.18	11.47	13.78	12.24	6.01	5.08
联 营	0.51	0.05	0.06	0.06	0.06	0.05	0.06	0.08			
有限责任公司	20.10	29.26	43.44	64.52	87.85	106.83	178.30	288.37	360.35	666.17	975.42
股份有限公司	11.77	14.47	15.98	18.80	11.36	11.09	20.76	29.43	52.22	90.49	94.21
私营企业	81.51	111.32	168.98	254.47	353.68	418.16	641.86	923.59	1017.43	1170.88	1300.60
港澳台商投资企业	207.35	261.17	313.17	346.51	423.16	516.66	646.40	782.18	850.33	1020.55	1286.90
外商投资企业	122.82	155.25	186.78	249.88	292.98	300.68	354.41	408.13	298.59	290.07	361.09
其他企业	0.12						1.72	9.86	3.22	3.23	5.01
按经济组织分											
独 资	222.39	274.34	315.59	373.29	422.37	529.40	634.12	794.90	802.72	737.41	801.73
合作、合伙	10.15	9.79	13.23	12.37	15.15	14.21	16.85	34.70	18.54	11.31	13.07
股份有限公司	27.10	16.25	20.38	25.69	47.61	44.66	54.69	68.65	97.37	143.86	156.52
有限责任公司	229.48	320.00	436.24	587.52	758.38	847.92	1233.26	1665.16	1803.30	2365.99	3070.11
按企业规模分											
大型企业	48.71	81.26	118.38	128.42	141.83	164.02	212.39	278.57	543.96	787.58	1184.87
中型企业	180.08	224.87	256.06	360.03	464.32	554.06	820.66	1151.25	1065.34	1211.09	1267.95
小型企业	260.32	314.26	411.00	510.42	637.34	718.11	905.87	1133.58	1082.04	1228.33	1542.87
微型企业									31.03	32.21	46.44

注：企业规模划分标准2011年及以前年份按2003年大中小型划分标准,2012年起企业规模划分按2011年大中小微型划分标准；规模以上工业企业统计口径2011年及以前为年主营业务收入500万元及以上工业企业,2012年起调整为年主营业务收入2000万元及以上工业企业。

9—7 按产值段分规模以上工业企业数与产值增长情况(2005-2014)

单位：个、万元、%

	2005			2006			2007		
	企业数	工业总产值	增长	企业数	工业总产值	增长	企业数	工业总产值	增长
总计	**1190**	**6203935.2**	**26.8**	**1392**	**7854310.6**	**26.6**	**1582**	**9988735.4**	**27.2**
10亿元以上	7	1998166.0	38.2	8	2303960.9	15.3	9	2749443.8	19.3
5亿元-10亿元	6	471360.8	-32.3	10	699648.5	48.4	10	791133.4	13.1
2亿元-5亿元	26	723633.1	123.5	32	900810.9	24.5	53	1612197.8	79.0
1亿元-2亿元	57	752100.3	36.1	83	1119201.6	48.8	114	1539848.5	37.6
亿元以上合计	96	3945260.2	30.7	133	5023621.9	27.3	186	6692623.5	33.2
5000万元-1亿元	112	766314.5	38.9	153	1050430.0	37.1	177	1215704.4	15.7
1000万元-5000万元	550	1212062.0	18.0	660	1491290.2	23.0	771	1762994.7	18.2
1000万元-1亿元合计	662	1978376.5	25.3	813	2541720.2	28.5	948	2978699.1	17.2
500万元-1000万元	377	270271.6	-5.3	395	278083.3	2.9	444	315817.9	13.6
500万元-1亿元合计	1039	2248648.1	20.6	1208	2819803.5	25.4	1392	3294517.0	16.8
500万元以下	55	10026.9	17.8	51	10885.2	8.6	4	1594.9	-85.3
1000万元以下合计	432	280298.5	-4.6	446	288968.5	3.1	448	317412.8	9.8

9—7 续表1

单位：个、万元、%

	2008			2009			2010		
	企业数	工业总产值	增长	企业数	工业总产值	增长	企业数	工业总产值	增长
总计	**1862**	**12435010.2**	**22.5**	**2026**	**14062609.7**	**19.2**	**2274**	**19389247.1**	**33.4**
10亿元以上	12	3415613.8	15.1	15	3709000.2	14.6	23	5447105.1	19.9
5亿元-10亿元	16	1183560.5	35.6	20	1279654.0	41.7	34	2275414.0	41.7
2亿元-5亿元	71	2175896.2	34.0	89	2727775.3	31.1	116	3577699.2	36.8
1亿元-2亿元	130	1793230.9	19.2	140	1889735.6	19.1	197	2663120.2	43.7
亿元以上合计	229	8568301.4	22.9	264	9606165.1	22.8	370	13963338.5	31.6
5000万元-1亿元	200	1378109.0	23.5	245	1720410.1	14.0	351	2421644.7	43.5
1000万元-5000万元	907	2132614.3	28.5	992	2381358.6	24.4	1085	2672999.1	42.8
1000万元-1亿元合计	1107	3510723.3	26.5	1237	4101768.7	19.9	1436	5094643.8	43.1
500万元-1000万元	510	350771.5	12.9	514	351546.4	8.0	467	330807.0	15.8
500万元-1亿元合计	1617	3861494.8	25.2	1751	4453315.1	18.9	1903	5425450.8	41.1
500万元以下	16	5214.0	-83.6	11	3129.5	-91.1	1	457.8	-86.9
1000万元以下合计	526	355985.5	-4.6	525	354675.9	-26.6	468	331264.8	-7.7

注：本表数据2011年及以前为年主营业务收入500万元及以上工业企业，2012年起规模以上工业企业口径调整为年主营业务收入2000万元及以上工业企业。

9—7　续表 2　　单位：个、万元、%

	2011			2012		
	企业数	工　业 总产值	增　长	企业数	工　业 总产值	增　长
总　计	**2360**	**25634009.2**	**21.1**	**1692**	**27223741.9**	**17.0**
10 亿元以上	31	7361774.0	18.1	34	7930326.0	17.6
5 亿元 -10 亿元	53	3606419.4	23.9	48	3632430.3	12.2
2 亿元 -5 亿元	166	5162705.0	28.6	200	6150454.1	20.0
1 亿元 -2 亿元	255	3443059.6	29.5	299	4228212.9	24.5
亿元以上合计	505	19573958.0	23.5	581	21941423.3	18.6
5000 万元 -1 亿元	417	2969116.8	21.8	404	3019893.4	20.6
1000 万元 -5000 万元	1178	2905502.4	21.6	698	2260274.3	8.7
1000 万元 -1 亿元合计	1595	5874619.2	21.7	1102	5280167.7	15.6
500 万元 -1000 万元	237	178512.3	5.6	2	1315.9	-66.9
500 万元 -1 亿元合计	1832	6053131.5	19.6	1104	5281483.6	13.9
500 万元以下	23	6919.7	-65.0	7	835.0	-74.2
1000 万元以下合计	260	185432.0	-45.8	9	2150.9	-71.9

9—7　续表 3　　单位：个、万元、%

	2013			2014		
	企业数	工　业 总产值	增　长	企业数	工　业 总产值	增　长
总　计	**1867**	**32592103.1**	**16.2**	**2006**	**40421381.3**	**16.7**
10 亿元以上	42	10505403.7	23.5	53	15687021.3	31.2
5 亿元 -10 亿元	63	4430212.6	18.2	77	5170324.2	11.2
2 亿元 -5 亿元	231	7266703.6	17.7	270	8373788.3	12.5
1 亿元 -2 亿元	356	4960137.0	16.9	399	5643989.3	14.9
亿元以上合计	692	27162456.9	19.8	799	34875123.1	20.3
5000 万元 -1 亿元	446	3228372.3	15.9	447	3265648.4	9.2
1000 万元 -5000 万元	708	2195640.2	0.3	737	2273196.2	-3.8
1000 万元 -1 亿元合计	1154	5424012.5	9.4	1184	5538844.6	3.8
500 万元 -1000 万元	5	4088.7	-56.0	7	5274.9	-58.2
500 万元 -1 亿元合计	1159	5428101.2	8.9	1191	5544119.5	2.9
500 万元以下	16	1545.0	-82.0	16	2138.7	-69.2
1000 万元以下合计	21	5633.7	-80.0	23	7413.6	-67.3

9—8 规模以上工业企业

	计量单位	2004	2005	2006	2007
原煤	吨		3500	40300	29500
铜选矿产品含铜量	吨			304	633
原盐	吨		54654	33746	54308
发电量	万千瓦小时	1890487	2238804	1953024	2105588
火电	万千瓦小时	1791734	2093855	1796922	1936510
水电	万千瓦小时	97786	143866	152578	161284
自来水(生产量)	万立方米			2410	2524
大米	吨	45324	46678	69255	72747
精制食用植物油	吨	174424	150749	172624	124219
成品糖	吨	54340	47486	99748	45999
配混合饲料	吨	174807	282448	333719	380818
糖果	吨	7789	13416	19430	33693
方便面	吨	8234	16175	15837	10992
罐头	吨	371636	422330	437006	481169
酱油	吨		712	611	875
饮料酒	千升	31363	45300	57506	57178
啤酒	千升	31363	44655	56713	56473
软饮料	吨	67486	52440	57910	52463
精制茶	吨	1872	2551	2576	3093
纱	吨		244	279	373
布	万米	1387	1887	2836	2613
服装	万件	2441	3888	6714	8582
梭织服装	万件	1489	3075	3468	3423
羽绒服	万件	9	17	12	91
针织服装	万件	953	813	3246	5160
轻革	平方米	2124152	2301568	2143305	2792109
人造板	立方米	34275	66642	115569	198139
胶合板	立方米	7141	9076	2527	3662
纤维板	立方米	18258	42323	63999	137275
刨花板	立方米			33040	46190
人造板表面装饰板	平方米	71500	77782	250194	302983
家具	件	28503440	34906140	42464013	48010502
木质家具	件	964760	1214260	1718304	1729061
软体家具	件			7261	9644
金属家具	件	27538680	33691880	40738448	46271787
纸浆(原生浆及废纸浆)	吨		17556	13367	14083
机制纸及纸板(外购原纸加工除外)	吨	227913	356963	452598	634262
纸制品	吨	178231	222978	184119	329975
瓦楞纸箱	吨	127455	160925	165798	301408
合成氨(无水氨)	吨	61528	57331	59191	65061
农用氮、磷、钾化学肥料总计(折纯)	吨	56409	49719	49010	47681
氮肥(折含N 100%)	吨	42035	38368	36105	35123
磷肥(折含P_2O_5 100%)	吨			12328	11661
精甲醇	吨				1305
涂料	吨	13162	19000	23857	27662

注:本表数据2011年及以前为年主营业务收入500万元及以上工业企业,2012年起规模以上工业企业口径调整为年主营业

主要工业产品产量（2004–2014）

2008	2009	2010	2011	2012	2013	2014	比上年增长%
2000							
573	1590						
46631	60831	43748	71196				
2250038	2521656	2097797	2784931	2099797	2489101	2590434	3.3
2011528	2232036	1729552	2425551	1840817	2223486	2305741	2.2
216379	259974	331143	173563	219267	215213	220828	8.7
3564	3599	3939	3753	3416	3642	5310	4.5
91541	124521	110766	120292	136426	167064	182486	4.3
80941	92182	235712	101253	98025	148141	191883	29.5
72186	58541	37279	100248	69742	36125	89731	148.4
729083	1294318	1761795	1871082	2299939	3118548	3207169	2.1
22736	18819	20943	26973	32409	31139	29897	–5.2
10538	15940	16506	26107	24278	23542	19535	–17.0
720503	720113	938179	995796	1043734	1111954	1178173	6.6
937	1012	2659	1547	6023	3011	3933	30.6
70095	93022	87523	104233	156670	228899	229547	0.3
70067	92692	85851	102705	153801	224546	225138	0.3
78548	137689	170402	205682	160867	209073	335071	58.4
3846	5566	6579	8445	10471	10204	13663	17.2
7747	8569	10152	16809	16832	19000	20842	9.7
1367	770	765	1005				
10242	11734	13870	12344	6606	6846	7414	7.6
3946	6074	7111	6156	4907	4561	4923	5.4
72	113	49	32	9	5	83	28.6
6296	5660	6760	6189	1699	2286	2491	12.2
8253166	14684016	21830483	8517989	10064816	12570816	19571661	40.3
412869	469536	702159	790527	1223324	1407741	1272302	–20.3
108138	147229	228367	206429	138939	192677	232037	–39.2
216536	193412	313667	300628	597409	680195	649165	–4.6
79653	124274	157521	283470	465759	516675	391100	–24.3
302874	575411	815520	1197166				
54283259	53498706	63895607	78743076	66774284	58183830	63277991	3.4
2725620	2379923	2235564	3463375	4646675	5786244	6460596	3.6
99970	130967	251395	148968	168430	306015	526298	41.2
43643025	50987816	61446906	75130733	61929324	52014384	55696441	3.0
6839	7694	6019	2403			15447	3.8
716593	1240476	1899502	2625168	2877360	3350619	3797866	15.8
813573	749914	792156	1168256	1139514	1088674	1384860	17.5
465833	424961	551821	866136	774755	711932	725700	2.2
99443	55801	73105	72822	45325	47428	64853	54.7
40263	34779	48888	43867	24414	30264	46882	54.9
33384	30514	43654	41897	24414	30264	46882	54.9
6879	4265	5234	1970				
2556	10328	39287	116831	114657	182418	171353	–6.1
30175	41294	65464	76004	84302	92452	101245	–3.2

务收入2000万元及以上工业企业。

9—8 续表

	计量单位	2004	2005	2006	2007
合成洗涤剂	吨		2814	3540	14141
中成药	吨	1161	1174	1006	1281
塑料制品	吨	40130	52671	77452	83188
塑料薄膜	吨	528	1897	1981	2653
泡沫塑料	吨	5534	5718	5722	5274
日用塑料制品	吨	22797	29448	38828	39383
水　泥	吨	698495	691669	759803	2045156
商品混凝土	立方米	237558	317849	479291	832172
砖	万块	14746	18770	49256	65850
天然大理石建筑板材	平方米			82300	211374
天然花岗石建筑板材	平方米	812349	1070931	1034238	1118465
钢化玻璃	平方米			118715	160130
瓷质砖	平方米			55000	53853
卫生陶瓷制品	件	5479	8565	812443	498453
石墨及炭素制品	吨	10074	15630	18161	17675
粗　钢	吨	18623	37867	40421	35333
钢　材	吨	400872	553419	962421	1462888
中　板	吨	3767	25045	36461	30206
冷轧薄板	吨	29534	53298	66731	138947
冷轧薄宽钢带	吨			5693	14351
热轧窄钢带	吨		82	61	94
冷轧窄钢带	吨		8038	14539	17247
镀层板(带)	吨		153858	231829	261001
涂层板(带)	吨	84585	97094	99048	132804
电工钢板(带)	吨	1860	3001	2784	1883
无缝钢管	吨			9858	26678
焊接钢管	吨	34617	94224	121071	165891
其它钢材	吨		1931	3529	2899
铁合金	吨	8441	17563	39136	45575
铜　材	吨	4151	4131	2779	3882
金属集装箱	立方米	2430992	2283340	2357527	4035199
金属切削机床	万台	0.04	0.05	0.05	0.05
气体压缩机	台	35696	38976	33723	33724
滚动轴承	万套	594	726	777	879
阀　门	吨	435	553	599	778
改装汽车	辆	1817		2730	3836
交流电动机	千瓦	7405	6300	8120	12374
家用电风扇	台	2916710	4009122	4707530	2918623
微波炉	台	2764000	1060000	2545500	3077900
家用电热烘烤器具	个	32650000	22043600	24592500	9393600
彩色电视机	台			402891	299655
数字激光音视盘机	台	2889572	3676565	3322076	3862423
电工仪器仪表	台			2002273	2313994
钟	只	65127904	67124349	19408913	21700972
表	只	21848473	20568095	14971572	13733744
眼镜成镜(眼镜)	副	21844753	26588231	29663667	24370014

2008	2009	2010	2011	2012	2013	2014	比上年增长%
9385	23497	39705	115285	157138	111227	124944	12.3
1355	916	1246	5360	9594	9330	5852	-37.3
110659	139303	130187	155828	159856	188472	256609	25.8
3394	3529	5022	6309	2988	2577	6838	11.7
5608	30620	9940	10050	9144	11116	13067	13.9
41392	44498	50800	42685	42578	45981	47562	0.5
2501012	3219062	3873080	5079461	4616448	5126879	5167816	0.8
1209727	1016536	2193379	4939120	5856903	6390065	8743593	18.4
74751	94780	104605	120879	80080	107250	155327	49.2
203985	646729	1185784	2177967	981517	596052	1304816	-3.6
4329774	3890176	7207085	10956091	12506493	11751828	7742385	-32.0
197340	158946	469863	657014	528629	535555	3300682	21.0
95724	37909	59396	2653564	10485510	12482920	40295698	222.8
1700079	2133081	3149629	3995004	4665236	4632250	4101053	-11.5
15570	19458	24024	34269	36886	41631	67408	39.3
54073	97858	73350	65432	2655380	2689363	2710611	4.0
1618413	2119630	1388636	1583651	4770181	5945763	6124475	1.5
30521	107412	79033	9900	840			
201642	381250	570593	640720	401212	224974	248165	-11.5
9609	14563	38292	32673	35380	34389	42079	22.4
68	119	21	19	894749	1616045	1687310	4.4
5704	5064	22203	11295	4408	23		
245008	248643	259731	346360	173336	167355	349935	44.2
124577	154917	157399	175834	148288	201031	214393	6.6
2972	1670	2144	2615	2610	2516	1397	-44.5
16074	19857	34389	27300	15395	19899	34448	73.1
174934	247312	221664	334810	228178	74751	166782	-24.9
49982	63936	3167	232776	277412	222041	20222	-15.2
60120	92762	90866	157006	156704	110796	88619	-2.3
5512	10381	8855	14097	20854	25856	32003	23.8
2920230	247830	3021795	3354608	2276612	1596436	2255326	41.3
0.13	0.05	0.09	0.13	0.03	0.06	685	23.0
35981	31335	44882	47567	51466	45447	54113	19.1
1049	1498	1416	1973	1681	1588	1678	5.7
51289	24124	29961	9460	608	547	599	9.3
4850	4856	6266	5270	4416	5365	2090	-61.0
284815	2756	1498	22070	28818	52969	68724	29.7
1278931	1761490	1448041	1669639	1275236	1307302	720754	-44.9
2278300	1254184	4248	1565	200			
7767000	6011148	7516309	13401006	11049355	10742542	9571069	-10.9
305544	482528	180231	321153	78740	99886	852873	753.8
1686555	600138	611989	853535	170712	191447	833812	335.5
2371787	4604669	6005806	5115445	4908061	4668279	10574807	17.1
37311168	32227468	42776927	48614503	32140444	30164233	31290668	4.6
14847955	5889037	6010125	6855433	6655139	10049164	10255769	2.1
29518070	24132757	25097591	23498040	14327766	13675391	10220958	-25.3

9—9 主要年份独立核算

年份	固定资产原值年末数				固定资产净值年末数		
	合计	国有	集体	其他	合计	国有	集体
1978		0.28	0.04			0.20	
1980		2.98	0.69			2.07	0.49
1985	0.47				0.45		
1990	19.41	13.88	3.18	2.36	14.27	9.92	2.20
1991	21.45	15.02	3.02	3.41	15.82	10.69	2.11
1992	20.80	13.60	3.06	4.13	18.21	11.76	3.06
1993	30.42	18.10	4.20	8.13	23.13	13.21	3.00
1994	44.15	23.39	5.54	15.22	33.27	16.03	3.22
1995	67.67	36.12	8.23	23.32	52.77	26.49	6.38
1996	84.44	38.35	9.13	36.96	66.76	27.90	7.19
1997	99.06	38.59	13.26	47.20	76.84	27.55	10.43
1998	95.08	38.47	5.99	50.62	72.87	28.49	4.64
1999	101.13	37.19	3.29	60.65	76.55	26.46	2.51
2000	174.41	33.80	2.13	138.47	143.31	24.89	1.53
2001	204.03	39.82	2.20	162.01	159.60	28.43	1.52
2002	227.02	45.11	2.01	179.90	172.18	32.83	1.50
2003	265.90	48.88	2.31	214.71	171.23	35.55	1.67
2004	279.41	24.73	2.47	252.21	197.30	16.23	1.77
2005	301.28	22.36	2.71	276.21	203.12	14.86	1.98
2006	356.72	23.85	2.34	330.53	232.70	15.18	1.52
2007	395.40	19.63	2.12	373.65	250.71	14.92	1.34
2008	480.58	26.52	1.95	452.11	312.71	19.29	1.24
2009	580.13	72.01	2.28	505.84	361.15	47.73	1.44
2010	668.32	79.14	1.75	587.43	412.45	50.11	0.90
2011	789.63	102.17	1.88	685.58	487.94	66.62	0.89
2012	873.62	115.19	1.26	757.16	537.95	70.93	0.57
2013	1055.45	5.24	1.50	1048.70	655.52	3.01	0.82
2014	1444.78	3.87	1.25	1439.66	945.70	1.86	0.63

9—9 续表

年份	利税总额				利润总额		
	合计	国有	集体	其他	合计	国有	集体
1978		0.11	0.01				
1980						0.55	0.09
1985					0.02		
1990	3.98	3.37	0.43	0.18	1.66	1.47	0.09
1991	4.56	3.77	0.62	0.17	1.81	1.61	0.21
1992	5.77	4.60	0.66	0.51	2.49	1.98	0.26
1993	8.94	6.98	0.88	1.08	5.05	4.14	0.31
1994	9.50	4.92	2.16	2.42	3.72	2.03	0.73
1995	8.68	5.66	1.98	1.04	3.28	2.52	0.82
1996	12.16	8.33	1.97	1.86	5.34	4.74	0.49
1997	12.15	4.08	2.17	5.90	4.90	0.95	0.73
1998	7.64	3.20	0.53	3.91	1.97	0.97	-0.05
1999	7.66	2.39	0.51	4.75	1.75	0.08	0.14
2000	9.53	3.26	0.62	5.65	2.89	1.50	0.27
2001	9.80	1.72	0.54	7.55	1.74	0.36	0.16
2002	16.50	1.26	0.52	14.72	8.22	0.06	0.18
2003	37.28	1.48	0.51	35.29	26.19	0.25	0.14
2004	44.27	1.36	0.41	42.50	30.82	0.19	0.09
2005	48.31	1.67	0.52	46.12	31.93	0.46	0.13
2006	65.79	1.94	1.16	62.69	35.95	0.64	0.57
2007	90.79	2.20	1.22	87.37	58.93	0.81	0.65
2008	93.61	2.25	0.80	90.56	55.67	0.59	0.36
2009	157.12	1.92	1.15	154.05	102.73	-0.31	0.39
2010	236.31	5.01	1.20	230.11	162.03	1.75	0.58
2011	343.15	4.26	1.08	337.81	214.21	0.81	0.47
2012	374.82	7.13	1.22	366.47	222.27	0.71	0.67
2013	461.52	0.24	0.67	460.61	268.49	0.04	0.28
2014	574.07	0.13	0.84	573.10	326.35	-0.03	0.34

注：1、表内1998年起统计口径为规模以上工业企业；2、1995年起产品销售收入不含销项锐；3、1998年及以后“国有、集体、其

工业企业主要财务指标

单位：亿元

	流动资产年平均余额				主营业务收入			
其 他	合 计	国 有	集 体	其 他	合 计	国 有	集 体	其 他
		1.56	0.33			4.71	1.31	
	0.11				0.44			
2.15	16.32	10.54	2.98	2.80	31.16	21.21	6.20	3.74
3.02	19.62	12.73	2.87	4.02	40.71	24.97	7.67	8.08
3.39	24.58	14.25	3.16	7.18	52.76	29.89	9.41	13.46
6.92	32.26	18.95	4.19	9.12	74.02	38.66	14.47	20.89
14.02	43.37	20.93	6.00	16.45	91.77	33.71	21.71	36.35
19.90	61.05	24.49	8.90	27.66	131.82	37.05	32.27	62.51
31.67	63.06	26.03	8.20	28.82	152.22	38.43	36.40	77.40
38.86	76.83	23.18	10.12	43.52	186.23	30.33	42.31	113.60
39.74	75.57	19.62	5.97	49.98	176.25	21.95	24.78	129.51
47.58	77.62	20.94	3.26	53.43	155.53	20.96	14.33	120.24
116.89	99.99	16.34	3.47	80.18	158.15	17.87	9.03	131.24
129.64	105.26	11.69	3.31	90.26	177.04	15.15	8.15	153.74
137.85	115.75	11.14	3.52	101.09	225.00	16.78	9.23	198.99
134.00	164.81	10.33	3.56	150.92	329.92	18.16	8.36	303.39
179.29	238.61	8.48	3.85	226.28	460.42	16.18	8.60	435.63
186.28	300.39	8.08	3.32	288.99	574.76	16.98	7.68	550.10
216.01	347.45	8.26	2.91	336.29	717.89	19.66	8.46	689.77
234.45	405.15	7.70	3.04	394.41	923.39	22.07	9.44	891.88
292.17	483.59	8.96	3.00	471.63	1181.06	51.48	9.19	1120.39
311.98	569.66	10.9	3.13	555.63	1378.37	59.05	10.64	1308.67
361.44	742.82	12.42	3.15	727.25	1903.64	72.09	10.47	1821.07
420.43	983.23	27.89	2.13	953.20	2532.99	92.86	10.75	2429.37
466.45	1071.13	27.85	1.95	1041.33	2693.90	114.99	10.59	2568.31
651.69	1336.80	1.62	1.55	1333.64	3216.99	3.30	8.23	3205.46
943.20	1529.58	1.56	1.87	1526.14	3968.85	3.05	10.86	3954.94

单位：亿元

	工 业 增 加 值				工 业 总 产 值			
其 他	合 计	国 有	集 体	其 他	合 计	国 有	集 体	其 他
						0.42	0.11	
	2.45	1.96	0.49			5.16	1.45	
	0.14				0.51			
0.10	8.81	6.30	1.68	0.83	32.95	21.37	1.13	10.44
−0.01	10.60	7.35	1.96	1.29	43.32	25.13	8.36	9.84
0.25	12.63	8.36	2.09	2.18	56.26	29.81	9.89	16.56
0.59	32.10	10.68	7.66	13.76	84.67	36.31	18.22	30.13
0.96	29.55	11.12	7.11	11.32	115.35	40.71	26.76	47.88
−0.06	38.13	12.76	8.72	16.66	148.53	28.14	32.08	88.30
0.10	52.69	12.63	11.06	29.00	173.88	36.42	43.80	93.66
3.21	60.13	10.35	14.51	35.45	220.19	30.20	48.74	141.24
1.05	49.31	8.29	6.39	34.63	198.99	21.91	26.77	150.31
1.54	43.59	8.46	3.44	31.69	172.18	21.69	15.52	134.96
1.12	44.21	7.46	2.19	34.57	167.97	17.24	9.84	140.89
1.21	52.56	6.64	2.01	43.90	186.32	14.49	8.67	163.16
7.98	72.80	7.27	2.70	62.83	233.69	15.09	9.38	209.23
25.79	94.93	6.27	1.79	86.87	335.17	15.23	8.21	311.72
30.55	135.12	7.40	1.73	125.99	489.11	30.40	8.82	449.89
31.34	171.89	9.22	2.13	160.54	620.36	33.78	7.84	578.74
34.75	218.43	10.57	2.38	205.47	785.43	285.48	38.52	461.43
57.48	265.37	9.72	2.68	252.97	998.87	43.67	9.73	945.47
54.72	304.28	12.84	2.66	288.77	1243.50	51.41	9.53	1182.55
102.65	400.42	11.11	3.17	386.14	1436.18	60.01	10.52	1365.64
159.70	542.47	15.74	3.08	523.64	1938.92	73.19	10.75	1854.99
212.94	715.99	18.85	3.19	693.94	2563.40	97.08	10.90	2455.42
220.89	755.85	22.41	3.23	730.21	2722.37	116.92	11.08	2594.38
268.16	895.40	1.01	2.27	892.12	3259.21	3.30	8.50	3247.40
326.04	1100.31	0.85	2.83	1096.63	4042.14	3.02	10.82	4028.30

他”为登记注册类型；4、本表及以下各表规模以上工业增加值按生产法计算。

9—10 规模以上工业

项目	企业单位数（个）	工业总产值	工业增加值	工业销售产值	出口交货值	用电量（万千瓦时）
合　　计	**2006**	**40421381.3**	**11003074.4**	**39691493.2**	**6308056.5**	**1291669.3**
# 国有及国有控股企业	42	1997433.6	482389.0	1989549.1	53913.0	130086.0
# 民营企业	1377	19754506.9	5490029.6	19444960.7	2784424.6	491911.2
# 亿元企业	799	34875123.1	9483656.2	34215340.7	5454115.9	1137524.8
#“4+4”产业	1436	31425234.8	8325853.6	30792960.6	5162255.0	821344.6
“四大”主导产业	1164	26963747.3	7038434.0	26367968.8	4614290.8	703197.4
石化工业	177	5734993.7	1304867.1	5604996.2	155318.7	232058.7
装备制造	400	7328943.7	2115116.7	7226664.7	1415510.3	119058.2
特殊钢铁	45	3473989.6	827609.6	3411288.8	185889.9	234552.7
食品工业	542	10425820.3	2790840.6	10125019.1	2857571.9	117527.9
“四大”新兴产业	429	12089619.8	3149522.6	11921447.4	826880.8	509250.7
电子信息产业	43	1143118.7	315471.3	1131206.4	458914.6	9075.3
新材料	364	10463823.6	2639264.0	10324910.1	332266.8	488918.0
新能源	15	314985.3	89499.4	303981.0	15685.2	9824.8
生物医药	11	194069.5	113169.0	186544.4	20082.0	1510.8
一、按轻重工业分						
轻工业	1189	20084391.4	5674934.5	19656333.4	5241259.4	345632.2
重工业	817	20336989.9	5328139.9	20035159.8	1066797.1	946037.1
二、按经济类型分						
国　有	5	30230.8	8475.5	30461.9		1063.1
集　体	13	108175.3	28345.5	107960.5		3588.0
股份制	1450	23635777.7	6298334.1	23228492.5	3051337.4	683199.0
联　营						
私　营	988	13005988.2	3592310.0	12803338.7	2114188.8	315788.1
外商及港澳台商投资	519	16479845.0	4623783.4	16159630.0	3249703.9	597234.4
其　他	15	116567.7	34951.8	114006.3		1267.7
三、按登记注册分						
国　有	5	30230.8	8475.5	30461.9		1063.1
集　体	13	108175.3	28345.5	107960.5		3588.0
股份合作	4	50784.8	9184.1	50942.0	7015.2	5317.2
联　营						
有限责任公司	454	9754166.8	2378807.3	9569062.6	480183.0	359282.8
股份有限公司	22	942114.3	346180.5	921487.4	456965.6	9324.7
私营企业	988	13005988.2	3592310.0	12803338.7	2114188.8	315788.1
港澳台商投资企业	358	12868962.3	3706107.1	12660590.5	2191251.3	487311.0
外商投资企业	161	3610882.7	917676.3	3499039.5	1058452.6	109923.3
其他企业	1	50076.1	15988.1	48610.1		71.0
四、按经济组织分						
独　资	392	8017268.6	2460471.6	7909072.0	1684679.0	295752.3
合作、合伙	9	130709.6	32669.9	122855.5	7015.2	5697.7
股份有限公司	39	1565179.5	492594.6	1512641.6	604904.5	15862.6
有限责任公司	1564	30701068.6	8015680.4	30139946.2	4011457.8	974253.7

企业主要经济指标

单位：万元

资产总额	固定资产原值年末数	固定资产净值年末数	流动资产年末数	主营业务收入	利润总额	利税总额	应交所得税	本年应交增值税
29930732.2	**14447782.5**	**9457001.2**	**15940660.1**	**39688470.5**	**3263468.8**	**5740706.5**	**396215.1**	**2310955.3**
2885599.9	2041116.9	1215253.4	845131.0	1988893.2	111775.6	188530.9	2545.0	66384.1
10574493.0	3866803.9	2796755.9	6279597.5	19488845.6	1614495.3	2780114.7	181631.4	1075879.9
25453005.0	12476106.3	8173910.1	13404364.4	34187550.3	3038010.4	5339303.5	367833.4	2167374.1
22046679.2	9590097.6	7096601.3	11681638.6	30777431.7	2335086.1	4318485.0	265794.9	1857286.8
18291931.7	7890680.5	5889852.1	9738572.9	26339722.8	1872439.8	3594393.0	217619.8	1618943.8
5831212.3	3114609.6	2527202.2	2331511.4	5575103.3	283804.9	684844.2	28505.2	376369.2
4395138.5	1709653.0	1049901.8	2719519.9	7202766.9	646062.0	1072031.2	83032.4	400616.2
2602736.5	1450448.8	1198054.6	1099449.6	3414328.7	128334.1	317830.1	18047.6	175685.3
5462844.4	1615969.1	1114693.5	3588092.0	10147523.9	814238.8	1519687.5	88034.6	666273.1
10374755.3	5340270.0	4222846.4	4624022.7	12069877.3	837232.1	1648340.1	84733.6	753171.0
850216.1	211649.9	145217.2	634237.2	1126189.0	124729.4	193629.3	7907.2	64697.4
8702007.9	4764274.3	3824781.4	3591056.1	10478507.1	616555.0	1322435.2	64809.0	656611.0
397443.1	311423.9	223130.8	129106.3	303838.7	30403.5	50357.3	1190.9	17934.1
446700.8	56379.7	31986.4	285525.5	186537.0	68752.8	87579.6	11119.7	16342.7
12251236.0	4044692.0	2684182.3	7882788.4	19678220.0	1767695.1	3029161.5	175152.2	1178352.0
17679496.2	10403090.5	6772818.9	8057871.7	20010250.5	1495773.7	2711545.0	221062.9	1132603.3
38907.7	38677.2	18635.6	15773.5	30548.5	-306.5	1271.4	177.5	1370.7
33165.5	12463.5	6345.3	22735.2	108560.5	3369.1	8398.3	374.9	3955.4
15322648.8	6601522.6	4543957.9	7985621.7	23104524.8	1772663.5	3072326.4	210370.8	1198653.3
6299957.7	2255096.7	1572558.1	3811389.8	12828370.6	980453.9	1741485.8	104457.8	705883.6
14477050.4	7762839.1	4867848.0	7885028.3	16281197.0	1476089.8	2639875.5	183025.0	1100692.6
32569.9	18765.7	13410.5	14946.4	115698.1	11865.1	17889.0	2192.2	5380.4
38907.7	38677.2	18635.6	15773.5	30548.5	-306.5	1271.4	177.5	1370.7
33165.5	12463.5	6345.3	22735.2	108560.5	3369.1	8398.3	374.9	3955.4
26389.9	13514.4	6803.9	16555.0	47941.6	-212.2	945.9	74.7	902.9
7524480.2	3999954.2	2747132.6	3378452.5	9431328.9	625100.9	1091860.8	85133.8	425635.8
1517288.3	354064.6	228079.6	806831.4	910447.3	170661.3	244265.0	21088.9	68406.5
6299957.7	2255096.7	1572558.1	3811389.8	12828370.6	980453.9	1741485.8	104457.8	705883.6
10868145.3	5528166.7	3196181.8	6203422.1	12823879.6	1320826.6	2299604.9	152966.4	929252.6
3608905.1	2234672.4	1671666.2	1681606.2	3457317.4	155263.2	340270.6	30058.6	171440.0
13492.5	11172.8	9598.1	3894.4	50076.1	8312.5	12603.8	1882.5	4107.8
6729786.5	3976145.0	1747901.5	4144679.0	7897347.7	911762.4	1414712.2	136423.4	473442.8
60063.5	27583.7	18812.2	27312.4	121321.1	8921.4	15006.7	1971.4	5561.8
1903922.0	418031.4	264209.6	1103543.2	1501443.6	201544.8	325299.8	21886.2	116827.1
21231741.1	10024534.8	7424921.1	10662431.5	30161380.2	2141187.5	3985586.1	235934.1	1715074.9

9—10 续表

项目	企业单位数（个）	工业总产值	工业增加值	工业销售产值	出口交货值	用电量（万千瓦时）
五、按企业规模分						
大型企业	48	11848679.1	3209864.6	11687474.3	2188616.9	240283.2
中型企业	328	12679527.7	3641603.6	12436742.9	2563747.3	551882.3
小型企业	1544	15428732.8	4032290.2	15108584.8	1506354.3	469957.7
微型企业	86	464441.7	119316.0	458691.2	49338.0	29546.4
六、按行业分						
石油和天然气开采业						
黑色金属矿采选业	1	15558.9	5144.9	14686.1		144.0
有色金属矿采选业						
非金属矿采选业	17	114198.3	42250.5	114723.2	1914.9	3457.4
其他采矿业						
农副食品加工业	300	6802229.8	1755830.5	6579009.6	2069907.5	66129.0
食品制造业	183	2806006.9	773853.0	2752681.3	764240.0	36488.6
酒、饮料和精制茶制造业	59	817583.6	261157.1	793328.2	23424.4	14910.3
烟草制造业						
纺织业	40	545045.3	144601.0	543040.2	116527.3	15577.7
纺织服装、服饰业	40	299215.2	98863.8	299701.5	108654.6	2506.5
皮革、毛皮、羽毛及其制品和制鞋业	47	618870.9	177691.6	608611.0	50559.4	5427.8
木材加工及木、竹、藤、棕、草制品业	45	421873.0	127612.4	420429.8	97994.8	16076.7
家具制造业	94	810143.3	239681.0	798968.6	375835.6	15177.8
造纸及纸制品业	98	2328429.0	672309.1	2306241.7	44174.3	112320.9
印刷和记录媒介的复制	24	190892.1	49521.1	190189.3	4397.8	4814.8
文教、工美、体育和娱乐用品制造业	86	764504.8	231814.3	743394.5	267545.9	15254.6
石油加工、炼焦及核燃料加工业	4	245086.9	56759.6	222441.0		714.0
化学原料及化学制品制造业	94	4653322.5	998622.2	4561455.5	93892.2	200959.4
医药制造业	9	178416.4	107994.3	172045.0	20014.2	1449.8
化学纤维制造业	3	10825.2	2074.0	10735.1	1994.4	456.0
橡胶和塑料制品业	76	825759.1	247411.3	810364.6	59432.1	29929.2
非金属矿物制品业	192	2693180.1	776741.4	2651420.6	68035.9	107949.9
黑色金属冶炼及压延加工业	45	3473989.6	827609.6	3411288.8	185889.9	234552.7
有色金属冶炼及压延加工业	19	524349.4	105057.5	522395.0		16450.2
金属制品业	119	1725973.7	450390.9	1682196.4	207833.1	56828.3
通用设备制造业	57	810888.6	253139.4	804032.4	235743.0	12006.2
专用设备制造业	31	178912.3	49341.7	176386.9	17693.7	2430.9
汽车制造业	41	1879899.4	541411.0	1874155.9	176021.3	13955.1
铁路、船舶、航空航天和其他运输设备制造业	23	355913.0	113459.7	354965.0	14130.5	4372.9
电气机械及器材制造业	99	2137547.3	633148.5	2096110.2	652661.3	25774.0
计算机、通信和其他电子设备制造业	48	1276969.4	349443.3	1262599.3	466962.1	9683.2
仪表仪器制造业	30	239809.4	74225.5	238817.9	111427.4	3690.8
其他制造业	30	291874.6	87861.0	288661.2	31748.9	1758.8
废弃资源综合利用业	8	70500.1	14947.7	72925.1		7039.4
金属制品、机械和设备修理业	1	6231.4	1260.1	6231.4		31.0
电力、热力生产和供应业	36	2213782.8	710434.3	2213661.9		250188.8
燃气生产和供应业	3	79731.8	14588.2	79731.8		248.9
水的生产和供应业	4	13867.2	6822.9	13867.2		2913.8

单位：万元

资产总额	固定资产原值年末数	固定资产净值年末数	流动资产年末数	主营业务收入	利润总额	利税总额	应交所得税	本年应交增值税
9631171.9	5227038.1	4056590.2	4177016.2	11814851.2	931666.5	1870779.1	80279.5	890913.8
10922728.4	5532511.2	2889017.2	6212844.2	12284376.8	1316394.2	2085608.1	188592.5	719133.9
8905325.1	3427179.0	2313660.9	5350375.0	15129495.7	987029.7	1739458.4	126568.4	686941.4
471506.8	261054.2	197732.9	200424.7	459746.8	28378.4	44860.9	774.7	13966.2
3181.3	962.4	289.6	2779.5	16768.2	839.6	1515.9		526.6
63668.5	22661.1	12808.7	36857.9	113193.0	7457.0	18439.7	484.1	8963.8
3407332.9	854027.8	567814.3	2433700.6	6590070.6	480933.8	1016654.3	47907.3	517042.3
1430881.8	375629.8	251398.9	901082.0	2763435.8	249480.6	382006.2	30802.7	121922.6
624629.7	386311.5	295480.3	253309.4	794017.5	83824.4	121027.0	9324.6	27308.2
256808.4	127917.8	80530.5	131130.1	542651.7	47102.4	81450.5	2601.9	31335.1
95541.6	38209.5	23530.9	57969.2	300280.7	23752.8	39845.7	3761.3	14626.9
275656.0	87515.4	70527.6	171682.6	608310.2	39628.5	65988.8	2866.9	23643.3
211187.8	88677.3	47611.4	145952.4	420329.3	37458.6	57212.9	1550.4	17853.5
491284.4	175829.7	106356.0	304651.8	793624.2	60372.4	103697.5	7350.4	38910.0
2100023.5	868020.3	625371.8	1258860.3	2299452.7	275538.6	413239.6	18252.6	130745.0
172669.5	65663.9	39916.9	108877.6	187624.6	8352.4	15041.8	391.0	6108.4
465500.2	196970.4	136955.8	230060.5	767375.8	55412.5	97570.8	7389.3	36944.4
152819.5	51967.8	40834.0	94923.6	210801.3	4567.5	9008.2	2732.7	4100.4
4934424.2	2667790.9	2174967.7	1875840.2	4544871.7	213437.8	569054.3	16986.1	336127.2
433096.4	54082.0	30555.8	276032.8	172037.6	66177.7	82680.5	10826.5	14029.9
15169.8	8178.5	5400.6	9396.9	10799.5	188.7	479.8	44.8	265.7
728798.8	386672.4	305999.9	351350.7	808630.8	65610.9	106301.9	8741.6	35875.9
2021244.7	1032282.5	749796.1	920360.7	2664852.6	225780.3	386455.9	23427.7	146312.0
2602736.5	1450448.8	1198054.6	1099449.6	3414328.7	128334.1	317830.1	18047.6	175685.3
203171.2	68253.5	43265.9	148181.3	524143.0	35089.0	59497.6	3613.8	23915.8
1116142.9	547296.1	344787.1	661770.4	1683910.6	128433.2	213624.0	25332.0	79636.8
913560.6	358416.4	228165.7	464359.4	793161.9	82568.9	126100.2	10391.5	40858.6
121391.6	50504.4	30236.1	77519.6	172095.8	14255.6	21653.3	1295.0	6062.6
713835.1	224099.8	141749.6	500889.6	1870352.0	188922.3	331204.3	24087.5	139144.1
137431.2	57997.3	38324.5	62551.7	355063.7	30131.2	41766.0	1169.9	9637.1
1188964.2	378464.8	210343.7	813859.7	2089118.0	188833.1	313506.5	19127.1	114836.2
907779.4	225936.4	155552.9	666414.1	1257326.6	134326.9	210627.9	10381.3	71628.8
203812.9	92874.2	56295.1	138569.5	239064.9	12917.7	24176.9	1629.4	10440.8
129677.9	55382.5	35204.1	76343.8	290648.8	29586.4	46738.5	3116.2	16003.3
67748.0	25853.4	17449.9	40794.5	78068.5	3970.9	7130.7	591.3	2965.3
1862.5	552.3	496.3	1366.2	6231.4	402.3	563.7	18.6	146.2
3543910.9	3321820.5	1317806.7	1553529.4	2214229.9	317874.6	435328.5	77445.3	106774.6
112092.6	60577.6	53747.6	31545.8	78086.9	18568.4	19348.4	4411.3	156.1
82695.7	39933.5	19374.6	38696.7	13584.0	3337.7	3938.6	115.4	422.5

9—11 规模以上工业企业主要经济效益指标

项　　目	企　业 亏损面 (%)	资　产 负债率 (%)	销售收入 利税率 (%)	资　金 利税率 (%)	流动资产 周转次数 (次)	劳　动 生产率 (元/人)
合　计	**7.83**	**57.21**	**14.46**	**24.26**	**2.59**	**243784.12**
# 国有及国有控股企业	28.57	54.24	9.48	9.32	2.36	358520.25
# 民营企业	5.01	52.61	14.27	32.05	3.26	212502.74
# 亿元企业	3.75	58.70	15.62	26.90	2.67	286794.29
#“4+4”产业	7.45	60.77	14.03	24.78	2.71	243981.06
“四大”主导产业	7.04	61.74	13.65	25.10	2.80	241332.35
石化工业	9.60	67.88	12.28	17.08	2.49	429911.41
装备制造	7.50	49.78	14.88	28.80	2.67	207863.66
特殊钢铁	6.67	76.88	9.31	14.86	3.13	273409.18
食品工业	5.90	57.61	14.98	34.14	3.01	215889.02
“四大”新兴产业	9.09	65.40	13.66	21.17	2.68	310267.22
电子信息产业	9.30	68.71	17.19	24.92	1.71	225562.21
新材料	9.07	67.38	12.62	20.79	3.04	326245.89
新能源	6.67	65.26	16.57	14.04	2.40	206600.65
生物医药	9.09	18.32	46.95	28.56	0.67	426891.74
一、按轻重工业分						
轻工业	6.90	54.53	15.39	29.99	2.62	203490.19
重工业	9.18	59.08	13.55	19.98	2.57	308940.36
二、按经济类型分						
国　有	60.00	41.05	4.16	3.68	1.95	122125.36
集　体		56.57	7.74	32.26	5.79	207052.59
股份制	6.07	55.25	13.30	25.48	3.02	224798.40
联　营						
私　营	5.16	50.87	13.58	33.22	3.49	196696.64
外商及港澳台商投资	12.33	59.34	16.21	22.96	2.15	276787.07
其　他	6.67	43.42	15.46	64.26	7.78	262204.05
三、按登记注册分						
国　有	60.00	41.05	4.16	3.68	1.95	122125.36
集　体		56.57	7.74	32.26	5.79	207052.59
股份合作	25	71.41	1.97	3.74	2.63	127556.94
联　营						
有限责任公司	8.15	62.64	11.58	18.94	3.00	265904.39
股份有限公司	4.55	36.55	26.83	22.98	1.09	380585.42
私营企业	5.16	50.87	13.58	33.22	3.49	196696.64
港澳台商投资企业	11.73	57.77	17.93	27.36	2.15	294549.26
外商投资企业	13.66	64.07	9.84	11.00	2.13	222580.30
其他企业		58.82	25.17	100.70	12.98	498071.65
四、按经济组织分						
独　资	11.99	42.35	17.91	24.96	2.01	230806.98
合作、合伙	11.11	56.88	12.37	31.06	4.24	234697.56
股份有限公司	5.13	45.09	21.67	23.22	1.32	314817.28

9—11　续表

项　　目	企业亏损面(%)	资产负债率(%)	销售收入利税率(%)	资金利税率(%)	流动资产周转次数(次)	劳动生产率(元/人)
有限责任公司	6.84	63.03	13.21	24.09	2.96	244701.30
五、按企业规模分						
大型企业	2.08	72.73	15.83	26.20	2.89	305701.39
中型企业	3.96	47.36	16.98	24.04	2.10	220052.43
小型企业	8.68	52.52	11.50	23.53	2.95	230357.35
微型企业	10.47	57.29	9.76	9.79	1.95	205292.50
六、按行业分						
黑色金属矿采选业		79.44	9.04	49.39	6.03	571655.56
有色金属矿采选业						
非金属矿采选业	11.76	40.93	16.29	38.44	3.23	174516.73
农副食品加工业	6.00	58.21	15.43	35.74	2.88	227879.00
食品制造业	6.56	55.98	13.82	34.43	3.25	187224.01
酒、饮料和精制茶制造业	3.39	58.10	15.24	24.35	3.43	239857.73
纺织业	10.00	48.78	15.01	40.27	4.21	169699.57
纺织服装、服饰业	2.50	31.59	13.27	50.71	5.41	112001.59
皮革、毛皮、羽毛及其制品和制鞋业	14.89	49.17	10.85	28.52	3.64	168428.06
木材加工及木、竹、藤、棕、草制品业	6.67	41.58	13.61	29.99	2.97	189195.55
家具制造业	7.45	41.05	13.07	26.62	2.80	136314.05
造纸及纸制品业	6.12	63.90	17.97	23.79	2.02	320421.84
印刷业和记录媒介的复制	16.67	60.64	8.02	10.03	1.73	177558.62
文教、工美、体育和娱乐用品制造业	9.30	41.12	12.71	27.90	3.54	138314.02
石油加工、炼焦及核燃料加工业	75	85.70	4.27	6.98	2.35	650167.24
化学原料及化学制品制造业	6.38	70.28	12.52	17.75	2.58	596050.02
医药制造业	11.11	18.93	48.06	27.91	0.64	423839.48
化学纤维制造业		59.38	4.44	3.45	1.12	75970.70
橡胶和塑料制品业	10.53	48.07	13.15	16.10	2.14	198692.02
非金属矿物制品业	8.85	56.22	14.50	23.71	3.02	277130.51
黑色金属冶炼及压延加工业	6.67	76.88	9.31	14.86	3.13	273409.18
有色金属冶炼及压延加工业		56.84	11.35	32.91	3.73	461183.06
金属制品业	9.24	46.56	12.69	21.37	2.54	238529.23
通用设备制造业	12.28	39.46	15.90	18.88	1.72	245647.16
专用设备制造业	6.45	45.82	12.58	19.97	2.22	154676.18
汽车制造业	12.20	71.78	17.71	52.50	3.91	281369.40
铁路、船舶、航空航天和其他运输设备制造业		56.23	11.76	43.70	5.99	136353.44
电气机械及器材制造业	4.04	46.17	15.01	30.26	2.53	177139.16
计算机、通信和其他电子设备制造业	8.33	68.11	16.75	25.77	1.83	217207.42
仪器仪表制造业	3.33	55.67	10.11	13.13	1.78	122242.26
其他制造业	6.67	30.26	16.08	43.54	4.03	154739.34
废弃资源综合利用业		63.54	9.13	10.99	1.68	255516.24
金属制品、机械和设备修理业		17.42	9.05	31.03	4.79	221070.18
电力、热力的生产和供应业	25.00	40.11	19.66	15.91	1.54	865960.87
燃气生产和供应业		71.67	24.78	26.83	2.33	319916.67
水的生产和供应业		56.62	28.99	6.76	0.36	134839.92

9—12 大中型工业企业

项目	企业单位数（个）	工业总产值	工业增加值	销售产值	出口交货值	用电量（万千瓦时）
总计	**376**	**24528206.8**	**6851468.2**	**24124217.2**	**4752364.2**	**792165.2**
非金属矿采选业	1	10737	3998.6	10732.5		263.0
农副食品加工业	67	3110143.0	889332.7	3007502.7	1527202.3	28721.3
食品制造业	41	1497105.0	410158.4	1480262.8	579167.7	17135.3
酒、饮料和精制茶制造业	10	428125.9	134602.9	424448.5	22701.9	10136.0
纺织业	12	345715.4	97283.7	343844.9	64435.4	13202.6
纺织服装、服饰业	11	131917.0	48136.8	133846.6	72649.3	1031.2
皮革、毛皮、羽毛及其制品和制鞋业	10	211497.1	71137.6	212191.9	33774.7	1802.6
木材加工及木、竹、藤、棕、草制品业	4	157889.2	49107.4	156759.3	83624.9	5766.5
家具制造业	17	330736.3	100619.8	321392.6	195816.7	6506.5
造纸及纸制品业	18	1361334.5	411136.4	1342753.4	9336.1	60477.8
印刷和记录媒介的复制	2	51699.1	10593.6	51174.6	38215.1	3005.5
文教、工美、体育和娱乐用品制造业	19	386869.6	119604.1	370286.4	182767.2	5616.1
石油加工、炼焦和核燃料加工业	1	86551.0	22966.6	86551.0		375.0
化学原料及化学制品制造业	14	3802185.7	791689.0	3717944.4	65832.6	123881.7
医药制造业	3	130195.9	89517.8	124472.2	20014.2	868.6
橡胶和塑料制品业	10	384670.6	132258.3	378776.7	4655.9	14761.4
非金属矿物制品业	20	1259263.9	386288.3	1235192.0	41379.0	57876.2
黑色金属冶炼及压延加工业	13	2955051.3	716592.8	2902539.9	183281.2	177510.6
有色金属冶炼及压延加工业	2	195741.6	47012.6	195091.9		865.0
金属制品业	13	749413.8	200480.6	737623.7	141356.0	22628.1
通用设备制造业	9	401151.7	138091.6	397586.3	190633.6	6368.3
专用设备制造业	3	25763.4	10008.7	24793.8	14708.7	248.1
汽车制造业	9	1407285.6	415718.5	1406891.2	154041.0	7661.8
铁路、船舶、航空航天和其他运输设备制造业	4	237576.6	80890.5	238574.7		2678.3
电气机械及器材制造业	28	1557712.1	471541.4	1522955.4	617374.5	16805.7
计算机、通信和其他电子设备制造业	15	1037495.0	284841.6	1026094.1	460393.9	6106.3
仪器仪表制造业	6	123047.5	36141.6	122605.2	42496.8	1852.9
其他制造业	4	119445.2	38327.3	119441.2	6505.5	502.8
电力、热力的生产和供应业	9	1966946.1	631507.0	1966946.1		197510.1

主要经济指标

单位：万元

资产总额	固定资产原值年末数	固定资产净值年末数	流动资产年末数	主营业务收入	利润总额	利税总额	应交所得税	本年应交增值税
20553900.3	**10759549.3**	**6945607.4**	**10389860.4**	**24099228.0**	**2248060.7**	**3956387.2**	**268872.0**	**1610047.7**
1345.1	317.5	86.5	1222.3	10732.6	1199.9	1964.9	299.9	729.9
1754995.3	384275.5	239136.7	1330025.7	3017732.7	254420.0	562437.1	17019.4	297951.0
833849.0	208738.7	136762.7	500184.4	1487384.0	152013.0	232473.2	18089.2	76014.2
442497.0	263834.8	199750.9	188128.9	423353.0	60999.4	82839.6	6705.4	14748.9
174029.4	85359.4	55023.1	86001.1	343842.5	35319.0	59318.4	1173.2	23229.6
43858.8	16941.6	10290.0	25791.4	132722.2	11900.7	21285.3	2007.7	8764.9
75284.1	25332.9	18433.2	52981.8	211473.5	21819.7	35006.8	1866.8	12506.6
77037.1	39143.5	14884.7	60984.7	156759.3	16234.3	25061.9	101.7	8121.6
157481.5	72510.6	41155.7	95613.2	318944.6	30441.8	50135.5	3873.8	18238.1
1522143.0	612686.0	465189.5	895198.0	1336671.3	201622.8	277968.3	11820.0	72973.1
41489.4	15796.7	11692.2	26424.9	50738.8	1752.1	3194.2	85.7	1294.6
238839.5	88549.7	58266.5	117023.8	381876.8	28312.3	56437.1	4712.4	25783.5
16644.1	13341.2	6216.6	10427.5	86551.0	10931.0	14616.0	2732.7	3399.9
4428840.2	2526238.2	2089742.1	1539128.0	3706012.2	139138.8	447910.9	9336.2	293922.3
379341.7	42036.8	23410.4	233734.7	124464.8	60721.5	74196.6	9741.0	11270.5
474472.1	265856.4	225139.9	203683.8	378502.4	46677.3	75982.4	6496.2	26160.3
1150328.3	717947.3	533492.6	405850.3	1229667.1	123295.7	213301.9	13591.4	84367.0
2333603.2	1345184.3	1128266.7	938264.1	2905650.2	109981.5	278058.5	15822.8	154914.6
58818.9	26133.7	14313.7	39406.6	195183.8	18706.6	32543.3		13653.4
469782.4	297253.6	177358.2	261832.5	736389.3	77076.5	128740.7	12809.7	48780.4
631939.1	266574.9	174573.7	279384.3	383961.9	42211.1	66328.4	4167.9	22838.9
29200.5	16528.8	5354.2	24599.9	23804.8	3112.9	4355.4	148.4	1049.8
350823.0	140162.6	79216.1	261297.9	1407461.7	166186.5	287547.3	21152.3	119106.0
87139.1	40226.7	24206.4	34562.5	238574.7	26419.6	34382.6	892.9	6555.0
887852.0	291065.8	145743.9	628785.7	1515937.1	147473.1	247884.4	15461.1	93484.4
713881.1	144980.9	105177.8	575905.1	1020764.5	119079.4	187013.8	6700.7	64173.4
101889.4	40056.2	22448.9	76676.6	122485.5	9090.3	15744.0	1173.1	6289.5
50014.6	20240.1	11347.7	37461.1	119441.2	15851.4	24087.7	2060.2	7877.4
2928490.4	2694962.0	877911.9	1433438.2	1967417.2	297655.8	396473.8	74450.3	91758.4

9—13 国有控股工业

项目	企业单位数（个）	工业总产值	工业增加值	销售产值	出口交货值	用电量（万千瓦时）
总计	**42**	**1997433.6**	**482389**	**1989549.1**	**53913**	**130086**
一、按隶属关系分						
中央企业	5	253190.5	51080.7	251678.6		26375.7
地方企业	37	1744243.1	431308.3	1737870.5	53913.0	103710.3
二、按轻重工业分						
轻工业	10	285973.8	115633.8	279934.3	20698.8	5555.2
重工业	32	1711459.8	366755.2	1709614.8	33214.2	124530.9
三、按企业规模分						
大型企业	1	711458.0	132767.4	711458.0		
中型企业	14	848062.9	243642.6	842737.8	53228.4	70484.7
小型企业	24	415232.7	95846.0	412881.9	684.6	32335.8
微型企业	3	22680.0	10133.0	22471.4		27265.5
四、按行业分						
非金属矿采选业	1	2225.2	851.0	2225.2		156.1
农副食品加工业	2	121440.1	15631.8	121216.1	684.6	1353.3
食品制造业	1	6786.7	1641.9	6786.7		60.0
酒、饮料和精制茶制造业	1	17153.0	8675.9	17152.5		645.4
纺织服装、服饰业						
造纸和纸制品业	1	2369.0	570.5	2046.6		75.8
化学原料及化学制品制造业	1	18381.6	4471.2	18612.7		61.2
医药制造业	2	110851.4	80185.9	105127.7	20014.2	868.6
非金属矿物制品业	3	22897.4	5871.2	22897.4		163.5
黑色金属冶炼及压延加工业	1	129000.1	23511.1	128218.2	5217.0	8310.0
通用设备制造业	4	139088.9	48675.5	141108.6	22391.4	3102.0
专用设备制造业	1	7095.3	3817.4	6256.6	5605.8	53.6
汽车制造业	1	5456.5	1291.3	5456.5		12.9
铁路、船舶、航空航天和其他运输设备制造业	1	13072.4	3179.8	11560.5		393.5
废弃资源综合利用业	1	20866.9	3875.2	20343.3		4743.8
电力、热力的生产和供应业	18	1369056.0	274371.6	1368847.4		107172.6
水的生产和供应业	3	11693.1	5767.7	11693.1		2913.8

企业主要经济指标

单位：万元

资产总额	固定资产原值年末数	固定资产净值年末数	流动资产年末数	主营业务收入	利润总额	利税总额	应交所得税	本年应交增值税
2885599.9	**2041116.9**	**1215253.4**	**845131.0**	**1988893.2**	**111775.6**	**188530.9**	**25454.0**	**66384.1**
219765.0	202812.4	133061.7	57272.9	252311.5	10344.1	19422.5	2160.4	8313.4
2665834.9	1838304.5	1082191.7	787858.1	1736581.7	101431.5	169108.4	23293.6	58070.7
496805.5	112660.0	53912.8	297366.3	279708.0	60925.0	77076.9	10314.8	11883.7
2388794.4	1928456.9	1161340.6	547764.7	1709185.2	50850.6	111454.0	15139.2	54500.4
849687.3	861793.4	458176.2	75466.7	711458.0	24511.3	47100.7	5483.1	20375.6
1376707.4	636514.7	394081.9	567645.5	836885.1	51595.0	86178.5	13331.8	28434.4
468871.2	349876.5	215370.6	187683.8	418135.2	31346.8	48693.5	6638.2	15532.5
190334.0	192932.3	147624.7	14335.0	22414.9	4322.5	6558.2	0.9	2041.6
5007.8	4473.4	1637.2	2237.0	2193.7	-108.3	298.6		309.5
29926.5	15551.0	5727.6	15644.5	121312.1	-1518.4	-1097.0		379.4
2440.2	1455.9	778.0	1583.0	6783.0	462.4	519.6	108.0	54.0
15917.8	15086.5	6960.0	8099.7	17152.5	1319.0	4906.0	349.5	1471.1
2063.8	1224.4	204.0	1859.4	2010.5	213.5	334.2	54.9	109.7
3900.2	1637.2	789.3	2812.7	18612.7	313.1	741.7	135.8	404.3
374973.9	41075.3	22670.3	230122.5	105120.3	57828.5	68764.6	9603.4	9042.7
26391.2	10322.0	7593.0	16122.5	28327.6	2171.2	3704.1	539.6	1390.1
345945.9	195516.4	142888.3	125178.4	123221.6	-24725.7	-24725.7		
366906.4	65529.3	39194.6	160061.6	140943.0	29374.2	35054.4	5591.2	4769.4
17325.8	11715.0	3835.4	14728.4	5267.6	1648.1	1688.9		18.2
14166.5	5232.1	3116.2	8470.3	5456.5	166.9	247.0	41.7	59.9
10651.4	1409.1	870.8	9694.8	11565.7	385.1	1257.0	105.8	813.0
14279.0	14852.9	9134.5	3009.7	20578.9	1068.6	2294.9	269.8	1113.1
1576103.1	1619355.1	953019.0	207305.8	1368937.6	40223.0	90987.3	8591.1	46027.2
79600.4	36681.3	16835.2	38200.7	11409.9	2954.4	3555.3	63.2	422.5

9—14 规模以上外商及港澳台

项目	企业单位数（个）	工业总产值	工业增加值	销售产值	出口交货值	用电量（万千瓦时）
总计	**519**	**16479845.0**	**4623783.4**	**16159630.0**	**3249703.9**	**597234.4**
一、按登记注册类型分						
港、澳、台商投资企业	358	12868962.3	3706107.1	12660590.5	2191251.3	487311.0
与港澳台商合资经营	106	6647493.1	1761565.8	6540697.6	1185509.5	234512.2
与港澳台商合作经营	2	24236.8	5853.8	17632.9		284.5
港澳台商独资	246	5800178.8	1854354.2	5734840.8	1005741.8	249735.4
港澳台商投资股份有限公司	3	391997.7	83207.9	362540.4		2683.9
其他港澳台投资	1	5055.9	1125.4	4878.8		95.0
外商投资企业	161	3610882.7	917676.3	3499039.5	1058452.6	109923.3
中外合资经营	42	1577790.3	362283.5	1507978.6	379515.4	68294.3
外资企业	116	2017804.0	551976.6	1976083.1	678937.2	40194.1
外商投资股份有限公司	2	13189.3	2883.7	12878.7		1427.0
其他外商投资	1	2099.1	532.5	2099.1		7.9
二、按轻重工业分						
轻工业	353	6852389.1	1927709.8	6666743.0	2348275.7	146192.5
重工业	166	9627455.9	2696073.6	9492887.0	901428.2	451041.9
三、按企业规模分						
大型企业	20	7722092.0	2041375.4	7609787.0	1263048.5	196605.3
中型企业	123	4706875.2	1533334.8	4622265.5	1328150.8	308216.1
小型企业	360	3976067.4	1033407.7	3852776.1	654059.1	92203.6
微型企业	16	74810.4	15665.5	74801.4	4445.5	209.4
四、按行业分						
农副食品加工业	58	1511186.1	370796.8	1408150.5	473867.8	14964.7
食品制造业	32	527426.3	147607.0	517196.9	221823.8	6301.1
酒、饮料和精制茶制造业	10	404051.4	121978.4	383515.0	23424.4	10998.5
纺织业	25	406253.5	108177.8	403648.6	108863.8	14644.1
纺织服装、服饰业	21	164508.8	55939.4	165514.7	87025.1	1715.7
皮革、毛皮、羽毛及其制品和制鞋业	27	281606.4	85154.8	275487.0	48841.9	3691.1
木材加工及木、竹、藤、棕、草制品业	7	109655.8	33472.0	108875.5	94809.8	2133.9
家具制造业	26	228598.0	70422.1	228023.3	188353.7	4048.8
造纸及纸制品业	29	912717.1	262196.3	909619.8	29351.1	56481.4
印刷业和记录媒介的复制业	3	20455.7	6179.0	20347.5	3340.4	401.0
文教、工美、体育和娱乐用品制造业	42	386191.1	117858.7	371217.4	197276.3	5921.3
石油加工、炼焦和核燃料加工业	1	20952.8	4466.3	29062.0		37.5
化学原料及化学制品制造业	27	2902641.3	715879.5	2847058.9	51334.1	110646.8
医药制造业	3	35473.7	14843.5	34861.4		512.2
化学纤维制造业	1	2447.8	469.0	2447.8	37.5	
橡胶和塑料制品业	20	389658.4	130765.2	383378.8	58040.9	17105.8
非金属矿物制品业	24	661042.2	195029.3	638308.8	64672.4	16631.7
黑色金属冶炼及压延加工业	10	2087331.1	486992.2	2038952.6	176200.0	137746.1
有色金属冶炼及压延加工业	5	259750.8	53538.4	257693.9		6954.3
金属制品业	28	681146.6	176706.6	671129.8	170742.5	11462.5
通用设备制造业	19	298132.9	94279.1	296390.5	207300.4	4252.6
专用设备制造业	9	75126.3	21246.9	74727.7	12087.9	1559.2
汽车制造业	18	1599809.2	459141.3	1598479.7	139980.9	8547.7
铁路、船舶、航空航天和其他运输设备制造业	3	16619.3	4369.5	16619.3	14130.5	90.4
电气机械和器材制造业	23	725609.1	192854.0	718177.3	377098.9	12794.3
计算机、通信和其他电子设备制造业	12	637003.1	175505.2	625376.5	448080.9	4338.5
仪器仪表制造业	10	144539.7	43769.1	143839.0	33483.0	1815.1
其他制造业	20	211362.6	64696.2	208889.5	19535.9	985.6
废弃资源综合利用业	1	16007.4	3756.0	20012.1		65.0
电力、热力的生产和供应业	5	762540.5	405693.8	762628.2		140387.7

投资工业企业主要经济指标

单位：万元

资产总额	固定资产原值年末数	固定资产净值年末数	流动资产年末数	主营业务收入	利润总额	利税总额	应交所得税	本年应交增值税
14477050.4	**7762839.1**	**4867848.0**	**7885028.3**	**16281197.0**	**1476089.8**	**2639875.5**	**183025.0**	**1100692.6**
10868145.3	5528166.7	3196181.8	6203422.1	12823879.6	1320826.6	2299604.9	152966.4	929252.6
5553756.3	2585652.4	2083440.8	2747427.2	6706086.3	527595.1	1080769.2	39541.5	521337.8
13308.3	2608.4	2180.2	2314.4	17632.9	674.7	1139.2		409.5
5021947.9	2920193.7	1098600.2	3226391.5	5732750.8	769887.0	1154499.3	113276.3	367471.1
275573.4	18454.4	10942.5	225492.0	362530.8	22668.0	63146.7	148.6	39985.5
3559.4	1257.8	1018.1	1797.0	4878.8	1.8	50.5		48.7
3608905.1	2234672.4	1671666.2	1681606.2	3457317.4	155263.2	340270.6	30058.6	171440.0
1967236.8	1227261.0	1045115.5	797346.6	1476803.2	19806.6	94041.1	7759.4	71381.7
1623560.8	997505.8	620738.0	873275.4	1965536.4	135406.6	245575.8	22299.2	99514.6
16447.8	9675.8	5674.0	10087.2	12878.7	−0.9	602.5		543.7
1659.7	229.8	138.7	897.0	2099.1	50.9	51.2		
5193274.2	1883016.6	1139814.9	3485093.1	6663004.4	637175.0	1070484.0	62118.2	407121.2
9283776.2	5879822.5	3728033.1	4399935.2	9618192.6	838914.8	1569391.5	120906.8	693571.4
6470926.0	3440337.4	2860598.2	2836087.7	7757122.1	586652.7	1234414.3	40036.6	615588.6
5148206.4	3135002.5	1291988.5	3278107.6	4602640.9	615775.1	916908.5	106953.2	282566.2
2805073.3	1179681.6	711681.4	1731441.2	3846610.6	273004.2	486064.0	36014.7	200896.3
52844.7	7817.6	3579.9	39391.8	74823.4	657.8	2488.7	20.5	1641.5
1119464.3	256178.6	145352.3	863537.7	1415636.3	123386.9	235306.5	16305.7	108677.2
324124.8	90690.1	54091.8	228819.7	521190.3	50648.0	81341.7	4958.5	29084.1
469984.2	298158.1	232466.6	181955.4	380838.5	53254.8	69523.8	6064.4	11446.5
204494.4	105218.9	64761.9	107839.0	403740.2	35925.1	62228.1	1481.7	24941.7
63788.4	29763.5	16761.4	38676.8	164808.7	11056.1	20380.3	2076.5	8406.5
163430.3	52275.0	39626.9	100624.8	275193.3	20958.5	30258.3	2212.2	7849.5
61085.0	28811.5	9265.4	50752.8	108637.4	5356.6	11463.2	144.4	5498.3
154742.7	69166.1	34931.5	97707.5	226138.9	13928.4	27505.7	3292.2	12429.1
823928.8	304456.3	199938.6	547896.3	885482.5	100381.0	172384.3	10609.6	69964.0
29873.5	17092.3	10649.8	13494.9	20347.5	1003.2	2183.6	3.4	1161.0
245320.3	116299.3	75526.4	118540.3	382167.3	23725.7	45114.9	3465.6	19592.6
30625.4	3535.9	2674.1	21918.2	17422.4	−1.2	160.8		111.3
3195790.6	1834982.3	1573767.1	1105472.3	2998418.7	163055.4	469057.4	8173.5	291115.9
29494.0	10474.1	6223.1	20656.9	34861.4	4762.3	7572.7	1078.5	2577.4
3268.4	2338.8	350.9	2869.2	2447.8	4.0	77.8		66.6
517106.1	301885.5	249071.9	223600.0	383942.3	45196.2	71938.5	5529.8	23794.1
561602.3	291328.9	197956.9	240671.7	638688.7	60249.7	101689.1	4292.8	39691.8
1670315.9	1076103.1	939235.4	582324.5	2046952.6	61861.5	174374.7	338.2	103810.5
99970.3	36927.7	21819.7	74008.6	258719.0	21704.8	36121.3	2928.0	14365.3
505637.8	311281.1	173682.8	294176.3	665828.3	58665.2	93286.0	11219.0	32413.5
367580.4	245727.1	158617.0	190964.2	283163.7	20467.2	35009.5	3069.0	13757.2
50650.4	20122.6	10130.6	30528.2	70997.5	4994.6	8477.8	424.0	3047.1
485868.5	161722.9	91659.4	360894.6	1595896.7	160284.4	284758.2	20404.9	122386.3
9066.9	4978.1	4345.5	4208.5	16619.3	781.8	968.2	21.8	108.0
548010.0	230445.6	96838.5	383988.5	721056.8	47578.1	81136.4	2833.1	30481.1
593385.7	120257.5	87592.8	485516.7	624729.9	79683.2	127479.1	270.0	45818.1
130765.0	62221.7	34627.8	91120.6	144055.5	10199.5	18020.9	1292.6	7312.9
89094.2	42654.8	24563.0	59507.7	210575.2	23294.1	35595.9	2219.0	11624.2
39011.4	3811.8	2403.9	31147.9	20012.1	897.1	2184.7		1287.6
1889570.4	1633929.9	308915.0	1331608.5	762628.2	272787.6	334276.1	68316.6	57873.2

9—15 规模以上工业企业能源购进、消费及库存

	计量单位	购进量	消费量	工业生产消费	非工业生产消费	年末库存
原煤	吨	11445683	11482614	11482551	63	638405
其中：无烟煤	吨	356328	348909	348909		10268
一般烟煤	吨	11089345	11133693	11133630	63	628136
洗精煤	吨	12318	12563	12551	12	241
煤制品	吨	17770	17886	17885	0.95	82
焦炭	吨	196772	192007	192007		7523
高炉煤气	万立方米		74369	74369		
转炉煤气	万立方米		4237	4237		
发生炉煤气	万立方米	7040	7040	7040		
天然气(气态)	万立方米	14320	14353	14351	2	2
液化天然气(液态)	吨	6114	6115	6115		
汽油	吨	6619	7222	3670	3552	31
煤油	吨	21	21	21		
柴油	吨	31229	32129	28564	3565	2118
燃料油	吨	288320	302431	302390	42	63112
液化石油气	吨	4639	4650	4599	51	55
润滑油	吨	206	185	185		21
石蜡	吨	574	574	574		45
溶剂油	吨	330	219	219		112
其他石油制品	吨	319	307	307		40
电力	万千瓦时	1040917	1291669	1285443	6226	
生物质废料用于燃料	吨	97304	97344	97344		2
其他燃料	吨标准煤	6893	6906	6906		70

9—16　规模以上工业企业主要能源产品按行业分组消费量

	原　煤（吨）	洗精煤（吨）	煤制品（吨）	焦　炭（吨）	高炉煤气（万立方米）	转炉煤气（万立方米）
合　计	**11482614**	**12563**	**17886**	**192007**	**74369**	**4237**
#民营企业	955704	12563	18	41172		
#亿元企业	11324123	9625	17720	189919	74369	4237
#“4+4”产业	2506388	12563	17726	192007	74369	4237
“四大”主导产业	2379419	12563	17726	177973	74369	4237
石化工业	1836774	738	16107			
装备制造	8876			414		
特殊钢铁	226677	11825		177322	74369	4237
食品工业	307092		1619	237		
“四大”新兴产业	2174085	12563		191247	74369	4237
电子信息产业						
新材料	2169778	12563		191247	74369	4237
新能源	3828					
生物医药	479					
按行业分						
黑色金属矿采选业						
非金属矿采选业						
农副食品加工业	147839		1619	237		
食品制造业	109681					
酒、饮料和精制茶制造业	49572					
纺织业	25792					
纺织服装、鞋、帽制造业	895					
皮革、毛皮、羽毛（绒）等	513					
木材加工及木、竹、藤等	1054					
家具制造业	3405		160			
造纸及纸制品业	675461					
印刷业和记录媒介的复制						
文教体育用品制造业						
石油加工、炼焦及核燃料加工业						
化学原料及化学制品制造业	1812258	738				
医药制造业	479					
化学纤维制造业						
橡胶制品业	25					
塑料制品业	24491		16101			
非金属矿物制品业	98741			14034		
黑色金属冶炼及压延加工业	226677	11825		177322	74369	4237
有色金属冶炼及压延加工业						
金属制品业	1835			414		
通用设备制造业	1503					
专用设备制造业						
铁路、船舶、航空航天和其他运输设备制造业						
电气机械及器材制造业	4198					
通信设备、计算机及其他						
仪器仪表及文化、办公用						
其他制造业						
废弃资源综合利用业	14804					
电力、热力的生产和供应业	8265679					
燃气生产和供应业	16371					
水的生产和供应业						

9—16 续表

	发生炉煤气（万立方米）	天然气（气态）（万立方米）	液化天然气（液态）（吨）	汽油（吨）	煤油（吨）	柴油（吨）
合　计	**7040**	**14353**	**6115**	**7222**	**21**	**32129**
#民营企业		3129	70	3715		20363
#亿元企业	7040	13849	6033	4307	4	18961
#"4+4"产业	7040	13548	70	4901	21	23968
"四大"主导产业	7040	8857	70	4466	21	11895
石化工业		474		903		2754
装备制造		1551	43	2126	17	3857
特殊钢铁	7040	6563		50	4	408
食品工业		269	27	1387		4876
"四大"新兴产业	7040	11719		1340	4	14856
电子信息产业				109		233
新材料	7040	11719		1124	4	14513
新能源				79		39
生物医药				28		70
按行业分						
黑色金属矿采选业						158
非金属矿采选业						411
农副食品加工业		111	27	792		2209
食品制造业		73		481		2252
酒、饮料和精制茶制造业		85		113		415
纺织业				39		49
纺织服装、鞋、帽制造业		11		101		76
皮革、毛皮、羽毛（绒）等				176		346
木材加工及木、竹、藤等				28		504
家具制造业		65		481		1211
造纸及纸制品业		37		553		1952
印刷业和记录媒介的复制		133		61		43
文教体育用品制造业			39	194		191
石油加工、炼焦及核燃料加工业				71		1419
化学原料及化学制品制造业		436		374		1221
医药制造业				28		70
化学纤维制造业						
橡胶制品业		9		381		47
塑料制品业		29		78		67
非金属矿物制品业		4635	6006	228		11580
黑色金属冶炼及压延加工业	7040	6563		50	4	408
有色金属冶炼及压延加工业		615		24		243
金属制品业		1203		973	17	1513
通用设备制造业		34		231		600
专用设备制造业				58		31
铁路、船舶、航空航天和其他运输设备制造业		7		103		690
电气机械及器材制造业		5		282		498
通信设备、计算机及其他				109		236
仪器仪表及文化、办公用				147		75
其他制造业				21		33
废弃资源综合利用业				4		55
电力、热力的生产和供应业				682		3074
燃气生产和供应业				14		
水的生产和供应业				13		

燃料油（吨）	液化石油气（吨）	润滑油（吨）	石蜡（吨）	溶剂油（吨）	其它石油制品（吨）	电力（万千瓦时）	生物质废料用于燃料（吨）	其他燃料（吨标准煤）	能源合计（吨标准煤）
302431	**4650**	**185**	**574**	**219**	**307**	**1291669**	**97344**	**6906**	**12745901**
255821	3438	2		8		491911	91034	2248	1761230
298687	4185	1	573	210	234	1135483	77585	3881	12394164
296163	3935	185	1	219	307	821345	36294	1550	8063871
12174	1704	185	1	213	307	703197	31119	915	7330050
3355	97					232059	707		5996121
2718	398	184	1	16	307	119058	1773		184162
264						234553			734508
5838	1209	1		198		117528	28638	915	415258
284289	2328			6		509251	5882	635	7133292
	5			6		9075			11361
283421	2324					488918	5882	635	7103620
						9825			14837
868						1511			3570
						144			407
						3457			4848
3093	228	1		198		66129	25109	321	216935
2012	954					36489	3529	594	136484
733	26					14910			61839
508						15578	4447	65	42178
	3					2507			4165
774	2					5428	2518	673	10615
	1		573			16077	15791		29843
41	353					15178	1614		25642
						112321	40985	2923	565049
						4815	142	1591	9392
	267					15255		169	19470
						714			12371
2343						200959			5899643
868						1450			3496
						456			560
975						6577			27814
37	97					23352	707		55734
283681	2206					107950	728	570	714455
264						234553			734508
						16450			28444
2589	54			8	27	56828	1332		93734
126	56	184			234	12006	202		18069
3	24		1	6		2431			3050
						4373			6578
	20	1		2		25774			34957
	5			6		9683			11968
	14					3691			4697
	1					1759			2169
55	108					7039			19490
4330						250189			3915322
						249			5261
						2914			3600

9—17 分县(市、区)规模以上

	企业单位数(个)	亏损企业(个)	工业总产值(当年价格)	工业销售产值(当年价格)	出口交货值	年初存货
漳州市	**2006**	**157**	**40421381.3**	**39691493.2**	**6308056.5**	**3992606.1**
市辖区	330	38	7903818.7	7835129.2	919184.5	765661.8
其中:芗城区	196	26	5755563.0	5720831.8	446637.9	500546.5
龙文区	134	12	2148255.7	2114297.4	472546.6	265115.3
龙海市	434	40	10504514.0	10276026.0	1494975.9	1071893.0
其中:龙海市辖	291	20	5450958.4	5383824.8	551243.9	361205.6
台商投资区	127	15	4297970.0	4149641.4	688580.8	569236.6
漳州开发区	16	5	755585.6	742559.8	255151.2	141450.8
云霄县	163	6	2095547.3	2078982.1	218075.2	133285.3
其中:云霄县辖	125	5	1541436.0	1521962.6	79863.1	96784.1
常山开发区	38	1	554111.3	557019.5	138212.1	36501.2
漳浦县	207	23	5948252.3	5782511.1	865612.7	638834.5
其中:漳浦县辖	199	20	2686743.9	2649619.2	862257.2	194939.2
古雷开发区	8	3	3261508.4	3132891.9	3355.5	443895.3
诏安县	154	1	2240684.0	2179298.0	531034.8	200591.8
长泰县	219	22	3669465.2	3623733.9	539190.6	362750.5
东山县	89	7	2125806.3	2060818.3	1121748.4	308992.4
南靖县	190	11	3175942.7	3126621.2	520474.0	282076.4
平和县	95	5	1329674.0	1329374.0	70593.1	78731.0
华安县	125	4	1427676.8	1398999.4	27167.3	149789.4

9—17 续表1

	资产总计			负债合计		
	累计折旧	本年折旧	在建工程		流动负债合计	应付账款
漳州市	**4990781.3**	**963049.3**	**1114610.5**	**17124709.0**	**13563380.2**	**2157004.9**
市辖区	1070109.2	186163.0	331115.7	3224404.1	2492795.0	618957.9
其中:芗城区	765242.8	132959.9	293275.0	2224266.1	1568169.0	450512.0
龙文区	304866.4	53203.1	37840.7	1000138.0	924626.0	168445.9
龙海市	2226621.1	273774.5	264091.1	4877582.4	3927516.6	785867.0
其中:龙海市辖	1530253.9	114268.8	79438.7	1634988.3	1360317.5	306277.1
台商投资区	536583.3	132034.2	101901.6	2574332.7	1957797.0	365395.9
漳州开发区	159783.9	27471.5	82750.8	668261.4	609402.1	114194.0
云霄县	118635.9	31731.1	50243.6	388183.5	325604.5	94561.1
其中:云霄县辖	68877.3	20331.1	26151.0	242657.1	219252.5	77189.1
常山开发区	49758.6	11400.0	24092.6	145526.4	106352.0	17372.0
漳浦县	527602.7	215784.5	159138.0	4030046.5	2996080.3	668944.6
其中:漳浦县辖	224689.4	48319.9	87534.9	854764.0	652513.6	213165.8
古雷开发区	302913.3	167464.6	71603.1	3175282.5	2343566.7	455778.8
诏安县	75040.4	18747.4	40337.8	439306.8	388799.0	102210.8
长泰县	256288.5	62610.9	66829.7	1175442.4	1059317.4	316081.8
东山县	176773.9	47885.9	84211.2	944373.3	795491.4	138995.7
南靖县	247798.9	62977.5	40796.1	1210929.7	928803.4	231214.8
平和县	68667.3	18138.2	23561.0	272349.6	218014.2	59136.1
华安县	223243.4	45236.3	54286.3	562090.7	430958.4	141035.1

工业企业主要经济指标

单位：万元

产成品	资产总计	流动资产合计	应收账款	存货			固定资产合计	固定资产原价
					产成品	在产品		
1689282.2	**29930732.2**	**15940660.1**	**3505720.6**	**4382883.5**	**2068925.4**	**375155.8**	**10714172.1**	**14447782.5**
254896.0	5540042.1	3005941.4	613897.4	763994.5	277600.4	54989.9	1704608.8	2432629.3
147841.3	3833187.7	1925485.8	333831.8	498067.3	169589.5	30281.1	1254374.8	1772371.0
107054.7	1706854.4	1080455.6	280065.6	265927.2	108010.9	24708.8	450234.0	660258.3
456545.5	9129225.6	5029126.4	838091.9	1140988.4	532387.0	97981.8	3137134.8	5183624.6
150248.4	4085138.6	2559454.8	369565.0	324511.3	165077.6	21103.5	973892.6	2399410.4
262417.5	4115516.3	2033995.0	422689.8	639237.6	304481.6	65997.7	1788596.8	2252133.9
43879.6	928570.7	435676.6	45837.1	177239.5	62827.8	10880.6	374645.4	532080.3
55419.5	940716.5	524594.0	143014.5	166985.5	68308.9	13232.8	300645.1	411074.8
34668.0	632972.8	338178.6	88370.6	114831.4	45190.3	11016.1	203399.7	265635.5
20751.5	307743.7	186415.4	54643.9	52154.1	23118.6	2216.7	97245.4	145439.3
202285.8	5672247.2	2282900.3	424006.8	697311.2	291335.7	65101.8	2868659.8	2952799.5
86266.1	1714414.0	989657.5	351838.5	248044.1	120232.8	28370.6	576367.6	697452.4
116019.7	3957833.2	1293242.8	72168.3	449267.1	171102.9	36731.2	2292292.2	2255347.1
90334.4	977385.8	615988.8	174659.9	264105.3	108801.3	41320.4	276395.2	313767.1
94822.4	2387637.1	1542735.8	493329.9	359791.3	116469.3	61063.0	624695.8	817720.0
207643.1	1565774.7	895581.1	281533.6	380709.7	264777.0	884.4	533436.3	683333.2
185222.9	1931825.2	1191946.1	312359.0	340093.9	249275.4	21814.4	524128.9	715074.5
50820.7	542422.6	282929.0	67722.1	86916.5	54410.9	3702.6	197746.2	252788.6
91291.9	1243455.4	568917.2	157105.5	181987.2	105559.5	15064.7	546721.2	684970.9

单位：万元

非流动负债合计	所有者权益合计	实收资本	国家资本	集体资本	法人资本	个人资本	港澳台资本	外商资本
2370746.4	**12637421.0**	**6982372.9**	**247136.2**	**38628.4**	**2151564.0**	**1554375.5**	**1625730.2**	**1181399.6**
646217.0	2286603.1	905518.4	72986.3	22228.9	212752.9	348483.6	142041.6	107025.1
600344.1	1597408.9	570311.9	64120.7	22228.9	164221.1	205810.7	66477.5	47453.0
45872.9	689194.2	335206.5	8865.6		48531.8	142672.9	75564.1	59572.1
353177.3	4201991.1	2524310.1	26400.0	6068.9	625799.2	312061.4	1003476.5	366965.1
113117.3	2406460.2	1181184.1	20000.0	3068.9	214721.5	206937.8	679786.8	56669.1
181201.9	1535222.0	1041096.6	1000.0	3000.0	229060.1	103223.6	288359.8	232914.1
58858.1	260308.9	302029.4	5400.0		182017.6	1900.0	35329.9	77381.9
22405.7	529025.4	263931.2	1500.0	837.5	72272.4	126909.1	17035.9	45376.3
11714.4	383426.0	180646.0		837.5	36508.9	105185.3	12214.7	25899.6
10691.3	145599.4	83285.2	1500.0		35763.5	21723.8	4821.2	19476.7
974448.4	1629206.3	1335635.3	26109.0	1815.6	515101.4	86936.5	147358.8	558314.0
145107.3	846655.6	499249.3	26109.0	1815.6	173105.4	85646.5	147358.8	65214.0
829341.1	782550.7	836386.0			341996.0	1290.0		493100.0
36835.8	523502.5	196031.8	8041.0	1385.8	80722.3	68268.3	31668.4	5946.0
31213.8	1198264.3	690400.0	11800.0	128.0	239985.9	199535.3	175533.0	63417.8
132426.9	616647.9	237526.6	23641.9	90.4	90649.6	98178.5	9314.4	15651.8
33777.0	715237.5	406501.1	10224.8	862.9	142868.4	156557.2	82628.2	13359.6
45019.5	264180.0	125931.5	3567.0		69122.3	40440.4	10230.5	2571.3
95225.0	672762.9	296586.9	62866.2	5210.4	102289.6	117005.2	6442.9	2772.6

9—17 续表 2

	营业收入	主营业务收入	营业成本	主营业务成本	营业税金及附加	主营业务税金及附加
漳州市	**39815009.2**	**39688470.5**	**34075136.3**	**33966268.1**	**166282.4**	**165251.7**
市辖区	7846257.9	7822452.9	6659189.4	6617097.0	36608.4	36446.1
其中：芗城区	5734482.3	5722163.0	4936681.6	4902155.2	25659.0	25496.7
龙文区	2111775.6	2100289.9	1722507.8	1714941.8	10949.4	10949.4
龙海市	10334512.5	10274995.6	8784905.4	8749933.4	29501.1	29423.4
其中：龙海市辖	5393867.0	5379269.8	4493783.5	4490786.9	18452.7	18379.5
台商投资区	4213810.7	4189252.9	3613713.9	3601511.0	10176.2	10171.7
漳州开发区	726834.8	706472.9	677408.0	657635.5	872.2	872.2
云霄县	2077847.1	2075966.0	177321.8	1776713.4	9250.2	9050.2
其中：云霄县辖	1527701.2	1526352.9	1299962.9	1299717.8	6078.3	5879.8
常山开发区	550145.9	549613.1	477358.9	476995.6	3171.9	3170.4
漳浦县	5770023.6	5761957.8	5162878.7	5159021.6	23733.2	23340.8
其中：漳浦县辖	2648922.5	2646004.9	2235805.4	2233081.2	10667.6	10275.2
古雷开发区	3121101.1	3115952.9	2927073.3	2925940.4	13065.6	13065.6
诏安县	2187134.4	2185504.4	1855934.9	1855142.4	16415.1	16405.2
长泰县	3633583.4	3623471.4	3048629.3	3043933.3	15592.5	15582.9
东山县	2063523.7	2046943.4	1835648.2	1824359.7	7224.7	7214.5
南靖县	3140464.1	3138404.2	2587527.6	2584184.8	12466.2	12387.1
平和县	1332363.7	1331448.7	1165441.9	1161068.9	6911.3	6907.9
华安县	1429298.8	1427326.1	1197659.1	1194813.6	8579.7	8493.6

9—17 续表 3

	资产减值损失	公允价值变动收益	投资收益	营业外收入	补贴收入	营业外支出
漳州市	**10048.8**	**-10713.1**	**80126.5**	**81640.4**	**29771.7**	**164151.6**
市辖区	1707.1	-4.3	23548.9	22440.4	7136.7	7357.4
其中：芗城区	1654.6	-4.3	18318.4	10719.3	4657.6	2303.5
龙文区	52.5		5230.5	11721.1	2479.1	5053.9
龙海市	3816.8	-2461.7	7410.3	26905.2	9970.4	73112.9
其中：龙海市辖	1416.1	350.7	-207.0	6111.9	3980.7	15283.9
台商投资区	2077.8	-2246.6	5265.4	18060.3	4715.4	57140.6
漳州开发区	322.9	-565.8	2351.9	2733.0	1274.3	688.4
云霄县	307.9	141.2	282.6	1337.9	243.5	992.3
其中：云霄县辖	307.9	141.2	463.4	997.6	144.7	615.3
常山开发区			-180.8	340.3	98.8	377.0
漳浦县	1097.7	5.9	32020.7	4225.8	2544.2	8980.4
其中：漳浦县辖	787.1	5.9	-476.4	3895.8	2454.4	8857.0
古雷开发区	310.6		32497.1	330.0	89.8	123.4
诏安县	1505.9	20.0	2268.1	2423.1	619.5	2248.1
长泰县	-210.9	-7202.4	14593.0	11077.7	4165.8	38939.6
东山县	-147.7		114.0	6278.9	3382.6	1379.3
南靖县	-514.0	-1476.9	-2209.1	2796.6	1014.7	28405.9
平和县	270.9	259.6	711.6	3048.2	684.9	1688.2
华安县	2215.1	5.5	1386.4	1106.6	9.4	1047.5

单位：万元

其他业务收入	其他业务利润	销售费用	管理费用	税金	财务费用	利息收入	利息支出	营业利润
126538.7	**35546.0**	**794737.8**	**1108619.8**	**53669.6**	**464227.2**	**77800.6**	**441898.3**	**3346743.8**
23805.0	4617.0	175703.5	245991.2	13344.3	114233.9	14110.8	92266.5	662721.9
12319.3	1238.8	84668.5	135870.2	8647.6	81656.6	12491.5	60647.3	512979.9
11485.7	3378.2	91035.0	110121.0	4696.7	32577.3	1619.3	31619.2	149742.0
59516.9	18827.2	218171.2	271878.7	12834.0	88971.0	54792.2	131666.4	989447.7
14597.2	9965.4	134570.4	124181.4	4721.6	−1973.1	45651.0	35954.7	621713.6
24557.8	8211.7	71579.1	118607.4	5775.5	77622.9	7233.4	78586.2	372193.0
20361.9	650.1	12021.7	29089.9	2336.9	13321.2	1907.8	17125.5	−4458.9
1881.1	167.0	40459.6	82733.2	3357.6	12420.2	156.1	9361.0	155917.4
1348.3	41.4	29994.1	71902.3	2931.8	8689.4	100.1	7416.7	111510.3
532.8	125.6	10465.5	10830.9	425.8	3730.8	56.0	1944.3	44407.1
8065.8	4436.6	93682.5	99210.9	5916.9	102378.5	1794.5	86598.3	319084.7
2917.6	421.3	46039.0	78913.7	4048.6	18916.9	644.5	14878.6	257338.3
5148.2	4015.3	47643.5	20297.2	1868.3	83461.6	1150.0	71719.7	61746.4
1630.0	839.4	54024.9	76914.2	2371.6	12509.2	306.1	9731.2	171979.9
10112.0	3733.4	74710.2	133031.9	7145.4	36233.3	2469.8	29880.9	340577.3
16580.3	1870.9	23882.8	48781.8	3043.3	33020.8	1570.4	28980.1	115197.0
2059.9	499.4	53428.1	76394.8	3011.3	39002.0	1830.3	31477.0	368809.6
915.0	452.6	21743.4	27375.4	1112.3	9492.6	197.3	8696.7	101976.3
1972.7	48.5	38931.6	46307.7	1532.9	15965.7	573.1	13240.2	121032.0

单位：万元

利润总额	应交所得税	亏损企业亏损总额	利税总额	应交税金及附加	本年应付职工薪酬	本年应交增值税	从业人员平均人数（万人）	工业增加值
3263468.8	**396215.1**	**175328.1**	**5740706.5**	**2927122.4**	**2104122.2**	**2310955.3**	**44.56**	**11003074.4**
677739.1	84657.4	12135.8	1146720.1	566982.7	475578.1	432372.6	10.23	2188890.9
521395.7	62532.1	7011.4	899814.4	449598.4	344390.6	352759.7	6.96	1576550.3
156343.4	22125.3	5124.4	246905.7	117384.3	131187.5	79612.9	3.27	612340.6
942937.0	163359.5	94918.9	1447174.5	680431.0	542869.3	474736.4	10.11	2859904.3
612238.6	110388.0	5102.8	919210.5	422081.5	271228.0	288519.2	5.81	1587730.9
333112.7	48240.3	57162.6	506971.8	227874.9	225332.3	163682.9	3.79	1096267.3
−2414.3	4731.2	32653.5	20992.2	30474.6	46309.0	22534.3	0.51	175906.1
156263.0	23262.0	888.2	266032.0	136388.6	174534.7	100518.8	3.60	591359.7
111892.6	12681.2	738.5	185560.4	89280.8	133130.4	67589.5	2.80	433117.4
44370.4	10580.8	149.7	80471.6	47107.8	41404.3	32929.3	0.79	158242.3
314330.1	23387.6	45957.9	702606.5	417580.9	199113.4	364543.2	3.77	1394969.6
252377.1	23093.5	18338.8	365272.8	140037.8	170294.7	102228.1	3.54	756786.0
61953.0	294.1	27619.1	337333.7	277543.1	28818.7	262315.1	0.23	638183.6
172154.9	21125.4	753.2	302623.9	153966.0	132166.8	114053.9	3.61	649721.2
312715.4	27219.5	5865.6	598828.8	320478.3	183011.9	270520.9	3.75	1021964.6
119944.8	7486.5	2425.5	354510.9	245095.9	128488.8	227341.4	3.45	604660.0
343200.3	15029.7	2673.9	564636.3	239477.0	107236.9	208969.8	2.64	929908.5
103336.3	13574.7	7947.5	166477.2	77827.9	68720.8	56229.6	1.56	364206.8
120847.9	17112.8	1761.6	191096.3	88894.1	92401.5	61668.7	1.84	397488.8

9—18 分县(市、区)规模以上工业企业主要经济效益指标

单位：%

项目	企业亏损面	增加值率	产品销售率	总资产贡献率	资产负债率	销售收入利税率	资金利税率	成本费用利润率	流动资产周转次数(次)
漳州市	**7.83**	**27.22**	**98.25**	**22.51**	**57.16**	**14.46**	**24.26**	**8.96**	**2.65**
芗城区	13.27	27.39	99.39	29.47	55.29	15.73	31.13	11.12	2.68
龙文区	8.96	28.50	98.33	17.83	60.75	11.76	17.77	7.67	2.28
龙海市	9.22	27.23	97.93	16.82	53.62	14.08	19.17	9.38	2.14
其中：龙海市辖	6.87	29.13	98.66	23.35	40.02	17.09	29.77	12.32	2.25
台商投资区	31.25	23.28	98.45	3.72	71.83	2.97	2.70	-0.30	1.61
漳州开发区	11.81	25.51	96.93	13.64	62.59	12.10	14.65	7.58	2.14
云霄县	3.68	28.22	99.06	33.12	40.98	12.81	33.94	8.22	4.31
其中：云霄县辖	4.00	28.10	98.93	34.12	37.92	12.16	36.62	7.95	4.72
常山开发区	2.63	28.56	99.41	31.04	47.15	14.64	29.03	8.98	3.49
漳浦县	11.11	23.45	97.07	16.67	71.99	12.19	18.39	5.81	3.09
其中：漳浦县辖	10.05	28.17	96.60	25.22	50.77	13.80	26.67	10.75	3.00
古雷开发区	37.50	19.57	96.03	12.64	80.78	10.83	13.77	2.01	3.16
诏安县	0.65	29.00	97.90	35.45	45.57	13.85	36.84	8.54	3.98
长泰县	10.05	27.85	98.79	27.96	48.13	16.53	29.38	9.37	2.46
东山县	7.87	28.44	96.91	25.43	60.50	17.32	26.81	6.36	2.41
南靖县	5.79	29.28	98.46	37.63	61.57	17.99	35.18	13.36	2.75
平和县	5.26	27.39	100.11	35.73	50.62	12.50	34.99	8.45	5.08
华安县	3.20	27.84	98.73	18.57	45.11	13.39	19.64	9.20	3.01

9—19 分县(市、区)规模以上经济效益综合指数

单位：%

县(市、区)	工业经济效益综合指数	总资产贡献率(%)	资本保值增值率(%)	资产负债率(%)	流动资产周转率(%)	成本费用利润率(%)	全员劳动生产率(元/人)	产品销售率(%)
漳州市	**302.99**	**22.51**	**109.53**	**57.16**	**2.65**	**8.96**	**265705.02**	**98.25**
芗城区	315.53	29.47	102.56	55.29	2.68	11.12	252250.57	99.39
龙文区	259.45	17.83	98.43	60.75	2.28	7.67	225224.64	98.33
龙海市	293.04	16.82	101.84	53.62	2.14	9.38	274286.22	97.93
其中：龙海市辖	314.36	23.35	108.82	40.02	2.25	12.32	267603.70	98.66
台商投资区	183.53	3.72	97.79	71.83	1.61	-0.30	209642.56	98.45
漳州开发区	294.90	13.64	93.12	62.59	2.14	7.58	301858.24	96.93
云霄县	279.00	33.12	113.27	40.98	4.31	8.22	169934.78	99.06
其中：云霄县辖	279.51	34.12	118.40	37.92	4.72	7.95	161699.03	98.93
常山开发区	282.99	31.04	102.74	47.15	3.49	8.98	193890.17	99.41
漳浦县	413.72	16.67	127.40	71.99	3.09	5.81	481183.32	97.07
其中：漳浦县辖	349.32	25.22	118.13	50.77	3.00	10.75	315358.26	96.60
古雷开发区	3013.83	12.64	138.98	80.78	3.16	2.01	4808327.02	96.03
诏安县	304.44	35.45	124.07	45.57	3.98	8.54	206108.93	97.90
长泰县	325.41	27.96	116.95	48.13	2.46	9.37	284662.94	98.79
东山县	246.25	25.43	112.52	60.50	2.41	6.36	183052.84	96.91
南靖县	403.24	37.63	110.41	61.57	2.75	13.36	356054.00	98.46
平和县	358.04	35.73	116.07	50.62	5.08	8.45	277612.27	100.11
华安县	280.96	18.57	123.00	45.11	3.01	9.20	231056.23	98.73

9—20　分县(市、区)规模工业主要能源消费量

县(市、区)	原　煤(吨)	无烟煤(吨)	一般烟煤(吨)	洗精煤(吨)	煤制品(吨)	焦　炭(吨)	高炉煤气(万立方米)	转炉煤气(万立方米)
漳州市	**11482614**	**3489209**	**11133693**	**12563**	**17886**	**192007**	**74369**	**4237**
市　区	328557	1825	326732		160	150963	74369	4237
其中：芗城区	262389	1825	260564		160	150963	74369	4237
龙文区	66168		66168					
龙海市	8855002	106712	8748290		12	414		
其中：龙海市辖	8364742	1799	8362943		12			
漳州开发区	58215	30738	27477					
台商投资区	432045	74175	357869			414		
云霄县	11755		11743					
其中：云霄县辖	9525		9525					
常山开发区	2230		2218					
漳浦县	1604591	16135	1588456					
其中：漳浦县辖	20872	16135	4737					
古雷开发区	1583719		1583719					
诏安县	30739	4439	26300			1564		
长泰县	403324	216626	186698		16101			
东山县	5359	388	4971		1607			
南靖县	199536	1298	198238			39066		
平和县	23628	1054	22574		5.6			
华安县	20123	432	19690	12563				

9—20　续表1

县(市、区)	发生炉煤气(万立方米)	天然气(气态)(万立方米)	液化天然气(液态)(吨)	汽　油(吨)	煤　油(吨)	柴　油(吨)	燃料油(吨)	液化石油气(吨)
漳州市	**7040**	**14353**	**6115**	**7222**	**21**	**32129**	**302431**	**4650**
市　区		1511		1900	17	4807	912	456
其中：芗城区		726		963		2910	909	438
龙文区		786		937	17	1897	3	19
龙海市	7040	8665	27	2733	4	15645	14395	3400
其中：龙海市辖		43	27	1347		8899	6512	3223
漳州开发区		151		120	4	2639	126	
台商投资区	7040	8471		1266		4107	7756	177
云霄县				219		610	1002	65
其中：云霄县辖				186		459	561	45
常山开发区				34		151	441	20
漳浦县			39	910		3872	35689	342
其中：漳浦县辖			39	839		3077	35689	342
古雷开发区				71		796		
诏安县				183		1348	326	215
长泰县		1623	6049	63		2272		97
东山县		1051		438		1132	249250	58
南靖县		1475		316		519	478	15
平和县				157		1389	381	
华安县		28		303		534		

9—20 续表2

县(市、区)	润滑油(吨)	石蜡(吨)	溶剂油(吨)	其它石油制品(吨)	电力(万千瓦时)	生物质废料用于燃料(吨)	其他燃料(吨标准煤)	能源合计(吨标准煤)
漳州市	**185**	**574**	**219**	**307**	**1291669**	**97344**	**6906**	**12745901**
市区		1	6	307	176036	2081	570	627336
其中：芗城区				234	142963	2004	570	526453
龙文区		1	6	73	33073	77		100884
龙海市			205		388644	83036	1890	4713450
其中：龙海市辖					231847	83036		4037925
漳州开发区					14942			72630
台商投资区			205		141855		1890	602895
云霄县	1		8		44043			63229
其中：云霄县辖	1		8		24689			37618
常山开发区					19355			25611
漳浦县	184				191619		864	5786432
其中：漳浦县辖	184				56330		864	136715
古雷开发区					135289			5649716
诏安县					41897		65	78024
长泰县					125358	6012		449384
东山县	1				47896			430465
南靖县		573			124640	3845	3517	361510
平和县					43957	2370		77489
华安县					107579			158583

9—20 续表3

县(市、区)	工业取水总量							
	合计		1、地表淡水		2、地下淡水		3、自来水	
	本期(万立方米)	上年同期(万立方米)	本期(万立方米)	上年同期(万立方米)	本期(万立方米)	上年同期(万立方米)	本期(万立方米)	上年同期(万立方米)
漳州市	**19763**	**17535**	**12529**	**10591**	**1355**	**1370**	**5704**	**5370**
市区	6948	6496	5925	5532	152	150	870	814
其中：芗城区	6311	5913	5911	5518	42	42	358	353
龙文区	637	582	13	14	111	108	513	461
龙海市	3250	3324	959	993	333	389	1836	1789
其中：龙海市辖	1736	1965	512	572	300	354	840	910
漳州开发区	144	113					140	109
台商投资区	1370	1246	447	421	33	35	856	770
云霄县	306	299	17	17	23	24	267	258
其中：云霄县辖	214	204	6	5	15	12	194	187
常山开发区	92	94	11	12	8	11	73	71
漳浦县	2872	1126	2205	556	205	198	460	370
其中：漳浦县辖	1179	550	534	20	205	198	437	329
古雷开发区	1693	576	1670	536			22	40
诏安县	582	579	28	36	65	66	480	469
长泰县	1005	1050	512	581	71	70	422	399
东山县	2758	2552	2003	1888	128	122	607	522
南靖县	1329	1431	813	913	329	312	179	198
平和县	574	563	15	25	12	12	545	524
华安县	139	117	53	51	36	26	38	29

9—20　续表 4

县(市、区)	工业取水总量						重复用水
	4、海水		5、雨水		6、其他水		
	本期（万立方米）	上年同期（万立方米）	本期（万立方米）	上年同期（万立方米）	本期（万立方米）	上年同期（万立方米）	（万立方米）
漳州市	**24**	**25**	**101**	**146**	**50**	**34**	**37819**
市区							203
其中：芗城区							181
龙文区							21
龙海市			88	132	34	20	812
其中：龙海市辖			84	128			588
漳州开发区			5	3			9
台商投资区					34	20	215
云霄县							22
其中：云霄县辖							2
常山开发区							20
漳浦县			1	1	2	1	35233
其中：漳浦县辖			1	1	2	1	68
古雷开发区							35165
诏安县	4	4			4	4	9
长泰县					1		680
东山县	19	20					33
南靖县					8	8	701
平和县				2	1		9
华安县			12	11			117

9—21　分县(市、区)规模以上工业经济效益综合指数(2005-2014)

单位:%

	2005	2006	2007	2008	2009	2010	2011	2012	2013	2014
漳州市	**123.03**	**155.65**	**168.28**	**169.95**	**203.63**	**228.83**	**247.65**	**248.96**	**266.65**	**302.99**
芗城区	125.40	184.03	221.10	196.41	214.14	325.88	273.02	216.40	272.73	315.53
龙文区	126.49	139.39	143.43	161.54	165.89	159.17	178.41	182.55	216.12	259.45
龙海市	119.27	173.41	181.91	194.27	252.26	389.62	271.32	245.25	268.91	293.04
其中：龙海市辖		168.54	178.65	186.69	248.03	250.23	259.70	242.16	288.70	314.36
漳州开发区		318.19	298.96	341.34	389.59	469.71	465.59	159.62	158.02	183.53
台商投资区								263.65	269.56	294.90
云霄县	115.73	137.89	151.83	147.21	162.51	175.16	229.96	212.54	249.59	279.00
其中：云霄县辖		137.88	152.30	150.26	160.75	177.61	226.58	224.36	250.03	279.51
常山开发区		140.23	155.43	142.56	168.00	180.04	255.81	192.49	255.75	282.99
漳浦县	87.50	109.58	118.24	129.44	150.55	329.78	218.86	249.65	287.95	413.72
其中：漳浦县辖	87.50	109.58	118.24	129.44	150.55	329.78	218.86	249.65	287.19	349.32
古雷开发区									750.61	3013.83
诏安县	117.93	156.36	185.03	171.53	181.41	192.30	265.66	238.17	275.34	304.44
长泰县	95.74	138.13	159.63	160.74	193.36	272.57	244.12	246.41	295.77	325.41
东山县	127.27	167.23	171.89	159.68	190.82	194.32	219.25	162.78	233.73	246.25
南靖县	148.60	168.35	155.69	166.63	218.31	242.88	294.22	295.52	354.45	403.24
平和县	138.94	151.28	211.21	174.99	171.78	187.20	256.37	268.02	259.91	358.04
华安县	140.56	148.97	177.43	181.63	165.48	236.99	250.45	257.09	276.33	280.96

9—22 分县(市、区)规模工业万元增加值能耗升降情况

单位:%

县(市、区)	2011年	2012年	2013年	2014年
漳州市	**1.53**	**-25.16**	**12.77**	**22.43**
芗城区	11.2	-5.30	-2.43	-3.35
龙文区	-14.12	-13.60	-3.35	-6.55
龙海市	10.11	-27.03	3.87	-13.11
云霄县	10.47	-11.94	-9.80	-2.76
漳浦县	-4.11	-12.59	733.07	91.37
诏安县	5.73	2.15	-4.12	-12.53
长泰县	4.26	-12.80	-11.30	-3.57
东山县	8.13	33.20	3.33	6.60
南靖县	13.77	-27.99	-20.03	-3.48
平和县	-0.68	-12.05	-36.11	-14.42
华安县	12.73	-31.51	-28.81	-9.50

注:本表以当量值计算。

9—23 分县(市、区)万元地区生产总值能耗

(2005-2014年)

单位:吨标准煤/万元

县(市、区)	2005年	2006年		2007年		2008年	
		数值	比2005年上升或下降(%)	数值	比2006年上升或下降(%)	数值	比2007年上升或下降(%)
漳州市	**0.730**	**0.713**	**-2.03**	**0.694**	**-2.70**	**0.675**	**-2.79**
芗城区	0.635	0.613	-3.61	0.612	-0.18	0.593	-3.10
龙文区	1.112	1.079	-2.29	1.044	-3.26	0.994	-4.79
龙海市	0.696	0.689	-1.03	0.663	-3.78	0.647	-2.41
云霄县	0.703	0.715	1.70	0.671	-6.12	0.649	-3.28
漳浦县	0.681	0.670	-1.61	0.654	-2.37	0.639	-2.29
诏安县	0.525	0.517	-1.44	0.509	-1.62	0.507	-0.39
长泰县	0.784	0.809	3.12	0.749	-7.39	0.712	-4.94
东山县	0.832	0.788	-5.29	0.774	-1.70	0.750	-3.10
南靖县	0.967	0.930	-3.84	0.898	-3.39	0.868	-3.34
平和县	0.559	0.574	2.57	0.543	-5.46	0.542	-0.18
华安县	1.166	1.091	-6.36	1.072	-1.79	1.040	-2.99

9—23　续表 1

单位:吨标准煤 / 万元

县(市、区)	2009 年		2010 年			2011 年	
	数　值	比 2008 年上升或下降(%)	数　值(2005 价 GDP)	比 2009 年上升或下降(%)	数　值(2010 价 GDP)	数　值(2010 价 GDP)	比 2010 年上升或下降(%)
漳　州　市	**0.6529**	**−3.23**	**0.6385**	**−2.21**	**0.534**	**0.5188**	**−2.82**
芗　城　区	0.5808	−2.06	0.5711	−1.68	0.517	0.5106	−1.28
龙　文　区	0.9367	−5.76	0.9024	−3.66	0.698	0.6664	−4.45
龙　海　市	0.6250	−3.40	0.6116	−2.14	0.486	0.4687	−3.50
云　霄　县	0.6399	−1.40	0.6180	−3.43	0.500	0.4840	−3.22
漳　浦　县	0.6214	−2.75	0.6121	−1.49	0.541	0.5223	−3.45
诏　安　县	0.5022	−0.94	0.4993	−0.78	0.418	0.4142	−0.83
长　泰　县	0.6840	−3.93	0.6664	−2.57	0.479	0.4624	−3.43
东　山　县	0.7265	−3.14	0.7042	−3.07	0.568	0.5457	−3.93
南　靖　县	0.8143	−6.19	0.7912	−2.83	0.690	0.6650	−3.66
平　和　县	0.5362	−1.07	0.5312	−0.93	0.464	0.4588	−1.04
华　安　县	0.9890	−4.90	0.9523	−3.71	0.824	0.7937	−3.67

9—23　续表 2

单位:吨标准煤 / 万元

县(市、区)	2012 年		2013 年		2014 年	
	数　值(2010 价 GDP)	比 2011 年上升或下降(%)	数　值(2010 价 GDP)	比 2012 年上升或下降(%)	数　值(2010 价 GDP)	比 2013 年上升或下降(%)
漳　州　市	**0.4960**	**−4.51**	**0.5081**	**2.56**	**0.6160**	**21.30**
芗　城　区	0.4964	−2.79	0.4730	−4.70	0.4593	−2.90
龙　文　区	0.6267	−5.96	0.5965	−4.82	0.5666	−5.02
龙　海　市	0.4465	−4.72	0.4267	−4.44	0.4221	−1.08
云　霄　县	0.4607	−4.83	0.4392	−4.67	0.4269	−2.79
漳　浦　县	0.4946	−5.31	0.7317	47.94	1.5230	108.13
诏　安　县	0.4065	−1.85	0.4058	−0.18	0.4021	−0.91
长　泰　县	0.4421	−4.40	0.4311	−2.49	0.4103	−4.81
东　山　县	0.5571	2.09	0.5578	0.12	0.5589	0.21
南　靖　县	0.5990	−9.92	0.5930	−1.00	0.5789	−2.37
平　和　县	0.4483	−2.31	0.4462	−0.45	0.4411	−1.15
华　安　县	0.7122	−10.27	0.6976	−2.04	0.6595	−5.46

9—24 分县(市、区)万元地区生产总值电耗

(2005-2013 年)

单位:千瓦小时/万元

县(市、区)	2005年	2006年		2007年		2008年		2009年		2010年
		数值	比2005年上升或下降(%)	数值	比2005年上升或下降(%)	数值	比2005年上升或下降(%)	数值	比2005年上升或下降(%)	数值(2005价GDP)
漳州市	**906.72**	**916.80**	**1.11**	**936.44**	2.14	**927.08**	**-1.00**	**876.55**	**-5.45**	**860.51**
芗城区	887.31	926.15	4.38	957.47	3.38	1032.14	7.80	1033.06	0.09	1240.92
龙文区	1461.34	1355.75	-7.23	1586.19	17.00	1415.34	-10.77	1420.43	0.36	1642.36
龙海市	869.90	992.46	14.09	967.53	-2.51	1222.93	26.40	1068.59	-12.62	771.60
云霄县	838.17	966.18	15.27	883.39	-8.57	1082.11	22.50	1144.39	5.76	1061.03
漳浦县	688.86	799.03	15.99	773.67	-3.17	910.87	17.73	961.87	5.60	869.24
诏安县	410.18	445.67	8.65	453.69	1.80	511.39	12.72	633.34	23.85	840.15
长泰县	1099.41	1339.92	21.88	1326.47	-1.00	1330.94	0.34	1265.36	-4.93	1043.35
东山县	875.58	856.91	-2.13	751.79	-12.27	749.89	-0.25	839.05	11.89	784.03
南靖县	1242.45	763.92	-38.52	812.72	6.39	1148.65	41.33	1205.05	4.91	1154.64
平和县	560.36	667.76	19.17	663.57	-0.63	789.71	19.01	885.68	12.15	1123.62
华安县	2254.54	1420.30	-37.00	1869.14	31.60	2091.72	11.91	2151.83	2.87	2179.58

9—24 续表

单位:千瓦小时/万元

县(市、区)	2010年		2011年		2012年		2013年		2014年	
	比2009年上升或下降(%)	数值(2010价GDP)	数值(2010价GDP)	比2010年上升或下降(%)	数值(2010价GDP)	比2011年上升或下降(%)	数值(2010价GDP)	比2012年上升或下降(%)	数值(2010价GDP)	比2013年上升或下降(%)
漳州市	**-1.83**	**879.89**	**901.51**	**2.46**	**864.35**	**-4.12**	**872.86**	**0.97**	**923.22**	**5.77**
芗城区	20.12	1123.36	1133.59	0.91	1062.40	-6.28	1029.28	-3.12	1125.41	9.34
龙文区	15.62	1269.59	1416.26	11.55	1398.63	-1.24	1355.35	-3.09	1481.67	9.32
龙海市	-27.79	612.35	681.21	11.25	673.96	-1.06	750.44	11.35	729.95	-2.73
云霄县	-7.28	858.29	842.72	-1.81	810.08	-3.87	782.09	-3.46	724.22	-7.40
漳浦县	-9.63	768.13	903.85	17.67	916.06	1.35	852.93	-6.89	1138.06	33.43
诏安县	32.65	703.78	682.36	-3.04	720.03	5.52	635.75	-11.71	698.37	9.85
长泰县	-17.55	750.08	620.49	-17.28	643.74	3.75	658.43	2.28	614.71	-6.64
东山县	-6.56	632.44	694.58	9.83	773.96	11.43	838.45	8.33	834.68	-0.45
南靖县	-4.18	1007.14	888.36	-11.79	750.43	-15.53	874.12	16.48	927.53	6.11
平和县	26.86	980.77	905.13	-7.71	785.02	-13.27	767.82	-2.19	776.88	1.18
华安县	1.29	1885.56	1814.67	-3.76	1438.03	-20.76	1397.29	-2.83	1519.55	8.75

主要统计指标解释

工　业　指从事物质产品生产活动的部门，工业生产活动主要包括以下几个方面：对自然资源的开采如采矿、晒盐等，但禽兽捕猎和水产捕捞按国家标准《国民经济行业分类和代码》的划分，均属农业生产活动，不包括在工业生产活动内。对农副产品的加工、再加工如粮油加工、食品加工、轧花、缫丝、纺织、制革等。对采掘品的加工、再加工如冶金加工、石油加工、化学加工、机械加工、木材加工等，以及电力、煤气及水的生产和供应等。对工业品的修理、翻新如机器设备的修理、交通运输工具（包括小卧车）的修理等。拆船业也是工业生产活动。

工业总产值　指以货币形式表现的工业企业在报告期内生产的工业最终产品或提供工业性劳务活动的总价值量。它是反映一定时间内工业生产总规模和总水平的重要指标，是计算工业生产发展速度和主要比例关系，计算工业产品销售率和其他经济指标的重要依据。

工业增加值　指工业企业在报告期内以货币形式表现的工业生产活动的最终成果，是生产活动创造的新增价值和固定资产使用的转移价值。工业增加值有两种计算方法：一是生产法，即工业总产出减去工业中间投入；二是收入法，即从收入的角度出发，根据生产要素在生产过程中应得到的收入份额计算，具体构成项目有固定资产折旧、劳动者报酬、生产税净额、营业盈余，这种方法也称要素分配法。

轻工业　指主要提供生产消费品和制作手工工具工业。按其所使用的原料不同，可分为两大类：（1）以农产品为原料的轻工业，是指直接或间接以农产品为基本原料的轻工业。主要包括食品制造、饮料制造、烟草加工、纺织、缝纫、皮革和毛皮制作、造纸以及印刷等工业；（2）以非农产品为原料的轻工业，是指以工业品为原料的轻工业。主要包括文教体育用品、化学药品制造、合成纤维制造、日用化学制品、日用玻璃制品、日用金属制品、手工工具制造、医疗器械制造、文化和办公用机械制造等工业。

重工业　指为国民经济各部门提供物质技术基础的主要生产资料的工业。按其生产性质和产品用途，可以分为下列三类：（1）采掘（伐）工业，是指对自然资源的开采，包括石油开采、煤炭开采、金属矿开采和非金属矿开采等工业；（2）原材料工业，指向国民经济各部门提供基础材料、动力和燃料的工业。包括金属冶炼及加工、炼焦及焦炭化学、化工原料、水泥、人造板以及电力、石油和煤炭加工等工业；（3）加工工业，是指对工业原材料进行再加工制造的工业。包括装备国民经济各部门的机械设备制造工业、金属结构、水泥制品等工业，以及为农业提供的生产资料如化肥、农药等工业。

固定资产原值　指企业在建造、购置、安装、改建、扩建、技术改造某项固定资产时所支出的全部货币总额。它一般包括买价、包装费、运杂费和安装费等。

固定资产净值　指固定资产原价减去历年已提折旧额后的净额。

流动资产　流动资产是指可以在一年内或者超过一年的一个经营周期内变现或者运用的资产，包括货币资金、短期投资、应收票据、实收股利、实收利息、应收帐款、预付货款、其他应收款、实收补贴款、存货、待摊费用、一年内到期的长期债权投资和其他流动资产等。

利税总额　指企业利润总额、产品销售税金及附加和应交增值税之和。

资金利税率　指在一定时期内已实现的利润、税金总额与同期的资产（固定资产净值和流动资产）平均总额之比。

工业增加值率　指在一定时期内工业增加值占工业总产出的比重，反映降低中间消耗的经济效益。

流动资产周转次数　指在一定时期内流动资产完成的周转次数，反映流动资产的周转速度。

主营业务收入　指企业经营和提供劳务等主要经营业务取得的业务总额。

全员劳动生产率　指根据产品的价值量指标计算的平均每一个职工在单位时间内的产品生产量。目前全员劳动生产率是将工业企业的工业增加值除以同一时期从业人员的平均人数来计算。

第十篇　建筑业

10—1 主要年份全国、全省、全市建筑业企业增加值及指数

以上年为100

年份	全国		全省		漳州	
	绝对数（亿元）	指数（%）	绝对数（亿元）	指数（%）	绝对数（亿元）	指数（%）
1949						
1950						129.5
1951						117.8
1952	22.00		0.25	138.9	0.01	206.7
1953	29.00	136.4	0.33	136.0	0.01	124.4
1954	27.00	96.7	0.51	155.9	0.02	139.2
1955	31.00	113.8	0.78	156.6	0.02	123.5
1956	56.00	170.0	2.27	269.9	0.05	314.4
1957	46.00	92.9	0.97	50.4	0.05	58.5
1958	69.00	150.0	1.37	126.8	0.13	260.3
1959	77.00	105.7	1.99	107.3	0.19	182.9
1960	80.00	101.4	2.42	107.6	0.23	114.9
1961	26.80	34.6	1.36	85.9	0.11	46.8
1962	33.90	123.8	1.12	155.7	0.09	82.2
1963	42.00	125.9	1.25	62.6	0.08	94.8
1964	52.40	125.6	1.71	135.3	0.11	155.0
1965	55.70	110.6	1.76	101.2	0.10	108.4
1966	60.90	109.4	1.64	100.6	0.09	108.7
1967	57.90	95.0	0.95	57.9	0.10	78.3
1968	47.00	81.1	0.64	67.4	0.06	59.8
1969	63.00	134.5	1.03	160.9	0.08	123.5
1970	84.10	130.4	2.08	201.9	0.11	129.4
1971	96.20	112.1	3.24	155.8	0.14	128.1
1972	94.30	97.9	3.57	107.1	0.21	142.2
1973	100.50	103.4	3.15	86.5	0.21	103.2
1974	108.40	106.2	3.43	109.0	0.21	100.0
1975	125.60	113.8	3.52	98.2	0.22	103.3
1976	132.60	104.3	3.02	84.7	0.25	106.0
1977	136.70	101.7	2.94	95.6	0.28	117.9
1978	138.20	99.4	4.34	90.4	0.40	129.5
1979	143.80	102.0	5.17	137.4	0.47	85.2
1980	195.50	126.7	6.13	155.1	0.48	121.9
1981	207.10	103.2	6.59	91.0	0.45	65.5

10—1　续表　　　　以上年为100

年　份	全　国		全　省		漳　州	
	绝对数（亿元）	指　数（%）	绝对数（亿元）	指　数（%）	绝对数（亿元）	指　数（%）
1982	220.70	103.4	7.67	134.9	0.64	138.3
1983	270.60	117.1	8.29	106.7	0.69	126.7
1984	316.70	110.9	11.92	93.7	0.72	99.1
1985	417.90	122.2	10.47	115.8	0.84	118.3
1986	525.70	115.9	15.13	177.0	1.03	112.2
1987	665.80	117.9	18.59	75.4	1.24	101.9
1988	810.00	108.0	21.37	67.6	1.45	131.8
1989	794.00	91.6	21.37	51.2	1.73	100.3
1990	859.40	101.2	23.92	63.6	1.74	99.7
1991	1015.10	109.6	29.45	111.2	2.18	113.3
1992	1415.00	121.0	49.82	140.6	2.95	113.4
1993	2266.50	118.0	73.84	112.8	4.00	114.6
1994	2964.70	113.7	102.91	122.0	5.35	119.0
1995	3728.80	112.4	133.42	125.2	6.34	113.5
1996	4387.40	108.5	151.14	107.6	8.21	118.0
1997	4621.60	102.6	175.19	113.4	10.31	128.0
1998	4985.80	109.0	202.26	111.6	12.52	124.0
1999	5172.10	104.3	204.08	101.9	15.48	123.9
2000	5522.30	105.7	206.11	100.4	19.35	120.0
2001	5931.70	106.8	217.02	105.6	21.75	112.4
2002	6465.50	108.8	228.02	104.2	22.20	104.0
2003	7490.80	112.1	279.51	117.7	25.82	112.0
2004	8694.30	108.1	331.87	111.3	28.13	104.0
2005	10367.30	116.0	374.05	111.7	30.65	112.0
2006	12408.60	117.2	464.56	121.5	36.10	115.0
2007	15296.50	116.2	579.66	116.4	43.57	112.7
2008	18743.20	109.5	725.20	115.6	54.96	116.3
2009	22601.10	118.9	898.92	118.8	66.45	120.7
2010	27177.60	113.9	1125.12	119.3	81.48	121.0
2011	32840.00	109.8	1394.11	113.3	112.88	126.6
2012	36804.80	109.8	1646.00	117.4	142.64	129.0
2013	40807.30	109.7	1895.48	113.0	183.81	122.3
2014	44724.80	108.9	2112.03	111.0	207.58	112.5

10—2 建筑企业基本情况(1997-2014)

	总 计	#国有经济单位	#集体经济单位	#私有经济单位
一、企业数(个)				
1997	236	20	150	66
1998	201	17	117	67
1999	201	20	110	71
2000	190	21	106	63
2001	177	15	81	81
2002	127	14	34	79
2003	121	9	21	91
2004	105	8	19	78
2005	119	10	14	95
2006	115	10	7	98
2007	118	9	2	107
2008	146	7	4	135
2009	142	8	4	130
2010	147	8	3	136
2011	153	8	3	142
2012	160	7	2	151
2013	183	4	2	177
2014	208	5	2	201
二、从业人员(万人)				
1997	3.50	0.81	2.03	0.66
1998	2.85	0.55	1.53	0.77
1999	2.72	0.49	1.19	1.04
2000	2.51	0.48	1.35	0.68
2001	2.86	0.54	1.09	1.23
2002	2.56	0.59	0.56	1.41
2003	3.21	0.17	0.41	2.63
2004	3.83	0.62	0.27	2.94
2005	4.77	1.13	0.21	3.43
2006	6.74	1.21	0.07	5.46
2007	10.47	0.21	0.03	10.23
2008	10.68	0.26	0.03	10.39
2009	9.36	0.21	0.02	9.13
2010	10.62	0.18	0.03	10.41
2011	8.52	0.17	0.07	8.28
2012	11.04	0.21	0.05	10.78
2013	14.72	0.15	0.03	14.54
2014	15.74	0.39	0.03	15.32
三、总产值(亿元)				
1997	13.03	3.92	6.26	2.85
1998	12.54	3.54	4.69	4.31
1999	14.03	4.10	3.74	6.19
2000	14.10	4.10	5.77	4.23
2001	19.77	3.96	6.23	9.58
2002	19.00	5.41	2.92	10.67
2003	28.81	1.10	2.43	25.28
2004	31.91	0.65	2.43	28.83
2005	62.64	1.86	0.88	59.90
2006	102.25	3.03	0.33	98.89
2007	143.81	2.52	0.19	141.10
2008	163.24	3.18	0.16	159.90
2009	139.48	2.38	0.19	136.91
2010	179.46	2.60	0.29	176.57
2011	168.49	4.39	1.14	162.96
2012	251.68	4.88	0.65	246.15
2013	299.38	2.84	0.54	296.00
2014	379.24	11.89	0.57	366.78

注：本表1996年及以前年份含农村个体建筑队；1997至2002年为乡及乡以上资质等级四级以上建筑企业；2003年起统计范围为具有新资质等级的建筑企业(下同)。

10—3 建筑企业主要经济指标(2003-2014)

	2003	2004	2005	2006	2007	2008
一、企业单位数(个)	121	106	119	115	118	146
二、总产值(亿元)	28.81	31.09	62.64	102.25	143.81	163.24
竣工产值	19.79	26.74	31.96	66.90	99.04	127.75
三、房屋施工面积(万平方米)	453.50	508.72	1000.29	1549.30	2093.52	2154.26
# 本年新开工	300.77	284.00	499.04	920.29	1174.96	1038.79
四、房屋竣工面积(万平方米)	219.78	236.47	344.21	530.98	812.74	842.00
# 住　宅	138.89	127.75	177.96	308.61	435.09	386.17
五、职工年末人数(万人)	3.21	3.80	4.77	6.74	10.47	10.69
职工年平均人数	3.22	3.75	5.27	6.96	8.73	11.32
六、全员劳动生产率(万元/人)	8.95	9.05	11.89	14.69	16.47	15.27
七、工资总额(亿元)	3.38	4.73	11.03	18.84	23.77	32.54
八、财务指标(亿元)						
资产合计	47.19	49.35	54.27	47.36	84.43	94.27
流动资产年末数	34.90	38.22	45.01	39.22	72.62	77.42
固定资产原值	13.87	8.37	9.31	7.98	12.18	15.62
固定资产净值	9.85	8.01	8.73	7.45	11.62	14.57
企业总收入	24.02	28.93	54.12	61.63	117.33	131.31
工程结算收入(或主营业务收入)	24.02	28.25	53.82	61.21	116.72	127.61
工程结算成本(或主营业务成本)	21.77	25.98	49.71	55.80	105.11	115.77
利润总额	0.53	0.39	1.04	9.01	4.10	3.98
# 工程结算利润	1.41	1.20	2.35	2.95	6.78	6.68
利税总额	1.40	1.47	2.98	3.28	8.88	8.75

10—3 续表

	2009	2010	2011	2012	2013	2014
一、企业单位数(个)	142	147	153	160	183	208
二、总产值(亿元)	139.48	179.46	168.49	251.68	299.38	379.24
竣工产值	104.66	137.96	114.72	157.73	176.11	216.92
三、房屋施工面积(万平方米)	1544.05	1860.89	1777.66	2101.69	2151.88	2404.28
# 本年新开工	621.93	902.16	951.23	982.09	857.09	1054.89
四、房屋竣工面积(万平方米)	627.98	760.24	710.66	952.58	778.33	742.33
# 住　宅	319.58	375.32	309.69	408.54	375.35	250.02
五、职工年末人数(万人)	9.36	10.62	8.52	11.83	14.72	15.74
职工年平均人数	11.05	10.58	8.82	11.54	13.97	14.43
六、全员劳动生产率(万元/人)	14.90	16.96	19.10	21.81	21.43	26.28
七、工资总额(亿元)	28.04	36.84	39.57	41.60	57.88	67.50
八、财务指标(亿元)						
资产合计	87.48	101.90	93.53	129.72	168.29	188.61
流动资产年末数	70.86	86.65	75.87	103.61	138.65	153.53
固定资产原值	17.07	17.39	17.80	19.87	24.71	27.40
固定资产净值	15.91	11.92	11.61	12.60	15.98	17.73
企业总收入	109.84	139.79	140.18	202.30	249.52	297.19
工程结算收入(或主营业务收入)	109.51	139.48	139.65	199.24	248.96	296.75
工程结算成本(或主营业务成本)	98.42	125.75	126.52	179.38	221.20	262.79
利润总额	3.44	4.86	4.58	6.93	7.80	14.91
# 工程结算利润	6.45	8.00				
利税总额	7.95	10.45	10.01	15.12	17.29	26.20

备注:2011年起财务年报报表取消工程结算利润这一指标。

10—4 国有经济建筑企业主要经济指标(2003-2014)

	2003	2004	2005	2006	2007	2008
一、企业单位数(个)	9	8	10	10	9	7
二、总产值(亿元)	1.10	0.65	1.86	3.03	2.52	3.18
竣工产值	0.19	0.12	1.19	1.52	2.16	1.12
三、房屋施工面积(万平方米)	7.78		2.43	1.15		
# 本年新开工	7.78		2.43	0.90		
四、房屋竣工面积(万平方米)	49.72		2.14			
# 住 宅	28.00					
五、职工年末人数(万人)	0.08	0.06	0.12	0.18	0.21	0.27
职工年平均人数	0.17	0.07	0.19	0.22	0.21	0.21
六、全员劳动生产率(万元/人)	6.47	9.29	9.79	13.77	12.28	15.14
七、工资总额(亿元)	0.10	0.14	0.32	0.58	0.42	0.65
八、财务指标(亿元)						
资产合计	2.90	2.79	3.35	3.43	3.32	2.89
流动资产年末数	2.70	1.65	2.88	3.09	3.08	1.51
固定资产原值		0.45	0.46	0.55	0.44	1.60
固定资产净值	0.19	0.42	0.43	0.50	0.43	1.53
企业总收入	0.79	1.21	1.81	3.29	2.40	2.96
工程结算收入(或主营业务收入)	0.79	1.19	1.78	3.28	2.39	2.96
工程结算成本(或主营业务成本)	0.70	1.09	1.60	2.96	2.07	2.62
利润总额			0.03	0.07	0.07	0.06
# 工程结算利润	0.06	0.06	0.12	0.12	0.23	0.02
利税总额			0.10	0.20	0.17	0.18

10—4 续表

	2009	2010	2011	2012	2013	2014
一、企业单位数(个)	8	8	8	8	4	5
二、总产值(亿元)	2.38	2.60	4.39	4.88	2.84	11.89
竣工产值	1.19	1.34	1.48	3.05	1.41	4.68
三、房屋施工面积(万平方米)	3.66	6.95	22.57	28.98	15.15	42.00
# 本年新开工	1.87	4.46	18.13	8.32	9.02	31.73
四、房屋竣工面积(万平方米)	1.16	2.51	2.65	14.00	2.73	18.44
# 住 宅		0.38		11.43	1.07	2.57
五、职工年末人数(万人)	0.21	0.18	0.17	0.25	0.15	0.39
职工年平均人数	0.19	0.17	0.20	0.26	0.14	0.48
六、全员劳动生产率(万元/人)	12.53	15.29	21.95	18.77	20.29	24.77
七、工资总额(亿元)	0.48	0.53	0.85	0.73	0.56	3.10
八、财务指标(亿元)						
资产合计	4.22	4.67	5.36	5.93	4.06	12.27
流动资产年末数	2.73	4.26	3.80	5.13	3.90	11.61
固定资产原值	2.27	0.59	0.64	0.34	0.25	0.74
固定资产净值	1.48	0.39	0.42	0.09	0.15	0.55
企业总收入	2.17	3.12	5.36	5.67	3.05	10.41
工程结算收入(或主营业务收入)	2.16	3.11	5.36	5.67	3.04	10.41
工程结算成本(或主营业务成本)	1.95	2.77	4.64	4.00	2.72	9.27
利润总额	0.06	0.07	0.28	0.37	0.07	0.52
# 工程结算利润	0.12	0.20				
利税总额	0.14	0.19	0.51	0.58	0.20	0.95

备注:2011 年起财务年报报表取消工程结算利润这一指标。

10—5 集体经济建筑企业主要经济指标(2003-2014)

	2003	2004	2005	2006	2007	2008
一、企业单位数(个)	21	19	14	7	2	4
二、总产值(亿元)	2.43	2.43	0.88	0.33	0.19	0.16
竣工产值	2.00	2.31	1.04	0.79	0.10	0.24
三、房屋施工面积(万平方米)	31.91	25.83	17.46	7.94	3.97	5.67
# 本年新开工	21.14	11.22	5.60	6.83	2.32	2.65
四、房屋竣工面积(万平方米)	9.92	11.34	10.29	3.01	1.32	2.39
# 住　宅	3.75	5.59	5.48	0.66	0.33	1.70
五、职工年末人数(万人)	0.41	0.27	0.21	0.07	0.03	0.03
职工年平均人数	0.37	0.27	0.18	0.07	0.03	0.03
六、全员劳动生产率(万元/人)	6.57	9.00	4.89	4.71	7.30	5.33
七、工资总额(亿元)	0.25	0.14	0.09	0.06	0.03	0.03
八、财务指标(亿元)						
资产合计	4.70	2.70	2.01	1.70	0.95	1.54
流动资产年末数	2.82	1.88	1.03	1.06	0.84	1.37
固定资产原值		0.64	0.66	0.32	0.10	0.14
固定资产净值	0.61	0.64	0.64	0.30	0.09	0.14
企业总收入	2.29	0.99	0.71	0.43	0.16	0.12
工程结算收入(或主营业务收入)	2.29	0.98	0.71	0.43	0.16	0.12
工程结算成本(或主营业务成本)	2.07	0.91	0.65	0.39	0.15	0.10
利润总额	0.05	−0.01	0.03	−0.02		
# 工程结算利润	0.12	0.04	0.03	0.02		
利税总额		0.01		−0.02	0.01	

10—5 续表

	2009	2010	2011	2012	2013	2014
一、企业单位数(个)	4	3	3	3	2	2
二、总产值(亿元)	0.19	0.29	1.14	1.50	0.54	0.57
竣工产值	0.08	0.23	0.81	0.89	1.07	0.34
三、房屋施工面积(万平方米)	4.07	6.43	16.49	16.06	12.35	7.62
# 本年新开工	1.19	3.55	11.29	7.03	5.44	5.15
四、房屋竣工面积(万平方米)	1.19	1.24	7.36	6.79	9.88	3.30
# 住　宅	0.32	1.24	3.31		1.21	
五、职工年末人数(万人)	0.02	0.03	0.07	0.09	0.03	0.03
职工年平均人数	0.02	0.03	0.07	0.09	0.03	0.03
六、全员劳动生产率(万元/人)	9.50	9.67	16.71	16.67	18.00	19.00
七、工资总额(亿元)	0.04	0.06	0.18	0.29	0.12	0.15
八、财务指标(亿元)						
资产合计	2.28	1.77	1.69	1.75	1.29	1.27
流动资产年末数	1.99	1.59	1.47	1.48	1.20	1.18
固定资产原值	0.27	0.13	0.34	0.32	0.11	0.11
固定资产净值	0.26	0.11	0.22	0.27	0.09	0.09
企业总收入	0.13	0.23	1.22	1.14	0.34	0.43
工程结算收入(或主营业务收入)	0.13	0.23	1.22	1.14	0.34	0.43
工程结算成本(或主营业务成本)	0.12	0.21	1.01	0.91	0.31	0.39
利润总额		−0.08	0.10	0.07	0.01	0.01
# 工程结算利润		0.01				
利税总额		−0.07	0.15	0.03	0.03	0.03

备注:2011年起财务年报报表取消工程结算利润这一指标。

10—6 各种资质等级建筑企业主要经济指标

	合计	#总承包	一级及以上	二级	三级	#专业承包	一级	二级	三级及不分等级
一、企业单位数(个)	208	167	9	42	116	41	3	18	20
二、总产值(亿元)	379.24	369.40	204.64	101.25	63.51	9.84	1.65	3.38	4.80
竣工产值	216.92	211.21	108.65	62.23	40.33	5.71	0.83	2.55	2.33
三、房屋施工面积(万平方米)	2404.29	2401.79	1064.62	765.55	571.61	2.50			2.50
# 本年新开工	1054.89	1052.70	384.44	305.56	362.71	2.19			2.19
四、房屋竣工面积(万平方米)	742.33	742.22	256.73	264.11	221.38	0.12			0.12
# 住　宅	250.02	250.01	156.04	44.21	49.76	0.02			0.02
五、职工年末人数(万人)	15.74	15.26	7.21	4.96	3.10	0.48	0.07	0.17	0.23
职工年平均人数	14.43	13.93	6.69	4.54	2.70	0.50	0.08	0.19	0.24
六、全员劳动生产率(万元/人)	26.29	26.53	30.61	22.31	23.51	19.64	21.66	18.21	20.10
七、工资总额(亿元)	67.50	65.38	30.06	22.17	13.16	2.12	0.35	0.70	1.07
八、财务指标(亿元)									
资产合计	188.61	174.76	51.83	70.57	52.36	13.85	1.20	5.12	7.54
流动资产年末数	153.53	141.94	44.76	58.45	38.73	11.58	0.96	4.27	6.36
固定资产原值	27.40	25.02	6.10	10.24	8.67	2.38	0.30	1.01	1.07
固定资产净值	17.73	16.27	3.10	6.79	6.38	1.46	0.12	0.57	0.77
企业总收入	297.19	287.43	146.15	84.99	56.30	9.76	1.08	3.46	5.22
工程结算收入(或主营业务收入)	296.75	287.06	145.92	84.93	56.21	9.69	1.08	3.42	5.20
工程结算成本(或主营业务成本)	262.79	254.43	130.42	75.72	48.30	8.36	0.84	2.88	4.63
利润总额	14.91	14.64	9.09	3.36	2.20	0.27	0.04	0.09	0.13
利税总额	26.20	25.59	14.22	6.96	4.41	0.61	0.09	0.22	0.30

10—7 按行业分建筑企业主要经济指标

	房屋和土木工程建筑业	#房屋建筑业	建筑安装业	建筑装饰业	其他建筑业
一、企业单位数(个)	170	127	12	19	7
二、总产值(亿元)	361.72	323.17	10.83	4.53	2.16
竣工产值	202.52	182.95	9.65	2.99	1.76
三、房屋施工面积(平方米)	2402.28	2279.13		2.00	
# 本年新开工	1052.89	976.54		2.00	
四、房屋竣工面积(万平方米)	742.33	723.43			
# 住　宅	250.02	243.72			
五、职工年末人数(万人)	15.14	13.37	0.34	0.17	0.09
职工年平均人数	13.82	12.10	0.34	0.17	0.09
六、全员劳动生产率(万元/人)	26.17	26.71	31.56	26.28	23.92
七、工资总额(亿元)	65.00	56.07	1.27	0.78	0.45
八、财务指标(亿元)					
资产合计	170.18	138.91	11.97	4.66	1.79
流动资产年末数	137.89	114.89	10.67	3.83	1.14
固定资产原值	23.99	18.52	1.43	0.90	1.09
固定资产净值	15.89	12.13	0.74	0.54	0.56
企业总收入	279.40	246.62	11.42	4.39	1.98
工程结算收入(或主营业务收入)	279.06	246.30	11.36	4.37	1.96
工程结算成本(或主营业务成本)	248.05	219.58	9.86	3.18	1.70
利润总额	14.06	12.21	0.57	0.28	0.02
利税总额	24.81	21.77	0.87	0.44	0.08

10—8 按经济类型分建筑企业主要经济指标

	国有经济	集体经济	其他经济
一、企业单位数(个)	5	2	201
二、总产值(亿元)	11.89	0.57	366.78
竣工产值	4.68	0.34	211.90
三、房屋施工面积(万平方米)	42.00	7.62	2354.66
# 本年新开工	31.73	5.15	1018.01
四、房屋竣工面积(万平方米)	18.44	3.30	720.59
# 住　宅	2.57		247.45
五、职工年末人数(万人)	0.39	0.03	15.32
职工年平均人数	0.48	0.03	13.92
六、全员劳动生产率(万元/人)	24.77	19.00	26.35
七、工资总额(亿元)	3.10	0.15	64.25
八、财务指标(亿元)			
资产合计	12.27	1.27	175.07
流动资产年末数	11.61	1.18	140.74
固定资产原值	0.74	0.11	26.55
固定资产净值	0.55	0.09	17.09
企业总收入	10.41	0.43	286.35
工程结算收入(或主营业务收入)	10.41	0.43	285.91
工程结算成本(或主营业务成本)	9.27	0.39	253.13
利润总额	0.52	0.01	14.38
利税总额	0.95	0.03	25.22

10—9 建筑企业技术装备情况(2003-2014)

	2003	2004	2005	2006	2007	2008	2009	2010	2011	2012	2013	2014
自有施工机械设备总台数(台)	16703	18683	20057	18283	23076	22286	18022	19529	16323	16020	17941	16364
自有施工机械设备总净值(万元)	32486	25961	37937	31261	28799	58890	62313	69021	74172	73073	86330	131642
自有施工机械设备总功率(万千瓦)	14.14	17.99	19.66	16.01	22.85	27.69	32.61	31.02	28.86	26.12	29.72	48.89
技术装备率(元/人)												
按全部职工计算	10227	7243	7950	4641	6732	5098	5605	6501	8703	6332	6179	8362
按工人计算	10193	6830	7195	4492	5615	5204	5641	6524	8412	6161	6428	10001
动力装备率(千瓦/人)												
按全部职工计算	4.45	5.02	4.12	2.38	2.62	2.40	2.93	2.92	3.39	2.26	2.13	3.11
按工人计算	4.44	4.73	3.73	2.30	2.18	2.45	2.95	2.93	3.27	2.20	2.21	3.71

10—10 按登记注册类型分的建筑企业技术装备情况

	总计	国有经济	集体经济	其他经济
自有施工机械设备总台数(台)	16364	487	40	15837
自有施工机械设备总净值(万元)	131642	4899	53	126690
自有施工机械设备总功率(万千瓦)	48.89	2.55		46.33
技术装备率(元/人)				
按全部职工计算	8362	12668	1603	8268
按工人计算	10001	9170	1793	10055
动力装备率(千瓦/人)				
按全部职工计算	3.11	6.59	0.09	3.02
按工人计算	3.71	4.77	0.10	3.68

10—11　竣工房屋建筑面积(2003-2014)

单位：万平方米

	2003	2004	2005	2006	2007	2008	2009	2010	2011	2012	2013	2014
总　计	**219.78**	**236.47**	**334.21**	**530.98**	**812.74**	**813.43**	**627.98**	**760.24**	**710.66**	**952.58**	**778.33**	**742.33**
厂房、仓库	38.69	48.47	83.05	107.53	250.54	275.36	216.48	223.71	292.55	265.13	223.11	321.70
住　宅	138.89	127.75	177.96	308.61	435.09	407.95	319.58	375.32	309.69	408.54	375.35	250.02
办公用房	16.61	21.01	41.60	51.74	81.86	72.58	37.94	95.89	27.56	36.77	58.75	58.93
批发和零售用房	9.77	1.72	2.20	4.54	15.40		2.30	1.39	0.09	25.20	8.21	12.25
住宿和餐饮用房	3.66	3.64	2.06	7.61	5.24	23.49	0.75	2.77	3.00	0.58	5.34	6.43
商务会展用房									1.60	1.31	4.73	0.35
居民服务业用房	0.94	1.80	0.87	12.05	1.17	0.21	1.30	1.03	1.96	8.73	23.82	32.25
教育用房	6.34	15.87	14.82	23.43	12.43	19.22	39.76	21.77	30.20	38.59	33.04	13.94
文化、体育和娱乐用房	1.12	1.33	7.82	5.83	2.07	9.02	2.25	3.89	3.19	1.24	3.07	12.55
卫生医疗用房	1.96	2.51	1.26	2.46	0.58	1.18	2.30	16.45	1.70	6.49	8.6	4.03
科研用房	0.11	2.24	0.25			0.54	0.56	3.59		1.25	2.29	5.38
其　他	1.68	10.13	2.34	7.17	8.35	3.88	4.76	14.43	39.12	1.27	32.02	24.51

备注:商务会展用房为2011年新增指标。

10—12　分县(市、区)建筑企业数

单位：个

	合　计	#总承包				#专业承包			
			一　级及以上	二　级	三　级		一　级	二　级	三级及不分等级
全　市	**208**	**167**	**9**	**42**	**116**	**41**	**3**	**18**	**20**
芗城区	94	68	5	16	47	26	2	12	12
龙文区	41	36		7	29	5	1	2	2
龙海市	27	22	2	9	11	5		2	3
其中：龙海市辖	22	18	2	7	9	4		1	3
漳州开发区									
台商投资区	5	4		2	2	1		1	
云霄县	7	6		1	5	1			1
其中：云霄县辖	7	6		1	5	1			1
常山开发区									
漳浦县	9	8		3	5	1			1
其中：漳浦县辖	9	8		3	5	1			1
古雷开发区									
诏安县	5	5		1	4				
长泰县	6	5	1	1	3	1		1	
东山县	6	6		2	4				
南靖县	2	2		2					
平和县	5	5			5				
华安县	6	4	1		3	2		1	1

10—13 分县(市、区)建筑企业年末从业人员数

单位：人

	合 计	#总承包	一 级 及以上	二 级	三 级	# 专 业 承 包	一 级	二 级	三 级 及 不分等级
全 市	**157420**	**152634**	**72080**	**49604**	**30950**	**4786**	**738**	**1729**	**2319**
芗 城 区	45058	41460	8042	18290	15128	3598	587	1103	1908
龙 文 区	7396	6988		3250	3738	408	151	197	60
龙 海 市	61465	61049	52136	6446	2467	416		256	160
其中：龙海市辖	59303	58922	52136	4899	1887	381		221	160
漳州开发区									
台商投资区	2162	2127		1547	580	35		35	
云 霄 县	1868	1758		761	997	110			110
其中：云霄县辖	1868	1758		761	997	110			110
常山开发区									
漳 浦 县	8930	8879		6524	2355	51			51
诏 安 县	1141	1141		617	524				
长 泰 县	13809	13734	10553	2244	937	75		75	
东 山 县	11772	11772		9181	2591				
南 靖 县	2291	2291		2291					
平 和 县	1689	1689			1689				
华 安 县	2001	1873	1349		524	128		98	30

10—14 分县(市、区)建筑企业技术装备情况

	房屋建筑 竣工面积 (平方米)	技术装备率 (元 / 人)	动力装备率 (千瓦 / 人)
全 市	**742.33**	**10000.80**	**3.71**
芗 城 区	321.12	12700.58	4.52
龙 文 区	33.73	27696.47	10.28
龙 海 市	193.84	5889.66	1.90
其中：龙海市辖	161.71	5682.00	1.66
漳州开发区			
台商投资区	32.13	10223.98	7.06
云 霄 县	14.09	1755.72	0.87
其中：云霄县辖	14.09	1755.72	0.87
常山开发区			
漳 浦 县	59.44	12310.05	11.93
诏 安 县	7.07	13911.17	9.05
长 泰 县	24.74	3179.77	1.37
东 山 县	44.88	7086.99	1.37
南 靖 县	19.61	7719.77	1.58
平 和 县	9.50	16306.29	3.79
华 安 县	14.31	12222.04	6.44

10—15 分县(市、区)建筑企业总收入

单位：万元

	企业总收入	#营业收入	#营业成本	#营业利润	#营业外收入
全　市	**2971915**	**2971111**	**2630579**	**149681**	**804**
芗城区	1196408	1196132	1052548	49589	277
龙文区	142393	142326	122190	4894	67
龙海市	1147997	1147569	1028920	69925	429
其中：龙海市辖	1102156	1101728	987502	69059	429
漳州开发区					
台商投资区	45841	45841	41419	866	
云霄县	39855	39854	36418	1088	1
其中：云霄县辖	39855	39854	36418	1088	1
常山开发区					
漳浦县	77177	77166	65726	3101	11
诏安县	28738	28738	25246	908	
长泰县	118680	118680	103060	10339	
东山县	112470	112464	101156	5610	6
南靖县	42264	42264	38109	1641	
平和县	32528	32528	28162	896	
华安县	33405	33390	29044	1690	14

10—16 分县(市、区)建筑企业利税总额

单位：万元

	利税总额	利润总额	工程结算税金及附加	管理费用中的税金	产值利税率(%)	资产利税率(%)
全　市	**261963**	**149088**	**107796**	**5079**	**6.9**	**13.9**
芗城区	96340	49583	43607	3150	7.8	9.3
龙文区	10498	4618	5407	473	6.0	6.2
龙海市	112081	69668	41413	1001	6.4	29.8
其中：龙海市辖	108743	68802	38960	981	6.4	31.7
漳州开发区						
台商投资区	3338	866	2452	20	7.3	9.9
云霄县	2764	1085	1660	19	7.4	18.6
其中：云霄县辖	2764	1085	1660	19	7.4	18.6
常山开发区						
漳浦县	5877	3038	2628	211	6.5	12.6
诏安县	2219	908	1298	13	7.6	12.5
长泰县	13899	10339	3526	34	8.8	36.2
东山县	9627	5611	3940	75	4.9	7.4
南靖县	3268	1640	1622	6	7.7	19.1
平和县	2573	896	1594	83	8.0	16.1
华安县	2817	1700	1102	14	8.1	9.6

主要统计指标解释

建筑业总产值（自行完成施工产值） 指建筑业企业或附营建筑业施工单位自行完成的按工程进度计算的建筑安装总价值。它包括建筑工程产值,设备安装工程产值,房屋、构筑物修理产值,非标准设备制造产值。

建筑工程产值 指列入建筑工程预算内的各种工程价值,包括各种用途的房屋、构筑物的建筑工程和列入房屋工程预算内暖气、卫生、通风、照明、煤气等设备价值;设备基础、支柱、操作台、梯子、烟囱、凉水塔的建筑工程;各种锅炉炉体砌筑和金属结构安装工程;施工现场布置,场地平整,施工临时用水、电、道路的铺筑与架设;矿井的开凿,井巷掘进延伸,露天矿的剥离,石油、天然气钻井工程;铁路、公路、港口、桥梁的建筑工程;水利工程;防空、地下建筑等特殊工程。建筑工程产值还包括建筑装饰工程产值。建筑装饰工程的范围,包括抹灰、门窗、玻璃、吊顶、隔断、饰面板(砖)、涂料、裱湖、刷浆、花饰等十项工程。

设备安装工程产值 设备安装工程包括:生产、动力、起重、运输、传动和医疗、实验等各种需要安装设备的装配与安装,与设备相联接的工作台、梯子、栏杆等装设工程,附属于被安装设备的管线敷设工程,被安装设备的绝缘、防腐、保温、油漆等工作;为测定安装工作质量,对单个设备、系统设备进行单机试车和系统联动无负荷试运转工作。设备安装工程产值中不包括被安装设备本身的价值。

房屋、构筑物修理产值 指房屋、构筑物修理所完成的价值,但不包括被修理的房屋、构筑物本身的价值和生产设备的修理价值。

非标准设备制造产值 指加工制造没有定型的、非标准的生产设备的加工费和原材料价值,不论是现场还是附属加工厂为本单位承建工程制造的非标准设备的价值,都应计算产值。

竣工产值 指在报告期内,按照设计所规定的工程内容全部完成,达到了设计规定的交工条件,经质量监督检查部门检查验收鉴定合格的单位工程价值之和。

单位工程施工个数 指在报告期内施过工的全部单位工程个数。它包括本期内新开工的,还包括上期施工跨入本期继续施工的单位工程个数。

单位工程竣工个数 指报告期内按设计规定的工程内容全部完成,达到了使用条件,经质量监督检查部门检查验收鉴定合格的全部单位工程个数。

优良工程个数 指按现行国家质量等级标准,经质量监督检查部门检查验收鉴定,评为优良工程的单位工程个数。

自有机械设备年末总台数 指归本企业(或单位)所有,属于本企业(或单位)固定资产的生产性机械设备年末总台数。包括施工机械、生产设备、运输设备以及其他设备。

自有机械设备年末总功率 指本企业(本单位)自有施工机械、生产设备、运输设备以及其他设备等列为在册固定资产的生产性机械设备年末总功率,按设计能力或查定能力计算。包括机械本身的动力和为该机械服务的单独动力设备,如电动机等。计量单位用千瓦,动力换算可按 1 马力 = 0.735 千瓦折合成千瓦数。电焊机、变压器、锅炉不计算动力。

施工机械功率 指归本企业所有,属于本企业固定资产的施工机械,以及直接为施工服务的生产设备、运输设备的全部功率。

建筑业增加值 建筑业增加值是建筑业企业在报告期内以货币表现的建筑业生产经营活动的最终成果。建筑业增加值有两种计算方法:一是生产法,即建筑业总产值减去建筑业中间投入后的余额;二是分配法(收入法),即从收入的角度出发,根据生产要素在生产过程中得到的收入份额计算,构成项目有固定资产折旧、劳动者报酬、生产税净额和营业盈余。

工程结算收入 指企业(或单位)按工程的分部分项自行完成的建筑产品价值并已与甲方在报告期内办理结算手续的工程价款收入,以及向甲方收取的除工程价款以外的按规定列作营业收入的各项款项,如临时设施费、劳动保险费、施工机械调迁费以及向甲方收取的各种索赔款。

工程结算利润 指已结算工程实现的利润。如为亏损以“－”号表示。其计算公式为:

工程结算利润 = 工程结算收入 - 工程结算成本 - 工程结算税金及附加

企业总收入 指与企业生产经营直接有关的各项收入,包括工程结算收入和其他业务收入,即:企业总收入 = 工程结算收入 + 其他业务收入

房屋建筑施工面积 指在报告期内施工的全部房屋建筑面积。包括本期内新开工的、上期施工跨入本期继续施工、上期停建本期复工的房屋建筑面积;不包括上期开工后又停工,本期未施工的房屋建筑面积。

房屋建筑竣工面积 指在报告期内,按照设计所规定的工程内容全部完成,达到了设计规定的交工条件,经有关部门检查验收鉴定合格的房屋建筑面积。

第十一篇

交通运输和邮电通信业

11—1 主要年份各类运输总量

年 份	客 运 量（万人）	旅客周转量（万人公里）	货 运 量（万吨）	货物周转量（万吨公里）
1952	30	1888	83	1947
1957	277	9683	273	6950
1962	252	13303	284	25199
1965	367	20425	430	42546
1970	296	20783	301	47403
1975	552	35681	449	61404
1978	745	45074	677	76329
1979	862	50620	731	82566
1980	1122	58973	805	104824
1981	1211	65308	864	60867
1982	1396	74922	969	137451
1983	1588	85735	1049	145110
1984	1794	95432	1117	167256
1985	1828	107252	1367	196230
1986	1729	102688	1461	213869
1987	1831	104701	1705	243648
1988	1902	114317	1904	265299
1989	1596	105005	2319	279257
1990	2502	133075	2639	302059
1991	2786	150302	2849	349806
1992	2785	170444	3170	504050
1993	2960	221471	3857	567643
1994	3285	244182	5473	518813
1995	3376	250391	4659	592104
1996	3568	268216	5919	581980
1997	3505	175807	5290	256989
1998	4223	213020	5164	315868
1999	4287	223089	4969	338378
2000	4722	231604	5054	347917
2001	4776	199379	4202	377696
2002	5760	327303	4008	277058
2003	5779	347654	3700	299763
2004	5605	340320	3158	295471
2005	5715	350888	3243	300226
2006	5852	362970	3418	297437
2007	6061	382404	3956	333985
2008	5369	276788	4577	386463
2009	5532	278136	4712	435428
2010	5471	277079	5670	517252
2011	5632	289632	6338	625651
2012	5489	287726	6101	716323
2013	2984	229720	8420	918436
2014	3546	231656	11000	1050015

注:1997-2014 年客、货运周转量均未包括铁路,2008 年数据为公路、水路专项调查结果,2013 年数据为公路专项调查结果。

11—2 主要年份公路、铁路运输情况

年份	公路					铁路			
	汽车数（辆）	客运量（万人）	旅客周转量（万人公里）	货运量（万吨）	货物周转量（万吨公里）	旅客发送量（万人）	旅客周转量（万人公里）	货物发送量（万吨）	货物周转量（万吨公里）
1952	67	16	1357	10	286				
1957	172	247	9040	72	1871				
1962	222	213	10590	28	2283	19	2410	43	18610
1965	379	298	12906	182	4397	23	6720	57	31060
1970	317	242	10681	45	3036	37	9780	69	39120
1975	443	493	18003	69	7059	51	17560	64	47590
1978	575	682	23473	482	10503	60	21520	75	56780
1979	626	794	28100	536	11800	63	22420	74	61010
1980	659	1048	35418	608	13539	69	23440	70	80150
1981	737	1132	39700	680	16200	74	25490	70	33800
1982	791	1309	45300	788	19900	82	29500	81	107460
1983	787	1491	50400	876	23400	93	35260	80	108070
1984	788	1693	57600	938	26500	98	37760	92	123100
1985	889	1723	66135	1149	34881	100	40980	103	137990
1986	3373	1624	65100	1244	37600	83	36880	112	151450
1987	4118	1724	70900	1472	51100	78	32890	118	162700
1988	4994	1783	74600	1663	56200	81	38560	126	176520
1989	5360	1478	66800	2057	72500	76	36940	122	171800
1990	5548	2390	99905	2363	79779	65	31850	125	181980
1991	5950	1335	115919	2442	43731	66	32600	141	209200
1992	6694	1566	120562	2694	101560	74	48100	159	352000
1993	7707	2801	151478	3362	126240	90	69900	153	358800
1994	8961	3134	167470	4873	112986	100	75070	157	312770
1995	9868	3185	172644	4182	123227	100	74700	178	354490
1996	9273	2956	203073	5548	106601	83	62250	176	350500
1997	9447	2806	172951	4939	96576	88		163	
1998	10661	3450	210394	4832	189641	82		142	
1999	11250	4132	220463	4656	209830	77		132	
2000	12702	4310	229008	4315	230674	67		132	
2001	13340	5692	198075	4406	283480	50		151	
2002	14083	5690	325866	3911	191080	54		140	
2003	14646	5697	345537	3593	199044	64		133	
2004	14712	5540	338454	3037	197906	49		148	
2005	17344	5644	349004	3121	210639	41		117	
2006	18968	5780	361000	3274	225428	48		109	
2007	20502	5974	379900	3605	260800	56		110	
2008	22251	5178	274454	3520	358240	63		107	
2009	30361	5337	275537	3609	389293	60		107	
2010	29282	5272	274422	4111	450648	59		95	
2011	31112	5413	286743	4569	514384	61		93	
2012	33741	5340	285324	4490	537903	98		71	
2013	35386	2684	227009	6914	739560	179		49	
2014	37183	2885	227780	9058	968372	399		55	

注：2008年数据为公路、水路专项调查结果。2013年数据为公路专项调查结果。

11—3 主要年份水路运输情况

年份	通航里程（公里）	客运量（万人）	旅客周转量（万人公里）	货运量（万吨）	货物周转量（万吨公里）
1952		14	531	73	1661
1957		18	360	135	5079
1962		20	303	117	4305
1965		10	142	129	7084
1970		18	318	81	5244
1975		8	114	94	6747
1978	382	4	77	120	9043
1979	382	5	100	121	9756
1980	382	6	110	128	11134
1981	382	6	118	114	10867
1982	382	6	122	100	10091
1983	382	4	75	93	13640
1984	382	3	72	87	17656
1985	382	5	133	116	23356
1986	382	22	708	105	24819
1987	382	29	911	115	29848
1988	382	37	1157	116	32579
1989	382	42	1265	141	34957
1990	382	47	1308	150	40293
1991	382	60	1783	108	38866
1992	382	27	845	88	31160
1993	382	68	2088	122	76603
1994	382	51	1637	206	85068
1995	382	91	3047	182	123227
1996	382	83	2893	178	106601
1997	360	80	2856	176	96576
1998	360	39	1288	145	116846
1999	360	38	1236	159	127448
2000	360	68	1842	134	83279
2001	360	63	1304	111	94216
2002	360	70	1437	97	85978
2003	384	82	2117	107	100719
2004	384	81	2102	190	98195
2005	384	71	1884	122	89587
2006	384	72	1970	143	72009
2007	384	77	2136	214	72060
2008	384	128	2334	949	28223
2009	369	135	2598	996	46136
2010	423	139	2656	1463	66604
2011	301	157	2889	1676	111267
2012	384	101	2402	1540	178420
2013	384	121	2711	1457	178876
2014	310	262	3877	1887	81643

注：2008 年数据为公路、水路专项调查结果。

11—4 主要年份客、货运平均运距

单位：公里

	平均运距	公 路	水 运
旅客运输平均运距			
1978	55.07	34.48	20.59
1980	53.41	34.88	18.53
1985	62.82	38.37	24.45
1990	69.69	41.79	27.90
1995	87.67	54.19	33.48
1996	103.29	68.43	34.86
1997	95.71	60.01	35.70
1998	93.75	60.72	33.03
1999	85.89	53.36	32.53
2000	78.80	51.71	27.09
2001	77.57	57.00	20.57
2002	77.84	57.27	20.57
2003	86.46	60.64	25.82
2004	87.05	61.10	25.95
2005	88.38	61.84	26.54
2006	89.97	62.46	27.51
2007	91.44	63.59	27.85
2008	75.87	53.20	22.67
2009	76.37	51.81	24.56
2010	71.39	52.28	19.11
2011	71.65	53.21	18.44
2012	77.21	53.43	23.78
2013	106.92	84.59	22.33
2014	103.96	80.28	23.68
货物运输平均运距			
1978	97.16	21.80	75.36
1980	109.50	22.52	86.98
1985	231.72	30.38	201.34
1990	302.38	33.76	268.62
1995	704.07	27.00	677.07
1996	618.87	20.42	598.45
1997	581.20	32.48	548.73
1998	845.07	39.24	805.83
1999	846.62	45.06	801.56
2000	668.04	46.56	621.49
2001	897.01	45.14	851.86
2002	935.60	48.86	886.74
2003	997.04	55.39	941.65
2004	582.14	65.16	516.98
2005	801.92	67.48	734.44
2006	571.67	68.85	502.82
2007	409.39	72.34	337.04
2008	142.27	103.96	38.31
2009	169.76	108.37	61.39
2010	165.65	109.45	56.20
2011	195.48	112.58	82.90
2012	235.67	119.80	115.87
2013	229.75	107.00	122.75
2014	154.29	107.40	46.89

注：2008年数据为公路、水路专项调查结果。2013年数据为公路专项调查结果。

11—5 主要年份交通运输线路长度

单位：公里

	1978	1980	1985	1990	1995	1996	1997	1998	1999	2000	2001	2002
铁路营业长度	102	102	102	102	102	102	102	102	102	102	102	102
# 电气化长度				102	102	102	102	102	102	102	102	102
公路通车里程	3999	5189	5224	5344	5558	5582	5607	5641	5685	5730	5735	5901
# 二级以上公路里程			44	51	369	457	545	586	647	708	707	875
内河通航里程	382	382	382	382	382	382	360	360	360	360	360	360
公路通车里程中												
干线公路												
国　道			269	267	271	271	271	295	295	295	295	435
省　道	635	626	506	508	507	505	504	507	595	683	683	684
县级公路	1023	1039	896	905	1166	1166	1166	1167	1383	1600	1599	1618
乡镇公路	2150	3492	3526	2627	3491	3518	3544	3551	3277	3003	3010	3016
专用公路	190	32	27	27	122	122	122	122	135	148	148	148
公路通车里程中												
等级路里程合计							2944	3011	3638	4265	4266	4432
高速公路								20	24	28	28	174
一　级					10	9	9	19	27	35	35	40
二　级			44	51	359	448	536	547	596	616	645	662
三　级			217	266	147	137	128	132	296	460	460	475
四　级			1995	2303	2339	2305	2271	2293	2695	3097	3099	3081
公路通车里程中												
晴雨通车里程			3397	3750	3982	4006	4031	4065	4780	5494	5494	5656
绿化里程			608	1796	2395	2430	2465	2626	2749	2872	2872	3028

11—5 续表

单位：公里

	2003	2004	2005	2006	2007	2008	2009	2010	2011	2012	2013	2014
铁路营业长度	102	102	102	102	102	102	102	102	102	102	227	227
# 电气化长度	102	102	102	102	102	102	102	102	102	102	227	227
公路通车里程	5934	6019	6038	9960	10005	10010	10045	10105	10182	10263	11428	11426
# 二级以上公路里程	893	1121	1128	1130	1160	1221	1232	1276	1272	1385	1590	1667
内河通航里程	384	384	384	384	384	384	369	423	301	384	384	384
公路通车里程中												
干线公路												
国　道	435	435	435	435	435	514	267	514	514	535	674	682
省　道	684	671	670	670	670	670	671	671	671	664	718	765
县级公路	1629	1705	1699	1734	1744	1674	1687	1703	1685	1699	1939	1951
乡镇公路	3038	3059	3085	2825	3499	3504	3513	3553	3553	3607	4316	4342
专用公路	148	148	148									
公路通车里程中												
等级路里程合计	4481	4714	4941	6795	7553	7717	7655	7886	7483	8167	9009	9138
高速公路	185	247	247	247	247	247	247	247	247	268	465	519
一　级	46	45	45	45	45	42	59	63	68	68	90	104
二　级	662	828	835	838	868	933	926	967	956	1049	1035	1044
三　级	492	452	561	602	978	1028	1098	1159	1237	1313	1405	1426
四　级	3096	3141	3253	5062	5415	5467	5326	5451	4975	5470	6014	6045
公路通车里程中												
晴雨通车里程	5689	5809	5883	7537	7523	7570	7567	8120	8297	8587	10453	9792
绿化里程	3133	3256	3303	1451	2132	2162	2230	2210	9551	9602	10296	10222

11—6 各类运输工具拥有量(2001-2014)

	2001	2002	2003	2004	2005	2006	2007	2008	2009	2010	2011	2012	2013	2014
公 路														
全社会机动车拥有量(辆)	28057	28021	26435	22890	23448	25432	27576	25699	30361	31390	33960	35611	36887	37504
汽 车	13340	14083	14646	14712	17344	18968	20502	22251	25914	29282	31112	33741	35386	35963
# 载客汽车	2817	2737	2654	2528	2494	2574	2597	2616	2686	2714	1429	1440	1287	1206
大 型	260	158	167	164	194	206	263	346	409	422	462	532	534	517
中 型	1203	1214	1161	1075	778	881	947	936	898	884	849	798	673	628
小 型	57	60	54	86	318	283	182	129	135	138	118	110	80	61
微 型	1297	1305	1272	1203	1204	1204	1205	1205	1244	1270				
载货汽车	10523	11346	11992	12184	14850	16394	17905	19635	23228	26568	29683	32301	34099	34757
重 型	4207	3640	3589	3121	2915	2766	2993	3599	4377	5808	6594	7264	8912	9854
中 型	309	464	587	731	1367	1505	1459	1058	1061	901	878	887	781	696
轻 型	6007	7242	7816	8332	10568	12123	13453	14978	17790	19859	22211	24150	24406	24207
微 型														
水 路														
内 河														
货 轮														
艘数(艘)	141	111	111	82	69	60	81	92	75	85	124	87	78	75
净载重量(吨位)	7142	5617	7215	15200	17680	21310	33580	51628	58513	101489	147470	113366	108411	98820
沿 海														
客 轮														
艘 数(艘)	28	34	34	32	30	22	23	24	25	25	28	25	25	34
载客量(客位)	2155	2673	2585	2292	1684	963	898	951	1014	1014	1193	1115	1122	1762
货 轮														
艘 数(艘)	11	7	3	2	2	4	4	3	36	32	30	25	26	16
总 吨(吨位)	13951	12570	12600	12301	1385	3357	2959	2325	23471	22300	24616	23862	19246	19283
净载重量(吨位)	24198	22568	21498	21198	2000	5190	3906	2808	26572	26005	29440	29437	24660	16492
远 洋														
货 轮														
艘 数(艘)	18	14	12	11	10	7	7	9	9	11	10	12	8	11
总 吨(吨位)	9584	8980	7682	7242	6940	4457	5571	7996	7582	9074	9749	10732	7039	62346
净载重量(吨位)	14100	12030	10057	9733	9283	5826	6086	9291	9291	11816	12368	14058	9165	57177

11—7 公路运输情况

	单 位	数 量
一、公路通车里程	公里	7739
有铺装路面里程(高级路面)	公里	6553
简易铺装路面里程(次高级路面)	公里	128
未铺装路面里程	公里	1058
二、公里桥梁	米/座	72340/2039
#永久性桥梁	米/座	72340/2039
三、公路养护里程(专养)	公里	2044
五、汽车营运合计(以下均为办理营运)	辆/吨/座位	35963/153526/35983
1、载货汽车	辆/吨位	34757/153526
2、载客汽车	辆/座位	1206/35983
六、手扶拖拉机	辆	11745
七、农用运输车	辆	6005

注:公路通车里程数据不含村道。

11—8 水上运输情况

	单 位	数 量
一、内河航道里程	公里	310.02
#通航里程	公里	310.02
二、全港货物吞吐量	万吨	1639.84
#外 贸	万吨	457.59
三、旅客吞吐量	万人次	
四、港口(区)个数	个	4
五、海岸线长度	公里	715
六、码头长度	米	3685
七、码头泊位个数	个	29

注:1、所填数据全市港口不包括后石、石码和招银三个港区。2、海岸线长度为整个漳州市行政区的长度。

11—9 港口货物和集装箱吞吐量

单位：吨、TEU

	货物吞吐量					
	合 计	#外 贸	进 口	#外 贸	出 口	#外 贸
全 市	**58532486**	**14326817**	**35188927**	**12431231**	**23343559**	**1895586**
1、招银港区	24538669	6816481	17395644	5003108	7143025	1813373
2、东山港区	3563258	203945	1768757	121732	1794501	82213
3、后石港区	8497728	2934348	8277763	2934348	219965	
4、石码港区	9097651	91	1103283	91	7994368	
5、古雷港区	12085480	4371952	6643480	4371952	5442000	
6、九龙江作业点						
7、诏安港区	749700				749700	

11—9 续表

单位：吨、TEU

	集装箱吞吐量					
	合 计	# 国际集装箱	进 口	# 国际集装箱	出 口	# 国际集装箱
全 市	**449930**	**39931**	**223051**	**21333**	**226879**	**18598**
1、招银港区	418682	8683	207546	5828	211136	2855
2、东山港区	31243	31243	15500	15500	15743	15743
3、后石港区						
4、石码港区	5	5	5	5		
5、古雷港区						
6、九龙江作业点						
7、诏安港区						

11—10 主要年份邮电业务总量

年份	邮电业务总量（万元）	函件（万件）	报刊杂志期发数（万份）	固定电话年末户数（万户）	邮政业务总量（万元）
1952	49	187.14		0.09	
1957	100	500.40		0.20	
1962	224	835.02		0.44	
1965	234	799.70		0.47	
1970	203	576.26		0.45	
1975	280	613.30		0.59	
1978	346	619.30	6.08	0.77	
1979			6.82		
1980	873	982.00	38.26	0.79	
1981	1039	1797.43		0.80	
1982	1082	831.04		0.87	
1983	1189	832.56		0.90	
1984	1348	897.10		1.01	
1985	1637	986.60	83.72	1.13	
1986	1756	1019.20		1.26	
1987	2220	1115.92		1.18	
1988	3005	1194.77		1.72	
1989	3905	1145.41		2.05	
1990	5302	1120.84	60.18	2.55	
1991	6734	1113.18	66.41	3.28	
1992	10296	1255.95	65.81	4.41	
1993	17298	1556.96	61.25	6.74	
1994	27668	1984.96	63.39	11.10	
1995	40535	2525.04	63.92	16.67	
1996	54061	2392.35	58.67	22.53	
1997	70301	2128.65	65.75	30.60	
1998	113061	2233.72	56.82	38.43	4961
1999	96745	1816.00	82.44	51.01	6481
2000	145894	1749.03	54.31	77.13	8817
2001	184911	2235.88	43.81	99.91	14564
2002	181757	2164.84	46.79	102.10	15132
2003	195693	2792.42	50.31	106.87	17708
2004	213937	2321.56	40.53	109.43	18943
2005	226727	2085.31	53.56	109.24	20883
2006	248481	1493.01	51.17	107.39	22706
2007	282199	1072.75	53.81	104.82	24528
2008	335848	837.90	55.69	108.17	27577
2009	371144	770.36	56.05	121.21	33423
2010	366937	858.52	56.74	104.87	32334
2011	380746	1159.20	72.04	104.74	26271
2012	457829	991.78	52.40	101.84	27068
2013	467983	1149.53	48.54	95.94	31186
2014	496671	1165.19	104.18	91.40	34335

注：本表邮电业务总量2011年及以后按2010年不变价格计算；2001年及以后按2000年不变价格计算；2000年及以前年份按1990年不变价格计算。"函件"1993年前仅包括国内业务，1993年及以后均包括国内、国际业务。函件不含邮送广告。邮政业务总量含零售，不含速递和邮储银行业务收入。2012年特快专递数据含民营快递业务量。

11—10 续表

年　份	电信业务总量（万元）	特快专递（万件）	集邮业务（万枚）	移动电话用户（万户）	互联网用户（万户）	固定电话交换机容量（万门）
1952						
1957						
1962						
1965						
1970						
1975						
1978						1.41
1979						
1980						1.32
1981						1.38
1982						1.61
1983						1.75
1984						1.75
1985						1.91
1986						1.90
1987						2.85
1988						3.13
1989						4.47
1990		0.49	316.76			4.56
1991		0.98	422.05			5.97
1992		1.80	674.46	0.03		8.71
1993		8.82	663.08	0.09		14.98
1994		7.97	810.75	0.43		23.11
1995		10.81	774.32	1.21		35.19
1996		14.75	626.38	2.96		40.86
1997		16.96	1183.05	7.44		48.83
1998	108101	25.55	919.99	13.87		67.19
1999	90264	34.92	1020.00	26.00		79.96
2000	137077	31.56	572.70	30.00	12.03	130.71
2001	170347	29.95	579.44	72.52	24.44	173.51
2002	166625	32.42	537.77	90.96	39.55	183.31
2003	177985	35.31	464.54	118.69	42.03	154.36
2004	194994	47.61	541.70	155.47	18.20	146.41
2005	205843	59.94	437.05	189.36	15.32	146.78
2006	225775	74.54	427.99	238.85	17.72	147.90
2007	257671	84.40	452.66	261.37	18.64	157.17
2008	308271	134.70	469.74	294.09	23.79	231.22
2009	337721	249.81	438.15	320.12	34.02	160.81
2010	334603	217.44	402.25	363.60	37.63	150.32
2011	354475	212.18	464.59	428.81	57.12	145.14
2012	430761	756.58	410.75	452.44	65.39	145.14
2013	436797	1791.59	414.35	520.82	270.20	119.63
2014	462336	2742.87	400.57	492.83	97.01	133.90

11—11 主要年份邮电通信条件

年份	邮路单程长度（公里）	农村投递路线（公里）	长途电话业务电路（路）	年份	邮路单程长度（公里）	农村投递路线（公里）	长途电话业务电路（路）
1962	9713	8548		1997	3284	7018	6418
1965	10461	8583		1998	3265	7074	9096
1970	9229	8905		1999	2297	7403	11841
1975	9352	8856		2000	2186	7301	17176
1978	8899	8283		2001	2215	7313	19395
1980	8171		171	2002	2016	7410	48340
1985	2571	6533	275	2003	2223	7518	16410
1986	2548	6632	290	2004	2297	7769	17070
1987	2406	6942	404	2005	2173	8216	22830
1988	2397	7099	559	2006	2229	8363	
1989	2339	6852	675	2007	2569	8514	
1990	2285	6884	837	2008	2429	8514	
1991	2293	6892	1072	2009	3114	8109	
1992	2299	6892	1240	2010	2145	8614	
1993	2494	6920	3014	2011	2019	8827	
1994	2378	6936	1955	2012	1970	10387	
1995	2256	6933	3764	2013	1926	10915	
1996	2545	7006	4572	2014	1817	10766	

注:1、本表长途电话业务电路2004年起包括固定长途电话、移动长途电话、长途数据通信的电路、出租给其他运营商使用的电路。2、自2006年起,长途电路资源部分集中在省公司统计,市级无统计。3、2010年开始邮路不含速递。

11—12 邮电业务基本情况(2001-2014)

		2001	2002	2003	2004	2005	2006	2007
邮电业务总量	（万元）	184911	181757	195693	213937	226727	248481	282199
函　件	（件）	22358794	21648353	27924227	23215647	20853114	14930064	10727483
特快专递	（件）	399530	324244	353065	476052	599397	745418	843998
报刊期发数	（份）	438093	467904	503055	405319	535631	511706	538060
集邮业务	（枚）	5794406	5377693	4645445	5417037	4370491	4279910	4526567
固定电话长途通话时长	（万分钟）	13044	10747	30718	30130	32155	31749	30968
移动电话长途通话时长	（万分钟）	13382	14080	20045	26689	36582	49909	84585
IP电话通话时长	（万分钟）	8152	14918	18494	14579	14184	13472	11784
移动短信业务量	（万条）	102076	102332	149723	200038	260117	360935	622285
移动电话年末用户	（户）	501210	640323	843349	1071552	1373347	1789540	2750158
固定电话年末用户	（户）	999117	1020965	1068670	1094301	1092373	1073919	1048169
城市电话用户	（户）	428109	573830	312539	308824	301002	307878	301479
#住宅电话用户		348546	512494	275009	268625	259248	259336	250115
农村电话用户	（户）	673196	20637	689100	699442	694466	667191	646173
#住宅电话用户		628602	18818	673958	682190	677092	653462	627634
邮政局所	（处）	166	165	167	162	150	152	149
邮路及农村投递路线总长度	（公里）	9528	9426	9741	10066	10389	10592	11083
长途光缆线路长度	（公里）	1739	2066	2067	2136	2167	300	356
长途电话交换机容量	（路端）	22120	22120	22120	22120	22120	15000	44000
局用交换机容量	（门）	1167672	1155196	1158997	1099131	1106107	1116208	1215318
用户交换机容量	（门）	15978	14414	13030	21425	21018	17886	17614
移动电话交换机容量	（线）	1301000	1301000	1708446	2556604	2832859	3481906	4808572
互联网宽带接入端口	（万个）							

11—12 续表

		2008	2009	2010	2011	2012	2013	2014
邮电业务总量	(万元)	335848	371144	366937	380746	457829	467983	496671
函　件	(件)	8379495	7703678	8585290	11592020	9917800	11495277	11651899
特快专递	(件)	1346966	2498137	2174418	2121805	7565800	17915900	27428700
报刊期发数	(份)	556926	560531	567399	720419	523966	485445	1041797
集邮业务	(枚)	4697389	4381498	4022494	4645906	4107543	4143460	4005730
固定电话长途通话时长	(万分钟)	106582	28630	29810	11256	15427	8202	7512
移动电话长途通话时长	(万分钟)	97903	115466	146377	155060	53241	202560	458787
IP电话通话时长	(万分钟)	48608	14699	17984	6285	4745	3660	885
移动短信业务量	(万条)	192503	292835	273408	89854	14649	144893	147918
移动电话年末用户	(户)	2940900	3201232	3635976	4288088	4524404	5208246	4928317
固定电话年末用户	(户)	1081379	1212166	1051680	1047378	1020490	959389	913964
城市电话用户	(户)	344939	324567	353756	363046	346178	375565	314577
#住宅电话用户		262605	246720	256230	247112	236356	271026	194073
农村电话用户	(户)	608407	596109	569022	576971	547779	531373	543595
#住宅电话用户		577266	549976	517656	502976	472194	453182	419529
邮政局所	(处)	155	151	150	148	146	148	152
邮路及农村投递路线总长度	(公里)	10943	11223	10759	10846	12357	12841	12583
长途光缆线路长度	(公里)	1472	766	1042	1828	462	3067	3918
长途电话交换机容量	(路端)	52756	45396	44000	44000	44000	78480	88000
局用交换机容量	(门)	1307878	1151371	1151677	1099836	1099836	2047948	2017800
用户交换机容量	(门)	109114	70149	18614	18614	18614	1207151	4857687
移动电话交换机容量	(线)	5118348	7580000	5850000	5700000	4500000	6491000	7464200
互联网宽带接入端口	(万个)	29	33	64	109	75	111	148

注:1.本表邮电业务总量2011年及以后按2010年不变价格计算;2001年及以后按2000年不变价格计算;2000年及以前年份按1990年不变价格计算。函件包括国内、国际业务,不含邮送广告。邮政业务总量含零售,不含速递和邮储银行业务收入。2012年特快专递数据含民营快递业务量。2.邮政局所数1998年及以前为邮电局所;从2002年起统计口径为邮政营销网点,含邮政局所和邮政代办点(下表同)。3.固定电话年末用户包括公用电话用户;长途电话交换机容量在06年底口径有变动。

11—13 分县(市、区)邮电业务量及主要通信能力

	邮电业务总量（万元）	邮政业务总量	电信业务总量	固定电话长途电话时长（万分钟）	移动电话长途电话时长（万分钟）	IP电话通话时长（万分钟）	移动短信业务量（万条）	互联网上网户数（户）	移动电话年末用户（户）
合计	**496671**	**34335**	**462336**	**7512**	**458787**	**885**	**147918**	**970154**	**4928317**
市辖区	109379	6966	102412	2827	117669	275	44474	289856	1224861
龙海市	77832	5658	72174	1731	94258	172	28590	211313	925769
云霄县	30322	1752	28570	331	29856	59	10294	57529	383255
漳浦县	65404	9926	55478	725	69416	117	19406	115454	719103
诏安县	27298	1449	25849	518	35245	90	9048	51434	378906
长泰县	20526	1596	18930	471	23397	51	7207	45263	246598
东山县	19911	939	18972	202	17722	30	7408	44567	222886
南靖县	24056	1821	22235	280	27036	39	8069	60174	297558
平和县	29440	3041	26399	322	32215	39	9255	67776	378539
华安县	12022	1188	10835	106	11973	12	4167	26788	150842

11—13 续表

	固定电话年末用户（户）	城市电话用户	#住宅电话用户	农村电话用户	#住宅电话用户	公用电话（户）
合计	**913964**	**314577**	**194073**	**543595**	**419529**	**56564**
市区	203686	122937	66244	61428	32995	19743
龙海市	162980	25590	13246	120675	74981	16928
云霄县	65704	22584	22730	41499	28654	1621
漳浦县	134289	33706	20053	97337	88554	3305
诏安县	100002	27660	14443	68279	66573	4063
长泰县	41845	15420	12091	23460	17261	3041
东山县	45333	19970	13961	24296	16987	1066
南靖县	61273	19897	14516	38964	32281	2411
平和县	72944	16889	11107	52094	46555	3961
华安县	25906	9922	5683	15564	14688	427

注：邮政业务总量按2010年不变价格计算，且不含速递和邮储银行业务收入。特快专递数据仅为邮局代理部分数据，不含速递。

主要指标解释

铁路营业里程 指办理客货运输业务的铁路正线总长度。凡是全线或部分建成双线及以上的线路，以第一线的实际长度计算；复线、站线、段管线、岔线和特别用途线以及不计算运费联络线都不计算营业里程。铁路营业里程是反映铁路运输业基础设施发展水平的重要指标，也是计算客货周转量、运输密度和机车车辆运用效率等指标的基础资料。

公路里程 也称"公路通车里程"，是反映公路建设发展规模的重要指标，也是计算运输网密度等指标的基础资料；是指实际达到交通部制定的公路工程技术标准规定的等级的公路长度。它包括大中城市的郊区公路以及通过小城镇街道的公路里程，也包括桥梁、渡口的长度，但不包括城市的街道以及厂矿、林区和农业生产用道的里程，两条或多条公路共同经由同一路段，只计算一次，不得重复计算里程长度。

内河航道里程 也称"内河通航里程"，是反映内河水运网规模、水平和发展情况的主要指标；是指在枯水季节深 0.3 米及以上，能通航运输船舶及排筏的天然河流、湖泊水库、运河及通航渠道的长度。包括全年季节性通航累计三个月以上的航道，但不包括仅供零散流放竹、木排的河道。

货(客)运量 指运输业实际运送的货物(旅客)数量。货运按吨计算，货物不论运输距离长短，货物类别，均按实际重量统计。客运按人计算，半价票、小孩票也按一人统计。

货物(旅客)周转量 指运输业运送的货物(旅客)数量与其相应运输距离的乘积之总和。通常以吨公里和人公里为计算单位。计算货物周转量通常按发出站与到达站之间的最短距离，也就是计费距离计算。

沿海主要港口货物吞吐量 指由水运进出沿海主要港区范围，并经过装卸的货物数量，包括邮件及办理托运手续的行李、包裹以及补给运输船舶的燃、物料和淡水。其计量单位为吨。货物吞吐量的货种分类及其主要流向流量，反映了港口在国内外物资交流和对外贸易运输中的地位和作用。吞吐量可分为进口、出口，又可分为国内贸易和对外贸易。

邮电业务总量 指以货币表现的邮电部门用于传递信息和其他邮电服务的总量。它综合反映了一定时期邮电工作的成果，是研究邮电业务量构成和发展趋势的重要指标。它用各种邮电分类业务量，如函件件数、电报份数、长话张数、市内电话和农村电话的年均户数、订销报刊累计份数等，分别乘以相应的平均单价(不变价)、加总后再加上出租电路和设备的收入、代用户维护电话交换机和线路等设备的收入、其他业务收入求得。

移动电话用户 指在电信运营企业营业网点办理开户登记手续，通过移动电话交换机进入移动电话网，占用移动电话号码的各类电话用户。包括 GSM 数字移动电话用户、CDMA 数字移动电话用户和电信运营企业发行的报告期末已激活充值的能异地漫游的各种智能卡用户。

互联网上网人数 指平均每周使用互联网至少 1 小时的 6 周岁以上中国公民人数。

固定电话用户 指在电信运营企业营业网点办理开户登记手续并已接入固定电话网上的全部电话用户。包括普通电话用户、公用电话用户、窄带综合业务数字网(N-ISDN)用户、智能网专用接入终端用户等。按行政区划分为城市电话用户和农村电话用户。1997 年以前，"市内电话用户"是指接入县城及县以上城市的电话网上的电话用户；"农村电话用户"是指接入县邮电局农话台及县以下农村电话交换点，以县城为中心(除市话用户外)联通县、乡(镇)、行政村、村民小组的用户。从 1997 年起，电话用户数分组调整为以用户所在区域划分为"城市电话用户"和"乡村电话用户"，与过去的按市内电话和农村电话划分方法不同。而电话用户总数、电话机总部数统计范围不变。

城市电话用户 指按行政区划属于中央直辖市、省辖市、地级市、县级市的市区、市郊区及县城区范围内的电话用户。包括分布在农村地区县团级以上建制的独立工矿区、林区、驻军等电话用户。

农村电话用户 指按行政区划属于城市范围以外的乡(镇)、村的电话用户。

住宅电话用户 指私人付费或安装在居民住宅并按照私人或住宅电话用户登记注册和收费的各类电话用户。包括私人付费、单位付费和按规定免费安装的住宅电话用户。

长途电话交换机容量 指用于接入长途电话网的电话交换机的设备额定容量，包括国际电话交换机容量。

局用交换机容量 指安装在电信运营企业内用于接续本地固定电话的电话交换机容量，包括现用和备用的人工或自动交换机的全部容量。不包括用户交换机容量。

移动电话交换机容量 指移动电话交换机根据一定话务模型和交换机处理能力计算出来的最大同时服务用户的数量。

互联网宽带接入端口 指用于接入互联网用户的各类实际安装运行的宽带接入端口的数量，包括 xDSL 用户接入端口、LAN 接入端口以及其他类型宽带用户接入端口等，不包括窄带拨号接入端口。

第十二篇

批发零售与住宿餐饮业

12—1 主要年份全国、全省、全市社会消费品零售总额及指数

单位：亿元

年份	全国		全省		漳州	
	绝对数	指数（上年为100）	绝对数	指数（上年为100）	绝对数	指数（上年为100）
1978	1558.6		30.56		4.18	112.7
1979	1800.0	86.6	35.92	117.5	5.18	123.9
1980	2140.0	118.9	45.47	126.6	5.98	115.6
1981	2350.0	109.8	51.47	113.2	6.62	110.7
1982	2570.0	109.4	56.77	110.3	7.35	111.0
1983	2849.4	110.9	62.59	110.3	8.14	110.7
1984	3376.4	118.5	74.50	119.0	9.06	111.3
1985	4305.0	127.5	96.04	128.9	11.24	124.0
1986	4950.0	115.0	109.07	113.6	12.66	112.6
1987	5820.0	117.6	126.06	115.6	14.98	118.3
1988	7440.0	127.8	173.74	137.8	20.18	134.7
1989	8101.4	108.9	202.30	116.4	25.59	126.8
1990	8300.1	102.5	207.74	102.7	25.92	101.3
1991	9415.6	113.4	230.99	111.2	27.08	104.5
1992	10993.7	116.8	289.38	125.3	31.11	114.9
1993	14270.4	129.8	374.10	129.3	39.55	127.1
1994	18622.9	130.5	504.66	134.9	51.24	129.5
1995	23613.8	126.8	645.47	127.9	67.63	132.0
1996	28360.2	120.1	801.67	124.2	82.83	122.5
1997	31252.9	110.2	950.78	118.6	98.02	118.3
1998	33378.1	106.8	1089.59	114.6	115.24	117.6
1999	35647.9	106.8	1198.55	110.0	128.94	111.9
2000	39105.7	109.7	1320.80	110.2	143.42	111.2
2001	43055.4	110.1	1442.32	109.2	156.41	109.1
2002	48135.9	111.8	1593.76	110.5	170.47	109.0
2003	52516.3	109.1	1797.76	112.8	185.64	108.9
2004	59501.0	113.3	2062.03	114.7	205.74	110.8
2005	68352.6	114.9	2351.72	114.0	226.54	110.1
2006	79145.2	115.8	2717.62	115.6	250.77	110.7
2007	93571.6	118.2	3212.34	118.2	289.08	115.3
2008	114830.1	122.7	3866.69	120.4	342.75	118.6
2009	132678.4	115.5	4480.99	115.9	388.22	113.3
2010	156998.4	118.3	5310.03	118.5	431.15	111.1
2011	183918.6	117.1	6276.19	118.2	493.54	114.5
2012	210307.0	114.3	7256.54	115.6	546.35	110.7
2013	242842.8	115.5	8275.34	114.0	617.85	113.1
2014	271896.1	112.0	9346.74	112.9	692.20	112.0

注：本表根据2013年第二次全国经济普查数据，对2009年及以后年份进行调整。

12—2 主要年份按行业分社会消费品零售总额

单位：万元

年份	社会消费品零售总额	批发零售业	住宿和餐饮业	其他行业
1952	5592			
1957	17689			
1962	19023			
1965	21866	23832	1168	137
1970	21619			
1975	30929	34879	1062	961
1978	41784			
1979	51760			
1980	59838	64155	1627	1568
1981	66225			
1982	73542			
1983	81423			
1984	90627	71108	3028	2566
1985	112416	84593	3887	6050
1986	126610	94460	4299	5718
1987	149826			
1988	201797	148083	7481	5758
1989	255908			
1990	259156	228997	10570	9773
1991	270820	246548	11741	9607
1992	311147	283912	19292	7943
1993	395505	366317	18120	11068
1994	512370	454007	40113	18250
1995	676349	610634	42500	23215
1996	828321	747591	59367	21363
1997	980220	885045	70563	24612
1998	1152382	1024754	101952	25676
1999	1289390	1128187	135529	25674
2000	1434175	1248373	155896	29906
2001	1564148	1355450	174167	34531
2002	1704714	1476605	190282	37827
2003	1856434	1609648	203042	43744
2004	2057408	1786216	236483	34709
2005	2265422	1994067	239172	32183
2006	2507712	2211809	260011	35892
2007	2890767	2546522	303812	40433
2008	3427497	3004781	372124	50592
2009	3882237	3408753	400800	72684
2010	4311474	3819966	491508	
2011	4935443	4356399	579044	
2012	5463508	4799109	664399	
2013	6178457	5427276	751180	
2014	6921977	6080605	841372	

注:1.1992 年以前社会消费品零售总额含制造业零售额,总额与其中项不等;2.本表根据 2013 年第三次全国经济普查数据,对 2009 年及以后年份进行调整。

12—3 主要年份按行业分社会消费品零售总额指数

以上年为100

年份	社会消费品零售总额	批发零售业	住宿和餐饮业	其他行业
1991	104.5	107.7	111.1	98.3
1992	114.9	115.2	164.3	82.7
1993	127.1	129.0	93.9	139.3
1994	129.5	123.9	221.4	164.9
1995	132.0	134.5	106.0	127.2
1996	122.5	122.4	139.7	92.0
1997	118.3	118.4	118.9	115.2
1998	117.6	115.8	144.5	104.3
1999	111.9	110.1	132.9	100.0
2000	111.2	110.7	115.0	116.5
2001	109.1	108.6	111.7	115.5
2002	109.0	108.9	109.3	109.5
2003	108.9	109.0	106.7	115.6
2004	110.8	111.0	116.5	79.3
2005	110.1	111.6	101.1	92.7
2006	110.7	110.9	108.7	111.5
2007	115.3	115.1	116.8	112.7
2008	118.6	118.0	122.5	125.1
2009	113.3	113.4	107.7	143.7
2010	111.1	112.1	122.6	
2011	114.5	114.0	117.8	
2012	110.7	110.2	114.7	
2013	113.1	113.1	113.1	
2014	112.0	112.0	112.0	

注:本表根据2013年第三次全国经济普查数据,对2009年及以后年份进行调整。

12—4 限额以上批发零售法人企业

	法人企业数（个）	从业人员期末人数（人）	商品购进额	进口	商品销售额
总　计	**710**	**29031**	**5982871**	**181750**	**7214720**
一、批发业	**286**	**10753**	**4470145**	**162186**	**4976888**
1、按批发行业小类分					
农、林、牧产品批发	21	863	137282	44525	139566
谷物、豆及薯类批发	2	86	36464	2345	23784
饲料批发	9	500	28529		31896
林业产品批发	4	138	48847	42180	58757
牲畜批发	1	15	2440		2571
其他农牧产品批发	5	124	21003		22559
食品、饮料及烟草制品批发	76	4411	1417362	56189	1751564
米、面制品及食用油批发	10	317	60590		66449
糕点、糖果及糖批发	2	32	5579		5889
果品、蔬菜批发	37	2058	585879	56123	692847
肉、禽、蛋及水产品批发	8	321	28728		37996
盐及调味品批发	1	106	10172		13585
酒、饮料及茶叶批发	11	1274	147250	66	180537
烟草制品批发	1	137	509834		679114
其他食品批发	6	166	69330		75148
纺织、服装及家庭用品批发	16	328	71812	0	77855
纺织品、针织品及原料批发	1	49	2288		2146
服装批发	1	13	1740	0	2145
鞋帽批发	2	7	6712		7394
灯具、装饰物品批发	1	6	2042		2358
家用电器批发	6	184	33283		36190
其他家庭用品批发	5	69	25748		27622
文化、体育用品及器材批发	7	137	53361	405	64460
文具用品批发	1	6	1746		2063
图书批发	1	54	7533		7460
首饰、工艺品及收藏品批发	1	12	1734		2081
其他文化用品批发	4	65	42349	405	52856
医药及医疗器材批发	17	1313	276126		291665
西药批发	8	658	139670		142917
中药批发	8	650	134414		146227
医疗用品及器材批发	1	5	2043		2521
矿产品、建材及化工产品批发	107	2774	2211809	40221	2286317
煤炭及制品批发	4	49	17429		19010
石油及制品批发	9	187	333012	13635	352397
非金属矿及制品批发	3	41	9532	2486	10587
金属及金属矿批发	32	660	1069402	6920	1103799
建材批发	31	852	653964	16409	662184
化肥批发	12	472	58447		58053
农药批发	4	135	14244		17752
其他化工产品批发	12	378	55779	771	62534
机械设备、五金产品及电子产品批发	18	430	60837	1246	70551
农业机械批发	2	13	4640		4988
汽车批发	8	249	22991	1246	26593
汽车零配件批发	2	44	8232		8797
摩托车及零配件批发	1	8	504		731
五金产品批发	1	13	1782		1876

商品购进、销售和库存综合表

单位：万元

其中:通过公共网络实现的商品销售额	其中:使用银行卡支付的商品销售额	批发额	出口	零售额	其中:通过公共网络实现的商品零售额	期末商品库存额	年末零售营业面积(平方米)
657757	**1035408**	**4951091**	**216787**	**2263629**	**8024**	**516381**	**2002909**
648571	**701914**	**4777957**	**215009**	**198931**	**16**	**386101**	**1030086**
	57701	136886	15958	2680		86990	421168
		23784				83442	164225
	7584	31803		93		2147	63146
	49496	57453	4310	1304		371	54119
		2571					200
	621	21276	11648	1283		1030	139478
643996	334082	1627173	154821	124392		78765	219785
	5978	62303		4146		19425	66532
		5889				408	800
106	311336	608697	93300	84150		14693	102460
	327	33067		4929		2224	10189
	8121	13585				118	2457
	8320	149546		30991		20030	34953
643890		679114				20446	
		74973	61521	175		1421	2394
2201	8505	62039	32270	15816	1	6810	4857
		2146				218	20
1	172	1998	0	147	1	155	400
		5786	4822	1608		10	1122
	2155	2358				1	300
2200	6179	22302		13888		6411	2175
		27449	27449	173		15	840
	11495	57401	2081	7059		7480	1350
	1954	2063				3	200
	7460	7321		138		7460	180
	2081	2081	2081				300
		45935		6920		18	670
	3577	275039		16626		60014	42195
	1422	126489		16428		48827	29345
		146030		197		11186	12550
	2155	2521				1	300
2375	259207	2264947	2653	21370	15	128969	296938
		19010				545	5370
	216	346858		5539		10237	9979
2360	3748	10587				1668	12888
	35342	1095213	1633	8586		34003	36234
	217901	659852	1020	2332		66253	74359
	257	54790		3263		10418	17946
	1457	17752				2001	8740
15	285	60885		1649	15	3846	131422
	12391	64471		6079		7476	24090
		3618		1370		1111	945
	8303	23741		2852		4418	19747
		8797				797	2430
		494		237		61	300
		1876				0	80

12—4 续表1

	法人企业数（个）	从业人员期末人数（人）	商品购进额	进口	商品销售额
通讯及广播电视设备批发	2	28	8038		10687
其他机械设备及电子产品批发	2	75	14651		16878
贸易经纪与代理	2	15	11716	11716	10199
贸易代理	2	15	11716	11716	10199
其他批发	22	482	229840	7884	284712
再生物资回收与批发	16	352	172239	1650	213130
其他未列明批发业	6	130	57600	6234	71582
2、按登记注册类型分					
内资企业	283	10475	4389411	162186	4881389
国有企业	12	542	645918	56241	816399
集体企业	5	152	14734		15824
有限责任公司	104	3916	2100756	68320	2262521
国有独资公司	6	333	583847	58874	618819
其他有限责任公司	98	3583	1516909	9446	1643702
股份有限公司	2	113	51959		53854
私营企业	160	5752	1576044	37624	1732790
私营独资企业	4	79	6577		9690
私营合伙企业	1	67	1777		2335
私营有限责任公司	155	5606	1567690	37624	1720766
港、澳、台商投资企业	2	267	16547		17271
与港澳台商合资经营企业	1	21	14700		14374
港澳台商独资企业	1	246	1847		2897
外商投资企业	1	11	64188		78228
中外合资经营企业	1	11	64188		78228
3、按腔股情况分					
国有控股	27	1298	1895847	122036	2102623
集体控股	8	351	46114		48536
私人控股	232	8207	2337402	37664	2613513
港澳台商控股	1	246	1847		2897
外商控股	1	236	13165		20258
其　他	17	415	175769	2486	189061
4、按经营形式分					
独立门店	165	5416	1781119	33212	1962356
连锁总店	6	873	71343		84639
连锁门店	1	32	5475		5051
其　他	114	4432	2612209	128974	2924842
5、按单位规模分					
大　型	1	442	46820		54860
中　型	69	4876	2465792	121443	2766817
小　型	196	5196	1934250	40743	2123997
微　型	20	239	23285		31214
二、零售业	**424**	**18278**	**1512726**	**19564**	**2237833**
1、按零售行业小类分					
综合零售	40	6093	248330	37	321904
百货零售	12	1273	78516	37	120586
超级市场零售	25	4748	166414		197758
其他综合零售	3	72	3400		3560
食品、饮料及烟草制品专门零售	79	2555	106454	4157	136752
粮油零售	7	103	12600	56	13934

单位：万元

其中:通过公共网络实现的商品销售额	其中:使用银行卡支付的商品销售额	批发额	出口	零售额	其中:通过公共网络实现的商品零售额	期末商品库存额	年末零售营业面积(平方米)
	4089	9067		1620		322	388
		16878				768	200
		10199				1517	700
		10199				1517	700
	14956	279802	7226	4910		8080	19003
	5124	213130				6003	14815
	9832	66672	7226	4910		2077	4188
648571	701914	4682458	215009	198931	16	384527	1027486
643890	59698	816399	29541			114782	221880
		11761		4063		1124	5290
1	543787	2147721	90661	114801	1	120318	220560
	197241	618819	34385			27964	61314
1	346546	1528901	56275	114801	1	92354	159246
		51953		1901		565	1831
4680	98429	1654624	94807	78167	15	147739	577925
		8171		1520		2383	6710
		2335				561	2500
4680	98429	1644119	94807	76647	15	144795	568715
		17271				1573	2600
		14374				1220	1500
		2897				353	1100
		78228					
		78228					
643890	256939	2102623	63927			199717	288380
	257	44473		4063		7211	11240
4681	443296	2422376	109850	191137	16	163985	715266
		2897				353	1100
		20241		18		2853	1
	1422	185347	41232	3714		11982	14099
4561	396623	1843081	42400	119275	1	178078	407833
15	8406	58082		26556	15	2958	32481
		5051				664	4000
643996	296885	2871742	172609	53100		204401	585772
		31837		23023		822	21755
646196	257506	2714553	117316	52264		292145	459237
2375	443861	2002245	97693	121753	16	90887	532198
	547	29323		1891		2247	16896
9186	**333494**	**173134**	**1778**	**2064698**	**8008**	**130280**	**972823**
	75095	764		321141		22568	288022
	37615	40		120546		6810	90106
	37480	15		197743		15393	195181
		709		2851		365	2735
	11712	12688	1745	124064		7527	38006
	1098	1342		12592		261	7931

12—4 续表 2

	法人企业数（个）	从业人员期末人数（人）	商品购进额	进口	商品销售额
糕点、面包零售	3	65	1414		2952
果品、蔬菜零售	9	669	19274	4101	22918
肉、禽、蛋、奶及水产品零售	9	226	13992		18208
营养和保健品零售	1	16			560
酒、饮料及茶叶零售	45	1308	51078		66920
烟草制品零售	1	87	5561		7550
其他食品零售	4	81	2536		3709
纺织、服装及日用品专门零售	20	308	49331	3	64610
纺织品及针织品零售					
服装零售	8	107	36235		47820
鞋帽零售	1	38	1078	3	1069
化妆品及卫生用品零售	3	24	7903		9879
钟表、眼镜零售					
箱、包零售	1	43	891		866
厨房用具及日用杂品零售	1	35	218		623
自行车零售	1	7	489		613
其他日用品零售	5	54	2518		3739
文化、体育用品及器材专门零售	13	301	17234		24310
文具用品零售	1	7	783		851
体育用品及器材零售	1	15	464		552
图书、报刊零售					
音像制品及电子出版物零售					
珠宝首饰零售					
工艺美术品及收藏品零售	11	279	15987		22907
乐器零售					
照相器材零售					
其他文化用品零售					
医药及医疗器材专门零售	11	892	30401	655	34877
药品零售	10	860	28994	655	33385
医疗用品及器材零售	1	32	1407		1492
汽车、摩托车、燃料及零配件专门零售	165	5998	849894	14492	1426600
汽车零售	110	3187	565913	13857	607821
汽车零配件零售	5	74	5525		6240
摩托车及零配件零售	13	347	15032	602	18088
机动车燃料零售	37	2390	263424	34	794451
家用电器及电子产品专门零售	44	1366	154588		165318
家用视听设备零售	8	112	29062		33934
日用家电设备零售	24	963	103332		107662
计算机、软件及辅助设备零售	8	159	20896		22063
通信设备零售	2	17	859		1017
其他电子产品零售	2	115	439		641
五金、家具及室内装饰材料专门零售	44	580	40745	15	46972
五金零售	10	109	7248		8014
家具零售	16	221	16163		18384
涂料零售	1	5	618		546
卫生洁具零售	1	18	748	15	878
木质装饰材料零售	1	14	390		649
陶瓷、石材装饰材料零售	10	168	7570		10250
其他室内装饰材料零售	5	45	8009		8250
货摊、无店铺及其他零售业	8	185	15749	206	16491
互联网零售	2	48	4126		6147
生活用燃料零售	3	50	2424		2904
其他未列明零售业	3	87	9199	206	7440
2、按登记注册类型分					
内资企业	415	15883	1460162	19564	1693524
国有企业	4	107	12007		11508
集体企业	6	116	6938	56	7159

单位：万元

其中:通过公共网络实现的商品销售额	其中:使用银行卡支付的商品销售额	批发额	出口	零售额	其中:通过公共网络实现的商品零售额	期末商品库存额	年末零售营业面积(平方米)
	1404			2952		63	2600
		6452	1745	16466		1067	5733
	2959	3005		15203		1102	1345
		322		238		298	200
	539	1568		65352		3804	16668
	5333			7550		831	1209
	380			3709		100	2320
1594	46096	1241	1	63369	1594	3806	7357
1083	44728			47820	1083	2707	1605
	323	1	1	1068		9	760
502	502	803		9076	502	439	1087
				866		85	120
9		436		187	9	427	230
				613		9	800
	543			3739		131	2755
1175	3286	4600		19710	1386	828	20136
	750			851		33	84
		483		70		11	4000
1175	2536	4117		18790	1386	784	16052
	6638			34877		11685	13327
	6638			33385		11565	13207
				1492		120	120
1950	178750	120761	33	1305840	1847	61130	471029
1950	175546	26359		581462	1847	50485	218988
	853	1102		5138		276	3045
	521	125		17963		3337	10559
	1829	93175	33	701277		7032	238437
1299	4582	29393		135924	2	11316	55040
	703	14745		19190		937	1497
754	3417	7198		100464	2	9729	50540
545	462	7179		14884		478	1171
		232		785		85	832
		40		601		87	1000
	6523	1148		45824	13	4237	51060
	2215	739		7275	3	476	3418
	450	364		18020	10	1611	33961
				546		95	320
	18			878		79	300
				649		36	220
	2852			10250		1081	9611
	988	45		8205		860	3230
3168	813	2541		13950	3168	7184	28846
3168	588	2541		3606	3168	474	100
	179			2904		82	13184
	46			7440		6628	15562
9177	296463	114109	1778	1579414	7999	123746	792802
		4018		7491		1088	3148
	1098	700		6450		489	14848

12—4 续表3

	法人企业数（个）	从业人员期末人数（人）	商品购进额	进口	商品销售额
股份合作企业	1	11	998		999
有限责任公司	138	6567	438818	556	505542
国有独资公司	2	207	38706		41517
其他有限责任公司	136	6360	40013	556	464025
股份有限公司	3	508	151128		215689
私营企业	255	7884	835771	18951	932143
私营独资企业	29	514	35701	691	40660
私营合伙企业	2	25	938		1049
私营有限责任公司	220	7312	788422	18260	879067
私营股份有限公司	4	33	10711		11367
其他企业	8	690	14501		20483
港、澳、台商投资企业	3	780	28022		36402
与港澳台商合资经营企业	1	35	218		623
港澳台商独资企业	2	745	27804		35779
外商投资企业	6	1615	24542		507907
中外合资经营企业	2	1505	13523		470699
外资企业	4	110	11019		37207
3、按企业控股情况分					
国有控股	17	1213	242805	37	328282
集体控股	8	297	10184	56	13595
私人控股	367	11261	1012349	19250	1132193
港澳台商控股	4	2012	28022		490437
外商控股	6	399	25608		55515
其　他	22	3096	193759	221	217809
4、按经营形式分					
独立门店	362	9194	1010887	18669	1159884
连锁总店	30	7076	389950	655	947191
连锁门店	7	810	63476		69640
其　他	25	1198	48413	239	61118
5、按单位规模分					
大　型	6	4506	271844		761996
中　型	61	8222	678101	18520	796603
小　型	223	4688	437210	54	539867
微　型	134	862	125571	990	139367
6、按零售业态分					
有店铺零售	415	17992	1502774	19564	2223010
食杂店	2	37	3002		3398
便利店	4	195	15804		16188
超　市	21	1473	36902		40822
大型超市	8	2530	111709		150028
百货店	20	2433	95683	93	129460
专业店	205	6641	617018	1812	1201967
专卖店	129	4184	589831	17659	643456
家居建材商店	12	119	11792		15052
购物中心	1	26	328		573
厂家直销中心	13	354	20705		22067
无店铺零售	9	286	9952		14822
网上商店	7	190	6707		9508
电话购物	2	96	3245		5314

单位：万元

其中:通过公共网络实现的商品销售额	其中:使用银行卡支付的商品销售额	批发额	出口	零售额	其中:通过公共网络实现的商品零售额	期末商品库存额	年末零售营业面积（平方米）
		999				24	2500
2580	79109	14415		491127	2793	49989	304173
	23541			41517		3313	3900
2580	55568	14415		449610	2793	46676	300273
		32721		182968		1871	59130
6597	216256	58122	1778	874021	5207	69437	402440
	1157	736	34	39925		2242	27265
				1049		120	6160
6095	205411	57387	1745	821680	4705	66942	367801
502	9688			11367	502	134	1214
		3125		17358		849	6563
9	14230	436		35966	9	853	12300
9		436		187	9	427	230
	14230			35779		426	12070
	22801	58589		449318		5682	167721
	9748	58589		412111		4620	134325
	13053			37207		1061	33396
2580	46479	44008		284274	2580	17450	101357
	1098	2106		11489		489	15148
6597	233850	65986	1778	1066208	5209	87373	541661
9	14230	59025		431412	9	3773	130145
	22801			55515		2847	50212
	15035	2009		215800	211	18347	134300
6606	297499	65622	1746	1094262	5429	83103	522897
	24662	91081		856110		33655	375421
	10434	1102		68538		4310	42817
2580	899	15330	33	45788	2580	9213	31688
	33203	80661		681335		12988	248594
	146768	29482		767121		70117	332478
6926	130793	51655	1746	488212	3986	38485	313181
2260	22731	11336	33	128031	4023	8690	78570
3258	330146	169247	1778	2053763	2081	129397	971032
	2597			3398		163	1500
	380	40		16148		742	2803
	2251	1743		39079		3442	35685
	39320			150028		9089	116659
	35146	1105		128355	3	10001	139302
849	86552	129482	34	1072485	44	51223	421118
2409	157635	35955	1745	607501	2034	51433	218358
	2091	265		14787		1036	8307
				573		89	6400
	4175	657		21410		2180	20900
5928	3348	3887		10935	5928	883	1791
5928	3348	2541		6967	5928	585	1591
		1346		3968		298	200

12—5 限额以上批发零售产业活动单位

	法人企业数（个）	从业人员期末人数（人）	商品购进额	进口
总计	**161**	**2892**	**334769**	
一、批发业	**10**	**96**	**40704**	
1、按批发行业小类分				
农、林、牧产品批发	2	7	5867	
饲料批发	2	7	5867	
食品、饮料及烟草制品批发	1	15	6668	
果品、蔬菜批发	1	15	6668	
矿产品、建材及化工产品批发	6	65	23463	
建材批发	4	36	15104	
化肥批发	2	29	8359	
机械设备、五金产品及电子产品批发	1	9	4706	
汽车零配件批发	1	9	4706	
独立门店	10	96	40704	
二、零售业	**151**	**2796**	**294065**	
综合零售	35	577	61937	
百货零售	7	121	19522	
超级市场零售	22	423	35821	
其他综合零售	6	33	6595	
食品、饮料及烟草制品专门零售	43	790	76927	
粮油零售	1	8	696	
糕点、面包零售	1	4	1437	
果品、蔬菜零售	1	6	479	
肉、禽、蛋、奶及水产品零售	9	206	25135	
酒、饮料及茶叶零售	25	509	36475	
其他食品零售	6	57	12705	
纺织、服装及日用品专门零售	4	32	5097	
服装零售	1	5	613	
化妆品及卫生用品零售	1	12	400	
其他日用品零售	2	15	4084	
文化、体育用品及器材专门零售	5	53	4624	
体育用品及器材零售	1	9	511	
图书、报刊零售	1	13	825	
珠宝首饰零售	2	27	2339	
工艺美术品及收藏品零售	1	4	949	
汽车、摩托车、燃料及零配件专门零售	9	172	39829	
汽车零售	1	7	1215	
摩托车及零配件零售	3	11	3260	
机动车燃料零售	5	154	35354	

(个体户)商品购进、销售和库存综合表

单位：万元

商品销售额	其中:使用银行卡支付的商品销售额	批发额	出口	零售额	期末商品库存额	年末零售营业面积(平方米)
365880	**7622**	**35642**		**330238**	**19353**	**202463**
43127	**5836**	**30908**		**12219**	**1316**	**2843**
5780		4279		1501	109	190
5780		4279		1501	109	190
6892		6892				
6892		6892				
25624	5836	16095		9528	1130	2053
16397	3766	9009		7388	521	1860
9226	2071	7086		2140	609	193
4831		3641		1190	78	600
4831		3641		1190	78	600
43127	5836	30908		12219	1316	2843
322753	**1786**	**4734**		**318019**	**18036**	**199620**
65322	245	394		64927	6867	20529
20163	162			20163	942	3667
37601	11	394		37207	5568	14078
7557	72			7557	358	2784
92681	747			92681	3157	13197
916				916	34	250
2211				2211		56
658	475			658	83	500
30819				30819	413	2612
44769				44769	1456	7737
13307	272			13307	1171	2042
5224				5224	181	693
594				594	36	162
574				574	72	121
4056				4056	73	410
5098				5098	323	1710
537				537	31	320
777				777	68	125
2815				2815	194	1180
968				968	31	85
42473				42473	657	127781
1222				1222	76	800
3394				3394	117	510
37857				37857	464	126471

12—5 续表

	法人企业数（个）	从业人员期末人数（人）	商品购进额	进口
家用电器及电子产品专门零售	14	86	19536	
家用视听设备零售	1	5	1380	
日用家电设备零售	11	62	16301	
通信设备零售	2	19	1856	
五金、家具及室内装饰材料专门零售	38	433	76898	
五金零售	2	12	2272	
灯具零售	1	5	3974	
家具零售	14	124	18233	
涂料零售	1	4	588	
卫生洁具零售	1	7	2011	
陶瓷、石材装饰材料零售	6	87	10886	
其他室内装饰材料零售	13	194	38934	
货摊、无店铺及其他零售	3	653	9216	
其他未列明的零售业	3	653	9216	
2、按登记注册类型分				
内资企业	13	1228	69106	
有限责任公司	4	490	38902	
其他有限责任公司	4	490	38902	
私营企业	9	738	30204	
私营独资企业	1	39	6139	
私营有限责任公司	8	699	24066	
3、按经营形式分				
独立门店	144	2476	242496	
连锁总店	2	154	12924	
连锁门店	2	14	2166	
其　他	3	152	36479	
4、按零售业态分				
有店铺零售	151	2796	294065	
食杂店	8	58	12240	
便利店	4	24	3680	
超　市	31	551	57927	
百货店	3	18	5490	
专业店	60	628	122081	
专卖店	26	658	46929	
家居建材商店	16	243	36228	
购物中心	1	11	3182	
厂家直销中心	2	605	6308	

单位：万元

商品销售额	其中:使用银行卡支付的商品销售额	批发额	出口	零售额	期末商品库存额	年末零售营业面积（平方米）
19577				19577	2010	4445
1318				1318	134	180
16320				16320	1732	3825
1939				1939	145	440
80536	794	4340		76196	3893	27655
2605	115			2605	94	370
4062		763		3299	413	250
19312	453			19312	1009	15690
605				605	35	160
2191				2191	206	320
11597		1885		9712	431	3227
40164	227	1692		38472	1706	7638
11843				11843	948	3610
11843				11843	948	3610
81644				81644	1476	132469
42735				42735	1207	127903
42735				42735	1207	127903
38909				38909	268	4566
8185				8185	28	860
30725				30725	241	3706
263877	1786	4734		259143	17087	73561
16392				16392	178	1110
3010				3010	99	296
39475				39475	673	124653
322753	1786	4734		318019	18036	199620
13468				13468	884	2480
4292	72			4292	217	2204
60346	173	394		59952	6656	18237
5751				5751	165	1215
133874	839	3263		130611	5195	145171
55155	475			55155	2183	10098
38021	227	1077		36944	2027	16665
3148				3148	49	260
8698				8698	660	3290

12—6 重要商品购进、销售和库存

商品名称	单位	购进量		销售量		期末库存量		批发业单位数	零售业单位数
		2014	2013	2014	2013	2014	2013		
大米(稻米)	千克	44265564	36329301	47553618	42360447	38686076	42167586	3	42
白面(小麦面)	千克	12323130	8235212	12005982	8122460	656499	519094	2	21
杂　粮	千克	2081131	3011674	2076084	2998463	1392826	1397305		19
食用植物油	千克	20346799	23975503	21512726	24026908	7874935	65778235	6	39
猪　肉	千克	5814463	3472824	5815671	3477874	18188	12630	1	24
牛　肉	千克	62026	75716	62328	74550	226	1195		8
羊　肉	千克	30252	20279	30200	20260	89	42		8
禽　肉	千克	284939	228781	281054	228440	3984	382		9
鲜　蛋	千克	1330501	1224744	1343129	1224539	7182	4969	1	29
彩色电视机	台	72451	67375	73981	67432	5984	7826	5	34
家用电冰箱	台	181734	153129	176559	146364	11159	15270	5	40
房间空调器	台	148768	128992	152462	125951	15847	17787	5	36
电脑(微型计算机)	台	30925	28520	30286	29732	1497	1246		14
汽　车	辆	68483	50776	69881	50628	7393	7554	9	103
其中:轿车	辆	56507	36823	57145	37268	5630	4756	2	75
煤　炭	吨	207090	196390	212980	206585	12571	2531	5	
汽　油	吨	142602	137162	448412	393579	2598	2252	1	33
柴　油	吨	189008	214220	495297	524045	3679	2513	1	34
钢　材	吨	8032081	4860832	7733513	4796079	493550	195573	32	1
铜	吨	4784	4067	5109	4300	1108	1333	2	
铝	吨								
水　泥	吨	488292	278849	502766	226749	33027	52310	6	
化学肥料	吨	256101	210205	241520	205581	49250	37096	13	1
化学农药	吨	7508	6552	7011	6307	1321	996	8	

12—7 限额以上批发和零售业商品销售分类情况(法人)

单位：万元

	批发业		零售业	
	销售额	零售额	销售额	零售额
合　计	**4917935**	**210133**	**2373812**	**2216960**
互联网销售	15178	15	10629	10629
1、粮油、食品、饮料、烟酒类	1689039	143031	369692	343390
(1)粮油、食品类	825758	112713	233387	212117
其中:粮油类	45841	6274	59088	57043
肉禽蛋类	7713	1151	22411	22411
水产品类	36148	8558	57358	44905
蔬菜类	158860	31755	22373	20272
干鲜果品类	379538	58368	45250	40578
(2)饮料类	35749	16756	78934	74174
(3)烟酒类	827532	13562	57371	57099
2、服装、鞋帽、针纺织品类	26022	2122	105006	105006
(1)服装类	7020	468	68870	68870
(2)鞋帽类	10805	1611	27678	27678
(3)针、纺织品类	8197	44	8458	8458
3、化妆品类	3124	496	22832	20302
4、金银珠宝类	0	0	10441	10441
5、日用品类	15590	3337	55512	55463
其中:洗涤用品类	3958	417	31007	30962
儿童玩具类	3	3	6069	6065
6、五金、电料类	16398	1370	12951	12294
7、体育、娱乐用品类	6580	20	5549	5549
8、书报杂志类	4529	206	430	430
9、电子出版物及音像制品类	0	0	530	530
10、家用电器和音像器材类	33098	13268	175761	164949
11、中西药品类	281855	4462	30355	30355
其中:西药类	175957	3117	20581	20581
中草药及中成药类	96394	1345	8730	8730
12、文化办公用品类	30972	864	30589	21580
13、家具类	25313	510	18175	17910
14、通讯器材类	6598	0	16591	16591
15、煤炭及制品类	55544	0	0	0
16、木材及制品类	147443	0	40	0
17、石油及制品类	352401	5539	794463	708053
18、化工材料及制品类	126479	0	2576	0
其中:化肥类	54275	0	709	0
19 金属材料类	1200881	0	23	0
20、建筑及装潢材料类	467622	13008	23115	22805
21、机电产品及设备类	26835	1336	17801	17694
其中:农机类	3335	0	0	0
22、汽车类	54870	5952	633762	616683
23、种子饲料类	17560	0	0	0
24、棉麻类	0	0	0	0
25、其他类	329184	14613	47615	46933

12—8 限额以上批

	法人企业数（个）	执行《2006年企业会计准则》企业数（个）	一、年初存货	流动资产合计	应收账款	存货
总计	**286**	**226**	**335878**	**3034662**	**491483**	**336582**
1、按国民经济行业分						
农、林、牧产品批发	21	18	89168	114683	17002	78067
谷物、豆及薯类批发	2	2	82219	78543		72710
饲料批发	9	9	2248	16845	4808	2192
林业产品批发	4	4	3211	5894	1730	2136
牲畜批发	1	1		133	92	
其他农牧产品批发	5	2	1491	13269	10373	1030
食品、饮料及烟草制品批发	76	62	108661	518942	63096	98563
米、面制品及食用油批发	10	9	21195	34651	5836	19614
糕点、糖果及糖批发	2	2	508	3081	587	390
果品、蔬菜批发	37	31	27662	101423	25630	15965
肉、禽、蛋、奶及水产品批发	8	6	1364	12340	5553	1960
盐及调味品批发	1	1	167	2211	58	118
酒、饮料及茶叶批发	11	10	40197	138122	21186	42076
烟草制品批发	1		16620	216164	43	17468
其他食品批发	6	3	950	10951	4204	973
纺织、服装及家庭用品批发	16	15	9896	31878	9069	4516
纺织品、针织品及原料批发	1		75	1865	432	220
服装批发	1	1	30	793	579	215
鞋帽批发	2	2		2273		
灯具、装饰物品批发	1	1	1	1		1
家用电器批发	6	6	9790	16925	3677	4080
其他家庭用品批发	5	5		10021	4381	
文化、体育用品及器材批发	7	7	452	18392	9039	747
文具用品批发	1	1	3	3		3
图书批发	1	1	402	2842	2168	674
首饰、工艺品及收藏品批发	1	1		407		
其他文化用品批发	4	4	48	15140	6871	70
医药及医疗器材批发	17	13	14025	91716	44215	15775
西药批发	8	6	6849	33758	15340	7265
中药批发	8	6	7173	57955	28875	8508
医疗用品及器材批发	1	1	3	3		3
矿产品、建材及化工产品批发	107	78	95917	2053481	294162	126628
煤炭及制品批发	4	3	1273	14422	7425	1346
石油及制品批发	9	8	9664	175229	21670	9504
非金属矿及制品批发	3	1	1980	10151	4334	1543
金属及金属矿批发	32	26	21337	1463993	178922	31573
建材批发	31	23	44285	279932	71229	59625
化肥批发	12	7	7942	31387	2670	12315
农药批发	4	4	6529	10512	1366	7319
其他化工产品批发	12	6	2906	67854	6547	3404
机械设备、五金产品及电子产品批发	18	15	9180	38904	15518	7180

发业财务状况

单位：万元

二、期末资产负债									
固定资产合计	固定资产原价	累计折旧	本年折旧	在建工程	资产总计	流动负债合计	应付账款	非流动负债合计	负债合计
165847	**232433**	**67042**	**10995**	**7858**	**4770919**	**2676965**	**296749**	**505944**	**3183120**
27497	37310	9812	1754	577	169213	122607	36188	8449	131056
22667	30481	7814	1325	469	102235	78665	15837	7310	85975
1413	2002	589	144	108	44004	26696	12074	826	27522
1450	1816	366	23		7580	6139	2637	241	6380
229	255	25	13		366	44	26		44
1738	2756	1018	250		15029	11063	5614	74	11136
57503	89285	32235	4651	4148	647633	290146	64184	4102	294458
7702	10330	2628	448	719	48022	23555	2286	156	23711
1115	1967	851	72		4412	2126	66		2126
9149	11896	2747	470	266	124319	89425	35663	2698	92123
615	875	260	79		14467	9041	862	274	9315
1249	2087	838	132	91	6880	1961	520	674	2636
21944	28761	6817	1284	898	195921	148893	19630	159	149053
13213	30389	17176	2018	1869	238365	5626	762		5626
2516	2981	917	148	305	15248	9519	4396	139	9868
3095	3817	722	293		37644	26846	9770	-361	26485
51	132	81	16		1917	687	84		687
23	41	18	12		817	767	767		767
219	256	38	12		3030	2200			2200
20	26	5	3		76	26			26
2714	3054	340	75		21716	15652	6319		15652
67	307	240	175		10088	7514	2600	-361	7153
40	180	139	18		26666	22544	17408		22544
23	25	2	2		136	36			36
1	34	33	2		3307	2741	1783		2741
11	94	83	9		418	415	75		415
6	26	21	5		22805	19353	15551		19353
5220	7432	2212	422	500	130623	81273	26514	18252	99526
1814	3169	1355	218	266	66222	23208	12104	18201	41409
3381	4230	850	201	234	64338	58053	14410	52	58104
25	33	8	3		63	13			13
64623	84074	19451	3463	2241	3524015	1940062	83892	470932	2410994
1407	1709	302	14		16800	11584	4140	136	11720
6687	11431	4744	583	1062	191981	152682	19632	400	153082
489	627	138	78	278	10831	8381	2427		8381
13565	19008	5444	835	307	2762319	1431777	12886	436026	1867803
8878	11432	2554	634	266	384608	237169	28423	8484	245653
1339	2194	856	219	323	35003	25127	3200	499	25626
2616	3181	565	178		13651	8405	2402	20	8425
29644	34493	4849	921	6	108821	64937	10782	25368	90305
5096	6050	954	211	392	44904	31969	19766	2511	34480

12—8 续表1

	二、期末资产负债(续)					
	所有者权益合计	实收资本	国家资本	集体资本	法人资本	个人资本
总　计	**1587799**	**896684**	**468278**	**7418**	**226449**	**192029**
1、按国民经济行业分						
农、林、牧产品批发	38156	32490	3202		13861	15427
谷物、豆及薯类批发	16260	13517	2874		10644	
饲料批发	16482	14983			853	14130
林业产品批发	1200	430	329		62	40
牲畜批发	321	300			300	
其他农牧产品批发	3892	3260			2003	1258
食品、饮料及烟草制品批发	353176	87524	16318	35	41621	27039
米、面制品及食用油批发	24311	9801	1270		350	8181
糕点、糖果及糖批发	2286	1807	1757			50
果品、蔬菜批发	32197	18611	4243	35	7128	4693
肉、禽、蛋、奶及水产品批发	5152	5090	50		170	4870
盐及调味品批发	4244	2397			2397	
酒、饮料及茶叶批发	46869	36793			27548	9245
烟草制品批发	232739	7997	7997			
其他食品批发	5380	5028	1000		4028	
纺织、服装及家庭用品批发	11159	9956			2698	7259
纺织品、针织品及原料批发	1229	1000				1000
服装批发	50	50				50
鞋帽批发	830	70				70
灯具、装饰物品批发	50	50			50	
家用电器批发	6064	5627			1536	4091
其他家庭用品批发	2935	3159			1112	2048
文化、体育用品及器材批发	4122	3537	171		1100	2266
文具用品批发	100	100			100	
图书批发	566	566				566
首饰、工艺品及收藏品批发	4	171	171			
其他文化用品批发	3452	2700			1000	1700
医药及医疗器材批发	31097	21441	8452		8480	4509
西药批发	24813	13653	7687		3360	2606
中药批发	6234	7738	765		5070	1903
医疗用品及器材批发	50	50			50	
矿产品、建材及化工产品批发	1113021	705236	440135	5777	147295	112030
煤炭及制品批发	5081	3592	985			2607
石油及制品批发	38899	35943			18143	17800
非金属矿及制品批发	2450	900			450	450
金属及金属矿批发	894517	519375	382850		89078	47447
建材批发	138956	112976	56300		27968	28708
化肥批发	9377	6080		1302	1248	3531
农药批发	5227	8075		4475	65	3535
其他化工产品批发	18517	18295			10343	7952
机械设备、五金产品及电子产品批发	10425	9652			1710	7942

单位：万元

		三、损益及分配							
港澳台资本	外商资本	营业收入	主营业务收入	营业成本	主营业务成本	营业税金及附加	主营业务税金及附加	其他业务利润	销售费用
2510		**4395374**	**4388456**	**4020839**	**4018042**	**43698**	**43653**	**7707**	**68569**
		138825	138424	118630	118602	148	148	212	6738
		32673	32512	24593	24593	1	1		471
		30659	30659	26091	26091	94	94		1190
		50672	50432	45356	45328	30	30	212	4440
		2571	2571	2443	2443	7	7		48
		22250	22250	20149	20149	16	16		589
2510		1554759	1551736	1327640	1326760	37370	37354	5128	27173
		65173	65048	61776	61762	176	176		1491
		5663	5663	4540	4540	50	50		433
2510		624941	623918	574632	574047	582	582	3302	7833
		36209	36209	33101	32821	62	62		1337
		12008	11974	8970	8970	37	37		2232
		156960	155341	141588	141588	781	765	1606	4826
		580454	580440	434864	434864	35626	35626	14	6507
		73351	73144	68169	68169	57	57	207	2515
		72071	72071	66058	66058	118	118	120	2343
		2146	2146	1888	1888	1	1		124
		1735	1735	1534	1534	1	1		66
		7022	7022	6631	6631	81	81		153
		2016	2016	1754	1754	2	2		9
		31895	31895	28943	28943	32	32	120	1006
		27257	27257	25308	25308				986
		58802	58802	53736	53736	58	58		381
		2063	2063	1745	1745	3	3		13
		7460	7460	7261	7261	1	1		
		2081	2081	1734	1734	4	4		241
		47198	47198	42996	42996	51	51		127
		253260	252990	230219	230151	688	660	194	10986
		123723	123528	113749	113690	137	109	144	2550
		127383	127308	114724	114715	550	550	50	8423
		2154	2154	1746	1746	1	1		13
		1986034	1983047	1918818	1917110	1804	1804	1873	17200
		17113	17025	16452	16448	57	57		176
		303141	302901	292496	292496	70	70		3960
		9700	9700	8844	8844	7	7		255
		948005	945442	924117	922593	721	721	1484	5223
		572372	572286	553468	553294	718	718	383	3080
		57725	57725	52095	52095	65	65		2191
		17750	17750	15881	15881	22	22		723
		60229	60219	55466	55460	145	145	5	1591
		62457	62227	55979	55876	266	266	42	2126

12—8 续表 2

	管理费用	税 金	财务费用	利息收入	利息支出	资产减值损失
总 计	**78278**	**4084**	**70352**	**41604**	**98373**	**-1283**
1、按国民经济行业分						
农、林、牧产品批发	5365	81	4936	7	4473	
谷物、豆及薯类批发	2493		4122	-14	4173	
饲料批发	1827	36	201	16	198	
林业产品批发	594	41	294	4	83	
牲畜批发	48	1	4		4	
其他农牧产品批发	403	4	315	1	15	
食品、饮料及烟草制品批发	42577	2549	7553	3341	8304	10
米、面制品及食用油批发	2234	17	1199	373	836	
糕点、糖果及糖批发	540	5	32		32	0
果品、蔬菜批发	8644	1149	1791	229	2052	-2
肉、禽、蛋、奶及水产品批发	554	10	279	20	257	12
盐及调味品批发	297	16	8	1		
酒、饮料及茶叶批发	4175	618	5724	524	5004	
烟草制品批发	24757	706	-2149	2149		
其他食品批发	1375	28	671	45	123	
纺织、服装及家庭用品批发	1458	48	249	91	228	3
纺织品、针织品及原料批发	52	3	-8	9		
服装批发	119	0	2	6	8	
鞋帽批发	42	5				
灯具、装饰物品批发	10		8			
家用电器批发	699	32	-11	48	32	3
其他家庭用品批发	536	8	259	28	188	
文化、体育用品及器材批发	700	67	160	35	100	
文具用品批发	21	1	4			
图书批发	206	9	90	15	72	
首饰、工艺品及收藏品批发	118	1	-11	11		
其他文化用品批发	355	56	77	10	29	
医药及医疗器材批发	4235	116	988	304	960	67
西药批发	2028	31	457	37	285	21
中药批发	2196	85	522	267	674	47
医疗用品及器材批发	11		10			
矿产品、建材及化工产品批发	19407	1065	48764	37378	78712	-1364
煤炭及制品批发	233	8	0	0		
石油及制品批发	2814	123	1577	25	1328	
非金属矿及制品批发	86	14	171	4	175	
金属及金属矿批发	8844	510	40570	36106	71842	-1618
建材批发	3735	218	5868	1064	4709	254
化肥批发	1102	7	154	121	224	
农药批发	422	33	67	13	71	
其他化工产品批发	2171	154	356	46	363	
机械设备、五金产品及电子产品批发	2043	124	252	75	51	1

单位：万元

三、损益及分配(续)							四、人工成本及增值税		五、从事批发和零售业活动的从业人员平均人数(人)
公允价值变动收益	投资收益	营业利润	营业外收入	其中：补贴收入	利润总额	应交所得税	应付职工薪酬(本年贷方累计发生额)	应交增值税	
4	**31177**	**145837**	**107675**	**74004**	**212812**	**26580**	**67043**	**68059**	**10289**
	9	3017	164	61	2440	117	2782	515	540
	9	1002	6		993		884	11	75
		1256			1214	40	750	284	192
		-41	103	5	-622	10	751	135	126
		21			21	7	31	1	15
		778	56	56	834	60	366	84	132
3	351	112579	2987	2630	112922	21216	38907	32490	4787
		-1703	2486	2384	927	248	1366	975	299
		68			68	18	196	88	32
	136	31598	225	108	31141	358	8188	4418	1683
3	4	871	3	3	557	36	954	224	296
		465			465	123	1008	269	95
		-134	6	6	-833	312	4624	2204	1180
	211	80849	145	62	80308	20050	21549	24197	1045
		566	123	67	289	72	1023	114	157
	-8	1832	31	5	1007	92	1112	168	296
	-8	80			80	3	127	12	26
		14	0		14	4	76	16	13
		115			103		77		17
		233			233	2	25	2	5
		1222	1		388	18	523	138	165
	-1	169	30	5	189	67	284	1	70
		3768	6	6	612	111	398	197	121
		277			277	1	28	1	5
		-97	1		-97		121		54
		-4	6	6	2		60		12
		3592			430	110	190	196	50
	206	6282	44		6433	1031	7052	3183	1238
	206	4987	18		5065	246	2722	792	636
		920	26		994	784	4307	2390	598
		375			375	1	23	1	4
2	30619	11970	100216	69033	80522	3751	12701	13307	2392
		195	0		194	47	196	380	47
	15	2238	30299		1472	371	713	792	190
		337			322	19	442	112	41
2	30065	149	69521	68896	69718	1482	4355	7984	494
	539	5796	250	34	5679	1444	3672	3325	695
		2119	105	99	1961	275	1591	413	455
		635	16		651	35	416		133
		500	26	4	525	79	1317	301	337
		1791	33	7	652	86	2142	1384	442

12—8 续表3

	法人企业数（个）	执行《2006年企业会计准则》企业数（个）	一、年初存货	流动资产合计	应收账款	存货
农业机械批发	2	2	154	2506	1788	544
汽车批发	8	8	7446	17832	2558	4853
汽车零配件批发	2		762	1449	283	734
摩托车及零配件批发	1		202	2924	10	52
五金产品批发	1	1		1768	750	
通讯及广播电视设备批发	2	2	196	743	180	342
其他机械设备及电子产品批发	2	2	419	11683	9948	656
贸易经纪与代理	2	1	39	667	46	141
贸易代理	2	1	39	667	46	141
其他批发业	22	17	8539	166001	39335	4964
再生物资回收与批发	16	13	6888	85668	25468	2887
其他未列明批发业	6	4	1651	80333	13867	2077
2、按登记注册类型分						
内资企业	283	223	334158	3006033	468965	333532
国有企业	12	9	110096	319542	4352	101396
集体企业	5	3	1187	3669	722	827
有限责任公司	104	86	105441	1531469	228600	113295
国有独资公司	6	6	32473	1088901	102968	28708
其他有限责任公司	98	80	72968	442567	125631	84588
股份有限公司	2	1	283	19573		581
私营企业	160	124	117152	1131780	235292	117433
私营独资企业	4	2	1277	20712	3860	2301
私营合伙企业	1	1		502	301	151
私营有限责任公司	155	121	115874	1110566	231131	114982
港、澳、台商投资企业	2	2	1720	5224	50	3050
与港澳台商合资经营企业	1	1	895	1865		1221
港澳台商独资企业	1	1	825	3359	50	1829
外商投资企业	1	1		23406	22467	
中外合资经营企业	1	1		23406	22467	
3、按腔股情况分						
国有控股	27	24	183189	1646104	156057	178955
集体控股	8	5	5969	26138	12108	9679
私人控股	232	186	131599	1276527	306460	133539
港澳台商控股	1	1	825	3359	50	1829
外商控股	1	1	1011	11994	603	972
其他	17	9	13285	70541	16204	11608
4、按经营形式分						
独立门店	165	134	163159	854864	228484	155398
连锁总店	6	4	23159	43182	6669	22431
连锁门店	1	1	532	370	6	351
其他	114	87	149027	2136247	256324	158403
5、按单位规模分						
大型	1	1	20678	33994	4102	19878
中型	69	53	231474	2002277	220140	223513
小型	196	158	81886	947819	252455	91792
微型	20	14	1839	50572	14786	1399

单位：万元

二、期末资产负债									
固定资产合计	固定资产原价	累计折旧	本年折旧	在建工程	资产总计	流动负债合计	应付账款	非流动负债合计	负债合计
325	342	17	17		2830	2421	2121		2421
2014	2547	532	74		20359	14316	5596	1089	15404
2080	2214	134	86	392	3921	1747	897	1322	3069
296	415	119	7		3220	922	10		922
43	55	13	6		1810	1537	1311		1573
256	318	62			999	422		100	522
82	160	78	21		11765	10569	9832		10569
1	1	0	0		668	168	49		168
1	1	0	0		668	168	49		168
2773	4286	1517	185		189554	161351	38978	2059	163411
2347	3248	901	129		108481	88841	30116	1875	90716
426	1038	615	56		81074	72510	8862	185	72695
165006	231401	66852	10906	7833	4735270	2649088	283437	505548	3154847
42120	70397	28277	3633	2429	377301	107041	21673	8633	115674
324	703	379	22		4594	2275	583	326	2601
42209	53673	11919	2281	2709	2706174	1365205	86394	418409	1783825
9097	12141	3045	404		2157966	983176	24892	401006	1384182
33113	41532	8875	1878	2709	548208	382030	61503	17403	399643
3031	7180	4150	299	374	295769	121292	76	35000	156292
77321	99449	22128	4670	2321	1351432	1053276	174711	43179	1096455
680	742	62	6		21397	19852	14903		19852
152	156	4	2		702	302	215		302
76490	98551	22062	4662	2321	1329334	1033121	159593	43179	1076301
842	1031	190	90	24	10482	5710	21	396	6107
					6282	4417			4417
842	1031	190	90	24	4200	1294	21	396	1690
0	1	0	0		25167	22167	13290		22167
0	1				25167	22167	13290		22167
54384	88213	33829	4343	2429	3068550	1386634	62004	454734	1841368
698	1465	767	144		27437	21936	13135	326	22262
105013	131685	27124	5789	4803	1558866	1189005	212245	48720	1237936
842	1031	190	90	24	4200	1294	21	396	1690
45	67	22	12		13544	15767	1833		15767
4865	9972	5111	619	601	98321	62329	7510	1768	64097
65476	87750	22727	4141	3426	1020646	776623	152296	35180	812014
3155	6321	3166	428	91	50309	37887	14772	674	38561
36	44	7	4	323	729	488	26		488
97180	138318	41142	6423	4018	3699236	1861967	129655	470090	2332057
581	1764	1183	153		34890	34219	13957		34219
121966	173466	51501	7821	4810	3563529	1749329	126996	488878	2238207
39990	53485	13952	2880	2351	1115194	853080	151968	15620	868910
3311	3718	406	141	697	57306	40338	3828	1446	41784

12—8 续表4

	二、期末资产负债(续)					
	所有者权益合计	实收资本	国家资本	集体资本	法人资本	个人资本
农业机械批发	410	396				396
汽车批发	4954	4908			1180	3728
汽车零配件批发	852	750				750
摩托车及零配件批发	2298	2409				2409
五金产品批发	237	200			200	
通讯及广播电视设备批发	477	250			200	50
其他机械设备及电子产品批发	1196	740			130	610
贸易经纪与代理	500	500			500	
贸易代理	500	500			500	
其他批发业	26144	26348		1606	9185	15557
再生物资回收与批发	17765	17048			4603	12445
其他未列明批发业	8379	9300		1606	4582	3112
2、按登记注册类型分						
内资企业	1580424	889674	468278	7418	225699	188279
国有企业	261627	28931	14212		14718	
集体企业	1993	5450		5366	15	69
有限责任公司	922349	562460	454066	426	64995	42974
国有独资公司	773784	445807	445807			
其他有限责任公司	148565	116653	8259	426	64995	42974
股份有限公司	139477	54309			52009	2300
私营企业	254977	238525		1626	93963	142937
私营独资企业	1545	1289				1289
私营合伙企业	399	50				50
私营有限责任公司	253033	237186		1626	93963	141598
港、澳、台商投资企业	4375	4010			750	750
与港澳台商合资经营企业	1865	1500			750	750
港澳台商独资企业	2510	2510				
外商投资企业	3000	3000				3000
中外合资经营企业	3000	3000				3000
3、按腔股情况分						
国有控股	1227182	567970	468278		98957	735
集体控股	5175	6630		5751	315	564
私人控股	320931	283915		1626	109606	172683
港澳台商控股	2510	2510				
外商控股	-2223	2500			2500	
其　他	34224	33159		41	15071	18047
4、按经营形式分						
独立门店	208632	170925	9721	7403	59891	93910
连锁总店	11748	5996			2897	3099
连锁门店	241	200			78	122
其　他	1367179	719563	458557	15	163583	94898
5、按单位规模分						
大　型	672	600				600
中　型	1325323	654623	457634	2011	157733	37245
小　型	246284	225693	10593	5407	66272	140911
微　型	15521	15768	50		2445	13273

单位：万元

港澳台资本	外商资本	三、损益及分配 营业收入	主营业务收入	营业成本	主营业务成本	营业税金及附加	主营业务税金及附加	其他业务利润	销售费用
		4564	4564	4306	4306	67	67		153
		24171	24148	21855	21855	90	90	42	994
		7780	7780	7271	7271	27	27		181
		625	625	580	580	1	1		1
		1570	1570	1477	1477	2	2		15
		9115	9115	7320	7320	24	24		279
		14632	14426	13169	13066	55	55		504
		6515	6515	4550	4550	194	194		370
		6515	6515	4550	4550	194	194		370
		262652	262645	245209	245199	3052	3052	137	1252
		203576	203576	188379	188379	2517	2517		623
		59076	59069	56830	56820	536	536	137	629
		4309133	4302215	3943045	3940248	42279	42235	7707	68556
		713214	712447	548726	548692	35894	35894	433	15405
		15496	15496	13351	13551	51	51		473
		1982427	1979766	1876802	1875839	2789	2760	2625	24995
		538540	536860	526419	526373	172	172	1903	3375
		1443887	1442906	1350384	1349466	2618	2589	721	21620
		51037	51037	48803	48803	334	334	408	1108
		1546959	1543470	1455163	1453363	3211	3196	4241	26576
		9690	9458	7958	7958	282	282		287
		2335	2335	1751	1751	31	31		201
		1534934	1531677	1445453	1443653	2898	2882	4241	26087
2510		19380	19380	16662	16662	282	282		13
		16483	16483	14479	14479	280	280		
2510		2897	2897	2184	2184	2	2		13
		66861	66861	61132	61132	1137	1137		
		66861	66861	61132	61132	1137	1137		
		1828287	1825676	1635701	1635313	36708	36679	2880	21070
		46369	46163	40839	40736	101	101		1839
		2324467	2320382	2163400	2161096	6439	6423	4821	34303
2510		2897	2897	2184	2184	2	2		13
		17315	17315	11028	11028	135	135		7280
		176039	176024	167687	167686	313	313	6	4065
		1750441	1748053	1626333	1623758	4108	4064	2867	24741
		72883	72227	64390	64384	165	165	624	4467
		5051	5051	5001	5001				24
2510		2566999	2563125	2325115	2324899	39424	39424	4216	39336
		46176	45560	42786	42786	90	90	616	1541
		2434431	2430759	2177127	2176924	38444	38416	3921	43988
2510		1887297	1884668	1775324	1773010	5009	4993	3169	22657
		27470	27470	25602	25322	154	154		382

12—8 续表 5

	管理费用		财务费用			资产减值损失
		税金		利息收入	利息支出	
农业机械批发	44		1			
汽车批发	681	115	204	71	19	
汽车零配件批发	134	3	22	0	20	
摩托车及零配件批发	35	5	6	0	5	
五金产品批发	64		5	2	7	
通讯及广播电视设备批发	317		16	0	0	
其他机械设备及电子产品批发	768	1		1		1
贸易经纪与代理	1124		1	1		
贸易代理	1124		1	1		
其他批发业	1370	33	7449	374	5546	
再生物资回收与批发	793	11	5560	228	5152	
其他未列明批发业	577	22	1889	145	394	
2、按登记注册类型分						
内资企业	77787	4084	65962	41604	94122	-1283
国有企业	30436	760	2494	2170	4675	
集体企业	170	5	94	0		2
有限责任公司	21923	2319	39871	30040	63552	-1443
国有独资公司	6020	291	30377	28449	54560	-1555
其他有限责任公司	15903	2028	9494	1590	8992	112
股份有限公司	2817	55	3962	5736	9199	130
私营企业	22439	945	19542	3658	16696	28
私营独资企业	183	14	36		31	
私营合伙企业	215					
私营有限责任公司	22041	931	19506	3658	16666	28
港、澳、台商投资企业	345		126			
与港澳台商合资经营企业	67		107			
港澳台商独资企业	278		19			
外商投资企业	147		4263		4251	
中外合资经营企业	147		4263		4251	
3、按控股情况分						
国有控股	42118	1224	40764	37195	72652	-1363
集体控股	1506	11	164	3	71	2
私人控股	31059	2780	28090	3992	24508	58
港澳台商控股	278		19			
外商控股	1062		-207	211	4	19
其　他	2255	70	1521	205	1139	
4、按经营形式分						
独立门店	25469	2192	19977	2272	19041	83
连锁总店	1991	76	652	2	15	
连锁门店	15	1	1			
其　他	50803	1816	49723	39330	79318	-1366
5、按单位规模分						
大　型	1138	50	621			
中　型	56256	3108	48115	37466	78781	-1325
小　型	20306	886	21511	4121	19522	30
微　型	578	40	105	17	70	12

单位：万元

三、损益及分配(续)							四、人工成本及增值税		五、从事批发和零售业活动的从业人员平均人数(人)
公允价值变动收益	投资收益	营业利润	营业外收入	其中：补贴收入	利润总额	应交所得税	应付职工薪酬(本年贷方累计发生额)	应交增值税	
		-6	11	7	5		43	4	13
		347	21		307	11	1097	473	224
		146			146	17	176	234	44
		3			3	2	20	6	8
		6			14	7	54	16	13
		1159	1		42	15	282	300	66
		136	0		136	33	471	351	74
		278			278		51		11
		278			278		51		11
	0	4320	4193	2262	7945	175	1897	16815	462
		5704	2251	2251	7401	121	1398	11570	333
	0	-1384	1942	11	544	55	499	5245	129
4	31177	143702	105417	71754	208417	26580	66327	58934	10023
	220	80269	1489	1191	81013	20176	24987	24880	1420
		1156			1274	5	432	1	129
3	16567	34058	70637	70397	100053	4284	19442	13227	3539
	16097	-10171	70360	70264	60112	881	2545	1233	304
3	471	44229	278	133	39941	3403	16897	11994	3235
	14169	8052	532		8571	649	1737	4753	33
2	221	20167	32758	166	17507	1466	19729	16074	4902
		944			532	8	296	47	80
		136			136		181		68
2	221	19088	32758	166	16839	1458	19252	16027	4754
		1952	7		1960		669	2520	255
		1551			1551		57	2520	30
		402	7		410		612		225
		183	2251	2251	2434		47	6605	11
		183	2251	2251	2434		47	6605	11
3	30694	83777	72444	71456	155104	23113	32076	32922	2060
		1919	81	80	2115	220	1454	311	332
2	388	61452	35066	2438	56894	3100	28614	33532	7012
		402	7		410		612		225
		-2003	2		-2001		2812	942	248
	94	291	75	31	290	148	1476	352	412
3	595	50261	33098	2459	47532	2445	21359	21124	4696
		1218	7		1216	243	3398	895	775
		10			10	3	96	25	30
2	30582	94348	74569	71546	164054	23890	42191	46015	4788
		0			0	58	1576	522	442
	30972	102597	70581	69174	168919	24308	47106	44013	5068
2	133	42530	37076	4830	43502	2203	17857	23270	4626
3	72	711	18		391	12	504	254	153

12—9 限额以上零

	法人企业数（个）	执行《2006年企业会计准则》企业数（个）	一、年初存货	流动资产合计	应收账款	存货
总计	424	336	115839	483420	78774	136552
1、按国民经济行业分						
综合零售	40	32	20448	65664	17516	22146
百货零售	12	10	6963	19978	8180	6003
超级市场零售	25	20	13144	44842	9322	15901
其他综合零售	3	2	341	845	14	241
食品、饮料及烟草制品专门零售	79	53	8497	50536	10701	7942
粮油零售	7	4	141	3369	1192	152
糕点、面包零售	3	3	433	1615	164	648
果品、蔬菜零售	9	5	1188	16640	2963	1791
肉、禽、蛋、奶及水产品零售	9	5	502	5471	1192	1110
营养和保健品零售	1		346	73		
酒、饮料及茶叶零售	45	33	4386	21173	5099	3391
烟草制品零售	1	1	1383	1760	27	736
其他食品零售	4	2	119	435	65	115
纺织、服装及日用品专门零售	20	17	2460	5151	1371	2202
服装零售	8	5	1301	2032	324	1054
鞋帽零售	1	1	8	8		
化妆品及卫生用品零售	3	3	430	797	86	375
箱、包零售	1	1	11	178		9
厨房用具及日用杂品零售	1	1	640	1210	561	622
自行车零售	1	1		32	24	
其他日用品零售	5	5	70	893	376	142
文化、体育用品及器材专门零售	13	9	1168	4569	1688	1553
文具用品零售	1	1	27	45	12	33
体育用品及器材零售	1		8	57	13	13
工艺美术品及收藏品零售	11	8	1134	4467	1664	1508
医药及医疗器材专门零售	11	8	4087	13491	3909	4841
药品零售	10	7	4087	13153	3735	4677
医疗用品及器材零售	1	1		338	174	164
汽车、摩托车、燃料及零配件专门零售	165	135	58741	268857	28494	72962
汽车零售	110	95	51296	216656	12536	63299
汽车零配件零售	5	5	215	1559	204	284
摩托车及零配件零售	13	6	3569	9551	1617	4968
机动车燃料零售	37	29	3663	41091	14137	4411
家用电器及电子产品专门零售	44	34	11093	43031	8412	13405
家用视听设备零售	8	8	1489	8088	866	1863
日用家电设备零售	24	15	9074	27852	3318	10336
计算机、软件及辅助设备零售	8	8	463	6393	4148	1035
通信设备零售	2	1	63	176	26	85
其他电子产品零售	2	2	5	524	55	85
五金、家具及室内装饰材料专门零售	44	40	3872	20089	3676	4132
五金零售	10	8	688	2516	858	773
家具零售	16	14	1001	6678	1599	1342
涂料零售	1	1	98	161		71
卫生洁具零售	1	1	43	113	12	79
木质装饰材料零售	1	1	21	29	7	22
陶瓷、石材装饰材料零售	10	10	862	4559	871	976
其他室内装修材料零售	5	5	1158	6033	330	869
货摊、无店铺及其他零售	8	8	5474	12031	3007	7371
互联网零售	2	2	166	1566	249	475
生活用燃料零售	3	3	351	444	76	327
其他未列明零售业	3	3	4957	10021	2682	6569

售业财务状况

单位：万元

二、期末资产负债									
固定资产合计	固定资产原价	累计折旧	本年折旧	在建工程	资产总计	流动负债合计	应付账款	非流动负债合计	负债合计
145616	**209700**	**64392**	**15358**	**9730**	**761014**	**421314**	**85541**	**28266**	**450528**
46683	70829	24146	5324	1751	130826	75047	19264	14084	89130
20636	31322	10686	2568		42918	24875	7239	7513	32388
25509	38838	13329	2718	1751	86331	49663	11903	6436	56098
538	669	132	38		1577	509	122	135	645
22387	30489	8165	1080	1647	81594	33610	14426	1062	34940
2574	3689	1125	189		6723	2150	930	374	2524
76	142	66	13		2005	1495	1180		1510
711	892	181	45		17997	10097	7074	124	10221
1702	2243	541	135		7453	2364	555		2364
75	99	23			148	26		49	76
15958	21824	5929	556	890	43476	17131	4605	432	17810
757	876	119	47	757	2553	46	16		46
534	715	182	95		1239	302	67	82	391
1668	2527	859	151		10142	4351	1250	853	5204
341	445	104	62		5230	2564	808	755	3320
219	240	21	20		231	98	79	18	116
160	293	132	36		1067	877	77		877
234	251	17	6		423	121		70	191
403	945	542	3		1636	397	85		397
55	61	6	6		93	17	13		17
255	291	36	18		1462	278	188	9	287
3166	3950	784	227	138	9221	1491	181	52	1542
13	25	12	5		57	8	8		8
274	521	248	25		578	49	4		49
2880	3405	524	197	138	8586	1434	170	52	1485
2416	3853	1437	266	2241	20801	13546	7967	155	13700
2414	3845	1431	266	2241	20444	13248	7670	155	13402
2	8	6			357	298	298		298
57258	83591	26579	7629	2759	414499	238821	26956	11241	250364
35721	49433	13720	5390	2477	291955	201867	21860	9869	211736
756	919	162	53		8628	633	71	420	1053
264	593	329	49		10417	7320	2617		7329
20517	32647	12367	2138	281	103500	29001	2409	952	30246
3469	4608	1139	243	6	49409	35248	10898	131	35757
970	1066	97	27	6	9266	6936	2677	69	7004
1540	2481	941	192		31996	26409	7213	45	26833
317	405	88	11		6710	1651	922		1651
142	152	10	10		318	155	4		155
501	504	3	3		1120	97	82	17	113
7417	8616	1199	398	1134	29895	10452	2320	587	11039
2257	2574	318	112	277	5208	2445	536	223	2669
2385	2727	343	134	170	10210	3411	973	102	3513
180	180				341				
94	99	5	3		207	69	32		69
50	50				79	19	9		19
1234	1529	295	93	687	6580	1603	575	162	1765
1218	1457	239	57		7270	2906	196	100	3006
1153	1238	85	41	55	14626	8750	2279	103	8853
31	40	9	2	46	1706	158		1	159
885	903	19	12		2068	198	171	77	275
238	295	57	26	9	10851	8395	2108	25	8420

12—9 续表1

	二、期末资产负债(续)					
	所有者权益合计	实收资本	国家资本	集体资本	法人资本	个人资本
总　　计	**310485**	**274252**	**57827**	**1634**	**108294**	**81509**
1、按国民经济行业分						
综合零售	41696	39288	589	364	24754	3407
百货零售	10530	15819	589		14421	799
超级市场零售	30233	22873			10153	2555
其他综合零售	933	596		364	180	53
食品、饮料及烟草制品专门零售	46654	34254	568	1149	7271	12342
粮油零售	4199	1639	66	300	60	1213
糕点、面包零售	495	638			320	318
果品、蔬菜零售	7776	7125		842	2087	4196
肉、禽、蛋、奶及水产品零售	5089	2866			1896	970
营养和保健品零售	73	73			70	3
酒、饮料及茶叶零售	25667	20611	3	7	2839	4839
烟草制品零售	2507	500	500			
其他食品零售	848	804				804
纺织、服装及日用品专门零售	4938	3900			1247	1527
服装零售	1911	1622			200	1422
鞋帽零售	114	12			12	
化妆品及卫生用品零售	190	120			50	20
箱、包零售	232	36			36	
厨房用具及日用杂品零售	1240	1076				
自行车零售	76	10				10
其他日用品零售	1175	1024			949	75
文化、体育用品及器材专门零售	7679	4019		122	1302	1832
文具用品零售	49	49				49
体育用品及器材零售	529	358				358
工艺美术品及收藏品零售	7101	3612		122	1302	1425
医药及医疗器材专门零售	7100	7903	546		4718	2639
药品零售	7041	7844	546		4718	2580
医疗用品及器材零售	59	59				59
汽车、摩托车、燃料及零配件专门零售	164135	154239	55144		55577	43518
汽车零售	80219	76279	812		43801	31666
汽车零配件零售	7575	7078				7078
摩托车及零配件零售	3088	2080			1332	748
机动车燃料零售	73254	68803	54332		10444	4027
家用电器及电子产品专门零售	13653	12866			7377	5489
家用视听设备零售	2262	1403			419	984
日用家电设备零售	5163	5655			3188	2467
计算机、软件及辅助设备零售	5059	4852			3370	1482
通信设备零售	162	100				100
其他电子产品零售	1007	856			400	456
五金、家具及室内装饰材料专门零售	18857	13204			2939	10265
五金零售	2540	1543			736	807
家具零售	6698	4433			1365	3067
涂料零售	341	341			341	
卫生洁具零售	138	100				100
木质装饰材料零售	60	50			40	10
陶瓷、石材装饰材料零售	4816	3803			456	3346
其他室内装修材料零售	4264	2935				2935
货摊、无店铺及其他零售	5773	4579	980		3110	489
互联网零售	1548	1030	980		50	
生活用燃料零售	1793	1429			960	469
其他未列明零售业	2432	2120			2100	20

单位：万元

		三、损益及分配							
港澳台资本	外商资本	营业收入	主营业务收入	营业成本	主营业务成本	营业税金及附加	主营业务税金及附加	其他业务利润	销售费用
24164	**823**	**1543969**	**1525611**	**1362195**	**1359108**	**6896**	**6783**	**10999**	**85109**
10165	10	269437	264282	221458	221432	1832	1822	4157	31813
	10	92285	91180	75060	75060	643	643	263	8380
10165		173789	169740	143651	143625	1119	1110	3894	23344
		3362	3362	2747	2747	70	70		89
12923		132617	132419	107721	107233	1145	1133	92	6077
		13592	13592	11834	11834	168	168		317
		2500	2500	2286	2286	4	4	18	114
		22612	22612	19568	19568	125	125		623
		17045	17045	13924	13924	29	29		966
		560	560	452	452	54	54		21
12923		66330	66145	51208	50733	655	643	74	3971
		6453	6453	5367	5367	26	26		4
		3525	3511	3083	3070	85	85		60
1076	50	56375	56212	47095	47051	204	198	157	1488
		41345	41345	35256	35255	64	64		408
		854	854	650	615	30	23		65
	50	8697	8534	6774	6767	37	37	157	967
		856	856	599	599	23	23		
1076		623	623	542	542	2	2		5
		588	588	505	505	10	10		21
		3412	3412	2769	2769	39	39		21
	763	21814	21533	17637	17637	154	154		546
		727	727	599	599	10	10		2
		552	552	422	422	4	4		28
	763	20535	20253	16617	16617	141	141		516
		30458	30363	24818	24818	203	167	68	3456
		28965	28871	23923	23923	200	165	68	3410
		1492	1492	895	895	3	3		46
		817866	810417	756713	754279	1849	1800	6379	30464
		550992	545821	507790	507357	1086	1083	5663	20338
		5649	5649	4515	4515	147	147		457
		15944	15944	14437	14379	50	50	2	534
		245281	243003	229970	228028	566	521	714	9135
		155460	150486	137841	137821	789	789	122	8488
		33626	33626	31544	31525	137	137		642
		99754	94780	85993	85993	477	477	122	7601
		20492	20492	18917	18917	167	167		224
		948	948	836	836	2	2		17
		641	641	550	550	5	5		5
		44397	44397	37536	37483	601	601		1506
		7500	7500	6280	6243	46	46		249
		17686	17686	15059	15059	260	260		649
		483	483	398	386	8	8		10
		872	872	713	713	9	9		48
		649	649	390	390	39	39		39
		9803	9803	7890	7886	224	224		360
		7403	7403	6807	6807	15	15		152
		15544	15503	11378	11353	120	120	23	1272
		5255	5254	3206	3206	52	52		973
		2850	2835	2337	2320	55	55		115
		7440	7414	5834	5827	12	12	23	185

12—9 续表 2

	管理费用	税 金	财务费用	利息收入	利息支出	资产减值损 失
总 计	**41801**	**1384**	**10494**	**770**	**5955**	**16**
1、按国民经济行业分						
综合零售	6005	288	2355	23	789	-18
百货零售	2719	130	1369	7	402	1
超级市场零售	3164	120	948	16	374	-19
其他综合零售	122	38	38		13	
食品、饮料及烟草制品专门零售	8192	134	561	26	295	4
粮油零售	751	16	72	9	25	
糕点、面包零售	89	1	10		10	
果品、蔬菜零售	1294	52	150	1	138	
肉、禽、蛋、奶及水产品零售	846	4	10			
营养和保健品零售	24	5	8		8	
酒、饮料及茶叶零售	4200	44	276	10	96	4
烟草制品零售	953		16	5	12	
其他食品零售	37	13	18	1	8	
纺织、服装及日用品专门零售	853	51	185		48	
服装零售	480	20	37		13	
鞋帽零售	44		2		2	
化妆品及卫生用品零售	53	12	47			
箱、包零售	7	6				
厨房用具及日用杂品零售	36		25		25	
自行车零售	13		2		2	
其他日用品零售	221	13	71		6	
文化、体育用品及器材专门零售	699	15	129	13	61	
文具用品零售	1					
体育用品及器材零售	17		1			
工艺美术品及收藏品零售	681	15	128	13	61	
医药及医疗器材专门零售	1304	20	91	3	53	4
药品零售	1294	14	91	3	53	4
医疗用品及器材零售	10	7				
汽车、摩托车、燃料及零配件专门零售	17601	599	6115	605	4230	18
汽车零售	13734	386	5521	554	3849	8
汽车零配件零售	216	4	42	2	7	21
摩托车及零配件零售	588	14	122	6	30	
机动车燃料零售	3064	195	430	44	343	-11
家用电器及电子产品专门零售	4080	116	452	68	158	11
家用视听设备零售	545	53	63	10	61	
日用家电设备零售	2577	52	364	58	95	11
计算机、软件及辅助设备零售	888	11	9		2	
通信设备零售	60					
其他电子产品零售	11		16			
五金、家具及室内装饰材料专门零售	1777	102	321	2	53	1
五金零售	421	3	111		9	
家具零售	654	23	53	2	23	1
涂料零售	15					
卫生洁具零售	62	4	9		9	
木质装饰材料零售	72	39	13			
陶瓷、石材装饰材料零售	424	6	125		2	
其他室内装修材料零售	129	29	11		10	
货摊、无店铺及其他零售	1289	60	286	30	268	-5
互联网零售	353		-13	28		-2
生活用燃料零售	196	54	8			
其他未列明零售业	741	6	291	2	268	-3

单位：万元

三、损益及分配(续)							四、人工成本及增值税		五、从事批发和零售业活动的从业人员平均人数(人)
公允价值变动收益	投资收益	营业利润	营业外收入	其中：补贴收入	利润总额	应交所得税	应付职工薪酬(本年贷方累计发生额)	应交增值税	
13	**542**	**37981**	**2211**	**502**	**30514**	**4886**	**64291**	**50378**	**16288**
	101	6092	685	240	1793	1320	17697	8217	5769
	101	4214	230	95	-353	375	4629	931	1314
		1581	454	143	1847	906	12871	7221	4383
		297	2	2	299	39	197	64	72
	214	8961	126	71	6905	720	9655	1260	2488
		451			451	102	331	208	76
		20	12	8	27	6	105	19	42
		853			624	146	2602	29	611
		1271	63	63	1333	118	803	229	262
	24	26					48		10
	190	6014	52		4371	323	4901	472	1317
		87			86	23	644	292	87
		241			12	1	222	12	83
6		6557			6162	188	1306	413	312
		5100			4952	58	579	74	106
		63			19		100	25	38
		819			819	123	195	280	30
		227					90		43
		14			14	3	109	2	35
		37			37		21	10	7
6		298			321	3	212	22	53
		2649			2119	136	1007	424	296
		115			115	29	25	72	7
		82			82	21	55	24	15
		2452			1923	87	927	328	274
		582	10		15	131	2947	690	937
		43	10		-12	125	2869	684	908
		539			27	7	78	6	29
7	181	5434	369	13	6355	1751	20093	36209	4498
	5	2602	286	12	4165	888	13525	11457	2990
		251			113	9	277	124	71
		272	3		233	47	813	161	320
7	176	2309	80	1	1844	807	5479	24467	1117
	44	3844	64	31	3464	271	8584	2012	1300
		695			637	87	336	277	112
	44	2776	47	31	2472	103	6870	1572	918
		287	17		269	61	1189	149	153
		34			34	8	38	14	17
		52			52	12	150	1	100
1	1	2658	767		2287	157	2024	878	539
		393			248	3	376	244	97
1	1	1011	767		975	42	715	165	207
		53				13	26	63	5
		32			32		53	9	18
		97			98	1	34		5
		781			768	91	686	299	164
		291			167	7	134	98	43
		1204	189	147	1414	212	979	276	149
		686	4	2	690	160	306	238	35
		139	8	8	228	1	180	37	31
		379	177	137	497	52	492	2	83

12—9 续表3

	法人企业数（个）	执行《2006年企业会计准则》企业数（个）	一、年初存货	流动资产合计	应收账款	存货
2、按登记注册类型分						
内资企业	415	327	112187	459949	77640	133172
国有企业	4	3	391	3292	591	837
集体企业	6	5	438	2413	387	471
股份合作企业	1	1	26	45		44
有限责任公司	138	118	36089	114047	22080	42545
国有独资公司	2	2	2689	9082	796	5077
其他有限责任公司	136	116	33400	104965	21283	37468
股份有限公司	3	2	1805	11352	9037	1900
私营企业	255	195	72832	321173	44077	86086
私营独资企业	29	23	2389	6447	1480	1903
私营合伙企业	2	2	120	173	40	121
私营有限责任公司	220	167	69706	312008	41818	83895
私营股份有限公司	4	3	617	2545	740	168
其他企业	8	3	606	7626	1469	1290
港、澳、台商投资企业	3	3	1083	12870	823	1002
与港澳台商合资经营企业	1	1	640	1210	561	622
港澳台商独资企业	2	2	443	11660	262	380
外商投资企业	6	6	2570	10601	310	2379
中外合资经营企业	2	2	1620	6500	1	1478
外资企业	4	4	950	4102	309	900
3、按控股情况分						
国有控股	17	16	8846	31940	11802	11173
集体控股	8	6	438	5098	1304	1400
私人控股	367	287	88982	379902	57473	103232
港澳台商控股	4	4	1083	12870	823	1002
外商控股	6	6	2648	12140	310	2465
其　他	22	17	13842	41470	7062	17281
4、按经营形式分						
独立门店	362	292	83421	371289	50225	97348
连锁总店	30	21	21563	65216	20203	25991
连锁门店	7	6	4205	18068	972	4012
其　他	25	17	6652	28847	7374	9201
5、按单位规模分						
大　型	6	6	9234	45108	20308	12779
中　型	61	48	60743	222048	18007	74704
小　型	223	175	37994	175580	34424	39708
微　型	134	107	7869	40684	6035	9362
6、按零售业态分						
有店铺零售	415	328	115297	479962	77643	135967
食杂店	2	2	266	502	13	226
便利店	4	3	397	1095	75	478
超　市	21	15	3819	8850	3066	3499
大型超市	8	7	9703	33327	6636	10837
百货店	20	17	7206	24364	8360	7818
专业店	205	154	36100	158521	42362	43316
专卖店	129	108	55231	238365	15024	66519
家居建材商店	12	10	671	4315	273	733
购物中心	1	1		128		
厂家直销中心	13	11	1904	10494	1835	2541
无店铺零售	9	8	542	3458	1131	585
网上商店	7	7	196	1801	345	585
电话购物	2	1	346	1656	785	

单位：万元

二、期末资产负债									
固定资产合计	固定资产原价	累计折旧	本年折旧	在建工程	资产总计	流动负债合计	应付账款	非流动负债合计	负债合计
111128	160558	49739	13487	9032	688644	396946	83363	18344	416238
1446	2486	1040	11		5070	3080	616	666	3745
621	824	203	42		3573	1061	247	496	1556
1	5	4			49	34			34
34534	47683	13369	3066	2711	176253	105813	25090	2763	108615
782	1493	712	84	12	10433	9337	1792		9237
33753	46190	12658	2982	2699	165821	96476	23298	2793	99278
8628	15813	7184	1173	4	50778	1567	364		1567
63437	90552	27139	8970	6317	442682	280709	55850	14143	295538
2898	3551	670	216		10611	4686	1881	332	5311
41	104	64	13	3	256	92	52		92
60322	86625	26311	8719	6314	429023	274840	53832	12787	288021
176	271	95	22		2792	1091	85	1024	2115
2460	3196	799	225		10239	4683	1196	247	5183
17479	26217	8738	1146	698	42968	12907	350	2529	15437
403	945	542	3		1636	397	85		397
17076	25271	8196	1143	698	41332	12511	265	2529	15040
17010	22925	5915	725		29401	11461	1828	7393	18854
217	1882	1666	72		7213	5131	1528	318	5449
16793	21043	4250	653		22188	6330	300	7076	13405
16892	26759	9867	1738	866	87093	19664	5564	666	20330
1901	2541	641	144		7538	3420	1129	496	3915
82007	113355	31435	10414	7867	536275	333680	66436	16636	351258
17479	26217	8738	1146	698	42968	12907	350	2529	15437
17030	22958	5928	737		30977	11595	1828	7393	18988
10308	17871	7784	1179	299	56143	40048	10235	546	40600
110720	153534	43061	11426	4898	561329	330784	57533	22220	353696
28489	45668	17180	3390	4728	137594	53221	19482	5340	58569
560	2941	2380	173		25640	15577	3349	318	15895
5847	7557	1772	369	104	36450	21732	5177	389	22368
34497	57765	23268	5182	1073	120861	42566	9943	4738	47304
48549	73101	24552	5939	6495	312083	221036	37964	10055	231091
51945	66196	14560	3661	2008	266972	136953	32934	11908	149808
10626	12638	2012	876	154	61098	20760	4701	1565	22325
143659	207212	63861	15217	9684	754716	419066	85005	28194	448209
262	321	59	13		983	433	1		433
210	428	219	97		2409	546	244	1103	1648
1468	2491	1024	187		11409	6977	4305	99	7082
36169	48849	12680	2620	1751	81662	34917	3764	12928	47845
9719	20315	10597	2535	24	38816	33801	11235	272	34074
49857	73271	23705	3772	3617	273772	114345	37299	4323	118939
40560	54977	14434	5676	3216	322452	219818	27002	8132	228621
2386	2642	256	72		7032	2418	295	222	2641
				136	300				
3030	3917	887	247	940	15881	5812	862	1114	6926
1957	2488	531	141	46	6298	2248	536	72	2320
626	697	72	40	46	3311	477	82	23	499
1331	1791	460	100		2987	1771	453	49	1821

12—9　续表 4

	二、期末资产负债(续)					
	所有者权益合计	实收资本				
			国家资本	集体资本	法人资本	个人资本
2、按登记注册类型分						
内资企业	272407	235552	57827	1634	94571	81509
国有企业	1325	700	700			
集体企业	2017	1469		664	750	56
股份合作企业	15	5				5
有限责任公司	67639	55217	7851	129	28613	18615
国有独资公司	1096	1096			1096	
其他有限责任公司	66543	54121	7851	129	27517	18615
股份有限公司	49211	49264	48664			600
私营企业	147144	126364	612		64189	61564
私营独资企业	5300	3565			1020	2545
私营合伙企业	164	109				109
私营有限责任公司	141003	122054	612		62618	58824
私营股份有限公司	677	637			550	87
其他企业	5056	2532		842	1020	670
港、澳、台商投资企业	27532	24164				
与港澳台商合资经营企业	1240	1076				
港澳台商独资企业	26292	23088				
外商投资企业	10547	14536			13723	
中外合资经营企业	1764					
外资企业	8783	14536			13723	
3、按控股情况分						
国有控股	66763	63015	57213		5802	
集体控股	3623	2769		1164	1550	56
私人控股	185017	157084	615	7	77117	79346
港澳台商控股	27532	24164				
外商控股	12008	14546			13723	
其　他	15543	12673		464	10102	2108
4、按经营形式分						
独立门店	207633	185363	7594	792	85379	67433
连锁总店	79025	70591	49253		15950	5388
连锁门店	9745	7860			1750	6050
其　他	14083	10438	980	842	5215	2638
5、按单位规模分						
大　型	73557	65296	48664		6317	150
中　型	80992	75525	1658	842	41752	18350
小　型	117164	102177	7502	485	49773	42518
微　型	38773	31254	3	307	10453	20492
6、按零售业态分						
有店铺零售	306507	271243	56847	1634	106724	81051
食杂店	550	550			550	
便利店	761	739	89			650
超　市	4327	5083		342	2506	2235
大型超市	33817	25952			15287	500
百货店	4742	9005	566	664	7011	755
专业店	154833	132489	54878		30072	33541
专卖店	93830	86777	1315	629	49044	35740
家居建材商店	4391	1971			90	1881
购物中心	300	300				300
厂家直销中心	8955	8377			2165	5449
无店铺零售	3978	3009	980		1570	459
网上商店	2812	2136	980		700	456
电话购物	1167	873			870	3

单位：万元

港澳台资本	外商资本	三、损益及分配							
		营业收入	主营业务收入	营业成本	主营业务成本	营业税金及附加	主营业务税金及附加	其他业务利润	销售费用
	10	1476842	1458891	1312795	1309719	6152	6040	10771	75134
		10095	10001	9540	9540	20	20	68	286
		6645	6645	5365	5365	112	112		329
		999	999	901	901	6	6		45
	10	460076	449154	394576	394370	2117	2081	5754	32001
		38005	37773	35565	35547	31	31	265	1602
	10	422071	411380	359011	358822	2086	2050	5490	30400
		135396	134019	128985	127805	182	179	198	6352
		844595	839166	758388	756710	3673	3600	4743	34960
		37219	37219	32194	32022	274	219		1588
		1151	1151	1078	1078	2	2	2	27
		796304	790875	716616	715110	3311	3292	4741	33223
		9921	9921	8500	8500	87	87		122
		19036	18908	15042	15029	43	43	8	1161
24164		36994	36923	26415	26410	388	388	66	6613
1076		623	623	542	542	2	2		5
23088		36371	36300	25872	25867	386	386	66	6608
	813	30133	29796	22986	22979	356	356	161	3363
		14671	14497	11647	11647	49	49		2175
	813	15462	15299	11339	11333	307	307	161	1188
		235407	233631	215882	214683	386	384	602	11480
		13081	13081	9924	9924	114	114		1216
		1033015	1024892	921181	919401	4986	4876	7289	45144
24164		36994	36923	26415	26410	388	388	66	6613
	823	31776	31440	24044	24037	369	369	161	3638
		193696	185644	164751	164653	654	654	2880	17020
24164		1047338	1040036	928213	926958	4719	4657	6388	44691
		374300	368691	336573	335361	1266	1228	4302	28265
	60	65595	60288	50509	50502	327	327	279	9237
	763	56736	56595	46901	46287	583	571	30	2917
10165		268318	264475	238980	237800	1067	1065	2663	24041
12923		673114	660321	598123	597682	1734	1695	6984	42337
1076	823	473368	471658	413224	412477	2217	2201	1180	15899
		129169	129157	111869	111148	1877	1822	171	2833
24164	823	1530362	1512005	1353023	1349935	6771	6659	10999	83298
		2964	2964	2482	2482	3	3		43
		14257	14188	12355	12355	47	47	68	1143
		36830	36741	31568	31541	167	157	199	2849
10165		116890	115187	94403	94392	1093	1093	1424	12869
	10	115782	112474	94983	94983	621	621	2466	15253
13999		624798	617678	554317	552288	2997	2976	1429	28234
	50	582998	576930	531615	530594	1314	1233	5365	21789
		14627	14627	12340	12340	339	339		490
		475	475	325	325	36	36		42
	763	20741	20741	18636	18636	155	155	48	586
		13607	13606	9173	9173	125	125		1811
		8292	8292	5476	5476	69	69		1066
		5314	5314	3697	3697	55	55		746

12—9　续表 5

	管理费用	税　金	财务费用	利息收入	利息支出	资产减值损　失
2、按登记注册类型分						
内资企业	39589	1368	9407	747	5755	20
国有企业	307	9	-8	9		
集体企业	279	39	62		33	3
股份合作企业	42	2				
有限责任公司	12909	355	2360	348	1464	8
国有独资公司	503	19	382	9	338	4
其他有限责任公司	12406	336	1979	339	1125	4
股份有限公司	781	112	158	1	159	-14
私营企业	23660	844	6782	387	4091	23
私营独资企业	839	44	158	10	84	1
私营合伙企业	32	1	2		2	
私营有限责任公司	22656	798	6608	376	3999	22
私营股份有限公司	133	2	15	1	6	
其他企业	1612	8	53	2	8	
港、澳、台商投资企业	1459		221	15	179	
与港澳台商合资经营企业	36		25		25	
港澳台商独资企业	1423		197	15	154	
外商投资企业	752	16	866	8	21	-4
中外合资经营企业	217		49			-4
外资企业	536	16	818	8	21	
3、按控股情况分						
国有控股	3925	185	552	70	527	-6
集体控股	895	39	63		33	3
私人控股	29941	1092	8146	607	4749	41
港澳台商控股	1459		221	15	179	
外商控股	759	16	869	8	21	-4
其　他	4823	51	644	71	446	-17
4、按经营形式分						
独立门店	29988	1076	8581	650	5073	46
连锁总店	6321	236	1293	58	519	-24
连锁门店	1554	21	194	28	15	-4
其　他	3938	52	428	35	347	-1
5、按单位规模分						
大　型	2558	221	1117	16	615	-28
中　型	20739	481	5932	527	3862	1
小　型	14757	492	2855	217	1166	16
微　型	3747	190	591	11	312	27
6、按零售业态分						
有店铺零售	40927	1376	10460	742	5947	18
食杂店	104	3	9		1	
便利店	408	3	134	1	1	
超　市	1784	69	49	4	33	
大型超市	2599	55	1673	12	415	-4
百货店	2260	183	525	19	355	-11
专业店	16052	523	2345	213	1295	18
专卖店	16636	483	5484	488	3734	15
家居建材商店	426	41	46		10	1
购物中心	36					
厂家直销中心	623	18	195	7	103	
无店铺零售	874	9	35	28	8	-2
网上商店	426	4	27	28		-2
电话购物	447	5	8		8	

单位：万元

三、损益及分配(续)							四、人工成本及增值税		五、从事批发和零售业活动的从业人员平均人数(人)
公允价值变动收益	投资收益	营业利润	营业外收入	其中：补贴收入	利润总额	应交所得税	应付职工薪酬(本年贷方累计发生额)	应交增值税	
13	341	34067	2155	502	26555	3971	59519	49168	15101
	49		13		12	4	301	81	107
7	83	586	2	2	501	43	306	160	115
		5			5	2	27	6	6
		16076	1441	286	8880	1770	24643	10666	6132
		-83	46		180		634	-83	206
		16159	1395	286	8700	1770	24008	10749	5926
		-1048	67		-1070		2659	23013	486
7	209	17429	632	214	17385	2045	28947	15121	7569
7	1	2174	1		1905	67	1513	663	513
		10			11	2	70	7	23
	208	14180	630	214	14698	1856	27183	14299	6997
		1064			771	120	181	153	36
		1019			842	107	2637	122	686
	149	2049	38		2063	478	3145	621	817
		14			14	3	109	2	35
	149	2035	38		2050	475	3036	619	782
	52	1866	17		1896	437	1627	589	370
		539	3		542		924	243	261
	52	1327	15		1354	437	703	346	109
	49	3238	145	2	-716	282	5932	23858	1179
7	83	957	2	2	872	43	854	160	287
7	209	23705	1676	231	21766	2646	37971	17690	10676
	149	2049	38		2063	478	3145	621	817
	52	2154	17		2184	437	1633	687	382
		5879	333	267	4345	999	14756	7363	2947
8	439	31622	1348	91	24545	3069	35362	16766	8848
	49	655	587	209	718	1262	17939	31221	5500
		3780	15		3435	133	6510	1805	777
6	54	1925	261	202	1817	422	4480	585	1163
		583	269	97	749	787	11392	29405	3126
	149	4397	924	282	6482	1418	33814	13961	7893
13	321	24725	922	101	17259	1954	16059	4354	4432
	72	8277	96	22	6024	727	3027	2657	837
13	518	36366	2207	500	28920	4708	63185	50133	15964
		324			324	14	145	7	31
	49	220	91	77	161	29	425	98	186
		412	77	34	309	223	4288	440	1457
	52	4310	283	12	3991	1086	7307	2066	2417
		2152	235	117	-2261	85	7922	5713	2258
12	348	21097	416	226	18482	2113	24394	28807	5218
	68	6239	337	34	6306	977	16927	12176	3931
1	1	987	766		885	48	381	281	101
		37			37		147	97	23
		589	2		688	133	1248	448	342
	24	1616	4	2	1594	178	1106	245	324
		1231	4	2	1235	178	733	245	182
	24	385			359		373		142

12—10　限额以上批发业主要效益指标

单位：%

	资产负债率	销售利润率	销售毛利率	营业费用率	成本费用利润率
合　计	**66.7**	**4.8**	**8.4**	**1.6**	**5.0**
1、按国民经济行业分					
农、林、牧产品批发	77.5	1.8	14.3	4.9	1.8
谷物、豆及薯类批发	84.1	3.1	24.4	1.4	3.1
饲料批发	62.5	4.0	14.9	3.9	4.1
林业产品批发	84.2	-1.2	10.1	8.8	-1.2
牲畜批发	12.1	0.8	5.0	1.9	0.8
其他农牧产品批发	74.1	3.7	9.4	2.6	3.9
食品、饮料及烟草制品批发	45.5	7.3	14.5	1.8	7.8
米、面制品及食用油批发	49.4	1.4	5.1	2.3	1.4
糕点、糖果及糖批发	48.2	1.2	19.8	7.6	1.2
果品、蔬菜批发	74.1	5.0	8.0	1.3	5.3
肉、禽、蛋、奶及水产品批发	64.4	1.5	9.4	3.7	1.6
盐及调味品批发	38.3	3.9	25.1	18.6	4.0
酒、饮料及茶叶批发	76.1	-0.5	8.9	3.1	-0.5
烟草制品批发	2.4	13.8	25.1	1.1	16.1
其他食品批发	64.7	0.4	6.8	3.4	0.4
纺织、服装及家庭用品批发	70.4	1.4	8.3	3.3	1.4
纺织品、针织品及原料批发	35.9	3.7	12.0	5.8	3.9
服装批发	93.9	0.8	11.6	3.8	0.8
鞋帽批发	72.6	1.5	5.6	2.2	1.5
灯具、装饰物品批发	34.5	11.6	13.0	0.4	13.1
家用电器批发	72.1	1.2	9.3	3.2	1.3
其他家庭用品批发	70.9	0.7	7.2	3.6	0.7
文化、体育用品及器材批发	84.5	1.0	8.6	0.6	1.1
文具用品批发	26.3	13.4	15.4	0.6	15.5
图书批发	82.9	-1.3	2.7		-1.3
首饰、工艺品及收藏品批发	99.1	0.1	16.7	11.6	0.1
其他文化用品批发	84.9	0.9	8.9	0.3	1.0
医药及医疗器材批发	76.2	2.5	9.0	4.3	2.6
西药批发	62.5	4.1	8.0	2.1	4.3
中药批发	90.3	0.8	9.9	6.6	0.8
医疗用品及器材批发	20.1	17.4	19.0	0.6	21.0
矿产品、建材及化工产品批发	68.4	4.1	3.3	0.9	4.0
煤炭及制品批发	69.8	1.1	3.4	1.0	1.1
石油及制品批发	79.7	0.5	3.4	1.3	0.5
非金属矿及制品批发	77.4	3.3	8.8	2.6	3.4
金属及金属矿批发	67.6	7.4	2.4	0.6	7.1
建材批发	63.9	1.0	3.3	0.5	1.0
化肥批发	73.2	3.4	9.8	3.8	3.5
农药批发	61.7	3.7	10.5	4.1	3.8
其他化工产品批发	83.0	0.9	7.9	2.6	0.9
机械设备、五金产品及电子产品批发	76.8	1.0	10.2	3.4	1.1
农业机械批发	85.5	0.1	5.6	3.4	0.1

12—10 续表　　　　单位：%

	资产负债率	销售利润率	销售毛利率	营业费用率	成本费用利润率
汽车批发	75.7	1.3	9.5	4.1	1.3
汽车零配件批发	78.3	1.9	6.5	2.3	1.9
摩托车及零配件批发	28.6	0.4	7.1	0.1	0.4
五金产品批发	86.9	0.9	5.9	1.0	0.9
通讯和广播电视设备批发	52.3	0.5	19.7	3.1	0.5
其他机械设备及电子产品批发	89.8	0.9	9.4	3.5	0.9
贸易经纪与代理	25.1	4.3	30.2	5.7	4.5
贸易代理	25.1	4.3	30.2	5.7	4.5
其他批发业	86.2	3.0	6.6	0.5	3.1
再生物资回收与批发	83.6	3.6	7.5	0.3	3.7
其他未列明批发业	89.7	0.9	3.8	1.1	0.9
2、按登记注册类型分					
内资企业	66.6	4.8	8.4	1.6	5.0
国有企业	30.7	11.4	23.0	2.2	12.8
集体企业	56.6	8.2	12.6	3.0	8.9
有限责任公司	65.9	5.1	5.2	1.3	5.1
国有独资公司	64.1	11.2	2.0	0.6	10.6
其他有限责任公司	72.9	2.8	6.5	1.5	2.9
股份有限公司	52.8	16.8	4.4	2.2	15.0
私营企业	81.1	1.1	5.8	1.7	1.1
私营独资企业	92.8	5.6	15.9	3.0	6.1
私营合伙企业	43.1	5.8	25.0	8.6	6.2
私营有限责任公司	81.0	1.1	5.7	1.7	1.1
港、澳、台商投资企业	58.3	10.1	14.0	0.1	11.2
与港澳台商合资经营企业	70.3	9.4	12.2		10.4
港澳台商独资企业	40.2	14.1	24.6	0.4	16.4
外商投资企业	88.1	3.6	8.6		3.7
中外合资经营企业	88.1	3.6	8.6		3.7
3、按腔股情况分					
国有控股	60.0	8.5	10.4	1.2	8.7
集体控股	81.1	4.6	11.8	4.0	4.8
私人控股	79.4	2.5	6.9	1.5	2.5
港澳台商控股	40.2	14.1	24.6	0.4	16.4
外商控股	116.4	-11.6	36.3	42.0	-10.4
其　他	65.2	0.2	4.7	2.3	0.2
4、按经营形式分					
独立门店	79.6	2.7	7.1	1.4	2.8
连锁总店	76.6	1.7	10.9	6.2	1.7
连锁门店	67.0	0.2	1.0	0.5	0.2
其　他	63.0	6.4	9.3	1.5	6.6
5、按单位规模分					
大　型	98.1		6.1	3.4	
中　型	62.8	6.9	10.4	1.8	7.1
小　型	77.9	2.3	5.9	1.2	2.4
微　型	72.9	1.4	7.8	1.4	1.5

12—11　限额以上零售业主要效益指标

单位：%

	资产负债率	销售利润率	销售毛利率	营业费用率	成本费用利润率
合　计	**59.2**	**2.0**	**10.9**	**5.6**	**2.0**
1、按国民经济行业分					
综合零售	68.1	0.7	16.2	12.0	0.7
百货零售	75.5	-0.4	17.7	9.2	-0.4
超级市场零售	65.0	1.1	15.4	13.8	1.1
其他综合零售	40.9	8.9	18.3	2.6	9.8
食品、饮料及烟草制品专门零售	42.8	5.2	19.0	4.6	5.6
粮油零售	37.5	3.3	12.9	2.3	3.4
糕点、面包零售	75.3	1.1	8.6	4.6	1.1
果品、蔬菜零售	56.8	2.8	13.5	2.8	2.9
肉、禽、蛋、奶及水产品零售	31.7	7.8	18.3	5.7	8.5
营养和保健品零售	51.0		19.3	3.7	
酒、饮料及茶叶零售	41.0	6.6	23.3	6.0	7.3
烟草制品零售	1.8	1.3	16.8	0.1	1.4
其他食品零售	31.5	0.3	12.6	1.7	0.4
纺织、服装及日用品专门零售	51.3	11.0	16.3	2.6	12.4
服装零售	63.5	12.0	14.7	1.0	13.7
鞋帽零售	50.4	2.2	28.0	7.7	2.5
化妆品及卫生用品零售	82.2	9.6	20.7	11.3	10.4
箱、包零售	45.1		30.1		
厨房和具及日用杂品零售	24.2	2.2	13.0	0.8	2.3
自行车零售	17.9	6.3	14.1	3.6	6.8
其他日用品零售	19.6	9.4	18.9	0.6	10.3
文化、体育用品及器材专门零售	16.7	9.8	18.1	2.5	11.1
文具用品零售	14.0	15.8	17.6	0.3	18.7
体育用品及器材零售	8.5	14.8	23.7	5.0	17.4
工艺美术品及收藏品零售	17.3	9.5	18.0	2.5	10.6
医药及医疗器材专门零售	65.9		18.3	11.4	
药品零售	65.6		17.1	11.8	
医疗用品及器材零售	83.5	1.8	40.0	3.1	2.8
汽车、摩托车、燃料及零配件专门零售	60.4	0.8	6.9	3.8	0.8
汽车零售	72.5	0.8	7.0	3.7	0.8
汽车零配件零售	12.2	2.0	20.1	8.1	2.1
摩托车及零配件零售	70.4	1.5	9.8	3.4	1.5
机动车燃料零售	29.2	0.8	6.2	3.8	0.8
家用电器及电子产品专门零售	72.4	2.3	8.4	5.6	2.3
家用视听设备零售	75.6	1.9	6.2	1.9	1.9
日用家电设备零售	83.9	2.6	9.3	8.0	2.5
计算机、软件及辅助设备零售	24.6	1.3	7.7	1.1	1.3
通信设备零售	48.9	3.6	11.8	1.8	3.8
其他电子产品零售	10.1	8.1	14.1	0.8	8.9
五金、家具及室内装饰材料专门零售	36.9	5.2	15.6	3.4	5.5
五金零售	51.2	3.3	16.8	3.3	3.5
家具零售	34.4	5.5	14.9	3.7	5.8
涂料零售			20.1	2.1	
卫生洁具零售	33.2	3.7	18.3	5.5	3.8
木质装饰材料零售	23.7	15.0	40.0	6.0	17.7
陶瓷、石材装饰材料零售	26.8	7.8	19.6	3.7	8.5
其他室内装修材料零售	41.3	2.3	8.1	2.0	2.3
货摊、无店铺及其他零售业	60.5	9.1	26.8	8.2	9.9
互联网零售	9.3	13.1	39.0	18.5	15.1
生活用燃料零售	13.3	8.0	18.2	4.0	8.4
其他未列明零售业	77.6	6.7	21.4	2.5	7.0

12—11 续表

单位：%

	资产负债率	销售利润率	销售毛利率	营业费用率	成本费用利润率
2、按登记注册类型分					
内资企业	60.4	1.8	10.2	5.2	1.8
国有企业	73.9	0.1	4.6	2.9	0.1
集体企业	43.6	7.5	19.3	4.9	8.2
股份合作企业	69.8	0.5	9.8	4.5	0.5
有限责任公司	61.6	2.0	12.2	7.1	2.0
国有独资公司	89.5	0.5	5.9	4.2	0.5
其他有限责任公司	59.9	2.1	12.8	7.4	2.1
股份有限公司	3.1	-0.8	4.6	4.7	-0.8
私营企业	66.8	2.1	9.8	4.2	2.1
私营独资企业	50.0	5.1	14.0	4.3	5.5
私营合伙企业	35.9	0.9	6.3	2.3	0.9
私营有限责任公司	67.1	1.9	9.6	4.2	1.9
私营股份有限公司	75.8	7.8	14.3	1.2	8.7
其他企业	50.6	4.5	20.5	6.1	4.7
港、澳、台商投资企业	35.9	5.6	28.5	17.9	5.9
与港澳台商合资经营企业	24.2	2.2	13.0	0.8	2.3
港澳台商独资企业	36.4	5.6	28.7	18.2	5.9
外商投资企业	64.1	6.4	22.9	11.3	6.7
中外合资经营企业	75.5	3.7	19.7	15.0	3.8
外资企业	60.4	8.9	25.9	7.8	9.5
3、按控股情况分					
国有控股	23.3	-0.3	8.1	4.9	-0.3
集体控股	51.9	6.7	24.1	9.3	7.1
私人控股	65.5	2.1	10.3	4.4	2.2
港澳台商控股	35.9	5.6	28.5	17.9	5.9
外商控股	61.3	6.9	23.5	11.6	7.4
其　他	72.3	2.3	11.3	9.2	2.3
4、按经营形式分					
独立门店	63.0	2.4	10.9	4.3	2.4
连锁总店	42.6	0.2	9.0	7.7	0.2
连锁门店	62.0	5.7	16.2	15.3	5.6
其　他	61.4	3.2	18.2	5.2	3.4
5、按单位规模分					
大　型	39.1	0.3	10.1	9.1	0.3
中　型	74.0	1.0	9.5	6.4	1.0
小　型	56.1	3.7	12.5	3.4	3.9
微　型	36.5	4.7	13.9	2.2	5.0
6、按零售业态分					
有店铺零售	59.4	1.9	10.7	5.5	1.9
食杂店	44.0	10.9	16.3	1.4	12.3
便利店	68.4	1.1	12.9	8.1	1.1
超　市	62.1	0.8	14.2	7.8	0.8
大型超市	58.6	3.5	18.1	11.2	3.5
百货店	87.8	-2.0	15.6	13.6	-2.0
专业店	43.4	3.0	10.6	4.6	3.1
专卖店	70.9	1.1	8.0	3.8	1.1
家居建材商店	37.6	6.1	15.6	3.3	6.5
购物中心		7.7	31.6	8.9	8.3
厂家直销中心	43.6	3.3	10.1	2.8	3.4
无店铺零售	36.8	11.7	32.6	13.3	13.3
网上商店	15.1	14.9	34.0	12.9	17.5
电话购物	61.0	6.8	30.4	14.0	7.2

12—12 限额以上住宿业和

	法人企业数（个）	从业人员期末人数（人）	营业额	其中:使用银行卡支付的营业额	客房收入	其中:通过公共网络实现的客房收入
总计	**146**	**8662**	**139799**	**34709**	**40947**	**2542**
一、住宿业	**58**	**5126**	**69215**	**15128**	**32665**	**2270**
1、按住宿行业小类分						
旅游饭店	49	4617	61108	15016	28655	2125
一般旅馆	8	330	6149	112	3184	146
其他住宿业	1	179	1957		826	
2、按登记注册类型分						
内资企业	54	4787	63770	14836	29638	2169
国有企业	6	1395	19986	2944	9465	148
有限责任公司	23	2544	33984	9865	13399	1828
国有独资公司	1	172	1309	581	963	85
其他有限责任公司	22	2372	32675	9284	12436	1743
私营企业	24	816	9511	2027	6632	192
私营独资企业	5	115	1487	62	1331	
私营有限责任公司	19	701	8024	1965	5302	192
其他企业	1	32	288		141	
港、澳、台商投资企业	2	89	873	292	663	64
港澳台商独资企业	2	89	873	292	663	64
外商投资企业	2	250	4573		2365	38
中外合资经营企业	2	250	4573		2366	38
3、按控股情况分						
国有控股	11	2305	28169	6124	13049	445
私人控股	36	1554	20986	3658	11660	333
港澳台商控股	2	89	873	292	663	64
外商控股	2	250	4573		2365	38
其他	7	928	14615	5054	4930	1391
4、按经营形式分						
独立门店	53	4962	65997	14627	30798	2086
连锁门店	4	106	2395	101	1408	146
其他	1	58	823	400	459	38
5、按单位规模分						
大型	1	695	10978	2933	6788	55
中型	7	2090	31655	7891	10417	1773
小型	46	2316	25868	4255	14752	412
微型	4	25	714	50	709	30
6、按星级分						
五星	2	1062	14209	4677	7704	170
四星	7	991	11150	1393	4336	242
三星	12	793	8561	1293	4056	135
二星						
一星						
其他	37	2280	35295	7766	16569	1724

餐饮业法人企业经营情况

单位：万元

餐费收入	其中:通过公共网络实现的餐费收入	商品销售额收入	其他收入	客房数（间）	床位数（个）	餐位数（位）	年末餐饮营业面积（平方米）
81435	**1773**	**10055**	**7362**	**8735**	**14137**	**51302**	**274786**
25508	**966**	**4707**	**6335**	**7149**	**11555**	**22630**	**136340**
22743	964	3789	5922	6388	10275	19856	113444
1797	2	918	250	622	1048	1974	19827
968			163	139	232	800	3069
24593	966	4039	5499	6487	10485	20890	128972
9002	67	64	1455	1024	1711	5420	23468
12890	899	3745	3950	3305	5282	10268	72333
			346	178	293		
12890	899	3745	3605	3127	4989	10268	72333
2589		221	69	2104	3393	5102	33021
127		16	13	307	543	950	2160
2462		205	55	1797	2850	4152	30861
113		9	25	54	99	100	150
193		12	5	266	416	700	4268
193		12	5	266	416	700	4268
722		656	831	396	654	1040	3100
722		656	831	396	654	1040	3100
13072	349	77	1972	1944	3181	8590	38419
6900		2109	316	3401	5443	9917	78604
193		12	5	266	416	700	4268
722		656	831	396	654	1040	3100
4621	616	1853	3212	1142	1861	2383	11949
24576	966	4288	6335	6645	10806	21128	116941
568		419		399	573	890	9880
364				105	176	612	9519
4042	65	57	91	462	721	2300	10744
12924	899	3299	5015	1941	2972	7255	32336
8540	2	1348	1229	4622	7653	13069	93235
2		4		124	209	6	25
6339	347	57	110	761	1138	3860	20742
4885		217	1712	954	1538	4960	19593
4000		1544	351	1086	1861	3600	18805
10284	619	4279	4163	4348	7018	10210	77200

12—12 续表

	法人企业数（个）	从业人员期末人数（人）	营业额	其中:使用银行卡支付的营业额	客房收入	其中:通过公共网络实现的客房收入
二、餐饮业	**88**	**3536**	**70584**	**19581**	**8282**	**272**
1、按餐饮行业小类分						
正餐服务	81	3372	67961	19225	8282	272
快餐服务	5	99	1082			
饮料及冷饮服务	1	31	1241	356		
咖啡馆服务	1	31	1241	356		
其他餐饮业	1	34	301			
小吃服务	1	34	301			
2、按登记注册类型分						
内资企业	83	3261	67601	18634	8213	272
国有企业	1	67	1680		291	
集体企业	1	12	219		53	
有限责任公司	30	1024	19611	920	3260	2
其他有限责任公司	30	1024	19611	920	3260	2
私营企业	50	2142	45612	17522	4610	270
私营独资企业	11	401	5509	1829	1081	154
私营合伙企业	2	45	744			
私营有限责任公司	36	1643	38762	15692	3530	116
私营股份有限公司	1	53	598			
其他企业	1	16	479	193		
港、澳、台商投资企业	4	226	2731	947		
与港澳台商合资经营企业	1	135	853	591		
港澳台商独资企业	3	91	1878	356		
外商投资企业	1	49	252		68	
中外合资经营企业	1	49	252		68	
3、按控股情况分						
国有控股	1	67	1680		291	
集体控股	1	12	219		53	
私人控股	78	3046	63835	17822	7540	272
港澳台商控股	4	226	2731	947		
外商控股	1	49	252		68	
其　他	3	136	1867	812	330	
4、按经营形式分						
独立门店	84	3475	69738	19581	8263	272
连锁店店						
连锁门店	1	10	160			
其　他	3	51	686		19	
5、按单位规模分						
大　型						
中　型	1	196	2029	1201	971	154
小　型	75	3248	64980	18111	7310	118
微　型	12	92	3575	269		

单位：万元

餐费收入	其中:通过公共网络实现的餐费收入	商品销售额收入	其他收入	客房间数（间）	床位数（个）	餐位数（位）	年末餐饮营业面积（平方米）
55928	**808**	**5348**	**1026**	**1586**	**2582**	**28672**	**138446**
53440	808	5212	1026	1586	2582	27870	136346
1082						466	1520
1241						276	280
1241						276	280
165		136				60	300
165		136				60	300
53311	808	5334	743	1518	2430	27091	131806
1390				41	57	900	3036
166				23	46	80	388
13569	46	2571	211	403	659	9150	40968
13569	46	2571	211	403	659	9150	40968
37708	761	2763	532	1051	1668	16811	87114
3810	14	318	300	182	278	2870	15188
744						786	1050
32556	747	2445	232	869	1390	12955	68546
598						200	2330
479						150	300
2447			284			711	4800
853						280	3300
1594			284			431	1500
169		14		68	152	870	1840
169		14		68	152	870	1840
1390				41	57	900	3036
166				23	46	80	388
50251	808	5334	711	1350	2187	25001	124082
2447			284			711	4800
169		14		68	152	870	1840
1505			32	104	140	1110	4300
55101	808	5348	1026	1538	2488	28086	136670
160						100	400
667				48	94	486	1376
844	14	214		109	150	800	4600
51790	793	4853	1026	1477	2432	26012	127119
3294		281				1860	6727

12—13 限额以上住宿和餐饮业产

	法人企业数（个）	从业人员期末人数（人）	营业额	其中:使用银行卡支付的营业额	客房收入	其中:通过公共网络实现的客房收入
合计	**191**	**3612**	**120191**	**2364**	**7452**	
一、住宿业	**5**	**485**	**9087**		**3667**	
1、按住宿业行业小类分						
旅游饭店	2	398	6859		2724	
一般旅馆	2	44	837		527	
其他住宿业	1	43	1391		417	
2、按登记注册类型分						
内资企业	1	390	6109		2582	
私营企业	1	390	6109		2582	
私营股份有限公司	1	390	6109		2582	
3、按经营形式分						
独立门店	5	485	9087		3667	
其他	5	485	9087		3667	
二、餐饮业	186	3127	111104	2364	3784	
1、按餐饮业行业小类分						
正餐服务	179	2943	106579	2364	3784	
快餐服务	3	137	3380			
其他餐饮业	4	47	1144			
小吃服务	4	47	1144			
2、按登记注册类型分						
内资企业	1	154	3786		1101	
私营企业	1	154	3786		1101	
私营独资企业	1	154	3786		1101	
港、澳、台商投资企业	2	261	3514		324	
港澳台商独资企业	1	106	2733			
其他港澳台投资企业	1	155	781		324	
3、按经营形式分						
独立门店	185	3104	110723	2336	3784	
其他	1	23	381	28		

业活动单位(个体户)经营情况

单位：万元

餐费收入	其中:通过公共网络实现的餐费收入	商品销售额收入	其他收入	客房数（间）	床位数（个）	餐位数（位）	年末餐饮营业面积（平方米）
106892	**218**	**4946**	**901**	**1065**	**1611**	**40632**	**108655**
4780		**640**		**418**	**507**	**760**	**4730**
3809		326		299	304	380	1080
310				86	141	140	2500
660		314		33	62	240	1150
3322		205		289	289	200	600
3322		205		289	289	200	600
3322		205		289	289	200	600
4780		640		418	507	760	4730
4780		640		418	507	760	4730
102113	218	4306	901	647	1104	39872	103925
97588	136	4306	901	647	1104	37958	99185
3380	82					1444	3160
1144						470	1580
1144						470	1580
2389		118	177	196	367	720	8850
2389		118	177	196	367	720	8850
2389		118	177	196	367	720	8850
3190				246	486	1700	3050
2733						1200	2500
457				246	486	500	550
101732	218	4306	901	647	1104	39672	103675
381						200	250

12—14 限额以上住宿业

	法人企业数（个）	执行《2006年企业会计准则》企业数（个）	一、年初存货				
				流动资产合计	应收账款	存货	固定资产合计
合计	**58**	**44**	**7185**	**50270**	**5317**	**3796**	**180144**
1、按住宿行业小类分							
旅游饭店	49	37	3468	47406	4508	3067	159938
一般旅馆	8	6	3500	2520	785	500	14580
其他住宿业	1	1	217	344	23	229	5625
2、按登记注册类型分							
内资企业	54	41	6217	38706	5015	3091	166292
国有企业	6	4	471	5800	1693	454	23571
有限责任公司	23	19	4595	22942	2125	1703	133664
国有独资公司	1	1	73	1097	8	73	4027
其他有限责任公司	22	18	4522	21845	2117	1630	129637
私营企业	24	17	1143	9490	1191	925	7611
私营独资企业	5	2	31	1021	191	20	2358
私营有限责任公司	19	15	1112	8468	1000	905	5253
其他企业	1	1	9	475	6	9	1446
港、澳、台商投资企业	2	1	73	985	90	71	2897
港澳台商独资企业	2	1	73	985	90	71	2897
外商投资企业	2	2	894	10579	212	634	10955
中外合资经营企业	2	2	894	10579	212	634	10955
3、按控股情况分							
国有控股	11	9	784	12184	1914	934	88177
私人控股	36	27	4864	17384	2604	1515	54893
港澳台商控股	2	1	73	985	90	71	2897
外商控股	2	2	894	10579	212	634	10955
其他	7	5	570	9138	497	641	23223
4、按经营形式分							
独立门店	53	40	4458	50082	5252	3754	169233
连锁门店	4	4	2675	45	3	1	10558
其他	1		51	143	62	40	353
5、按单位规模分							
大型	1	1	233	3335	1389	222	12577
中型	7	6	1888	29512	1028	1864	115880
小型	46	34	5062	17372	2875	1707	51260
微型	4	3	2	51	25	2	426
6、按星级分							
五星	2	2	339	6974	1478	515	70726
四星	7	5	452	4691	578	442	21405
三星	12	8	844	5651	902	779	10406
二星							
其他	37	29	5551	32954	2360	2060	77607

主要财务指标

单位：万元

二、期末资产负债										
固定资产原价	累计折旧	本年折旧	在建工程	资产总计	流动负债合计	应付账款	非流动负债合计	负债合计	所有者权益合计	实收资本
231850	**51706**	**14351**	**14420**	**284016**	**106515**	**18610**	**46545**	**153060**	**130956**	**156101**
208608	48670	13635	14420	257346	100527	16350	36882	137409	119937	137787
15366	787	195		20350	5267	1910	121	5388	14961	14981
7876	2250	522		6320	721	350	9541	10262	−3943	3333
210896	44604	9859	14362	253353	96977	18334	42345	139322	114031	134728
41383	17812	1894	20	39935	18039	4155	7084	25123	14812	5380
158349	24685	7280	10724	187936	68085	12468	35139	103224	84712	116621
8956	4929	261		5470	302	15		302	5168	8500
149393	19756	7019	10724	182467	67783	12454	35139	102922	79544	108121
9718	2107	685	3618	23560	10603	1707	121	10724	12836	12227
3188	830	264	68	3943	1503	754		1503	2440	2208
6530	1277	421	3550	19617	9100	954	121	9221	10396	10020
1446				1922	251	3		251	1671	500
5395	2498	242	9	6377	4546	65		4546	1831	5908
5395	2498	242	9	6377	4546	65		4546	1831	5908
15559	4604	4251	49	24286	4991	211	4200	9191	15095	15466
15559	4604	4251	49	24286	4991	211	4200	9191	15095	15466
117357	29181	4076	6797	127918	35912	13755	7084	42996	84922	89894
62942	8049	4095	5296	86797	46095	3209	14668	60762	26035	32382
5395	2498	242	9	6377	4546	65		4546	1831	5908
15559	4604	4251	49	24286	4991	211	4200	9191	15095	15466
30597	7374	1689	2269	38638	14971	1370	20593	35564	3074	12452
220641	51409	14184	14420	269703	105672	17936	46545	152217	117487	142358
10649	91	65		13816	762	652		762	13054	13327
559	206	103		496	81	22		81	416	416
23151	10574	1184	20	22147	11772	1163	3170	14942	7205	1587
138243	22363	10487	9855	176508	66452	12687	25690	92142	84366	97636
69962	18702	2616	4544	84842	28133	4707	17685	45818	39023	56828
494	68	65		519	157	53		157	362	50
82958	12232	2843	6797	99314	26234	10502	3170	29404	69910	71587
35714	14309	1625	852	33743	14642	2521	8075	22717	11026	16190
18447	8041	481	2	17867	9209	1960	755	9964	7903	11025
94731	17124	9402	6769	133092	56430	3627	34544	90975	42117	57299

12—14 续表1

	国家资本	法人资本	个人资本	港澳台资本	外商资本	营业收入	主营业务收入
合　计	**92594**	**24539**	**22512**	**1807**	**14649**	**68029**	**67576**
1、按住宿行业小类分							
旅游饭店	88043	24039	9249	1807	14649	59942	59490
一般旅馆	1219	500	13262			6129	6129
其他住宿业	3333					1957	1957
2、按登记注册类型分							
内资企业	92594	19922	22073	138		63423	62986
国有企业	5380					20563	20491
有限责任公司	86715	15636	14132	138		33090	32741
国有独资公司	8500					1309	963
其他有限责任公司	78215	15636	14132	138		31781	31778
私营企业		4286	7941			9482	9466
私营独资企业		1680	527			1484	1469
私营有限责任公司		2606	7414			7997	7997
其他企业	500					288	288
港、澳、台商投资企业		4239		1669		889	874
港澳台商独资企业		4239		1669		889	874
外商投资企业		378	438		14649	3717	3717
中外合资经营企业		378	438		14649	3717	3717
3、按控股情况分							
国有控股	86853	3041				28688	28270
私人控股		10771	21473	138		20299	20279
港澳台商控股		4239		1669		889	874
外商控股		378	438		14649	3717	3717
其　他	5742	6110	600			14437	14437
4、按经营形式分							
独立门店	92594	23716	9592	1807	14649	64731	64279
连锁门店		823	12504			2474	2474
其　他			416			823	823
5、按单位规模分							
大　型	1587					11679	11679
中　型	70730	12293	438		14174	29944	29944
小　型	20277	12224	22045	1807	475	25716	25264
微　型		22	28			690	690
6、按星级分							
五　星	71587					14910	14910
四　星	9230	6659	300			10923	10562
三　星	6317	2894	1339		475	8534	8445
二　星							
其　他	5460	14986	20872	1807	14174	33662	33658

单位：万元

三、损益及分配										
营业成本	主营业务成本	营业税金及附加	主营业务税金及附加	其他业务利润	销售费用	管理费用	税金	财务费用	利息收入	利息支出
27332	**27077**	**3667**	**3664**	**911**	**24866**	**19852**	**1499**	**2186**	**308**	**1431**
21456	21201	3265	3263	911	24076	18640	1471	2080	304	1419
3722	3722	278	277		771	702	28	95	4	12
2154	2154	124	124		19	510		12		
26126	25870	3402	3398	911	22190	18814	1332	2380	18	1340
6607	6527	1234	1233	479	7307	5495	283	520	10	377
14964	14803	1634	1634	417	12949	11484	1025	1643	5	869
161		64	64	185	619	897	64	-1	1	
14803	14803	1571	1570	232	12330	10588	962	1644	4	869
4436	4422	529	528	3	1882	1744	23	216	4	94
649	635	105	105	3	222	280	10	82		81
3787	3787	424	423		1660	1464	13	134	4	12
119	119	4	4	11	53	91				
94	94	55	55		827	272	12	5		
94	94	55	55		827	272	12	5		
1113	1113	210	210		1849	766	156	-198	290	91
1113	1113	210	210		1849	766	156	-198	290	91
9070	8830	1735	1733	665	14698	8724	937	579	13	419
10664	10649	973	972	16	3535	7335	333	1302	4	777
94	94	55	55		827	272	12	5		
1113	1113	210	210		1849	766	156	-198	290	91
6392	6392	694	694	230	3957	2756	62	499	1	144
25375	25119	3519	3516	911	24433	19484	1490	2175	305	1431
1554	1554	84	84		178	227	8	5	3	
403	403	64	64		254	140		7		
3546	3546	712	712	479	4249	3147	169	308	7	260
9652	9652	1632	1632	13	14874	10666	1122	1144	296	1073
13674	13418	1299	1296	418	5739	5968	204	734	6	99
461	461	23	23		5	72	3	1		
4908	4908	914	914	479	8774	4831	687	324	7	260
3691	3530	620	620	185	3939	3062	177	606	4	118
3475	3381	524	523	14	2918	1835	118	212	3	134
15259	15258	1609	1608	232	9235	10123	516	1044	294	920

12—14　续表 2

	三、损益及分配						四、人工成本		五、从事住宿和餐饮业活动的从业人员平均人数(人)
	资产减值损失	营业利润	营业外收入	补贴收入	利润总额	应交所得税	应付职工薪酬(本年贷方累计发生额)	应交增值税	
合　　计	**-3**	**-9459**	**1150**	**581**	**-8993**	**157**	**19845**	**10**	**4793**
1、按住宿行业小类分									
旅游饭店	-3	-9159	995	468	-8472	135	17878	7	4309
一般旅馆		561	3	3	191	22	876		319
其他住宿业		-861	152	111	-711		1091	3	165
2、按登记注册类型分									
内资企业	-3	-9058	1043	550	-8569	125	18711	10	4446
国有企业		-193	104		187	1	6640		1318
有限责任公司	-3	-9582	936	547	-9437	26	9929	5	2295
国有独资公司	-2	-428			-428		830		165
其他有限责任公司		-9155	936	547	-9010	26	9099	5	2130
私营企业		697	3	3	650	99	2030	5	801
私营独资企业		169			167	32	300		115
私营有限责任公司		528	3	3	482	67	1730	5	686
其他企业		21			32		112		32
港、澳、台商投资企业		-379	55	31	-450		367		109
港澳台商独资企业		-379	55	31	-450		367		109
外商投资企业		-23	52		26	31	767		238
中外合资经营企业		-23	52		26	31	767		238
3、按控股情况分									
国有控股	-3	-5709	476	50	-4976	1	10996	1	2186
私人控股		-3488	405	390	-3546	118	4182	7	1422
港澳台商控股		-379	55	31	-450		367		109
外商控股		-23	52		26	31	767		238
其　他		140	162	111	-47	7	3534	3	838
4、按经营形式分									
独立门店	-3	-9839	1147	578	-9019	151	19382	10	4629
连锁门店		426	3	3	71		291		106
其　他		-46			-45	6	172		58
5、按单位规模分									
大　型		124			124		3636		646
中　型		-8023	475	376	-8245	30	8902	1	1862
小　型	-2	-1701	676	205	-1013	108	7213	9	2260
微　型		141			141	19	94		25
6、按星级分									
五　星		-4434	50	50	-4402		5814		984
四　星	-2	-1008	104	61	-627	17	3972	2	968
三　星		-422	86		-76	33	2658	1	782
二　星									
其　他		-3595	910	471	-3888	108	7401	8	2059

12—15 限额以上餐饮业主要财务指标

	法人企业数（个）	执行《2006年企业会计准则》企业数（个）	一、年初存货	流动资产合计	应收账款	存货	固定资产合计	固定资产原价
合　计	88	66	2218	40149	2932	2366	29397	40905
1、按餐饮行业小类分								
正餐服务	81	60	2155	39510	2877	2307	27857	39253
快餐服务	5	5	6	406	18	10	166	195
饮料及冷饮服务	1		9	47	6	8	1369	1452
咖啡馆服务	1		9	47	6	8	1369	1452
其他餐饮业	1	1	49	187	32	42	5	5
小吃服务	1	1	49	187	32	42	5	5
2、按登记注册类型分								
内资企业	83	62	2148	36600	2870	2356	27588	38688
国有企业	1	1	143	1462	63	100	242	441
集体企业	1	1	14	133			23	33
有限责任公司	30	27	590	10860	1357	768	10412	12714
其他有限责任公司	30	27	590	10860	1357	768	10412	12714
私营企业	50	32	1391	24057	1370	1479	16845	25382
私营独资企业	11	8	105	4380	125	96	1609	4455
私营合伙企业	2	1	7	75	24	8	186	292
私营有限责任公司	36	23	1258	19496	1209	1353	14962	20315
私营股份有限公司	1		22	106	11	22	88	320
其他企业	1	1	10	88	80	9	66	118
港、澳、台商投资企业	4	3	70	3314	62	11	1581	1804
与港澳台商合资经营企业	1	1		340	2	-29	113	135
港澳台商独资企业	3	2	70	2973	60	40	1468	1669
外商投资企业	1	1		235			227	413
中外合资经营企业	1	1		235			227	413
3、按控股情况分								
国有控股	1	1	143	1462	63	100	242	441
集体控股	1	1	14	133			23	33
私人控股	78	58	1895	34031	1954	2133	26287	36671
港澳台商控股	4	3	70	3314	62	11	1581	1804
外商控股	1	1		235			227	413
其　他	3	2	97	975	852	123	1036	1544
4、按经营形式分								
独立门店	84	63	2177	38899	2830	2325	29062	40536
连锁门店	1	1	1	23		1	5	20
其　他	3	2	40	1228	102	40	330	349
5、按单位规模分								
中　型	1	1	76	4078	22	64	755	3302
小　型	75	56	2048	35115	2705	2232	27336	36155
微　型	12	9	94	957	205	71	1306	1449

12—15 续表1

					二、期末资				
	累计折旧	本年折旧	在建工程	资产总计	流动负债合计	应付账款	非流动负债合计	负债合计	所有者权益合计
合计	**11511**	**2797**	**7860**	**114615**	**44287**	**8683**	**10098**	**54385**	**60230**
1、按餐饮行业小类分									
正餐服务	11399	2750	7860	112071	43892	8608	10098	53990	58081
快餐服务	29	16		790	363	44		363	426
饮料及冷饮服务	84	31		1562					1562
咖啡馆服务	84	31		1562					1562
其他餐饮业				192	31	31		31	161
小吃服务				192	31	31		31	161
2、按登记注册类型分									
内资企业	11102	2718	3752	104873	39978	8392	10038	50016	54857
国有企业	199	44		1704	493	116		493	1211
集体企业	10	6		491	201	195	125	326	165
有限责任公司	2302	1095	1056	37709	10479	2221	11	10490	27218
其他有限责任公司	2302	1095	1056	37709	10479	2221	11	10490	27218
私营企业	8540	1564	2696	64806	28742	5796	9902	38644	26161
私营独资企业	2846	331	14	6384	3237	282	50	3287	3097
私营合伙企业	106	64		294	28	28		28	266
私营有限责任公司	5356	1168	2682	57934	25374	5462	9852	35226	22709
私营股份有限公司	232			193	104	23		104	90
其他企业	52	10		165	63	63		63	101
港、澳、台商投资企业	223	79	4108	9280	3899	291	60	3959	5321
与港澳台商合资经营企业	22	22		454	351	200		351	103
港澳台商独资企业	201	58	4108	8826	3548	91	60	3608	5218
外商投资企业	186			463	410			410	53
中外合资经营企业	186			463	410			410	53
3、按控股情况分									
国有控股	199	44		1704	493	116		493	1211
集体控股	10	6		491	201	195	125	326	165
私人控股	10386	2551	3714	100658	38820	7946	9913	48733	51925
港澳台商控股	223	79	4108	9280	3899	291	60	3959	5321
外商控股	186			463	410			410	53
其他	507	118	38	2021	465	134		465	1556
4、按经营形式分									
独立门店	11475	2794	7857	112919	44192	8660	10098	54290	58629
连锁门店	15	2		27	2			2	26
其他	22	1	3	1669	93	23		93	1575
5、按单位规模分									
中型	2547	261		4833	2808	10		2808	2026
小型	8821	2462	7635	107046	40572	8402	10023	50595	56451
微型	143	74	225	2737	908	271	75	983	1754

单位：万元

产负债							三、损益及分配			
实收资本	国家资本	集体资本	法人资本	个人资本	港澳台资本	外商资本	营业收入	主营业务收入	营业成本	主营业务成本
40176	**447**	**165**	**7463**	**25206**	**6885**	**11**	**67297**	**67136**	**41804**	**41768**
38286	447	165	7333	24906	5425	11	64674	64517	40378	40343
380			130	250			1082	1082	448	448
1460					1460		1241	1241	845	845
1460					1460		1241	1241	845	845
50				50			301	296	133	133
50				50			301	296	133	133
33039	447	165	7463	24964			64315	64154	40136	40101
447	447						1680	1680	1388	1388
165		165					219	219	175	175
10683			4477	6207			19613	19602	14187	14182
10683			4477	6207			19613	19602	14187	14182
21642			2987	18656			42323	42174	24097	24067
2777			309	2468			5432	5432	2854	2854
242				242			734	734	469	469
18474			2678	15796			35560	35410	20179	20149
150				150			598	598	595	595
101				101			479	479	290	290
7085				200	6885		2730	2730	1620	1620
800				200	600		853	853	526	526
6285					6285		1877	1877	1094	1094
53				42		11	252	252	47	47
53				42		11	252	252	47	47
447	447						1680	1680	1388	1388
165		165					219	219	175	175
31476			6663	24813			60478	60317	37653	37617
7085				200	6885		2730	2730	1620	1620
53				42		11	252	252	47	47
951			800	151			1938	1938	921	921
39846	447	165	7383	24956	6885	11	66451	66290	41388	41352
30			30				160	160	78	78
300			50	250			686	686	338	338
2000				2000			2029	2029	621	621
36620	447	165	7259	21905	6835	11	61770	61609	38699	38664
1556			205	1301	50		3498	3498	2484	2484

12—15 续表 2

	三、损益及分配								
	营业税金及附加	主营业务税金及附加	其他业务利润	销售费用	管理费用	税金	财务费用	利息收入	利息支出
合计	**2519**	**2518**	**452**	**8218**	**6952**	**409**	**705**	**20**	**547**
1、按餐饮行业小类分									
正餐服务	2392	2391	314	7642	6682	310	686	20	537
快餐服务	47	47		487	61		6		
饮料及冷饮服务	50	50		90	124	99	11		11
咖啡馆服务	50	50		90	124	99	11		11
其他餐饮业	30	30	138		86		2		
小吃服务	30	30	138		86		2		
2、按登记注册类型分									
内资企业	2351	2350	452	6928	6511	294	685	20	537
国有企业	108	108		23	145	1			
集体企业	17	17			25				
有限责任公司	472	472	313	1283	2306	95	94	2	40
其他有限责任公司	472	472	313	1283	2306	95	94	2	40
私营企业	1715	1715	140	5556	3935	197	591	18	497
私营独资企业	202	202		677	1019	28	27	2	2
私营合伙企业	46	46		92	62				
私营有限责任公司	1433	1433	140	4787	2627	169	558	17	495
私营股份有限公司	34	34			227		6		
其他企业	38	38		66	100	1	1		
港、澳、台商投资企业	140	140		1216	408	103	20		11
与港澳台商合资经营企业	53	53		819	144		9		
港澳台商独资企业	87	87		397	264	103	12		11
外商投资企业	28	28		74	33	12			
中外合资经营企业	28	28		74	33	12			
3、按控股情况分									
国有控股	108	108		23	145	1			
集体控股	17	17			25				
私人控股	2121	2120	452	6492	5878	271	673	20	537
港澳台商控股	140	140		1216	408	103	20		11
外商控股	28	28		74	33	12			
其　他	105	105		413	463	22	12		
4、按经营形式分									
独立门店	2467	2466	452	7998	6842	409	702	20	547
连锁门店	10	40		70	10				
其　他	42	42		151	100		3		
5、按单位规模分									
中　型	116	116		581	672	18	15	1	
小　型	2222	2221	452	7521	6078	385	671	18	539
微　型	181	181		117	202	6	20		8

单位：万元

资产减值损失	公允价值变动收益	投资收益	营业利润	营业外收入	补贴收入	利润总额	四、人工成本 应交所得税	应付职工薪酬(本年新贷方累计发生额)	应交增值税	五、从事住宿和餐饮业活动的从业人员平均人数（人）
84	**–1**	**–1**	**7085**	**610**	**123**	**5750**	**626**	**10953**	**275**	**3531**
84	–1	–1	6881	605	123	5542	619	10475	275	3343
			33			42	7	201	1	103
			121			121		187		52
			121			121		187		52
			50	5		45		90		33
			50	5		45		90		33
84	–1	–1	7690	495	123	6328	626	10000	275	3259
			16			–406	1	370		67
			1					28		10
1			1253	264	16	618	213	3298	114	1035
1			1253	264	16	618	213	3298	114	1035
83	–1	–1	6436	231	107	6116	412	6240	161	2131
			653	66		595	105	1128	125	402
			55			55	7	107		45
83	–1	–1	5773	162	107	5509	299	4875	36	1631
			–45	3		–42		130		53
			–16					64		16
			–674	115		–578		818		223
			–698			–699		409		103
			23	115		121		409		120
			70					135		49
			70					135		49
			16			–406	1	370		67
			1					28		10
84	–1	–1	7666	491	123	6723	585	9036	275	3023
			–674	115		–578		818		223
			70					135		49
			7	4		11	40	567		159
84	–1	–1	7042	610	123	5698	622	10829	275	3470
			–8				3	22		10
			52			52	2	103		51
			24	66		90	26	491		179
81			6571	496	123	5283	571	10171	231	3263
3	–1	–1	490	48		377	29	292	45	89

12—16 限额以上批发业和零售业连锁经营情况

单位:万元

	连锁总店数(个)	商品购进总额	统一配送商品购进额	自有配送中心配送商品购进额	非自有配送中心配送商品购进额	商品销售额	其中:零售额
总计	**35**	**491011**	**414122**	**54763**	**3584**	**1060034**	**916058**
一、按登记注册类型分							
内资企业	34	491010	414121	54763	3584	605999	520612
国有企业	2	10715	10715	10172		14278	653
有限责任公司	14	208222	177215	11957		235698	230002
其他有限责任公司	14	208222	177215	11957		235698	230002
股份有限公司	2	151128	151128			215186	182734
私营企业	16	120944	75064	32634	3584	140836	107224
私营独资企业	1	6582	4189			7782	7782
私营有限责任公司	14	112461	68974	30733	3584	131453	97840
私营股份有限公司	1	1901	1901	1901		1601	1601
外商投资企业	1					454035	395446
中外合资经营企业	1					454035	395446
二、按行业分							
批发业	5	66809	21869	16723		79429	26534
食品、饮料及烟草制品批发	2	56992	15318	10172		68445	23023
医药及医疗器材批发	1	3605	3605	3605		4091	1978
矿产品、建材及化工产品批发	2	6212	2946	2946		6893	1533
零售业	30	424201	392252	38040	3584	980605	889524
综合零售	12	123247	95505	23433	3584	144764	144724
食品、饮料及烟草制品专门零售	1	5561	5561			7550	7550
医药及医疗器材专门零售	6	23044	20651	12158		26819	26819
汽车、摩托车、燃料及零配件专门零售	8	224645	222831	2450		749630	658589
家用电器及电子产品专门零售	3	47704	47704			51843	51843
三、按业态分							
便利店	2	14370	14370			14445	14405
超市	9	62169	34427	23433	3584	69630	69630
百货店	1	46708	46708			60689	60689
专业店	15	90153	82680	26483		103297	84015
其中:加油站	4	220382	220382			744653	653612
专卖店	2	7463	7463	1901		9151	9151
其他	2	49766	8092	2946		58169	24556

12—17 亿元以上商品交易市场主要经济指标

指标	市场数（个）	总摊位数（个）	年末出租摊位数（个）	营业面积（平方米）	成交额（万元）
总计	**10**	**3527**	**3445**	**261992**	**1116017**
一、按市场类别分组					
1、综合市场	5	2829	2751	187565	799961
综合贸易市场	5	2829	2751	187565	799961
工业消费品综合市场	1	630	630	13500	30400
农产品综合市场	2	724	724	14170	82750
其他综合市场	2	1475	1397	159895	686811
2、专业市场	5	698	694	74427	316056
生产资料市场	1	62	58	15500	250937
农用生产资料市场	1	62	58	15500	250937
农产品市场	1	23	23	40000	33126
粮油市场	1	23	23	40000	33126
黄金、珠宝、玉器等首饰市场	1	165	165	165	11780
汽车、摩托车及零配件市场					
汽车市场					
旧货市场	2	448	448	18762	20213
古玩、古董、字画市场	2	448	448	18762	20213
二、按营业状态分组					
1、常年营业	10	3527	3445	261992	1116017
三、按经营方式分组					
1、以批发为主	4	2044	1971	219000	986483
2、以零售为主	6	1483	1474	42992	129534
四、按经营环境分组					
1、露天式					
2、封闭式	8	2949	2867	250027	1057982
3、其　他	2	578	578	11965	58035

12—18 亿元以上商品交易市场成交情况(2014年)

指　　标	年末出租摊位数（个）	成交额（万元）
总　计	**3445**	**1116017**
1、粮油、食品、饮料、烟酒类	893	125590
(1)粮油、食品类	718	217275
其中:粮油类	124	59431
肉禽蛋类	155	22570
水产品类	143	13454
蔬菜类	176	14047
干鲜果品类	120	107647
(2)饮料类	86	103519
(3)烟酒类	89	104796
2、服装、鞋帽、针纺织品类	915	302841
(1)服装类	802	263760
(2)鞋帽类	76	29096
(3)针纺织品类	37	9985
3、化妆品类	24	3020
4、金银珠宝类	212	19299
5、日用品类	124	25192
其中:洗涤用品类		
6、五金、电料类	130	2500
7、体育、娱乐用品类	7	356
10、家用电器和音像器材类	274	13113
12、文化办公用品类	31	7317
13、家具类	5	1010
20、建筑及装潢材料类	77	2231
21、机电产品及设备类	89	8000
22、汽车类		
23、种子饲料类	58	250937
25、其他类	606	54611

12—19 分县(市、区)社会消费品零售总额(2007-2014)

单位：万元

	2007		2008		2009		2010	
	总额	增长%	总额	增长%	总额	增长%	总额	增长%
全　市	**2890757**	**15.3**	**3427497**	**18.6**	**3882237**	**13.3**	**4311474**	**11.1**
市　直	222537	24.4	271014	21.8	647969	-3.1	527659	-18.6
芗城区	556764	13.4	636409	14.3	685263	21.9	815911	19.1
龙文区	122879	41.1	153112	24.6	244353	38.6	316627	29.6
龙海市	517572	13.4	611025	18.1	593994	15.0	675931	13.8
云霄县	191196	11.4	223999	17.2	223711	13.0	254093	13.6
漳浦县	364042	13.9	436030	19.8	418742	13.5	483930	15.6
诏安县	261057	11.1	307162	17.7	312765	13.9	358137	14.5
长泰县	82619	13.3	102313	23.8	102407	13.1	121038	18.2
东山县	143520	13.0	171708	19.6	161130	14.1	188913	17.2
南靖县	164520	23.0	196080	19.2	189702	12.5	215599	13.7
平和县	213062	12.3	257028	20.6	234844	15.7	272223	15.9
华安县	50990	13.5	61617	20.8	67357	14.0	81413	20.9

12—19 续表

单位：万元

	2011		2012		2013		2014	
	总额	增长%	总额	增长%	总额	增长%	总额	增长%
全　市	**4935443**	**14.5**	**5463508**	**10.7**	**6178457**	**13.1**	**6921977**	**12.0**
市　直	423713	-19.7	158043	-62.7	156833	-0.8	153038	-3.1
芗城区	964407	18.2	1107212	14.8	1253907	13.2	1365104	8.9
龙文区	374351	18.2	481757	28.7	626859	30.1	786633	25.5
龙海市	785358	16.2	893245	13.7	975525	9.2	1071230	9.8
云霄县	304548	19.9	360983	18.5	405978	12.5	459879	13.3
漳浦县	581171	20.1	682271	17.4	768229	12.6	858198	11.7
诏安县	433361	21.0	523554	20.8	596276	13.9	673081	12.9
长泰县	145782	20.4	172096	18.1	194812	13.2	224553	15.3
东山县	223691	18.4	260695	16.5	288253	10.6	319179	10.7
南靖县	264251	22.6	304477	15.2	322564	5.9	354902	10.0
平和县	326121	19.8	382443	17.3	427404	11.8	475250	11.2
华安县	108688	33.5	136732	25.8	161817	18.3	180931	11.8

注：由于2010年批发零售业、住宿餐饮业统计制度修改，分县口径与2007-2009年不一致；2013年数据根据第三次经济普查结果调整。

12—20 分县(市、区)限额以上贸易相关指标(2014年)

单位：万元

	限额以上贸易法人企业								限额以上法人及评估后的产业个体的消费品零售额	
	批发业销售额		零售业销售额		住宿业营业额		餐饮业营业额			
	总量	增长%	总量	增长%	总量	增长%	总量	增长%	总量	增长%
全市	**4985316**	**26.8**	**2638272**	**13.2**	**73551**	**12.8**	**193113**	**21.0**	**3021488**	**17.5**
市直	1214196	1.6	837571	-5.6	21223	-1.4	1284	-20.7	133552	-3.8
芗城区	1434968	11.4	454418	19.4	2895	1.7	15685	-14.7	527985	8.4
龙文区	1034748	154.2	614643	19.9	1859	247.6	18336	29.1	770772	28.7
龙海市	461464	24.8	78779	41.8	4092	19.4	20564	10.8	255753	12.5
# 龙海市辖	155506	31.8	65718	61.8	2105	28.8	18812	12.6	192326	17.6
漳州开发区	78039	-2.2	4838	-1.6	1987	10.8			5806	-1.1
台商投资区	227920	32.6	8223	-18.2			1753	-4.7	57621	-0.5
云霄县	43682	42.2	96959	39.7	10790	-5.0	17549	29.5	200320	21.8
# 云霄县辖	41452	41.2	87288	35.8	10790	-5.0	16359	30.8	154130	23.9
常山开发区	2230	64.5	9671	88.6			1190	14.3	46190	15.3
漳浦县	42182	-8.2	127542	31.6	17170	48.8	42481	27.1	313143	17.3
# 漳浦县辖	25507	11.8	126012	30.3	17170	48.8	41612	28.3	310744	16.9
古雷开发区	16675	-27.9	1530	705.6			869	-12.1	2399	103.6
诏安县	101341	23.5	143459	31.7	5778	52.1	24263	24.5	258172	22.4
长泰县	48224	7.5	52315	41.2			7165	2.1	102586	26.7
东山县	288899	29.2	42033	11.0	5040	-2.2	17290	32.8	91681	15.3
南靖县	79649	15.9	44495	48.9	3197	2.4	15015	37.8	108913	13.9
平和县	115463	40.7	91585	29.7	854	6.7	2908	76.8	135499	19.5
华安县	120500	26.8	54474	26.5	654	-41.4	10572	36.4	123110	14.0

注：本表数据为快报定案数。

12—21 分县(市、区)限额以上法人企业单位数(2014年)

单位：户

	合计	其中：			
		批发	零售	住宿	餐饮
全市	**802**	**270**	**395**	**56**	**81**
市直					
芗城区	196	90	80	11	15
龙文区	117	41	68	6	2
龙海市	83	41	27	4	11
# 龙海市辖	58	23	22	3	10
漳州开发区	6	4	1	1	
台商投资区	19	14	4		1
云霄县	65	12	38	4	11
# 云霄县辖	60	11	35	4	10
常山开发区	5	1	3		1
漳浦县	72	8	43	10	11
# 漳浦县辖	71	7	43	10	11
古雷开发区	1	1			
诏安县	45	18	23	3	1
长泰县	42	7	31		4
东山县	45	5	22	11	7
南靖县	39	12	17	5	5
平和县	57	19	25	1	12
华安县	41	17	21	1	2

注：本表数据为快报定案数。

主要指标解释

商品购进总额 指从本企业以外的单位和个人购进(包括从国(境)外直接进口)作为转卖或加工后转卖的商品。本指标由从生产者购进额、从批发零售贸易业购进额、进口额和其他项目组成。这个指标反映批发零售贸易企业从国内、国外市场上购进商品的总量。

商品销售总额 指对本企业以外的单位和个人出售(包括对国(境)外直接出口的)商品(包括售给本单位消费用的商品)。本指标由对生产经营单位批发额、对批发零售贸易业批发额、出口额和对居民和社会集团商品零售额项目组成。这个指标反映批发零售贸易企业在国内市场上销售商品以及出口商品的总量。

社会消费品零售额 指各种经济类型的批发零售贸易业、餐饮业和其他行业对城乡居民和社会集团的消费品零售额总和。这个指标反映通过各种商品流通渠道向居民和社会集团供应的生活消费品来满足他们生活需要,是研究人民生活、社会消费品购买力、货币流通等问题的重要指标。

对居民的消费品零售额 指售给城乡居民用于生活消费的商品。对社会集团的消费品零售额:指售给机关、团体、部队、学校、企业、事业单位和城市街道居民委员会、农村村民委员会用公款购买的用作非生产、非经营使用的消费品。

按行业分 指将社会消费品零售总额按经营企业、单位本身的业务性质划分。用以反映各行业在社会消费品零售渠道中的比重和作用。

批发零售贸易业零售额 指专门从事商品转卖业务的各种经济类型独立核算的批发零售贸易企业以及个体和其他行业附营的批发零售贸易单位直接售给居民和社会集团的消费品零售额。

住宿和餐饮业零售额 是指住宿和餐饮企业、产业活动单位因为为顾客提供就餐服务得到的餐费收入或出售商品所取得的收入。

住宿和餐饮业营业额 指住宿和餐饮企业、产业活动单位在经营活动中因提供服务或销售商品等取得的收入。包括客房收入、餐费收入、商品销售收入和其他收入。

其他行业零售额 指批发零售贸易业、餐饮业以外的其他行业的直接零售额。包括各种经济类型的交通运输业、邮电业、建筑业、居民服务业、公用事业出版社等行业的零售额(跨行业的经济联合组织的零售额,按其主营活动确定其所属行业,列入该行业的零售额内)。

按销售地区分 指将社会消费品零售额按经营机构所在地所作划分。用以研究反映城乡商品销售变化情况。

市的零售额 指设立在中央直辖市,省、地辖市的市区和郊区以及县级市的市区的各行业消费品零售额,不包括市属县的消费品零售额。

县的零售额 指设立在县城关区的各行业消费品零售额。

县以下的零售额 指设立在县城关以及县级市的市区以外的集镇和农村的各行业消费品零售额。但不包括分布在农村的独立工矿、林区的商品零售额,这部分零售额,凡属市直辖的列入“市的零售额”中,凡属县直辖的列入“县的零售额”中。

城乡集市贸易成交额 指在农村集市和城市集市上买卖双方(包括农民、非农业居民、机关、团体、工商企业、个体商贩)成交全部商品金额,是反映集市贸易规模的综合性指标。

亿元商品交易市场成交额 指经工商部门批准、专门从事商品批发、零售业务活动年成交额在亿元以上的市场的所有摊位商品交易额之和。

连锁企业(或称连锁店、连锁公司) 指在核心企业或总店的领导下,由分散的、经营同类商品或服务的企业或活动单位,采取共同方针,实行集中采购和分散销售的有机结合,通过规范化经营,实现规模效益的经济联合组织形式。一般连锁店应由若干个分店组成。其经营特征:(1)经营同类商品;(2)使用统一商号;(3)统一采购配送,采购与销售相分离(部分商品可根据物流合理和保质保鲜原则,由供应商直接送货到门店,其余均由总部统一配送)。

连锁门店的形式分为直营连锁和加盟连锁。

直营连锁也叫正规连锁。指连锁门店均由总部独资或控股开设,在总部的直接领导下统一经营。总部采取纵深似的管理方式,直接下令掌管所有的零售门店,零售门店也必须完全接受总部指挥。这是大型垄断商业资本通过吞并、兼并或独资、控股等途径,发展壮大自身实力和规模的一种形式。

加盟连锁包括特许连锁和自由连锁两种形式。

特许连锁指各连锁门店(被特许人)通过合同形式,取得使用总部(特许人)商标、商号、经营技术和销售总部开发的商品的特许权,各加盟连锁门店为独立法人,在总部指导下统一经营。

自由连锁也称自愿连锁。指连锁公司的门店均为独立法人,各自的资产所有权关系不变,在公司总部的指导下共同经营。各成员店使用共同的店名,与总部订阅有关购、销、宣传等方面的合同,并按合同开展经营活动。在合同规定的范围之外,各成员店可以自由活动。根据自愿原则,各成员店可自由加入连锁体系,也可自由退出。

第十三篇　对外经济贸易

13—1　主要年份全国、全省、全市进出口贸易额

年份	全国				全省				漳州			
	进出口总额（亿美元）	出口		进口	进出口总额（亿美元）	出口		进口	进出口总额（亿美元）	出口		进口
		总量	指数（以上年为100）			总量	指数（以上年为100）			总量	指数（以上年为100）	
1950	11.30	5.50	100.0	5.80								
1951	19.60	7.60	138.2	12.00								
1952	19.40	8.20	107.9	11.20	0.09	0.02		0.07				
1953	23.70	10.20	124.4	13.50	0.06	0.04	153.3	0.03				
1954	24.40	11.50	112.7	12.90	0.08	0.04	102.8	0.04				
1955	31.40	14.10	122.6	17.30	0.06	0.05	137.7	0.01				
1956	32.10	16.50	117.0	15.60	0.07	0.07	137.2	0.01				
1957	31.00	16.00	97.0	15.00	0.15	0.14	200.1	0.01				
1958	38.70	19.80	123.8	18.90	0.40	0.32	235.8	0.08				
1959	43.80	22.60	114.1	21.20	0.24	0.22	67.6	0.02				
1960	38.10	18.60	82.3	19.50	0.20	0.17	80.3	0.03				
1961	29.40	14.90	80.1	14.50	0.17	0.11	65.7	0.06				
1962	26.60	14.90	100.0	11.70	0.12	0.10	89.7	0.01				
1963	29.20	16.50	110.7	11.70	0.14	0.13	125.3	0.01				
1964	34.70	19.20	116.4	15.50	0.22	0.19	148.3	0.03				
1965	42.50	22.30	116.1	20.20	0.31	0.25	132.9	0.05				
1966	46.20	23.70	106.3	22.50	0.37	0.31	123.2	0.06				
1967	41.60	21.40	90.3	20.20	0.31	0.26	83.3	0.05				
1968	40.50	21.00	98.1	19.50	0.30	0.25	97.0	0.05				
1969	40.30	22.00	104.8	18.30	0.31	0.31	121.8					
1970	45.90	22.60	102.7	23.30	0.38	0.35	114.5	0.03				
1971	48.40	26.40	116.8	22.00	0.47	0.39	111.5	0.08				
1972	63.00	34.40	130.3	28.60	0.70	0.58	146.3	0.12				
1973	109.80	58.20	169.2	51.60	1.17	1.08	186.8	0.09				
1974	145.70	69.50	119.4	76.20	1.47	1.38	128.0	0.09				
1975	147.50	72.60	104.5	74.90	1.30	1.22	88.6	0.08				
1976	134.30	68.50	94.4	65.80	1.24	1.11	91.0	0.13				
1977	148.00	75.90	110.8	72.10	1.39	1.29	116.3	0.10				
1978	206.40	97.50	128.5	108.90	2.03	1.90	147.2	0.12				
1979	293.30	136.60	140.1	156.70	2.74	2.46	129.6	0.28				
1980	381.40	181.19	132.6	200.17	5.05	3.64	147.5	1.42				

注：全国1979年及以前为外贸业务统计数，1980年起为海关进出口统计数；漳州1981年-1994年为业务口径，1995年以后为海关口径。

13—1 续表

年份	全国				全省				漳州			
	进出口总额（亿美元）	出口		进口	进出口总额（亿美元）	出口		进口	进出口总额（亿美元）	出口		进口
		总量	指数（以上年为100）			总量	指数（以上年为100）			总量	指数（以上年为100）	
1981	440.30	220.10	121.5	220.20	6.08	4.01	110.3	2.07	0.02	0.01		0.01
1982	416.10	223.20	101.4	192.90	5.51	3.70	92.3	1.80	0.01	0.01	91.0	
1983	436.20	222.30	99.6	213.90	5.64	3.70	99.9	1.94	0.01	0.01	134.6	
1984	535.50	261.40	117.6	274.10	6.65	3.92	105.9	2.73	0.04	0.03	307.3	
1985	696.00	273.50	104.6	422.52	9.01	5.57	142.3	3.44	0.05	0.05	146.0	
1986	738.50	309.40	113.1	429.10	13.48	6.86	123.2	6.61	0.11	0.10	209.4	0.01
1987	826.50	394.40	127.5	432.10	18.45	9.04	131.7	9.41	0.14	0.14	136.4	
1988	1027.90	475.20	120.5	552.70	28.43	14.16	156.6	14.27	0.31	0.29	206.2	0.02
1989	1116.80	525.40	110.6	591.40	34.22	18.28	129.1	15.94	0.54	0.50	173.6	0.03
1990	1154.40	620.91	118.2	533.45	43.39	24.49	134.0	18.90	0.97	0.94	188.6	0.02
1991	1357.00	719.10	115.8	637.91	57.48	31.47	128.5	26.00	1.47	1.45	154.2	0.01
1992	1655.30	849.40	118.1	805.85	80.59	43.87	139.4	36.72	2.03	2.00	137.7	0.03
1993	1957.00	917.44	108.0	1039.59	100.38	51.56	124.6	48.82	3.42	3.13	156.3	0.29
1994	2366.20	1210.06	131.9	1156.14	121.90	64.30	124.7	57.59	4.54	4.23	135.2	0.31
1995	2808.60	1487.80	123.0	1320.84	144.46	79.08	123.0	65.38	5.59	5.27	124.6	0.32
1996	2898.80	1510.48	101.5	1388.33	155.13	83.83	106.0	71.30	6.63	3.60	68.4	3.03
1997	3251.60	1827.92	121.0	1423.70	181.89	102.65	122.5	79.24	6.74	4.07	113.0	2.66
1998	3239.50	1837.09	100.5	1402.37	171.53	99.58	97.0	71.95	11.11	4.57	112.2	6.54
1999	3606.30	1949.31	106.1	1656.99	176.19	103.52	104.0	72.68	10.17	4.80	105.0	5.37
2000	4742.90	2492.03	127.8	2250.94	212.20	129.06	124.7	83.14	9.89	5.75	119.8	4.14
2001	5096.50	2660.98	106.8	2435.53	226.30	139.26	107.9	87.04	10.08	6.23	108.2	3.85
2002	6207.70	3255.96	122.4	2951.70	283.97	173.71	124.7	110.27	12.25	7.78	125.0	4.47
2003	8509.85	4382.28	134.6	4127.60	353.26	211.32	121.7	141.94	20.77	12.23	157.2	8.53
2004	11545.50	5933.26	135.4	5612.29	475.27	293.95	139.1	181.32	32.44	21.56	176.3	10.88
2005	14219.10	7619.53	128.4	6599.53	544.11	348.42	118.5	195.69	37.07	25.98	120.5	11.10
2006	17604.40	9689.78	127.2	7914.61	626.60	412.62	118.4	213.98	42.64	29.82	114.8	12.82
2007	21765.70	12204.56	126.0	9561.16	744.47	499.38	121.0	245.10	46.49	34.17	114.6	12.31
2008	25632.55	14306.93	117.2	11325.67	848.21	569.92	114.1	278.29	53.18	38.76	113.4	14.42
2009	22075.35	12016.12	84.0	10059.23	796.50	533.19	93.6	263.30	48.04	33.87	99.1	14.17
2010	29739.98	15777.54	131.3	13962.44	1087.83	714.93	134.1	372.90	74.09	50.70	149.7	23.39
2011	36418.64	18983.81	120.3	17434.84	1435.22	928.38	129.9	506.85	96.99	64.91	128.0	32.08
2012	38671.20	20487.14	107.9	18184.05	1559.38	978.33	105.4	581.05	94.31	65.91	107.7	28.40
2013	41589.93	22090.04	107.8	19499.89	1693.21	1064.74	108.8	628.46	97.38	71.08	107.7	26.29
2014	43030.37	23427.47	106.1	19602.90	1774.99	1134.57	106.6	640.42	113.20	81.31	114.4	31.94

13—2 进出口总额(1981-2014)

年份	进出口总额(万美元)	出口	进口	年份	进出口总额(万美元)	出口	进口
1981	239	89	150	1998	111100	45719	65381
1982	94	81	13	1999	101678	48018	53660
1983	125	109	16	2000	98946	57527	41419
1984	350	335	15	2001	100767	62263	38505
1985	496	489	7	2002	122509	77833	44676
1986	1147	1024	123	2003	207678	122333	85345
1987	1409	1397	12	2004	324396	215627	108769
1988	3108	2881	227	2005	370720	259767	110953
1989	5357	5002	255	2006	426387	298172	128215
1990	9654	9432	222	2007	464861	341724	123136
1991	14651	14548	103	2008	531838	387597	144241
1992	20332	20031	301	2009	480379	338693	141686
1993	34152	31299	2853	2010	740868	506987	233881
1994	45357	42303	3054	2011	969916	649134	320782
1995	55878	52705	3173	2012	943172	659103	284069
1996	66328	36045	30283	2013	973767	710821	262946
1997	67358	40740	26618	2014	1232592	813173	319419

注:1981 年-1994 年为业务口径,1995 年以后为海关口径。

13—3 按主要贸易方式分出口商品贸易额(2002-2014)

单位:万美元

	2002	2003	2004	2005	2006	2007	2008	2009	2010	2011	2012	2013	2014
合计	**76941**	**121569**	**214714**	**258244**	**296418**	**340377**	**387597**	**338693**	**506987**	**649134**	**659103**	**710821**	**813173**
# 一般贸易	37553	45320	71142	94957	116447	150931	200819	213530	337520	459969	515507	567287	633762
来料加工贸易	2464	2538	2386	3167	2672	3415	5177	4372	6058	10529	4844	4207	7101
进料加工贸易	36924	73711	141186	160120	177299	186031	181045	120602	150332	157057	125937	139248	172310
保税仓库进出境货物									12122	21464	12815	13	

13—4　按主要贸易方式分进口商品贸易额(2002-2014)

单位：万美元

	2002	2003	2004	2005	2006	2007	2008	2009	2010	2011	2012	2013	2014
总　　计	**44672**	**85320**	**108745**	**110934**	**127976**	**122942**	**144241**	**141686**	**233881**	**320782**	**284069**	**262946**	**319419**
#一般贸易	17205	37231	41057	32858	45116	50665	67264	89164	121660	187807	215598	215598	242647
华侨、港澳台胞、外籍华人捐赠物资	0.05	3.38											
来料加工装配贸易	1559	1499	1621	2597	2063	2164	10604	4430	5718	8539	3735	3344	6399
进料加工贸易	15962	37547	59455	61049	72199	60890	56345	42404	53222	49059	38479	50286	55652
来料加工装配进口的设备										416			
外商投资企业作为投资进口的设备、物品	9946	9040	6612	13329	5458	3467	4045	1379	12211	36699	12896	2788	958
保税仓库进出境货物				1101	3140	5758	5810	2732	39234	36851	10947	4192	6193

13—5　按企业性质分进出口商品贸易额(2002-2014)

单位：万美元

	2002	2003	2004	2005	2006	2007	2008	2009	2010	2011	2012	2013	2014
进出口总额	**122509**	**207678**	**324396**	**370720**	**426387**	**464861**	**531838**	**480379**	**740868**	**969916**	**943172**	**973767**	**1132592**
出口总额	77833	122333	215627	259767	298172	341724	387597	338693	506987	649134	659103	710821	813173
#机电产品	19928	55034	122381	142302	154811	137085	193125	130757	178163	194053	128992	205593	260329
#高新技术产品	4359	10771	9207	4652	19117	28058	30808	18406	23698	24270	14472	38864	56707
#有进出口经营权													
国有企业	18642	19119	21662	23054	21779	23291	23689	22116	26975	29975	28406	23390	22177
民营企业	2110	5851	13261	25868	37660	51335	76049	92163	169549	267692	314918	347416	422734
外商投资企业	57082	97363	180704	210844	238733	267098	287838	224414	310463	351467	315779	340015	368791
进口总额	44676	85345	108769	110953	128215	123136	144241	141686	233881	320782	284069	262946	319419
#机电产品	18675	32238	38410	47565	39727	25528	35889	27264	75589	82953	83869	61330	55184
#高新技术产品	2148	3535	2735	5693	4262	3805	18422	13204	24811	16667	19350	25255	28250
#有进出口经营权													
国有企业	1155	1347	727	2278	2898	4358	3654	4408	10191	14981	15325	22709	28308
民营企业	4190	14444	18245	3016	2394	3868	4120	7082	24760	58327	39814	30280	66250
外商投资企业	39330	69554	89797	105659	122924	114910	136431	130196	198020	247474	219855	209957	224436

13—6 按主要国别(地区)分出口商品贸易额(2002-2014)

单位：万美元

	2002	2003	2004	2005	2006	2007	2008	2009	2010	2011	2012	2013	2014
总　　计	**77833**	**122333**	**215627**	**259767**	**298172**	**341671**	**387597**	**338693**	**506987**	**649134**	**659103**	**710821**	**813173**
亚　　洲	36005	43136	62645	76780	90654	106508	130396	143492	227981	349998	368609	376328	406785
# 中国香港	6809	8631	8140	11833	10624	16602	15843	12717	24885	57450	65356	74886	94107
中国澳门	43	55	13	21	13	10	20	8	3		660	6	
中国台湾	3672	4315	8626	9434	10528	12658	17804	25754	46152	62389	74796	80524	119129
日　　本	14499	17348	23195	28441	36613	33750	34832	33557	46925	80098	69220	60616	65330
菲 律 宾	610	752	1317	1730	2265	3914	6902	13103	15356	16013	16211	18270	21000
韩　　国	1284	1734	2606	3140	4908	5711	5881	6742	7144	12124	16537	14837	15021
泰　　国	835	870	1124	1594	2378	3277	4453	5299	8566	11424	20816	25412	32417
印度尼西亚	732	754	1318	1588	2023	2338	4326	6507	14252	13959	11349	10100	11057
马来西亚	2764	1812	2383	3477	3714	6076	10800	10544	15053	22319	32244	31855	28767
新加坡	1045	980	1381	2149	2684	3952	5613	7395	6457	17571	8671	13593	18247
阿拉伯联合酋长国	393	719	1286	1935	2098	2704	3014	2850	2252	3558	2884	3398	4493
欧　　洲	14301	24103	40212	47794	63592	87765	94291	65755	95084	104951	100728	126007	139940
# 德　　国	3374	4507	6397	6572	9307	13014	12030	11159	14142	18875	19507	20198	24291
法　　国	1157	1646	2974	4153	6110	9336	9355	5455	8715	9583	9031	9838	12437
意 大 利	875	1804	3226	3610	5197	7678	6708	6420	10527	10273	9554	14208	14837
芬　　兰	89	228	445	980	1195	1370	1299	469	406	439	570	858	729
英　　国	2599	5807	8441	8166	8692	8859	9243	8447	12749	11980	13310	13793	16261
丹　　麦	263	377	544	753	1203	3736	5743	734	2740	5931	3671	1563	1234
瑞　　典	275	369	598	1005	921	1516	1214	1019	1709	1677	1955	3301	4320
瑞　　士	85	160	307	795	677	872	972	469	459	1569	497	440	503
西 班 牙	609	1678	3085	4052	5861	5203	4921	3633	6545	7178	6080	13427	11659
北 美 洲	22831	47058	93975	116380	116285	108927	125121	90670	136870	138496	129370	136901	135719
# 加 拿 大	1596	3092	5852	7820	7457	9747	11371	9388	11674	10607	11084	10376	9570
美　　国	21235	43966	88123	108452	108828	99180	113750	81282	125196	127889	118740	126526	126148
大 洋 洲	1176	3122	5626	5928	6904	10324	10488	11850	12490	16117	11001	14494	18697
# 澳大利亚	1037	2662	4878	5119	6148	8932	9495	9656	10563	13005	12423	11517	14364
拉丁美洲	2618	3286	8966	9430	16770	22004	18655	19493	23826	26176	28156	37943	37268
非　　洲	902	1628	4203	3455	3966	6143	8234	7326	10591	12654	14586	18047	22042

13—7 按主要国别(地区)分进口商品贸易额(2002-2014)

单位：万美元

	2002	2003	2004	2005	2006	2007	2008	2009	2010	2011	2012	2013	2014
总　计	**44676**	**85345**	**108769**	**110953**	**128215**	**123133**	**144241**	**141686**	**233881**	**320782**	**284069**	**262946**	**319419**
亚　洲	33793	55666	70372	79418	81857	81374	79076	75169	128143	143421	133745	127938	165250
# 中国香港	777	2547	3123	1522	949	1646	813	2169	1489	2656	2385	1960	2714
中国澳门	1	13	2										
中国台湾	19729	29811	34216	43746	42000	42367	39458	32759	43624	48552	50325	48641	59735
日　本	7812	11814	12585	8655	9138	4959	4507	9947	30861	26386	22058	14558	16477
菲律宾	113	242	255	264	399	326	339	401	677	775	602	1152	4071
韩　国	1141	2331	4091	6689	8121	10261	9029	4553	10870	5048	6098	6948	20787
泰　国	305	516	810	1406	726	1197	2984	2979	2250	1214	1351	2806	3907
印度尼西亚	274	575	1393	804	5784	6060	4514	9055	9553	17446	26107	27879	12360
马来西亚	284	1298	1628	1696	2323	2369	1880	1785	14284	10764	1536	2350	23330
新加坡	637	1479	2678	2716	2223	1597	1743	1812	1536	3531	1242	1058	1190
阿拉伯联合酋长国		42	150	27	56	57	21	77	75	4	51	287	230
欧　洲	4602	8560	11593	17538	23135	12482	16259	10260	23810	61447	55717	32980	36083
# 德　国	1943	3774	2862	3645	4306	3389	3327	4263	5158	10222	20577	12627	6215
法　国	285	401	251	648	391	222	162	334	1116	19293	2460	1124	1875
意大利	624	1616	3099	3743	3802	4960	2673	1171	4515	14131	7601	5811	2517
芬　兰	56	72	145	273	539	180	110	26	917	3342	3082	776	2145
英　国	157	651	674	2295	3860	948	900	369	1284	3285	1309	842	2402
丹　麦	34	22	25	25	861	167	30	58	129	22	8	80	196
瑞　典	230	402	165	442	368	345	254	136	191	551	1597	535	1128
瑞　士	72	77	182	373	353	49	95	430	90	221	1941	794	371
西班牙	101	332	197	299	407	182	262	263	6175	401	4316	1008	610
北美洲	1435	10727	9832	8084	8802	15595	17636	20690	40739	44765	33535	25340	38078
# 加拿大	146	284	294	924	1683	2375	2571	2313	3718	6806	5015	5715	7725
美　国	1288	10444	9538	7154	6939	13220	15065	18377	37021	37959	28406	19496	30353
大洋洲	382	511	3058	2841	8062	4437	8276	10677	18035	41058	29598	33075	34060
# 澳大利亚	345	358	2869	2548	7002	2245	6545	8253	12288	31087	18792	16093	18059
拉丁美洲	4378	9714	13614	2785	5985	7274	21052	23385	22321	27731	29552	39360	33391
非　洲	87	167	299	287	375	971	1977	1351	539	2322	1819	4172	12537

13—8 出口千万美元以上的商品(2006-2014)

单位：万美元

	2006	2007	2008	2009	2010	2011	2012	2013	2014
活动物、动物产品	8580	6966	7973	44587	67459	108141	117502	144308	167269
鱼及其他水生无脊椎动物	8297	5886	5390	42142	67366	107873	117308	144192	167213
冻 鱼	3251	2793	1027	2574	3280	8636	38871	45854	39047
植物产品	16357	18365	21488	23126	28605	29469	27606	27706	25809
活植物、茎、根、插花	1019	1564	1892	2299	3157	3132	3407	3645	3089
其他活植物、插枝及接穗;蘑菇菌	1011	1546	1857	2286	3143	3096	3388	3357	2957
食用蔬菜、根及块茎	12037	12315	13318	13432	16676	16975	15473	14252	12888
鲜或冷藏洋葱、青葱、大蒜、韭葱	1401	1113	1282	3249	6310	3983	3584	2455	2029
冷冻蔬菜	6672	6843	7050	5940	5611	6688	6112	5526	5637
食用水果及坚果;甜瓜等	2365	3335	4860	6275	7162	6976	6073	5976	4394
鲜或干的柑桔属水果	1213	2085	3433	5126	5309	4891	3884	3931	2658
食品、饮料、酒及醋、烟	31548	46245	67704	48006	97848	150463	182055	163847	177928
肉、杂碎或动物血制香肠等产品	1369	1301	1443	1198	1534	2015	1986	758	522
制作或保藏的蟹	5981	7538	16028	11086	22853	47051	51010	44123	46155
制作或保藏的虾	948	5747	10379	1188	10573	9834			
谷物粉、淀粉等或乳的制品	896	1038					2253	2264	2272
蔬菜、水果等或植物其他部分	16586	21369	23297	20525	28592	38529	39003	38811	42564
化学工业及其相关工业的制品	3792	4369	5413	4542	6467	8824	9613	12177	10972
药 品	1461	1267	1687	1667	1965	2344	3205	4376	3336
片仔癀	1445	1237	1639	1585	1880	2222	2967	4080	3027
精油及香膏、芳香料制品	1253	1737	1000	1429	2043	2926	2968	3716	4109
塑料及其制品;橡胶及其制品	8438	10741	11919	10415	13902	15600	16070	19040	19223
塑料及其制品	8296	10524	11702	10219	13626	15447	15859	18749	18857
运输或包装货物的塑料制品	3958	4611	5232	3634	4312	4960	5447	5676	6422
革、毛皮及制品、箱包	2516	2995	3601	3101	4009	5635	5029	4952	4335
衣箱、手提包、及类似容器	1927	2135	2581	2251	3097	5078	4068	4305	3263
木及制品、木炭、软木	4065	6052	5065	5896	7427	7716	8586	8096	8398
胶合板、单板饰面板及类似的多层板	1589	1980	1498	2898	2916	3134	3060	2192	1752
建筑用木工制品	1454	3021	2512	1960	2618	2329	2956	3128	3438
纸及纸板、纸浆、纸或纸制品	716	1144	1002	827	1198	1196	2210	1949	1777
纺织原料及纺织制品	11569	11678	13603	15553	15336	16102	16817	22476	19254
特种机织物;簇绒织物	1006	1251	1441	1010	1356	1208	1267	1560	1515
针织或钩编的服装及衣着附件	3027	2697	3734	5216	4451	5333	5710	8153	6837
非针织或非钩编的服装及衣着附件	1970	1703	1753	2133	2146	2543	2680	3510	2954
其他纺织制品;成套物品	3377	3997	4359	5721	5446	4148	4764	5710	4947
鞋帽伞等、羽毛品、人造皮革	8640	8974	9737	6209	10100	11464	14289	12345	13753
鞋靴、护腿和类似品及其零件	4751	4117	4470	732	4222	4971	6068	6875	7564
雨伞及阳伞	2791	3672	4046	4227	4528	5116	4091	4078	4441
折叠伞	1550	1968	2246	2518	2604	2999	2241	2313	2422
其他雨伞及阳伞	1235	1698	1791	1700	1918	2107	1821	1757	1998

13—8 续表　　单位：万美元

	2006	2007	2008	2009	2010	2011	2012	2013	2014
矿物材料制品、陶瓷品	4104	4896	6658	7608	8813	11116	11848	12552	15281
矿物材料的制品	2183	2346	2774	3124	2621	4260	4026	3762	5471
陶瓷产品	1476	2039	3062	3725	4519	5217	6283	6768	8145
瓷制固定卫生设备	871	1553	2600	3166	3887	4392	5048	5800	6437
贱金属及其制品	24902	21053	21661	16227	30522	40977	28455	25610	55019
钢　铁	5528	8307	9234	7236	13881	16787	11177	7615	30439
钢铁制品	7612	8806	8218	5030	8854	10180	8269	9490	11328
铝及其制品	8935	476					3610	2887	7642
贱金属器具、利口器、餐具	1007	1582	2022	1424	1809	1816	2340	545	1591
贱金属杂项制品	1552	1683	1534	1588	2284	3050	3149	3429	2642
机电、音像设备及其零件	113366	120895	119898	81295	99352	105287	94952	120337	148689
起重机等；移动式吊运架、跨运车	7555	11318	8235	11161	3718	9783	9199	10062	17765
电机、电气、音像设备及其零附件	97190	101282	100439	60211	75857	72141	67796	80887	93364
家用电动器具	5084	4812	4803	2740	4283	4062	2047	2743	2487
电热水器、浸入式液体加热器等	51163	51068	48225	31300	38118	33244	28057	25742	25321
电熨斗	11111	10800	9060	6062	7314	4514	2714	1700	1445
微波炉	2384	2360	2963	360					
电炉、电锅、电热板、加热环	36483	10511	8568	8698	9244	7814	6962	6709	5463
视频信号录制或重放设备	573	19323	8095	2251	2558	1443		443	819
雷达设备、无线电导航设备及无线电遥控设备	2747	6478	8415	3337	750			81	69
电视接收机	34227	13542	7587	5413	5702	8143	2312	3340	3471
车辆、航空器、船舶及浮动结构体	17061	28370	32008	10390	31631	35552	25143	20142	25537
集装箱(包括运输液体的集装箱)	10183	19483	18985	605	17264	23283	12590	9512	11150
车辆及其零附件	6138	7619	11613	8834	13830	11606	12237	9659	13501
船舶及浮动结构体	740	1262	1401	941				969	886
光学、医疗等仪器、钟表	10875	13789	15482	13570	17208	19888	19620	21076	21646
光学、照相、医疗等设备	2737	3686	4210	3757	4646	5180	5293	7107	6700
钟表及其零件	6595	8206	8922	8074	10514	12418	11770	11619	12612
乐器及其零件、附件	1544	1897	2350	1739	2049	2289	2557	2350	2335
杂项制品	30999	34844	42085	40964	54787	60110	65362	81316	99103
家具、寝具等、灯具	23268	25717	31395	28200	40070	46017	48900	61866	76884
坐　具	7222	10267	12415	11317	15425	17946	19405	18666	19432
卧室用木家具	4775	3886	3841	2735	3577	2844	3725	2537	2242
其他木家具	2792	2585	2983	3105	5559	7607	3725	9864	11513
其他金属家具	5647	6675	9023	7980	10675	10259	10764	7063	6450
厨房用木家具	1458	1121	1139	614				938	223
玩具、游戏或运动用品	7006	8010	9460	11555	12229	12234	14841	15790	18505
体育运动或户外游戏用未列名的用品	5508	5841	6742	7949	8115	8298	9548	10388	10711
杂项制品	725	1117	1230	1208	2489	1859	3529	3660	3714

13—9　进口千万美元以上的商品(2006-2014)

单位：万美元

	2006	2007	2008	2009	2010	2011	2012	2013	2014
活动物、动物产品	684	1528	1247	1034	1462	3777	2786	3097	2778
鱼及其他水生无脊椎动物	665	1436			747	1156		891	2461
植物产品	4190	12284	26484	35937	47769	50841	44075	48160	50844
黄大豆	3807	11831	25878	34960	45422	48195	40290	42024	44244
矿产品	11800	7549	12348	16436	31569	72238	56315	42288	75211
烟　煤	10779	6260	11765	14947	16222	38670	38798	32232	22060
化学工业及其相关工业的制品	6904	9135	8655	5094	4593	16795	12455	6557	11624
有机化学品	3418	6175	6404	3258	2225	2403	2672	1213	7550
鞣料、着色料、涂料、油漆及清漆	2122	1815	1499	1143	1093	785		664	994
塑料及其制品	12023	12515	10695	8788	12432	18066	17843	21217	23823
橡胶及其制品							1045	983	1196
木及制品类	3236	5221	5160	5291	10411	14569	14909	22162	20624
原　木	1251	2625	2507	3853	7482	12151	11961	18789	17126
木浆等、废纸、纸、纸板	1103	1554	2368	3547	4417	9053	6466	7307	10867
木浆等纤维状纤维素浆	863	1305	2020	3040	3812	8093	5294	5816	9556
回收(废碎)纸或纸板	844	1296	1417	1432	3256	6575	3953	2740	7134
纺织原料及纺织制品	4734	4369	3719	4403	4720	4580	3853	4023	4395
化学纤维长丝	2289	2270	1948	2182	1564	1466	1016	893	944
化学纤维短纤	1198	1068						323	309
贱金属及其制品	41208	30190	33757	28681	38322	43884	34748	40591	48868
钢　铁	17639	18203	18378	20492	24408	23850	18380	24686	34795
钢铁制品	1416	1388	1026	950	1153	1719	2805	2345	1852
铜及其制品	97	1220	2130	1996	3441	4226	4074	4126	3474
镍及其制品	1137	2061			2290	2513	1308	1214	1089
铝及其制品	20200	6442	11620	4724	6091	10353	6882	7136	6905
#铝废碎料	18214	4363	8927	2478	4268	7679	4563	4973	5706
#铝板、片及带	1859	1967	1861	217	349	1060		22	
机电、音像设备及其零件	33922	30042	27097	23013	69114	75366	76140	52220	31594
龙头、旋塞、阀门及类似品	1027	518			2097	3387	5612	769	5
电机、电气、音像设备及其零附件	20376	19593	16019	12360	15147	14623	24294	27198	31594
电路开关、保护等电气装置,线路	1397	1381	1271	884	1253	1389	1703	1724	1497
电气控制或电力分配盘、板、台	934	1040					2885	466	1070
集成电路及微电子组件	6200	9024	7270	5534	6906	3394	2805	7061	8662
绝缘电线、电缆及其他绝缘电导体	2372	1621	1174	641			1918	2419	2595
光学、照相、医疗等设备	4313	4817	6479	2415	4080	4207	4880	4033	5698
液晶显示板	3485	4383	5844	1945	3401	1325	1167	2737	3480

13—10 主要年份全国、全省、全市利用外商直接投资情况

单位：万美元

年份	全国			全省			漳州		
	合同利用外资额	实际使用外资额		合同利用外资额	实际使用外资额		合同利用外资额	实际使用外资额	
		总量	指数(以上年为100)		总量	指数(以上年为100)		总量	指数(以上年为100)
1979				105	83	100.0			
1980				464	363	437.3	34		
1981				1906	150	41.3	21	30	
1982				1612	121	80.7			
1983	173200	92000		2120	1438	1188.4		3	
1984	265100	142000	154.3	20097	4828	335.7	715	7	233.3
1985	633300	195600	137.7	37681	11782	244.0	794	322	4600.0
1986	333000	224400	114.7	6456	6149	52.2	238	134	41.6
1987	370900	231400	103.1	11753	5139	83.6	501	153	114.2
1988	529700	319400	138.0	46260	13017	253.3	3528	898	586.9
1989	560000	339200	106.2	90258	32880	252.6	2937	1998	222.5
1990	659600	348700	102.8	116183	29002	88.2	4537	3051	152.7
1991	1197700	436600	125.2	144871	64449	222.2	10499	4086	133.9
1992	5812400	1100800	252.1	635101	141633	219.8	64353	10526	257.6
1993	11143600	2751500	250.0	1136617	286745	202.5	64517	25276	240.1
1994	8268000	3376700	122.7	717946	371200	129.5	42852	30453	120.5
1995	9128200	3752100	111.1	890647	403881	108.8	143995	36068	118.4
1996	7327600	4172600	111.2	653572	407876	101.0	180837	48710	135.1
1997	5100300	4525700	108.5	453751	419666	102.9	71661	61058	125.4
1998	5210200	4546300	100.5	500150	421211	100.4	81378	70218	115.0
1999	4122300	4031900	88.7	489996	402403	95.5	90171	80018	114.0
2000	6238000	4071500	101.0	431373	380386	94.5	94419	70958	88.7
2001	6919500	4687800	115.1	500717	391804	103.0	100186	71313	100.5
2002	8276800	5274300	112.5	694419	424995	108.5	100585	71421	100.2
2003	11506900	5350500	101.4	725117	499329	117.5	101052	70017	98.0
2004	15347900	6063000	113.3	537299	222120	44.5	101123	60623	86.6
2005	18906500	6032500	99.5	595715	260775	117.4	69655	31017	51.2
2006	19372700	6302100	104.5	862069	322047	123.5	87685	40065	129.2
2007		7476800	118.6	867422	406058	126.1	94038	45039	112.4
2008		9239500	123.6	715201	567171	139.7	77213	50051	111.1
2009		9003300	120.4	536095	573747	141.3	78500	55018	122.2
2010		10573500	117.4	737557	580279	101.1	102339	70076	127.4
2011		11601100	109.7	921880	620111	106.9	126049	88739	126.6
2012		11171600	96.3	929083	633774	102.2	141580	89025	100.3
2013		11872100	106.3	833644	667896	105.4	130555	94552	106.2
2014		11956156	100.7	849079	711499	106.5	98080	101207	107.0

注：全省 2002-2003 年为历史可比口径，2004 年起为验资口径；漳州 1997 年起外商直接投资含股份制，2002-2004 年历史可比口径，2005 年起为验资口径。

13—11 历年外商直接投资合同数和合同金额

年份	合同数（项）	#合资企业	#合作企业	#独资企业	合同外资金额（万美元）	#合资企业	#合作企业	#独资企业	外商股份制
1979									
1980	2	1	1		34	33	1		
1981	3	1	2		21	1	20		
1982									
1983									
1984	15	8	6	1	715	645	59	11	
1985	27	16	21		794	466	328		
1986	6	1	5		238	156	82		
1987	23	12	11		501	289	212		
1988	64	28	23	13	3528	1498	1243	787	
1989	72	19	10	43	2937	900	587	1450	
1990	86	15	11	60	4537	773	419	3345	
1991	120	32	12	76	10499	2390	1756	6353	
1992	305	69	51	185	64353	14171	6688	43494	
1993	423	77	54	292	64517	8124	9801	46592	
1994	232	50	24	158	42852	5071	5506	32275	
1995	283	83	19	181	143995	23155	23981	96858	
1996	189	46	14	129	180837	11135	12075	157627	
1997	272	51	6	215	71661	14033	6165	51463	
1998	324	53	7	264	81378	14969	1395	65014	
1999	232	26	9	197	90171	11664	2938	75569	
2000	257	35	7	215	94419	5918	2205	86296	
2001	261	29	2	230	100186	23213	5859	71114	
2002(历史可比口径)	216	20	3	193	100585	4497	2037	94051	
2003(历史可比口径)	268	24	1	243	101052	5745	363	94944	
2004(历史可比口径)	269	36	1	232	101123	17628	979	82516	
2005(验资口径)	344	34		310	69655	797		68858	
2005(历史可比口径)	344	34		310	119974	6549		113425	
2006(验资口径)	342	60		282	87685	12124	-6	75567	
2006(历史可比口径)	342	60		282	125688	24492	-6	101202	
2007(验资口径)	346	49		297	94038	24795	-77	69320	
2007(历史可比口径)	346	49		297	130025	31912	-77	98190	
2008(验资口径)	191	30		161	77213	3530		73168	515
2008(历史可比口径)	191	30		161	129756	6493		122748	515
2009(验资口径)	154	15	1	138	78500	4224	146	73967	163
2009(历史可比口径)	154	15	1	138	130062	7507	146	122246	163
2010(验资口径)	186	34		152	102339	16752		85587	
2010(历史可比口径)	186	34		152	176998	38530		138468	
2011(验资口径)	149	27		122	126049	11619		114430	
2011(历史可比口径)	149	27		122	188537	18015		170522	
2012(验资口径)	129	23		106	141580	22862		118718	
2013(验资口径)	84	20		64	130555	19368		11187	
2014(验资口径)	94	11		83	98080	13881		84199	

注：1、1997年起外商直接投资含股份制。（下同） 2、2012年市外经局不公布历史可比口径数据。（下同）

13—12 历年外商直接投资按行业分合同数和合同金额

	农业	工业	建筑业	交通运输仓储及邮电通信业	批发和零售贸易餐饮业	房地产公用事业服务业
合同数(项)						
2010	19	131		6	11	10
2011	16	105	2		13	12
2012	16	81		3	18	9
2013	5	46			23	3
2014	9	48			27	
金额(万美元)						
2010(验资口径)	1909	81359		2278	2590	13191
2010(历史口径)	2519	138267		3124	4271	18817
2011(验资口径)	3476	101265	1646		3543	16086
2011(历史口径)	4560	152650	1646		5558	21779
2012(验资口径)	13051	92095		2039	18327	13646
2013(验资口径)	2041	103660	1600	773	8114	14311
2014(验资口径)	2789	64849		1470	12222	677

13—13 外商直接投资分国别(地区)合同数和合同金额(验资口径)

	2006	2007	2008	2009	2010	2011	2012	2013	2014
合同数(项)	**342**	**346**	**191**	**154**	**186**	**149**	**129**	**84**	**94**
# 中国香港	138	131	56	70	64	50	34	24	38
中国澳门	7	10	1	3	4	1	1	1	1
日　本	7	2	2	2	2	2	3	2	1
菲律宾	18	10	3		2		3		1
泰　国				1					
马来西亚	1	3	1		2	2	1		
新加坡	8	7	6	4	2	4	4	2	2
印度尼西亚		1						2	
德　国			1		1		1		1
法　国				1			1		
英　国									
加拿大	3	4	1	2	2	1	2		1
美　国	12	7	4	3				1	1
澳大利亚	4	4	3		2	2	1		1
台　湾	123	147	90	67	85	72	67	39	38
萨摩亚	6	10	4	1	3	5	4	3	1
维尔京群岛	11	6	7	1	5	3	1	3	1
合同金额(万美元)	**87685**	**94038**	**77213**	**78500**	**102339**	**126049**	**141580**	**130555**	**98080**
# 中国香港	44642	36728	112534	46082	61820	70080	52895	57216	56803
中国澳门	2027	1731	566	−110	2056	2276	135	371	87
日　本	365	320	362	318	691	370	1513	237	1500
菲律宾	1839	446	1976	−268	509		2164		8
泰　国				63					
马来西亚	1296	288	147	23	1086	190	2000		982
新加坡	1750	1972	2899	900	3899	5930	1310	1792	571
印度尼西亚		20			20			2501	781
德　国			300		73		3		200
法　国				60			600		
英　国		2210	200		400	900			
加拿大	144	1447	119	504	522	1353	1684		829
美　国	2926	2883	1640	−1757	−420	−387		831	376
澳大利亚	480	883	814	−426	1715	1281	1600		100
台　湾	18716	20199	13693	12084	19679	15803	55919	48182	13704
萨摩亚	2443	14371	1956	2222	1375	4330	8108	10845	2282
维尔京群岛	3385	3917	−71833	15933	3489	7005	1169	5469	6349

13—14 历年实际利用外商直接投资金额

单位：万美元

年　　份	合　　计	#合资企业	#合作企业	#独资企业	外商股份制
1981	30	13	17		
1982					
1983	3		3		
1984	7	5	2		
1985	322	252	63	7	
1986	134	64	61	9	
1987	153	44	109		
1988	898	329	379	190	
1989	1998	730	480	788	
1990	3051	766	318	1967	
1991	4086	741	428	2917	
1992	10526	1986	1264	7276	
1993	25276	5031	2215	18030	
1994	30453	7232	2450	20771	
1995	36068	3960	4957	27151	
1996	48710	10257	5645	32808	
1997	61058	5328	9918	45812	
1998	70218	5951	3973	60294	
1999	80018	7399	1810	70809	
2000	70958	7278	787	62893	
2001	71313	6158	939	64216	
2002(历史可比口径)	71421	7466	1180	62775	
2003(历史可比口径)	70017	9091	1388	59538	
2004(历史可比口径)	60623	6504	2632	51487	
2005(验资口径)	31017	2738	17	28262	
2005 历史可比口径)	70055	4668	2154	63233	
2006(验资口径)	40065	3646		36419	
2006(历史可比口径)	75011	6059	770	68182	
2007(验资口径)	45039	6612		38427	
2007(历史可比口径)	83019	9848	676	72495	
2008(验资口径)	50051	14617		35434	
2008(历史可比口径)	83176	18511		64279	386
2009(验资口径)	55018	4436		50582	
2009(历史可比口径)	85102	5260	5	79837	
2010(验资口径)	70076	12350		57586	140
2010(历史可比口径)	90067	13168		76759	140
2011(验资口径)	88739	10811		77928	
2011(历史可比口径)	100858	10831		90027	
2012(验资口径)	89025	13882		75143	
2013(验资口径)	94552	16611		77941	
2014(验资口径)	101207	19239		81968	

13—15　实际利用外商直接投资分国别(地区)金额(验资口径)

单位：万美元

	2007	2008	2009	2010	2011	2012	2013	2014
中国香港	14546	17878	24404	29119	31827	33847	40951	68383
中国澳门	209	903	162	686	117	500	726	385
日　本	183	426	603	128	617	609	299	1244
菲律宾	1216	1001	722	314	620	60	343	178
泰　国				63				
马来西亚	54	236	70	345	263	1180	60	32
新加坡	751	1707	1607	2540	3076	2410	666	1025
印度尼西亚		11			9		750	2402
德　国				125	80	73		
法　国	20	20			23			
英　国		840	1024	80	1400			
加拿大	273	327	53	798	293	192	44	255
美　国	1796	2106	1553	1365	637	437	120	1062
澳大利亚	200	286	367	139	57	316	5	
台　湾	8203	9034	6430	11578	8529	19359	35882	1871
萨摩亚	2194	4424	1413	3810	9238	6393	10820	2458
维尔京群岛	12446	5503	10319	14222	26720	9057	1189	5202

13—16　改革开放至2014年累计利用外资情况

	单　　位	数　　量
一、批准“三资”企业合同项目	项	5969
其中：台资企业项目	项	2797
二、合同外资额	万美元	2979940
其中：台资企业	万美元	1407966
三、实际到资额	万美元	1608654
其中：台资企业	万美元	840622
四、投产开业数	家	2821
其中：台资企业	家	1389

13—17　历年对外承包工程和劳务合作主要指标

年　份	合同数（个）	# 承包工　程	# 劳务合　作	合　同金　额（万美元）	# 承包工　程	# 劳务合　作
1985	6		1	19		19
1986	1		1	6		6
1987	2		2	7		7
1988	8		8	236		236
1989	8		8	21509		1781
1990	10		10	109		109
1991	6		6	429		429
1992	60		60	1743		1743
1993	445		445	2000		2000
1994	485		485	2232		2232
1995	370		370	1652		1652
1996	433	11	422	1710	236	1474
1997	228		228	1851		1851
1998	230		230	1896		1896
1999	94		94	1951		1951
2000	103		103	1972		1972
2001	82		82	1870		1870
2002	4		4	44		44
2003				130		130
2004						
2005						
2006						
2007	78	10	68	681	204	477
2008	119		119	1089		1089
2009	48		48	349		349
2010	150		150	1258		1258
2011	78		78	1257		1257
2012	234		234	1869		1869
2013	240		240	3093		3093
2014	540		540	4449		4449

13—18 分县(市、区)出口商品总额(2006-2014)

单位：万美元

	2006	2007	2008	2009	2010	2011	2012	2013	2014
漳 州 市	**298172**	**341724**	**387597**	**338693**	**506987**	**649134**	**659103**	**710821**	**813173**
芗 城 区	31400	35743	42773	38484	50918	61106	66062	80365	85316
龙 文 区	17010	19085	24002	23929	33074	42661	45765	56980	52005
龙 海 市	126722	137881	139004	123952	114113	171196	147413	138493	180841
# 龙海市属	108125	104970	108491	109590	87529	130036	1202221	41166	49172
漳州开发区	18597	32911	30513	14362	26584	41160	27192	23516	39150
台商投资区								73811	92519
云 霄 县	3106	3550	5295	5189	9472	19412	24557	35885	42686
# 云霄县属	1846	2050	2514	2800	4468	8046	11071	12979	17220
常山开发区	1260	1500	2781	2389	5004	11366	13486	22906	25466
漳 浦 县	19027	23310	28050	29157	48133	66840	65835	68282	72210
# 漳浦县属								68277	72210
古雷开发区								5	
诏 安 县	2990	7176	9226	10896	21758	45723	52185	60622	52595
长 泰 县	14104	18470	22003	21177	32112	39038	45643	64479	73397
东 山 县	13093	15967	29735	52382	93172	136467	159154	147882	180713
南 靖 县	44069	48829	53457	29738	33926	21734	14481	35858	57938
平 和 县	1967	2608	3472	3474	4106	5800	4929	6040	7071
华 安 县	264	212	213	315	610	1079	937	1503	2082

13—19 分县(市、区)外商直接投资合同数

单位：项

	2006	2007	2008	2009	2010	2011	2012	2013	2014
漳 州 市	**342**	**346**	**191**	**154**	**186**	**149**	**129**	**84**	**94**
芗 城 区	30	31	15	15	20	8	14	9	13
龙 文 区	14	20	6	5	8	6	4	2	2
龙 海 市	58	26	21	13	27	30	17	6	5
# 龙海市属	50	19	20	17	24	26	8	3	4
漳州开发区	8	7	1	2	3	4	2	1	
台商投资区							7	2	1
云 霄 县	39	20	15	12	22	18	11	9	8
# 云霄县属	32	13	10	7	10	9	6	4	6
常山开发区	7	7	5	5	12	9	5	5	2
漳 浦 县	70	92	43	22	33	25	35	29	28
# 漳浦县属						23	34	29	27
古雷开发区						1	1		1
诏 安 县	31	22	19	17	13	9	4	4	5
长 泰 县	31	29	24	16	18	18	14	9	15
东 山 县	10	9	2	5	3	4	5	3	8
南 靖 县	26	28	23	26	28	15	15	6	7
平 和 县	26	64	22	15	10	15	7	5	2
华 安 县	7	5	1	6	4	1	3	2	1

13—20 分县(市、区)外商直接投资合同金额

单位：万美元

	2006	2007	2008	2009	2010	2011	2012	2013	2014
漳 州 市	**87685**	**94041**	**77213**	**78500**	**102339**	**126049**	**141580**	**130555**	**98080**
芗 城 区	6680	7200	6215	8914	9897	14313	14428	17613	13663
龙 文 区	2244	3393	1673	4074	2938	8177	8279	4773	483
龙 海 市	25720	29989	25079	7839	22567	28325	18502	20610	8199
# 龙海市属	19235	23456	25005	6839	21306	20747	6618	4715	1582
漳州开发区	6485	6533	74	1000	1261	1805	1658	2535	2452
台商投资区						5773	10226	13360	4165
云 霄 县	10330	7974	7549	6025	11997	13728	27601	9453	10220
# 云霄县属	8301	6505	6008	3698	6137	7854	23628	3424	7294
常山开发区	2029	1469	1541	2327	5860	5874	3973	6029	2926
漳 浦 县	14881	15662	8850	8562	15829	15639	19583	16483	24665
# 漳浦县属						15139	18469	16455	17595
古雷开发区						500	1114	28	7070
诏 安 县	6067	4612	4864	1902	4480	2718	10494	6581	5822
长 泰 县	9027	12256	11002	12617	16264	18688	24723	16301	15907
东 山 县	3359	1474	1953	739	2502	7290	2157	2288	5925
南 靖 县	5510	6007	6157	6219	13111	11327	11440	4182	6315
平 和 县	2238	3501	3006	2016	2107	3962	2310	1609	6480
华 安 县	1629	1973	845	1956	647	1300	1254	802	401

13—21 分县(市、区)实际利用外商直接投资金额(验资口径)

单位：万美元

	2006	2007	2008	2009	2010	2011	2012	2013	2014
漳 州 市	**40065**	**45031**	**50051**	**55018**	**70076**	**88739**	**89025**	**94552**	**101207**
芗 城 区	3581	3731	3778	3825	4800	6218	7810	7813	8304
龙 文 区	2208	2250	2250	2880	4494	6038	4551	4637	6431
龙 海 市	9712	11077	15930	13195	17420	21952	23718	21734	25196
# 龙海市属	6206	8004	12010	12150	15800	5008	5168	5746	9998
漳州开发区	3506	3073	3920	1045	1620	1944	3538	2919	2095
台商投资区						15000	15012	13069	13103
云 霄 县	2905	3284	4017	5134	7589	7169	7450	8224	9534
# 云霄县属	2505	2607	3007	4000	4405	4625	5159	5529	5808
常山开发区	400	677	1010	1134	3184	2544	2291	2695	3726
漳 浦 县	5023	6216	7222	7962	17404	23023	9866	11483	18735
# 漳浦县属						5345	9528	11309	12184
古雷开发区						17678	338	174	6551
诏 安 县	1965	2002	2196	672	2025	2512	3020	3610	4100
长 泰 县	4066	5650	6804	6812	8556	9800	12315	11032	11088
东 山 县	1990	2303	2325	1554	2770	4005	4502	4802	5301
南 靖 县	2506	2301	2586	2601	3506	5362	5883	5948	6375
平 和 县	722	908	1015	1120	1603	1908	2006	1812	1950
华 安 县	417	420	879	884	1603	752	1047	493	329

主要统计指标解释

进出口总额 海关进出口总额指实际进出我国国境的货物总金额。包括对外贸易实际进出口货物,来料加工装配进出口货物,国家间、联合国及国际组织无偿援助物资和赠送品,华侨、港澳台同胞和外籍华人捐赠品,租赁期满归承租人所有的租赁货物,进料加工进出口货物,边境地方贸易及边境地区小额贸易进出口货物(边民互市贸易除外),中外合资经营企业、中外合作经营企业、外商独资经营企业进出口货物和公用物品,到离岸价格在规定限额以上的进出口货样和广告品(无商业价值、无使用价值和免费提供出口的除外),从保税仓库提取在中国境内销售的进口货物,以及其他进出口货物。我国规定出口货物按离岸价格统计,进口货物按到岸价格统计。

外商直接投资 是指外国企业和经济组织或个人(包括华侨、港澳台胞以及我国在境外注册的企业)按我国有关政策、法规,用现汇、实物、技术等在我省境内开办外商独资企业、与我省境内的企业或经济组织共同举办中外合资经营企业、合作经营企业或合作开发资源的投资(包括外商投资收益的再投资)以及经政府有关部门批准的项目总额中境外直接投资者对企业的贷款。

对外承包工程 包括各对外承包公司以招标议标承包方式承揽下列业务(1)承包国外工程建设项目;(2)承包我国对外经援项目;(3)承包我国驻外机构的工程建设项目;(4)承包我国境内利用外资进行建设的工程项目(包括承担地形地貌测绘;地质资源勘探与普查;建设区域规划;提供设计文件、图纸、生产工艺技术资料和工程技术经济咨询;工程项目的可行性考察、研究和评估;进行技术指导和培训人员等);(5)对外承包兼营的房屋开发业务。对外承包工程的营业额是以货币表现的本期内完成的对外承包工程的工作量,包括以前年度签订的合同和本年度新签订的合同在报告期内完成的工作量。

对外劳务合作 指以收取工资的形式向业主或承包商提供技术和劳动服务的活动。我国对外承包公司在境外开办的合营企业,中国公司同时又提供劳务的,其劳务部门也纳入劳务合作统计。劳务合作营业额按报告期内向雇主提交的结算数(包括工资、加班费和奖金等)统计。

第十四篇

科学、教育、文化、体育、卫生、环境保护与其他

14—1 地方国有企事业单位各行业技术人员数(2002-2014)

单位：人

行业	2002	2003	2004	2005	2006	2007	2008	2009	2010	2011	2012	2013	2014
合计	**64547**	**63820**	**57234**	**56551**	**56243**	**56531**	**57392**	**57694**	**57570**	**58947**	**58839**	**61758**	**63243**
按专业技术分													
工程技术人员	5077	4595	3733	3843	3796	3733	3753	3703	3686	3884	3475	3849	4167
农业技术人员	1352	1420	1532	1334	1474	1261	1049	1055	858	1100	1171	1273	1468
卫生技术人员	4845	4889	5185	5138	5523	5470	7296	7901	8018	8553	9555	9911	10458
科学研究人员	76	59	98	76	79	58	32	32	63	143	176	306	249
教学人员	40851	42766	43405	42856	42484	42440	41822	41349	41343	41597	40304	41765	42440
其他	12346	10091	3281	3304	2887	3569	3440	3654	3602	3670	4158	4654	4461
按从事行业分													
农、林、牧、渔业	4171	3657	2309	2227	2307	2282	1998	2231	1924	2135	1906	2104	2066
采矿业	157	81	41	40	33	29	26	26	25	25	26		
制造业	2252	1884	1174	1092	990	1007	712	724	821	722	776	383	758
电力、燃气及水的生产和供应业	297	257	252	146	124	95	96	104	130	191	177	344	333
建筑业	147	175	429	447	464	484	186	88	229	372	333	399	377
交通运输、仓储和邮政业	1184	1242	456	614	608	589	584	541	647	552	425	181	565
信息传输、计算机服务和软件业		81	22	16	25	32	50	55	15	21	46	814	47
批发和零售业	1096	975	431	349	229	305	318	343	236	303	283	15	159
住宿和餐饮业			27	22	25	29	20	33	56	13	18	55	16
金融业	123	159	64	47	22	33				18	4	20	41
房地产业	89	108	224	265	197	185	99	45	44	124	103	165	158
租赁和商务服务业		633	117	106	68	107	119	67	104	49	46	92	110
科学研究、技术服务和地质勘查业	542	671	321	301	241	178	638	533	490	368	356	277	531
水利、环境和公共设施管理业	1100	1364	705	693	697	672	831	659	819	864	841	804	835
居民服务和其他服务业	2733	2193	124	75	65	54	174	54	37	66	75	80	21
教育	44678	43947	43418	43002	42871	42839	42286	42021	41853	42084	41404	42574	42436
卫生、社会保障和社会福利业	5457	5426	5233	5050	5323	5688	7576	8296	8564	9001	10440	11497	12212
文化、体育和娱乐业	521	967	1122	1117	1054	1038	836	840	727	769	598	543	857
公共管理和社会组织			765	942	900	885	843	1034	849	1270	982	1411	1721
按三次产业分													
第一产业	4171	3657	2309	2227	2307	2282	1998	2231	1924	2135	1906	2104	2066
第二产业	2853	2397	1896	1725	1611	1615	1020	942	1205	1310	1312	1126	1468
第三产业	57523	57766	53029	52599	52325	52634	54374	54521	54441	55502	55621	58528	59709

14—2 县属国有独立科学研究与开发机构情况(2002-2014)

	2002	2003	2004	2005	2006	2007	2008	2009	2010	2011	2012	2013	2014
机构数（个）	7	7	7	7	7	7	14	14	14	14	14	13	14
职工人数（人）	125	122	77	63	62	61	55	56	54	55	34	47	62
1、自然科学													
职工人数（人）	104	101	58	44	43	41	35	38	36	35	34	25	36
# 从事科技活动人员	36	32	37	38	31	37	33	32	30	29	28	24	30
# 科学家、工程师	11	9	10	10	8	11	12	12	8	4	5	6	11
经费收入总额（万元）	69.2	70.9	91.4	101.9	110.1	133.6	166.5	164.6	162.8	209.7	248.7	170.1	212.9
# 政府拨款	62.9	64.9	58.9	67.9	76.0	85.9	115.5	108.6	156.7	207.2	218.7	167.5	147.0
经费支出总额（万元）	72.1	72.1	91.3	101.9	109.5	131.6	205.5	147.8	167.3	213.7	247.5	170.1	184.8
2、科学情报和文献													
职工人数（人）	21	21	19	19	19	20	20	18	18	20	27	22	26
# 从事科技活动人员	21	21	17	17	17	18	16	18	18	20	27	22	22
# 科学家、工程师	19	15	11	8	8	6	10	17	11	9	13	16	13
经费收入总额（万元）	34.8	42.0	37.7	42.2	47.1	53.9	67.7	64.9	83.5	110.3	282.8	129.1	162.2
# 政府拨款	34.8	42.0	30.2	34.7	38.6	43.9	67.7	64.5	83.5	110.3	281.8	129.1	70.3
经费支出总额（万元）	34.8	42.0	37.7	42.2	47.1	53.9	67.7	64.9	83.5	110.3	282.5	129.1	154.0

14—3 规模以上工业企业科技活动主要指标(2002-2014)

	2002	2003	2004	2005	2006	2007	2008	2009	2010	2011	2012	2013	2014
企业数(个)	797	909	1079	1190	1391	1580	1861	1994	2273	1435	1692	1867	2006
有科技活动的企业数(个)	174	107	116	127	119	104	118	139	167	172	220	242	300
科技活动人员(人)	2220	3255	3238	4374	5742	6032	6783	8778	7613	12056	14639	14789	16040
# 全时人员	695	1196	1830	2066	2950	3254	3663	5928	4163	5150	7531	7660	8397
# R&D活动人员	1230	2093	2531	2740	2946	3022	3424	6058	5723	8225	11231	11636	12303
科技活动经费支出总额(万元)	14023	33282	48627	88014	110634	107147	108346	114688	133374	213785	234722	274587	331269
# 内部支出	12323	31408	30940	68097	87456	86201	104829	113188	131371	171872	199254	233158	278924
# R&D 支出	8711	22668	2394	42712	54053	59634	81223	107390	117625	169807	200970	247343	282446
# 基础研究												61	2
应用研究		2159		2310	388	4833		8635	2452	4129	516	1599	1397
试验发展		20234		4030	52585	54425	81223	98755	115173	165678	200454	245683	281046
# 新产品开发经费支出	9888	19311	11098	59366	67829	71146	94988	81761	110297	157478	182339	208633	237150
新产品产值(万元)	58060	309030	46368	846739	1060764	1079802	1308768	115768	1422067	1973886	2095890	2146689	2680927
全部科技项目(个)	291	405	300	628	217	236	278	835	809	700	1003	1059	1118
# 新产品开发项目	209	255	258	529	183	203	220	374	629	554	805	853	896
# R&D 项目(课题)	122	168	225	483	146	136	170	317	642	601	933	957	975
企业拥有科技机构数(个)	26	55	51	70	61	70	80	121	88	100	118	143	165

注:2001年各项指标均为规模以上大中型企业数据,2011年各项指标均为年主营业务收入2000万元及以上规模以上工业企业数据。

14—4 各类型专利申请授权情况(1986–2014)

单位：项

年 份	专利申请公开公告数	发明	实用新型	外观设计	专利申请数	发明	实用新型	外观设计	专利授权数	发明	实用新型	外观设计
1986	1	1										
1987	11	1	10									
1988	16	10	6									
1989	17	7	10									
1990	22	8	13	1								
1991	18	5	8	5								
1992	43	11	27	5								
1993	19	4	14	1								
1994	41	14	26	1								
1995	29	7	15	7								
1996	46	3	17	26								
1997	77	5	13	59								
1998	117	9	27	81								
1999	146	6	31	109								
2000	166	10	53	103								
2001	141	10	27	104								
2002	164	12	42	110								
2003					375	36	133	206	249	1	73	175
2004					387	22	132	233	219	5	81	133
2005					512	37	181	294	311	15	92	204
2006					707	60	219	428	354	11	150	193
2007					660	70	223	367	497	7	208	282
2008					913	107	301	505	430	12	203	215
2009					1273	172	580	521	789	20	309	460
2010					1868	203	938	727	1520	48	758	714
2011					2480	337	1191	952	1858	50	1055	753
2012					2868	360	1463	1045	2035	137	1078	820
2013					4404	444	1808	2152	3148	129	1550	1469
2014					3653	607	1879	1167	2666	141	1546	979

14—5 主要年份各类学校数

单位：所

年 份	普通高等学校	中等职业学校	普通中学	#高 中	职业初中	小 学	幼儿园
1949		1	25	10			
1950		1	21	6		938	8
1951		2	17	5		1123	25
1952		2	17	5		1280	67
1953		2	17	9		1329	53
1954		2	17	9		1363	43
1955		2	17	9		1315	43
1956		2	20	14		1426	223
1957		2	22	14		1501	156
1958	3	11	53	15	193	2683	1511
1959	2	12	57	15	73	2317	1039
1960	4	25	88	17	69	2367	1394
1961	2	7	62	15	21	2134	592
1962	1	4	54	16	22	2067	146
1963	1	4	55	17	34	2017	148
1964	1	5	55	16	49	2690	169
1965	1	12	55	16	179	2177	213
1966		4	59	19		1894	
1967		4	60	19		1953	
1968		4	62	19		1957	
1969		1	162	21		2162	
1970		1	174	25		2245	
1971		1	131	25		2356	
1972		1	134	93		2709	
1973		2	120	72		2822	206
1974		3	124	79		3003	
1975		5	145	44		3045	
1976		5	237	122		2858	272
1977		5	238	126		2335	300
1978	1	4	163	116		2264	373
1979	1	6	179	107	45	2238	483
1980	1	7	142	45	36	2079	1061
1981	1	23	145	60	46	2140	668
1982	1	20	149	59	44	2182	935

注：中等职业教育，包括中等专业学校、中等师范学校、成人中专和职业高中；职业初中仅指初中部职业中学。1958-1982年的中等职业学校包含农业中学的高中部，职业初中为农业中学的初中部。

14—5 续表

单位：所

年份	普通高等学校	中等职业学校	普通中学	#高中	职业初中	小学	幼儿园
1983	1	18	148	58	11	2135	840
1984	1	25	142	54	7	2161	925
1985	2	47	141	53	5	2160	1155
1986	2	62	151	51	3	2157	1170
1987	2	70	154	51	3	2156	1036
1988	2	102	157	50	4	2139	695
1989	2	88	160	50	5	2136	802
1990	2	83	164	52	3	2126	1116
1991	2	104	172	52	2	2130	1368
1992	2	76	180	51	1	2132	1332
1993	2	73	191	51	2	2097	1316
1994	2	81	204	53	2	2078	1529
1995	2	73	216	54	2	2000	1312
1996	2	66	232	51	1	1887	1431
1997	2	74	228	52	1	1761	442
1998	2	71	228	52	1	1779	1320
1999	2	72	226	52	1	1764	1377
2000	2	71	227	56	1	1758	1292
2001	2	60	232	58	1	1744	1471
2002	2	61	235	59		1727	1472
2003	2	35	240	66		1708	1462
2004	2	32	243	69		1651	1570
2005	3	36	245	71		1621	1496
2006	4	42	240	73		1571	1531
2007	6	42	235	73		1503	1433
2008	6	42	231	76		1443	1462
2009	7	38	220	76		1346	1460
2010	7	36	220	74		1263	1630
2011	7	29	217	72		1090	1864
2012	7	30	207	70		981	1844
2013	7	28	209	71		921	1821
2014	7	30	209	71		882	1777

14—6 主要年份各类学校专任教师数

单位：人

年 份	普通高等学校	中等职业学校	普通中学	#高 中	职业初中	小 学	幼儿园
1949		24	310				
1950		19	352				
1951		47	316			3278	
1952		61	348			3903	99
1953		65	363			3956	67
1954		76	414			4029	65
1955		63	435			4042	70
1956		81	516			4607	352
1957		84	606			5234	296
1958	14	119	864		215	6363	3153
1959	35	173	1159		144	6892	2514
1960	74	330	1625		231	8101	4906
1961	186	285	1682		63	7597	1072
1962	77	116	1460		46	6766	402
1963	137	122	1581			7811	409
1964	156	122	1661	308	173	9291	421
1965	120	78	1696			8403	470
1966		56	1899			8662	
1967		58	1906			8891	
1968		58	1923			9442	
1969		56	2212			10000	
1970		56	2282	250		3805	
1971		56	2617	364		7676	
1972		58	3202			14643	
1973		72	3224	934		15311	595
1974		65	3260			16491	
1975		75	3889			17315	
1976		113	5578			17319	956
1977		155	6629	1765		17340	1088
1978	22	137	6414	1994		17677	1121
1979	57	190	6432	1800	125	18197	2114
1980	96	357	7154	1409		16794	2828
1981	95	418	6661	1127		16735	1690
1982	117	485	6502	1364		16637	1957

注：中等职业教育，包括中等专业学校、中等师范学校、成人中专和职业高中；职业初中仅指初中部职业中学。1958-1982年的中等职业学校包含农业中学的高中部，职业初中为农业中学的初中部。

14—6 续表

单位：人

年份	普通高等学校	中等职业学校	普通中学	#高中	职业初中	小学	幼儿园
1983	119	549	6325	1357		16487	2203
1984	138	552	6186	1367	62	16346	2365
1985	157	502	6382	1490		16093	
1986	216	1069	7156	1655	24	16822	2776
1987	266	1334	7404	1703	24	16277	3011
1988	314	1815	8039	1821	30	16494	486
1989	274	1844	8127	1841	59	17194	3084
1990	272	1841	8504	1884	25	17709	
1991	279	1911	9117	1950	24	18368	3908
1992	291	1733	9884	1924	19	18593	3919
1993	304	1817	10627	1863	20	20358	4374
1994	297	1981	11220	1814	21	20837	4684
1995	312	1935	11901	1768	21	21115	5051
1996	293	2082	12687	1774	17	22173	1017
1997	298	2553	13502	1747	17	23603	911
1998	310	2602	14357	1842	16	24423	5523
1999	316	2431	14872	2026	15	24680	5491
2000	346	2270	15149	2398	11	24519	5504
2001	449	2209	15397	2764		23827	4375
2002	597	1948	15719	3151		23238	4107
2003	963	1325	16174	3447		22655	4455
2004	1493	1288	16838	4029		21883	4931
2005	1558	1411	17568	4745		21226	4960
2006	1839	1549	18239	5622		20715	5056
2007	2362	1662	18594	6098		20387	5102
2008	2480	1583	18865	6404		20005	5380
2009	2726	1595	18895	6210		19633	5730
2010	2843	1479	19133	6107		20060	6393
2011	3076	1477	19440	6177		20004	7506
2012	3404	1490	19470	6247		19997	7957
2013	3586	1428	19609	6462		19874	8364
2014	3773	1421	19906	6681		20087	8629

14—7 主要年份各类学校在校生数

单位：人

年份	普通高等学校	中等职业学校	普通中学	#高中	职业初中	小学	幼儿园
1949		690	4625	1044			
1950		479	6332	1083		104302	1061
1951		744	5952	634		120657	1627
1952		1157	8558	1008		125687	4023
1953		1420	9209	1762		114969	3912
1954		1347	10279	2380		119564	3227
1955		908	10560	2569		134197	3397
1956		1521	14359	3033		168200	11195
1957		1411	16192	3200		171668	8796
1958	374	2196	21608	3656	7682	243161	59225
1959	572	2803	27863	4492	3935	258275	72743
1960	1062	5890	38013	5655	4734	296076	146948
1961	1146	3104	29428	5082	887	235230	30746
1962	400	1380	23345	4220	737	207409	12179
1963	757	1058	23693	4018	1477	229381	13269
1964	466	1381	28042	4274	2569	277964	13686
1965	973	2358	32118	4805	8248	258630	14678
1966		768	32267	5267		237882	
1967		424	27960	4690		242130	
1968		108	27569	3498		245568	
1969			37103	3602		256285	
1970			43342	2790		303844	
1971			56795	9966		301903	
1972		200	67915	18245		346796	
1973		800	61174	18108		475885	16198
1974		890	67801	20697		518369	
1975		863	93994	24518		538620	
1976		1354	135429	30696		545309	25133
1977		1263	158237	44092		532080	
1978	619	2274	150909	46992		515373	30391
1979	1121	3360	137724	43331		512087	52407
1980	1485	3383	147154	25682		516786	72443
1981	528	7103	131970	15815		504054	48921
1982	442	7870	132225	21436		485245	59070

注：中等职业教育，包括中等专业学校、中等师范学校、成人中专和职业高中；职业初中仅指初中部职业中学。1958-1982年的中等职业学校包含农业中学的高中部，职业初中为农业中学的初中部。

14—7 续表 单位：人

年　份	普通高等学校	中等职业学校	普通中学	#高　中	职业初中	小　学	幼儿园
1983	464	7003	133143	20346		469402	62419
1984	678	6760	138295	22662	461	476056	66302
1985	1243	10218	148507	26278	522	473133	71586
1986	1687	14879	154624	28819	570	451715	80796
1987	2131	18740	156170	28734	547	427468	90037
1988	1984	20036	135614	24178	611	426480	89635
1989	2200	16981	116246	20764	405	450206	86131
1990	2062	17329	117791	20485	355	457217	87514
1991	1800	17966	129513	21255	268	474590	94816
1992	1799	17987	149623	22620	153	490256	104503
1993	2435	21068	156055	20746	296	505810	121395
1994	2561	23777	160919	19306	301	518016	120727
1995	2645	30501	179216	19179	295	529278	124865
1996	2664	33788	217752	20170	131	547173	119711
1997	2996	43466	266554	23365	147	564908	25438
1998	3735	39660	286224	25914	135	559953	94139
1999	4649	36587	297709	29879	147	529632	98655
2000	5554	39133	297532	35201	158	495739	98278
2001	7479	36468	305451	42723		456968	97927
2002	10592	31128	314602	49741		419594	88858
2003	16297	25838	326497	57620		378355	93289
2004	23816	40890	337931	75653		351280	120823
2005	33125	56677	325517	89859		340488	123226
2006	38836	63746	304081	100127		350959	114801
2007	44970	62460	282891	99902		348021	121940
2008	51796	55505	272454	92740		348376	125285
2009	56764	56166	260117	83569		342410	135619
2010	59992	57787	255415	80028		336922	148206
2011	60243	56455	257649	83412		335255	174546
2012	62453	56836	259714	85542		333659	181414
2013	66106	46279	248869	86877		330488	178369
2014	69525	39596	247477	87544		340100	177816

14—8 主要年份各类学校招生数

单位：人

年份	普通高等学校	中等职业学校	普通中学	#高中	职业初中	小学	幼儿园
1949		70					
1950		133				45675	
1951		235				60495	
1952		301	4854	641		50157	
1953		100	3453	1025		36986	
1954		150	3912	878		34986	
1955		153	3890	812		44701	
1956		409	6475	1419		66182	
1957		125	5844	1057		51952	
1958	359	1169	10650	1661	5897	79605	
1959	359	1326	13043	2209	1060	59442	
1960	675	3752	17270	2423	1458	76636	
1961	299	643	9600	1753	481	46744	
1962		100	9532	1438	344	44137	
1963	158	397	10800	1593		57516	
1964	112	160	11750	1606	1687	86113	
1965	354	627	12419	1810		57842	
1966			10775	1433		55735	
1967			5540	1017		35178	
1968			12505	1323		39929	
1969			23136	2289		60378	
1970			25366	2670		80002	
1971			40321	9949		106166	
1972		200	34728	10178		101659	
1973		400	32291	9622		119270	
1974		365	39295	12068		128476	
1975	57	425	58168	13278		116647	
1976		859	80787	18463		110787	14339
1977	381	822	84272	27491		110702	21737
1978	951	1050	70052	22449		101351	19063
1979	1186	1810	65544	21477		107035	30292
1980	302	1092	41655		490	102129	
1981	322	2419	55535	11347	650	92179	
1982	223	2785	51692	10108	907	90542	47012

注:中等职业教育,包括中等专业学校、中等师范学校、成人中专和职业高中;职业初中仅指初中部职业中学。1958-1982年的中等职业学校包含农业中学的高中部,职业初中为农业中学的初中部。

14—8 续表 单位：人

年份	普通高等学校	中等职业学校	普通中学		职业初中	小学	幼儿园
				#高中			
1983	234	2199	52875	9817	1279	89642	46449
1984	441	3485	50857	9116	211	87171	45278
1985	571	5994	57117	10617	212	82681	49737
1986	664	7075	54751	9665	209	74139	52575
1987	820	8676	54164	9136	212	70906	58705
1988	1033	9052	41856	7559	283	72016	53955
1989	963	8390	34410	7035	93	76752	49714
1990	770	7577	47137	7778	90	70539	55984
1991	465	8601	56386	7721	81	79089	60167
1992	872	7868	56024	7728	60	85782	64543
1993	1156	10103	56454	6962	210	84536	73161
1994	955	10104	57981	6558	49	84165	72876
1995	970	15367	73490	6927	49	87120	75591
1996	1014	12233	50060	5722	207	79556	72133
1997	1233	16630	96186	9615	55	94805	14333
1998	1682	14744	98422	9701	43	80253	56981
1999	1865	16602	100615	11467	49	61509	53138
2000	2015	13289	103591	14548	62	57578	51698
2001	3191	15473	108519	17519		57087	53691
2002	4684	9042	111566	18591		57691	45883
2003	7759	9894	117704	22462		56120	49502
2004	9670	22916	113971	31332		55786	73251
2005	13048	24977	100017	35575		53083	59882
2006	12206	24095	96389	34929		61581	55333
2007	15906	24527	92933	32120		57034	58328
2008	17912	18640	88428	27577		54362	53782
2009	18170	21555	84126	26138		52789	58677
2010	17799	22857	87326	28074		54834	66988
2011	18181	19409	88048	30231		56071	81456
2012	19216	21091	88739	28546		59659	77391
2013	21121	13433	84157	30009		60698	71584
2014	21117	11382	80864	29945		61325	73682

14—9 主要年份各类学校毕业生数

单位：人

年　份	普通高等学校	中等职业学校	普通中学	#高中	职业初中	小学
1949		216				
1950		322				
1951		204				15366
1952		128				15190
1953		157	1918	208		16999
1954		242	2478	223		18372
1955		487	2400	412		21587
1956		145	2748	854		30408
1957		238	3257	780		28690
1958		546	3127	667		16272
1959	84	392	4665	961	80	13976
1960	73	1142	4596	835	138	18284
1961	297	325	6675	946	545	16257
1962	371	801	5870	1317	737	17166
1963	554	573	5384	1161	29	16058
1964	394	520	4336	1016	134	18724
1965	38	315	5867	1018	164	22765
1966		109	8730	2129		26662
1967		481	9157	1737		22855
1968		1208	11784	2451		31866
1969			11023	1495		30557
1970			14421	1164		36480
1971			14742	179		32718
1972			28229	8037		31168
1973			27539	7640		29409
1974		447	25916	8058		33325
1975		447	26669	8366		56405
1976		367	34284	10965		73737
1977		896	50559	11760		76363
1978	57	39	63906	15176		67858
1979		330	68543	22534		60427
1980	259	672	17743	17743	212	64719
1981	1176	1542	55455	20933	341	76801
1982	303	1115	34513	4186	158	77235

注:中等职业教育,包括中等专业学校、中等师范学校、成人中专和职业高中;职业初中仅指初中部职业中学。1958-1982 年的中等职业学校包含农业中学的高中部,职业初中为农业中学的初中部。

14—9 续表

单位：人

年 份	普通高等学 校	中等职业学 校	普通中学	#高 中	职业初中	小 学
1983	214	2169	38004	10697	42	82201
1984	232	2491	35049	6477	42	77322
1985		2362	36911	6658	124	81633
1986	288	2136	38933	6182	129	91829
1987	364	6299	39995	8243	135	91829
1988	1169	5976	41266	9389	136	65803
1989	785	7576	39589	8261	153	46839
1990	738	5733	37943	7192	120	60317
1991	796	6373	32946	6066	130	58075
1992	806	4746	31045	6050	119	65151
1993	574	5893	42828	7291	40	66657
1994	700	5881	44309	6811	34	69590
1995	801	7657	48821	6132	40	76815
1996	987	9922	50060	5722	207	79556
1997	893	11688	56772	5712	43	87396
1998	929	14656	75141	6182	55	89426
1999	939	13856	83538	6784	40	90958
2000	1200	11333	98635	8477	60	91683
2001	1256	9899	92938	8936	43	96559
2002	1490	10920	93978	10618		96784
2003	1951	8243	94835	13250		97362
2004	2341	8156	98819	16620		82204
2005	4141	7116	104304	19957		63745
2006	6686	9624	110699	22484		58896
2007	9523	15577	106799	29172		59859
2008	10796	17476	92872	31687		60350
2009	12695	16217	90332	32869		57967
2010	14126	16074	87435	29885		59242
2011	17327	13678	84028	25632		57101
2012	16423	14640	82288	24951		61165
2013	16764	17055	84463	26855		56792
2014	16934	13218	80755	28250		51759

14—10 主要年份平均每一专任教师负担学生数

单位：人

年　　份	普通高等学　　校	中等职业学　　校	普通中学	#高　中	职业初中	小　学	幼儿园
1949		28.8	14.9				
1950		25.2	18.0				
1951		15.8	18.8			36.8	
1952		19.0	24.6			32.2	40.6
1953		21.8	25.4			29.1	58.4
1954		17.7	24.8			29.7	49.6
1955		14.4	24.3			33.2	48.5
1956		18.8	27.8			36.5	31.8
1957		16.8	26.7			32.8	29.7
1958	26.7	18.5	25.0		35.7	38.2	18.8
1959	16.3	16.2	24.0		27.3	37.5	28.9
1960	14.4	17.8	23.4		20.5	36.5	30.0
1961	6.2	10.9	17.5		14.1	31.0	28.7
1962	5.2	11.9	16.0		16.0	30.7	30.3
1963	5.5	8.7	15.0			29.4	32.4
1964	3.0	11.3	16.9	13.9	14.8	29.9	32.5
1965	8.1	30.2	18.9			30.8	31.2
1966		13.7	17.0			27.5	
1967		7.3	14.7			27.2	
1968		1.9	14.3			26.0	
1969			16.8			25.6	
1970			19.0	11.2		79.9	
1971			21.7	27.4		39.3	
1972		3.4	21.2			23.7	
1973		11.1	19.0	19.4		31.1	27.2
1974		13.7	20.8			31.4	
1975		11.5	24.2			31.1	
1976		12.0	24.3			31.5	26.3
1977		8.1	23.9	25.0		30.7	
1978	28.1	16.6	23.5	23.6		29.2	27.1
1979	19.7	17.7	21.4	24.1		28.1	24.8
1980	15.5	9.5	20.6	18.2		30.8	25.6
1981	5.6	17.0	19.8	14.0		30.1	28.9
1982	3.8	16.2	20.3	15.7		29.2	30.2

注:中等职业教育,包括中等专业学校、中等师范学校、成人中专和职业高中;职业初中仅指初中部职业中学。1958-1982 年的中等职业学校包含农业中学的高中部,职业初中为农业中学的初中部。

14—10 续表　　　　单位：人

年　份	普通高等学校	中等职业学校	普通中学	#高　中	职业初中	小　学	幼儿园
1983	3.9	12.8	21.1	15.0		28.5	28.3
1984	4.9	12.2	22.4	16.6	7.4	29.1	28.0
1985	7.9	20.4	23.3	17.6		29.4	
1986	7.8	13.9	21.6	17.4	23.8	26.9	29.1
1987	8.0	14.0	21.1	16.9	22.8	26.3	29.9
1988	6.3	11.0	16.9	13.3	20.4	25.9	184.4
1989	8.0	9.2	14.3	11.3	6.9	26.2	27.9
1990	7.6	9.4	13.9	10.9	14.2	25.8	
1991	6.5	9.4	14.2	10.9	11.2	25.8	24.3
1992	6.2	10.4	15.1	11.8	8.1	26.4	26.7
1993	8.0	11.6	14.7	11.1	14.8	24.8	27.8
1994	8.6	12.0	14.3	10.6	14.3	24.9	25.8
1995	8.5	15.8	15.1	10.8	14.0	25.1	24.7
1996	9.1	16.2	17.2	11.4	7.7	24.7	117.7
1997	10.1	17.0	19.7	13.4	8.6	23.9	27.9
1998	12.0	15.2	19.9	14.1	8.4	22.9	17.0
1999	14.7	15.1	20.0	14.7	9.8	21.5	18.0
2000	16.1	17.2	19.6	14.7	14.4	20.2	17.9
2001	16.7	16.5	19.8	15.5		19.2	22.4
2002	17.7	16.0	20.0	15.8		18.1	21.6
2003	16.9	19.5	20.2	16.7		16.7	20.9
2004	16.0	31.7	20.1	18.8		16.1	24.5
2005	21.3	40.2	18.5	18.9		16.0	24.8
2006	21.1	41.2	16.7	17.8		16.9	22.7
2007	19.0	37.6	15.2	16.4		17.1	23.9
2008	20.9	35.1	14.4	14.5		17.4	23.3
2009	20.8	35.2	13.8	13.5		17.4	23.7
2010	21.1	39.1	13.3	13.1		16.8	23.2
2011	19.6	38.2	13.3	13.5		16.8	23.3
2012	18.3	38.1	13.3	13.7		16.7	22.8
2013	18.4	32.4	12.7	13.4		16.6	21.3
2014	18.4	27.9	12.4	13.1		17.0	20.6

14—11 各级各类学校概况

	学校数（所）	毕业生数（人）	招生数（人）	班级数（个）	在校学生数（人）	教职工数（人）	专任教师（人）
总　计	**3027**	**255798**	**251294**	**21804**	**914418**	**66359**	**54455**
研究生培养机构	1	128	256		778		
博　士			3		5		
硕　士		128	253		773		
普通高等学校	7	16934	21117		69525	5222	3773
本　科	2	8450	9795		37782		
专　科	5	8484	11322		31743		
成人高等学校		243	2159		4610		
本　科			729		1318		
专　科		243	1430		3292		
中等职业学校	30	13218	11382		39596	1732	1421
普通中学	209	80755	80864	5056	247477	23061	19906
高　中	71	28250	29945	1684	87544		6681
初　中	138	52505	50919	3372	159933		13225
小　学	882	51759	61325	9711	340100	19995	20087
幼儿园	1777	62276	73682	6669	177816	15536	8629
教育部门	152	15838	19809	1240	40198	2686	1701
其他部门	8	878	924	70	2492	225	154
地方企业							
事业单位							
部　队	2	74	43	7	221	31	13
集　体	1	18	60	3	60	6	4
民　办	1614	45468	52846	5349	134845	12588	6757
成人高中							
成人初中							
成人小学							
其中：扫盲班							
职工技术培训学校	9	20700		176	22338	336	319
农民文化技术培训学校	100	8075		109	7859	245	88
其他培训机构	2	1200			1200	56	56
特殊教育	10	510	509	83	3119	176	176

14—12 普通高校招生报考情况

单位：人

	合计	普通高校							高职单招	2013年报名人数	比2013年增减
		合计	文史类	艺术文	体育文	理工类	艺术理	体育理			
漳州市	**32938**	**25426**	**7759**	**1474**	**212**	**15376**	**348**	**257**	**7512**	**30562**	**2376**
芗城区	7373	5025	1516	457	59	2831	118	44	2348	6635	738
龙文区	599	317	117	48	2	145	3	2	282	398	201
云霄县	2782	2190	723	64	27	1349	7	20	592	2358	424
漳浦县	4756	3962	1294	223	13	2330	87	15	794	4845	-89
诏安县	3144	2584	693	73	16	1754	12	36	560	3081	63
长泰县	1375	795	276	55	14	412	32	6	580	1066	309
东山县	1454	1133	395	27	5	686	8	12	321	1463	-9
南靖县	1949	1584	471	127	18	902	21	45	365	1885	64
平和县	2786	2508	823	140	27	1486	12	20	278	2683	103
华安县	644	461	152	18	5	267	5	14	183	593	51
龙海市	6076	4867	1299	242	26	3214	43	43	1209	5555	521

14—13 普通中学基本情况

单位：所、人

	学校数						毕业生数		招生数	
	合计	初级中学	九年一贯制学校	完全中学	高级中学	十二年一贯制学校	高中	初中	高中	初中
漳州市	**209**	**122**	**16**	**56**	**8**	**7**	**28250**	**52505**	**29945**	**50919**
芗城区	24	6	5	8	2	3	4611	6651	5467	7879
龙文区	6	2	1	3			869	2488	1101	2590
云霄县	16	10	1	3	1	1	2330	5083	2479	5147
漳浦县	45	30	4	8	2	1	4530	8719	4889	8090
诏安县	22	14	1	7			2772	6527	3396	6191
长泰县	8	6		2			971	1652	884	1636
东山县	10	8		2			1281	2072	1055	1874
南靖县	15	10	2	2	1		1709	3173	1726	2649
平和县	22	12	2	6	1	1	2550	6332	2808	6452
华安县	6	5			1		519	1103	546	1086
龙海市	25	15		10			4623	6215	3753	4732
常山开发区	1			1			68	188	90	253
招商局开发区	1			1			387	318	449	360
台商投资区	8	4		3		1	1030	1984	1302	1980
其中:市直	11	2		5	2	2	4231	5793	5002	6404

注:本表所指云霄县不含常山开发区;龙海市不含漳州开发区和台商投资区。

14—13　续表 1

单位：个

	班级总数	初中				高中			
		小计	一年级	二年级	三年级	小计	一年级	二年级	三年级
漳州市	**5056**	**3372**	**1093**	**1142**	**1137**	**1684**	**577**	**570**	**537**
芗城区	811	494	165	172	157	317	104	113	100
龙文区	216	149	51	49	49	67	24	22	21
云霄县	452	316	104	106	106	136	49	45	42
漳浦县	815	555	179	190	186	260	91	87	82
诏安县	569	397	133	135	129	172	61	57	54
长泰县	171	114	39	39	36	57	18	20	19
东山县	189	121	39	42	40	68	22	24	22
南靖县	296	194	62	65	67	102	32	35	35
平和县	549	402	130	143	129	147	52	50	45
华安县	109	78	25	26	27	31	10	10	11
龙海市	602	380	109	117	154	222	74	71	77
常山开发区	21	16	5	6	5	5	2	2	1
招商局开发区	55	24	8	8	8	31	11	11	9
台商投资区	201	132	44	44	44	69	27	23	19
其中:市直	669	381	126	132	123	288	97	101	90

14—13　续表 2

单位：个

	在校学生数合计	初中				高中			
		小计	一年级	二年级	三年级	小计	一年级	二年级	三年级
漳州市	**247477**	**159933**	**50928**	**54433**	**54572**	**87544**	**29982**	**29640**	**27922**
芗城区	39564	23260	7885	8025	7350	16304	5467	5737	5100
龙文区	10901	7677	2590	2576	2511	3224	1101	1040	1083
云霄县	22873	15735	5147	5263	5325	7138	2479	2424	2235
漳浦县	39881	25979	8090	8892	8997	13902	4892	4663	4347
诏安县	27996	18512	6193	6288	6031	9484	3398	3144	2942
长泰县	8009	5050	1636	1726	1688	2959	886	1058	1015
东山县	9541	6152	1874	2150	2128	3389	1055	1164	1170
南靖县	14117	8690	2649	2975	3066	5427	1731	1909	1787
平和县	28373	20431	6452	7445	6534	7942	2814	2629	2499
华安县	5089	3435	1087	1145	1203	1654	565	542	547
龙海市	28359	17150	4732	5285	7133	11209	3753	3644	3812
常山开发区	1009	810	253	308	249	199	90	61	48
招商局开发区	2284	1014	360	324	330	1270	449	448	373
台商投资区	9481	6038	1980	2031	2027	3443	1302	1177	964
其中:市直	34243	19285	6404	6743	6138	14958	5002	5169	4787

14—13　续表 3　　　　单位：人

	教职工数				普通中学、班、师、生比例		
	总　计	专任教师			校生比例（人、所）	平均每班教职工数	平均每一教师负担学生数
		小　计	初　中	高　中			
漳 州 市	**23061**	**19906**	**13225**	**6681**	**1184**	**5**	**12**
芗 城 区	3800	2844	1644	1200	1649	5	14
龙 文 区	823	749	503	246	1817	4	15
云 霄 县	2079	1758	1224	534	1430	5	13
漳 浦 县	3694	3286	2319	967	886	5	12
诏 安 县	2134	2046	1452	594	1273	4	14
长 泰 县	892	805	544	261	1001	5	10
东 山 县	934	820	476	344	954	5	12
南 靖 县	1562	1325	911	414	941	5	11
平 和 县	2566	2161	1539	622	1290	5	13
华 安 县	612	524	349	175	848	6	10
龙 海 市	2642	2558	1650	908	1134	4	11
常山开发区	69	65	45	20	1009	3	16
招商局开发区	184	172	72	100	2284	3	13
台商投资区	1070	793	497	296	1185	5	12
其中:市直	3175	2471	1246	1225	3113	5	14

14—13　续表 4　　　　单位：人

	中学学额巩固率（%）			中学生毕业率（%）		每万人口中学生数		三年前(2011 年）招生数		本年毕业生数	
	合计	初中	高中	初中	高中	初中	高中	初中	高中	初中	高中
漳 州 市	**99.55**	**99.71**	**99.27**	**90.81**	**93.45**	**324.41**	**177.57**	**57817**	**30231**	**52505**	**28250**
芗 城 区	99.67	100.46	98.58	97.04	91.33	399.52	280.04	6854	5049	6651	4611
龙 文 区	99.58	99.51	99.74	97.49	90.62	415.87	174.65	2552	959	2488	869
云 霄 县	99.23	99.25	99.19	93.44	95.49	400.31	177.52	5440	2440	5083	2330
漳 浦 县	100.16	100.22	100.03	99.83	99.47	322.08	172.35	8734	4554	8719	4530
诏 安 县	97.58	97.19	98.42	97.55	81.82	309.72	158.67	7455	3388	6527	2772
长 泰 县	99.28	99.08	99.61	94.83	94.73	234.67	137.50	1742	1025	1652	971
东 山 县	99.08	98.97	99.26	97.19	97.41	283.63	156.25	2132	1315	2072	1281
南 靖 县	100.41	100.43	100.39	86.48	95.47	257.79	160.99	3669	1790	3173	1709
平 和 县	100.81	101.51	99.00	74.09	94.03	411.17	159.83	8546	2712	6332	2550
华 安 县	100.81	101.02	100.37	98.31	89.48	213.35	102.73	1122	580	1103	519
龙 海 市	99.70	99.82	99.51	68.69	77.68	263.49	122.04	9048	5951	6215	4623
常山开发区	99.46	100.00	97.25	94.47	89.47			199	76	188	68
招商局开发区	99.86	100.00	99.75	98.15	98.72			324	392	318	387
台商投资区	97.72	97.36	98.42							1984	1030
其中:市直	100.10	100.98	98.97	99.11	93.11			5845	4544	5793	4231

14—14 中等职业教育基本情况

单位：所、人

	中等职业学校数		其他机构（教学点）数	毕业生数	招生数
	合计	调整后中等职业学校			
漳州市	**30**	**30**	**4**	**13218**	**11382**
芗城区	8	8	2	3736	3186
龙文区	1	1	1		1033
云霄县	3	3		1058	570
漳浦县	2	2	1	1044	987
诏安县	3	3		380	548
长泰县	2	2		1035	209
东山县	1	1		1127	698
南靖县	2	2		1958	2866
平和县	1	1		616	516
华安县	1	1		519	166
龙海市	4	4		674	489
台商投资区	2	2		1071	114

注：本表所指云霄县不含常山开发区；龙海市不含漳州开发区和台商投资区。

14—14 续表

单位：所、人

	在校生数					预计毕业生数	教职工数		聘请校外教师
	小计	一年级	二年级	三年级	四年级以上		合计	其中：专任教师	
漳州市	**39596**	**11370**	**11596**	**16630**		**17776**	**1732**	**1421**	**231**
芗城区	11434	3174	4084	4176		4238	606	493	80
龙文区	1337	1033	277	27		374	103	68	10
云霄县	3442	570	1535	1337		1337	136	103	46
漳浦县	3373	987	1051	1335		1335	161	130	5
诏安县	1505	548	409	548		620	76	68	1
长泰县	1126	209	328	589		589	37	36	11
东山县	1944	698	306	940		940	52	45	5
南靖县	8721	2866	2209	3646		4312	194	163	14
平和县	3220	516	391	2313		2313	101	93	34
华安县	959	166	258	535		535	60	52	
龙海市	2163	489	617	1057		1009	170	142	22
台商投资区	372	114	131	127		174	36	28	3

14—15 小学基本情况

单位：个、人

	学校数	教学点	班数	毕业生数	招生数	在校学生数	毕业班学生数	全日制小学班级数				
								合计	一年级	二年级	三年级	四年级
漳州市	**882**	**233**	**9711**	**51759**	**61325**	**340100**	**50611**	**9711**	**1764**	**1723**	**1660**	**1575**
芗城区	71	4	1159	6633	8634	47116	6811	1159	201	203	197	192
龙文区	18	1	321	1737	2939	14295	1800	321	64	61	54	51
云霄县	76	45	891	5400	4861	30527	5077	891	162	160	158	146
漳浦县	162	21	1595	8189	10223	55167	8087	1595	287	282	273	264
诏安县	118	42	1097	6261	7130	37367	5641	1097	212	195	185	169
长泰县	38	5	392	1909	2827	14139	1871	392	75	70	63	62
东山县	32		319	2024	2252	12444	2012	319	55	54	54	51
南靖县	50	28	593	2971	3353	18846	2866	593	109	108	101	98
平和县	93	45	1200	7410	5522	41530	7149	1200	193	205	207	207
华安县	31	18	332	1340	1615	9248	1265	332	63	62	59	52
龙海市	147	24	1352	5684	8126	41766	5789	1352	249	245	231	209
常山开发区	5		51	231	310	1692	266	51	9	9	9	8
招商局开发区	4		46	244	405	2007	269	46	9	8	8	7
台商投资区	37		363	1726	3128	13956	1708	363	76	61	61	59
其中：市直	2		191	1372	1519	8689	1341	191	31	31	31	34

注：本表所指云霄县不含常山开发区；龙海市不含漳州开发区和台商投资区；教职工数＝小学（含教学点）教职工数；专任教师数＝小学（含教学点）专任教师数＋一贯制学校小学部专任教师数。

14—15 续表

单位：个、人

	全日制小学班级数			学生数							教职工数	专任教师
	五年级	六年级	复式班	合计	一年级	二年级	三年级	四年级	五年级	六年级		
漳州市	**1519**	**1463**	**7**	**340100**	**61384**	**60801**	**58276**	**55599**	**53429**	**50611**	**19995**	**20087**
芗城区	185	181		47116	8638	8508	8145	7719	7295	6811	1939	2127
龙文区	49	42		14295	2939	2719	2407	2317	2113	1800	617	609
云霄县	134	131		30527	4861	5375	5196	4913	5105	5077	2089	2159
漳浦县	245	244		55167	10223	10258	9501	9165	7933	8087	3092	3009
诏安县	166	165	5	37367	7138	6879	6350	5659	5700	5641	2364	2351
长泰县	63	59		14139	2834	2516	2357	2381	2180	1871	893	876
东山县	52	53		12444	2252	2212	2069	1971	1928	2012	883	835
南靖县	89	88		18846	3361	3249	3161	3254	2955	2866	1508	1458
平和县	197	189	2	41530	5522	6362	7328	7358	7811	7149	2563	2675
华安县	53	43		9248	1623	1707	1620	1559	1474	1265	808	740
龙海市	215	203		41766	8142	7717	7170	6468	6480	5789	2384	2362
常山开发区	8	8		1692	314	296	289	270	257	266	125	124
招商局开发区	7	7		2007	405	401	337	314	281	269	124	122
台商投资区	56	50		13956	3132	2602	2346	2251	1917	1708	606	640
其中：市直	33	31		8689	1519	1471	1464	1526	1368	1341	272	500

14—16 主要年份各类文化事业机构数

单位：个

年份	艺术事业		公共图书馆	博物馆	群众文化事业		
	表演团体	表演场所			艺术馆	文化馆	文化站
1952	2	1	1	1		10	6
1957	8	8	1	1	1	10	6
1962	11	10	1	1	1	10	21
1965	11	10	1	1	1	10	21
1970	11	10	1	1	1	10	21
1975	11	10	1	1	1	10	21
1978	11	10	1	1	1	10	21
1979	11	11	1	1	1	10	21
1980	11	11	2	1	1	10	21
1981	11	11	3	1	1	10	21
1982	11	11	3	1	1	10	21
1983	11	11	4	1	1	10	21
1984	11	11	4	1	1	10	21
1985	11	10	5	1	1	10	21
1986	11	10	6	1	1	10	21
1987	11	10	6	1	1	10	21
1988	11	10	7	4	1	10	21
1989	11	10	7	5	1	10	21
1990	11	10	7	7	1	10	21
1991	11	10	8	8	1	10	21
1992	11	10	8	8	1	10	21
1993	11	10	9	9	1	10	21
1994	11	10	9	9	1	10	21
1995	11	10	9	9	1	10	21
1996	11	13	10	9	1	10	21
1997	11	13	10	9	1	10	21
1998	11	13	10	9	1	11	21
1999	11	13	10	9	1	11	21
2000	11	13	10	9	1	11	21
2001	11	13	10	9	1	11	106
2002	11	13	10	9	1	11	106
2003	11	13	10	9	1	11	106
2004	11	13	10	9	1	11	106
2005	11	13	10	9	1	11	105
2006	11	13	10	9	1	11	106
2007	11	13	10	9	1	11	124
2008	11	13	10	11	1	11	124
2009	11	13	10	11	1	11	126
2010	11	13	10	11	1	11	126
2011	11	10	10	11	1	11	127
2012	10	10	10	11	1	11	127
2013	10	10	10	11	1	11	132
2014	10	10	10	12	2	11	133

注：文化站数统计口径调整。2002年起文化站数包括民办与公办，即所有的基层文化站；2001年及以前只包括公办。

14—17　各类文化事业机构业务活动及经费情况(2002-2014)

	2002	2003	2004	2005	2006	2007	2008	2009	2010	2011	2012	2013	2014
艺术表演团体													
机构数(个)	11	11	11	11	11	11	11	11	11	11	10	10	10
从业人员(人)	565	542	640	545	503	468	467	445	478	469	409	368	338
# 高级职称	1	11	24	11	10	8	8	8	14	17	21	17	17
中级职称	59	136	146	127	120	112	110	120	128	103	118	113	110
国内演出场次(场)	1900	1756	2387	1444	2313	1978	2610	2604	6165	5003	1887	1772	1053
国外演出场次(场)	4		22	8	70	4							
本年收入合计(千元)	9722	8863	11700	125111	10613	14630	16175	16186	17412	21060	25359	30040	30935
# 财政补助收入	5409	4897	7588	5932	5928	8270	6897	8846	8805	11466	13589	18290	19806
演出收入	3771	3747	3661	5699	3446	5954	9278	5601	6375	7896	7539	8779	5743
本年支出合计(千元)	9781	9028	11815	11591	3446	14567	15022	16197	17103	21076	25230	33046	30982
艺术表演场馆													
机构数(个)	13	13	13	13	13	13	13	13	13	10	10	10	10
从业人员(人)	124	148	129	110	115	115	96	97	82	97	64	68	82
# 高级职称	13	5	5	5	3	3	3	3	3	1			
中级职称	10	18	20	14	12	13	12	12	7	16	9	6	7
演(映)出场次(场)	2387	1021	1240	986	802	830	775	1097	787	1385	2293	3916	2517
本年收入合计(千元)	4230	2369	1970	3165	3888	4819	4026	7915	6765	3736	6497	6101	5766
# 财政补助收入	1135	625	1012	873	946	1434	1393	3590	1516	2380	2956	2693	3633
事业收入	2184	259	580	1570	2333	1463	2633	725	248	413	256	156	16
本年支出合计(千元)	3342	2637	2222	3257	3888	5251	4026	7755	6750	4132	6717	7013	7081
公共图书馆													
机构数(个)	10	10	10	10	10	10	10	10	10	10	10	10	10
从业人员(人)	95	93	91	93	96	89	89	92	86	88	85	79	80
# 高级职称	2	3	3	4	6	4	4	4	4	4	4	3	5
中级职称	17	24	26	28	24	24	21	26	27	24	28	25	23
总藏量(千册、件)	712	715	762	778	799	854	943	974	1001	1069	1564	1443	1479
总流通人次(万人次)	12	63	37	45	23	52	52	67	72	71	57	60.39	73.90
本年收入合计(千元)	2352	2565	2395	2865	2800	139251	4651	5640	7973	7839	10906	9002	8469
# 财政补助收入	2095	1921	2038	2492	2396	2985	3767	5113	5332	6896	10713	7807	8074
本年支出合计(千元)	2621	2574	2332	4419	3027	3414	4559	5279	7394	8678	9398	8504	8608
# 图书购置费	257	215	183	599	305	430	431	349	434	558	507	630	904

14—17 续表

	2002	2003	2004	2005	2006	2007	2008	2009	2010	2011	2012	2013	2014
本年新购藏量(千册)	46	11	42	21	17	19	19	36	22	68	159	50	47
群众艺术馆(文化馆)													
机构数(个)	12	12	12	12	12	12	12	12	12	12	12	12	13
从业人员(人)	84	104	99	100	98	93	94	91	88	92	92	71	91
# 高级职称	2	4	4	4	5	5	5	7	7	4	3	6	9
中级职称	23	24	24	24	27	28	24	34	38	38	41	34	37
本年收入合计(千元)	1987	2202	2550	2164	2508	4462	3906	5079	5444	5876	9759	9356	10445
# 财政补助收入	1414	1905	1905	1917	2209	3244	3440	4446	4424	5039	7215	8111	8498
本年支出合计(千元)	1961	2428	2557	2175	2561	4240	3906	4538	5368	6157	9655	8848	9084
文化站													
机构数(个)	94	103	106	105	106	124	121	126	126	127	127	132	133
从业人员(人)	208	111	105	98	93	115	43	142	173	185	190	273	244
文物保护管理机构													
机构数(个)	2	2	2	2	2	2	3	3	3	3	4	4	9
从业人员(人)	5	2	2	3	4	4	5	5	6	10	23	26	27
# 高级职称													2
中级职称			1	1	1			1		3			2
本年收入合计(千元)	6	43	1606	57	61	140	100	125	212	1940	1817	9472	10304
# 财政补助收入		37	94	44	61	54	100	125	212	1815	541	8684	432
门票收入	6	6	10	11	91	86					378	378	
本年支出合计(千元)	6	43	1606	57	141	140	100	125	213	1340	1384	2636	5877
博物馆													
机构数(个)	9	9	9	9	9	9	11	11	11	11	11	11	12
从业人员(人)	37	34	39	44	37	41	45	51	53	61	64	74	88
# 高级职称	1	3	3	3	4	5	6	7	6	5	5	6	6
中级职称	7	5	6	6	9	7	8	13	12	14	14	13	12
本年收入合计(千元)	977	464	987	718	964	1274	2219	3014	4531	5176	23327	19095	34175
# 财政补助收入	577	341	656	627	807	1207	1643	2689	4043	4213	10328	10694	24107
门票收入	19	39	27	29									
本年支出合计(千元)	1151	486	905	727	875	1235	2199	2729	4076	5328	12048	8899	22365
文物科研机构(个)	1	1	1	1	1	1							
文物商店(个)													

14—18 文化部门按剧种分艺术表演团体演出情况

	剧团数（个）	从业人员（人）	本年新排上演剧目（个）	演出场次（次）	演出群众人数（千人次）	演出收入（千元）
合　计						
戏曲剧团	9	299	17	938.0	1051	5311
曲、杂、木、皮剧	1	39		115.0	312	432

14—19 图书、博物馆情况（2006-2014）

	2006	2007	2008	2009	2010	2011	2012	2013	2014
图书购置费（千元）	305	430	431	349	434	558	507	630	904
总流通人次（千人次）	23	52	52	67	720	710	570	604	739
文物藏品（件）	12627	16267	22304	22304	23721	21691	21977	22433	23655
#一级品（件）	28	28	28	28	67	69	69	69	88
参观人次（千人次）	30	45	3312	295	570	1670	1066	2423	3726
门票收入（千元）	6								

14—20 广播电视基本情况

年　份	广播事业					电视事业				
	电台（座）	节目（套）	每日播音时间（时：分）	每日制作节目（时：分）	覆盖率（%）	电视台（座）	节目（套）	每日播音时间（时：分）	每日制作节目（时：分）	覆盖率（%）
1985		10	78：30		81.90					
1990		10	70：47		90.60	1	1	41：30	0：08	85.60
1995		10	114：10		90.63	1	1	70：15	1：01	88.69
1996		7	90：00	16：03	90.65	1	5	446：25	3：18	93.00
1997		7	88：20	13：39	90.65	1	5	460：00	4：57	93.00
1998	1	8	116：50	40：36	93.66	1	1	102：12	1：47	93.37
1999	1	8	117：30	60：35	97.03	1	8	719：27	13：40	96.82
2000	1	10	148：00	61：38	97.49	1	13	1203：27	10：59	97.30
2001	1	10	149：55	58：47	97.71	1	13	1614：33	12：07	97.50
2002	1	10	145：05	62：09	97.80	1	3	201：37	11：56	97.65
2003	1	10	137：14	72：46	97.94	1	2	321：12	13：58	98.07
2004	1	10	155：32	49：00	97.95	1	2	309：20	7：50	98.07
2005	1	11	162：19	68：14	97.99	1	2	320：30	10：58	98.11
2006	1	11	170：55	83：20	98.03	1	2	334：20	12：55	98.14
2007	1	11	165：57	76：40	98.07	1	2	346：50	11：05	98.18
2008	1	11	174：44	79：34	98.10	1	2	354：23	11：30	98.23
2009	1	11	170：26	77：56	98.70	1	2	349：15	11：21	98.88
2010	1	11	170：29	74：19	99.01	1	2	363：38	13：16	99.02
2011	1	11	166：53	67：11	99.03	1	2	349：13	8：45	99.04
2012	1	11	167：05	67：15	99.05	1	2	339：46	9：54	99.07
2013	1	11	165：17	62：23	99.08	1	2	356：44	10：12	99.10
2014	1	11	165：33	62：33	99.10	1	2	352：37	9：39	99.12

注：1、2001年起电视事业统计口径有变动。2、2002年全省取消县级电视频道，只保留部分自办节目播出时间。

14—21 分县(市、区)有线广播电视接收户数(2002-2014)

单位：户

	2002	2003	2004	2005	2006	2007	2008	2009	2010	2011	2012	2013	2014
漳州市	**241300**	**334000**	**372073**	**378621**	**388737**	**428779**	**466938**	**533686**	**730391**	**773392**	**780756**	**799700**	**864000**
芗城区	40800	78800	78800	78000	78989	81000	92409	95795	142580	164876	165068	169346	238900
龙文区	12100	10800	11000	10700	11200	14000	14000	14000	16000	17741	19595	20954	
龙海市	43700	53000	68523	68025	69220	72411	75971	79520	98299	105391	108146	112400	115800
云霄县	24000	30000	35000	36000	36400	40000	40250	52000	60821	61779	55298	60400	61500
漳浦县	31000	66000	69000	79000	80000	92000	97800	118000	149230	149882	153948	154600	158600
诏安县	23900	24200	24600	24800	25400	38100	42400	43808	44650	49458	49518	49300	50000
长泰县	14000	14200	20000	20500	21060	21100	21600	24195	27816	29016	31022	30100	30400
东山县	18600	18600	19000	20500	21000	21000	21000	37295	39196	41039	41159	43400	44200
南靖县	11200	13600	14800	15100	15600	15800	16300	23363	26368	27936	30419	31300	32800
平和县	11200	11300	11350	11996	15368	16868	25000	25000	98546	98856	98965	99800	101400
华安县	10800	13500	20000	14000	14500	16500	20208	20710	26885	27418	27618	28100	30400

14—22 体育局系统从业人员情况

单位：人

年份	公务员	专职教练员	运动员	管理人员	其他
1978					
1980		38	420		
1985		56	530		
1990		63	620		
1991		72	640		
1992		78	700		
1993	32	75	690	15	9
1994	32	78	650	16	9
1995	33	81	680	18	9
1996	33	83	700	18	
1997	34	83	720	19	11
1998	34	83	750	19	11
1999	34	80	700	22	11
2000	35	86	630	22	14
2001	35	89	660	25	14
2002	36	90	680	24	16
2003	36	93	680	28	15
2004	37	90	700	28	15
2005	41	97	730	27	19
2006	43	97	730	27	19
2007	45	97	730	28	19
2008	48	85	730	37	28
2009	47	53	730	51	32
2010	45	84	3709	56	31
2011	46	82	4256	60	29
2012	43	102	4256	53	28
2013	57	96	4256	28	29
2014	61	108	3053	28	25

14—23　当年评定等级裁判员和运动员人数

单位：人

	2001	2002	2003	2004	2005	2006	2007	2008	2009	2010	2011	2012	2013	2014
1、等级裁判员	48	36	30	46	37	38	32	3	5	41	26	25	284	
国际级裁判					1	1								
国家级裁判			1	2	2	2	1			2	3			
一级裁判	12	6	5	6	4	12	6	1		8	15		4	
二级裁判	26	30	24	38	30	23	25	2	5	31	8	25	280	3
2、等级运动员											60	52	166	
国际级运动健将	69	84	91	106	158	162	171	110	109	161				
运动健将	2	4	5	2	3	4	6			12				
一级运动员	16	12	10	15	20	26	30		·7	30			7	
二级运动员	51	68	76	89	135	132	135	110	102	119	60	52	159	63

14—24　竞技体育比赛成绩情况

单位：枚

	2005	2006	2007	2008	2009	2010	2011	2012	2013	2014
一、世界比赛			3	3	1	6		3		
金　牌			1			2		1		
银　牌			1	1	1	2		2		
铜　牌			1	2		2				
二、亚洲比赛			1			2	1			
金　牌			1			1				
银　牌						1	1			
铜　牌										
三、全国比赛	6	8	8	18	12	15	5		6	
金　牌	1	2	3	11	3	7	2		2	
银　牌	3	2	1	2	6	6	1		1.5	
铜　牌	2	4	4	5	3	2	2		2.5	
四、省级比赛	128	125	146	189	64	330.5	252	16	63	215
金　牌	38	45	58	57	16	97	75	1	19	79
银　牌	58	51	42	64	20	112	82	5	19	66
铜　牌	32	29	46	68	28	122	95	10	25	70

14—25 主要年份卫生事业基本情况

年份	卫生机构（个）	卫生技术人员数	#医师	#注册护士	医疗床位（张）
1952	40	354			292
1957	64	701			619
1962	815	4048			2040
1965	843	5443			2820
1970	272	3797			2839
1975	631	4678			4190
1978	391	6392	1584	749	4898
1980	395	6740	1618	874	5553
1985	475	8155	1425	1457	6742
1990	515	9790	3460	2771	7548
1991	509	9766	3395	2680	7602
1992	491	10377	2492	2209	7719
1993	452	9787	2500	2155	7924
1994	453	9902	2612	2209	7788
1995	453	9391	2519	2139	7951
1996	194	8513	2431	2188	9816
1997	197	8461	2482	2156	13416
1998	197	8587	2760	2198	13392
1999	199	8555	2778	2341	13237
2000	199	8439	2835	2341	13132
2001	199	8448	2854	2378	13036
2002	261	7834	3706	2525	7942
2003	260	8023	3596	2633	8137
2004	263	7862	3346	2568	8192
2005	258	7770	3387	2824	8733
2006	261	7662	3304	2810	8862
2007	261	6956	3051	2730	8862
2008	284	9277	3756	2993	8930
2009	284	10252	4105	3811	9335
2010	445	12184	5067	4388	10930
2011	591	13615	5307	5272	11924
2012	843	15767	5862	6196	14453
2013	858	17526	6414	7198	16819
2014	875	19559	6948	8190	18958

14—26 各类卫生机构数(2002-2014)

单位：个

	2002	2003	2004	2005	2006	2007	2008	2009	2010	2011	2012	2013	2014
合　计	**261**	**260**	**263**	**258**	**261**	**261**	**284**	**284**	**445**	**591**	**843**	**858**	**875**
医　院	35	34	35	30	31	31	31	31	57	65	66	68	71
疗养院	1	1	1	1	1	1	1	1	1	1	1	1	1
社区卫生服务中心	2	2	2	6	7	9	15	15	16	16	20	22	22
卫生院	111	112	110	111	111	109	106	106	106	106	106	106	106
门诊部、诊所、医务室、护理站	73	73	74	72	72	72	72	76	210	345	592	603	606
妇幼保健院、所	13	12	12	12	12	12	12	12	12	12	12	12	12
专科疾病防治院	2	2	1	2	2	2	1	1	1	1	1	1	1
急救中心	1	1	1	1	1	1	1	1	1	1	1	1	1
采供血机构	3	2	3	1	1	1	1	1	1	1	1	1	1
疾病预防控制中心(防疫站)	11	12	13	12	12	12	12	12	12	12	12	12	12
卫生监督所	2	2	2	3	4	4	9	9	9	12	12	12	12
医学在职培训机构	1	1	3	1	1	1	1	1	1	1	1	1	1
医学科学研究机构	1	1	1	1	1	1	1	1	1	1	1	1	1
健康教育所	1	1	1	1	1	1	1	1	1	1	1	1	1
其他卫生机构	4	4	4	4	4	4	16	16	16	16	16	16	27

14—27 各类卫生机构实有医疗床位数(2002-2014)

单位：张

	2002	2003	2004	2005	2006	2007	2008	2009	2010	2011	2012	2013	2014
合　计	**7942**	**8137**	**8192**	**8733**	**8862**	**8862**	**8930**	**9335**	**10930**	**11924**	**14453**	**16819**	**18958**
医　院	5303	5252	5114	5408	5697	5697	5918	6117	7300	8075	10532	12214	14083
疗养院	200	200	200	200	200	200	200	200	98	98	98	98	98
社区卫生服务中心		41	60	146	147	147	215	215	334	364	325	464	426
卫生院	1976	2148	2288	2401	2219	2219	2106	2312	2653	2834	3150	3548	3741
门诊部	15	20											
妇幼保健院、所	128	156	210	258	279	279	279	279	333	341	348	495	610
专科疾病防治院	320	320	320	320	320	320	212	212	212	212			

14—28 卫生技术人员分类数(2002-2014)

单位：人

	2002	2003	2004	2005	2006	2007	2008	2009	2010	2011	2012	2013	2014
合　计	**7834**	**8023**	**7862**	**7770**	**7662**	**6956**	**9277**	**10252**	**12184**	**13615**	**15767**	**17526**	**18985**
执业(助理)医师							3285	4103	4577	5307	5862	6414	6948
#执业医师	2742	2757	2672	2719	2690	3051	2688	3403	3813	4465	4824	5188	5597
执业助理医师	964	839	674	668	614		597	702	764	842	1038	1226	1351
注册护士	2525	2633	2568	2824	2810	2730	2993	3811	4388	5272	6196	7198	8190
药剂人员	927	879	870	831	761		647	870	966	1009	1102	1195	1260
检验人员	371	535	408	439	480		355	444	490	546	615	688	760
其　他	305	380	670	289	307		613	845	1056	1244	1716	1735	1908

注:因原来报送的执业医师数有含助理医师,2008-2010年执业医师数据有修改。

14—29 卫生事业基本情况

	卫生机构(个)	人员数(人)	卫生技术人员数	#医　师	#注册护士	医疗床位(张)
合　计	**875**	**23317**	**19559**	**6948**	**8190**	**18958**
医　院	71	13757	11382	3575	5652	14083
综合医院	41	10052	8337	2594	4176	9503
中医医院	12	2761	2388	790	1126	2922
中西医结合医院	1	46	36	11	18	50
专科医院	16	898	621	180	332	1608
疗养院	1	34	34	28	10	98
社区卫生服务中心	22	1397	853	369	284	426
卫生院	106	4315	3639	1254	1222	3741
门诊部	25	360	345	169	125	
诊所、医务室、护理站	606	1382	1365	805	407	
妇幼保健院、所	12	756	643	229	267	610
专科疾病防治院	1	65	50	23	11	
急救中心	1	59	28	12	8	
采供血机构	1	25	21	5	29	
疾病预防控制中心(防疫站)	12	564	441	233		
卫生监督所	12	187	160			
医学在职培训机构	1	10				
医学科学研究机构	1		7			
健康教育所	1					
其他卫生机构	2	406	591	246	175	

备注:以上人员均含计生人员。

14—30 各类医院工作基本情况

	诊疗人数（万人次）	#门急诊	入院人数（万人）	出院人数（万人）	病床周转数（次）
医院	730.91	728.75	46.70	46.50	36.3
# 综合医院	549.95	548.47	36.90	36.70	42.2
中医医院	164.62	164.30	8.70	8.66	31.8
专科医院	16.30	15.93	1.20	1.15	8.5
卫生院	218.06	211.40	13.90	13.82	39.4
妇幼保健院	65.86	65.80	1.30	1.29	30.1

14—31 前十位疾病死亡原因及构成

	死亡原因	占死亡总人数（%）
1	恶性肿瘤	33.77
2	呼吸系统疾病	14.62
3	脑血管病	14.19
4	心脏病	13.14
5	损伤和中毒	11.30
6	内分泌、营养和代谢	2.15
7	消化系统疾病	1.67
8	泌尿生殖系统疾病	1.31
9	传染病	1.03
10	神经系统疾病	1.00
	十种死亡合计	**94.18**

14—32 分县(市、区)卫生主要指标

地区	卫生机构床位数（张）	卫生技术人员数（人）	执业(助理)医师（人）	#执业医师（人）	执业助理医师（人）	注册护士（人）
漳州市	**18958**	**19559**	**6948**	**5597**	**1351**	**8190**
芗城区(含市直)	5743	6570	2448	2203	245	2986
龙文区	558	638	257	217	40	239
龙海市	2263	2800	1034	765	269	1054
云霄县	1368	1468	456	352	104	682
漳浦县	2504	2458	841	599	242	986
诏安县	1861	1374	459	347	112	587
长泰县	668	775	259	216	43	287
东山县	784	795	273	222	51	302
南靖县	872	984	340	245	95	401
平和县	1803	1322	457	337	120	524
华安县	534	375	124	94	30	142

14—33 律师、公证、调解工作基本情况(2002-2014)

	2002	2003	2004	2005	2006	2007	2008	2009	2010	2011	2012	2013	2014
律师工作													
律师事务所(个)	27	27	28	28	30	31	31	35	35	38	42	44	52
执业律师(人)							253	276	316	332	374	383	386
# 专职律师(人)	161	169	191	187	187	186	201	221	256	272	312	317	321
兼职律师(人)	16	15	7	7	8	10	17	20	21	22	22	25	22
公职、公司、法援律师(人)							35	35	39	38	40	41	43
聘请常年法律顾问单位(个)	410	830	911	1002	990	1033	967	879	1030	1029	1255	1218	1197
律师业务情况													
刑事诉讼辩护及代理(件)	990	1336	1503	1451	1614	1630	1016	1384	1607	2438	2507	2276	2073
民事诉讼代理(件)	2510	3565	4003	4029	4805	5716	6764	7560	9485	11233	11926	10303	11295
经济诉讼代理(件)	750	922	796	730	633								
行政诉讼代理(件)	270	316	306	312	302	237	203	130	158	253	161	258	222
非诉讼法律事务(件)	480	599	586	677	1169	712	832	1059	1151	1184	1286	1143	1556
涉外及港澳台(件)	20	24	17	6	19			5	36				
解答法律咨询(件)	99325		4298	6140	4690	2115	9888	6962	4846	7930	12818	11700	13387
代写法律事务文书(件)	27215		1732	3800	2412	733	2015	1035	1170	1333	939	1237	1113
公证工作													
公证处(个)	12	12	12	12	12	12	12	12	12	12	12	12	12
公证人员(人)	77	79	75	69	75	75	76	69	86	76	79	79	94
# 公证员(人)	46	46	42	41	40	38	38	36	36	38	38	38	38
办理公证书(件)	15073	13029	16409	15049	16799	21410	18371	16052	23371	26624	24355	36412	40338
# 国内经济合同公证(件)	4507	4746	2643	2836	3017	5262	3638	4090	3361	3971	2378	3957	2946
国内民事公证(件)	6128	4397	6985	6551	7911	9148	8811	11962	14159	16818	15206	25894	32303
涉外及港澳台(件)	4438	3886	6781	5662	5871	7000	5922	3410	2294	1778	6771	6744	5089
调解工作													
人民调解委员会(个)	1981	2035	2029	2032	2037	2041	2056	2056	2101	2155	2199	2212	2222
调解人员(人)	8100	7847	14824	16782	14805	14915	12695	8981	8932	8911	9211	9235	8407
调解纠纷(件)	11871	12625	10982	12750	11688	14657	13681	19212	15990	18355	19920	18874	18895
专职司法助理员(人)	104	127	110	125	151	165	163	190	234	256	271	277	283

14—34 国内公证文书分理情况（2002–2014）

单位：件

	2002	2003	2004	2005	2006	2007	2008	2009	2010	2011	2012	2013	2014
经济公证事项	**4507**	**4746**	**2707**	**1405**	**3017**	**5262**	**3514**	**4090**	**3968**	**3977**	**2378**	**3957**	**7703**
购销合同	368	1677	822	485	2053	3438	2326	2981	2653	2672	1038	3334	3212
联营合同				2		3			2		1		
拍　卖	17	2	15	20	25	29	7		21	66	6	2	6
贷款合同	783	779	728	96	3	3	16	1		4	2		
担保书	1487	1567	844	10	1	2	1	1	1	1			
招标投标	80	90	34	89	38	19	32	45	52	9	25	171	186
科技协作		2											
供用电合同	2	3		1	31	26	23	2					
劳务合同	15	18	13	2		13	11		2	10			
建筑工程承包	43	17	9	16	7	13	1			1	3	8	
工商服务业承包	1	4											
农林牧副渔业承包	231	70	44	84	39	40	47	29	20	24	3		
乡镇企业承包	6	4	2		1		4						
财产租赁	11	7	3	5		3	2		2	4	1		
企业租赁	3	4		4		1						7	
资产经营责任制	27	43	3										
还款协议	2		4		3		1		2		2		
土地使用权出让转让	12	37	15	49	38	65	115	53	40	140	87	9	104
其他经济合同	673	139	41	284	359	1159	421	338	753	169	431	315	913
法人资格	2		19	3	15	7	1		3	6	1		
法人委托书	22	27	47	35	205	312	248	228	138	214	191	57	1331
公司章程	2	15	2		4		1	2	1	1			
执行许可证明	3	40	2		1								36
提　存	9	7	4	7	4	6		2	5	3		9	2
抵押登记	50		15	12		3	4		13	1		2	
公司会议记录	1			1			2						
其　他	657	147	47	200	190	120	251	408	260	652	579	1063	349
民事公证事项	**6128**	**4397**	**3810**	**4236**	**7911**	**9148**	**8859**	**11962**	**12933**	**16825**	**15206**	**25894**	**28212**
收　养	3	2	3			3	11		1	4			1
解除收养				4			1	29	29				
继承权	304	402	351	586	888	1024	851	1237	1143	1536	1524	2259	788
遗　嘱	78	60	49	79	177	155	113	107	100	132	123	101	43
产　权	19	48	14		1		170			20	20		
亲属关系	150	185	68	38	54	51	39	92	373	290	174	329	81
死　亡	7	64	3	1	5	3	2	4	37	29	42	5	
房屋买卖	640	376	377	542	630	738	851	704	734	609	394		
房屋租赁	14	15	19	9	8	12	4	4	7	1	1		
留学协议						66					3		7
遗赠扶养协议	22	23	15	22	59	4	70	49	41	3	1	274	347
委托书	285	329	352	781	1826	2443	2180	5499	6305	8073	7503	12685	3865
赠与书	193	235	235	415	742	609	515	484	742	1068	1032	1297	5
声明书	218	284	199	233	450	539	366	580	708	982	529	1354	82
现场监督	32	70	64	47	139	26	207	83	56	48	25	351	1
签名印鉴属实	129	58	57	38	69	176	95	102	126	230	90	534	306
文本相符	186	191	165	51	183	172	240	160	172	169	152	214	129
宅基地使用权	16	10	3	5	2	27	32	32	138	23	71		
证据保全	121	432	354	192	514	465	1398	721	470	720	334	611	1203
拆迁协议	59	28	48		10	150	7	104	240				1
计划生育	17	31	12	39	6	99	54	75	94	45	65		
赡养协议	26	30	19	50	58	39	54	75	89	83	98		29
合伙协议	15	3	2	4	2	2				2	6		4
夫妻财产协议	28	284	11	12	21	29	34	37	42	73	42		
其他民事协议	1986	779	742	646	1188	1178	699	973	421	957	1085	315	161
其　他	1580	458	648	442	879	1138	866	811	865	1728	1892	1063	

14—35 环境保护

	2003	2004	2005	2006	2007
水环境					
废水排放总量(万吨)	49218.94	60873.02	71182.46	64908.00	72010.96
# 工业废水排放量	43873.94	55016.02	64836.46	58122.00	65221.96
生活污水排放量	5345.00	5857.00	6346.00	6786.00	6789.00
工业废水排放达标量(万吨)	43657.30	54581.73	64543.77	57797.25	64666.74
工业废水排放达标率(%)	99.5	99.2	99.6	99.4	99.2
化学需氧量排放量(吨)	25817	22399	27496	27598	27500
# 工　业	5607	4914	5404	5078	6356
生　活	20211	17485	22093	22520	21144
氨氮排放量(吨)	3424	2858	3147	3234	2210
# 工　业	732	691	656	263	197
生　活	2692	2168	2491	2971	2013
大气环境					
二氧化硫排放量(吨)	4347	6408	14183	14209	14980
# 工　业	4103	5891	13699	13405	14184
生　活	244	517	484	804	796
烟(粉)尘排放量(吨)	4290	4300	4927	5952	5745
# 工　业	3647	3896	4621	4577	4396
生　活	643	404	306	1375	1349
工业二氧化硫去除量(吨)	34361	72319	83069	85414	98650
工业烟(粉)尘去除量(万吨)	47.47	50.53	64.53	66.30	73.79
固体废物					
工业固体废物产生量(万吨)	113.08	175.09	203.31	238.88	176.86
# 危险废物(吨)		3146	3149	3620	1550
工业固体废物综合利用量(万吨)	57.78	59.12	96.93	216.69	172.21
工业固体废物综合利用率(%)	50.9	33.8	47.7	93.5	97.4
工业固体废物排放量(吨)	500	900	700	970	449
"三废"综合利用产品产值(万元)	8178	8668	10180	8109	10610
生态环境					
森林面积(万公顷)	78.45	78.65	78.68	79.23	79.59
森林覆盖率(%)	61.8	62.0	62.1	62.4	62.7
当年造林面积(万公顷)	0.63	0.96	1.90	1.88	1.93
自然保护区数(个)	3	3	3	3	3
# 国家级	2	2	2	2	2
自然保护区面积(万公顷)	0.56	0.56	0.56	0.58	0.58
湿地面积(万公顷)	25.10	25.10	25.10	25.10	25.10
自然灾害					
发生地震灾害次数(次)	34	16	22	22	25
森林火灾次数(次)	38	77	16	9	7
环境污染治理投资					
工业污染治理投资(万元)	62451	76831	78020	93481	2788
# 治理废水	494	798	1129	2224	2126
治理废气	61900	75998	76891	1088	642
治理固体废物	26	13	12		
治理噪声	12	1		10	20
治理其他	20	35		90159	
实际执行"三同时"项目环保投资(万元)	1987	3654	3320	7391	9111
# 新　建	1857	3561	3137	6436	9011
扩　建	36	93		414	100
改　建	94		183	541	

基　本　情　况(2003–2014)

2008	2009	2010	2011	2012	2013	2014
77511.73	84019.55	70458.55	101472.98	39451.83	42198.26	41105.70
70722.73	77089.66	62844.65	86558.20	23038.79	25412.99	23963.26
6789.00	6929.89	7613.90	14914.78	16413.04	16785.27	17142.44
70248.21	76782.25	62263.24				
99.3	99.6	99.1				
27700	27177	26893	56797	61674	59474	58153
5882	5370	8482	11879	12174	10794	9449
21819	21807	18411	44918	49500	48680	48704
3062	2485	2274	6677	7230	7059	7051
1003	591	459	883	563	528	469
2058	1894	1815	6677	7230	7059	7051
18330	18483	19533	30083	28407	39936	38445
17809	17871	19017	29304	27628	36156	37650
521	612	516	779	779	779	795
6054	6724	9829	12323	9928	11275	23477
5169	5551	8918	12237	9842	10816	23009
885	1173	911	86	86	458	468
87888	111190	89339	96198	74636	96499	112287
75.70	93.61	76.20	171.32	79.30	95.24	118.85
210.95	191.58	172.23	235.27	182.83	209.02	302.16
1392	2109	5292	5126	4004	3013	6375
207.29	190.27	169.79	226.54	174.58	198.06	296.64
98.3	99.3	98.6	96.3	95.5	94.8	98.2
1100	300					
12653	8848	6961				
78.95	79.15	75.10	76.43	77.90	79.12	80.06
63.0	63.1	59.7	60.8	61.9	62.9	63.6
1.95	1.95	1.75	6.12	3.13	2.69	1.33
	3	3	3	3	3	3
	2	2	2	2	2	2
0.58	0.58	0.58	0.58	0.58	0.58	0.58
25.13	25.13	25.13	25.13	25.13	25.13	25.13
23	28	7	16	8	7	7
	34	9	31	5	6	6
8797	1859	9054	3787	6367	48214	6257
5399	1765	7871	2520	5309	9691	2680
1193	94	1182	913	722	38285	3500
7				71	62	
38				165	110	
1811			354	100	65	77
8006	29395	191800			7028	155774
					7028	155774

14—36 工业污染排放及

	2002	2003	2004	2005	2006
一、企业基本情况					
1、汇总企业数(个)	338	326	334	365	386
2、"三废"综合利用产品产值(万元)	7543.7	8178.0	8667.6	10180.3	8108.9
3、工业锅炉数(台)	192	180	196	238	251
# 烟尘排放达标的(台)	161	150	173	183	224
# 二氧化硫排放达标的(台)	41	86	118	128	219
4、工业炉窑数(座)	174	79	76	64	73
# 烟尘排放达标的(座)	159	56	58	43	44
# 二氧化硫排放达标的(座)	131	32	35	24	33
二、工业废水					
1、工业用水总量(万吨)	103337.20	168637.81	212411.45	254306.61	227656.07
# 新鲜水量(万吨)	76335.80	125008.51	157849.58	185556.47	167036.70
重复用水量(万吨)	27001.40	43629.30	54561.87	68750.14	60619.59
2、工业重复用水率(%)	26.13	25.87	25.69	27.03	26.63
3、废水治理设施数(套)	780	986	1000	1095	979
4、废水治理设施处理能力(万吨/日)	33.78	206.55	249.41	308.09	315.45
5、废水治理设施设备运行费用(万元)	2430.3	3238.7	3572.1	12176.1	8744.9
6、工业废水排放量(万吨)	27789.90	43873.94	55016.02	64836.46	58121.63
# 直接排入海的(万吨)	23846.84	40025.27	50948.68	59764.71	53594.05
排入污水处理厂的(万吨)	822.80	552.72	463.92	355.76	267.29
7、工业废水排放达标量(万吨)	27610.43	43657.30	54581.73	64543.77	57797.25
8、工业废水排放达标率(%)	99.35	99.51	99.21	99.55	99.40
9、工业废水中污染物去除量					
氰化物(吨)	0.03	0.58	0.58	0.10	0.02
化学需氧量(吨)	11473.49	12568.38	13279.82	36671.27	29147.51
# 当年新增设施去除的(吨)	160.94		10.22	268.20	562.72
石油类(吨)	4.07	3.00			8.07
氨氮(吨)	240.48	236.32	464.34	575.63	903.61
10、工业废水中污染物排放量					
六价铬(吨)	0.34	0.11	0.07	0.09	1.09
砷(吨)	0.16	0.24	0.17	0.21	0.13
氰化物(吨)				0.01	…
化学需氧量(吨)	5553.18	5606.74	4914.32	5403.57	5077.93
石油类(吨)	1.86	1.44	1.64	6.92	0.86
氨氮(吨)	1005.18	732.30	690.68	655.75	263.05
三、工业废气					
1、煤炭消费总量(万吨)	359.30	557.87	761.52	921.71	857.84
燃料煤消费量(万吨)	349.66	544.14	746.63	907.82	845.29
原料煤消费量(万吨)	9.64	13.73	14.89	13.89	12.55
2、燃料油消费量(不含车船用)(万吨)	1.10	1.00	0.77	0.91	2.95
# 重油(万吨)	0.53	0.54	0.41	0.53	2.51
柴油(万吨)	0.56	0.46	0.36	0.38	0.44
3、天然气消费量(万立方米)/洁净燃气	1	32	9849	11471	14

处理利用情况(2002-2014)

2007	2008	2009	2010	2011	2012	2013	2014
498	521	502	779	773	786	801	794
10609.6	12652.7	8848.4	6960.5				
289	302	291	361	480	485	490.0	521.0
210	254	245	273				
172	234	231	183				
78	102	101	200	219	276	289.0	277.0
53	69	82	85				
45	65	69	66				
256696.80	275490.57	304372.69	242600.91	314764.42	26207.62	29704.41	57304.64
18796.15	200359.40	221637.29	230966.25	219064.34	11237.26	11088.83	10786.01
68760.85	75131.17	82735.41	11634.66	95700.07	14970.36	18615.58	46518.63
26.79	27.27	27.18	4.80	30.40	57.12	62.67	81.17
414	429	437	398	496	507	509	530
308.09	357.88	354.61	401.39	430.92	73.92	79.02	119.96
12648.5	11315.4	10738.5	16646.1	28093.9	15606.3	20726.2	26154.8
65248.96	70722.73	77089.66	62844.65	86558.20	23038.79	25412.99	27476.88
60508.41	63736.72	70883.72	55308.25				
733.45	441.21	457.92	582.24	702.33	574.35	1031.70	1219.72
64693.64	70248.21	76782.25	62263.24				
99.15	99.33	99.60	99.07				
1.31	0.51	0.89	18.32	46.24	26.92	2.33	1.77
21019.23	42302.30	28644.46	105809.13	96529.4	127195.68	98973.81	115054.98
54.29	2118.23	229.21	730.17				
0.76	4.50	3.76	117.68	97.99	69.31	60.66	95.78
985.01	1041.87	958.56	404.60	779.04	2286.77	1649.46	1510.25
0.08	0.04	0.06	0.29	0.07	0.01	0.01	0.01
0.10				…	0.03	0.03	
0.04	0.04	0.07	1.08	0.17	0.34	0.08	0.09
6355.75	5881.50	5369.89	8482.08	11879.00	12174.00	10794.21	9448.87
0.64	0.97	0.49	18.01	24.57	19.82	20.75	21.91
196.93	1003.11	591.29	458.50	883.00	563.00	528.00	468.82
988.70	930.85	1033.56	865.66	1098.85	861.79	1074.90	1123.03
970.82	916.19	1020.89	851.08	1094.74	857.39	1071.69	1120.49
17.89	14.66	12.66	14.58	4.11	4.40	3.21	2.54
9.19	13.55	13.82	13.17	830.00	17.80	16.21	26.60
1.92	11.88	12.22	11.7				
7.26	1.67	1.61	1.44				
1101	6027	6681	4937	5412	8137	10252	112258

14—36 续表

	2002	2003	2004	2005	2006
4、工业废气排放总量(万标立方米)	2916633	4528647	5691251	7108002	6641119
燃料燃烧过程中排放量(万标立方米)	2745134	4292456	5457902	6899542	6471793
生产工艺过程中排放量(万标立方米)	171499	236191	233349	208460	169326
5、废气治理设施数(套)	252	270	282	330	350
# 脱硫设施数(套)	91	84	94	60	81
6、废气治理设施处理能力(万标立方米/时)	697.31	902.48	1136.48	1958.05	2311.59
#脱硫设施脱硫能力(吨/时)	12.40	16.50	36.61	24.74	24.88
7、废气治理设施设备运行费用(万元)	23484.80	14518.40	15981.30	26014.70	2805.70
8、二氧化硫去除量(吨)	20273.55	34360.53	72319.12	83068.74	85414.17
#燃料燃烧过程中去除的(吨)	20076.69	34236.85	72188.38	82851.00	85303.98
生产工艺过程中去除的(吨)	196.86	123.69	130.74	217.74	110.19
# 当年新增设施数去除的(吨)	6567.32	7097.91	8258.53	14091.68	344.90
9、二氧化硫排放量(吨)	4160.38	4103.04	5891.11	13698.54	13405.46
10、烟尘去除量(吨)	273496.32	463071.20	493923.47	635148.03	653115.87
11、烟尘排放量(吨)	3038.68	3053.87	3296.56	3860.04	3823.90
# 排放达标量(吨)	2536.48	2602.31	2818.40	3435.12	3146.28
12、工业粉尘去除量(吨)	8005.13	11587.24	11410.54	10113.30	9835.83
13、工业粉尘排放量(吨)	554.94	593.19	599.01	760.60	753.24
# 排放达标量(吨)	491.64	554.67	560.05	698.57	696.42
四、工业固体废物					
1、工业固体废物产生量(万吨)	77.96	113.08	175.09	203.31	238.88
危险废物(吨)	3077.51	3143.50	3146.20	3149.42	3619.55
冶炼废渣(万吨)	0.14	0.18	0.35	0.50	0.34
粉煤灰(万吨)	31.43	53.84	93.43	104.42	93.56
炉渣(万吨)	10.20	14.49	24.81	37.93	71.53
煤矸石(万吨)	0.10	0.05	0.07	0.08	0.07
尾矿(万吨)	0.10	0.02	0.03	0.01	4.01
放射性废物(万吨)	0.04				
脱硫石膏(万吨)					
其他废物(万吨)	33.58	39.57	35.68	40.43	61.77
2、工业固体废物综合利用量(万吨)	48.43	57.78	59.12	96.93	223.28
危险废物(吨)	15.71	33.80	38.20	31.70	175.25
冶炼废渣(万吨)	0.14	0.18	0.35	0.47	0.36
粉煤灰(万吨)	10.53	11.64	12.91	30.00	93.54
炉渣(万吨)	5.48	5.89	9.35	20.70	61.30
煤矸石(万吨)	0.10	0.05	0.07	0.08	0.07
尾矿(万吨)	0.09	0.02	0.03	0.01	0.01
脱硫石膏(万吨)					
其他废物(万吨)	30.83	37.80	34.70	39.90	61.39
# 综合利用往年贮存量(万吨)	0.29	0.46			0.07
3、工业固体废物综合利用率(%)	61.89	50.89	33.76	47.67	93.44
4、工业固体废物贮存量(万吨)	0.55	0.51	0.51	0.13	4.67
# 危险废物贮存量(吨)			2.50	0.50	0.80
5、工业固体废物处置量(万吨)	29.22	55.19	115.37	106.23	10.90
# 危险废物处置量(吨)	3061.80	3103.70	3119.50	3123.22	3443.50
# 送往集中处置场处置的(万吨)			33.00	5.00	578.25
# 处置往年贮存量(吨)				200.0	
6、工业固体废物排放量(万吨)	0.05	0.05	0.09	0.07	0.11

备注:2011 年脱硫设施脱硫能力计量单位为万立方米/时。

2007	2008	2009	2010	2011	2012	2013	2014
7156077	7285947	8990586	9184148	12145315	9848794	13904622	17720683
6829177	6462967	8415429	7374555				
326900	822980	575157	1809593				
348	448	454	485	744	689	740	888
42	59	61	31	44	13	18	37
2105.68	2483.40	2738.88	2370.46	5071.45	2251.25	3442.68	4568.32
50.39	24.49	24.52	24.34	1475.22	8.57	11.04	17.27
2934.10	5537.60	5917.80	12787.5	18419.3	19609.3	33565.3	39468.8
98650.18	87888.20	111189.76	89789.09	96197.67	74636.39	96499.44	112287.41
98178.58	87360.72	110947.99	89121.54				
471.60	527.48	241.77	667.55				
	1925.82	2.96					
14224.00	17809.00	17871.00	19017.03	29303.8	27628.22	36156.22	37649.68
702902.81	727011.31	909914.42	699910.43	1713162.96	793032.53	952415.00	1188545.62
3805.26	4206.20	4747.63	5593.60	12236.63	9841.57	10816.39	23008.91
3229.14	4020.59	4456.28	5099.32				
35038.71	30035.76	26153.38	62059.54				
590.45	963.16	803.26	3324.22				
532.67	909.55	769.25	3142.84				
176.86	210.95	191.58	172.23	235.27	182.83	209.02	302.16
1549.74	1392.31	2108.96	5292.39	5126.00	4004.22	3012.79	6375.48
0.29	0.33	0.42	9.45				
95.06	110.98	91.99	77.66				
31.94	37.79	40.42	37.43				
0.08	0.22	0.01	0.15				
9.10	7.60	5.00	6.31				
0.29	0.77	0.62	0.09				
30.89	44.63	44.21	36.79				
172.21	207.29	190.27	169.79	226.54	174.58	198.07	296.64
248.35	43.75		273.02	915.00	207.70	358.98	1131.79
0.32	0.32	0.42	8.95				
95.06	111.16	91.99	77.66				
31.91	37.84	40.36	37.43				
0.08	0.01	0.01	0.15				
5.50	5.03	5.00	5.07				
0.29	0.17	0.02	0.09				
30.53	44.30	43.99	36.6				
…							
97.37	98.26	99.32	98.58	96.29	95.48	94.76	98.17
0.56	0.50		0.61	0.60	0.01	0.02	0.97
			36.24	351.00	40.5	110.75	1863.57
4.60	3.09	1.28	1.91	8.12	8.25	11.03	4.56
1301.39	1348.56	2108.96	4983.13	3861	3847.91	2585.25	3695.50
1177.09	1348.56	2108.96	510.39				
5000.0			800.0	5.0	4.5	42.19	254.00
0.03	0.11	0.03					

14—37　农村环境情况(2006-2014)

	2006	2007	2008	2009	2010	2011	2012	2013	2014
农村总户数(万户)	98.00	98.00	98.00	98.00	98.00	103.03	103.15	101.94	105.57
累计卫生厕所户数(万户)	56.56	57.95	60.24	67.27	75.38	81.43	89.16	91.75	92.69
# 三格式粪池式(万户)	49.04	50.34	52.32	59.13	65.84	73.12	76.65	78.78	79.58
三联沼气池式(万户)	7.52	7.61	7.92	8.14	9.54	11.47	12.51	12.72	12.85
农村卫生厕所普及率(%)	57.71	59.13	61.47	68.64	76.91	79.04	87.46	90.01	87.56
当年新增卫生厕所户数(万户)	3.85	1.39	2.29	7.06	8.10	6.05	1.97	2.26	0.96
累计使用卫生公厕户数(万户)	6.15	6.06	6.09	5.38	5.04	5.67	5.45	4.64	4.61
当年用于改厕投资(万元)	3261.58	2369.16	2280.31	4884.93	6831.46	9269.40	3790.88	3261.82	2536.46
# 国　家(万元)	272.80	174.25	108.10	1232.95	2186.36	1039.88	746.08	367.00	276.00
集　体(万元)	433.84	403.35	194.80	233.22	124.70	436.23	122.70	32.90	54.65
个　人(万元)	2546.59	1739.22	1784.31	3018.76	4400.84	7771.73	2894.07	2725.92	2205.81
其　他(万元)	8.35	52.34	193.10	400.00	119.56	21.56	28.03	136.00	
农村总人口(万人)	383.89	383.89	383.89	383.89	383.89	388.24	388.29	396.60	398.29
累计已改水受益人口(万人)	370.78	372.00	374.23	375.29	377.12	377.65	382.51	383.93	395.67
# 自来水(万人)	294.60	298.41	306.12	312.19	315.09	316.81	318.56	320.65	366.57
手压机井(万人)	41.71	41.69	38.59	37.91	36.91	35.12	35.12	35.05	22.07
其　他(万人)	34.47	31.90	29.52	25.19	25.12	22.29	28.83	28.23	7.03
当年用于农村改水投资(万元)	2395.00	1215.61	1992.37	3489.09	7380.00	2357.10	9616.00	8651.00	13721.10
# 国　家(万元)	338.30	318.20	435.20	1992.00	6148.00	2129.20	8681.00	6921.00	11842.60
集　体(万元)	1078.50	294.00	669.77	712.25	1110.00	192.90	835.00	1625.00	1211.00
个　人(万元)	864.20	540.31	833.40	692.12	72.00	31.00	65.00	69.00	444.50
其　他(万元)	114.00	63.10	54.00	92.72	50.00	22.00	35.00	36.00	223.00
农村可再生能源利用情况									
沼气池产气总量(万立方米)	2.65	5.28	11.20	16.76	14.35	12.06	9.20	402.00	598.00
农村户用沼气池(口)	3712	6600	14000	20950	17935	15070	11500	10050	14950

14—38 分县(市、区)气候环境情况

	年平均气温(℃)	年极端最高气温(℃)	年极端最低气温(℃)	年平均相对湿度(%)	全年日照时数(h)	全年降水量(mm)
芗城区	22.4	38.6	3.4	72	1785.9	1613.9
龙文区	22.1	38.6	3.4	72	1785.9	1613.9
龙海市	22.1	38.5	3.8	69	2031.6	1466.6
云霄县	22.4	38.7	3.8	72	1870.6	1583.1
漳浦县	21.3	37.8	2.5	73	1767	1148.8
诏安县	21.7	37.8	1.9	81	2055.3	1271.8
长泰县	22.1	38.6	2.6	69	2035.4	1559.8
东山县	21.5	35.4	6.8	79	2228.7	953.3
南靖县	21.5	38.3	0.8	80	1819.7	1643
平和县	21.4	38.5	0.3	76	1960.8	1365.3
华安县	21	39.1	-1.3	74	1875.2	1476

14—39 分县(市、区)工业污染治理投资额(2002-2014)

单位：万元

	2002	2003	2004	2005	2006	2007	2008	2009	2010	2011	2012	2013	2014
漳州市	**592**	**75592**	**76831**	**78020**	**93481**	**2788**	**8797**	**1859**	**9054**	**3787**	**6367**	**48214**	**6257**
市辖区	206	42			740		3067	58	250	105	1900		3800
芗城区				288	220		2673	20	210				3800
龙文区					520	20	394	38	40	105	1900		0
龙海市		74999	76104	76065	90159				165	1745	2918	33521	312
云霄县							12	195		385		123	30
漳浦县	2	275	145	295	331	493	180	514	901			12560	1910
诏安县			38	360	271	170					56	199	0
长泰县	91	127	243	146	808	118	2667		5205	343	856	1433	205
东山县	35						144		1568	138			0
南靖县	75	19	301	15	1032	987	2552			120	112	378	0
平和县	184						175	1092	964	952	525		0
华安县		131			141								0

14—40 社会救济与捐

	2002	2003	2004	2005	2006
一、社会救济					
(一)城镇居民最低生活保障人数(人)	21835	23797	25151	25502	26490
在职人员	544	708	716	571	796
下岗人员	3910	3639	4038	4959	4204
退休人员	612	719	843	913	887
失业人员	2588	2408	3167	2714	2840
“三无”人员	1821	2081	1858	1491	1091
其他人员	12360	14242	14529	14854	16672
(二)农村低保情况					
1、农村居民最低生活保障人数(人)	15752	16351	84345	84837	94330
# 困难户	12154	3635	23976	34414	
五保户	2272	1619	9340	11441	12068
其他对象	1326	1543	8101	2161	
2、农村居民最低生活保障家庭数(户)	6205	6797	41417	48016	40103
3、农村临时救济人次数(人次)	70297	30935	72690	78334	41008
二、社会捐赠					
(一)直接接收捐赠情况					
1、捐赠款数额(万元)	308	107.9	26.2	374.3	6643.4
2、捐赠衣被合计(万件)	13.6	1.7	3.1	4	40.7
3、捐赠其他物资价值(万元)	28.2	0.6	6.4	72.3	600
(二)间接接收捐赠情况					
1、捐赠款数额(万元)			2	0.1	1769.1
2、捐赠衣被合计(万件)		0.2			13.4
3、捐赠其他物资价值(万元)					187.5
(三)受益人次数(人次)	9030	9450	2180	16337	422050
(四)社会捐赠接收工作站、点数(个)	14	14	15	16	17

赠 工 作 情 况(2002–2014)

2007	2008	2009	2010	2011	2012	2013	2014
27264	27596	26279	26831	31760	32609	32524	31595
600	613	588	609	798	785	614	651
4451	4546	4433	3077	6102	6122	5884	4911
813	800	776	762	685	659	623	389
3289	3436	3264	3655	4042	4694	4603	4834
853	1019	1004	963	981	801	791	880
17258	17174	16214	17765	19152	19548	20009	19931
99749	99774	104802	117178	109233	127612	117135	133527
78166							
12311	12336	13098	12814	12908	12996	13224	13126
9272							
53152	53223	50565	51690	53305	62761	68308	85292
20496	12985	21184	19928	4938	7596	13712	16903
400.9	6171.1	386.8	947.6	4702.2	30	20	979
4.8	2.1						
3	53						
					453		
0.1							
6900	124130		4400	430	552		2284
18	23	28	18	14	17	13	20

14—41 社会福利事业、企业单位机构情况(2002-2014)

单位：个

	2002	2003	2004	2005	2006	2007	2008	2009	2010	2011	2012	2013	2014
总　计													
收养性社会福利单位													
优抚类收养性单位	8	8	8	8	8	8	8	8	8	8	8	8	8
荣誉军人康复医院													
光荣院	8	8	8	8	8	8	8	8	8	8	8	8	8
福利类收养性单位													
社会福利院	10	11	11	11	11	11	11	11	11	9	11	11	10
儿童福利院										1			1
精神病福利院	1	1	1	1	1	1	1	1	1	1	1	1	1
城镇收养性老年性福利机构	21	21	21	21	21	23	23	23	23	24	17	18	103
农村收养性老年性福利机构	49	50	53	53	54	54	54	64	64	64	77	91	180
其他收养性福利机构					6	6	6					182	21
社会福利企业	108	90	92	82	72	66	47	40	77	44	45	39	35
优抚事业单位													
干休所	5	5	5	6	6	6	6	7	7	6	7	7	7
军供站	1	1	1	1	1	1	1	1	1	1	1	1	1
烈士纪念建筑管理单位	3	3	3	4	5	5	6	7	7	11	15	13	13
收容遣送单位	1	1	1	1	1	1	8	10	10	10	10	10	10
殡葬事业单位	10	10	12	13	16	19	19	19	18	13	18	19	19
慈善团体						1	1	1		8			
社区服务单位			2	5	5	5	5	17	17	17	16	306	542

14—42 收养类社会福利事业单位基本情况

	院　　数 (个)	床　　位 (张)	年　　末 收养人数 (人)
收养性社会福利单位	324	17856	1301
优抚类收养性单位			
荣誉军人康复医院			
光荣院	8	375	147
福利类收养性单位			
社会福利院	10	4000	424
儿童福利院	1	40	12
精神病福利院	1	502	350
城镇收养性老年性福利机构	103	5099	204
农村收养性老年性福利机构	180	5761	100
其他收养性福利机构	21	2079	64

14—43　社会保险统筹情况(2007-2014)

单位：万元、人、%

	2007	2008	2009	2010	2011	2012	2013	2014
各种保险总收入(万元)	**63583**		**238909**	**191605**	**226273**	**497349**	**517906**	**552599**
各种保险总支出(万元)	**75234**		**212940**	**193872**	**241264**	**469574**	**473934**	**558725**
一、养老保险								
(一)城镇企业职工养老保险								
1、期末参加基本养老保险职工人数	351466	386590	400387	420251	424284	478106	498898	532918
2、期末参加基本养老保险离退休人数	87782	92028	96263	100820	104639	110757	117540	124186
3、期末企业退休人员实行社会化管理人数	83903	91213	95498	100177	104021	110193	117070	123707
4、基本养老保险基金收入	60724	76682	94312	106108	127329	158953	191128	210994
5、基本养老保险基金支出	73403	92967	109973	129699	156042	188565	235883	272535
6、基本养老保险基金累计结余	7854	10198	13528	15620	21208	27129	42449	44418
(二)机关事业单位养老保险								
1、期末参加基本养老保险职工人数(万人)	8	7	7	7	7	7	7	7
2、期末领取基本养老保险金的职工人数(万人)	2	2	2	2	3	3	2	2
3、基本养老保险基金收入	59083	51006	61807	63834	86840	91464	91302	97079
4、基本养老保险基金支出	51160	43322	55543	58438	76372	88325	85422	92742
5、基本养老保险基金累计结余	3896	7684	6264	5396	10468	3139	5880	4337
(三)农村养老保险(新农保)								
1、期末参加基本养老保险的职工人数	164372	165611	165677	166050	2012985	2021178	2083007	2088069
2、期末领取基本养老保险金的职工人数	1201	1359	1541	1788	455865	484744	544933	571322
3、基本养老保险基金收入	803	1138	845	838	37415	76037	71643	80698
4、基本养老保险基金支出	95	107	154	194	22734	37515	42958	55202
5、基本养老保险基金累计结余	9282	10313	11243	11887	22998	62684	91461	116867
二、医疗保险								
(一)期末参加基本医疗保险的职工人数	269926	325063	409740	436316	449224	485911	518065	559194
(二)基本医疗保险基金收入	32758	64932	69739	71966	77063	95799	126075	126641
#统筹基金收入	19275	46823	48291	40921	39220	48176	66175	62193
(三)基本医疗保险基金收缴率	97	99	98	97	99	110		
(四)基本医疗保险基金支出	19657	28706	41158	58253	76182	89968	98454	122791
#统筹基金支出	10684	16464	23429	33671	43157	52284	56041	69559
(五)基本医疗保险基金累计结余	13101	90444	28581	132737	133622	139452	167073	170924
#统筹基金结余	8591	62402	24862	94513	90577	86468	96602	89237
三、失业保险								
(一)期末参加失业保险人数	212917	234216	250199	244687	264193	277675	314528	350072
(二)期末领取失业保险金人数	5312	5668	4233	3762	4750	4963	4437	4016
(三)失业保险基金收入	6260	7435	7131	6767	12000	15007	19140	21080
(四)失业保险基金支出	3317	4186	3528	2926	4053	5220	5472	5463
(五)失业保险基金累计结余	15979	18763	22965	26347	33860	42734	56405	72023
四、工伤、生育保险								
(一)期末参加工伤保险的企业职工人数	194995	217683	245338	233498	263711	292308	369485	397248
(二)工伤保险基金收入	1924	3060	3136	3888	5609	6655	9929	14276
(三)工伤保险基金支出	1379	1748	1766	1866	3733	5472	6829	9097
(四)工伤保险基金累计结余	3460	4480	5923	7851	9612	10786	14466	18823
(五)期末参加生育保险的企业职工人数	130291	136172	191297	207658	240533	270063	332150	363602
(六)生育保险基金收入	936	1462	1939	2876	4272	5258	7474	1531
(七)生育保险基金支出	452	685	818	928	1254	2225	2997	895
(八)生育保险基金累计结余	1415	2191	3341	5288	8306	11435	16346	968

注:2011年起农村养老保险为新农保。

14—44 分县(市、区)主要社会保险指标

单位：人

	期末参加基本养老保险职工人数	期末参加基本医疗保险人数	期末参加城乡居民社会养老保险人数	期末参加新型农村合作医疗保险人数	城镇居民最低生活保障人数	农村居民最低生活保障人数
漳州市	**603750**	**1111780**	**2088069**	**3874499**	**31595**	**120401**
市直	136451	419890				
芗城区	66519		99364	154110	5655	4636
龙文区	469		77306	110648	1230	2377
龙海市	88158	161827	403122	729985	6689	24457
云霄县	40850	84628	180189	370859	2614	13985
漳浦县	71878	102835	395470	781901	3010	18212
诏安县	34476	60693	220953	517255	1980	18300
长泰县	45796	44294	84942	167584	1162	5325
东山县	27201	79854	85333	130640	2800	4547
南靖县	41020	65731	180177	283188	2595	9512
平和县	35617	66592	277662	484396	2600	13780
华安县	15315	25436	83551	143933	1260	5270

注：1.期末参加基本养老保险职工人数及期末参加基本医疗保险人数中，全市总数含市本级；
2.期末参加基本养老保险职工人数不含离退休。

14—45 分县(市、区)城镇基本养老保险参保情况

单位：人

	参加城镇基本养老保险职工人数	#参加城镇企业基本养老保险	#参加城镇机关事业养老保险	期末领取基本养老保险金离退休人数	#企业单位领取人数	#机关事业单位领取人数
漳州市	**603750**	**532918**	**70832**	**148218**	**124186**	**24032**
市直	136451	122181	14270	43864	39298	4566
芗城区	66519	64586	1933	9365	8025	1340
龙文区	469		469	92		92
龙海市	88158	84482	3676	15205	13770	1435
云霄县	40850	34117	6733	11849	8349	3500
漳浦县	71878	60436	11442	19904	14893	5011
诏安县	34476	25197	9279	10630	6884	3746
长泰县	45796	42236	3560	8649	6695	1954
东山县	27201	24759	2442	6572	5856	716
南靖县	41020	34848	6172	9839	8853	986
平和县	35617	27789	7828	9775	9356	419
华安县	15315	12287	3028	2474	2207	267

14—46　公众安全主要指标(2002-2014)

	2002	2003	2004	2005	2006	2007	2008	2009	2010	2011	2012	2013	2014
交通事故损失额(万元)	1647.57	2113.87	1403.86	565.50	385.06	273.00	239.00	274.94	333.63	272.44	214.33	164.7	172.1
火灾事故损失额(万元)	218.10	553.20	264.10	242.90	450.30	452.70	1042.00	484.06	285.65	215.97	553.19	552.2	1056.3
交通事故死亡人数(人)	526	509	588	520	480	444	382	346	333	321	297	250	241
火灾事故死亡人数(人)	4	4	14	6	8	6	1	1	3	5	0	0	0
刑事案件立案数(件)	20909	20244	17963	186	18130	18725	33923	33298	25707	24213	25252	24410	25312
治安案件查处数(件)	24303	20197	22595	22160	18795	23628	22000	19185	25656	23681	48151	28728	36529
青少年刑事案犯比重(%)	37.20	34.50	34.80	33.00	35.60	33.50	31.27	27.57	24.11	23.68	19.48	25.42	26.16

14—47　全市安全生产事故起数、损失额及伤亡情况(2002-2014)

	单位	2002	2003	2004	2005	2006	2007	2008	2009	2010	2011	2012	2013	2014
事故起数	起	4101	3909	2845	3188	3249	2181	1436	1132	1114	1083	926	797	793
工矿企业	起	19	54	25	17	21	24	17	15	16	16	10	11	10
消防火灾	起	620	608	711	720	814	131	112	88	141	129	173	196	292
道路交通	起	3446	3228	2097	2432	2381	1997	1283	1012	943	928	733	581	486
水上交通	起				9	13	7							
农业机械	起				1		1	9	2	2	1	4	4	2
渔业船舶	起	16	19	13	9	20	21	15	15	12	9	5	5	3
经济损失	万元	2334	3056	2090	1567	2191	1505	1406	895	743	1254	1660	1455	1195
工矿企业	万元					364	319	13	5	3.5	558	696	668	130
消防火灾	万元	486	779	539	524	484	437	837	484	286	216	553	552	889
道路交通	万元	1648	2114	1404	566	385	288	239	275	334	272	214	165	150
水上交通	万元				370	607	75							
农业机械	万元				8			4.91	1.12	0.91		12	12	11
渔业船舶	万元	200	163	148	94	351	385	312	130	119	208	61	58	15
死亡人数	人	567	559	641	551	534	499	413	375	367	353	316	270	258
工矿企业	人	18	28	21	19	29	25	17	17	19	16	10	11	11
消防火灾	人	4	3	14	7	9	6	1	1	3	5			
道路交通	人	526	509	588	520	480	444	382	346	333	321	297	250	241
水上交通	人				2	4								
农业机械	人				1		1	1	1	1	1	4	4	2
渔业船舶	人	19	19	18	2	12	23	12	10	11		3	5	3
受伤人员数	人	3044	3012	2417	2821	2674	2331	1479	1172	1103	1027	749	570	457
工矿企业	人	1	28	6								6	8	
消防火灾	人	2	3	9	2	9	2	1		1	2	2	2	8
道路交通	人	3041	2981	2402	2819	2665	2329	1470	1171	1101	1025	741	560	449
农业机械	人							8	1	1				

注:2004、2005年道路交通事故不含轻微事故。

14—48 高新技术产

	单位数（个）	从业人员年平均人数（人）	总产值（万元）	增加值（万元）	主营业务收入（万元）
合　计	**891**	**121818**	**9140343**	**2588641**	**9089987**
其中：工业高新技术产业	573	113985	8605032	2322223	8558390
其中：规模以上工业	265	109077	8491335	2293107	8450865
其中：科技部门认定的高新技术企业	103	48889	4717137	1296089	4652282
其中：高技术产业	694	35682	2250838	705290	2203585
其中：规模以上工业	68	22044	1596933	420252	1572308
一、按登记注册类型分组					
(一)内资企业	780	62700	4403390	1398845	4341700
(二)港澳台商投资	76	51831	4191529	972518	4200492
(三)外商投资	35	7287	545424	217278	547796
二、按所属高新技术园区(开发区)分组					
(一)国家级高新技术开发区	19	6321	947625	217998	898504
(二)非高新技术园区	872	115497	8192718	2370643	8191484
三、按行业分类(按 GB/T4754-2002 分类)					
高技术制造业	379	27990	1718201	440135	1674662
医药制造业	33	2779	206474	68729	190081
航空、航天器及设备制造业	0	0	0	0	0
电子及通信设备制造业	273	20747	1315975	327996	1292538
计算机及办公设备制造业	19	1567	67108	11601	68510
医疗仪器设备及仪器仪表制造业	50	2692	105500	27907	102966
信息化学品制造业	4	205	23144	3901	20568
高技术服务业	315	7692	532637	265155	528924
高新技术改造传统产业	197	86136	6889505	1883351	6886402

14—48 续表

	R&D经费内部支出合计；基础研究支出(万元)	R&D经费内部支出合计；应用研究支出(万元)	R&D经费内部支出合计；试验发展支出(万元)	R&D经费外部支出合计（万元）	新产品产值（万元）
合　计	**2.4**	**1397**	**230994**	**4593**	**2680927**
其中：工业高新技术产业	2.4	1397	230758	4593	2680927
其中：规模以上工业	2.4	1397	230758	4593	2680927
其中：科技部门认定的高新技术企业	2.4	1397	155416	2330	1458295
其中：高技术产业	2.4	105	33220	1671	447973
其中：规模以上工业	2.4	105	32984	1671	447973
一、按登记注册类型分组	0	0	0	0	0
(一)内资企业	2.4	1397	125740	2897	1119735
(二)港澳台商投资	0	0	89788	418	1391300
(三)外商投资	0	0	15466	1279	169891
二、按所属高新技术园区(开发区)分组	0	0	0	0	0
(一)国家级高新技术开发区	0	0	21623	87	380769
(二)非高新技术园区	2.4	1397	209370	4507	2300158
三、按行业分类(按 GB/T4754-2002 分类)	0	0	0	0	0
高技术制造业	2.4	105	32984	1671	447973
医药制造业	2.4	105	3016	1650	3194
航空、航天器及设备制造	0	0	0	0	0
电子及通信设备制造业	0	0	25112	0	382524
计算机及办公设备制造业	0	0	2265	21	43283
医疗仪器设备及仪器仪表制造业	0	0	2591	0	18971
信息化学品制造业	0	0	0	0	0
高技术服务业	0	0	236	0	0
高新技术改造传统产业	0	1292	197774	2922	2232954

业 发 展 情 况 表

科技活动人员合计（人）	R&D人员（人）	R&D人员折合全时单量（人年）	R&D人员折合全时单量：基础研究人员（人年）	R&D人员折合全时单量：应用研究人员（人年）	R&D人员折合全时单量：试验发展人员（人年）	R&D经费内部支出合计（万元）	R&D经费内部支出合计；经常费支出（万元）	R&D经费内部支出合计；资产性支出（万元）
13505	**10702**	**7457**	**0.3**	**87**	**7369**	**232393**	**197210**	**35183**
13473	10675	7430	0.3	87	7342	232157	196974	35182
13473	10675	7430	0.3	87	7342	232157	196974	35182
7528	6392	4511	0.3	87	4423	156815	131656	25159
2179	2037	1284	0.3	4	1280	33327	31483	1844
2147	2010	1257	0.3	4	1253	33091	31248	1844
						0	0	0
7001	5780	3832	0.3	87	345	127139	103951	23188
5372	3930	2783	0	0	2783	89788	79206	10582
1132	992	841	0	0	841	15466	14053	1412
						0	0	0
1343	1184	532	0	0	532	21623	20340	1283
12162	9518	6925	0.3	87	6837	210770	176870	33899
2147	2010	1257	0.3	4	1253	33091	31248	1844
303	283	202	0.3	4	198	3123	3014	110
0	0	0	0	0	0	0	0	0
1473	1375	717	0	0	717	25112	23513	1600
176	169	155	0	0	155	2265	2212	54
195	183	182	0	0	182	2591	2510	81
0	0	0	0	0	0	0	0	0
32	27	27	0	0	27	236	236	0
11326	8665	6173	0	84	6089	199066	165727	33339

新产品销售收入（万元）	新产品销售收入；出口（万元）	专利申请数（件）	专利申请数；发明专利（件）	技术改造经费支出（万元）	引进国外技术经费支出（万元）	引进技术的消化吸收经费支出（万元）	购买国内技术经费支出（万元）	研究开发费用加计扣除减免税（万元）
2615970	**579178**	**1210**	**338**	**41967**	**495**	**206**	**346**	**5884**
2615970	579178	1210	338	41967	495	206	346	5884
2615970	579178	1210	338	41967	495	206	346	5884
1431834	240505	859	225	23298	458	24	296	5659
427099	275992	117	47	8109	0	0	252	1870
427099	275992	117	47	8109	0	0	252	1870
0	0			0	0	0	0	0
1082432	96948	855	229	28338	495	174	330	4338
1364391	444271	273	85	13146	0	33	16	1361
169147	37959	82	24	484	0	0	0	185
0	0			0	0	0	0	0
357394	26566	49	19	6659	0	33	16	50
2258576	313713	1161	319	35309	495	174	330	5834
0	0			0	0	0	0	0
427099	275992	117	47	8109	0	0	252	1870
3496	1317	32	24	4841	0	0	252	1648
0	0	0	0	0	0	0	0	0
361469	265679	37	13	3139	0	0	0	50
43162	7594	23	5	0	0	0	0	86
18971	1402	25	5	129	0	0	0	86
0	0	0	0	0	0	0	0	0
0	0			0	0	0	0	0
2188871	303186	1093	291	33858	495	206	94	4014

主要统计指标解释

普通高等学校 指按照国家规定的设置标准和审批程序批准举办，通过国家统一招生考试，招收高中毕业生为主要培养对象，实施高等教育的全日制大学、独立设置的学院和高等专科学校、短期职业大学。

专业技术人员 指已取得科学技术职称，或大学、中专的理、工、农、医科系毕业，以及国民经济各部门从工作实践中提拔，从事理、工、农、医等自然科学技术的研究、教学、生产的专业人员和在机关、企业、事业中从事科学技术业务管理工作的专业人员。

科学家和工程师 指具有大学本科及以上学历的和不具备上述学历但有高、中级职称的人员。

工程技术人员 指在国民经济各行业从事工程技术工作的自然科学专业人员，包括：高级工程师、工程师、助理工程师、技术员和未评定职称的技术人员。

农业技术人员 指在国民经济各行业从事农业技术工作的自然科学技术专业人员，包括：高级农艺师、农艺师、助理农艺师、技术员和未评定职称的技术人员。

文化事业机构 指从事专业文化工作和为专业文化工作服务的独立建制的单位。不包括这些单位另外举办独立核算的其他机构和各部门的业余文化组织。该指标主要反映文化事业机构发展规模水平。

艺术表演团体 指从事戏曲、音乐、舞蹈、杂技等专业艺术表演，有独立帐户的单位，不包括半工半艺、半农半艺和民间职业剧团。该指标主要反映全国专业艺术表演团体发展规模水平。

艺术表演观众人数(人次) 指售票、包场演出或民族地区免费演出的艺术表演观众人次数，不包括彩排审查和内部观摩演出的观看人次数。该指标主要反映全国观看专业艺术表演团体演出的效益规模。

卫生机构 包括医疗机构、疾病预防控制中心(防疫站)、采供血机构、卫生监督及监测(检验)机构、医学科研和在职培训机构、健康教育所等。

医疗机构 包括医院、社区卫生服务中心(站)、疗养院、卫生院、门诊部、诊所(卫生所、医务室)、妇幼保健院(所、站)、专科疾病防治院(所、站)、急救中心(站)和临床检验中心。医疗机构分为非赢利性医疗机构和赢利性医疗机构。

医院 包括综合医院、中医医院、中西医结合医院、民族医院、各类专科医院和护理院。

卫生技术人员 指在国民经济各行业从事卫生医务工作的自然科学技术专业人员，包括：正副主任医师、主治医师、医师、医(护)士和未评定职称的技术人员。

医生 指在医疗、预防保健机构工作且取得《执业医师证书》的执业医师和执业助理医师。

科学研究人员 指在国民经济各行业从事科学技术活动的自然科学技术专业人员，包括：正副研究员、助理研究员、研究实习员、技术员和未评定职称的技术人员。

教学人员 指在国民经济各行业从事自然科学技术方面教学活动的专业人员，包括：正副教授、讲师、助教、教师和在中学从事自然科学技术方面教学活动的人员。

发 明 指专利法及其实施细则所称的发明，指对有关产品、方法或其改进所提出的新的技术方案。

实用新型 指专利法及其实施细则所称的实用新型，指对产品的形状、构造或者结合所提出的适于实用的新的技术方案。

外观设计 专利法及其实施细则所称的外观设计是指对产品的形状、图案、色彩或者其结合所作出的富有美感并适于工业上应用的新设计。

律师 指依法取得律师执业证书，担任法律顾问，民事(刑事、行政)案件代理人、刑事案件辩护人、办理非诉讼业务，解答法律询问，代写法律事务文书等，为社会提供法律服务的人员。

公证人员 指在公证处工作的人员总称，包括公证处主任、副主任、公证员、公证员助理(助理公证员)和其他从事辅助性工作的人员。

公证文书 指公证处根据当事人申请，依照事实和法律，按照法定程序制作的，具有法律效力的司法证明文书。根据公证书用途和使用地，公证书分为国内公证书、国内经济公证书、涉外民事公证书、涉外经济公证书四类。

基本养老保险参保职工人数 指报告期末按照国家法律、法规和有关政策规定参加基本养老保险并在社保经办机构已建立缴费记录档案的职工人数，包括中断缴费但未终止养老保险关系的职工人数，不包括只登记未建立缴费记录档案的人数。

基本养老保险参保离退休人员人数 指报告期末参加基本养老保险的离休、退休和退职人员的人数。

基本医疗保险参保人数 指报告期末按国家有关规定参加基本医疗保险的人数。包括参加保险的职工人数和退休人员人数。

失业保险参保人数 指报告期末按照国家法律、法规和有关政策规定参加了失业保险的城镇企业事业单位的职工及地方政府规定参加失业保险的其他人员的人数。

工伤保险参加保险人数　指报告期末依据国家有关规定参加工伤保险的职工人数。

水资源总量　指评价区内降水形成的地表和地下产水总量，即地表产流量与降水入渗补给地下水量之和，不包括过境水量。

地表水资源量　指评价区内河流、湖泊、冰川等地表水体中可以逐年更新的动态水量，即当地天然河川径流量。

地下水资源量　指评价区内降水和地表水对饱水岩土层的补给量，包括降水入渗补给量和河道、湖库、渠系、渠灌田间等地表水体的入渗补给量。

地表水与地下水资源重复量　指地表水和地下水相互转化的部分，即天然河川径流量中的地下水排泄量和地下水补给量中来源于地表水的入渗补给量。

供水总量　指各种水源工程为用户提供的包括输水损失在内的毛供水量之和，不包括海水直接利用量。

地表水源供水量　指地表水体工程的取水量，按蓄、引、提、调四种形式统计。从水库、塘坝中引水或提水，均属蓄水工程供水量；从河道或湖泊中自流引水的，无论有闸或无闸，均属引水工程供水量；利用扬水站从河道或湖泊中直接取水的，属提水工程供水量；跨流域调水指水资源一级区或独立流域之间的跨流域调配水量，不包括在蓄、引、提水量中。

地下水源供水量　指水井工程的开采量，按浅层淡水、深层承压水和微咸水分别统计。城市地下水源供水量包括自来水厂的开采量和工矿企业自备井的开采量。

其他水源供水量　包括污水处理再利用、集雨工程、海水淡化等水源工程的供水量。

用水总量　指分配给各类用户的包括输水损失在内的毛用水量之和，不包括海水直接利用量。

农业用水　指农田灌溉用水、林果地灌溉用水、草地灌溉用水和鱼塘补水。

工业用水　指工矿企业在生产过程中用于制造、加工、冷却、空调、净化、洗涤等方面的用水，按新水取用量计，不包括企业内部的重复利用水量。

生活用水　包括城镇生活用水和农村生活用水。城镇生活用水由居民用水和公共用水（含第三产业及建筑业等用水）组成；农村生活用水除居民生活用水外，还包括牲畜用水在内。

生态用水　仅包括人为措施供给的城镇环境用水和部分河湖、湿地补水，而不包括降水、径流自然满足的水量。

工业废水排放量　指经过企业厂区所有排放口排到企业外部的工业废水量。包括生产废水、外排的直接冷却水、超标排放的矿井地下水和与工业废水混排的厂区生活污水，不包括外排的间接冷却水(清污不分流的间接冷却水应计算在内)。

直接排入海的　指经企业位于海边的排放口，直接排入海的废水量。直接排放指废水经过工厂的排污口直接排入海，而未经过城市下水道或其他中间体，也不受其他水体的影响。

工业废水排放达标量　指报告期内废水中各项污染物指标都达到国家或地方排放标准的外排工业废水量，包括未经处理外排达标的，经废水处理设施处理后达标排放的，以及经污水处理厂处理后达标排放的。

工业废水排放达标率　指工业废水排放达标量占工业废水排放量的百分率，计算公式为：

$$工业废水排放达标率=\frac{工业废水排放达标量}{工业废水排放量}\times 100\%$$

生活污水排放量　指城镇居民每年排放的生活污水。用人均系数法测算。测算公式为：

$$\begin{matrix}生活污水\\排放量\end{matrix}=\begin{matrix}城镇生活污水\\排放系数\end{matrix}\times\begin{matrix}市镇非\\农业人口\end{matrix}\times 365$$

生活污水中化学需氧量(COD)排放量　指城镇居民每年排放的生活污水中的COD的量。用人均系数法测算。测算公式为：

$$\begin{matrix}城镇生活污水\\中\ COD\ 排放量\end{matrix}=\begin{matrix}城镇生活污水中\\COD\ 产生系数\end{matrix}\times\begin{matrix}市镇非\\农业人口\end{matrix}\times 365$$

化学需氧量(COD)　指用化学氧化剂氧化水中有机污染物时所需的氧量。COD值越高，表示水中有机污染物污染越重。

工业废气排放量　指报告期内企业厂区内燃料燃烧和生产工艺过程中产生的各种排入大气的含有污染物的气体的总量，以标准状态(273K，101325Pa)计算。测算公式为：

$$\begin{matrix}工业废气\\排放量\end{matrix}=\begin{matrix}燃料燃烧过程\\中废气排放量\end{matrix}+\begin{matrix}生产工艺过程\\中废气排放量\end{matrix}$$

生活及其他 SO_2 排放量　以生活及其他煤炭消费量和其含硫量为基础，根据以下公式计算：

$$\begin{matrix}生活及其他\\SO_2\ 排放量\end{matrix}=\begin{matrix}生活及其他\\煤炭消费量\end{matrix}\times 含硫量\times 0.8\times 2$$

工业 SO_2 排放量　指报告期内企业在燃料燃烧和生产工艺过程中排入大气的 SO_2 总量，计算公式为：

$$\text{工业}SO_2\text{排放量} = \text{燃料燃烧过程中}SO_2\text{排放量} + \text{生产工艺过程中}SO_2\text{排放量}$$

工业烟尘排放量 指企业厂区内燃料燃烧过程中产生的烟气中夹带的颗粒物排放量。

生活及其他烟尘排放量 指除工业生产活动以外的所有社会、经济活动及公共设施的经营活动中燃烧所排放的烟尘纯重量。以生活及其他煤炭消费量为基础进行测算。

工业粉尘排放量 指企业在生产工艺过程中排放的能在空气中悬浮一定时间的固体颗粒物排放量。如钢铁企业的耐火材料粉尘、焦化企业的筛焦系统粉尘、烧结机的粉尘、石灰窑的粉尘、建材企业的水泥粉尘等。不包括电厂排入大气的烟尘。

工业固体废物产生量 指报告期内企业在生产过程中产生的固体状、半固体状和高浓度液体状废弃物的总量,包括危险废物、冶炼废渣、粉煤灰、炉渣、煤矸石、尾矿、放射性废物和其他废物等;不包括矿山开采的剥离废石和掘进废石(煤矸石和呈酸性或碱性的废石除外)。酸性或碱性废石指采掘的废石其流经水、雨淋水的 pH 值小于 4 或 pH 值大于 10.5 者。

危险废物 指列入国家危险废物名录或根据国家规定的危险废物鉴别标准和鉴别方法认定的,具有爆炸性、易燃性、易氧化性、毒性、腐蚀性、易传染疾病等危险特性之一的废物。

工业固体废物综合利用量 指报告期内企业通过回收、加工、循环、交换等方式,从固体废物中提取或者使其转化为可以利用的资源、能源和其他原材料的固体废物量(包括当年利用往年的工业固体废物贮存量),如用作农业肥料、生产建筑材料、筑路等。综合利用量由原产生固体废物的单位统计。

工业固体废物综合利用率 指工业固体废物综合利用量占工业固体废物产生量(包括综合利用往年贮存量)的百分率。计算公式为:

$$\text{工业固体废物综合利用率} = \frac{\text{工业固体废物综合利用率}}{\text{工业固体废物产生量综合利用往年贮存量}} \times 100\%$$

工业固体废物贮存量 指报告期内企业以综合利用或处置为目的,将固体废物暂时贮存或堆存在专设的贮存设施或专设的集中堆存场所内的数量。专设的固体废物贮存场所或贮存设施必须有防扩散、防流失、防渗漏、防止污染大气、水体的措施。

工业固体废物处置量 指报告期内企业将固体废物焚烧或者最终置于符合环境保护规定要求的场所,并不再回取的工业固体废物量(包括当年处置往年的工业固体废物贮存量)。处置方式有填埋(其中危险废物应安全填埋)、焚烧、专业贮存场(库)封场处理、深层灌注、回填矿井及海洋处置(经海洋管理部门同意投海处置)等。

工业固体废物排放量 指报告期内企业将所产生的固体废物排到固体废物污染防治设施、场所以外的数量,不包括矿山开采的剥离废石和掘进废石(煤矸石和呈酸性或碱性的废石除外)。

“三废”综合利用产品产值 指报告期内利用“三废”作为主要原料生产的产品价值(现行价);已经销售或准备销售的应计算产品价值,留作生产自用的不应计算产品价值。

生活垃圾清运量 指报告期内收集和运送到垃圾处理厂(场)的生活垃圾数量。生活垃圾指城市日常生活或为城市日常生活提供服务的活动中产生的固体废物以及法律行政规定的视为城市生活垃圾的固体废物。包括:居民生活垃圾、商业垃圾、集市贸易市场垃圾、街道清扫垃圾、公共场所垃圾和机关、学校、厂矿等单位的生活垃圾。

生活垃圾无害化处理率 指报告期生活垃圾无害化处理量与生活垃圾产生量比率。在统计上,由于生活垃圾产生量不易取得,可用清运量代替。计算公式为:

$$\text{生活垃圾无害化处理率} = \frac{\text{生活垃圾无害化处理量}}{\text{生活垃圾产生量}} \times 100\%$$

第十五篇　城市基本情况

15—1 城市基本情况

（2014年）

	计量单位	全　市	其中:市　区
一、行政区划			
所辖行政区数	个	2	—
所辖行政县(旗)数	个	8	—
所辖行政县级市数	个	1	—
二、土地面积及水资源			
行政区域土地面积	平方公里	12879.62	400.60
其中:建成区面积	平方公里	153.79	62.27
城市建用地面积	平方公里	149.38	62.00
其中:居住用地面积	平方公里	47.46	17.95
公共设施用地面积	平方公里	14.50	8.33
工业用地面积	平方公里	25.21	14.80
水资源总量	万立方米	1635900	—
三、人口与就业			
(一)人口			
年末总人口	万人	497.41	58.46
农业户籍人口	万人	354.41	—
年平均人口	万人	493.97	57.94
年出生人口	人	101133	7632
年死亡人口	人	20505	1637
年末总户数	万户	136.63	18.68
常住人口	万人	496.00	77.00
城镇人口	万人	266.85	—
(二)从业人员			
城镇单位从业人员期末人数	人	529392	159273
第一产业(农、林、牧、渔业)	人	17062	45
第二产业	人	312090	83406
(1)采矿业	人	609	
(2)制造业	人	208173	50710
(3)电力、热力、燃气及水生产和供应业	人	9949	2750
(4)建筑业	人	93359	29946
第三产业	人	200240	75822
(1)批发和零售业	人	16673	8409
(2)交通运输、仓储和邮政业	人	11044	7072
(3)住宿、餐饮业	人	5336	2184
(4)信息传输、计算机服务和软件业	人	3645	3142
(5)金融业	人	13843	8081
(6)房地产业	人	14319	6720
(7)租赁和商务服务业	人	6379	5100
(8)科学研究和技术服务业	人	5226	1835
(9)水利、环境和公共设施管理业	人	5288	600
(10)居民服务、修理和其他服务业	人	500	130
(11)教　育	人	53443	12165
(12)卫生和社会工作	人	21326	7445
(13)文化、体育和娱乐业	人	2712	1290
(14)公共管理、社会保障和社会组织	人	40506	11649
(15)国际组织	人		
城镇私营和个体从业人员	人	364290	122933
城镇登记失业人员数	人	10775	1851
四、综合经济			
(一)地区生产总值(当年价格)	万元	25063612	5658749
第一产业增加值	万元	3505139	121391
第二产业增加值	万元	12475304	2729849
第三产业增加值	万元	9083169	2807509
地区生产总值(2010年价格)	万元	22763019	5328785

15—1 续表 1

	计量单位	全 市	其中:市 区
人均地区生产总值	元	50685	73643
地区生产总值增长率	%	11.3	9.0
(二)财 政			
公共财政收入	万元	1689911	521859
其中:税收收入	万元	1368786	448543
其中:企业所得税	万元	202723	63592
个人所得税	万元	60036	20327
公共财政支出	万元	2745041	582573
其中:一般公共服务支出	万元	245112	63241
科学技术支出	万元	44054	14632
教育支出	万元	518165	101950
文化体育与传媒支出	万元	46283	14399
医疗卫生支出	万元	317391	54256
节能保护支出	万元	64992	15212
城乡社区事务支出	万元	268246	53710
交通运输支出	万元	60829	23940
社会保障和就业支出	万元	270529	54913
住房保障支出	万元	81122	19974
(三)金 融			
年末金融机构人民币各项存款余额	万元	20666780	8952882
其中:居民储蓄存款余额	万元	10362498	3246640
年末金融机构人民币各项贷款余额	万元	15693169	7680236
(四)保 险			
保费收入	万元	577084	—
其中:财产险	万元	203507	—
人身险	万元	373577	—
赔款、给付	万元	159629	—
其中:财产险	万元	102102	—
人身险	万元	57527	—
五、工 业			
规模以上工业法人企业:			
(一)工业企业数	个	2006	330
(1)内资企业	个	1487	232
其中:国有企业	个	5	0
私营企业	个	988	191
(2)港、澳、台商投资企业	个	358	62
(3)外商投资企业	个	161	36
(二)工业总产值(当年价)	万元	40421381	7903819
(1)内资企业	万元	23941536	3945478
其中:国有企业	万元	30231	0
私营企业	万元	13005988	1578343
(2)港、澳、台商投资企业	万元	12868962	3413263
(3)外商投资企业	万元	3610883	545077
(三)企业财务			
从业人员年平均人数	万人	45.13	10.60
流动资产合计	万元	15940660	3005941
固定资产合计	万元	10714172	1704609
主营业务收入	万元	39688471	7822453
主营业务成本	万元	33966268	6617097
主营业务税金及附加	万元	165252	36446
本年应交增值税	万元	2310955	432373
利润总额	万元	3263469	677739

15—1 续表2

	计量单位	全 市	其中:市 区
六、交通运输、通讯与能源			
(一)交通运输			
铁路旅客运量	万人	398.90	—
铁路货物运量	万吨	54.70	—
公路客运量(全社会)	万人	2884.86	—
公路货运量(全社会)	万吨	9058.11	—
水运客运量(全社会)	万人	262.36	—
水运货运量(全社会)	万吨	1887.22	—
民用航空客运量	万人	0	—
民用航空货邮运量	吨	0	—
沿海港口货物吞吐量(规模以上)	万吨	5853.25	—
内河港口货物吞吐量(规模以上)	万吨	0	—
公路里程	公里	11426	—
境内高速公路里程	公里	519	—
民用汽车拥有量	辆	317647	—
其中:私人汽车拥有量	辆	270675	—
(二)邮电通信			
年末邮政局(所)数	处	142	19
邮政业务收入	万元	42644	—
电信业务收入	万元	462335	—
固定电话年末用户数	万户	91.40	—
移动电话年末用户数	万户	492.83	—
其中:3G移动电话用户	万户	155.68	—
互联网宽带接入用户数	万户	97.01	—
(三)能源电力			
综合能源消费量	万吨/标准煤	1377	—
城镇可再生能源消费比重	%	9.47	0.00
全社会用电量	万千瓦时	2118710	592124
其中:工业用电	万千瓦时	1399092	366840
城乡居民生活用电	万千瓦时	408377	113506
七、贸易、外经、旅游			
(一)贸 易			
社会消费品零售总额	万元	6921977	2304775
限额以上批发零售贸易业商品销售总额	万元	7623588	5590543
限额以上批发零售企业数(法人数)	个	665	279
其中:零售业	个	395	148
限额以上批发零售贸易业企业财务			
年末从业人数	万人	2.66	1.49
流动资产合计	万元	3518082	2703331
固定资产合计	万元	311464	156284
主营业务收入	万元	5914067	4309178
主营业务成本	万元	5377150	3946185
主营业务税金及附加	万元	50436	40818
本年应交增值税	万元	118437	84758
利润总额	万元	243326	193844
(二)外 经			
货物进口额(海关数)	万美元	319419	—
货物出口额(海关数)	万美元	813173	—
外商直接投资合同项目	个	94	15
当年实际使用外资金额	万美元	101207	14735
(三)旅 游			
入境游客人数(含一日游游客)	人	406500	—
其中:外国人	人	115900	—
港、澳、台同胞	人	290600	—
国际旅游(外汇)收入	万美元	25700	—

15—1 续表 3

	计量单位	全 市	其中:市 区
八、固定资产投资			
(一)固定资产投资			
固定资产投资(不含农户)	万元	20818569	3507720
其中:房地产开发投资	万元	4722441	966016
其中:住宅	万元	3361762	1932032
全年新增固定资产	万元	15525886	2770173
(二)房地产			
商品房屋销售面积	万平方米	474.71	138.09
其中:住宅	万平方米	417.21	120.99
其中:别墅、高档公寓	万平方米	7.39	0.06
商品房屋销售额	万元	2755838	892668
其中:住宅	万元	2328178	760531
其中:别墅、高档公寓	万元	72685	363
待售面积	万平方米	192.10	50.07
(三)保障性住房建设			
保障性住房本年完成投资	万元	264247	114671
其中:廉租房	万元	39125	9486
保障性住房施工面积	万平方米	390.49	149.54
其中:廉租房	万平方米	76.14	18.70
保障性住房竣工面积	万平方米	58.35	41.11
其中:廉租房	万平方米	9.45	1.40
九、教育、科技、体育、文化与卫生			
(一)教 育			
学校数			
普通高等学校数	所	7	—
中等职业教育学校数	所	30	11
普通中学数	所	209	30
小学数	所	882	89
专任教师数			
普通高等学校专任教师数	人	3773	3773
中等职业教育学校专任教师数	人	1421	678
普通中学专任教师数	人	19906	3593
小学专任教师数	人	20087	2736
在校学生数			
普通高等学校在校学生数	人	69525	69525
高中阶段在校学生数	人	127140	38614
中等职业教育学校在校学生数	人	39596	19086
普通中学在校学生数	万人	24.75	5.05
小学在校学生数	万人	34.01	6.14
初中毕业生升学率	%	78.71	118.03
成人高等学校在校学生数	人	4610	4610
(二)科 技			
科技活动人员	人	17946	—
R&D 人员数	人	13226	—
R&D 内部经费支出	万元	288190	—
专利申请受理量	项	3653	—
专利申请授权量	项	2666	—
其中:发明	项	141	—
(三)文 化			
体育场馆数	个	18	7
剧场、影剧院数	个	10	3
公共图书馆图书总藏量	千册、件	4485.32	285.36
订销报刊杂志累计份数	千份	104144.57	21409.15
广播节目综合人口覆盖率	%	99.10	100

15—1 续表4

	计量单位	全 市	其中:市 区
电视节目综合人口覆盖率	%	99.12	100
有线电视入户率	%	63.83	131.00
(四)卫 生			
医院、卫生院数	个	177	36
医院、卫生院床位数	张	18958	6301
医生数(执业医师+执业助理医师)	人	6948	2678
注册护士	人	8190	3225
十、人民生活			
在岗职工平均人数	万人	43.87	12.56
在岗职工工资总额	万元	2282935	699802
(一)居民收支			
家庭总收入	元	—	30127
工资性收入	元	—	16586
经营性收入	元	—	4234
财产性收入	元	—	2146
转移性收入	元	—	7161
城镇居民人均可支配收入	元	—	28552
城镇居民人均消费支出	元	—	20615
其中:(1)食品烟酒	元	—	7502
(2)衣 着	元	—	1359
(3)居 住	元	—	3889
(4)生活用品及服务	元	—	1327
(5)交通和通信	元	—	2755
(6)教育、文化和娱乐	元	—	2253
(7)医疗保健	元	—	993
(8)其他用品及服务	元	—	537
(二)居民生活			
每百户居民家庭拥有量			
(1)家用汽车	辆	—	19
(2)消毒碗柜	台	—	63
(3)洗碗机	台	—	4
(4)固定电话	部	—	70
(5)移动电话	部	—	215
其中:接入互联网	部	—	89
(6)计算机	台	—	76
其中:接入互联网	台	—	69
(7)电冰箱(柜)	台	—	99
(8)彩色电视机	台	—	108
(9)中高档乐器	架	—	7
(10)照相机	架	—	25
(11)摄像机	架	—	2
(12)洗衣机	台	—	84
城镇居民人均住房建筑面积	平方米	—	37.71
居民消费价格指数(上年为100)	%	—	102.00
十一、社会保障			
城镇基本养老保险参保人数	人	603750	203439
城镇基本医疗保险参保人数	人	1111780	419890
城镇职工基本医疗保险参保人数	人	559194	239593
失业保险参保人数	人	350072	151561
工伤保险参保人数	人	397248	162401
生育保险参保人数	人	363602	155047
社会福利院数	个	325	25
社会福利院床位数	张	18156	3407
社区服务设施数	个	170	98

15—1 续表 5

	计量单位	全 市	其中:市 区
城市社区综合服务设施覆盖率	%	100	100
城镇居民最低生活保障人数	人	31595	6885
十二、公共管理			
(一)事故			
交通事故死亡人数	人	241	30
交通事故损失额	万元	150.10	32.38
火灾事故死亡人数	人	3	2
火灾事故损失额	万元	1768.58	1087.40
(二)社会治安			
刑事案件立案数	起	4604	1079
罪犯人数	人	6544	1521
其中:青少年人数(年龄 14-25 周岁)	人	1427	316
十三、市政公用事业			
(一)基础设施			
城市维护建设资金支出	万元	—	51504
年末实有城市道路面积	万平方米	—	1111
排水管道长度	公里	—	813.57
供水综合生产能力(包括自备水源)	万立方米/日	—	32.5
供水总量	万吨	—	4798
售水量	万吨	—	4323
其中:居民生活用水量	万吨	—	2465
用水人口	万人	—	47.83
用水普及率	%	99.06	99.85
供气总量(人工煤气、天然气)	万立方米	—	3079.72
其中:家庭用量	万立方米	—	401.47
用气人口	人	—	124500
液化石油气供气总量	吨	—	15288.4
其中:家庭用量	吨	—	12227
用液化气人口	人	—	350000
(三)公共交通			
年末实有公共汽(电)车运营车辆数	辆	—	444
全年公共汽(电)车客运总量	万人次	—	4075.40
年末实有出租汽车数	辆	—	1002
轨道交通线路长度	公里	—	0
轨道交通客运总量	万人次	—	0
(四)绿 地			
绿地面积	公顷	—	2480
其中:公园绿地面积	公顷	—	584
建成区绿化覆盖面积	公顷	—	2650
十四、环境保护			
工业废水排放量	万吨	23963	—
工业废气排放量	万立方米	17720683	—
工业二氧化硫生产量	吨	149937	—
工业二氧化硫排放量	吨	37650	—
工业氮氧化物产生量	吨	62960	—
工业氮氧化物排放量	吨	52951	—
工业烟(粉)尘产生量	吨	1211555	—
工业烟(粉)尘排放量	吨	23009	—
工业重金属产生量	吨	5	—
工业重金属排放量	吨	0	—
一般工业固体废物综合利用率	%	98.17	—
污水处理率	%	85.00	—
污水处理厂集中处理率	%	85.00	—
生活垃圾无害化处理率	%	97.52	—
空气质量达到及好于二级的天数	天	364	—

15—2 城 市

	单 位	2001	2002	2003	2004	2005
1、城市面积						
市区面积	平方公里	385.59	385.59	385.59	385.59	385.59
#建成区面积	平方公里	23.54	24.76	39.51	42.21	45.21
2、城市绿化						
城市园林绿化覆盖面积	公顷	738	739	1486	1591	1945
#城市公共绿地面积	公顷	174	174	184	294	498
人均公共绿地面积	平方米	3.39	3.38	4.66	7.05	11.9
建成区绿化覆盖面积	公顷	738	739	1486	1591	1945
建成区绿化覆盖率	%	31.4	29.8	37.6	37.7	43.0
建成区绿地面积	公顷	719	720	1308	1398	1893
年末公园数	个	15	15	15	26	28
公园面积	公顷	96.6	96.6	96.6	277	477.7
3、城市道路						
城市道路长度	公里	201	202	274	286	300
城市道路面积	万平方米	281	283	439	468	497
人均拥有道路面积	平方米	5.48	5.50	11.12	11.23	11.88
4、公共交通						
年末公交营运车辆	辆	134	134	147	161	178
年末公交营运线路	条	19	19	20	22	23
公交日客运量	万人次	2.10	2.20	1.99	2.60	3.65
每万人拥有公交车辆	标台	1.75	1.79	3.67	3.82	4.26
5、城市供水						
自来水厂	座	3	3	4	4	4
综合生产能力	万吨/日	28.5	28.5	32.3	32.6	32.6
供水总量	万立方米	6417	5549	4898	4788	4702
#生活用水量	万立方米	2071	1748	1830	1845	1939
6、城市供气						
液化气供气总量	吨	22722	25475	14157	14255	13140
#家庭用气	吨	18977	19977	12310	12369	10220
用气普及率	%	71.93	72.89	94.23	94.72	95.53

说明:①城市建设为全市口径。②2001年因城建统计制度变更,统计范围扩大至辖区内所有乡镇,2006年根据建设部制定新的

建　设(2001–2014)

2006	2007	2008	2009	2010	2011	2012	2013	2014
385.59	385.59	376.72	376.68	376.68	401.00	400.60	400.60	400.60
44.35	46.77	47.52	48.22	50.59	53.26	56.44	59.28	62.27
1929	1937	1978	2015	2051	2205	2336	2463	2655
393	398	403	408	448	469	546	615	680
12.45	9.39	9.51	9.62	10.50	10.88	12.41	13.59	14.20
1909	1937	1978	2015	2121	2204	2336	2460	2650
43.0	41.4	41.62	41.79	41.93	41.38	41.39	41.50	42.56
1862	1890	1921	1944	2051	2103	2231	2352	2480
25	25	25	25	26	27	28	30	31
372	372	372	372	382	398	454	522	584
229	268	279.4	298	301	311	319	327	352
574	625	674	756	765	794	817	855	1111
18.18	14.75	15.90	17.82	17.93	18.42	18.58	18.89	23.20
193	197	236	235	480	559	623	782	
24	22	23	23	27	78	88	103	
5.48	6.07	7.26	7.30	7.30	15.60	17.97	18.10	
4.28	4.63	5.69	5.54	8.00	7.90	1.21	10.05	
4	4	4	4	4	4	4	4	4
32.5	32.0	32.0	32.0	32.0	32.0	32.5	32.5	32.5
4461	4227	4118	4188	4241	4079	4563	4744	4798
1996	2095	2075	2266	2428	2386	2343	2411	2465
14673	15439	16216	15816	16545	16180	15274	15068	15288
11284	11876	12698	12568	13280	12940	12216	12051	12227
95.53	95.68	95.85	97.62	98.12	98.03	98.41	98.74	99.06

城建统计制度,城建统计范围重新划定为:芗城区六个街道办事处、芝山镇、金峰开发区,龙文区的步文镇、蓝田镇、蓝田开发区。

附　录

附录1—1　全省及各设区市地区生产总值

单位：亿元

地　区	2007		2008		2009		2010	
	总量	增长%	总量	增长%	总量	增长%	总量	增长%
全　省	**9248.53**	**15.2**	**10823.01**	**13.0**	**12236.53**	**12.3**	**14737.12**	**13.9**
福州市	2029.28	15.8	2355.67	13.7	2604.04	13.0	3123.41	14.2
厦门市	1402.58	16.6	1610.71	11.1	1737.23	8.0	2060.07	15.1
莆田市	511.77	16.5	610.01	14.7	691.42	14.5	850.33	15.3
三明市	571.76	15.9	723.01	14.7	800.24	13.2	975.10	13.9
泉州市	2343.30	16.9	2795.63	15.0	3069.50	12.5	3564.97	12.8
漳州市	877.63	15.1	1002.39	13.6	1178.01	13.3	1430.71	14.9
南平市	466.07	15.0	559.20	14.1	621.65	13.9	728.65	11.7
龙岩市	595.16	16.6	734.06	15.1	824.88	14.0	990.90	13.9
宁德市	457.45	16.3	542.98	14.5	612.28	13.3	738.61	15.0

附录1—1　续表

单位：亿元

地　区	2011		2012		2013		2014	
	总量	增长%	总量	增长%	总量	增长%	总量	增长%
全　省	**17560.18**	**12.3**	**19701.78**	**11.4**	**21868.49**	**11.0**	**24055.76**	**9.9**
福州市	3736.38	13.0	4210.93	12.1	4678.50	11.5	5169.16	10.1
厦门市	2539.31	15.1	2815.17	12.1	3006.41	9.4	3273.58	9.2
莆田市	1050.62	14.3	1200.38	12.8	1342.86	12.5	1502.07	11.1
三明市	1211.81	14.1	1334.82	12.2	1477.59	11.2	1621.21	9.6
泉州市	4270.89	13.5	4702.70	12.3	5216.16	11.5	5733.36	10.1
漳州市	1768.20	14.7	2012.92	12.6	2246.23	11.5	2506.36	11.3
南平市	894.31	12.2	995.08	11.0	1105.82	11.2	1232.56	9.6
龙岩市	1242.15	13.0	1356.78	12.0	1479.90	11.2	1621.58	9.7
宁德市	930.12	15.2	1075.06	12.6	1238.72	12.6	1376.09	10.8

注:本表中2013年数据为快报数。

附录1—2　全省及各设区市农林牧渔总产值

单位：亿元

地　区	2007		2008		2009		2010	
	总量	增长%	总量	增长%	总量	增长%	总量	增长%
全　省	**1692.16**	**4.2**	**1965.02**	**5.2**	**2001.24**	**5.0**	**2307.06**	**3.5**
福州市	346.12	5.2	402.31	5.6	410.88	5.4	479.35	4.1
厦门市	29.79	−13.2	34.86	5.0	33.26	1.4	37.53	3.7
莆田市	107.82	6.1	124.92	5.2	127.37	5.5	146.41	4.2
三明市	189.07	6.2	221.21	6.0	233.22	6.0	269.12	3.7
泉州市	188.12	0.5	211.09	1.0	205.17	2.5	232.11	3.2
漳州市	329.66	5.0	376.51	5.4	386.43	5.2	448.77	4.2
南平市	183.68	6.6	218.51	6.9	229.12	6.3	262.07	3.4
龙岩市	159.70	2.7	193.96	4.5	189.67	4.6	212.31	4.0
宁德市	160.27	5.3	187.34	7.0	196.53	6.2	236.02	4.4

附录1—2　续表

单位：亿元

地　区	2011		2012		2013		2014	
	总量	增长%	总量	增长%	总量	增长%	总量	增长%
全　省	**2730.94**	**4.1**	**3007.40**	**4.3**	**3281.96**	**4.5**	**3522.31**	**4.5**
福州市	552.60	4.0	625.12	4.8	682.75	4.7	730.77	4.7
厦门市	40.14	−4.3	41.29	0.7	42.38	0.4	44.31	2.4
莆田市	164.64	1.3	178.77	3.9	190.57	3.2	199.93	3.5
三明市	313.16	5.1	337.92	4.5	368.31	4.8	399.75	4.8
泉州市	267.22	2.6	282.23	1.7	298.09	2.1	308.88	2.7
漳州市	517.85	4.2	558.85	4.5	600.93	4.7	644.29	4.8
南平市	350.22	6.2	385.75	5.6	422.62	5.2	462.85	5.3
龙岩市	252.86	3.9	265.79	3.7	290.63	4.6	313.84	4.0
宁德市	290.44	5.2	347.53	5.7	385.67	5.9	417.67	5.7

附录 1—3　全省及各设区市农林牧渔增加值

单位：亿元

地区	2007		2008		2009		2010	
	总量	增长%	总量	增长%	总量	增长%	总量	增长%
全　省	**1002.11**	**3.9**	**1158.17**	**5.0**	**1182.87**	**4.7**	**1363.67**	**3.3**
福州市	204.24	4.5	236.49	4.9	242.00	4.8	282.51	4.0
厦门市	18.51	−11.4	21.50	4.5	20.49	0.5	23.00	3.2
莆田市	65.14	5.9	75.32	5.0	76.59	5.0	87.90	3.9
三明市	118.81	5.4	138.50	5.8	146.28	5.6	168.49	3.3
泉州市	107.10	0.0	120.30	1.0	116.74	2.3	132.19	3.0
漳州市	186.44	4.1	211.89	5.2	218.65	5.2	254.70	4.2
南平市	111.85	5.5	133.28	6.5	139.71	5.7	159.52	2.9
龙岩市	97.24	2.4	116.89	4.0	114.99	4.1	128.89	3.5
宁德市	92.84	5.7	108.02	6.9	113.55	5.8	136.32	4.2

附录 1—3　续表

单位：亿元

地区	2011		2012		2013		2014	
	总量	增长%	总量	增长%	总量	增长%	总量	增长%
全　省	**1612.24**	**4.4**	**1776.71**	**4.2**	**1936.31**	**4.4**	**2085.04**	**4.5**
福州市	325.09	4.1	367.73	4.7	402.26	4.6	429.07	4.6
厦门市	24.68	−5.0	25.30	0.5	25.99	0.2	26.37	2.2
莆田市	98.80	1.3	107.24	3.8	114.58	3.1	118.51	3.5
三明市	195.30	4.9	211.00	4.3	230.97	4.8	250.08	4.7
泉州市	151.78	2.5	160.57	1.6	171.03	2.1	176.68	2.7
漳州市	293.30	4.2	320.45	4.5	345.53	4.8	369.38	4.8
南平市	212.99	6.1	234.49	5.3	257.00	5.0	280.81	5.2
龙岩市	153.24	4.3	162.00	3.6	177.81	4.4	191.94	4.0
宁德市	168.65	5.7	201.35	5.5	223.65	5.8	242.20	5.6

注:本表中 2013 年数据为快报数。

附录 1—4 全省及各设区市规模以上工业总产值

单位：亿元

地 区	2007		2008		2009		2010	
	总量	增长%	总量	增长%	总量	增长%	总量	增长%
全 省	**12517.91**	**24.0**	**15212.81**	**18.3**	**16762.82**	**15.7**	**21833.86**	**26.6**
福州市	2751.60	23.3	3276.52	18.3	3634.66	14.5	4528.56	22.6
厦门市	2741.13	17.8	2978.07	10.0	2812.76	1.6	3670.82	33.9
莆田市	627.16	27.6	800.42	25.2	959.09	20.7	1266.21	30.9
三明市	636.61	28.8	877.88	26.4	974.28	22.3	1328.97	26.2
泉州市	3416.63	24.6	4271.40	20.5	4883.59	17.2	6230.46	24.0
漳州市	998.87	25.5	1243.50	22.5	1436.18	19.2	1938.90	33.4
南平市	419.26	26.7	526.67	22.0	597.07	20.2	777.15	23.4
龙岩市	538.03	35.4	716.12	23.1	845.61	21.9	1168.57	29.3
宁德市	377.80	37.9	521.46	31.5	617.33	22.7	917.6	42.6

附录 1—4 续表

单位：亿元

地 区	2011		2012		2013		2014	
	总量	增长%	总量	增长%	总量	增长%	总量	增长%
全 省	**30330.59**	**16.5**	**29704.66**	**15.8**	**33853.36**	**14.5**	**38202.21**	**12.3**
福州市	5321.18	21.1	5954.89	15.7	6786.33	14.4	7500.22	12.4
厦门市	4399.52	21.3	4486.35	13.1	4716.21	13.1	4905.44	10.8
莆田市	1523.81	27.3	1676.62	16.9	2008.92	15.4	2269.33	13.3
三明市	1951.09	44.6	2248.65	16.0	2574.75	14.7	2992.44	12.4
泉州市	7961.83	29.3	8378.49	16.7	9379.11	13.9	10632.77	12.2
漳州市	2563.40	21.1	2722.37	17.0	3259.21	16.2	3990.76	16.7
南平市	931.75	26.2	1141.66	15.7	1317.29	14.5	1519.66	12.1
龙岩市	1564.89	36.8	1266.52	15.9	1488.43	14.8	1654.21	12.8
宁德市	1377.93	48.0	1829.11	17.8	2323.12	21.6	2736.78	15.5

附录 1—5　全省及各设区市工业增加值

单位：亿元

地　区	2007		2008		2009		2010	
	总量	增长%	总量	增长%	总量	增长%	总量	增长%
全　省	**3896.76**	**18.5**	**4593.24**	**15.0**	**4918.12**	**13.0**	**6242.33**	**18.4**
福州市	699.55	17.6	791.24	15.8	891.64	13.7	1092.10	18.8
厦门市	598.80	16.9	631.17	11.9	678.18	6.1	869.47	23.1
莆田市	246.12	18.2	300.08	19.1	318.95	14.3	390.20	20.0
三明市	205.96	22.6	285.67	23.5	312.87	16.7	415.13	21.2
泉州市	1249.41	18.1	1484.42	14.8	1632.20	13.4	1961.62	16.4
漳州市	316.29	20.7	359.12	17.6	453.54	14.4	570.56	21.7
南平市	144.13	21.1	178.13	18.1	198.61	15.7	244.15	16.9
龙岩市	246.25	23.4	306.00	16.8	352.26	13.8	449.02	18.5
宁德市	140.94	25.0	176.53	21.1	200.54	13.9	264.03	27.8

附录 1—5　续表　　单位：亿元

地　区	2011		2012		2013		2014	
	总量	增长%	总量	增长%	总量	增长%	总量	增长%
全　省	**7675.09**	**16.7**	**8541.94**	**13.8**	**9455.32**	**12.8**	**10426.71**	**12.1**
福州市	1355.19	15.2	1481.99	14.1	1654.51	13.2	1816.87	11.7
厦门市	1109.76	18.6	1153.77	13.6	1212.17	11.9	1250.84	7.9
莆田市	517.04	18.3	568.88	13.9	639.00	13.3	713.05	11.8
三明市	521.08	20.4	565.33	15.8	639.42	14.3	693.08	11.6
泉州市	2423.18	16.7	2595.57	13.5	2892.55	12.6	3184.38	11.4
漳州市	723.38	20.3	818.45	15.5	917.31	14.2	1039.95	14.6
南平市	297.60	18.4	328.97	17.5	366.90	13.7	403.86	11.3
龙岩市	596.60	17.8	622.95	13.3	642.50	13.6	699.05	11.6
宁德市	362.21	24.6	418.91	19.7	514.64	17.5	578.91	14.5

注:本表中 2013 年数据为快报数。

附录1—6　全省及各设区市全社会固定资产投资总额

单位：亿元

地　区	2007		2008		2009		2010	
	总量	增长%	总量	增长%	总量	增长%	总量	增长%
全　省	**4321.74**	**38.7**	**5301.69**	**22.3**	**6362.03**	**20.0**	**8273.42**	**30.0**
福州市	1001.45	36.7	1252.71	24.7	1646.72	31.5	2317.44	40.7
厦门市	927.70	40.1	931.38	0.1	882.12	−5.3	1009.99	14.5
莆田市	240.93	45.9	301.83	24.3	362.70	20.2	496.52	36.9
三明市	363.14	50.5	512.74	41.1	678.26	32.3	847.81	25.0
泉州市	695.11	40.6	860.66	23.5	976.47	13.5	1250.81	30.0
漳州市	327.04	36.6	441.40	35.0	579.21	31.2	837.11	44.5
南平市	299.48	38.7	396.29	32.3	502.03	26.7	622.02	23.9
龙岩市	248.63	50.8	322.61	29.6	433.97	34.5	582.95	34.3
宁德市	181.31	14.8	237.22	30.8	287.15	21.0	371.71	29.4

附录1—6　续表

单位：亿元

地　区	2011		2012		2013		2014	
	总量	增长%	总量	增长%	总量	增长%	总量	增长%
全　省	**10119.47**	**27.1**	**12709.66**	**25.5**	**15526.87**	**22.2**	**18449.48**	**18.8**
福州市	2720.28	23.2	3266.49	21.0	3869.84	18.5	4427.59	14.9
厦门市	1126.28	30.2	1332.64	18.1	1347.54	1.1	1572.95	16.7
莆田市	725.19	60.7	930.43	29.5	1191.11	28.0	1452.44	21.9
三明市	923.03	23.0	1117.25	21.0	1361.01	21.8	1632.16	19.9
泉州市	1575.02	27.6	2016.72	28.0	2502.44	24.1	2940.25	17.5
漳州市	1115.71	38.4	1486.90	33.3	1761.48	18.5	2134.84	21.2
南平市	690.08	19.3	899.01	30.2	1214.45	35.1	1481.30	22.0
龙岩市	778.65	40.7	1000.45	28.5	1298.87	29.8	1590.00	22.4
宁德市	465.2	36.7	635.13	36.4	934.49	47.1	1157.99	23.9

附录1—7　全省及各设区市社会消费品零售总额

单位：亿元

地　区	2007		2008		2009		2010	
	总量	增长%	总量	增长%	总量	增长%	总量	增长%
全　省	**3212.34**	**18.2**	**3866.7**	**20.4**	**4481.0**	**16.5**	**5310.0**	**18.9**
福州市	947.37	21.6	1144.6	20.8	1338.6	16.9	1624.28	21.3
厦门市	410.85	19.9	495.9	20.7	566.1	14.2	685.02	21.0
莆田市	178.44	19.8	215.1	20.5	246.1	14.4	290.37	18.0
三明市	142.60	16.7	172.1	20.7	206.7	20.1	245.58	18.8
泉州市	754.05	16.7	903.5	19.8	1055.5	15.7	1234.43	17.0
漳州市	289.08	15.3	342.8	18.6	400.2	16.8	472.63	18.1
南平市	165.85	13.6	195.3	17.8	225.1	15.3	262.04	16.3
龙岩市	174.70	16.5	220.0	25.9	262.0	19.1	312.17	19.2
宁德市	149.39	13.1	177.3	18.7	202.0	14.0	234.64	16.1

附录1—7　续表

单位：亿元

地　区	2011		2012		2013		2014	
	总量	增长%	总量	增长%	总量	增长%	总量	增长%
全　省	**6276.19**	**18.2**	**7256.53**	**15.6**	**8275.34**	**14.0**	**9346.74**	**12.9**
福州市	1947.81	19.9	2319.82	19.1	2671.91	15.6	3062.94	14.6
厦门市	797.28	16.4	881.91	10.2	974.51	10.5	1072.28	10.0
莆田市	338.02	16.4	394.79	16.8	444.13	12.5	498.03	12.1
三明市	291.51	18.7	341.48	17.1	360.39	12.9	404.85	12.3
泉州市	1462.09	18.4	1706.64	16.7	1945.57	14.0	2189.43	12.5
漳州市	563.51	19.2	661.08	17.3	617.85	13.1	692.20	12.0
南平市	306.27	16.9	357.30	16.7	400.23	15.5	452.00	12.9
龙岩市	374.33	19.9	432.28	15.5	490.64	13.5	559.99	14.1
宁德市	275.28	17.3	322.42	17.1	370.11	15.5	415.02	12.1

附录1—8 全省及各设区市实际利用外资

单位：万美元

地区	2007		2008		2009		2010	
	总量	增长%	总量	增长%	总量	增长%	总量	增长%
全 省	**406058**	**26.1**	**567171**	**39.7**	**573747**	**1.2**	**580279**	**1.1**
福州市	70011	6.0	100150	43.0	103227	3.1	118524	14.8
厦门市	127165	33.2	204243	60.6	168679	-17.4	169651	0.6
莆田市	12036	27.3	13038	13.1	18302	40.4	22952	25.4
三明市	5350	4.9	6600	23.4	7460	13.0	8635	15.8
泉州市	127510	17.9	169990	33.3	172000	1.2	149342	-13.2
漳州市	45031	12.4	50051	11.1	55018	9.9	70076	27.4
南平市	4780	18.4	5857	22.5	6167	5.1	6787	10.0
龙岩市	12017	56.4	13426	11.7	16199	5.5	7098	2.7
宁德市	2167	0.1	3814	76.1	5672	48.7	16506	25.1

附录1—8 续表

单位：万美元

地区	2011		2012		2013		2014	
	总量	增长%	总量	增长%	总量	增长%	总量	增长%
全 省	**620111**	**6.9**	**633774**	**2.2**	**667896**	**5.4**	**711499**	**6.5**
福州市	127745	7.8	133877	4.8	143063	6.9	154651	8.1
厦门市	172583	1.7	177453	2.8	187204	5.5	197101	5.3
莆田市	25264	10.1	25559	1.2	30164	18.0	34092	13.0
三明市	9201	6.6	10300	11.9	12500	21.4	14033	12.3
泉州市	161511	8.1	131960	-18.3	139112	5.4	148950	7.1
漳州市	88739	26.6	89025	0.3	94552	6.2	101207	7.0
南平市	7794	14.8	8733	12.0	10501	20.2	12000	14.3
龙岩市	17762	7.6	19908	12.1	21598	8.5	24082	11.5
宁德市	9512	34.0	12007	26.2	14433	20.2	17463	21.0

注:本表数据口径为验资口径。

附录 1—9　全省及各设区市进口总额

单位：万美元

地　区	2007		2008		2009		2010	
	总量	增长%	总量	增长%	总量	增长%	总量	增长%
全　省	**2451042**	**14.5**	**2782910**	**13.5**	**2633034**	**–5.4**	**3729862**	**41.6**
福州市	633101	13.3	673663	6.4	584759	–13.2	828544	41.9
厦门市	1422829	15.8	1599444	12.4	1564658	–2.2	2171016	38.8
莆田市	60049	39.9	60491	0.7	67278	11.2	123113	83.0
三明市	6170	–8.3	9311	50.9	11957	28.4	15169	27.7
泉州市	187050	28.7	270818	44.8	228845	–15.5	297385	29.9
漳州市	123136	–4.0	144241	17.1	141686	–1.8	233881	65.3
南平市	12304	34.0	12809	4.1	18312	43.0	17422	–4.9
龙岩市	2677	–34.3	8054	200.9	8811	9.4	19719	123.8
宁德市	4224	150.7	5804	37.4	7851	35.3	23613	200.8

附录 1—9　续表

单位：万美元

地　区	2011		2012		2013		2014	
	总量	增长%	总量	增长%	总量	增长%	总量	增长%
全　省	**5068465**	**36.1**	**5810536**	**14.6**	**6284731**	**8.2**	**6404170**	**1.9**
福州市	1053105	27.9	992104	–5.8	1203664	21.3	1336950	11.1
厦门市	2751225	26.8	2909673	5.8	3174092	9.1	3038827	–4.3
莆田市	186593	51.5	147356	–21.0	160232	8.7	193012	20.5
三明市	22945	51.0	18133	–21.0	29351	61.9	26476	–9.8
泉州市	628107	111.2	1271251	102.4	1265472	–0.5	1267257	0.1
漳州市	320782	37.2	284069	–11.8	262946	–7.4	319289	21.3
南平市	28185	61.2	22883	–18.8	13817	–39.6	13062	–5.5
龙岩市	54968	187.8	139033	152.9	109834	–21.0	156204	42.2
宁德市	21105	–11.2	26049	23.4	41803	60.5	34000	–19.5

附录1—10　全省及各设区市出口总额

单位：万美元

地　区	2007		2008		2009		2010	
	总量	增长%	总量	增长%	总量	增长%	总量	增长%
全　省	**4994039**	**21.1**	**5699184**	**14.1**	**5331902**	**-6.4**	**7149662**	**34.1**
福州市	1231004	13.1	1358759	10.4	1201245	-11.6	1630823	35.8
厦门市	2555470	24.6	2939434	15.1	2766782	-5.9	3532467	27.7
莆田市	155540	21.5	171604	10.8	167400	-2.4	219005	30.8
三明市	80942	50.5	70049	-13.5	76233	8.8	112726	47.9
泉州市	498115	23.4	579489	16.3	589182	1.7	828155	40.6
漳州市	341724	14.6	387597	13.4	338693	-12.6	506987	49.7
南平市	50339	17.4	63410	26.1	64456	1.6	90869	41.0
龙岩市	24432	36.8	45924	88.0	59230	29.0	131335	121.7
宁德市	57568	56.5	82404	43.3	69998	-15.1	97440	39.2

附录1—10　续表

单位：万美元

地　区	2011		2012		2013		2014	
	总量	增长%	总量	增长%	总量	增长%	总量	增长%
全　省	**9283779**	**29.9**	**9783259**	**5.4**	**10647442**	**8.8**	**11345747**	**6.6**
福州市	2411420	47.9	2112982	-12.4	1931833	-8.6	2123551	9.9
厦门市	4264534	20.7	4539982	6.5	5234264	15.3	5316484	10.0
莆田市	278077	27.0	294791	6.0	316949	7.5	331149	5.6
三明市	154573	37.1	300604	94.5	137464	-54.3	177816	29.4
泉州市	1078254	30.2	1237473	14.8	1646988	33.1	1817843	10.4
漳州市	649134	28.0	659103	7.7	710821	1.7	813173	14.4
南平市	119086	31.1	168601	41.6	153164	-9.2	146521	-4.3
龙岩市	185168	41.0	210837	13.9	211724	0.4	241000	14.0
宁德市	143590	47.5	218954	52.5	283821	29.6	368000	29.6

附录 1—11　全省及各设区市地方公共财政收入

单位：亿元

地　区	2007		2008		2009		2010	
	总量	增长%	总量	增长%	总量	增长%	总量	增长%
全　省	**699.46**	**29.4**	**833.40**	**19.1**	**932.43**	**11.9**	**1151.49**	**23.5**
福 州 市	146.56	26.8	168.85	15.2	195.26	15.6	247.82	26.9
厦 门 市	186.53	37.0	220.23	18.1	240.56	9.2	289.17	20.2
莆 田 市	23.82	28.8	29.56	24.1	37.91	28.3	47.63	25.7
三 明 市	27.49	24.8	32.96	19.9	37.96	15.2	49.64	30.8
泉 州 市	114.61	23.2	137.17	19.7	150.05	9.4	181.53	21.0
漳 州 市	47.41	35.2	60.49	27.6	70.95	17.3	88.57	24.8
南 平 市	23.89	29.7	28.05	17.4	31.39	11.9	38.59	23.0
龙 岩 市	36.66	28.7	46.28	26.3	54.34	17.4	66.75	22.8
宁 德 市	20.18	28.2	24.22	19.9	27.54	13.7	40.51	47.1

附录 1—11　续表

单位：亿元

地　区	2011		2012		2013		2014	
	总量	增长%	总量	增长%	总量	增长%	总量	增长%
全　省	**1501.16**	**30.4**	**1776.21**	**18.3**	**2119.45**	**19.3**	**2362.21**	**11.5**
福 州 市	320.04	29.1	382.01	19.4	453.97	18.8	510.87	12.5
厦 门 市	380.41	31.5	432.27	13.6	500.56	15.8	556.21	11.1
莆 田 市	63.93	34.2	77.45	21.1	94.92	22.6	110.30	16.2
三 明 市	64.54	30.0	77.44	20.0	89.85	16.0	90.92	1.2
泉 州 市	242.09	33.4	293.46	21.2	346.91	18.2	380.11	9.6
漳 州 市	112.09	26.6	131.71	17.5	154.86	17.6	168.99	9.1
南 平 市	48.68	26.2	59.18	21.6	71.62	21.0	80.99	13.1
龙 岩 市	84.28	26.3	101.51	20.4	117.21	15.5	119.84	2.2
宁 德 市	54.30	34.1	70.64	30.1	88.69	25.6	98.92	11.5

附录1—12 全省及各设区市金融机构本外币存款余额

单位：亿元

地区	2007		2008		2009		2010	
	总量	增长%	总量	增长%	总量	增长%	总量	增长%
全省	**10040.15**	**13.6**	**11804.4**	**17.6**	**14702.3**	**24.5**	**18753.23**	**24.2**
福州市	3290.11	13.6	3858.86	17.3	4740.58	22.8	6100.92	24.0
厦门市	2466.97	20.1	2727.14	10.5	3483.13	27.7	4440.6	27.6
莆田市	406.78	4.5	484.58	19.1	608.85	25.6	733.63	20.5
三明市	429.62	5.2	518.61	20.7	642.93	24.0	762.85	18.7
泉州市	1873.77	11.3	2200.11	17.4	2718.37	23.6	3313.71	21.9
漳州市	614.05	15.6	719.62	17.2	868.12	20.6	1107.34	27.6
南平市	423.30	4.1	502.21	18.6	626.71	24.8	756.91	20.8
龙岩市	413.94	16.1	523.75	26.5	686.75	31.1	788.53	14.8
宁德市	292.03	7.7	364.61	24.9	485.63	33.2	672.69	37.9

附录1—12 续表

单位：亿元

地区	2011		2012		2013		2014	
	总量	增长%	总量	增长%	总量	增长%	总量	增长%
全省	**21571.60**	**15.0**	**25057.75**	**16.2**	**28938.81**	**15.5**	**31858.43**	**10.1**
福州市	6910.13	13.2	7909.63	14.5	8950.14	13.2	9731.03	8.7
厦门市	4957.5	11.6	5472.00	10.4	6380.63	16.6	7064.61	10.7
莆田市	875.00	19.2	1078.78	23.3	1294.78	20.0	1450.18	12.0
三明市	912.09	19.5	1077.57	18.1	1197.47	11.1	1213.67	1.4
泉州市	3826.15	15.4	4687.97	22.5	5626.13	20.0	6062.73	7.8
漳州市	1277.55	15.3	1525.74	19.4	1851.04	21.3	2096.61	13.3
南平市	870.26	14.9	999.56	14.9	1144.60	14.5	1257.47	9.9
龙岩市	913.94	15.9	1103.19	20.7	1272.91	15.4	1382.05	8.6
宁德市	791.62	17.7	917.11	15.9	1032.81	12.6	1086.27	5.2

附录 1—13　全省及各设区市金融机构本外币贷款余额

单位：亿元

地　　区	2007		2008		2009		2010	
	总量	增长%	总量	增长%	总量	增长%	总量	增长%
全　　省	**8065.67**	**25.1**	**9585.92**	**18.8**	**12360.32**	**28.9**	**15920.84**	**23.4**
福 州 市	2640.45	21.1	3078.22	16.6	4054.36	31.7	5231.41	23.2
厦 门 市	2148.32	30.7	2369.44	10.3	2989.65	26.2	3621.72	21.1
莆 田 市	299.48	28.9	349.08	16.6	497.33	42.5	628.00	26.3
三 明 市	349.18	21.2	408.35	16.9	559.98	37.1	697.66	24.6
泉 州 市	1417.49	24.0	1636.18	15.4	2160.24	32.0	2717.12	25.8
漳 州 市	440.51	27.4	495.88	15.6	655.80	32.2	836.20	27.5
南 平 市	330.46	23.5	390.61	18.2	493.82	26.4	617.60	25.1
龙 岩 市	344.52	27.4	394.22	14.4	578.40	46.7	728.76	26.0
宁 德 市	316.85	30.6	397.91	25.6	570.15	43.3	722.19	26.4

附录 1—13　续表

单位：亿元

地　　区	2011		2012		2013		2014	
	总量	增长%	总量	增长%	总量	增长%	总量	增长%
全　　省	**18982.82**	**19.3**	**22427.45**	**18.2**	**25963.45**	**15.8**	**30051.27**	**15.7**
福 州 市	6190.73	18.3	7054.33	15.9	8159.89	15.7	9766.85	19.7
厦 门 市	4340.70	19.9	5107.35	14.9	5843.54	14.4	6643.98	13.7
莆 田 市	747.35	19.0	912.99	22.2	1094.83	19.9	1331.44	21.6
三 明 市	832.76	19.4	991.33	19.0	1121.87	13.2	1196.29	6.6
泉 州 市	3150.00	15.9	3724.22	18.2	4287.88	15.1	4929.63	15.0
漳 州 市	1008.0	20.6	1212.63	20.3	1420.38	17.1	1638.72	15.4
南 平 市	721.8	16.9	799.92	10.8	914.62	14.3	1012.31	10.7
龙 岩 市	883.72	21.5	1056.41	19.5	1182.97	12.0	1308.01	10.6
宁 德 市	856.36	18.6	1016.81	18.7	1171.76	15.2	1326.16	13.2

附录1—14　全省及各设区市城镇居民人均可支配收入

单位：元

地区	2007		2008		2009		2010		2011		2012		2013		2014	
	总量	增长%	总量	增长%	总量	增长%	总量	增长%	总量	增长%	总量	增长%	总量	增长%	总量	增长%
全　省	**15505**	**15.7**	**17961**	**15.8**	**19577**	**9.0**	**21781**	**11.3**	**24907**	**14.4**	**28055**	**12.6**	**30816**	**9.8**	**30722**	**9.0**
福州市	16642	17.1	19009	16.0	20289	8.8	22723	12.0	26050	14.6	29399	12.9	32265	9.8	32451	9.4
厦门市	21503	16.2	23948	11.4	26131	9.1	29253	12.0	33565	14.7	37576	11.9	41360	10.1	39625	8.2
莆田市	14351	16.9	16495	16.2	17308	10.1	19068	10.2	21843	14.6	24690	13.0	27233	10.3	26871	9.0
三明市	14246	14.1	16013	13.8	16500	9.4	18194	10.3	20778	14.2	23429	12.8	25724	9.8	25197	10.1
泉州市	18097	13.3	20420	12.8	22913	8.0	25155	9.8	28703	14.1	32283	12.5	35430	9.8	34820	9.0
漳州市	14153	13.1	16023	15.9	16616	10.0	18482	11.2	21137	14.4	23951	13.3	26471	10.5	25741	9.6
南平市	13161	16.6	15098	16.4	15867	7.9	17332	9.2	19735	13.9	22235	12.7	24318	9.4	24074	8.8
龙岩市	14128	17.2	15689	13.4	16572	10.6	18406	11.1	21085	14.6	23765	12.7	26281	10.6	26153	9.9
宁德市	12504	16.4	13936	11.5	15147	9.8	16815	11.0	19314	14.9	21825	13.0	23951	9.7	23956	9.1

附录1—15　全省及各设区市农村居民人均可支配收入

单位：元

地区	2007		2008		2009		2010		2011		2012		2013		2014	
	总量	增长%	总量	增长%	总量	增长%	总量	增长%	总量	增长%	总量	增长%	总量	增长%	总量	增长%
全　省	**5467**	**13.1**	**6196**	**13.3**	**6680**	**7.8**	**7427**	**11.2**	**8779**	**18.2**	**9967**	**13.5**	**11184**	**12.2**	**12650**	**10.9**
福州市	6286	12.4	7142	13.6	7669	7.4	8543	11.4	10107	18.3	11492	13.7	12910	12.3	14012	11.2
厦门市	7637	11.3	8475	11.0	9153	8.0	10033	9.6	11928	18.9	13455	12.8	15008	11.5	16220	10.6
莆田市	5628	14.3	6436	14.4	6921	7.5	7663	10.7	9066	18.3	10311	13.7	11600	12.5	12829	10.7
三明市	5141	12.5	5853	13.8	6327	8.1	6949	9.8	8205	18.1	9375	14.3	10532	12.3	11665	10.8
泉州市	7244	9.7	7973	10.1	8563	7.4	9296	8.6	10578	13.8	11915	12.6	13316	11.8	14586	10.5
漳州市	5696	12.2	6506	14.2	7054	8.4	7861	11.4	9128	16.1	10389	13.8	11639	12.0	12690	10.5
南平市	5059	14.7	5712	12.9	6116	7.1	6759	10.5	7861	16.3	8893	13.1	10031	12.8	11252	11.5
龙岩市	5086	13.2	5775	13.5	6252	8.3	6931	10.9	8234	18.8	9396	14.1	10578	12.6	12054	11.2
宁德市	4687	14.1	5404	15.3	5838	8.0	6542	12.1	7756	18.5	8829	13.8	10039	13.7	11302	11.7

注：2013年及以前为农民人均纯收入口径，2014年起为农村居民人均可支配收入口径。

附录 1—16 全省及各设区市城镇单位在岗职工平均工资

单位：元

地区	2007		2008		2009		2010		2011		2012		2013		2014	
	总量	增长%	总量	增长%	总量	增长%	总量	增长%	总量	增长%	总量	增长%	总量	增长%	总量	增长%
全 省	**22283**	**15.3**	**25702**	**15.3**	**28666**	**11.5**	**32647**	**13.9**	**38989**	**19.4**	**44979**	**15.4**	**49328**	**9.7**	**54235**	**9.9**
福州市	23950	15.9	27521	14.9	30704	11.6	34806	13.4	41725	19.9	48089	15.3	53333	10.9	58839	10.3
厦门市	28961	13.4	32343	11.7	36453	12.7	40284	10.5	46098	14.4	52526	13.9	55864	6.4	60729	8.7
莆田市	18299	18.1	21853	19.4	24654	12.8	27813	12.8	34083	22.5	40056	17.5	43963	9.8	51001	16.0
三明市	21356	16.0	24181	13.2	27384	13.2	30610	11.8	37114	21.2	41941	13.0	46552	11.0	52087	11.9
泉州市	19913	13.2	22225	11.6	25273	13.7	28908	14.4	35902	24.2	41117	14.5	44895	9.2	48823	8.7
漳州市	18024	20.4	22270	23.6	25055	12.5	29535	17.9	34898	18.2	42137	20.7	46610	10.6	51495	10.5
南平市	19054	17.0	22377	17.4	25274	12.9	28319	12.0	33378	17.9	39822	19.3	44003	10.5	48562	10.4
龙岩市	20574	15.2	24053	16.9	27638	14.9	30836	11.6	35557	15.3	41168	15.8	45845	11.4	49541	8.1
宁德市	19814	20.5	23314	17.7	27275	17.0	31292	14.7	38311	22.4	43504	13.6	47020	8.1	50103	6.6

附录 1—17 全省及各设区市居民消费价格总指数

(以上年价格为 100)

地区	2007	2008	2009	2010	2011	2012	2013	2014
全 省	**105.2**	**104.6**	**98.2**	**103.2**	**105.3**	**102.4**	**102.5**	**102.0**
福州市	104.4	104.4	99.2	103.2	104.8	102.2	102.6	101.8
厦门市	104.6	104.9	97.3	103.0	105.2	102.1	102.3	102.2
莆田市	106.4	104.9	99.1	103.2	105.5	102.7	102.5	102.0
三明市	104.5	104.9	98.5	103.4	105.1	102.3	102.4	102.0
泉州市	104.3	103.8	97.8	103.4	105.3	102.6	102.5	102.0
漳州市	104.7	104.6	98.1	103.4	105.0	102.5	102.5	102.0
南平市	105.1	104.8	97.4	104.2	105.0	102.4	102.6	102.0
龙岩市	105.9	104.8	98.7	103.9	105.2	102.5	102.4	101.9
宁德市	106.7	104.1	98.9	103.8	105.2	102.4	102.2	101.9

附录1—18　全省及各设区市年末常住人口

单位：万人

地　区	2007		2008		2009		2010	
	总量	自然增长率‰	总量	自然增长率‰	总量	自然增长率‰	总量	自然增长率‰
全　省	**3581**	**6.1**	**3604**	**6.3**	**3627**	**6.2**	**3689**	**6.1**
福州市	676	5.7	683	5.8	687	6.1	712	4.5
厦门市	243	8.4	249	8.2	252	8.6	353	6.8
莆田市	283	6.4	284	6.2	286	6.7	278	5.3
三明市	262	5.7	263	5.6	264	5.8	250	6.7
泉州市	774	6.2	779	6.4	786	6.2	813	6.5
漳州市	474	5.8	477	5.9	480	6.5	481	6.0
南平市	288	6.0	289	6.1	290	6.0	265	7.0
龙岩市	276	5.6	277	5.6	278	5.9	256	7.3
宁德市	305	6.2	303	6.3	304	6.3	282	6.7

附录1—18　续表

单位：万人

地　区	2011		2012		2013		2014	
	总量	自然增长率‰	总量	自然增长率‰	总量	自然增长率‰	总量	自然增长率‰
全　省	**3720**	**6.2**	**3748**	**7.0**	**3774**	**6.2**	**3806**	**7.5**
福州市	720	5.3	727	6.4	734	5.9	743	7.4
厦门市	361	7.1	367	10.4	373	8.8	381	10.5
莆田市	279	6.2	281	5.7	283	5.3	285	6.6
三明市	251	6.0	250	5.4	251	5.1	251	6.8
泉州市	821	7.2	829	7.4	836	6.3	844	7.5
漳州市	484	6.4	490	7.7	493	5.9	496	7.3
南平市	265	5.2	263	4.9	262	5.2	262	5.8
龙岩市	256	5.3	257	7.0	258	6.5	259	7.6
宁德市	283	6.4	284	6.4	284	5.9	285	7.0

附录2—1 各省(市、区)地区生产总值及人均地区生产总值

(2014年)

	地 区 生产总值 (亿元)	位 次	增 长 (%)	位 次	人均地区 生产总值 (元)	位 次	增 长 (%)	位 次
全 国	**636462.71**		**7.4**		**46652**		**6.8**	
北 京	21330.83	13	7.3	25	99995	2	5.2	30
天 津	15726.93	17	10.0	4	105231	1	6.2	25
河 北	29421.15	6	6.5	27	39984	18	5.8	27
山 西	12761.49	24	4.9	31	35070	24	4.4	31
内蒙古	17770.19	15	7.8	22	71046	6	7.5	18
辽 宁	28626.56	7	5.8	29	65201	7	5.7	28
吉 林	13803.14	22	6.5	27	50160	11	6.5	24
黑龙江	15039.38	20	5.6	30	39226	20	5.6	29
上 海	23567.70	12	7.0	26	97370	3	6.0	26
江 苏	65088.32	2	8.7	15	81874	4	8.4	11
浙 江	40173.03	4	7.6	24	7302	5	7.3	21
安 徽	20848.75	14	9.2	11	34427	26	8.4	11
福 建	24055.76	11	9.9	6	63472	8	9.1	6
江 西	15714.63	18	9.7	7	34674	25	9.2	5
山 东	59426.59	3	8.7	15	60879	10	8.1	15
河 南	34938.24	5	8.9	13	37072	22	8.7	8
湖 北	27379.22	9	9.7	7	47145	13	9.3	4
湖 南	27037.32	10	9.5	10	40271	17	8.7	8
广 东	67809.85	1	7.8	22	63469	9	7.1	22
广 西	15672.89	19	8.5	17	33090	27	7.7	17
海 南	3500.72	28	8.5	17	38924	21	7.5	18
重 庆	14262.60	21	10.9	1	47850	12	10.0	2
四 川	28536.66	8	8.5	17	35128	23	8.1	15
贵 州	9266.39	26	10.8	2	26437	30	10.4	1
云 南	12814.59	23	8.1	20	27264	29	7.5	18
西 藏	920.83	31	10.8	2	29252	28	9.1	6
陕 西	17689.94	16	9.7	7	46929	14	9.4	3
甘 肃	6836.82	27	8.9	13	26433	31	8.6	10
青 海	2303.32	30	9.2	11	39671	19	8.2	14
宁 夏	2752.10	29	8.0	21	41834	15	6.8	23
新 疆	9273.46	25	10.0	4	40648	16	8.4	11

注:本表数据取来源于《福建统计手册—2015》。全国地区生产总值、人均地区生产总值为快报数,各省地区生产总值、人均地区生产总值为初步核实数。

附录2—2　各省(市、区)农林牧渔业总产值

（2014年）

	农林牧渔业总产值（亿元）	位　次	增　长（%）	位　次
全　国	**102226.09**		**4.2**	
北　京	420.07	28	0.0	31
天　津	441.71	27	3.0	26
河　北	5994.79	4	4.0	19
山　西	1530.48	24	4.0	19
内蒙古	2779.81	16	3.1	24
辽　宁	4498.36	10	2.4	28
吉　林	2763.01	17	4.1	18
黑龙江	4894.80	9	5.5	6
上　海	322.22	30	1.0	29
江　苏	6443.37	3	3.1	24
浙　江	2844.59	15	1.0	29
安　徽	4223.73	11	4.6	13
福　建	3522.31	13	4.5	14
江　西	2726.54	20	4.8	11
山　东	9198.26	1	4.0	19
河　南	7549.11	2	4.2	16
湖　北	5452.84	6	5.6	5
湖　南	5304.82	7	4.7	12
广　东	5234.21	8	3.0	26
广　西	3947.73	12	3.7	23
海　南	1252.18	25	4.9	10
重　庆	1594.96	23	4.3	15
四　川	5888.09	5	4.0	19
贵　州	2118.48	21	6.6	2
云　南	3263.35	14	6.2	3
西　藏	138.72	31	4.2	16
陕　西	2741.82	19	5.1	9
甘　肃	1618.80	22	5.4	7
青　海	327.49	29	5.4	7
宁　夏	445.47	26	6.1	4
新　疆	2744.01	18	6.8	1

注：本表数据来源于《福建统计手册—2015》。

附录 2—3 各省(市、区)三次产业增加值构成

(2014 年)

	第一产业比重(%)	位次	第二产业比重(%)	位次	第三产业比重(%)	位次
全国	**9.2**		**42.6**		**48.2**	
北京	0.7	30	21.3	31	77.9	1
天津	1.3	29	49.2	12	49.6	5
河北	11.7	10	51.0	8	37.3	25
山西	6.2	25	49.3	11	44.5	12
内蒙古	9.2	18	51.3	7	39.5	22
辽宁	8.0	22	50.2	10	41.8	18
吉林	11.0	14	52.8	4	36.2	30
黑龙江	17.4	2	36.9	27	45.8	10
上海	0.5	31	34.7	29	64.8	2
江苏	5.6	26	47.4	17	47.0	8
浙江	4.4	28	47.7	16	47.8	7
安徽	11.5	13	53.1	3	35.4	31
福建	8.4	20	52.0	6	39.6	21
江西	10.7	15	52.5	5	36.8	29
山东	8.1	21	48.4	15	43.5	14
河南	11.9	9	51.0	8	37.1	26
湖北	11.6	11	46.9	18	41.5	19
湖南	11.6	11	46.2	21	42.2	17
广东	4.7	27	46.3	20	49.0	6
广西	15.4	5	46.7	19	37.9	24
海南	23.1	1	25.0	30	51.9	4
重庆	7.4	24	45.8	22	46.8	9
四川	12.4	8	48.9	13	38.7	23
贵州	13.8	6	41.6	25	44.6	11
云南	15.5	4	41.2	26	43.3	16
西藏	10.0	16	36.6	28	53.5	3
陕西	8.8	19	54.1	1	37.0	27
甘肃	13.2	7	42.8	23	44.0	13
青海	9.4	17	53.6	2	37.0	27
宁夏	7.9	23	48.7	14	43.4	15
新疆	16.6	3	42.6	24	40.8	20

注:本表数据来源于《福建统计手册—2015》。

附录2—4　各省(市、区)固定资产投资(不含农户)

(2014年)

	固定资产投资(亿元)	位　次	增　长(%)	位　次
全　国	**512760.70**		**15.3**	
北　京	6924.24	26	1.1	29
天　津	10518.17	21	15.2	23
河　北	26671.90	4	15.0	25
山　西	12296.06	17	11.5	27
内蒙古	17585.05	13	23.7	1
辽　宁	24730.83	6	-1.5	30
吉　林	11486.54	20	15.1	24
黑龙江	9878.19	22	-13.8	31
上　海	6016.47	27	6.5	28
江　苏	41938.65	2	15.3	22
浙　江	24262.76	7	16.7	15
安　徽	21688.54	10	16.5	16
福　建	18449.48	12	18.8	10
江　西	15109.94	15	17.6	14
山　东	42495.53	1	15.5	18
河　南	30782.18	3	18.0	11
湖　北	22965.27	9	18.9	9
湖　南	21269.73	11	19.2	8
广　东	26293.96	5	17.9	12
广　西	13843.20	16	16.3	17
海　南	3112.26	29	15.4	20
重　庆	12281.12	18	17.7	13
四　川	23318.66	8	14.7	26
贵　州	9025.70	24	22.4	2
云　南	11498.56	19	15.4	20
西　藏	1069.23	31	22.1	3
陕　西	17192.14	14	15.5	18
甘　肃	7884.12	25	20.8	6
青　海	2861.21	30	21.2	5
宁　夏	3173.82	28	19.7	7
新　疆	9438.31	23	22.1	3

注:本表数据来源于《福建统计手册—2015》。

附录2—5　各省(市、区)粮食产量和油料产量

(2014年)

	粮食产量（万吨）	位　次	油料产量（万吨）	位　次
全　国	**60702.61**		**3507.43**	
北　京	63.94	31	0.67	30
天　津	175.95	27	0.52	31
河　北	3360.17	8	150.20	8
山　西	1330.78	18	17.32	24
内蒙古	2753.01	10	170.31	7
辽　宁	1753.90	14	63.69	16
吉　林	3532.84	4	85.70	13
黑龙江	6242.19	1	17.15	25
上　海	112.54	28	1.28	29
江　苏	3490.62	5	146.60	9
浙　江	757.41	23	30.66	22
安　徽	3415.83	6	228.80	6
福　建	667.03	24	29.82	23
江　西	2143.50	12	121.71	10
山　东	4596.60	3	335.89	3
河　南	5772.30	2	584.33	1
湖　北	2584.17	11	341.73	2
湖　南	3001.26	9	233.77	5
广　东	1357.34	17	105.48	11
广　西	1534.41	15	61.30	18
海　南	186.60	26	11.57	27
重　庆	1144.54	21	56.94	20
四　川	3374.90	7	300.79	4
贵　州	1138.50	22	98.05	12
云　南	1860.70	13	64.68	15
西　藏	97.97	30	6.38	28
陕　西	1197.78	19	62.30	17
甘　肃	1158.65	20	72.42	14
青　海	104.81	29	31.51	21
宁　夏	377.90	25	16.52	26
新　疆	1414.47	16	59.33	19

注:本表数据来源于《福建统计手册—2014》。

附录2—6 各省(市、区)规模以上工业增加值增长率和建筑业总产值

(2014年)

	规模以上工业增加值增长(%)	位 次	建筑业总产值(亿元)	位 次
全 国	**8.3**		**176713.40**	
北 京	6.2	25	8209.80	6
天 津	10.1	11	4123.49	17
河 北	5.1	27	5625.75	12
山 西	3.0	30	3103.49	19
内 蒙 古	10.0	12	1402.93	27
辽 宁	4.8	28	7851.12	9
吉 林	6.6	24	2521.00	22
黑 龙 江	2.9	31	2150.75	24
上 海	4.5	29	5499.94	14
江 苏	9.9	14	24592.93	1
浙 江	6.9	23	22668.19	2
安 徽	11.2	7	5482.93	15
福 建	11.9	3	6689.21	10
江 西	11.8	4	4122.63	18
山 东	9.6	15	9313.45	4
河 南	11.2	7	7911.89	8
湖 北	10.8	9	10059.59	3
湖 南	9.6	15	6020.97	11
广 东	8.4	19	8356.50	5
广 西	10.7	10	2608.91	21
海 南	12.0	2	276.33	30
重 庆	12.6	1	5552.20	13
四 川	9.6	15	8066.66	7
贵 州	11.3	5	1640.24	26
云 南	7.3	22	3054.67	20
西 藏	6.0	26	71.25	31
陕 西	11.3	5	4557.71	16
甘 肃	8.4	19	1814.52	25
青 海	9.1	18	432.91	29
宁 夏	8.3	21	625.16	28
新 疆	10.0	12	2306.28	23

注:本表数据来源于《福建统计手册—2015》。

附录2—7　各省(市、区)社会消费品零售总额和居民消费价格指数

(2014年)

	社会消费品零售总额				居民消费价格指数	
	总量(亿元)	位　次	增长(%)	位　次	总量(%)	位　次
全　国	**271896.14**		**12.0**		**102.0**	
北　京	9638.00	11	8.6	30	101.6	26
天　津	4738.65	23	6.0	31	101.9	17
河　北	11820.46	9	12.4	17	101.7	23
山　西	5717.89	19	11.3	26	101.7	23
内蒙古	5657.56	21	10.6	27	101.6	26
辽　宁	11856.98	8	12.1	21	101.7	23
吉　林	6080.90	16	12.1	21	102.0	14
黑龙江	7015.31	15	12.2	19	101.5	31
上　海	9303.49	13	8.7	29	102.7	3
江　苏	23458.07	3	12.4	17	102.2	9
浙　江	17835.34	4	11.7	25	102.1	10
安　徽	7957.03	14	13.0	2	101.6	26
福　建	9346.74	12	12.9	5	102.0	14
江　西	5292.63	22	12.7	10	102.3	7
山　东	25111.53	2	12.6	14	101.9	17
河　南	14004.95	5	12.7	10	101.9	17
湖　北	12449.27	6	12.8	7	102.0	14
湖　南	10723.45	10	12.8	7	101.9	17
广　东	28471.15	1	11.9	23	102.3	7
广　西	5772.83	18	12.5	16	102.1	10
海　南	1224.50	28	12.2	19	102.4	4
重　庆	5710.67	20	13.0	2	101.8	22
四　川	12392.98	7	12.7	10	101.6	26
贵　州	2936.85	25	12.9	5	102.4	4
云　南	4632.87	24	12.7	10	102.4	4
西　藏	364.51	31	13.1	1	102.9	1
陕　西	5918.71	17	12.8	7	101.6	26
甘　肃	2668.33	26	12.6	14	102.1	10
青　海	620.83	30	13.0	2	102.8	2
宁　夏	737.18	29	10.3	28	101.9	17
新　疆	2436.50	27	11.8	24	102.1	10

注:本表数据来源于《福建统计手册—2015》。

附录2—8　各省(市、区)进出口总额和出口总额

(2014年)

	进出口总额				出口总额			
	总量(亿美元)	位次	增长(%)	位次	总量(亿美元)	位次	增长(%)	位次
全　国	**43030.37**		**3.5**		**23427.47**		**6.0**	
北　京	4156.54	4	-3.1	29	623.48	8	-1.2	28
天　津	1339.12	8	4.2	20	525.97	10	7.3	20
河　北	598.83	13	9.1	12	357.13	13	15.3	12
山　西	162.49	24	2.9	22	89.42	24	11.8	15
内蒙古	145.54	26	21.3	8	63.94	25	56.2	2
辽　宁	1139.60	9	-0.5	27	587.59	9	-9.0	29
吉　林	263.78	23	2.1	24	57.78	26	-14.5	30
黑龙江	389.00	18	0.1	26	173.40	21	6.8	22
上　海	4664.09	3	5.7	18	2101.63	4	2.9	26
江　苏	5637.61	2	2.4	23	3418.68	2	4.0	25
浙　江	3551.47	5	5.8	17	2733.54	3	9.9	17
安　徽	492.73	14	8.2	15	314.93	15	11.5	16
福　建	1774.08	7	4.8	19	1134.52	6	6.6	23
江　西	427.83	16	16.4	11	320.38	14	13.7	14
山　东	2771.15	6	4.0	21	1447.45	5	7.9	19
河　南	650.33	12	8.5	14	393.84	12	9.4	18
湖　北	430.64	15	18.4	9	266.46	16	16.7	11
湖　南	310.27	19	23.2	6	200.23	19	35.1	6
广　东	10767.34	1	-1.4	28	6462.22	1	1.5	27
广　西	405.53	17	23.5	5	243.30	17	30.2	8
海　南	158.73	25	5.9	16	44.17	28	19.2	9
重　庆	954.50	10	39.0	2	634.09	7	35.5	5
四　川	702.52	11	8.8	13	448.50	11	6.9	21
贵　州	108.14	27	30.4	4	93.97	23	36.5	3
云　南	296.22	20	17.1	10	188.02	20	17.9	10
西　藏	22.55	30	-32.1	31	21.01	30	-35.7	31
陕　西	274.08	22	36.2	3	139.29	22	36.2	4
甘　肃	86.49	28	-15.5	30	53.31	27	14.0	13
青　海	17.19	31	22.5	7	11.28	31	33.2	7
宁　夏	54.35	29	68.9	1	43.03	29	68.6	1
新　疆	276.69	21	0.4	25	234.83	18	5.5	24

注:本表数据来源于《福建统计手册—2015》。

附录2—9　各省(市、区)进口总额

(2014年)

	进口总额			
	总量 (亿美元)	位次	增长 (%)	位次
全　国	**19602.90**		**0.5**	
北　京	3533.06	2	-3.5	25
天　津	813.16	7	2.3	18
河　北	241.69	13	1.0	21
山　西	73.06	25	-6.3	29
内蒙古	81.59	24	3.3	16
辽　宁	552.01	9	10.5	9
吉　林	206.00	15	7.9	12
黑龙江	215.60	14	-4.8	26
上　海	2562.45	3	8.1	11
江　苏	2218.93	4	0.0	23
浙　江	817.94	6	-6.0	28
安　徽	177.80	16	2.8	17
福　建	639.56	8	1.8	19
江　西	107.45	23	25.2	5
山　东	1323.70	5	0.0	23
河　南	256.49	11	7.0	13
湖　北	164.18	17	21.2	6
湖　南	110.04	21	6.3	15
广　东	4305.12	1	-5.4	27
广　西	162.23	18	14.7	7
海　南	114.57	20	1.6	20
重　庆	320.41	10	46.3	3
四　川	254.02	12	12.3	8
贵　州	14.17	28	0.9	22
云　南	108.20	22	9.8	10
西　藏	1.54	31	206.0	1
陕　西	134.79	19	36.1	4
甘　肃	33.18	27	-40.3	31
青　海	5.91	30	6.4	14
宁　夏	11.32	29	70.2	2
新　疆	41.87	26	-20.9	30

注:本表数据来源于《福建统计手册—2015》。

附录2—10 各省(市、区)年末常住人口及城镇人口比重

(2014年)

	年末常住人口数(万人)	占全国比重(%)	位次	自然增长率(‰)	位次
全国	**136782**	**100.0**		**54.77**	
北京	2152	1.6	26	86.35	2
天津	1517	1.1	27	82.27	3
河北	7384	5.4	6	49.33	21
山西	3648	2.7	18	53.79	15
内蒙古	2505	1.8	23	59.51	10
辽宁	4391	3.2	14	67.05	5
吉林	2752	2.0	21	54.81	14
黑龙江	3833	2.8	15	58.01	11
上海	2426	1.8	24	89.60	1
江苏	7960	5.8	5	65.21	6
浙江	5508	4.0	10	64.87	7
安徽	6083	4.4	8	49.15	23
福建	3806	2.8	16	61.80	8
江西	4542	3.3	13	50.22	19
山东	9789	7.2	2	55.01	13
河南	9436	6.9	3	45.20	27
湖北	5816	4.3	9	55.67	12
湖南	6737	4.9	7	49.28	22
广东	10724	7.8	1	68.00	4
广西	4754	3.5	11	46.01	26
海南	903	0.7	28	53.76	16
重庆	2991	2.2	20	59.60	9
四川	8140	6.0	4	46.30	24
贵州	3508	2.6	19	40.01	30
云南	4714	3.4	12	41.73	28
西藏	318	0.2	31	25.75	31
陕西	3775	2.8	17	52.57	18
甘肃	2591	1.9	22	41.68	29
青海	583	0.4	30	49.78	20
宁夏	662	0.5	29	53.61	17
新疆	2298	1.7	25	46.07	25

注:本表数据来源于《福建统计手册—2015》。

附录 2—11　各省(市、区)地方公共财政收入及相当于 GDP 比例

(2014 年)

	地方公共财政收入(亿元)	位　次	增　长(%)	位　次	地方公共财政收入相当于 GDP 比例(%)	位　次
全　国	**75876.6**		**9.9**		**11.9**	
北　京	4027.2	6	10.0	19	18.9	2
天　津	2390.4	12	15.0	5	15.2	4
河　北	2446.6	11	6.6	27	8.3	30
山　西	1820.6	20	7.0	25	14.3	6
内蒙古	1843.7	19	7.1	24	10.4	20
辽　宁	3192.8	7	-4.5	31	11.2	14
吉　林	1203.4	26	4.0	29	8.7	26
黑龙江	1301.3	24	1.9	30	8.7	26
上　海	4585.6	4	11.6	12	19.5	1
江　苏	7233.1	2	10.1	18	11.1	15
浙　江	4122.0	5	8.6	21	10.3	21
安　徽	2218.4	15	6.9	26	10.6	19
福　建	2362.2	13	11.5	13	9.8	22
江　西	1881.8	18	16.1	3	12.0	12
山　东	5026.8	3	10.2	16	8.5	28
河　南	2739.3	9	13.4	9	7.8	31
湖　北	2566.9	10	17.1	2	9.4	24
湖　南	2262.8	14	11.4	14	8.4	29
广　东	8065.1	1	13.9	6	11.9	13
广　西	1422.3	22	7.9	23	9.1	25
海　南	555.3	28	15.4	4	15.9	3
重　庆	1922.0	16	13.5	8	13.5	8
四　川	3061.1	8	9.9	20	10.7	17
贵　州	1366.7	23	13.3	10	14.8	5
云　南	1698.1	21	5.4	28	13.3	10
西　藏	124.3	31	30.8	1	13.5	8
陕　西	1890.4	17	8.1	22	10.7	17
甘　肃	672.7	27	10.8	15	9.8	22
青　海	251.7	30	12.4	11	10.9	16
宁　夏	339.9	29	10.2	16	12.3	11
新　疆	1282.3	25	13.6	7	13.8	7

注:本表数据来源于《福建统计手册—2015》。

附录 3—1　台湾省主要社会经济指标

指　　标	2014 年	指　　标	2014 年
人　口		火灾发生次数(次)	1417
户籍登记人口数①(万人)	2343	火灾死伤人数(人)	368
人口自然增加率(‰)	1.98	机动车肇事率(件/万辆)	137.72
人口社会增加率(‰)	0.59	道路交通事故伤亡人数	
人口密度(人/平方公里)	647	死亡(人)	1819
性别比①(女性为 100)	100.0	受伤(人)	390916
离婚率(对/千人)	2.27	参保人数	
劳动、就业		全民健保被保险人数(万人)	2362
劳动力人口(万人)	1154	公保、劳保、农保被保险人数(万人)	
劳动参与率(%)	58.5	公教人员保险	59
男	66.8	劳工保险	992
女	50.6	农民保险	135
工业占就业人口比重(%)	36.1	工　业	
服务业占就业人口比重(%)	58.9	受雇者劳动生产力指数(2006 年=100)	103.1
失业率(%)	4.0	工业生产指数(2006 年=100)	106.8
工业及服务业每月人均薪资(新台币元)	47300	制造业	106.9
工　业	45378	房屋建筑工程业	122.8
服务业	48815	工业生产总值(新台币亿元)	155480
就业服务		核准对外投资(亿美元)	72.9
求供倍数(倍)	2.0	核准侨外投资(亿美元)	57.7
求职人数(万人)	76.0	核发建筑物使用执照总楼地板面积(万平方米)	3172
求才人数(万人)	151.9	商业及对外贸易	
生活环境		营利事业家数①(万家)	132.1
平均每人每月用电量(千瓦小时)	151.4	营利事业销售额(新台币亿元)	403681
平均每人每月用水量(立方米)	11.4	贸易额(亿美元)	
公共安全		出　口	3137
刑案发生率(件/十万人)	1312	进　口	2740
犯罪人口率(人/十万人)	1128	出(入)超	397
刑案破获率(%)	86.1	对日出(入)超(亿美元)	-218
少年犯罪人数(13-17 岁)(人)	11121	对美出(入)超(亿美元)	74

附录 3—1　续表

指　　标	2014 年	指　　标	2014 年
对中国内地和香港出(入)超(亿美元)	749	股价指数(1966 年 =100)	8992
对销订单(亿美元)	4728	国际收支平衡(亿美元)	130.2
运输通信		经常账户	653.4
交通运输客运人数		资本账户	-0.8
铁　路(亿人)	10.2	金融账户	-530.5
公　路(亿人)	12.4	增率(%)(2006 年 =100)	
航　空(万人)		批　发	-0.56
省　内	1056	消费者	1.20
国　际	4440	进　口	-2.09
高速公路通行车辆数③(万辆次)	518391	出　口	0.10
每百人机动车辆数①(辆)	90.9	国民经济核算	
港埠货物装卸量(万收费吨)	74861	本地居民生产总值(新台币亿元)	166214
观　光(万人次)		本地生产总值(新台币亿元)	160818
出岛旅客	1184	居民最终消费支出	85552
来台湾旅客	991	固定资本形成总额	34687
财政、金融及景气		商品及服务出口	112547
赋税实征净额②(新台币亿元)	19761	减:商品及服务进口	95730
直接税(%)	59.8	经济增长率(%)	3.7
间接税(%)	40.2	农　业	3.5
外汇存底①(亿美元)	4189.8	工　业	5.6
汇　率		服务业	2.4
1 美元兑新台币	31.68	产业结构(%)	
1 日元兑新台币	0.2663	农　业	1.9
货币供应量 $M_2$①(新台币亿元)	376968	工　业	34.1
年增长率(%)	6.1	服务业	64.1
存款①(新台币亿元)	371339	人均本地居民生产总值	
放款与投资①(新台币亿元)	281106	新台币元	710407
财政、金融及景气		美　元	23390
重贴现率①(年息百分比率)	1.875	居民储蓄总额(新台币亿元)	53428
本地银行逾放比率①(%)	0.25	储蓄率(%)	32.10

注:①年底数。②为年度资料,如 2000 年度指 1999 年下半年及 2000 年度。③从 2013 年 12 月 30 日起,国道高速公路由计次收费改为计程电子收费。资料来源:台湾统计月报。

附录3—2 香港特别行政区主要社会经济指标

指标	2014年
人口	
年中人口（万人）	724.2
粗出生率（‰）	8.6
粗死亡率（‰）	6.2
劳动、就业①	
劳动人口（万人）	387.6
劳动人口参与率（%）	61.1
失业率（%）	3.3
就业不足率（%）	1.5
实际工资指数（1992年9月=100）	115.7
本地生产总值	
按2011年环比物量计算①	
本地生产总值年增长率（%）	2.3
本地生产总值（亿港元）	21446
人均本地生产总值（港元）	296152
按当年价格计算	
本地生产总值年增长率（%）	5.3
本地生产总值（亿港元）	22457
人均本地生产总值（港元）	310113
本地居民总收入	
按当年价格计算	
本地居民总收入（亿港元）	23065
人均本地居民总收入（港元）	318505
对外初次收入流量净值（亿港元）	608
对外商品贸易	
港产品出口（亿港元）	553
转口（亿港元）	36175
进口（亿港元）	42190
贸易价格比率指数（2010年=100）	100
对外服务贸易	
服务出口（亿港元）	10769
服务进口（亿港元）	4812
国际收支平衡表	
经常帐户（亿港元）	437
资本及金融账户（亿港元）	-964
净误差及遗漏（亿港元）	527
整体的国际收支（亿港元）	1391
国际投资头寸	
国际投资头寸净值（亿港元）	63988
政府收支、货币、金融（亿港元）	
对外金融资产（亿港元）	323416
对外金融负债（亿港元）	259429
居民消费物价指数	
（2009年10月至2010年9月=100）	
综合消费物价指数	120.2
甲类消费物价指数	122.4
乙类消费物价指数	119.8
丙类消费物价指数	118.3
工业生产	
工业生产指数③（2008年=100）	94.6
工业电力消费量（万亿焦耳）	11281
工业煤气消费量（万亿焦耳）	1673
服务	
增加价值（亿港元）	
进出口贸易、批发及零售	
住宿及膳食服务	
运输、仓库、邮政及速递服务	
资讯及通讯	
金融及保险	
地产、专业及商用服务	
公共行政、社会及个人服务	
楼宇业权	
房屋及物业	
已登记物业买卖合约涉及的价值（亿港元）	
住宅	4334
非住宅	1140
总计	5475
楼宇售价指数(1999年=100)	
私人住宅单位	257
私人写字楼(甲级、乙级及丙级)	423
楼宇租金指数(1999年=100)	
私人住宅单位	160
私人写字楼(甲级、乙级及丙级)	214
建筑工程完成名义总值(亿港元)	1986
新落成房屋委员会租住单位④（个）	9938
新落成房屋委员会资助出售单位④（个）	
获批准可动工兴建私人居住单位（个）	
初次呈交图则	11919
重大修改⑤	3369
中学学生人数（人）	374797

附录3—2　续表

指　　标		2014年	指　　标		2014年
政府储备结余⑥		8196	大学教育学生人数	（人）	187714
政府收入总额④		4707	卫　生		
政府开支总额④		3971	登记死亡人数	（人）	45710
货币供应量M3			死于心脏病人数⑫	（人）	6361
港　元⑦		52362	死于恶性肿瘤人数⑫	（人）	13727
外　币⑧		58135	婴儿死亡率(按每千名登记活产婴儿计算)		1.7
总　计		110497	社会保障		
在香港使用的贷款及垫款⑨		45328	综合社会保障援助		
港汇指数(贸易总值加权,2010年1月=100)		96	个案数目⑥	（个）	
运输、通讯及旅游			发放款项④	（亿港元）	
进出香港的货运车辆	（万辆）	722	公共福利金		
进出香港的货物			个案数目⑥	（个）	
总卸下	（万吨）	20090	发放款项④	（亿港元）	
总装上	（万吨）	12558	交通意外伤亡援助		
集装箱吞吐量⑩	（万标准集装箱）	2223	获批个案数目④	（个）	
领牌车辆	（万辆）	70	发放款项④	（万港元）	
电话服务	（万条操作线路）	432	治　安		
访港旅客⑪	（万人次）	6084	举报罪合计	（件）	67740
酒店入住率	（%）	90	暴力罪案总计	（件）	11073
教　育			犯罪被捕人数总计	（人）	33679
小学学生人数	（人）	329300			

注：本表数据由香港特别行政区政府统计处提供,国家统计局整理编辑。1996年及以前年份数据均指原香港地区。

① 以环比物量计算的本地生产总值及其组成部分的参照年为2012年。

② 期末头寸。

③ 自2005年统计年度开始,所有工业生产指数均按《香港标准行业分类2.0版》编制。

④ 财政年度数字。指当年4月1日至第二年3月31日。

⑤ 由于宏观经济环境转变,政府于2002年为房屋政策重新定位,决定停建及停集居者有其屋计划(居屋)单位。当时正在兴建而其后于2002年至2004年期间落成的居屋单位，于2007年起才分批发售，统计这些单位时以其首次推售时间作为'落成时间'。为回应中低收入人士自置居所的要求,政府于2011年决定复建居屋。首批2160个新建居屋单位,预计于2016–17年度落成,并已于2014年12月预售。

⑥ 2002年及以前没有"初次呈交图则"和"重大修改"的分类数字。

⑦ 财政年度终结数字。指第二年3月31日。

⑧ 包括外币掉期存款。

⑨ 已扣除外币掉期存款。

⑩ 不包括贸易融资的贷款。

⑪ 由1998年起,采用一系列新的集装箱吞吐量数字。与1998年以前的数字不可比。

⑫ 1996年及以后的数字包括经澳门访港的非澳门居民旅客人数。

⑬ 从2001年起,疾病及死因分类按照根据《疾病和有关健康问题的国际统计分类》(ICD)第十次修订本重新编制。与2001年以前数字不可比。

⑭ 2010年及2013年的开支包括于该财政年度分别向综援受助人及公共福利金受惠人额外发放的一个月标准金额及一个月津贴。

附录3—3 澳门特别行政区主要社会经济指标

指　　标	2014年	指　　标	2014年
本地生产总值①		进出澳门货运车辆数目③ (万辆)	35.7
以2011年环比物量计算		领牌车辆④ (万辆)	24.0
本地生产总值实际增长率(支出法) (%)	-0.4	电话线 (万条)	15.4
本地生产总值 (亿澳门元)	3787.7	访澳旅客⑤ (万人次)	3152.6
人均本地生产总值 (万澳门元)	61.0	酒店入住率 (%)	87
按当年价格计算		政府收支、货币、金融 (亿澳门元)	
本地生产总值名义增长率(支出法) (%)	8.1	政府总收入①	1560.7
本地生产总值 (亿澳门元)	4433.0	政府总开支①	657.8
人均本地生产总值 (万澳门元)	71.4	货币供应(广义货币供应量M_2)	
人口及生命统计		澳门元⑥	1245.5
年中人口 (万人)	62.2	港　元	2473.4
出生率 (‰)	11.8	其他货币	1157.1
死亡率 (‰)	3.1	总　计	4875.9
劳动力		本地机构及私人贷款及垫款	3345.9
劳动人口 (万人)	39.5	消费价格指数	
劳动力参与率 (%)	73.8	(2008年4月至2009年3月=100)	
失业率 (%)	1.7	综合消费价格指数	101.11
就业不足率 (%)	0.4	甲类消费价格指数	100.99
就业人口 (万人)	38.8	乙类消费价格指数	100.42
(Ⅰ)制造业	0.7	房屋(期末值)	
(Ⅱ)批发及零售业②	4.5	公共房屋⑦ (个)	11344
(Ⅲ)餐厅及酒店业	5.5	教　育⑧	
(Ⅳ)团体、社会及个人服务业	9.4	幼儿教育学生 (人)	14552
对外商品贸易		小学生 (人)	24252
出　口 (亿澳门元)	99.1	中学生 (人)	30088
本地产品出口 (亿澳门元)	20.2	高等教育学生 (人)	30771
转　口 (亿澳门元)	78.9	医　疗	
进　口 (亿澳门元)	899.5	死亡人数 (人)	1939
贸易条件指数(2011年=100)	97.1	死于心脏病人数 (人)	126
工业生产		死于癌症人数 (人)	671
工业电力消耗量 (亿千瓦小时)	1.9	婴儿死亡率	
建　筑		(按每千名出生登记活产婴儿计算)	2.0
建成的私人楼宇单位数目 (个)	3001	社会保障	
建成的私人楼宇总建筑面积 (万平方米)	44.0	供款单位数目 (个)	22339
新动工的私人楼宇单位数目 (个)	1900	总发放援助次数 (万次)	162.0
新动工的私人楼宇总建筑面积 (万平方米)	223.9	总发放金额 (亿澳门元)	26.1
楼宇单位买卖数目 (个)	13230	治　安	
不动产买卖契约数目 (宗)	10279	罪案数目 (宗)	14016
不动产按揭贷款数目 (宗)	32193	囚犯数目 (期末值,人)	1205
运输、通讯、旅游			

注:本表数据由澳门特别行政区政府统计暨普查局提供,国家统计局整理编辑。

①数字在日后得到更多资料时会作出修订。

②1990年"批发及零售业"数字包含了"酒店及饮食业"数字。

③自2000年开始包括进出关闸及路(氹)城边检站的数字;另外,自2007年开始亦包括进出跨境工业区边检站的数字。

④自2007年开始不包括单车。

⑤自2008年开始访澳旅客不包括外地雇员及学生等。

⑥"中华人民共和国澳门特别行政区基本法"说明,澳门元是澳门特别行政区的法定货币。

⑦不包括已出售者。

⑧不包括特殊教育学生。第n年的学生人数是指n/n+1学年年底学生人数。2007/2008学年起不包括回归教育学生人数;2010/2011学年起为注册学生人数。

附录4—1　福建省著名商标(漳州)一览表(截止2014年)

序号	商标权利人	商标名称	商品(服务)项目	所在县区
1	福建片仔癀化妆品有限公司	皇后 QUEEN 及图	护肤(膏;霜;蜜类)化妆品;洗面奶;洗澡用化妆品	芗城
2	漳州片仔癀药业股份有限公司	片仔癀 PIEN TZE HUANG	药品、中西成药	芗城
3	福建省龙溪轴承股份有限公司	浪升及图	关节轴承;深沟球轴承;滚珠(工业钢球)	芗城
4	福建糖业股份有限公司	白玉兰 BAIYULAN 及图	糖	芗城
5	福建省紫山集团有限公司	紫山 ZISHAN 及图;紫山及图	罐头、酱菜	龙海
6	漳州市紫山矿泉水有限公司	紫山 ZISHAN 及图;紫山及图	矿泉水	龙海
7	福建省腾龙工业公司	第208609号图形	油漆	龙海
8	漳州水仙药业有限公司	水仙及图	西药制剂(风油精)	芗城
9	福建力佳股份有限公司	力佳及图	柴油机	芗城
10	漳浦县鸿运纺织制品有限公司	马车及图	床单、床罩、被罩、枕套	漳浦
11	漳州市海新饲料有限公司	海新	饲料	龙海
12	龙海市多棱钢砂有限公司	富棱及图	钢砂、锯条(机器零件)	台投
13	福建红旗股份有限公司	红旗马 HONGQI MA 及图	钢砂、锯条	芗城
14	福建省东山县海魁水产集团有限公司	海魁及图	螃蟹肉、鱼片、冻虾	东山
15	龙海市永得利面粉食品有限公司	庆威及图	方便面	台投
16	福建港兴集团有限公司	鹅仙 EXIAN	饼干、糕点	南靖
17	漳州市芗城晓莉卫生用品有限公司	安月 AN YUE 及图	卫生巾、卫生垫	芗城
18	福建省长泰县协能拉链工业有限公司	三力 TRIPEPOWER 及图	拉链	长泰
19	福建东方食品集团有限公司	含羞草 SENSITIVE PLANT 及图	蜜饯	龙文
20	平和县阳山茶叶加工厂	彭溪 PENGXI 及图	茶	平和

附录4—1　续表1

序号	商标权利人	商标名称	商品(服务)项目	所在县区
21	东山东兴水产加工有限公司	DAYOU 大有及图	加工过的鱼、鱼片、鱼制食品	东　山
22	长泰南华糖业有限公司	玉津及图	白砂糖	长　泰
23	天伦食品(福建)有限公司	天伦 TianLun 及图	饼干、糕点	龙　文
24	福建天用茶业有限公司	天崠 TIANDONG 及图	茶	平　和
25	福建省漳州双赢集团有限公司	撒得利及图	肥、混合肥料、化学肥料	南　靖
26	青蛙王子(中国)日化有限公司	青蛙王子及图	化妆品、洗发液、香水	龙　文
27	福建敦信纸业有限公司	敦　信	印刷品、纸牌、扑克牌	长　泰
28	福建省厨师食品集团有限公司	厨师及图	牛肉干、肉松、生熟肉食	龙　海
29	福建盈丰食品集团有限公司	盈丰及图	酸姜、酱菜、五味姜、蔬菜罐头	漳　浦
30	漳浦县农朋食品有限公司	联 LIANQIAO 桥	罐头食品、香菇、木耳	漳　浦
31	诏安花正农业开发有限公司(福建省诏安县饮料厂)	活力宝及图	矿泉水、果汁饮料、碳酸饮料	诏　安
32	漳州市万安实业有限公司	WAN'AN 及图	涂料(粉末涂料)	芗　城
33	福建省梦娇兰日用化学品有限公司	小浣熊	化妆品(儿童用),洗发液(儿童用)	龙　海
34	福建龙溪轴承股份有限公司	LS	轴承(机器零件),关节轴承;轴承座	芗　城
35	福建省长泰县正士餐具有限公司	正士作	刀;大砍刀(刀具);切肉刀	长　泰
36	坚实(福建)集团有限公司	坚实、第1770180号图形	非金属引水管道，混凝土建筑构件	台　投
37	南靖龙之味食品工业有限公司	龍之味及图	酱油,酱菜(调味品)	南　靖
38	福建省胜兴米业有限责任公司	胜　兴	米	龙　海
39	漳州市花卉协会	漳州水仙花 ZHANGZHOUSHUIXIAN-HUA 及图(指定颜色)	水仙花、鳞茎	芗　城
40	福建省锦江日用化工有限公司	锦江及图	蚊　香	龙　海

附录4—1 续表2

序号	商标权利人	商标名称	商品(服务)项目	所在县区
41	漳州生物化学制药集团有限公司	神芦SHENLU及图	药油、中成药	龙文
42	漳浦县金浦钢丝厂	金浦及图	铁丝、钢丝、铝丝	漳浦
43	福建三宝钢铁有限公司	第1762069号图商标	钢板、钢条、金属建筑材料	芗城
44	今冠(龙海)塑料包装有限公司	今冠及图	包装用塑料膜、包装用纸袋、塑料袋	台投
45	漳州市龙海绿宝食品有限公司	绿鲜及图	水果罐头、蔬菜罐头	龙海
46	福建哈龙峰茶业有限公司	哈龙峰及图	茶、茶叶代用品	华安
47	雅佳福(福建)食品有限公司	雅佳福YAJIAFU及图	糖果、糕点、果冻	龙海
48	平和县天醇茶业有限公司	天醇TIANCHUN及图	茶、茶叶代用品	平和
49	漳州市闽京果蔬有限公司	八卦芦BGL及图	新鲜水果和蔬菜	龙海
50	福建省平和琯溪蜜柚发展中心	平和琯溪蜜柚及图	蜜柚	平和
51	龙海市常常满烧腊饭店	常常满及图	饭店、餐厅、餐馆	龙海
52	福建双赢集团有限公司	双赢	硫酸、磷肥、混合肥料、化学肥料	南靖
53	漳州市鑫展旺贸易有限公司	鑫展旺及图	油漆、涂料、涂层(油漆)	芗城
54	漳州市格莱雅化妆品有限公司	伊诗蒙YISHIMENG	去斑霜、香水、化妆剂	龙文
55	福建安麟智能科技股份有限公司	Qilin及图	工业操作遥控电力装置;工业操作遥控电器设备;自动旋转栅门	长泰
56	福建国安船业有限公司	国安	船、汽艇、独木舟	龙海
57	福建省国农农业发展有限公司	国农及图	纸制或塑料制水果套袋、包装纸、纸箱	平和
58	漳州市绿通塑胶有限公司	绿通及图	非金属水管、非金属板	云霄
59	漳州市国辉工贸有限公司	GUOHUI及图	家具、办公家具	芗城
60	漳州红梅家具有限公司	红梅REDPLUM	金属家具、办公家具、家具	龙文

附录4—1 续表3

序号	商标权利人	商标名称	商品(服务)项目	所在县区
61	漳州立兴罐头食品有限公司	LIXING及图	罐装水果、蘑菇罐头、蔬菜罐头	华安
62	漳浦县云海贸易有限公司	云瀚及图	贝壳类动物(非活)、虾(非活)、鱼(非活的)	漳浦
63	东山县顺达水产食品有限公司	顺达SHUNDA及图	贝壳类动物(非活)、甲壳动物(非活)、鱼(非活)	东山
64	东山县蓝特水产加工有限公司	蓝特LANTE	鱼制食品、鱼(非活)、鱼片	东山
65	福建南海食品有限公司	南胜NANSHENG及图	速冻菜、脱水菜、冻水果、水果罐头	平和
66	龙海市文鸿食品有限公司	文鸿及图	酱菜、水果罐头、蔬菜罐头	龙海
67	漳州市龙文升源粮业有限公司	第1390684号图形	谷类制品、食用面粉、人食用去壳谷物	龙文
68	福建二宜楼茶叶工贸有限公司	二宜楼及图	茶、乌龙茶	华安
69	漳州市金峰食品工业有限公司	金峰	饼干、糕点、糖果	芗城
70	漳州市康之味食品工业有限公司	康之味	无酒精果汁饮料、汽水、水(饮料)	龙海
71	福建珠山复合肥有限公司	珠山ZHUSHAN及图	混合肥料,肥料,农业肥料	龙海
72	福建兴发机械有限公司	XINGFA及图	压力机,自动镦锻机,铸造机械	平和
73	漳州市南云包装设备有限公司	第4249490号图形	烫号机,贴标机,食品包装机	云霄
74	福建福贞金属包装有限公司	第989145号图形	马口铁罐	台投
75	优科能(漳州)有限公司	YOKU	电池	南靖
76	富华(漳州)光学工业有限公司	SSPAIR	眼镜	龙文
77	福建漳州久依久化工有限公司	膨威PENG WEI及图	炸药,硝化铵炸药	芗城
78	龙海市美佳人造板木业有限公司	美佳MEIJIA及图	胶合板,贴面板,三合板	龙海
79	华安县巨龙工贸有限公司	巨龙及图	建筑石板,大理石艺术品,大理石塑像	华安
80	福建省诏安县四海食品有限公司	MIX麦士及图	干果,蜜饯	诏安

附录 4—1　续表 4

序号	商标权利人	商标名称	商品(服务)项目	所在县区
81	东山新福水产加工有限公司	DS.XF 及图	加工过的鱼,鱼制食品,水生贝壳类动物,	东　山
82	信华食品(漳州)有限公司	SINGS HUA 及图	猪肉食品,肉松,香肠	芗　城
83	漳浦县丰盛食品有限公司	第 4060999 号图形	贝壳类动物(非活),蛤(非活),鱼制食品	漳　浦
84	福建格林食品产业集团有限公司	格林氏 GREENS 及图	速冻菜,鱼制食品,贝壳类动物(非活),冷冻水果	龙　海
85	福建东山县顺发水产有限公司	友鱼 YOUYU 及图	水产罐头,鱼(非活),鱼制食品	东　山
86	漳州市宏绿食品有限公司	宏绿及图	脱水菜,腌制蔬菜,蔬菜罐头	平　和
87	绿香园茶叶(诏安)有限公司	绿香园 Luxiangyuan 及图	茶叶,茶叶代用品	诏　安
88	漳州市佳香源茶业有限公司	睿軒及图	茶,茶叶代用品	华　安
89	漳州市茶农世家有限公司	茶農世家及图	茶,茶叶代用品	南　靖
90	东山县超然食品有限公司	第 3548678 号图形	茶,茶饮料,茶叶代用品	东　山
91	平和县白芽奇兰茶开发中心	白芽奇兰	茶,茶叶代用品	平　和
92	福建闽星集团汇全茶业开发有限公司	匯全茗茶(“茗茶”放弃专用权)	茶	南　靖
93	漳州蓝田晨晖茶业有限公司	晨晖及图	茶,茶叶代用品	龙　文
94	诏安县红星乡青梅技术研究会	ZHAOANHONGX-INGQINGMEI 诏安红星青梅及图	新鲜青梅	诏　安
95	福建省新润食品有限公司	UNILAND 及图	新鲜蔬菜,新鲜水果,新鲜蘑菇	漳　浦
96	欣宇科技(福建)有限公司	第 Sinyu 及图	电镀、镀铬、定做材料装配(代他人)	台　投
97	孙汉宗(长泰泛华生态产业投资有限公司)	发现之旅及图	建设项目开发,工程	长　泰
98	龙海市妙雅卫生用品有限公司	妙雅 miaoya	卫生巾,卫生垫	龙　海
99	刘王雍杰(漳州市麒麟电子有限公司)	安麟	电动卷门机, 机器引擎或发动机用控制装置, 电控拉窗帘装置	长　泰
100	漳州南方机械有限公司	樱田	自动手工具,空气压缩机,喷漆机	芗　城

附录4—1 续表5

序号	商标权利人	商标名称	商品(服务)项目	所在县区
101	福建富顺电子有限公司	第1153224号图形、富顺达	计算机周边设备、计算机软件(录制好的)、显示器(电子)	龙文
102	漳州市金安机电有限公司	群达及图	电开门器,电动关门器	龙文
103	漳州市杰龙机电有限公司	杰龙及图	电动开门器,电动关门器	龙文
104	郑龙根(福建亿龙实业集团有限公司)	戴安娜及图	微波炉(厨房用具),电炊具,电炉灶	龙海
105	漳浦嘉兴石业有限公司	JIAXING及图	石板,花岗石,建筑石料	漳浦
106	漳州市龙海集友塑料有限公司	集友JIYOU及图	塑料水管阀,电线塑料槽,塑料排水管(阀)	台投
107	福建和发玉石有限公司	和发HEFA及图	垫子,地板覆盖物,席	华安
108	东山县铜兴渔具制品有限公司	DOUBLE HOOKFISH及图	钓鱼用具,钓鱼用浮子,咬钩指示器	东山
109	福建漳州市港昌罐头食品有限公司	Q3 Q-three及图	水果罐头,蘑菇罐头,肉类罐头	龙文
110	漳州市陈字贸易有限公司	TAN及图(指定颜色)	水果罐头,蔬菜罐头,蘑菇罐头	芗城
111	南靖益龙食品有限公司	益龙YILONG及图	水果罐头,蔬菜罐头,酱菜	南靖
112	福建省平和县同益食品有限公司	TYSP及图	咸菜,笋干,薇菜干	平和
113	福建省丽西食品有限公司	丽西及图	水果罐头,蔬菜罐头,水产罐头	云霄
114	龙海海昌食品有限公司	兴福XINGFU及图	水果罐头,蔬菜罐头,水产罐头	龙海
115	漳州裕得食品有限公司	裕得及图	干食用菌,肉罐头,水果罐头	芗城
116	福建平和宝峰罐头食品有限公司	宝石及图	水果罐头,蔬菜罐头,蘑菇罐头	平和
117	大闽食品(漳州)有限公司	第3034825号图形	茶,茶叶代用品	龙文
118	精益珍食品(漳州)有限公司	精益珍及图	糕点,糖果,饼干	芗城
119	福建省沁香源茶业有限公司	沁香源QinxiangYuan及图	茶,茶饮料,茶叶代用品	芗城
120	龙海市茗扬天下科技制茶发展商社	茗扬天下 MINGYANGTIANXIA	茶,茶叶代用品	龙海

附录4—1　续表6

序号	商　标　权　利　人	商　标　名　称	商品(服务)项目	所在县区
121	福建向荣大芹山茶叶发展有限公司	名峰山 MINGFENGSHAN 及　图	茶,茶叶代用品	平　和
122	福建省福龙冷冻食品有限公司	小伙计	新鲜的园艺草木植物,坚果(水果),新鲜蔬菜	龙　海
123	福建省闽南花卉有限公司	闽南花卉 MINNAN FLOWER 及图	自然花，新鲜园艺草本植物,花球茎	漳　浦
124	南靖县兰花协会	南靖兰花 NANJINGLANHUA 及图	兰　花	南　靖
125	林雅玲(聚善堂(漳州)医药物流有限公司)	聚善堂及图(指定颜色)	推销(替他人)	龙　文
126	漳州市荣昌房地产开发有限公司	荣昌 RONGCHANG 及图	不动产代理,住房代理,受托管理	龙　文
127	福建省中农高塔肥料有限公司	中塔 ZIIONGTA	混合肥料、肥料、化学肥料	龙　义
128	福建裕和皓月生物工程材料有限公司	皓尔宝及图	防水粉(涂料)、油胶泥(油灰、腻子)、涂层(油漆)	平　和
129	青蛙王子(中国)日化有限公司	双飞剑 SF-SWORD 及图	蚊香、驱虫用香、消灭有害动物制剂	龙　文
130	同溢堂药业有限公司	益安及图	中成药	漳　浦
131	福建诚信纸品有限公司	蕾迪丝 ladies 及图	卫生巾	长　泰
132	福建凯景钢铁开发有限公司(台资)	凯景及图	钢带、钢板、金属烤漆浪板	台　投
133	漳州市荣昌企业发展有限公司	RC 及图	高频焊线;异形铜材;金属板条	龙　文
134	昶维工业有限公司(漳州南冠文丰农业机械有限公司)	農　豐	农业机械；非手工操作农业器具;机动耕作机	南　靖
135	福建安麟智能科技股份有限公司	华麟及图	电动开门器、电动关门器、工业操作遥控电器设备	长　泰
136	漳州万佳陶瓷工业有限公司	Bolina Italiana	抽水马桶、坐便器、卫生器械和设备	龙　文
137	漳州市明达光电科技有限公司	梦之光及图	节能灯、照明器械及装置、路灯	长　泰
138	福建泰华交通设备有限公司	大力士	混凝土搅拌车、清洁车、油槽车	招　商
139	漳州市凯顺彩印有限公司	凯顺 KINDSON 及图	印刷品;印刷出版物;箱纸板(纸箱、盒)	东　山
140	林晓渝(漳州市芗城晓莉卫生用品有限公司)	比　洁	卫生纸、纸巾、手帕纸	芗　城

附录4—1 续表7

序号	商标权利人	商标名称	商品(服务)项目	所在县区
141	漳州市华瑞建材有限公司	恒瑞 HENG RUI 及图	非金属管道、水泥板、砖	芗城
142	黄东明(福建省明欣集团有限公司)	明欣及图	混凝土建筑构件、水泥电杆	龙文
143	张嘉俊(福建永嘉家具有限公司)	嘉俊 JIAJUN 及图	办公家具、家具、金属座椅	龙文
144	福建东宝罐头食品有限公司(南靖东宝旺罐头食品有限公司)	东旺及图	水果罐头、蔬菜罐头、腌制蔬菜	南靖
145	福建省诏安县海利水产有限公司	HL 及图	鱼制食品、甲壳动物(非活)、虾(非活)	诏安
146	东山县东协成水产食品有限公司	东及图	鱼(非活),虾(非活),鱿鱼	东山
147	林建生(漳州市美丽家香食品有限公司)	美丽家香及图	牡蛎(非活)、鱼制食品、猪肉食品	漳浦
148	漳州德立信农业有限公司	德立信、DLX 及图(指定颜色)	菜罐头、腌制蔬菜、五香萝卜	漳浦
149	东山新合发食品有限公司	新合发 XINHEFA 及图	虾(非活)、贝壳类动物(非活)、鱼制食品	东山
150	福建省诏安县绿源食品有限公司	红星 HONGXING 及图	话梅、水果蜜饯、浸酒的水果	诏安
151	漳州鲜品冷冻食品有限公司	第 3374282 号图形	甲壳动物(非活)、鱼制食品	云霄
152	福建绿宝食品集团有限公司	第 5417780 号图形	水果罐头、肉罐头、蔬菜罐头	龙海
153	东山县东亚水产有限公司	陵海东亚及图	鱿鱼、甲壳动物(非活)、贝壳类动物(非活)	东山
154	漳州碧山食品有限公司	真花牌及图	罐头	龙文
155	漳州升隆食品有限公司	升隆 shenglong 及图	猪肉食品、鱼制食品、豆腐制品	台投
156	漳州市立品食品有限公司	倍乐蔬	蔬菜汤料、熟蔬菜、干蔬菜	芗城
157	曾凡明(平和县闽鑫白芽奇兰茶总厂)	闽鑫及图	茶、茶叶代用品	平和
158	张建忠(漳州市月亮泉有机茶有限公司)	月亮泉	茶、茶叶代用品	华安
159	福建省海新食品有限公司	海新及图(指定颜色)	饼干、饼干(曲奇),膨化土豆片	龙海
160	漳州皇家龙茶业有限公司	皇家龙 HUANGJIALONG	茶、茶饮料	华安

附录4—1　续表8

序号	商　标　权　利　人	商　标　名　称	商品(服务)项目	所在县区
161	漳州市大西洋食品有限公司	大西洋及图	饼干、蛋糕、面包	芗　城
162	福建省平和九峰茶叶有限公司	九　豐	茶、茶叶代用品	平　和
163	漳州雅之道茶业有限公司	雅之道	茶	华　安
164	云霄县枇杷协会	云霄 YUNXIAO 及图	枇　杷	云　霄
165	漳浦三茂农业有限公司	三　茂	鲜水果、活动物、饲料	漳　浦
166	福建省泷澄建设集团有限公司	泷澄集团 LONGCHENG GROUP 及图(指定颜色)	建筑、工厂建设、道路铺设	龙　海
167	漳州市华威电源科技有限公司	OUTDO 及图	车辆用蓄电池	云　霄
168	漳州三德利油漆涂料有限公司	三德及图	涂料、油漆及附料(不包括绝缘漆)、陶瓷漆	南　靖
169	福建菲达阀门有限公司	FDV	金属阀门（非机器零件）、金属水管阀、油井用金属套管	长　泰
170	福建建涌机械设备有限公司	建涌机械 Jyjx 及图形	起重机、升降设备、装卸设备	长　泰
171	许国忠(漳州弘烨机械制造有限公司)	鸿强 HONGQIANG 及图	农业机械、纺织机、包装机	华　安
172	福建二菱电子有限公司	ERLING	印刷电路、与电视机连用的娱乐器具、音像接收机	芗　城
173	吴清金(漳州国绿太阳能科技有限公司)	国绿 GUOLU 及图	路灯、照明灯(照明灯笼)、太阳能热水器	南　靖
174	漳州强兴工艺制品有限公司	Alfor Baby	婴儿车、折叠式婴儿车、轻便婴儿车	蓝　田
175	赖国平(漳州市芗城振兴钟表有限公司)	Winning(指定颜色)	钟、手表、钟表构件	芗　城
176	漳州市天利达计时有限公司	TLD	钟;钟表构件	龙　文
177	漳州桑泰钟表有限公司	桑　泰	钟表构件、钟表机件	龙　文
178	漳州市恒丽电子有限公司	MOVESEST 及图	钟、手表、电子钟表	龙　文
179	安安(中国)有限公司	ANAN	靴和鞋的皮衬	长　泰
180	漳州市芗城石亭民政水泥有限公司	深宝 SHENBAO 及图	水　泥	芗　城

附录4—1 续表9

序号	商标权利人	商标名称	商品(服务)项目	所在县区
181	漳州市新嘉华家具有限公司	第5901719图形	椅子(座椅)、桌子、凳子(家具)	龙 海
182	漳州伟伊化纤有限公司	WEIYI及图	纱、线、锦纶纱(纺织用)	漳 浦
183	漳州市孚美实业有限公司	孚美FUMEI及图	冷冻水果;速冻方便菜肴;速冻菜	龙 文
184	漳州市宏香记食品有限公司	宏香记及图	猪肉食品、香肠、鱼制食品	龙 文
185	东山县启昌冷冻加工有限公司	啓昌 qichang 及图	鱼制食品、鱼(非活)、水产罐头	东 山
186	东山县顺来发水产食品有限公司	顺来发SHUNLAIFA及图	甲壳动物(非活)、鱼片、鱿鱼	东 山
187	福建省诏安邦领乳业有限公司	邦领JUMBOGRAND及图	奶茶(以奶为主);牛奶制品	诏 安
188	徐良耀(福建省诏安县和平罐头食品有限公司)	和平鸽 PigEonPEACE及图	水果罐头、速冻菜、干食用菌	诏 安
189	漳州市燕锋水产食品有限公司	第5786754号图形	甲壳动物(非活)、鱼(非活)、贝壳类动物(非活)	诏 安
190	汤笃源(漳州市芗城天虹绿野食品有限公司)	天虹绿野及图	水果罐头、蔬菜罐头、腌制蔬菜	芗 城
191	漳州市香之味食品有限公司	木正muzheng及图	糖果;酥糖;糕点	龙 文
192	福建万士利食品工业有限公司	万士利WANSHILI及图	饼干、膨化水果片、蔬菜片	南 靖
193	奇客食品有限责任公司	奇客CHEER-KEY及图	饼干、糕点	南 靖
194	龙海市庆丰食品有限公司	三惠SANHUI	面包、糕点、以谷物为主的零食小吃	龙 海
195	朱连坤(福建燕顶茶叶有限公司)	YANDING及图	茶、糖果、枇杷膏	云 霄
196	张莲香(福建一叶茶业有限公司)	一叶盛茗 YIYESHENGMING及图	茶	云 霄
197	福建省长泰县酱油厂	健将及图	酱油、辣椒酱	长 泰
198	华安县茶叶协会	华安铁观音	茶	华 安
199	刘菊香(华安华夏有茗茶业有限公司)	华夏有茗及 HUAXIAYOUMING	茶、茶叶代用品、茶饮料	华 安
200	福建中冷食品有限公司	绿晓及图	鲜水果、鲜葡萄、新鲜蔬菜	漳 浦

附录4—1　续表10

序号	商 标 权 利 人	商 标 名 称	商品(服务)项目	所在县区
201	漳州市鸿益饲料有限公司	廣寶及图	饲　料	云　霄
202	福建天意红肉蜜柚开发有限公司	闽溪红 minxihong	柚　子	平　和
203	漳州万桂农业发展有限公司	WANGUI 及图	鲜水果、新鲜蔬菜、鲜食用菌	芗　城
204	福建康之味食品工业有公司	盐　典	果汁、汽水、矿泉水	芗　城
205	漳浦县达川食品工业有限公司	大年 DANIAN 及图	无酒精果汁、蔬菜汁（饮料)、果汁饮料(饮料)	漳　浦
206	林国辉(福建辉达金属制品有限公司)	第 3331828 号图形	进出口代理、推销（替他人)	芗　城
207	黄建忠	中顺及图	建筑;建筑设备出租;车辆加油站	平　和
208	漳州市仙都绿源茶业有限公司	一壶香 HuxiAnG 及图	餐厅、咖啡馆、茶馆	芗　城
209	漳州市英格尔农业科技有限公司	第 3768269 号图形	灭害虫(为农业、园艺和林业目的);植物养护;园艺	芗　城
210	福建利南硅业集团有限公司	利南及图	工业硅;结晶硅;重晶石	南　靖
211	福建省荆龙生物科技有限公司	虎伯寮及图	金线莲(中药药材);医用药草;药草	南　靖
212	青蛙王子(中国)日化有限公司	深呼吸及图	杀菌剂;空气清新剂;消毒纸巾	龙　文
213	福建省长泰县振兴实业发展有限公司	振兴及图	电动卷门机；电控拉窗帘装置	长　泰
214	漳州科晖专用汽车制造有限公司	科晖及图	废物处理装置；垃圾压实机;电动清洁机械和设备	芗　城
215	福建一胜多砂轮有限公司	一胜多	金钢砂磨轮；磨具（手工具)	南　靖
216	漳州联合华鑫焊接自动化设备有限公司	联合华鑫 LIANHEHUAXIN 及图	电焊设备;电焊接器具;工业操作遥控电器设备	芗　城
217	漳州市常山力源电源有限公司	WEILITE 及图	电池;电池充电器;蓄电池	常　山
218	漳州市佳龙电子有限公司	佳龙 JIALONG 及图	秤;精密天平;自动计量器	芗　城
219	福建信实节能照明有限公司	SINSHI 及图	灯;白炽灯;电灯泡	云　霄
220	漳州万佳陶瓷工业有限公司	航　标	水龙头;坐便器;淋浴隔间	龙　文

附录4—1 续表11

序号	商标权利人	商标名称	商品(服务)项目	所在县区
221	李敏(漳州新威士钟表有限公司)	天极星 WEESHI	钟;表;钟表机件	龙文
222	漳州海博工贸有限公司	海博士 HYBOTIME	闹钟;电子钟表;钟	龙文
223	漳州市新雅达电子有限公司	新雅达及图	钟;电子石英钟表;手表	龙文
224	漳州宏源表业有限公司	Time2U	手表;表盒(礼品);钟表盘(钟表制造)	芗城
225	东山县康力电池隔板有限公司	LDKL 陵岛康力及图	保温用非热导材料;玻璃纤维保温板;玻璃纤维棉	东山
226	陈利民(漳州市龙川木业有限公司)	龙建及图(指定颜色)	胶合板;三合板;纤维板	龙海
227	施朗格(漳州)建材科技有限公司	Stonelution	大理石;瓷砖;石头;混凝土或大理石艺术品	芗城
228	唐坤山(漳州正坤工贸有限公司)	正坤 ZHENGKUN 及图	三合板;胶合板;半成品木材	龙海
229	漳州市华玉石业有限公司	华玉	石头;混凝土或大理石艺术品	华安
230	漳州市国辉工贸有限公司	国辉	家具;办公家具;金属家具	芗城
231	福建省佳圣轩工艺品有限公司	佳圣轩及图	家用或厨房用容器;家庭用陶瓷制品;瓷器装饰品	龙海
232	漳州永和辉塑胶有限公司	奥妙 OMO	牙刷;牙签;牙线	龙文
233	漳州多特制针有限公司	DOTEC 及图	缝针;针;装钉针	龙文
234	福建东山县海之星水产食品有限公司	陵海之星 LINGHAIZHIXING 及图	鱼(非活的);甲壳动物(非活的);水产罐头	东山
235	福建海山食品有限公司	海之山 HAIZHISHAN 及图	蔬菜罐头;水产罐头;酱菜;罐装水果	龙海
236	福建黄金兴食品有限公司	黄金兴及图	水果蜜饯;花生仁;酱菜	诏安
237	福建绿宝食品集团有公司	绿鲜让生活更健康及图	罐装水果;蔬菜罐头;蘑菇罐头	龙海
238	福建省诏安东欣食品有限公司	第1566865号图形	鱼制食品;听装(罐装)鱼;水产罐头	诏安
239	龙海市永利来食品有限公司	龙虎牌 LONGHU 及图	罐装水果;水产罐头;蔬菜罐头	龙海
240	南靖县益得利罐头食品有限公司	益得利 YIDELI 及图	水果罐头;蘑菇罐头;蔬菜罐头	南靖

附录4—1　续表12

序号	商标权利人	商标名称	商品(服务)项目	所在县区
241	同正食品有限公司(漳浦同正食品有限公司)	同正及图	水果蜜饯;罐头食品;蔬菜罐头	漳浦
242	福建新华东食品有限公司	新华东 Xinhuadong	甲壳动物(非活);鱼(非活的);虾(非活)	漳浦
243	漳州市牧源食品有限公司	缘之园	以果蔬为主的零食小吃;以水果为主的零食小吃;土豆片(油炸)	漳浦
244	南靖县书洋南香茶厂	南壶香 NANHUXIANG 及图	茶	南靖
245	平和县玉露白芽奇兰有限公司	大芹山及图	茶;茶叶代用品	平和
246	蔡福水(福中福(福建)食品有限公司)	新乐福	糕点;饼干;糖果	龙海
247	黄秋静(福建省龙海市安利达工贸有限公司)	秋实 QIUSHI 及图	面条;挂面;面粉制品	龙海
248	雷龙(漳州光照人茶业有限公司)	光照人 3H-SENDER	茶	华安
249	游振洋(福建省天露茶业有限公司)	益仁源 YI REN YUAN 及图	茶	芗城
250	曾有亮(漳州皇兰茶业有限公司)	皇蘭 huanglan 及图	茶;茶代用品	平和
251	漳浦县农朋食品有限公司	农朋及图	糖果;酥糖	漳浦
252	诏安县绿缘茶业有限公司	绿海情缘及图	茶	诏安
253	福建漳州绿野农业开发有限公司	绿泽 LVZe 及图	鲜水果	云霄
254	林开祥(福建平和祥红琯溪红肉蜜柚开发有限公司)	祥红 XIANGHONG	柚子;香蕉;鲜水果	平和
255	杨建木(福建成发农业开发有限公司)	郑店及图	新鲜蘑菇;新鲜蔬菜	南靖
256	漳浦县丰收园果菜有限公司	RICHGARDEN 及图	新鲜蔬菜;洋葱(新鲜蔬菜)	漳浦
257	漳州市丹东农业开发有限公司	丹山 DANSHAN	新鲜蔬菜;洋葱(鲜蔬菜);鲜水果	漳浦
258	泰山企业股份有限公司	泰山	果汁饮料	台投
259	福建古农酿酒有限公司	古农豪族	酒(利口酒);黄酒;米酒	长泰
260	漳州茶字典茶业有限公司	茶字典及图	广告;替他人推销;替他人采购	华安

附录4—1 续表13

序号	商标权利人	商标名称	商品(服务)项目	所在县区
261	柯志文(福建点景集团有限公司)	EJD	建筑信息；计算机硬件安装;维护和修理	芗城
262	福建鑫展旺物流有限公司	鑫展旺 XIN ZHAN WANG 及图	货运;汽车运输;货物贮存	芗城
263	长泰县海力机械制造有限公司	海力及图	金属铸造;金属处理;金属锻造	长泰
264	漳州市格莱雅化妆品有限公司	格·莱·雅 GÉLAIYA	洗发液;染发剂;化妆品	龙文
265	福建省豪门装饰工程公司(福建省豪门装饰集团有限公司)	豪门蓝图	金属门;金属建筑材料;铝塑板	龙文
266	黄志刚(漳州市东方智能仪表有限公司)	EΘSUN	计量仪表、工业或金属探测器、试电笔	芗城
267	漳州科能电器有限公司	科诺 KENUO 及图	计量仪表、电度表、电测量仪表	龙文
268	海德信(漳州)电光源有限公司	海德信 HYDERSON 及图	电灯泡、灯、灯头	长泰
269	太龙(福建)商业照明股份有限公司	TECNON 及图(指定颜色)	固定式灯具;嵌入式灯具;LED 显示屏	台投
270	漳州永裕隆精密五金有限公司	永裕隆 Yong Yu Long 及图形	火车车轮毂;轮毂的箍;小型机动车	南靖
271	福建麦凯婴儿童用品有限公司	麦凯 mEinKind 及图	车辆座位安全带；儿童安全座(车辆用);车座套	诏安
272	漳州市英姿钟表有限公司	YZ 及图(指定颜色)	钟、钟表、钟表构件	龙文
273	龙海市上全工艺首饰有限公司	上全	人造珠宝（服装用珠宝);小饰品(珠宝);介首饰及艺术品	台投
274	钟□儒(福建权昱工业有限公司)	QXY	非金属制楼梯；非金属制楼梯扶手;非金属制栏杆	长泰
275	福建省鑫海湾建材科技有限公司	鑫海湾科技及图	铺路沥青;沥青;建筑用沥青产品	台投
276	福建彩联陶瓷有限公司	彩联 CAILIAN 及图	建筑用嵌砖;瓷砖;耐火砖	平和
277	漳州玉致家具有限公司	玉致及图(指定颜色)	家具	芗城
278	漳州市东荣进出口有限公司	东荣 DR 及图	办公家具；学校用家具;金属家具	芗城
279	漳州市康大师日用品有限公司	康大师 KANG DA SHI	塑料材料（纤维代用品)、家具罩(宽大的)、家具塑料遮盖物	芗城
280	福建省丰盛食品有限公司	洋乐贝及图	贝壳类动物(非活);蛤(非活);鱼制食品	漳浦

附录 4—1　续表 14

序号	商 标 权 利 人	商 标 名 称	商品(服务)项目	所在县区
281	盈丰食品股份有限公司	彩龙 GINGER DRAGON 及图	甲壳动物(非活);鱼制食品;水果罐头	漳　浦
282	东山县昌兴水产食品有限公司	昌兴水产及图(指定颜色)	鱼制食品;鱿鱼;甲壳动物(非活的)	东　山
283	漳州元新食品有限公司	元新 YUANXIN 及图	鱼制食品、贝壳类动物(非活)、水产罐头	漳　浦
284	漳州市常山海之味冷冻食品有限责任公司	第 5974449 号图形	甲壳动物(非活);鱼(非活);虾(非活)	常　山
285	福建东山华康食品有限公司	陵岛 lingDao 及图	水果罐头;蘑菇罐头;蔬菜罐头	东　山
286	东山县乐兴水产有限公司	乐兴及图	鱼(非活的);虾(非活的);鱿鱼	东　山
287	龙海永川食品有限公司	玖龍及图	鱼制食品、蔬菜罐头、干食用菌	龙　海
288	龙海市嘉荣食品有限公司	嘉荣及图	鱼(非活的)、鱼制食品、鱼肉干	龙　海
289	福建宝丰实业有限公司	BAOFENG 及图	鱼制食品;脱水菜	龙　文
290	福建趴趴跑生态农业综合开发有限公司	趴趴跑及图	肉;肉罐头	漳　浦
291	绿新(福建)食品有限公司	第 9597151 图形	食品用胶、食品用果胶、琼脂	龙　海
292	东山县立成水产有限公司	源味隆 yuanweilong 及图	鱿鱼、虾(非活)、贝壳类动物(非活)	东　山
293	丹夫集团有限公司	丹夫 Danco 及图	华夫饼干、糕点、蛋糕	龙　海
294	漳州市谷丰米业有限公司	土楼及图	米	南　靖
295	福建闽星集团汇全茶业开发有限公司	土楼红美人	茶　叶	南　靖
296	福建仙宇茶业有限公司	仙宇及图	茶;茶叶代用品	华　安
297	华安县津香茶业有限公司(福建坪溪茶业有限公司)	坪溪及图	茶;茶叶代用品;茶饮料	华　安
298	诏安县茶叶协会	诏安八仙茶	茶	诏　安
299	漳州辰和茶业有限公司	兴辰和及图形	茶;茶叶代用品;冰茶	南　靖
300	刘小琪(福建省水清坊茶业有限公司)	水清坊	茶饮料;茶;茶叶代用品	芗　城

附录4—1　续表15

序号	商标权利人	商标名称	商品(服务)项目	所在县区
301	福建省云霄县水产开发中心	东厦锯缘青蟹	锯缘青蟹(活的)	云　霄
302	漳州平和东湖农产品有限公司	平和东湖及图	鲜水果;柚子;香蕉	平　和
303	云霄县水产养殖协会	竹塔泥蚶	泥蚶(活的)	云　霄
304	龙海市浮宫镇杨梅协会	浮宫杨梅及图	杨梅	龙　海
305	福建省中延菌菇有限公司	中延 ZHONGYAN 及图	鲜食用菌;菌种;新鲜蔬菜	华　安
306	福建成功红酒业有限公司	成功红及图	果酒(含酒精)、葡萄酒、酒(饮料)	招　商
307	漳州市津味食品工业有限公司	津味及图	水果罐头;水产罐头;酱菜	芗　城
308	何海昌(漳州市白石酿酒有限公司)	云霄白石及图	米酒;黄酒;酒	云　霄
309	福建省诏安县绿洲生化有限公司	绿珍 QS 及图	非医用或非兽医用微生物制剂	诏　安
310	福建奥利高塔复合肥有限公司	奥利龙 AOLILONG	农业肥料;混合肥料;化学肥料	南　靖
311	福建裕和皓月生物工程材料有限公司	皓尔宝	防水粉(涂料);刷墙用白浆;刷墙粉	平　和
312	陈万金(福建爱洁丽日化有限公司)	天伦 Tianlun	牙膏	龙　海
313	福建坤晟农业开发有限公司	坤晟农业 kunshengnongye 及图	杀虫剂;除草剂;农业用杀菌剂	龙　海
314	欧阳荣明(漳州市新欧门业有限公司)	新欧门业及图	金属门;钢板	华　安
315	卢国宝(漳州市兴宝机械有限公司)	兴宝机械 XINGBAO MACHINE 及图	农业机械	华　安
316	漳州市钜钢精密机械有限公司	钜钢 JUGANG 及图	铣床;机床;钻床	龙　海
317	神悦(福建)铸造有限公司	神悦 SHENYUE 及图	马达和引擎启动器;发电机;泵(机器、引擎或马达部件)	长　泰
318	富顺光电科技股份有限公司	F 及图、富顺达	灯	龙　文
319	正兴车轮集团有限公司	正兴	车轮圈;车轮轮辐;车辆底盘	芗　城
320	漳州冠程工贸有限公司	冠程	电动车辆;电动三轮车;电动自行车	龙　文

附录 4—1　续表 16

序号	商标权利人	商标名称	商品(服务)项目	所在县区
321	安安(中国)有限公司	安安及图	半加工或未加工皮革;仿皮革	长泰
322	施朗格(漳州)建材科技有限公司	施朗格·石砖 Stonelution 及图	大理石;人造石;瓷砖	芗城
323	南靖县和泰竹业有限公司	逸园 YiYuan 及图	厨房用切菜板;筷子	南靖
324	福建圣莉雅环保壁纸有限公司	SENRY	墙纸	台投
325	福建省福龙冷冻食品有限公司	F 及图	冷冻水果;熟蔬菜;速冻菜	龙海
326	漳浦县福兴水产贸易有限公司	闽兴 MIN XING 及图	虾(非活);鱼制食品;贝壳类动物(非活)	漳浦
327	龙海市嘉昌水产有限公司	嘉昌 JIACHANG 及图	甲壳动物(非活);水产罐头;虾(非活)	龙海
328	蒂妮(漳州)食品有限公司	TINI 蒂妮	蜜饯	漳浦
329	福建铭兴食品冷冻有限公司	铭海及图	贝壳类动物(非活);鱼制食品;虾(非活)	诏安
330	漳州市闽正食品有限公司	CS 及图;闽正及图	甲壳动物(非活);贝壳动物(非活);鱼制食品	常山
331	漳州市达罐食品有限公司	达罐及图	听装(罐装)鱼;水产罐头	东山
332	张英南(福建缔奇食品有限公司)	缔奇 DIQI FOOD 及图	蘑菇罐头;蔬菜罐头;腌制蔬菜	芗城
333	张福来(东山县福来食品有限公司)	张福来 FL 及图	贝壳类动物(非活);水产罐头;鱼制食品	东山
334	东山县宏祥水产有限公司	陵岛宏祥 LINGDAOHONGXIANG 及图	鱼制食品;贝壳类动物(非活);虾(非活)	东山
335	诏安县红星乡青梅技术研究会	诏安红星青梅	加工过的青梅	诏安
336	大闽食品(漳州)有限公司	大闽	茶;茶叶代用品	龙文
337	邱福清(漳州福星茶业开发有限公司)	树海瀑雾 SHUHAIPUWU 及图	茶;茶饮料;茶叶代用品	南靖
338	杨美葵(平和县峰兰茶厂)	峰兰 fenglan 及图	茶;茶叶代用品	平和
339	杨俊其(漳州市越远食品有限公司)	越远	果冻(糖果)	芗城
340	漳州天福茶业有限公司	天福茶食及图	糖果;糕点;月饼	漳浦

附录4—1 续表17

序号	商标权利人	商标名称	商品(服务)项目	所在县区
341	漳州永利盛面粉有限公司	第1622832号图形	谷类制品中;食用面粉	龙文
342	福建南海食品有限公司	O尼柚及图	糖果;茶饮料;调味品	平和
343	云霄县云峰粮油有限公司	云峰及图	谷类制品;食用面粉;人食用的去壳谷物	云霄
344	龙海市白水糖果协会	白水贡糖	糖果	龙海
345	南靖县观音山农业开发有限公司	禾蕈园HEXUNYUAN及图	鲜食用菌;菌种;动物食品	南靖
346	云霄县海洋管理站	东厦文蛤	文蛤(活)	云霄
347	云霄县水产技术推广站	列屿巴非蛤	巴非蛤(活)	云霄
348	望松(福建)生物科技有限公司	望松及图	植物饮料;无酒精饮料;豆类饮料	漳浦
349	福建康之味食品工业有限公司	劲步	无酒精果汁饮料;水(饮料);无酒精水果混合饮料	芗城
350	福建永源酿酒有限公司	二宜楼	酒(饮料)	华安
351	福建安华发展有限公司	福安华及图	建筑施工监督;建筑;室内装潢	龙文
352	福建省兴岩建设集团有限公司	兴岩集团XINGYAN GROUP及图	建筑;建筑施工监督;室内装璜修理	长泰
353	龙海龙佳生态旅游度假有限公司	龙佳	观光旅游;旅游安排;旅游陪伴	台投
354	福建省东山县东海岸保税仓储物流中心有限公司	东海岸及图	货物贮存;仓库出租;货运	东山

附录4—2 福建名牌(漳州)一览表(2012—2014年度)

序号	企业名称	商标和产品名称	认定年度	所在县区
1	漳浦县丰收园果菜有限公司	RICHGARDEN+图形牌大葱	2012年度	漳浦
2	漳浦县进丰冷冻食品有限公司	进丰牌新鲜蔬菜(大葱)	2012年度	漳浦
3	东山县东亚水产有限公司	陵海东亚+图形牌速冻水产品(墨鱼)	2012年度	东山
4	东山县东协成水产食品有限公司	图形牌速冻水产品(斑节对虾)	2012年度	东山
5	东山新合发食品有限公司	新合发+XINHEFA+图形牌速冻水产品(海水鱼)	2012年度	东山
6	东山新福水产加工有限公司	DS.XF+图形牌速冻水产品(章鱼)	2012年度	东山
7	东山融丰食品有限公司	图形牌速冻食品(冻蟹肉)	2012年度	东山
8	福建省福龙冷冻食品有限公司	图形牌速冻食品(黄秋葵)	2012年度	龙海
9	漳州振发食品有限公司	图形牌速冻食品(甜豌豆)	2012年度	龙海
10	龙海龙贤果蔬速冻食品有限公司	龙贤牌速冻食品(速冻青葱)	2012年度	龙海
11	龙海市美佳人造板木业有限公司	美佳+MEIJIA+图形牌人造板(中密度纤维板)	2012年度	龙海
12	龙海市格林水产食品有限公司	格林氏+GREENS牌速冻水产品(冻罗非鱼片)	2012年度	龙海
13	厨师食品股份有限公司	厨师+图形牌肉制品	2012年度	龙海
14	龙海市永利来食品有限公司	龙虎+LONGHU+图形牌罐头(蘑菇罐头)	2012年度	龙海
15	福建省海新食品有限公司	海新+图形牌饼干	2012年度	龙海
16	美龙(福建)冷冻食品有限公司	伊依YIYI、图形牌速冻食品(速冻米面食品生制品)	2012年度	龙海
17	漳州市新嘉华家具有限公司	图形牌钢管家具	2012年度	龙海
18	漳州东荣工贸有限公司	东荣+图形牌钢管家具	2012年度	龙海
19	福建亿龙实业集团有限公司	戴安娜+图形牌电磁炉茶盘	2012年度	龙海
20	漳州市港昌工贸有限公司	Q–three +图形牌罐头(果蔬罐头)	2012年度	龙文
21	福建永嘉家具有限公司	嘉俊+JIAJUN牌钢管家具	2012年度	龙文
22	漳州市恒丽电子有限公司	COMTEX牌石英钟表	2012年度	龙文
23	漳州市新威士钟表有限公司	天极星+WEESHI牌石英钟	2012年度	龙文
24	福建富顺电子有限公司	富顺达、图形牌LED显示屏	2012年度	龙文
25	南靖县世野食用菌有限责任公司	南野际牌杏鲍菇	2012年度	南靖
26	福建省荆龙生物科技有限公司	虎伯寮+图形牌金线莲	2012年度	南靖
27	奇客食品有限责任公司	鹅仙+EXIAN牌饼干	2012年度	南靖
28	福建闽星集团汇全茶业开发有限公司	土楼红美人牌茶叶(红茶)	2012年度	南靖
29	福建双赢集团有限公司	双赢+图形牌复合肥料(复合肥料高浓度)	2012年度	南靖
30	漳州南冠文丰农业机械有限公司	农丰牌汽油中耕管理机	2012年度	南靖
31	优科能源(漳州)有限公司	YOKU牌锂离子聚合物电池	2012年度	南靖
32	漳州喜盈门家具制品有限公司	X.M.B牌松木床	2012年度	台投
33	漳州市同发食品工业有限公司	同发+TONGFA+图形牌罐头(鱼罐头)	2012年度	台投
34	福建永得利食品有限公司	庆威+图形牌方便食品(方便面)	2012年度	台投
35	金冠(龙海)塑料包装有限公司	今冠+图形牌食用塑料包装(包装用聚乙烯吹塑薄膜)	2012年度	台投
36	多棱新材料股份有限公司	多棱+图形牌棱角钢砂	2012年度	台投
37	太龙(漳州)照明工业有限公司	TECNON牌商业照明灯具(固定式)	2012年度	台投
38	漳州大北农农牧科技有限公司	DBN+图形牌猪配合饲料	2012年度	芗城
39	精益珍食品(漳州)有限公司	精益珍+图形牌糕点(沙琪玛)	2012年度	芗城
40	漳州市金峰食品工业有限公司	金峰牌饼干	2012年度	芗城
41	信华食品(漳州)有限公司	SINGSHUA+图形牌速冻食品(速冻包子)	2012年度	芗城
42	福建糖业股份有限公司	白玉兰+BAI YU LAN+图形牌糖(白砂糖)	2012年度	芗城
43	漳州亚邦化学有限公司	亚邦+图形牌不饱和聚酯树脂	2012年度	芗城
44	正兴车轮集团有限公司	正兴牌车轮	2012年度	芗城
45	漳州宏源表业有限公司	Time2U牌石英手表	2012年度	芗城
46	漳州万利达生活电器有限公司	Malata牌电磁炉	2012年度	芗城
47	云霄县金山农业生态园有限公司	金山+图形牌枇杷	2012年度	云霄

附录4—2 续表1

序号	企 业 名 称	商标和产品名称	认定年度	所在县区
48	福建省丰盛食品有限公司	洋乐贝+图形牌速冻水产品(冻巴菲蛤肉)	2012年度	漳 浦
49	漳州泉丰食品开发有限公司	盈丰+图形牌速冻水产品(冻罗非鱼片)	2012年度	漳 浦
50	漳州市美丽家香食品有限公司	美丽家香+图形牌鲜活鲍鱼	2012年度	漳 浦
51	漳州泉丰食品开发有限公司	图形牌速冻食品(冷藏巴氏灭菌蟹肉)	2012年度	漳 浦
52	福建盈丰食品集团有限公司	盈丰+图形牌蜜饯(糖水姜、干糖姜)	2012年度	漳 浦
53	漳州仂元工业有限公司	图形牌喷水器	2012年度	漳 浦
54	漳浦桂宏工业有限公司	BENEX牌LED节能灯	2012年度	漳 浦
55	安安(中国)有限公司	AnAn牌Pu合成革	2012年度	长 泰
56	福建鑫晟钢业有限公司	图形牌钢结构	2012年度	长 泰
57	福建立达信集团有限公司	海德信+图形牌电子节能灯	2012年度	长 泰
58	漳州瑞锋果蔬有限公司	图形牌速冻食品(速冻蔬菜)	2012年度	长 泰
59	福建省诏安县海利水产有限公司	图形牌速冻水产品(虾)	2012年度	长 泰
60	福建省联盛纸业有限责任公司	图形牌箱纸板(瓦楞(芯)原纸)	2014年度	长 泰
61	敦信纸业有限责任公司	郭信+图形、水仙花+图形、鲤鱼新一代+图形牌扑克牌	2014年度	长 泰
62	福建菲达阀门科技股份有限公司	FDV+图形牌阀门	2014年度	长 泰
63	福建省漳州安泰铝材有限公司	图形牌铝合金建筑型材	2014年度	长 泰
64	漳州市长泰新麒麟机械有限公司	华麟+图形、新麒王+图形牌电动卷门机	2014年度	长 泰
65	福建吉邦电子有限公司	吉邦JIBANG+图形牌石英钟	2014年度	长 泰
66	福建东山县顺发水产有限公司	友鱼+图形牌速冻鱿鱼	2014年度	东 山
67	中港(福建)水产食品有限公司	水中港+图形牌冻鱿鱼	2014年度	东 山
68	福建省东山县海魁水产集团有限公司	海魁+图形牌冻螃蟹块	2014年度	东 山
69	福建省东山县海魁水产集团有限公司	海魁+图形牌冻罗非鱼片	2014年度	东 山
70	东山县福来食品有限公司	张福来+图形牌冻鲍鱼	2014年度	东 山
71	福建哈龙峰茶业有限公司	哈龙峰+图形牌铁观音	2014年度	华 安
72	佳香源(福建)茶业工贸有限公司	睿轩+图形牌铁观音	2014年度	华 安
73	漳州市海新饲料有限公司	海新+图形牌配合饲料	2014年度	龙 海
74	福建绿宝食品集团有限公司	LB+图形、绿鲜+图形牌果蔬罐头	2014年度	龙 海
75	龙海海昌食品有限公司	兴福+图形牌茄汁鲭鱼罐头	2014年度	龙 海
76	龙海市嘉昌水产有限公司	嘉昌+JIACHANG+图形牌冷藏巴氏杀菌蟹肉	2014年度	龙 海
77	福建省梦娇兰日用化学品有限公司	小浣熊+图形牌儿童护肤品	2014年度	龙 海
78	福建省腾龙工业公司	龙江+图形牌工业涂料	2014年度	龙 海
79	福建国安船业有限公司	国安+图形牌中型玻璃钢高速客运艇	2014年度	龙 海
80	福建绿宝食品集团有限公司	绿源宝菌+图形牌杏鲍菇	2014年度	龙 海
81	福建省福龙冷冻食品有限公司	F+图形牌速冻果蔬(毛豆、马蹄)	2014年度	龙 海
82	龙海市格林水产食品有限公司	格林氏+GREENS+图形牌冻虾	2014年度	龙 海
83	龙海市嘉荣食品有限公司	嘉荣+图形牌速冻罗非鱼片	2014年度	龙 海
84	福建东方食品集团有限公司	含羞草+图形牌蜜饯	2014年度	龙 文
85	漳州红梅家具有限公司	红梅 RED PLUM牌金属家具	2014年度	龙 文
86	漳州万佳陶瓷工业有限公司	Bolina Italiana+图形牌卫生洁具	2014年度	龙 文
87	漳州市荣昌企业发展有限公司	RC+图形牌高频电阻焊铜线	2014年度	龙 文
88	福建力佳股份有限公司	力佳+图形牌多缸柴油机 (功率≤58.60 kW,58.82kW<功率≤105.00 kW)	2014年度	龙 文
89	漳州科能电器有限公司	科诺+KENUO+图形牌电能表	2014年度	龙 文
90	漳州市孚美实业有限公司	图形+FUMEI孚美牌速冻果蔬	2014年度	龙 文
91	漳州中福木业有限公司	中福+图形牌中密度纤维板	2014年度	南 靖
92	南靖益龙食品有限公司	益龙+图形牌蔬菜罐头	2014年度	南 靖
93	奇客食品有限责任公司	奇客(正三角形)+图形、奇客+图形、奇客(倒三角形)+图形牌饼干	2014年度	南 靖

附录4—2　续表2

序号	企业名称	商标和产品名称	认定年度	所在县区
94	福建同益食品有限公司	TYSP+图形牌酱腌菜	2014年度	南　靖
95	福建省漳州中达集团有限公司	中达＋图形牌水泥	2014年度	南　靖
96	万利(中国)有限公司	TOP、万利＋WANLI+图形牌陶瓷砖	2014年度	南　靖
97	漳州国绿太阳能科技有限公司	国绿＋GUOLU+图形牌太阳能道路照明灯	2014年度	南　靖
98	福建嘉田农业开发有限公司	嘉蕈＋JIAXUN+图形牌白背毛木耳	2014年度	南　靖
99	福建平和宝峰罐头食品有限公司	宝石＋图形牌罐头(果蔬罐头)	2014年度	平　和
100	福建省天醇茶业有限公司	天醇＋图形牌白芽奇兰茶	2014年度	平　和
101	平和县阳山茶厂	彭溪＋图形牌白芽奇兰茶	2014年度	平　和
102	福建锦溪集团有限公司	琯溪蜜柚＋图形牌琯溪蜜柚	2014年度	平　和
103	福建天意红肉蜜柚开发有限公司	闽溪红＋图形牌红肉蜜柚	2014年度	平　和
104	漳州市同发食品工业有限公司	同发＋图形牌果蔬罐头	2014年度	台　投
105	金冠(龙海)塑料包装有限公司	今冠＋图形牌塑料包装袋	2014年度	台　投
106	福建凯景新型科技材料有限公司	图形牌PPGI钢卷	2014年度	台　投
107	福建凯景新型科技材料有限公司	图形牌CGI钢卷	2014年度	台　投
108	福建福贞金属包装有限公司	图形牌马口铁罐	2014年度	台　投
109	太龙(福建)商业照明股份有限公司	TECNON+图形牌嵌入式灯具	2014年度	台　投
110	漳州傲农牧业科技有限公司	图形、AONONG+图形牌猪系列饲料	2014年度	芗　城
111	漳州日高饲料有限公司	安佑＋图形牌猪饲料系列产品	2014年度	芗　城
112	漳州市国辉工贸有限公司	guohui+图形牌木制家具	2014年度	芗　城
113	信华食品(漳州)有限公司	SINGS HUA+图形牌肉制品	2014年度	芗　城
114	福建康之味食品工业有限公司	盐典＋图形、康之味＋图形牌运动饮料	2014年度	芗　城
115	漳州片仔癀药业股份有限公司	片仔癀、PIENTZEHUANG牌片仔癀	2014年度	芗　城
116	漳州水仙药业股份有限公司	图形、水仙＋图形牌风油精	2014年度	芗　城
117	福建标新集团(漳州)制罐有限公司	标新＋图形牌马口铁空罐	2014年度	芗　城
118	福建万安实业有限公司	wanan+图形牌热固性粉末涂料	2014年度	芗　城
119	三宝集团股份有限公司	三宝＋图形、图形牌钢筋混凝土用钢热轧带肋钢筋	2014年度	芗　城
120	三宝集团股份有限公司	三宝＋图形、图形牌钢筋混凝土用钢热轧光圆钢筋	2014年度	芗　城
121	福建龙溪轴承(集团)股份有限公司	LS+图形、浪升＋图形牌关节轴承	2014年度	芗　城
122	福建二菱电子有限公司	ERLING+图形牌数字电视机顶盒	2014年度	芗　城
123	漳州科华技术有限责任公司	KELONG+图形、科华技术＋图形牌不间断电源	2014年度	芗　城
124	漳州万利达生活电器有限公司	万利达牌空气净化器	2014年度	芗　城
125	漳州市华威电源科技有限公司	OUTDO+图形牌铅酸蓄电池	2014年度	云　霄
126	盈丰食品股份有限公司	盈豐＋图形牌速冻食品(冷藏巴氏灭菌蟹肉)	2014年度	漳　浦
127	漳州泉丰食品开发有限公司	盈豐＋图形牌速冻食品(冷冻虾系列)	2014年度	漳　浦
128	漳州元新食品有限公司	元新＋图形牌速冻食品(冻熟裹粉牡蛎)	2014年度	漳　浦
129	漳州天福茶业有限公司	天福 TIAN FU牌乌龙茶	2014年度	漳　浦
130	漳浦县进丰冷冻食品有限公司	进丰＋图形牌新鲜蔬菜(胡萝卜)	2014年度	漳　浦
131	福建趴趴跑生态农业综合开发有限公司	趴趴跑＋图形牌生鲜猪肉	2014年度	漳　浦
132	福建省丰盛食品有限公司	洋乐贝＋图形牌冻海水鱼(马鲛鱼)	2014年度	漳　浦
133	漳州市美丽家香食品有限公司	美丽家香＋图形牌新鲜海蛎	2014年度	漳　浦
134	漳州市美丽家香食品有限公司	美丽家香＋图形牌新鲜海带	2014年度	漳　浦
135	福建新华东食品有限公司	新华东 ＋ xinhuadong牌速冻虾	2014年度	漳　浦
136	福建泰华交通设备有限公司	大力士＋图形牌半挂车	2014年度	招　商
137	漳州市燕锋水产食品有限公司	燕锋＋YANFENG+图形牌速冻食品(冻虾、蟹产品)	2014年度	诏　安
138	福建省诏安县海利水产有限公司	HL+图形牌速冻食品(面包虾)	2014年度	诏　安
139	诏安县安邦水产食品有限公司	大有食品＋图形牌炭烤原味鱿鱼丝	2014年度	诏　安
140	福建铭兴食品冷冻有限公司	铭海＋图形牌冻水产品(冻沙丁鱼、冻罗非鱼)	2014年度	诏　安

附录 5

中华人民共和国 2014 年国民经济和社会发展统计公报[1]

中华人民共和国国家统计局

2015 年 2 月 26 日

2014 年，面对复杂多变的国际环境和艰巨繁重的国内发展改革稳定任务，党中央、国务院团结带领全国各族人民，牢牢把握国内外发展大势，坚持稳中求进工作总基调，全力推进改革开放，着力创新宏观调控，奋力激发市场活力，努力培育创新动力，国民经济在新常态下平稳运行，结构调整出现积极变化，发展质量不断提高，民生事业持续改善，实现了经济社会持续稳定发展。

一、综 合

年末全国大陆总人口为 136782 万人，比上年末增加 710 万人，其中城镇常住人口为 74916 万人，占总人口比重为 54.77%。全年出生人口 1687 万人，出生率为 12.37‰；死亡人口 977 万人，死亡率为 7.16‰；自然增长率为 5.21‰。全国人户分离的人口[2]为 2.98 亿人，其中流动人口[3]为 2.53 亿人。

表 1 2014 年年末人口数及其构成

指 标	年末数（万人）	比 重（%）
全国总人口	136782	100.0
其中：城镇	74916	54.77
乡村	61866	45.23
其中：男性	70079	51.2
女性	66703	48.8
其中：0-15 岁(含不满 16 周岁)[4]	23957	17.5
16-59 岁（含不满 60 周岁）	91583	67.0
60 周岁及以上	21242	15.5
其中：65 周岁及以上	13755	10.1

国民经济稳定增长。初步核算，全年国内生产总值[5]636463 亿元，比上年增长 7.4%。其中，第一产业增加值 58332 亿元，增长 4.1%；第二产业增加值 271392 亿元，增长 7.3%；第三产业增加值 306739 亿元，增长 8.1%。第一产业增加值占国内生产总值的比重为 9.2%，第二产业增加值比重为 42.6%，第三产业增加值比重为 48.2%。

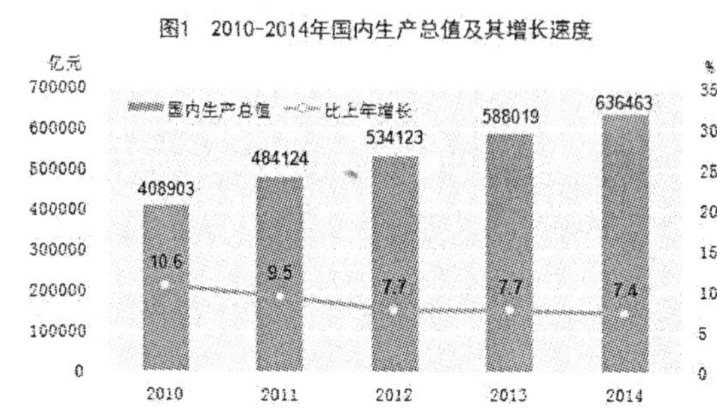

就业继续增加。年末全国就业人员 77253 万人，其中城镇就业人员 39310 万人。全年城镇新增就业 1322 万人。年末城镇登记失业率为 4.09%。全国农民工[6]总量为 27395 万人，比上年增长 1.9%。其中，外出农民工 16821 万人，增长 1.3%；本地农民工 10574 万人，增长 2.8%。

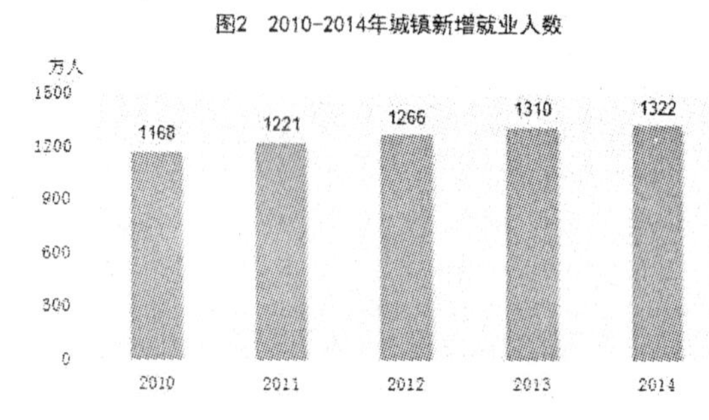

劳动生产率稳步提高。全年国家全员劳动生产率[7]为 72313 元 / 人，比上年提高 7.0%。

图3　2010-2014年国家全员劳动生产率

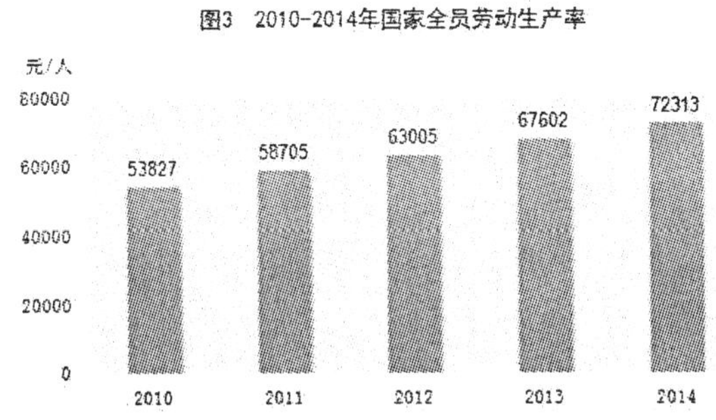

图5　2014年新建商品住宅月同比价格上涨、持平、下降城市个数变化情况

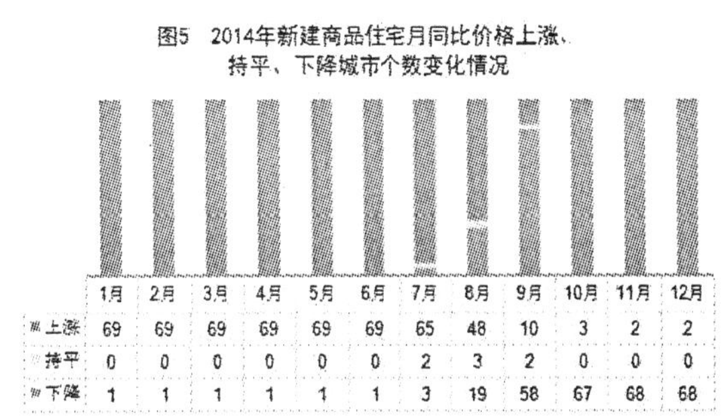

价格水平涨幅较低。全年居民消费价格比上年上涨2.0%，其中食品价格上涨3.1%。固定资产投资价格上涨0.5%。工业生产者出厂价格下降1.9%。工业生产者购进价格下降2.2%。农产品生产者价格[8]下降0.2%。

图4　2014年居民消费价格月度涨跌幅度

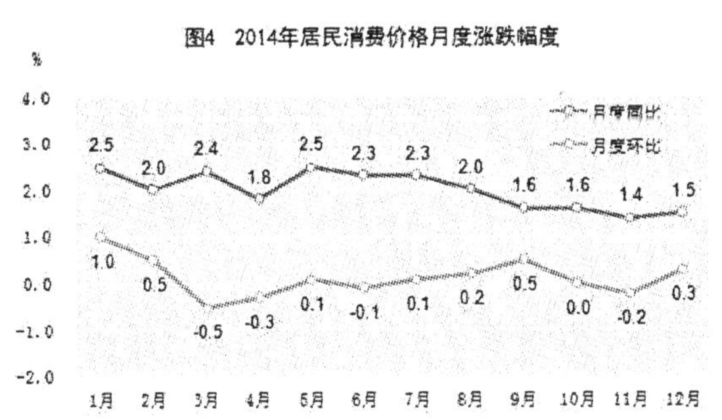

表2　2014年居民消费价格比上年涨跌幅度

单位：%

指　　标	全 国	城 市	农 村
居民消费价格	2.0	2.1	1.8
其中：食　品	3.1	3.3	2.6
烟酒及用品	−0.6	−0.7	−0.5
衣　着	2.4	2.4	2.4
家庭设备用品及维修服务	1.2	1.2	1.2
医疗保健和个人用品	1.3	1.2	1.5
交通和通信	−0.1	−0.2	0.0
娱乐教育文化用品及服务	1.9	1.9	1.7
居　住[9]	2.0	2.1	1.9

70个大中城市新建商品住宅销售价格月同比上涨城市个数上半年各月均为69个，下半年月同比上涨城市个数逐月减少，12月份为2个，月同比价格下降城市个数增加至68个。

财政收入稳定增长。全年全国一般公共财政收入140350亿元，比上年增加11140亿元，增长8.6%，其中税收收入119158亿元，增加8627亿元，增长7.8%。

图6　2010-2014年全国一般公共财政收入

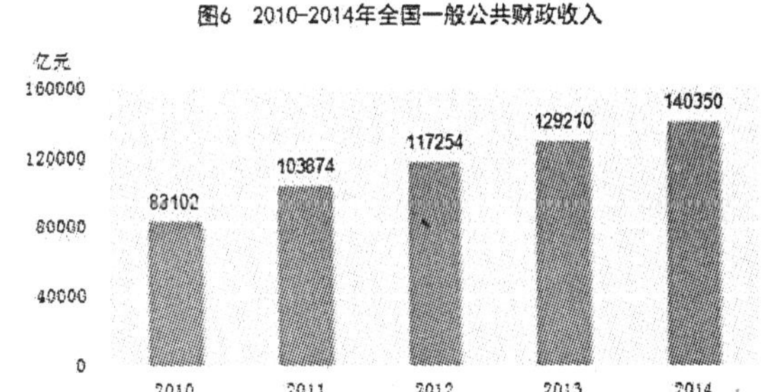

注：图中2010年至2013年数据为全国一般公共财政收入决算数，2014年为执行数。

外汇储备略有增加。年末国家外汇储备38430亿美元，比上年末增加217亿美元。全年人民币平均汇率为1美元兑6.1428元人民币，比上年升值0.8%。

图7　2010-2014年年末国家外汇储备

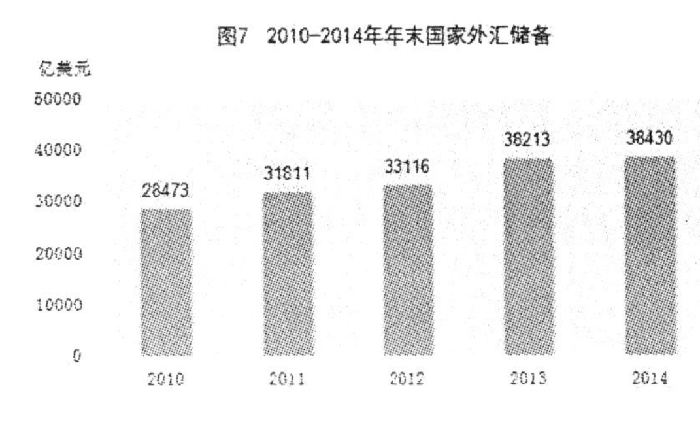

二、农　业

全年粮食种植面积11274万公顷，比上年增加78万公顷。棉花种植面积422万公顷，减少13万公顷。油料种植面积1408万公顷，增加6万公顷。

糖料种植面积191万公顷，减少9万公顷。

粮食再获丰收。全年粮食产量60710万吨，比上年增加516万吨，增产0.9%。其中，夏粮产量13660万吨，增产3.6%；早稻产量3401万吨，减产0.4%；秋粮产量43649万吨，增产0.1%。全年谷物产量55727万吨，比上年增产0.8%。其中，稻谷产量20643万吨，增产1.4%；小麦产量12617万吨，增产3.5%；玉米产量21567万吨，减产1.3%。

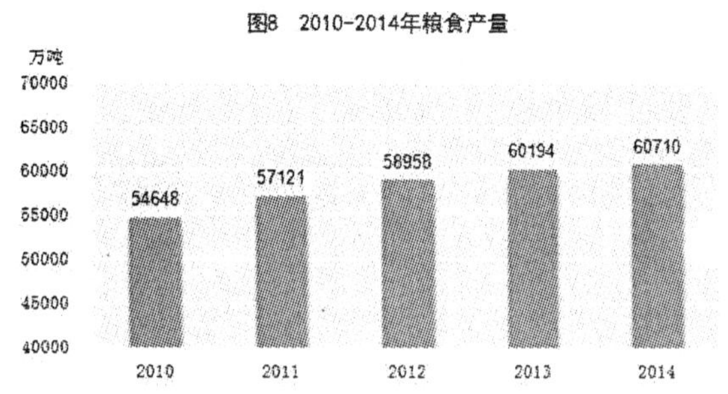

全年棉花产量616万吨，比上年减产2.2%。油料产量3517万吨，与上年持平。糖料产量13403万吨，减产2.5%。茶叶产量209万吨，增产8.7%。

全年肉类总产量8707万吨，比上年增长2.0%。其中，猪肉产量5671万吨，增长3.2%；牛肉产量689万吨，增长2.4%；羊肉产量428万吨，增长4.9%；禽肉产量1751万吨，下降2.7%。禽蛋产量2894万吨，增长0.6%。牛奶产量3725万吨，增长5.5%。年末生猪存栏46583万头，下降1.7%；生猪出栏73510万头，增长2.7%。

全年水产品产量6450万吨，比上年增长4.5%。其中，养殖水产品产量4762万吨，增长4.9%；捕捞水产品产量1688万吨，增长3.5%。

全年木材产量8178万立方米，比上年下降3.1%。

全年新增耕地灌溉面积132万公顷，新增节水灌溉面积223万公顷。

三、工业和建筑业

工业生产平稳增长。全年全部工业增加值227991亿元，比上年增长7.0%。规模以上工业增加值增长8.3%。在规模以上工业中，分经济类型看，国有及国有控股企业增长4.9%；集体企业增长1.7%，股份制企业增长9.7%，外商及港澳台商投资企业增长6.3%；私营企业增长10.2%。分门类看，采矿业增长4.5%，制造业增长9.4%，电力、热力、燃气及水生产和供应业增长3.2%。

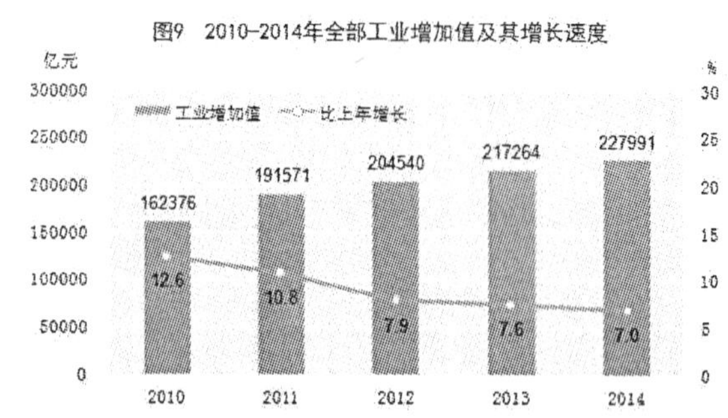

全年规模以上工业中，农副食品加工业增加值比上年增长7.7%，纺织业增长6.7%，通用设备制造业增长9.1%，专用设备制造业增长6.9%，汽车制造业增长11.8%，计算机、通信和其他电子设备制造业增长12.2%，电气机械和器材制造业增长9.4%。六大高耗能行业增加值比上年增长7.5%。其中，非金属矿物制品业增长9.3%，化学原料和化学制品制造业增长10.3%，有色金属冶炼和压延加工业增长12.4%，黑色金属冶炼和压延加工业增长6.2%，电力、热力生产和供应业增长2.2%，石油加工、炼焦和核燃料加工业增长5.4%。高技术制造业[10]增加值比上年增长12.3%，占规模以上工业增加值的比重为10.6%。装备制造业[11]增加值增长10.5%，占规模以上工业增加值的比重为30.4%。

表3 2014年主要工业产品产量及其增长速度[12]

产品名称	单位	产量	比上年增长%
纱	万吨	3379.2	5.6
布	亿米	893.7	-0.4
化学纤维	万吨	4389.8	5.5
成品糖	万吨	1642.7	3.1
卷烟	亿支	26098.5	1.9
彩色电视机	万台	14128.9	10.9
其中：液晶电视机	万台	13865.9	13.3
家用电冰箱	万台	8796.1	-5.0
房间空气调节器	万台	14463.3	10.7
一次能源生产总量	亿吨标准煤	36.0	0.5
原煤	亿吨	38.7	-2.5
原油	亿吨	21142.9	0.7
天然气[13]	亿立方米	1301.6	7.7
发电量	亿千瓦小时	56495.8	4.0
其中：火电	亿千瓦小时	42337.3	-0.3
水电	亿千瓦小时	10643.4	15.7
核电	亿千瓦小时	1325.4	18.8

粗 钢	万吨	82269.8	1.2
钢 材[14]	万吨	112557.2	4.0
十种有色金属	万吨	4380.1	7.4
其中:精炼铜(电解铜)	万吨	764.4	15.0
原铝(电解铝)	万吨	2435.8	10.3
氧化铝	万吨	4777.3	7.3
水 泥	亿吨	24.8	2.3
硫 酸(折100%)	万吨	8846.3	8.5
纯 碱	万吨	2514.2	3.4
烧 碱(折100%)	万吨	3059.0	4.5
乙 烯	万吨	1696.7	6.1
化 肥(折100%)	万吨	6887.2	-2.0
发电机组(发电设备)	万千瓦	15053.0	6.0
汽 车	万辆	2372.5	7.3
其中:基本型乘用车(轿车)	万辆	1248.3	3.1
大中型拖拉机	万台	64.4	-3.3
集成电路	亿块	1015.5	12.4
程控交换机	万线	3123.1	15.7
移动通信手持机	万台	162719.8	6.8
微型计算机设备	万台	35079.6	-0.8

年末全国发电装机容量136019万千瓦，比上年末增长8.7%。其中[15]，火电装机容量91569万千瓦，增长5.9%；水电装机容量30183万千瓦，增长7.9%；核电装机容量1988万千瓦，增长36.1%；并网风电装机容量9581万千瓦，增长25.6%；并网太阳能发电装机容量2652万千瓦，增长67.0%。

全年规模以上工业企业实现利润64715亿元，比上年增长3.3%，其中国有及国有控股企业14007亿元，下降5.7%；集体企业538亿元，增长0.4%，股份制企业42963亿元，增长1.6%，外商及港澳台商投资企业15972亿元，增长9.5%；私营企业22323亿元，增长4.9%。

全年全社会建筑业增加值44725亿元，比上年增长8.9%。全国具有资质等级的总承包和专业承包建筑业企业实现利润6913亿元，增长13.7%，其中国有及国有控股企业1639亿元，增长11.7%。

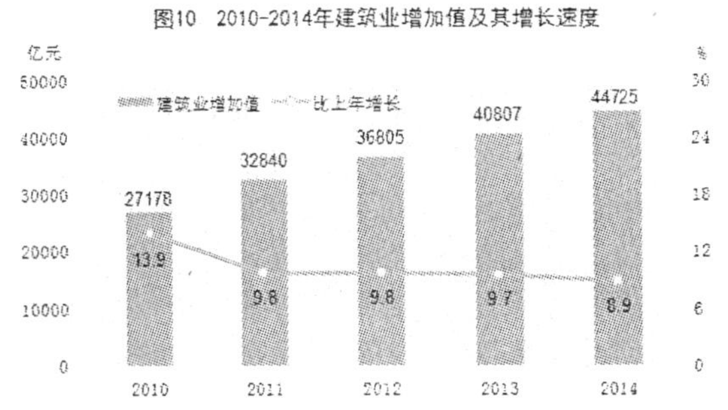

图10 2010-2014年建筑业增加值及其增长速度

四、固定资产投资

固定资产投资增速放缓。全年全社会固定资产投资512761亿元，比上年增长15.3%[16]，扣除价格因素，实际增长14.7%。其中，固定资产投资（不含农户）502005亿元，增长15.7%，农户投资10756亿元，增长2.0%。东部地区投资[17]206454亿元，比上年增长15.4%；中部地区投资124112亿元，增长17.6%；西部地区投资129171亿元，增长17.2%；东北地区投资46096亿元，增长2.7%。

图11 2010-2014年全社会固定资产投资

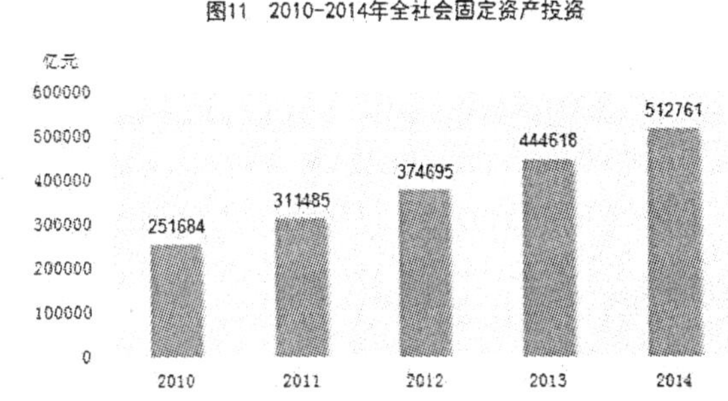

在固定资产投资（不含农户）中，第一产业投资11983亿元，比上年增长33.9%；第二产业投资208107亿元，增长13.2%；第三产业投资281915亿元，增长16.8%。民间固定资产投资[18]321576亿元，增长18.1%，占固定资产投资（不含农户）的比重为64.1%。

表4 2014年分行业固定资产投资(不含农户)及其增长速度

行 业	投资额(亿元)	比上年增长(%)
总 计	**502005**	**15.7**
农、林、牧、渔业	14697	31.3
采矿业	14681	0.7
制造业	166918	13.5
电力、热力、燃气及水的生产和供应业	22916	17.1
建筑业	4450	27.2
批发和零售业	15669	25.7
交通运输、仓储和邮政业	42984	18.6
住宿和餐饮业	6237	4.2
信息传输、软件和信息技术服务业	4187	38.6
金融业	1360	10.5
房地产业[19]	123690	11.1
租赁和商务服务业	7970	36.2
科学研究和技术服务业	4205	34.7
水利、环境和公共设施管理业	46274	23.6

居民服务、修理和其他服务业	2262	14.2
教育	6678	24.0
卫生和社会工作	3983	27.6
文化、体育和娱乐业	6192	18.9
公共管理、社会保障和社会组织	6652	13.6

表5 2014年固定资产投资新增主要生产与运营能力

指　　标	单 位	绝对数
新增220千伏及以上变电设备	万千伏安	22394
新建铁路投产里程	公里	8427
其中：高速铁路[20]	公里	5491
增、新建铁路复线投产里程	公里	7892
电气化铁路投产里程	公里	8653
新建公路里程	公里	65260
其中：高速公路	公里	7394
港口万吨级码头泊位新增吞吐能力	万吨	43553
新增民用运输机场	个	9
新增光缆线路长度	万公里	301

全年房地产开发投资95036亿元，比上年增长10.5%。其中，住宅投资64352亿元，增长9.2%；办公楼投资5641亿元，增长21.3%；商业营业用房投资14346亿元，增长20.1%。

全年全国城镇保障性安居工程基本建成住房511万套，新开工740万套。

表6 2014年房地产开发和销售主要指标完成情况及其增长速度

指　　标	单 位	绝对数	比上年增长(%)
投资额	亿元	95036	10.5
其中：住宅	亿元	64352	9.2
其中：90平方米及以下	亿元	20335	4.6
房屋施工面积	万平方米	726482	9.2
其中：住宅	万平方米	515096	5.9
房屋新开工面积	万平方米	179592	-10.7
其中：住宅	万平方米	124877	-14.4
房屋竣工面积	万平方米	107459	5.9
其中：住宅	万平方米	80868	2.7
商品房销售面积	万平方米	120649	-7.6
其中：住宅	万平方米	105182	-9.1
本年到位资金	亿元	121991	-0.1
其中：国内贷款	亿元	21243	8.0
其中：个人按揭贷款	亿元	13665	-2.6

五、国内贸易

市场销售稳定增长。全年社会消费品零售总额[21]262394亿元，比上年增长12.0%，扣除价格因素，实际增长10.9%。按经营地统计，城镇消费品零售额226368亿元，增长11.8%；乡村消费品零售额36027亿元，增长12.9%。按消费类型统计，商品零售额234534亿元，增长12.2%；餐饮收入额27860亿元，增长9.7%。

图12 2010-2014年社会消费品零售总额

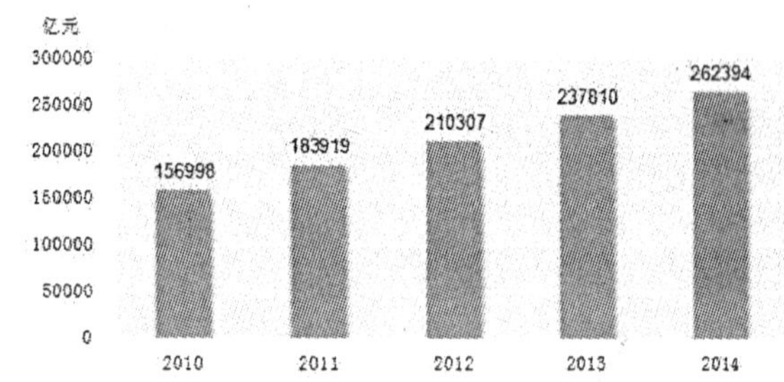

在限额以上企业商品零售额中，粮油、食品、饮料、烟酒类零售额比上年增长11.1%，服装、鞋帽、针纺织品类增长10.9%，化妆品类增长10.0%，金银珠宝类与上年持平，日用品类增长11.6%，家用电器和音像器材类增长9.1%，中西药品类增长15.0%，文化办公用品类增长11.6%，家具类增长13.9%，通讯器材类增长32.7%，石油及制品类增长6.6%，建筑及装潢材料类增长13.9%，汽车类增长7.7%。

全年网上零售额[22]27898亿元，比上年增长49.7%，其中限额以上单位网上零售额4400亿元，增长56.2%。

六、对外经济[23]

全年货物进出口总额264334亿元，比上年增长2.3%。其中，出口143912亿元，增长4.9%；进口120423亿元，下降0.6%。进出口差额（出口减进口）23489亿元，比上年增加7395亿元。

图13 2010-2014年货物进出口总额

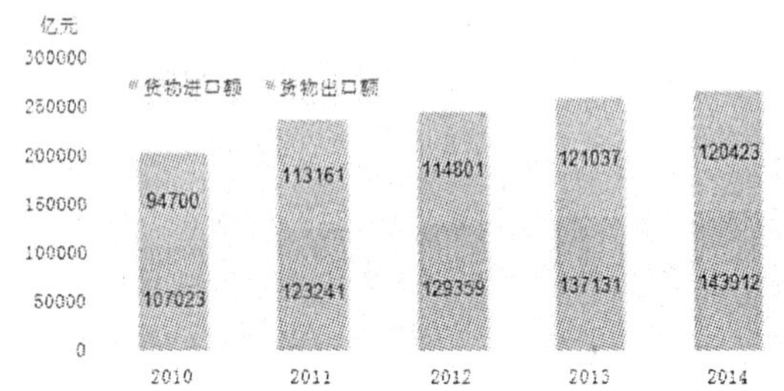

表7　2014年货物进出口总额及其增长速度

指　　标	金　额（亿元）	比上年增长（%）
货物进出口总额	264334	2.3
货物出口额	143912	4.9
其中：一般贸易	73944	9.6
加工贸易	54320	1.8
其中：机电产品	80527	2.6
高新技术产品	40570	-1.0
货物进口额	120423	-0.6
其中：一般贸易	68162	-1.0
加工贸易	32211	4.5
其中：机电产品	52509	0.7
高新技术产品	33876	-2.2
进出口差额（出口减进口）	23489	—

表8　2014年主要商品出口数量、金额及其增长速度

商品名称	单位	数量	比上年增长（%）	金额（亿元）	比上年增长（%）
煤（包括褐煤）	万吨	574	-23.5	43	-35.5
钢材	万吨	9378	50.5	4350	31.6
纺织纱线、织物及制品	—	—	—	6888	3.8
服装及衣着附件	—	—	—	11445	4.2
鞋类	—	—	—	3455	9.7
家具及其零件	—	—	—	3195	-0.7
自动数据处理设备及其部件	万台	191836	2.6	11159	-1.3
手持或车载无线电话	万台	131199	10.6	7085	20.2
集装箱	万个	302	12.1	553	13.0
液晶显示板	万个	245080	-25.0	1952	-12.4
汽车	万辆	90	-2.8	770	3.5

表9　2014年主要商品进口数量、金额及其增长速度

商品名称	数量（万吨）	比上年增长（%）	金额（亿元）	比上年增长（%）
谷物及谷物粉	1951	33.8	382	20.7
大豆	7140	12.7	2474	5.0
食用植物油	650	-19.7	364	-27.3
铁矿砂及其精矿	93251	13.8	5748	-12.8
氧化铝	528	37.7	118	35.5
煤（包括褐煤）	29122	-10.9	1366	-24.4
原油	30838	9.5	14017	2.8
成品油	3000	-24.2	1439	-27.7
初级形状的塑料	2535	3.0	3167	4.0
纸浆	1796	6.6	741	4.9
钢材	1443	2.5	1101	4.0
未锻造的铜及铜材	483	7.4	2188	0.8

表10　2014年对主要国家和地区货物进出口额及其增长速度

国家和地区	出口额（亿元）	比上年增长（%）	进口额（亿元）	比上年增长（%）
欧　盟	22787	8.3	15031	9.7
美　国	24328	6.4	9764	3.1
东　盟	16712	10.3	12794	3.3
中国香港	22307	-6.6	792	-21.5
日　本	9187	-1.4	10027	-0.5
韩　国	6162	8.9	11677	2.8
中国台湾	2843	12.7	9337	-3.9
俄罗斯	3297	7.2	2555	3.7
印　度	3331	10.7	1005	-4.6

全年服务进出口[24]总额6043亿美元，比上年增长12.6%。其中，服务出口2222亿美元，增长7.6%；服务进口3821亿美元，增长15.8%。服务进出口逆差1599亿美元。

全年非金融领域新设立外商直接投资企业23778家，比上年增长4.4%。实际使用外商直接投资金额7364亿元，按美元计价为1196亿美元，增长1.7%。

表11　2014年非金融领域外商直接投资及其增长速度

行　业	企业数（家）	比上年增长（%）	实际使用金额（亿美元）	比上年增长（%）
总　计	**23778**	**4.4**	**1195.6**	**1.7**
农、林、牧、渔业	719	-5.0	15.2	-15.4
制造业	5178	-20.4	399.4	-12.3
电力、燃气及水生产和供应业	208	4.0	22.0	-9.3
交通运输、仓储和邮政业	376	-6.2	44.6	5.7
信息传输、计算机服务和软件业	981	23.2	27.6	-4.4
批发和零售业	7978	8.6	94.6	-17.8
房地产业	446	-15.9	346.3	20.2
租赁和商务服务业	3963	18.0	124.9	20.5
居民服务和其他服务业	181	9.0	7.2	9.3

全年非金融领域对外直接投资额6321亿元，按美元计价为1029亿美元，比上年增长14.1%。

表12　2014年非金融领域对外直接投资及其增长速度

行　业	对外直接投资金额（亿元）	比上年增长（%）
总　计	**1028.9**	**14.1**
农、林、牧、渔业	17.4	19.2
采矿业	193.3	-4.1
制造业	69.6	-19.8
电力、热力、燃气及水生产和供应业	18.4	36.3

建筑业	70.2	7.5
批发和零售业	172.7	26.3
交通运输、仓储和邮政业	29.3	17.2
信息传输、软件和信息技术服务业	17.0	100.0
房地产业	30.9	45.8
租赁和商务服务业	372.5	26.5

全年对外承包工程业务完成营业额8748亿元，按美元计价为1424亿美元，比上年增长3.8%。对外劳务合作派出各类劳务人员56.2万人，增长6.6%。

七、交通、邮电和旅游

交通运输平稳增长。全年货物运输总量439亿吨，比上年增长7.1%。货物运输周转量184619亿吨公里，增长9.9%。全年规模以上港口完成货物吞吐量111.6亿吨，比上年增长4.8%，其中外贸货物吞吐量35.2亿吨，增长5.9%。规模以上港口集装箱吞吐量20093万标准箱，增长6.1%。

表13 2014年各种运输方式完成货物运输量及其增长速度

指　　标	单位	绝对数	比上年增长(%)
货物运输量	亿吨	439.1	7.1
铁　路	亿吨	38.1	-3.9
公　路	亿吨	334.3	8.7
水　运	亿吨	59.6	6.4
民　航	万吨	593.3	5.7
管　道	亿吨	6.9	5.2
货物运输周转量	亿吨公里	184619.2	9.9
铁　路	亿吨公里	27530.2	-5.6
公　路	亿吨公里	61139.1	9.7
水　运	亿吨公里	91881.1	15.7
民　航	亿吨公里	186.1	9.3
管　道	亿吨公里	3882.7	10.9

全年旅客运输总量221亿人次，比上年增长3.9%。旅客运输周转量29994亿人公里，增长8.8%。

表14 2014年各种运输方式完成旅客运输量及其增长速度

指　　标	单位	绝对数	比上年增长(%)
旅客运输总量	亿人次	220.7	3.9
铁　路	亿人次	23.6	11.9
公　路	亿人次	190.5	2.8
水　运	亿人次	2.6	12.3
民　航	亿人次	3.9	10.6
旅客运输周转量	亿人公里	29994.2	8.8
铁　路	亿人公里	11604.8	9.5
公　路	亿人公里	11981.7	6.5
水　运	亿人公里	74.4	8.9
民　航	亿人公里	6333.3	12.0

年末全国民用汽车保有量达到15447万辆（包括三轮汽车和低速货车972万辆），比上年末增长12.4%，其中私人汽车保有量12584万辆，增长15.5%。民用轿车保有量8307万辆，增长16.6%，其中私人轿车7590万辆，增长18.4%。

邮电业务快速增长。全年完成邮电业务总量[25]21846亿元，比上年增长19.0%。其中，邮政业务总量3696亿元，增长35.6%；电信业务总量18150亿元，增长16.1%。邮政业全年完成邮政函件业务56.1亿件，包裹业务0.6亿件，快递业务量139.6亿件；快递业务收入2045亿元。电信业全年新增移动电话交换机容量[26]7980万户，达到204537万户。年末全国电话用户总数达到153552万户，其中固定电话用户24943万户，移动电话用户128609万户。固定电话普及率下降至18.3部/百人，移动电话普及率上升至94.5部/百人。固定互联网宽带接入用户[27]20048万户，比上年增加1157万户；移动宽带用户[28]58254万户，增加18093万户。互联网上网人数6.49亿人，增加3117万人，其中手机上网人数[29]5.57亿人，增加5672万人。互联网普及率达到47.9%。

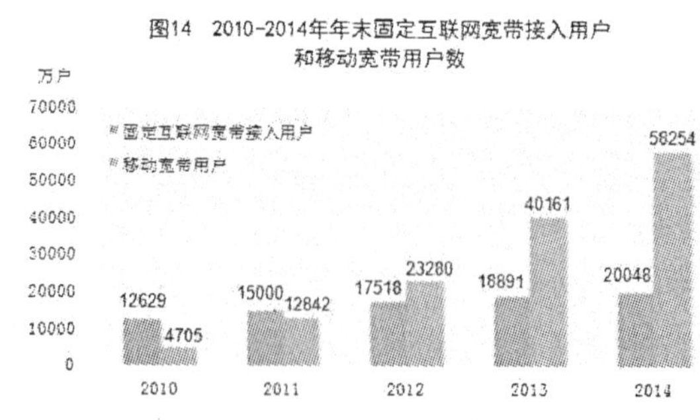

图14 2010-2014年年末固定互联网宽带接入用户和移动宽带用户数

全年国内游客36.1亿人次，比上年增长10.7%，国内旅游收入30312亿元，增长15.4%。入境游客12849万人次，下降0.5%。其中，外国人2636万人次，增长0.3%；香港、澳门和台湾同胞10213万人次，下降0.6%。在入境游客中，过夜游客5562万人次，与上年基本持平。国际旅游外汇收入569亿美元，增长10.2%。国内居民出境11659万人次，增长18.7%，其中因私出境11003万人次，增长19.6%。

八、金 融

金融市场运行总体平稳。年末广义货币供应量（M2）余额为122.8万亿元，比上年末增长12.2%；狭义货币供应量（M1）余额为34.8万亿元，增长3.2%；流通中货币（M0）余额为6.0万亿元，增长2.9%。

全年社会融资规模[30]为16.5万亿元，按可比口径计算，比上年少8598亿元。年末全部金融机构本外币各项存款余额117.4万亿元，比年初增加10.2万亿元，其中人民币各项存款余额113.9万亿元，增加9.5万亿元。全部金融机构本外币各项贷款余额86.8万亿元，增加10.2万亿元，其中人民币各项贷款余额81.7万亿元，增加9.8万亿元。

表15 2014年年末全部金融机构本外币存贷款余额及其增长速度

指　　标	年末数（亿元）	比上年末增长(%)
各项存款余额	1173735	9.6
其中：住户存款	506890	8.9
其中：人民币	502504	8.9
非金融企业存款	400420	5.4
各项贷款余额	867868	13.3
其中：境内短期贷款	336371	7.9
境内中长期贷款	471818	15.0

年末主要农村金融机构（农村信用社、农村合作银行、农村商业银行）人民币贷款余额105742亿元，比年初增加14105亿元。全部金融机构人民币消费贷款余额153660亿元，增加23938亿元。其中，个人短期消费贷款余额32491亿元，增加5902亿元；个人中长期消费贷款余额121169亿元，增加18037亿元。

全年上市公司通过境内市场累计筹资8397亿元，比上年增加1512亿元。其中，首次公开发行A股125只，筹资669亿元；A股再筹资（包括配股、公开增发、非公开增发[31]、认股权证）4165亿元，增加1362亿元；上市公司通过发行可转债、可分离债、公司债、中小企业私募债筹资3563亿元，减少519亿元。全年公开发行创业板股票51只，筹资159亿元。

全年发行公司信用类债券[32]5.15万亿元，比上年增加1.48万亿元。

全年保险公司原保险保费收入[33]20235亿元，比上年增长17.5%。其中，寿险业务原保险保费收入10902亿元，健康险和意外伤害险业务原保险保费收入2130亿元，财产险业务原保险保费收入7203亿元。支付各类赔款及给付7216亿元。其中，寿险业务给付2728亿元，健康险和意外伤害险赔款及给付700亿元，财产险业务赔款3788亿元。

九、人民生活和社会保障

城乡居民收入继续增加。全年全国居民人均可支配收入20167元，比上年增长10.1%，扣除价格因素，实际增长8.0%。按常住地分，城镇居民人均可支配收入[34]28844元，比上年增长9.0%，扣除价格因素，实际增长6.8%；城镇居民人均可支配收入中位数[35]为26635元，增长10.3%。农村居民人均可支配收入10489元，比上年增长11.2%，扣除价格因素，实际增长9.2%；农村居民人均可支配收入中位数为9497元，增长12.7%。全年农村居民人均纯收入为9892元。全国居民人均消费支出14491元，比上年增长9.6%，扣除价格因素，实际增长7.5%。按常住地分，城镇居民人均消费支出19968元，增长8.0%，扣除价格因素，实际增长5.8%；农村居民人均消费支出8383元，增长12.0%，扣除价格因素，实际增长10.0%。

图15 2014年按收入来源分的全国居民人均可支配收入及占比

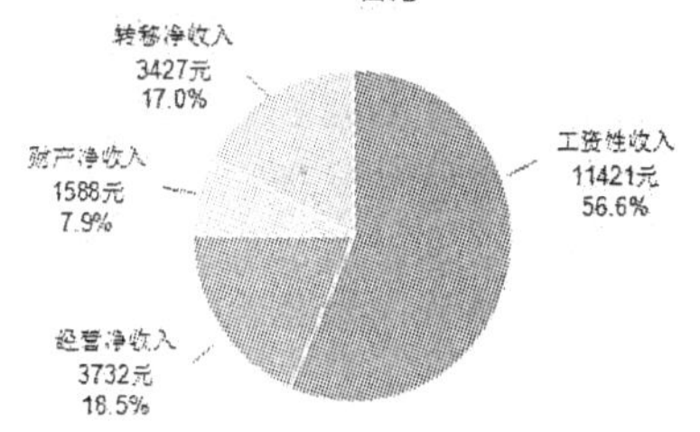

社会保障建设取得新进展。年末全国参加城镇职工基本养老保险人数34115万人，比上年末增加1897万人。参加城乡居民基本养老保险人数50107万人，增加357万人。参加基本医疗保险人数59774万人，增加2702万人。其中，参加职工基本医疗保险人数28325万人，增加882万人；参加居民基本医疗保险人数31449万人，增加1820万人。参加失业保险人数17043万人，增加626万人。年末全国领取失业保险金人数207万人。参加工伤保险人数20621万人，增加703万人，其中参加工伤保险的农民工7362万人，增加98万人。参加生育保险人数17035万人，增加643万人。按照年人均收入2300元（2010年不变价）的农村扶贫标准计算，2014年农村贫困人口为7017万人，比上年减少1232万人。

十、教育、科学技术和文化体育

教育科技和文化体育事业较快发展。全年研究生招生62.1万人，在学研究生184.8万人，毕业生53.6万人。普通本专科招生721.4万人，在校生2547.7万人，毕业生659.4万人。中等职业教育[36]招生628.9万人，在校生1802.9万人，毕业生633.0万人。普通高中招生796.6万人，在校生2400.5万人，毕业生799.6万人。初中招生1447.8万人，在校生4384.6万人，毕业生1413.5万人。普通小学招生1658.4万人，在校生9451.1万人，毕业生1476.6万人。特殊教育招生7.1万人，在校生39.5万人，毕业生4.9万人。幼儿园在园幼儿4050.7万人。

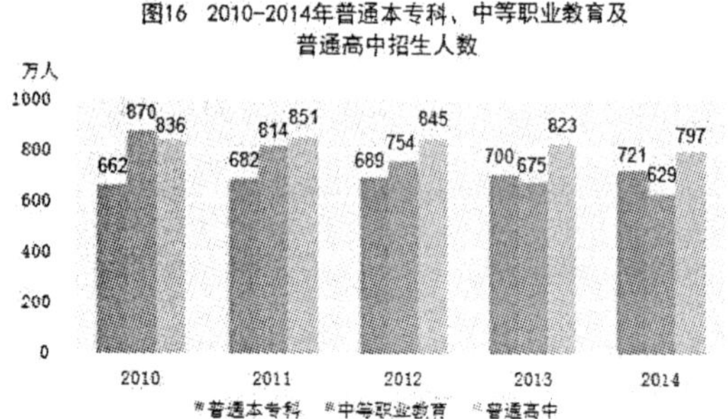

全年研究与试验发展（R&D）经费支出13312亿元，比上年增长12.4%，与国内生产总值之比为2.09%，其中基础研究经费626亿元。全年国家安排了3997项科技支撑计划课题，2129项“863”计划课题。截至年底，累计建设国家工程研究中心132个，国家工程实验室154个，国家认定企业技术中心1098家。全年国家新兴产业创投计划[37]累计支持设立213家创业投资企业，资金总规模574亿元，投资创业企业739家。全年受理境内外专利申请236.1万件，授予专利权130.3万件。截至年底，有效专利464.3万件。全年共签订技术合同29.7万项，技术合同成交金额8577亿元，比上年增长14.8%。

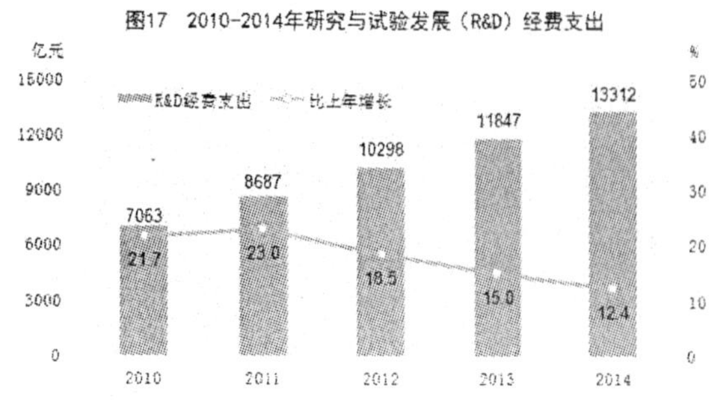

表16 2014年专利申请受理、授权和有效专利情况

指标	专利数（亿元）	比上年增长(%)
专利申请受理数	236.1	−0.7
其中:境内专利申请受理数	218.6	−1.0
其中:发明专利申请受理数	92.8	12.5
其中:境内发明专利	79.0	13.9
专利申请授权数	130.3	−0.8
其中:境内专利授权	119.2	−1.5
其中:发明专利授权	23.3	12.3
其中:境内发明专利	15.8	14.1
年末有效专利数	464.3	10.7
其中:境内有效专利	391.8	11.1
其中:有效发明专利	119.6	15.7
其中:境内有效发明专利	66.3	21.7

全年成功发射卫星16次。探月工程三期再入返回试验圆满完成。高分二号卫星成功发射。

年末全国共有产品检测实验室27051个，其中国家检测中心597个。全国现有产品质量、体系认证机构183个，已累计完成对118354个企业的产品认证。全国共有法定计量技术机构4056个，全年强制检定计量器具6162万台（件）。全年制定、修订国家标准1530项，其中新制定1067项。全国共有地震台站1687个，区域地震台网32个。全国共有海洋观测站79个。测绘地理信息部门公开出版地图1678种。

年末全国文化系统共有艺术表演团体2008个，博物馆2760个。全国共有公共图书馆3110个，总流通[38]52252万人次；文化馆3311个。有线电视用户2.31亿户，有线数字电视用户1.87亿户。年末广播节目综合人口覆盖率为98.0%，电视节目综合人口覆盖率为98.6%。全年生产电视剧429部15983集，电视动画片138496分钟。全年生产故事影片618部，科教、纪录、动画和特种影片[39]140部。出版各类报纸465亿份，各类期刊32亿册，图书84亿册（张），人均图书拥有量[40]6.12册（张）。年末全国共有档案馆4246个，已开放各类档案12835万卷（件）。

根据第六次全国体育场地普查结果[41]，全国共有体育场地169.5万个，场地面积[42]19.9亿平方米。全年我国运动员在22个运动大项中获得98个世界冠军，共创10项世界纪录。全年我国残疾人运动员在19项国际赛事中获得122个世界冠军。

十一、卫生和社会服务

卫生和社会服务事业不断改善。年末全国共有医疗卫生机构982443个，其中医院25865个，乡镇卫生院36899个，社区卫生服务中心（站）34264个，诊所（卫生所、医务室）188415个，村卫生室646044个，疾病预防控制中心3491个，卫生监督所（中心）2975个。卫生技术人员739万人，其中执业医师和执业助理医师282万人，注册护士292万人。医疗卫生机构床位652万张，其中医院484万张，乡镇卫生院117万张。

图18　2010-2014年卫生技术人员人数

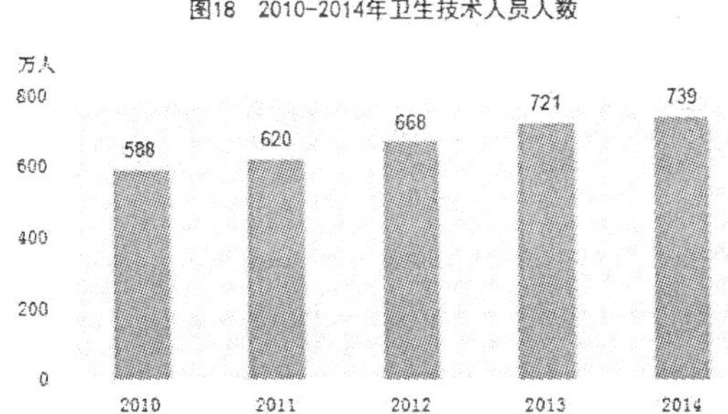

年末全国各类提供住宿的社会服务机构[43]3.8万个，其中养老服务机构3.4万个。社会服务床位[44]586.5万张，其中养老床位551.4万张。收留抚养和救助各类人员304.6万人，其中养老人员288.7万人。年末共有社区服务中心2.2万个，社区服务站11.4万个。年末全国共有1880.2万人享受城市居民最低生活保障，5209.0万人享受农村居民最低生活保障，农村五保供养[45]529.5万人。全年资助1310.9万城市困难群众参加医疗保险，资助4118.9万农村困难群众参加新型农村合作医疗。

十二、资源、环境和安全生产

全年全国国有建设用地供应总量[46]61万公顷，比上年下降16.5%。其中，工矿仓储用地15万公顷，下降29.9%；房地产用地[47]15万公顷，下降25.5%；基础设施等其他用地31万公顷，下降1.9%。

全年水资源总量28370亿立方米。全年平均降水量648毫米。年末全国监测的609座大型水库蓄水总量3663亿立方米，比上年末蓄水量增加7.0%。全年总用水量6220亿立方米，比上年增长0.6%。其中，生活用水增长2.7%，工业用水增长1.0%，农业用水增长0.1%，生态补水增长0.6%。万元国内生产总值用水量[48]112立方米，比上年下降6.3%。万元工业增加值用水量64立方米，下降5.6%。人均用水量456立方米，比上年增长0.1%。

全年完成造林面积603万公顷，其中人工造林427万公顷。林业重点工程完成造林面积200万公顷，占全部造林面积的33.2%。截至年底，自然保护区达到2729个，其中国家级自然保护区428个。新增水土流失治理面积5.4万平方公里，新增实施水土流失地区封育保护面积2.0万平方公里。

全年平均气温为10.1℃，共有5个台风登陆。

初步核算，全年能源消费总量42.6亿吨标准煤，比上年增长2.2%。煤炭消费量下降2.9%，原油消费量增长5.9%，天然气消费量增长8.6%，电力消费量增长3.8%。煤炭消费量占能源消费总量的66.0%，水电、风电、核电、天然气等清洁能源消费量占能源消费总量的16.9%。全国万元国内生产总值能耗下降4.8%。工业企业吨粗铜综合能耗同比下降3.76%，吨钢综合能耗下降1.65%，单位烧碱综合能耗下降2.33%，吨水泥综合能耗下降1.12%，每千瓦时火力发电标准煤耗下降0.67%。

十大流域[49]的702个水质监测断面中，Ⅰ～Ⅲ类水质断面比例占71.2%，劣Ⅴ类水质断面比例占9.0%。十大流域水质总体为轻度污染，水质保持稳定。

近岸海域301个海水水质监测点中，达到国家一、二类海水水质标准的监测点占66.8%，三类海水占7.0%，四类、劣四类海水占26.2%。

在按照《环境空气质量标准》（GB3095-2012）监测的161个城市中，城市空气质量达标的城市占9.9%，未达标的城市占90.1%。

在监测的319个城市中，城市区域声环境质量好的城市占1.3%，较好的占70.8%，一般的占27.3%，较差的占0.6%。

年末城市污水处理厂日处理能力达到12896万立方米，比上年末增长3.5%，城市污水处理率达到90.2%，提高0.8个百分点。城市集中供热面积59.1亿平方米，增长3.3%。城市建成区绿地率达到35.9%，提高0.2个百分点。

全年农作物受灾面积2489万公顷，其中绝收309万公顷。全年因洪涝和地质灾害造成直接经济损失1030亿元，因旱灾造成直接经济损失836亿元，因低温冷冻和雪灾造成直接经济损失129亿元，因海洋灾害造成直接经济损失136亿元。全年大陆地区共发生5级以上地震30次，成灾10次，造成直接经济损失356亿元。全年共发生森林火灾3703起，森林火灾受害森林面积1.9万公顷。

全年各类生产安全事故共死亡68061人。亿元国内生产总值生产安全事故死亡人数为0.107人，比上年下降 13.7%；工矿商贸企业就业人员 10 万人生产安全事故死亡人数为 1.328 人，下降 12.9%；道路交通事故万车死亡人数为 2.22 人，下降 5.1%；煤矿百万吨死亡人数为 0.255 人，下降 11.5%。

注 释:

[1]本公报中数据均为初步统计数。各项统计数据均未包括香港特别行政区、澳门特别行政区和台湾省。部分数据因四舍五入的原因，存在着与分项合计不等的情况。

[2]人户分离的人口是指居住地与户口登记地所在的乡镇街道不一致且离开户口登记地半年以上的人口。

[3]流动人口是指人户分离人口中扣除市辖区内人户分离的人口。市辖区内人户分离的人口是指一个直辖市或地级市所辖区内和区与区之间，居住地和户口登记地不在同一乡镇街道的人口。

[4]2014 年年末，0-14 岁（含不满 15 周岁）人口为 22558 万人，15-59 岁（含不满 60 周岁）人口为 92982 万人。

[5]国内生产总值、各产业增加值绝对数按现价计算，增长速度按不变价格计算；根据第三次全国经济普查结果和国家统计局 2012 年制定的《三次产业划分规定》对相关数据进行了修订。

[6]年度农民工数量包括年内在本乡镇以外从业 6 个月以上的外出农民工和在本乡镇内从事非农产业 6 个月以上的本地农民工两部分。

[7]国家全员劳动生产率为国内生产总值（以 2010 年不变价格计算）与全部就业人员的比率。

[8]农产品生产者价格是指农产品生产者直接出售其产品时的价格。

[9]居住类价格包括建房及装修材料、住房租金、自有住房和水电燃料等价格。

[10]高技术制造业包括医药制造业，航空、航天器及设备制造业，电子及通信设备制造业，计算机及办公设备制造业，医疗仪器设备及仪器仪表制造业，信息化学品制造业。

[11]装备制造业包括金属制品业，通用设备制造业，专用设备制造业，汽车制造业，铁路、船舶、航空航天和其他运输设备制造业，电气机械和器材制造业，计算机、通信和其他电子设备制造业，仪器仪表制造业，金属制品、机械和设备修理业。

[12]根据第三次全国经济普查结果对相关数据进行了修订，其中 2013 年原煤产量由 36.8 亿吨修订为 39.7 亿吨。

[13]天然气包括气田天然气、油田天然气（分为油田气层气、油田伴生溶解气）和煤田天然气（也称煤层气）。

[14]钢材产量数据中含企业之间重复加工钢材约 33400 万吨。

[15]少量发电装机容量（如地热等）文中未列出。

[16]根据第三次全国经济普查结果，对 2013 年全社会固定资产投资数据进行了修订。

[17]固定资产投资按东部、中部、西部和东北地区计算的合计数据小于全国数据，是因为有部分跨地区的投资未计算在地区数据中。其中，东部地区是指北京、天津、河北、上海、江苏、浙江、福建、山东、广东和海南 10 省（市）；中部地区是指山西、安徽、江西、河南、湖北和湖南 6 省；西部地区是指内蒙古、广西、重庆、四川、贵州、云南、西藏、陕西、甘肃、青海、宁夏和新疆 12 省（区、市）；东北地区是指辽宁、吉林和黑龙江 3 省。

[18]民间固定资产投资是指具有集体、私营、个人性质的内资企事业单位以及由其控股（包括绝对控股和相对控股）的企业单位建造或购置固定资产的投资。

[19]房地产业投资除房地产开发投资外，还包括建设单位自建房屋以及物业管理、中介服务和其他房地产投资。

[20]高速铁路是指最高营运速度达到 200 公里 / 小时及以上的铁路。

[21]2014 年社会消费品零售总额及相关数据均为快报数。

[22]网上零售额是指通过公共网络交易平台（包括自建网站和第三方平台）实现的商品和服务零售额。其中，网上零售额包括的服务类商品，以及少部分用于生产经营用或被转卖的商品不统计在社会消费品零售总额中。

[23]根据有关规定，货物贸易改用人民币计价。服务贸易、利用外资、对外投资和对外承包工程由于技术原因仍主要沿用美元计价。

[24]服务进出口按照《国际收支手册（第六版）》标准统计，不含政府服务，增速按可比口径计算。

[25]邮电业务总量按 2010 年不变价格计算。

[26]移动电话交换机容量是指移动电话交换机根据一定话务模型和交换机处理能力计算出来的最

大同时服务用户的数量。

[27]固定互联网宽带接入用户是指报告期末在电信企业登记注册，通过 xDSL、FTTx+LAN、FTTH/0 以及其他宽带接入方式和普通专线接入公众互联网的用户。

[28]移动宽带用户是指报告期末在计费系统拥有使用信息，占用 3G 或 4G 网络资源的在网用户。

[29]手机上网人数是指过去半年通过手机接入并使用互联网的 6 周岁及以上中国居民数量。

[30]社会融资规模是指一定时期内实体经济从金融体系获得的资金总额，是增量概念。

[31]非公开增发又叫定向增发，不含资产认购部分。

[32]公司信用类债券包括非金融企业债务融资工具、企业债券以及公司债、可转债等。

[33]原保险保费收入是指保险企业确认的原保险合同保费收入。

[34]按一体化住户调查改革前的城镇住户调查老口径推算，全年全国城镇居民人均可支配收入为 29381 元。

[35]人均收入中位数是指将所有调查户按人均收入水平从低到高（或从高到低）顺序排列，处于最中间位置调查户的人均收入。

[36]中等职业教育包括普通中专、成人中专、职业高中和技工学校，其中技工学校数据为 2013 年数据。

[37]国家新兴产业创投计划是指中央财政专项资金通过与地方政府资金、社会资本共同发起设立创业投资企业，或以股权投资模式直接投资创业企业等方式，培育和促进新兴产业发展的活动。

[38]总流通人次是指本年度内到图书馆场馆接受图书馆服务的总人次，包括借阅书刊、咨询问题以及参加各类读者活动等。

[39]特种影片是指那些采用与常规影院放映在技术、设备、节目方面不同的电影展示方式，如巨幕电影、立体电影、立体特效（4D）电影、动感电影、球幕电影等。

[40]人均图书拥有量是指在一年内全国平均每人能拥有的当年出版图书册数。

[41]数据为截至 2013 年底。

[42]场地面积是指可供训练、比赛、健身活动的场地有效面积，场地除包括比赛规定的尺寸外，还包括必要的安全区、缓冲区和无障碍地带。

[43]根据第三次全国经济普查，对提供住宿的社会服务机构、社区服务中心进行归类清理，2014 年相应数据有所调整。

[44]社会服务床位数除收养性机构外，还包括救助类机构、社区类机构以及军休所、军供站等机构的床位。

[45]农村五保供养是指老年、残疾和未满 16 周岁的村民，无劳动能力、无生活来源又无法定赡养、抚养、扶养义务人，或者其法定赡养、抚养、扶养义务人无赡养、抚养、扶养能力的村民，在吃、穿、住、医、葬方面得到的生活照顾和物质帮助。

[46]国有建设用地供应总量是指报告期内市、县人民政府根据年度土地供应计划依法以出让、划拨、租赁等方式将土地使用权提供给单位或个人使用的国有建设用地总量。

[47]房地产用地是指商服用地和住宅用地的总和。

[48]万元国内生产总值用水量、万元工业增加值用水量和万元国内生产总值能耗按 2010 年不变价格计算。

[49]十大流域包括长江、黄河、珠江、松花江、淮河、海河、辽河、浙闽片河流、西北诸河和西南诸河。

资料来源：本公报中城镇新增就业、登记失业率、社会保障数据来自人力资源社会保障部；财政数据来自财政部；外汇储备、汇率、货币金融、公司信用类债券数据来自人民银行；水产品产量数据来自农业部；木材产量、林业、森林火灾数据来自林业局；灌溉面积、水资源数据来自水利部；发电装机容量、新增 220 千伏及以上变电设备数据来自中电联；新建铁路投产里程、增新建铁路复线投产里程、电气化铁路投产里程、铁路运输数据来自铁路总公司；新建公路里程、港口万吨级码头泊位新增吞吐能力、公路运输、水运、港口货物吞吐量数据来自交通运输部；新增民用运输机场、民航数据来自民航局；新增光缆线路长度、电话交换机容量、电话用户、宽带用户、上网人数等通信数据来自工业和信息化部；保障性住房、城市污水处理、城市集中供热面积、建成区绿地率数据来自住房城乡建设部；货物进出口数据来自海关总署；服务进出口、外商直接投资、对外直接投资、对外承包工程、对外劳务合作等数据来自商务部；管道数据来自中石油、中石化、中海油；民用汽车、交通事故数据来自公安部；邮政业务数据来自邮政局；旅游数据来自旅游局、公安部；上市公司数据来自证监会；保险业数据来自保监会；教育数据来自教育部；安排科技计划课题、技术合同等数据来自科技

部；国家工程研究中心、企业技术中心、新兴产业创投等数据来自发展改革委；专利数据来自知识产权局；发射卫星数据来自国防科工局；质量检验、国家标准制定修订等数据来自质检总局；地震数据来自地震局；海洋观测站、海洋灾害造成直接经济损失数据来自海洋局；测绘数据来自测绘地信局；艺术表演团体、博物馆、公共图书馆、文化馆数据来自文化部；广播电视、电影、报纸、期刊、图书数据来自新闻出版广电总局；档案数据来自档案局；体育数据来自体育总局；残疾人运动员数据来自中国残联；卫生数据来自卫生计生委；社会服务、低保和五保供养数据、农作物受灾面积、洪涝地质灾害造成直接经济损失、旱灾造成直接经济损失、低温冷冻和雪灾造成直接经济损失来自民政部；国有建设用地供应数据来自国土资源部；自然保护区、环境监测数据来自环境保护部；平均气温、登陆台风数据来自气象局；安全生产数据来自安全监管总局；其他数据均来自国家统计局。

2014年福建省国民经济和社会发展统计公报

福　建　省　统　计　局
国家统计局福建调查总队

（2015年2月15日）

一、综　　合

年末全省常住人口3806万人，比上年末增加32万人，其中城镇常住人口2352万人，占总人口比重为61.8%，比上年末提高1.03个百分点。全年出生人口51.92万人，出生率为13.7‰；死亡人口23.50万人，死亡率为6.2‰；自然增长率为7.5‰。

表1　2014年年末人口数及其构成

指　　标	年末数（万人）	比　重（%）
常住人口	3806	100.00
其中：城　镇	2352	61.80
农　村	1454	38.20
其中：男　性	1936	50.87
女　性	1870	49.13
其中：0-14岁	613	16.10
15-64岁	2874	75.52
65周岁及以上	319	8.38

国民经济平稳增长。初步核算，全年实现地区生产总值24055.76亿元，比上年增长9.9%。其中，第一产业增加值2014.91亿元，增长4.4%；第二产业增加值12515.36亿元，增长11.7%；第三产业增加值9525.49亿元，增长8.3%。人均地区生产总值63472元，比上年增长9.1%。第一产业增加值占地区生产总值的比重为8.4%，第二产业增加值比重为52.0%，第三产业增加值比重为39.6%。

图1　2010-2014年地区生产总值（GDP）及其增长速度

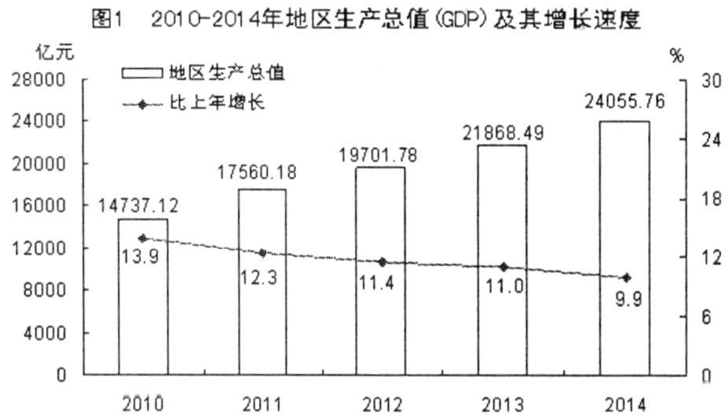

就业持续增加。全年城镇新增就业66.13万人，有12.8万下岗人员实现了再就业。年末城镇登记失业率为3.47%，比上年末下降0.08个百分点。

图2　2010-2014年城镇新增就业人数

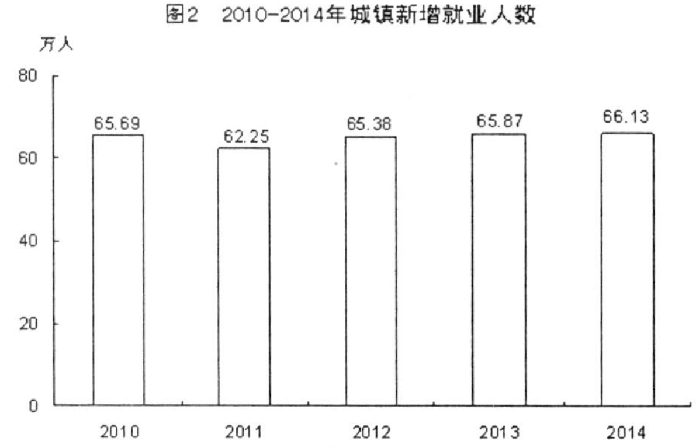

价格基本稳定。全年居民消费价格比上年上涨2.0%，其中食品价格上涨3.3%。商品零售价格上涨1.1%。固定资产投资价格上涨0.4%。工业生产者出厂价格下降1.4%。工业生产者购进价格下降1.7%。农产品生产价格上涨0.3%。农业生产资料价格下降0.5%。福州、厦门、泉州三个城市新建商品住宅销售价格同比分别上涨4.0%、8.8%和2.4%。

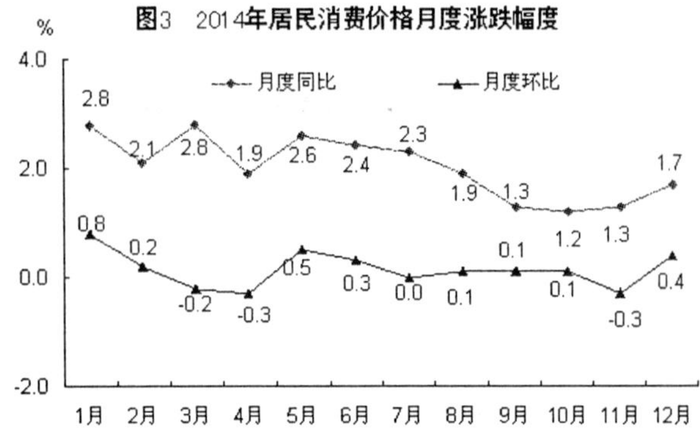

表2 2014年居民消费价格比上年涨跌幅度

指　　标	全省(%)	城市	农村
居民消费价格总水平	2.0	2.1	1.9
食　品	3.3	3.2	3.5
烟酒及用品	–0.8	–1.0	–0.4
衣　着	2.6	2.9	1.7
家庭设备用品及维修服务	0.4	0.5	0.0
医疗保健及个人用品	0.7	0.7	0.7
交通和通信	0.2	0.3	0.2
娱乐教育文化用品及服务	1.7	1.7	1.7
居　住	2.3	2.5	1.7

表3 2014年福州、厦门、泉州市新建商品住宅销售价格涨跌幅度(月度同比)

月　份	1月	2月	3月	4月	5月	6月
福　州	13.3	11.7	10.7	8.9	8.5	5.2
厦　门	16.4	15.3	13.7	12.2	11.0	9.4
泉　州	8.4	8.3	8.4	6.8	5.9	4.4
月　份	7月	8月	9月	10月	11月	12月
福　州	3.0	1.2	–1.6	–3.0	–4.7	–5.4
厦　门	7.2	6.4	4.9	3.8	3.0	2.1
泉　州	2.0	0.5	–2.1	–3.4	–5.0	–6.0

财政收入稳定增长。全年公共财政总收入3828.02亿元，比上年增长11.6%，其中，地方公共财政收入2362.29亿元，增长11.5%；公共财政支出3300.70亿元，增长7.6%。全省国税总收入（含海关代征）2299.67亿元，增长9.2%；全省地税系统组织各项收入2409.27亿元，增长10.1%。

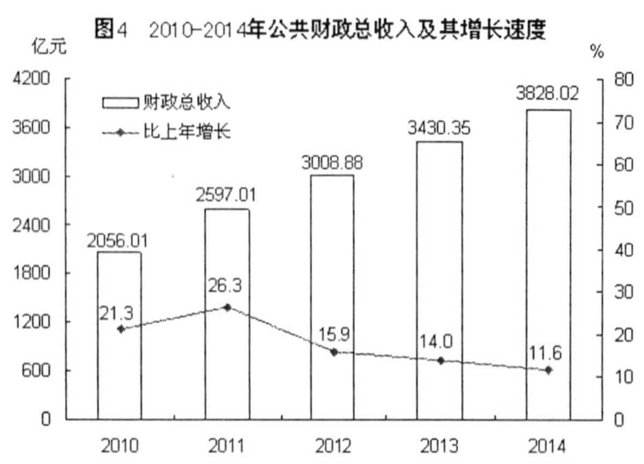

电子商务交易活跃。初步统计，全年全省电子商务交易总额4989.26亿元，比上年增长40.1%。限额以上企业实现网上零售额191.79亿元，增长102.3%。“正统网”入驻电子商务企业2161家。

二、农　　业

农业生产形势较好。全年农林牧渔业完成总产值3522.31亿元，比上年增长4.5%。粮食种植面积1796.62万亩，比上年减少6.46万亩，其中稻谷面积1206.75万亩，减少19.52万亩；烟叶种植面积108.01万亩，减少5.92万亩；油料种植面积175.66万亩，增加2.86万亩；蔬菜种植面积1085.80万亩，增加26.81万亩。

全年粮食产量667.03万吨，比上年增加2.68万吨，增长0.4%。其中，稻谷产量497.06万吨，减产4.95万吨，下降1.0%。

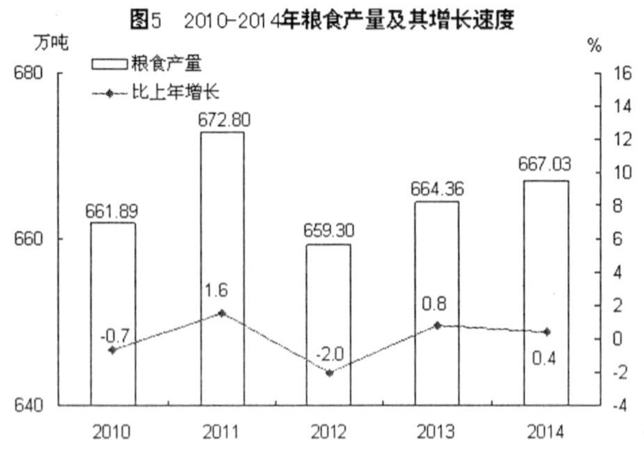

表4　2014年主要农产品产量

产品名称	产　量 (万吨)	比上年增长 (%)
粮　食	667.03	0.4
春　收	36.54	3.0
夏　收	139.55	-1.8
秋　收	490.94	0.8
油　料	29.82	3.5
其中:花　生	27.80	3.4
油菜籽	1.82	2.5
糖　料	53.12	-9.4
甘　蔗	53.12	-9.4
烤　烟	15.51	-4.6
茶　叶	37.21	7.2
水　果	790.85	6.3
蔬　菜	1697.10	3.9
食用菌	104.25	8.6

全年肉蛋奶总产量254.50万吨，比上年增长1.2%。肉类总产量213.71万吨，增长1.2%。其中，猪肉产量151.12万吨，下降4.2%；牛肉产量2.85万吨，增长7.9%；羊肉产量2.22万吨，增长6.9%。年末生猪存栏1149.35万头，下降11.3%；生猪出栏1990.47万头，下降4.9%。牛奶产量14.97万吨，增长0.2%。

全年水产品产量695.98万吨，比上年增长5.7%。其中，淡水产品产量92.45万吨，增长6.5%；海洋捕捞224.10万吨，增长3.2%；海水养殖379.43万吨，增长6.9%。

全年新增有效灌溉面积6.78万亩，新增节水灌溉面积78.5万亩。

农业产业化持续推进，428家省级以上重点龙头企业销售收入2131.68亿元，比上年增长1.4%，带动农户386.71万户。

三、工业和建筑业

工业生产稳定增长。全年全部工业增加值10426.71亿元，比上年增长11.8%。规模以上工业增加值增长11.9%。在规模以上工业中，分经济类型看，国有及国有控股企业增长16.3%；国有企业增长9.7%，集体企业增长5.8%，股份制企业增长14.6%，外商及港澳台商投资企业增长8.7%；私营企业增长12.0%。分轻重看，轻工业增长10.5%，重工业增长13.3%。分门类看，采矿业增长8.8%，制造业增长12.3%，电力、热力、燃气及水生产和供应业增长7.1%。工业产品销售率97.23%，比上年下降0.16个百分点。

图6　2014年规模以上工业增加值增长速度（月度同比）

%
1-2月 12.0；3月 12.4；4月 12.1；5月 12.5；6月 12.1；7月 12.4；8月 10.5；9月 11.7；10月 11.0；11月 11.0；12月 11.0

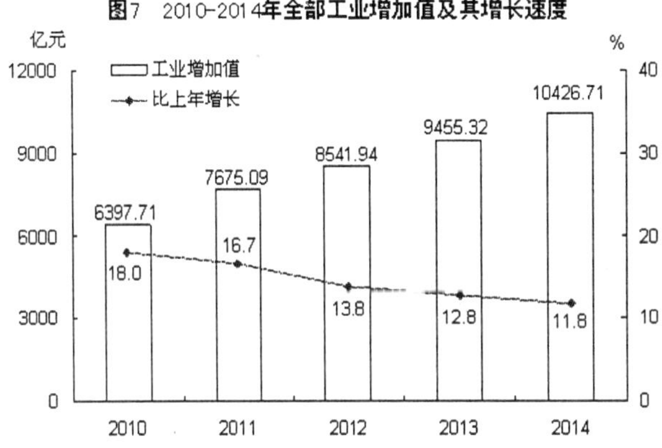

图7　2010-2014年全部工业增加值及其增长速度

规模以上工业的38个行业大类中有23个增加值增速在两位数。其中，石油加工、炼焦和核燃料加工业比上年增长77.3%，黑色金属矿采选业增长26.6%，化学原料和化学制品制造业增长29.9%，废弃资源综合利用业增长28.9%，有色金属冶炼和压延加工业增长32.8%，燃气生产和供应业增长15.4%，化学纤维制造业增长25.7%，黑色金属冶炼和压延加工业增长15.4%。规模以上工业中三大主导产业实现增加值3402.41亿元，增长14.3%。其中，机械装备产业实现增加值1478.31亿元，增长7.9%；电子信息产业实现增加值692.65亿元，增长11.0%；石油化工产业实现增加值1231.45亿元，增长25.6%。高技术产业实现增加值917.71亿元，比上年增长10.2%。

表5　2014年规模以上工业企业主要工业产品产量

产品名称	单　位	产　量	比上年 增长(%)
纱	万吨	395.55	15.8
布	亿米	68.55	2.5
化学纤维	万吨	454.94	16.7
成品糖	万吨	0.85	-43.6

卷　烟	亿支	969.73	2.2
新闻纸	万吨	12.00	−20.8
彩色电视机	万台	1474.93	65.8
原　煤	万吨	1504.45	−4.9
发电量	亿千瓦时	1870.45	4.5
其中:火　电	亿千瓦时	1277.26	−0.2
水　电	亿千瓦时	412.98	3.4
粗　钢	万吨	1820.79	3.9
钢　材	万吨	3019.64	8.4
十种有色金属	万吨	38.84	0.2
其中:铜	万吨	22.76	7.5
铝	万吨	14.27	−4.2
水　泥	万吨	7732.33	−1.4
硫　酸	万吨	186.63	20.8
纯　碱	万吨	0.89	39.6
烧　碱	万吨	25.23	10.5
化　肥(折100%)	万吨	48.71	−10.1
发电设备	万千瓦	8.70	−91.6
汽　车	万辆	18.09	−12.1
其中:轿　车	万辆	6.50	−43.1
集成电路	亿块	0.45	19.3
移动电话机	万台	1277.99	−66.7
微型电子计算机	万台	985.40	−23.3

注：发电量为全社会口径。

全年规模以上工业企业实现利润2081.74亿元，比上年增长5.3%；其中国有及国有控股企业229.67亿元，增长5.9%；国有企业21.44亿元，下降7.3%，集体企业6.05亿元，下降4.0%，股份制企业1182.91亿元，增长5.9%，外商及港澳台商投资企业829.06亿元，增长5.1%；私营企业653.69亿元，增长3.6%。规模以上工业企业每百元主营业务收入中的成本为86.57元，主营业务收入利润率为5.73%。

全年全部工业产品（采掘业和制造业）销售收入中，销往省内比重为40.4%，比上年下降1.1个百分点；销往省外的比重为38.4%，上升1.9个百分点；销往境外的比重为21.2%，下降0.8个百分点。

全年全社会建筑业实现增加值2112.03亿元，比上年增长11.0%。全省具有资质等级的总承包和专业承包建筑业企业完成建筑业总产值6689.21亿元，增长22.5%；实现利润227.05亿元，增长22.5%；税金总额236.08亿元，增长22.5%。

图8　2010-2014年全部建筑业增加值及其增长速度

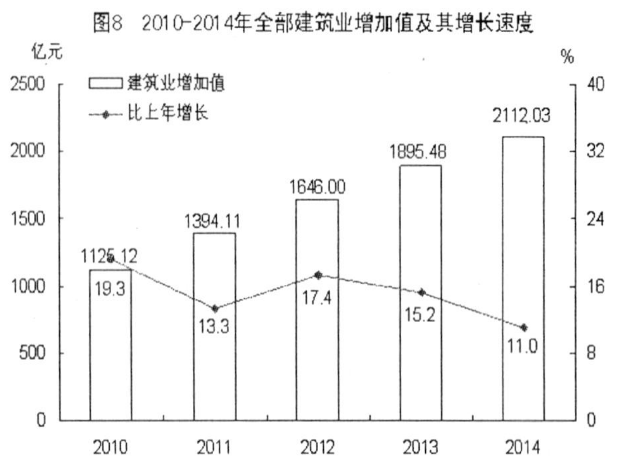

四、固定资产投资

固定资产投资较快增长。全年全社会固定资产投资18449.48亿元，比上年增长18.8%。其中，固定资产投资（不含农户）18141.37亿元，增长19.0%；农户投资308.11亿元，增长9.4%。

图9　2014年固定资产投资（不含农户）增长速度（累计同比）

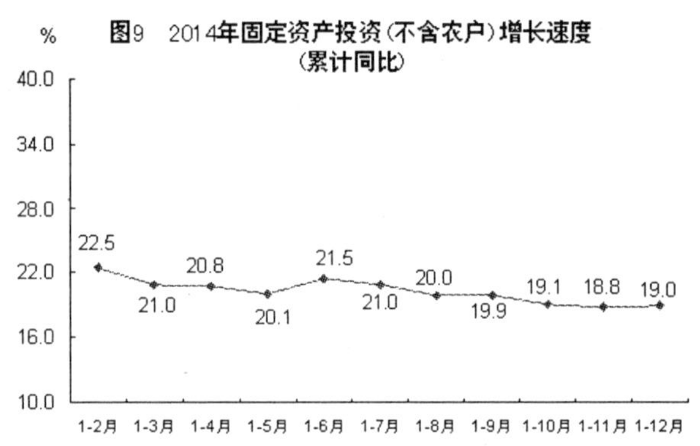

图10　2010-2014年全社会固定资产投资及其增长速度

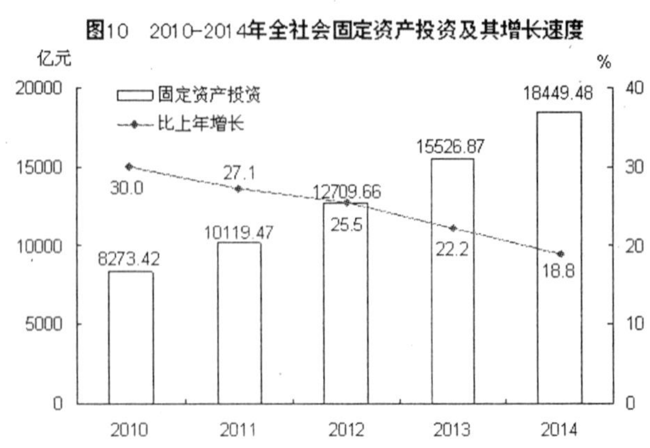

表6　2014年全社会固定资产投资情况

指　　标	投资额(亿元)	比上年增长(%)
全社会固定资产投资	18449.48	18.8
按构成分		
固定资产投资(不含农户)	18141.37	19.0
农　户	308.11	9.4
按产业分		
第一产业	413.36	52.1
第二产业	6473.86	13.4
其中:工　业	6273.71	11.0
第三产业	11562.26	21.1

在固定资产投资（不含农户）中，第一产业投资增长57.6%；第二产业投资增长13.4%，其中，工业投资增长11.0%；第三产业投资增长21.4%。从到位资金情况看，全年到位资金19005.51亿元，比上年增长10.8%。其中，国家预算资金增长2.6%，国内贷款增长4.7%，利用外资下降26.9%，自筹资金增长22.1%，其他资金下降13.7%。

表7　2014年分行业固定资产投资(不含农户)情况

行　　业	投资额(亿元)	比上年增　长(%)
总　计	18141.37	19.0
农、林、牧、渔业	442.21	50.2
采矿业	246.92	2.9
制造业	5105.82	9.9
电力、燃气及水的生产和供应业	917.91	20.0
建筑业	206.45	155.8
批发和零售业	382.21	32.1
交通运输、仓储和邮政业	1979.45	18.6
住宿和餐饮业	226.45	3.4
信息传输、软件和信息技术服务业	207.93	1.8
金融业	46.59	-15.4
房地产业	5358.41	20.9
租赁和商务服务业	232.24	30.0
科学研究和技术服务业	52.69	42.5
水利、环境和公共设施管理业	1787.28	31.9
居民服务、修理和其他服务业	53.07	39.4
教　育	214.45	15.4
卫生和社会工作	118.63	8.6
文化、体育和娱乐业	257.45	24.6
公共管理、社会保障和社会组织	305.21	27.8

全年房地产开发投资4567.40亿元，比上年增长23.3%。其中，住宅投资2917.17亿元，增长21.4%；办公楼投资358.58亿元，增长32.7%；商业营业用房投资654.88亿元，增长33.3%。

全年新开工建设城镇保障性安居工程住房9.6万套（户），基本建成城镇保障性安居工程住房8万套。

表8　2014年房地产开发和销售主要指标完成情况

指　　标	单　位	绝对数	比上年增长(%)
投资完成额	亿元	4567.40	23.3
其中:住宅	亿元	2917.17	21.4
其中:90平方米及以下	亿元	688.29	20.2
房屋施工面积	万平方米	30051.77	14.3
其中:住宅	万平方米	19718.43	10.6
房屋新开工面积	万平方米	6754.06	-6.1
其中:住宅	万平方米	4193.81	-12.6
房屋竣工面积	万平方米	3583.57	6.3
其中:住宅	万平方米	2568.02	9.8
房屋销售面积	万平方米	4119.48	-11.9
其中:住宅	万平方米	3324.10	-16.0
本年资金来源	亿元	5726.13	-0.7
其中:国内贷款	亿元	752.62	0.7
其中:个人按揭贷款	亿元	826.67	-15.2
本年购置土地面积	万平方米	1294.16	-18.7
土地购置费	亿元	1170.49	36.6

357个在建重点项目完成投资3985亿元。全年建成或部分建成173个项目，新开工159个项目。

五、国内贸易

市场销售平稳较快增长。全年社会消费品零售总额9205.55亿元，比上年增长12.9%。按经营地统计，城镇消费品零售额8418.25亿元，增长12.9%；乡村消费品零售额787.31亿元，增长13.5%。按消费形态统计，商品零售额8165.90亿元，增长13.6%；餐饮收入额1039.66亿元，增长8.3%。

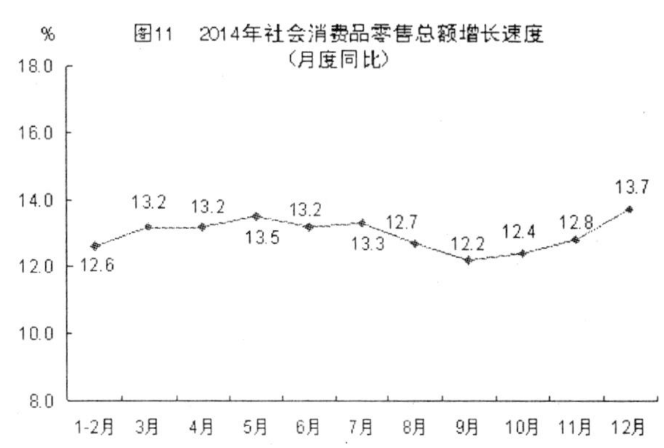

图11　2014年社会消费品零售总额增长速度（月度同比）

在限额以上企业商品零售额中，通讯器材类零售额比上年增长40.6%，服装鞋帽针纺织品类增长38.4%，化妆品类增长34.4%，粮油食品饮料烟酒类增长23.0%、其中食品类增长22.5%，家具类增长22.9%，汽车类增长16.2%，日用品类增长14.8%，金银珠宝类增长12.9%，家用电器和音响器材类增长11.9%，石油及制品类增长4.1%，体育、娱乐用品类下降1.9%。

六、对外经济

进出口平稳增长。全年进出口总额10902.95亿元人民币，以美元计价为1774.99亿美元，比上年增长4.8%。其中，出口6969.24亿元人民币，以美元计价为1134.57亿美元，增长6.6%；进口3933.71亿元人民币，以美元计价为640.42亿美元，增长1.9%。进出口顺差3035.53亿元人民币，以美元计价为494.15亿美元，比上年增加57.86亿美元。

表9　2014年进出口主要分类情况

指　　标	绝对数（亿美元）	比上年增长（%）
进出口总额	1774.99	4.8
出口额	1134.57	6.6
其中：一般贸易	810.90	8.1
加工贸易	272.00	1.6
其中：机电产品	404.12	7.5
其中：高新技术产品	150.44	-3.1
进口额	640.42	1.9
其中：一般贸易	434.81	4.9
加工贸易	151.69	-8.0
其中：机电产品	180.71	-8.8
其中：高新技术产品	129.86	-12.1

表10　2014年对主要国家和地区进出口情况

国家和地区	出口额（亿美元）	比上年增长（%）	进口额（亿美元）	比上年增长（%）
美　国	199.56	8.2	66.70	10.8
欧　盟	213.77	12.1	45.96	4.1
东　盟	167.32	2.6	83.51	4.9
日　本	65.29	1.0	29.71	-6.0
香港地区	101.46	-3.9	2.35	-50.6
台湾地区	38.21	18.6	86.19	-10.5
韩　国	33.38	15.1	32.46	-4.4
俄罗斯联邦	18.28	-8.0	6.15	32.8

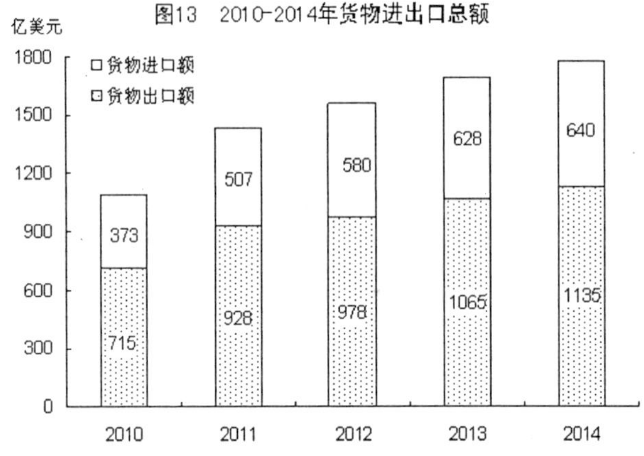

批准设立外商直接投资项目1044个，比上年增长24.3%。实际利用外商直接投资71.15亿美元，增长6.5%。

表11　2014年分行业外商直接投资情况

行　　业	合同项目（个）	实际利用金额（万美元）
总　计	**1044**	**711499**
农、林、牧、渔业	53	11571
采矿业	1	167
制造业	178	392281
电力、燃气及水的生产和供应业	11	33270
建筑业	11	21773
批发和零售业	451	35224
交通运输、仓储和邮政业	8	24605
住宿和餐饮业	24	5503
信息传输、软件和信息技术服务业	48	8718
金融业	23	24015
房地产业	12	107865
租赁和商务服务业	91	23494
科学研究和技术服务业	93	10878
水利、环境和公共设施管理业	10	3917
居民服务、修理和其他服务业	13	657
教　育	2	
文化、体育和娱乐业	15	7561

核准备案对外直接投资项目 230 个，对外投资额 27.72 亿美元，分别比上年增长 62.0%和 296.2%。对外直接投资实际投资额 13.77 亿美元，增长116.5%。

全年对外承包工程完成营业额 7.16 亿美元，增长 10.3%；对外劳务合作劳务人员实际收入总额 6.52 亿美元，增长 52.5%。

七、交通、邮电和旅游

交通运输较快增长。全年交通运输、仓储和邮政业实现增加值 1320.35 亿元，比上年增长 10.7%。公路通车里程 101189.60 公里，比上年增长 1.7%。其中高速公路 4053.02 公里，增长 3.0%。铁路营业里程 2759.1 公里，增长 0.6%。

表 12　2014 年各种运输方式完成货物运输量情况

指　　标	单　位	绝对数	比上年增长（%）
货运量	万吨	111779.00	15.6
铁　路	万吨	3403.17	-7.0
公　路	万吨	82573.37	18.2
水　运	万吨	25781.54	11.3
民　航	万吨	20.92	9.0
货物周转量	亿吨公里	4783.48	21.3
铁　路	亿吨公里	149.80	-9.1
公　路	亿吨公里	974.80	18.7
水　运	亿吨公里	3655.72	23.7
民　航	亿吨公里	3.15	12.3

表 13　2014 年各种运输方式完成旅客运输量情况

指　　标	单　位	绝对数	比上年增长（%）
旅客发送量	万人	60754.37	6.7
铁　路	万人	8344.86	28.4
公　路	万人	48579.66	3.6
水　运	万人	1794.20	4.8
民　航	万人	2035.65	9.6
旅客周转量	亿人公里	900.90	14.8
铁　路	亿人公里	284.91	36.2
公　路	亿人公里	334.95	1.3
水　运	亿人公里	2.87	0.9
民　航	亿人公里	278.17	14.8

全年沿海港口新增货物通过能力 3968 万吨；沿海港口完成货物吞吐量 4.92 亿吨，比上年增长 8.1%。其中外贸货物吞吐量 2.10 亿吨，增长 13.1%。集装箱吞吐量 1270.71 万标箱，增长 8.7%。

年末全省汽车保有量 388.49 万辆（含三轮汽车和低速货车），比上年末增长 16.0%，其中私人汽车保有量 331.23 万辆，增长 18.6%。全省轿车保有量 229.5 万辆，增长 18.1%，其中私人轿车保有量 209.97 万辆，增长 19.8%。

全年完成邮电业务总量 857.49 亿元，比上年增长 16.0%。其中，邮政业务总量 162.67 亿元，增长 42.6%；电信业务总量 694.82 亿元，增长 11.2%。邮政业全年完成邮政函件业务 18030.17 万件，包裹业务 154.24 万件，快递业务量 65417.31 万件。年末全省电话用户总数 5210 万户，本年累计减少 77 万户，其中：固定电话用户 933 万户，减少 51 万户；移动电话用户 4277 万户，减少 26 万户。全省 3G 电话用户 1512 万户，本年累计净增 186 万户，4G 电话用户 318 万户。全省互联网用户 3859 万户，净增 287 万户，其中，固定宽带用户 899 万户，净增 64 万户。移动电话基站 13.9 万个，增长 41.8%。全省电话普及率为 137.7%，互联网普及率为 102.3%。

图14　2010-2014年末电话用户数

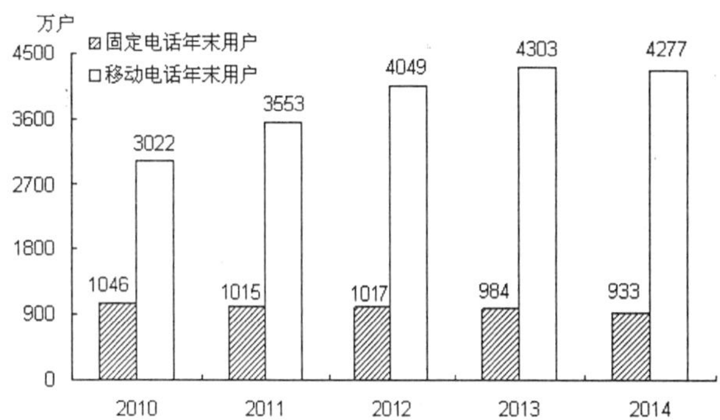

全年接待入境游客 544.98 万人次，比上年增长 6.4%。其中，接待外国人 195.06 万人次，增长 9.4%；台湾同胞 225.39 万人次，增长 5.5%；港澳同胞 124.53 万人次，增长 3.6%。在入境旅游者中，过夜游客 486.10 万人次，增长 6.2%。国际旅游外汇收入 49.12 亿美元，增长 7.4%。全年接待国内旅游人数 22887.70 万人次，增长 17.1%；国内旅游收入 2405.84 亿元，增长 20.1%。旅游总收入 2707.67 亿元，增长 18.4%。

八、金　　融

金融市场运行总体平稳。年末全省金融机构本外币各项存款余额 31858.43 亿元，比上年末增长 10.1%；金融机构本外币各项贷款余额 30051.27 亿元，增长 15.7%。

全年农村合作金融机构人民币各项贷款余额2465.68亿元，比上年末增长20.0%。中资金融机构人民币个人消费贷款余额7489.61亿元，比上年末增长23.7%。

表14　2014年全部金融机构本外币存贷款情况

指　　标	年末数（亿元）	比上年末增　长（%）
各项存款余额	31858.43	10.1
其中:单位存款	16052.99	8.4
个人存款	13257.23	6.8
其中:人民币存款	30747.61	9.6
各项贷款余额	30051.27	15.7
其中:短期贷款	12684.40	8.6
中长期贷款	16330.12	21.0
其中:人民币贷款	28417.70	16.1

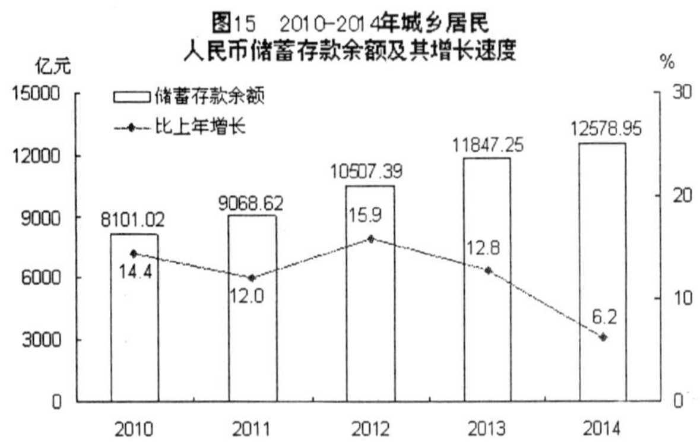

年末境内A股上市公司93家，比上年增加4家，市价总值10690.61亿元，增长61.6%；上市公司B股数量为1家，市价总值7.12亿元，增长6.3%。

全年内外资保险公司保费收入685.8亿元，比上年增长19.3%，其中寿险保费收入363.9亿元；健康险和意外伤害险保费收入82.6亿元；财产险保费收入239.3亿元。支付各类赔款及给付215亿元，其中寿险业务给付66.4亿元；健康险和意外伤害险赔款及给付26.4亿元；财产险赔款122.2亿元。

九、人民生活和社会保障

城乡居民收入继续增加。全年全省居民人均可支配收入23331元，比上年增长10.0%；扣除价格因素，实际增长7.8%。其中，农村居民人均可支配收入12650元，比上年增长10.9%，扣除价格因素，实际增长8.8%；城镇居民人均可支配收入30722元，比上年增长9.0%，扣除价格因素，实际增长6.8%。农村居民食品消费支出占消费总支出的比重为38.2%，城镇居民为33.2%。

年末参加城镇基本养老保险人数848.27万人，比上年增加35.45万人。其中参保职工708.1万人，参保的离退休人员140.17万人。全省企业参加基本养老保险离退休人员为118.28万人，全部实现养老金按时足额发放。全省参加城镇基本医疗保险人数1292.97万人，其中参保职工737.25万人，参保的城镇居民555.72万人。全省参加新型农村合作医疗保险人数2531万人，同比增加39万人。全省参加失业保险人数524.08万人，同比增加27.42万人。

年末全省领取失业保险金人数4.46万人，比上年增加0.26万人；全省纳入城市最低生活保障的居民14.66万人，减少1.11万人；纳入农村最低生活保障的居民73.79万人，增加0.14万人；“五保”供养对象8.46万人。

年末全省养老机构床位数增至13.66万张，每千名老人拥有养老床位28.6张。全省建立各类社区服务机构5178个，其中社区服务中心（站）3032个。全年销售社会福利彩票50.01亿元，筹集福利彩票公益金14.03亿元。

十、教育和科学技术

教育科技文化事业持续发展。全年全日制研究生教育招生1.25万人，在学全日制研究生3.93万人，毕业生1.09万人。普通高等教育招生21.91万人，在校生74.85万人，毕业生19.01万人。高校毕业生就业率为94.1%。中等职业教育（不含技工校）招生14.09万人，在校生43.76万人，毕业生15.21万人。成人高等教育招生6.07万人，在校生16.08万人，毕业生4.12万人。全省普通高中招生20.86万人，在校生62.91万人，毕业生22.73万人。全省普通初中招生37.17万人，在校生112.57万人，毕业生34.31万人。普通小学招生52.95万人，在校生274.63万人，毕业生37.89万人。特殊教育在校生2.51万人。幼儿园在园幼儿145.63万人。

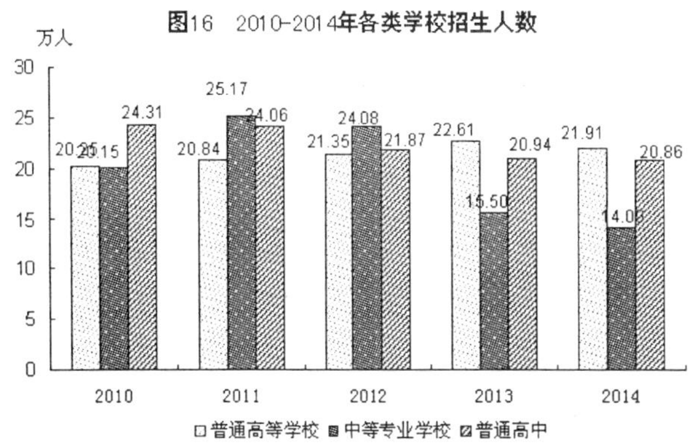

图16 2010-2014年各类学校招生人数

全年研究与试验发展（R&D）经费支出预计360亿元，比上年增长14.6%，占全省生产总值的1.50%。全省围绕12个科技重大专项，新增26个省级企业重点实验室、2个国家级工程技术研究中心、89个省级企业工程技术研究中心、26个科技企业孵化器、新引进国内外重大研发机构5个、新布局建设18个省级产业技术重大研发平台和22个产业技术公共服务平台。目前，全省有国家级、省级创新型（试点）企业904家；高新技术企业1779家；重点实验室147个（其中国家重点实验室8个）、工程技术研究中心410个（其中国家级7个）、科技企业孵化器76家（其中国家级10家）。新认定省级企业技术中心43家；新认定国家级企业技术中心2家。全省专利申请受理58075件，专利授权37857件，分别比上年增长8.2%和0.9%。其中，发明专利申请12529件，增长26.8%，发明专利授权3426件，增长16.5%。截至2014年底，全省共拥有有效发明专利13057件，比上年增长25.2%；每万人口发明专利拥有量3.460件，比上年增加0.677件。全年共登记技术合同3797项，技术合同成交金额50.83亿元。

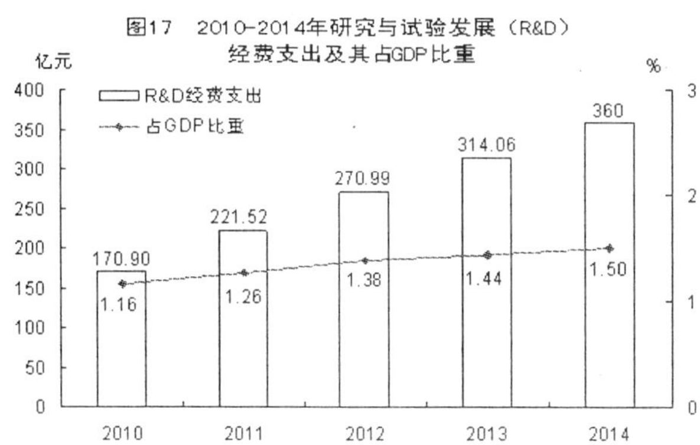

图17 2010-2014年研究与试验发展（R&D）经费支出及其占GDP比重

全年全省共评出804个福建名牌产品，累计福建名牌产品1395个。年末全省共有产品检测实验室758个，国家产品质量监督检验中心20个。全省现有独立的认证机构1个、分支机构12个，累计获得28771张产品及管理体系认证证书。全省共有法定计量技术机构69个，全年强制检定工作计量器具136.9万台（件）。全年制修订国家标准32项、行业标准56项、地方标准87项，累计全省共制订国家标准956项、行业标准947项、地方标准1489项。

年末全省共有国家级地面气象观测站70个，高空气象探测站4个，天气雷达观测站6个。共有地震前兆台站（点）43个，前兆测项338个；测震台站（点）160个，强震动观测台站（点）29个；GPS观测基准站41个。共有345个海洋环境监测站位、13个重点监测区域、17个重点海域的17个生物质量样品、2个海漂垃圾监测区域，共有19个海上水文气象观测浮标站位、28个沿海自动验潮站、1对中程高频地波雷达站、2套卫星遥感监测系统、1套海床基观测系统、2套船基自动站、1套海岛基站。测绘地理信息部门公开出版地图4种。

十一、文化、卫生和体育

文化和卫生事业不断进步。年末全省文化系统共有艺术表演团体74个，全省共有公共图书馆88个，文化馆96个，博物馆98个。文化系统各类艺术表演团体演出1.02万场，本年度首演剧目158个，观众858.21万人次，其中：政府采购公益性观众233.60万人次；各级公共图书馆组织各类讲座2120次，书刊文献外借2036.91万册，总流通人数1965.81万人次；各级文化馆组织举办展览856个，组织文艺活动2935次、培训班4789期和公益性讲座445次，共有591.86万人次参加；博物馆共举办288个基本陈列和466个展览，共有1954.85万人次参观，其中：未成年人参观706.04万人次。

年末共有影院160个，银幕746块，年度电影票房9.81亿元。广播电台7座，电视台7座，广播电视台66座，教育电视台1座。有线电视用户718.40万户，有线数字电视用户598.33万户。年末广播节目综合覆盖率为98.3%；电视节目综合覆盖率为98.7%。

全年出版图书3793种，总印数0.68亿册；报纸42种（不含校报、副牌），总印数11.58亿份；期刊176种，总印数0.46亿册；音像电子出版物

57.01万盒（张）。年末全省共有各级各类档案馆114个。

年末全省共有各级各类医疗卫生机构7716个，其中医院556个，卫生院879个。年末共有卫生技术人员19.6万人，其中医生7万人，注册护士8.2万人。年末共有医疗机构床位16.4万张，乡村医生和卫生员2.7万人。

图18 2010-2014年卫生机构床位数和卫生技术人员数

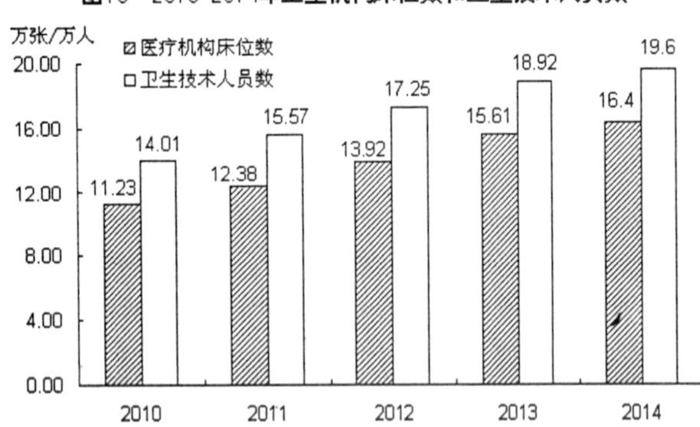

全年我省运动员在世界三大赛中共获得13金6银6铜；在仁川亚运会上，我省共有34名运动员参赛，其中18人次获得金牌，17人次获得银牌，5人次获得铜牌；在第二届南京青奥会上共获得4金2银1铜；在全国最高级别比赛中获得31金41银44铜。新建150个城市社区多功能公共运动场。全年销售体育彩票64.75亿元。

十二、资源、环境和安全生产

初步核算，全年能源消费总量12926.18万吨标准煤，比上年增长8.2%。其中，全社会用电量增长9.1%。万元地区生产总值能耗下降1.53%。

全年植树造林总面积154.10万亩，其中，人工荒山造林66.51万亩(含非规划林地造林20.33万亩)；人工迹地更新34.99万亩，人工促进天然更新12.88万亩，低产低效林改造17.44万亩，林冠下造林22.28万亩。全省森林覆盖率65.95%。商品材产量575.05万立方米，增长0.5%。全省城市新增建成区绿地面积2750公顷，绿地率38.98%；全省城市新增公园绿地面积629公顷，人均公园绿地面积12.60平方米。

全省共有国家生态县（市、区）5个，国家级生态乡镇（街道）519个、生态村3个；省级生态县（市、区）55个、生态乡镇（街道）916个、生态村2329个。共建立各级自然保护区90个，其中国家级16个、省级21个，自然保护区总面积44.8万公顷。有风景名胜区51处，其中国家级风景名胜区18处、省级33处，风景名胜区总面积22万公顷，占全省土地面积的1.8%。

8243.4公里评价河长中，水质符合和优于Ⅲ类水的河长为6238.2公里，占评价河长的75.68%。全省12条主要河流整体水质为优，Ⅰ类～Ⅲ类水质比例为94.7%；“六江两溪”整体水质为优，Ⅰ类～Ⅲ类水质比例为94.1%；9个设区市的30个集中式生活饮用水源地水质达标率为84.5%。

23个城市空气质量均达到国家环境空气质量标准（GB3095-1996）二级标准。23个城市中，区域声环境质量“较好”的城市有13个；道路交通声环境质量属于“好”水平的有9个，属于“较好”水平的有13个。

市县生活垃圾无害化处理率96%，市县污水处理率88%。

全省地质灾害造成直接经济损失518.7万元。全省共发生森林火灾130起，其中一般火灾10起，较大火灾120起；受害面积1145.1公顷；森林火灾发生率、受害率分别为1.46次/十万公顷和0.13‰。全年海洋灾害造成直接经济损失约4.29亿元，减少90.5%。全年发生（现）海洋赤潮9次，比上年增加2次；累计赤潮面积713.5平方公里，比上年增加557.7平方公里。

全省各类生产安全事故共11141起，比上年下降8.0%；死亡2348人，下降5.1%；受伤8863人，下降7.3%；直接经济损失13052万元，下降6.6%。各类较大事故38起，死亡139人，同比分别下降2.6%和3.5%。未发生重大事故。亿元生产总值生产安全事故死亡人数为0.098人，下降14.8%。

注：1.本公报未包括金门县和连江县的马祖列岛。

2.本公报所列数据为初步统计数，部分合计数或相对数由于单位取舍不同而产生的计算误差，均不做机械调整。

3.本公报福建省地区生产总值、各产业增加值按现价计算，增长速度按可比价格计算。

4.本公报城乡居民人均可支配收入为新口径数据。

漳州市2014年国民经济和社会发展统计公报[1]

漳　州　市　统　计　局
国家统计局漳州调查队

（2015年3月19日）

一、综　　合

年末全市户籍人口497.41万人，总户数136.63万户。全年出生人口10.11万人，出生率为20.47‰，死亡人口2.05万人，死亡率为4.15‰，自然增长率为16.32‰。

年末全市常住人口496.00万人，比上年末增加3万人，其中，城镇常住人口为266.85万人，占总人口比重为53.8%，比上年末提高0.8个百分点。根据常住人口推算，全年出生人口6.99万人，出生率为14.1‰，死亡人口3.37万人，死亡率为6.8‰，自然增长率为7.3‰。

初步核算，全年地区生产总值[2]2506.36亿元，比上年增长11.3%。其中，第一产业增加值350.52亿元，增长4.5%；第二产业增加值1248.00亿元，增长14.3%；第三产业增加值907.84亿元，增长9.4%。第一产业增加值占地区生产总值的比重为14.0%，第二产业增加值比重为49.8%，第三产业增加值比重为36.2%。人均地区生产总值50685元，增长10.6%。

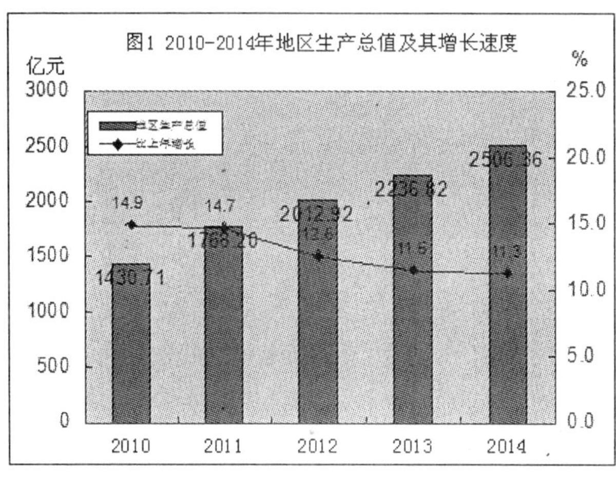

全年居民消费价格比上年上涨2.0%，其中食品价格上涨4.2%。工业生产者出厂价格下降0.9%。

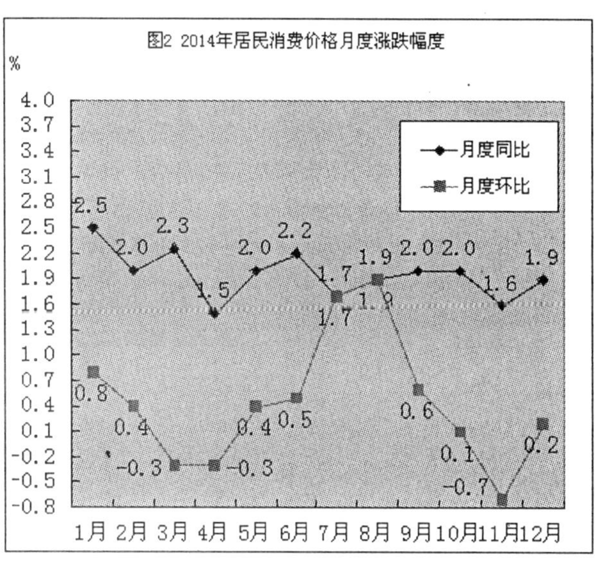

表1　2014年居民消费价格比上年涨跌幅度

单位：%

指　　标	全 市	城 市	农 村
居民消费价格	2.0	2.0	2.0
食　品	4.2	4.0	4.2
烟酒及用品	−0.3	−1.3	−0.1
衣　着	2.5	3.3	2.3
家庭设备用品及维修服务	0.6	−0.4	0.8
医疗保健和个人用品	0.8	1.8	0.5
交通和通信	−0.1	0.0	−0.2
娱乐教育文化用品及服务	0.7	0.6	0.7
居　住	1.0	1.3	0.9

全年全市公共财政总收入263.84亿元，比上年增收26.05亿元，增长11.0%；其中税收收入231.73亿元，比上年增收25.90亿元，增长12.6%。上划中央收入94.85亿元，增长14.4%；地方公共财政收入168.99亿元，比上年增收14.13

亿元，增长9.1%。全年公共财政支出272.97亿元，增长4.1%。其中，教育支出完成50.71亿元，增长6.3%，社会保障和就业支出完成27.24亿元，增长8.3%，科学技术支出4.37亿元，增长9.2%，医疗卫生支出完成31.56亿元，增长12.2%，住房保障支出完成7.79亿元，增长20.5%，城乡社区支出完成26.10亿元，增长22.4%，粮油物资储备支出完成1.18亿元，增长31.9%。

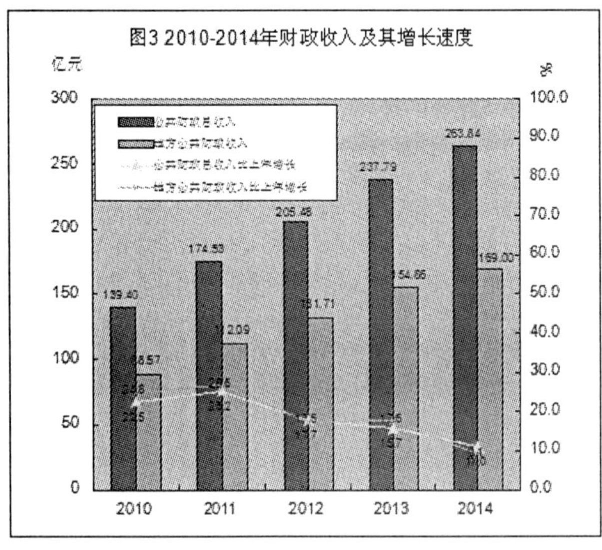

二、农　业

农林牧渔业总产值完成644.29亿元，增长4.8%。其中，农业产值328.77亿元，增长5.4%；林业产值23.90亿元，增长10.5%；牧业产值58.24亿元，下降3.8%；渔业产值200.44亿元，增长5.3%；农林牧渔服务业产值32.95亿元，增长9.6%。

全年粮食种植面积171.69万亩，比上年减少2.52万亩；油料种植面积19.31万亩，增加0.46万亩；甘蔗种植面积4.48万亩，减少1.03万亩；蔬菜种植面积164.47万亩，增加4.80万亩；茶业种植面积43.85万亩，增加0.57万亩；水果种植面积253.12万亩，增加1.70万亩；食用菌种植面积0.60万亩，减少0.24万亩。

全年粮食产量69.13万吨，比上年减产0.2%。其中，夏粮产量27.64万吨，减产1.1%；早稻产量23.82万吨，减产2.0%；秋粮产量34.34万吨，减产0.1%。主要粮食品种中，稻谷产量46.56万吨，减产2.5%；甘薯产量12.82万吨，增产4.7%；大豆产量1.93万吨，增产7.1%；马铃薯产量2.98万吨，与去年持平。

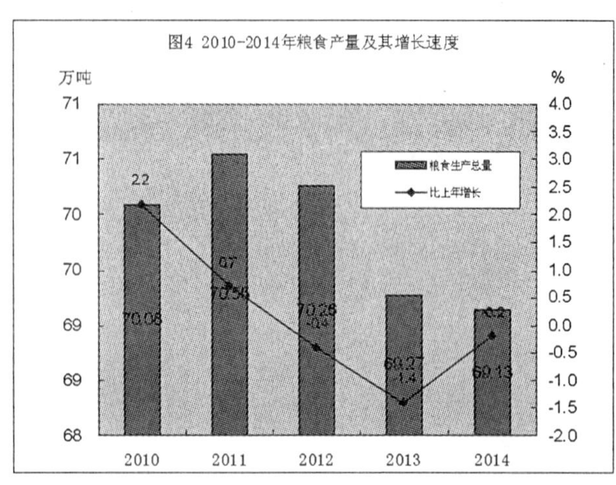

全年油料产量4.26万吨，增产6.1%；甘蔗产量25.32万吨，减产12.9%；蔬菜产量279.52万吨，增产5.4%；茶叶产量6.16万吨，增产3.1%；水果产量313.87万吨，增产8.8%；食用菌产量30.47万吨，增产8.3%。

全年肉类总产量26.27万吨，比上年减少4.0%。其中，猪肉产量21.49万吨，减少5.4%；牛肉产量0.43万吨，增长6.1%；羊肉产量0.05万吨，增长11.7%；禽肉产量4.22万吨，增长2.2%。年末生猪存栏152.63万头，减少19.4%；生猪出栏282.74万头，减少6.1%。禽蛋产量1.83万吨，减少7.6%。牛奶产量0.53万吨，减少12.2%。

全年水产品产量169.47万吨，比上年增长5.3%。其中，养殖水产品产量169.22万吨，增长5.2%；远洋捕捞水产品产量0.25万吨，填补了我市远洋捕捞水产品没有产量的空白。

三、工业和建筑业

全年全部工业增加值1040.40亿元，比上年增长14.6%，其中规模以上工业增加值增长16.4%。在规模以上工业中，国有及国有控股企业增长9.0%；集体企业增长20.9%，股份制企业增长15.7%，外商及港澳台商投资企业增长17.6%；私营企业增长6.7%。轻工业增长9.9%，重工业增长24.5%。

全年规模以上工业中，农副食品加工业增加值比上年增长6.3%，纺织业增长20.4%，通用设备制造业增长14.2%，专用设备制造业增长22.5%，汽车制造业增长1.9%，计算机、通信和其他电子设备制造业增长8.1%，电气机械和器材制造业增长11.4%，高技术制造业增长7.5%。六大高耗能行业增加值比上年增长37.1%，其中，非金属矿物制品业增长17.7%，化学原料和化学制品制造业增长114.1%，有色金属冶炼和压延加工业增长8.8%，黑色金属冶炼和压延加工业增长31.4%，电力、热力生产和供应业增长5.7%，石油加工、炼焦和核燃料加工业增长100.4%。

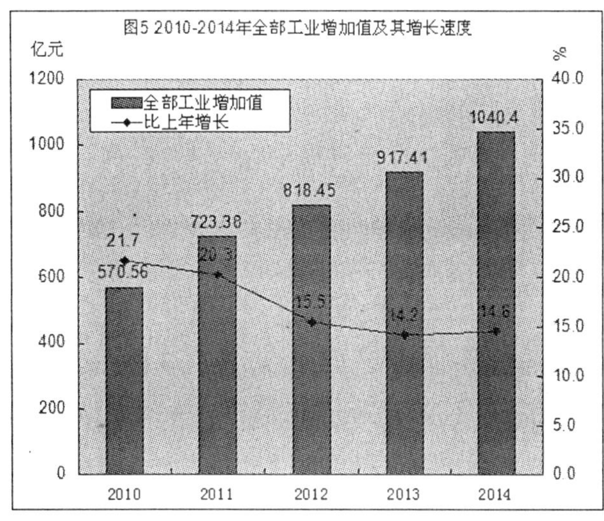

表2 2014年主要工业产品产量及其增长速度

产品名称	单 位	产 量	比上年增长%
纱	万吨	2.08	9.7
化学纤维	万吨	1.52	17.7
成品糖	万吨	8.97	148.4
彩色电视机	万台	85.29	753.9
其中:液晶电视机	万台	85.29	753.9
发电量	亿千瓦小时	259.04	4.8
其中:火 电	亿千瓦小时	230.57	3.9
水 电	亿千瓦小时	22.08	8.7
粗 钢	万吨	271.06	4.0
钢 材	万吨	612.45	1.6
水 泥	亿吨	516.78	0.8
移动通信手持机	万台	271.11	432.1
微型计算机设备	万台	87.53	-28.5

全年规模以上工业企业实现利润315.46亿元，比上年增长23.4%，其中国有及国有控股企业6.76亿元，增长20.7%；集体企业0.32亿元，增长10.3%，股份制企业168.71亿元，增长18.8%，外商及港澳台商投资企业145.29亿元，增长29.7%；私营企业92.61亿元，增长4.2%。

全年建筑业增加值207.60亿元，比上年增长12.5%。全市具有资质等级的建筑业企业实现总产值379.24亿元，增长26.7%，其中国有及国有控股企业32.27亿元，增长12.6%。

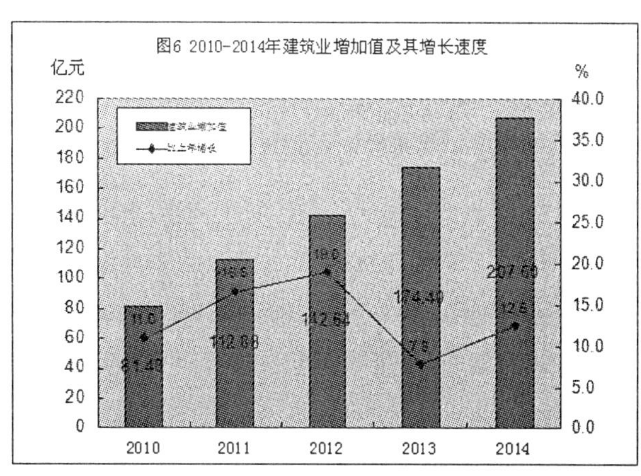

四、固定资产投资

全年全社会固定资产投资2134.84亿元，比上年增长21.2%。其中，固定资产投资（不含农户）2081.86亿元，增长21.5%；农户投资52.99亿元，增长9.9%。

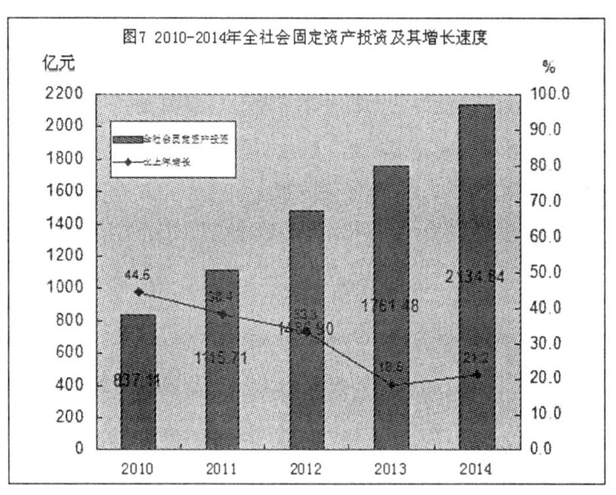

表3 2014年分行业固定资产投资(不含农户)及其增长速度

行 业	投资额（亿元）	比上年增长（%）
总 计	2081.86	21.5
农、林、牧、渔业	94.43	107.5
采矿业	16.12	158.4
制造业	752.96	8.5
电力、热力、燃气及水的生产和供应业	82.35	40.5
建筑业	44.11	105.2
批发和零售业	17.00	-22.9
交通运输、仓储和邮政业	194.06	4.8
住宿和餐饮业	33.14	-12.9
信息传输、软件和信息技术服务业	15.91	103.1
金融业	0.23	-63.5
房地产业	539.68	39.6

租赁和商务服务业	7.99	-4.3
科学研究和技术服务业	3.74	89.7
水利、环境和公共设施管理业	189.30	24.6
居民服务、修理和其他服务业	4.11	20.8
教　育	26.61	69.7
卫生和社会工作	9.59	-37.8
文化、体育和娱乐业	29.85	5.7
公共管理、社会保障和社会组织	20.69	-5.0

在固定资产投资中，第一产业投资94.43亿元，比上年增长107.5%；第二产业投资895.55亿元，增长14.7%；第三产业投资1091.88亿元，增长23.1%。全年房地产开发投资472.24亿元，比上年增长32.6%。其中，住宅投资336.17亿元，增长38.5%；办公楼投资9.39亿元，增长4.2%；商业营业用房投资62.63亿元，增长16.3%。

表4　2014年房地产开发和销售主要指标完成情况及其增长速度

指　标	单　位	绝对数	比上年增　长(%)
投资额	亿元	472.24	32.6
其中:住宅	亿元	336.17	38.5
其中:90平方米及以下	亿元	86.67	19.3
房屋施工面积	万平方米	3783.93	24.0
其中:住宅	万平方米	2725.37	27.0
房屋新开工面积	万平方米	1113.48	37.4
其中:住宅	万平方米	787.33	55.1
房屋竣工面积	万平方米	539.84	5.9
其中:住宅	万平方米	427.88	30.3
商品房销售面积	万平方米	474.71	-3.0
其中:住宅	万平方米	417.21	-2.7
本年资金来源	亿元	688.22	20.5
其中:国内贷款	亿元	81.28	61.7
其中:个人按揭贷款	亿元	79.77	15.7
本年土地购置面积	万平方米	323.42	38.6
本年土地成交价款	亿元	76.70	101.2

五、国内贸易

社会消费品零售总额785.53亿元，比上年增长12.0%。按经营地统计，城镇消费品零售额705.52亿元，增长12.0%；乡村消费品零售额80.01亿元，增长12.3%。

在限额以上企业商品零售额中，汽车类零售额比上年增长11.8%，粮油类增长48.6%，肉禽蛋类增长39.7%，服装类增长46.1%，日用品类增长20.9%，文化办公用品类增长36.7%，通讯器材类增长157.0%，化妆品类增长36.4%，金银珠宝类增长17.2%，中西药品类下降2.9%，家用电器和音像器材类增长24.2%，家具类增长26.5%，建筑及装潢材料类增长31.2%。

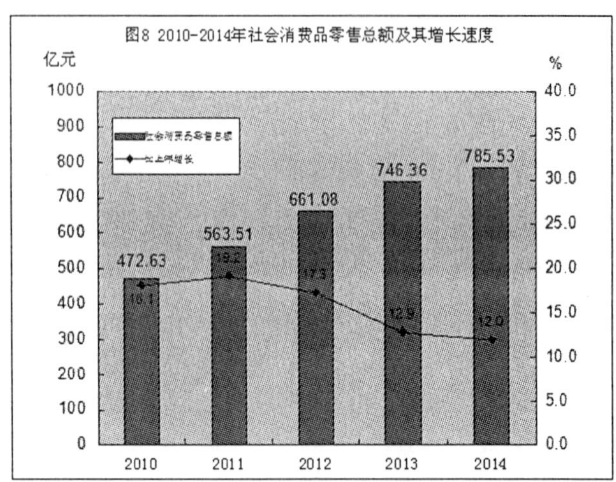

图8 2010-2014年社会消费品零售总额及其增长速度

六、对外经济

海关统计进出口总值113.2亿美元，增长16.3%。其中，出口81.3亿美元，增长14.4%；进口31.9亿美元，增长21.3%。进出口差额49.4亿美元（出口减进口），比上年增加4.6亿美元。

表5　2014年货物进出口总额及其增长速度

指　标	绝对数(亿美元)	比上年增长(%)
货物进出口总额	113.2	16.3
货物出口额	81.3	14.4
其中:一般贸易	63.5	11.9
加工贸易	17.9	25.1
其中:机电产品	26.0	22.3
高新技术产品	5.7	45.9
其中:国有企业	2.2	1.6
外商投资企业	36.9	5.9
其他企业	42.3	14.5
货物进口额	31.9	24.6
其中:一般贸易	24.3	21.9
加工贸易	6.2	15.7
其中:机电产品	5.5	-10.0
高新技术产品	2.8	11.9
其中:国有企业	2.8	24.8
外商投资企业	22.4	10.7
其他企业	6.6	77.7
进出口差额(出口减进口)	49.4	10.3

表6　2014年对主要国家和地区货物进出口额及其增长速度

国家和地区	出口额（亿美元）	比上年增长(%)	进口额（亿美元）	比上年增长(%)
美　国	12.6	-0.3	3.0	55.7
欧　盟	11.2	13.6	3.0	5.5
中国香港	9.4	25.7	0.3	38.4
东　盟	12.1	6.8	4.6	25.0
日　本	6.5	7.8	1.6	13.2
韩　国	4.5	4.4	2.1	199.2
印　度	1.0	61.2	0.1	83.4
俄罗斯	1.5	16.3	0.1	186.2
中国台湾	11.9	47.9	6.0	22.8
新兴市场	13.3	17.0	8.7	5.7

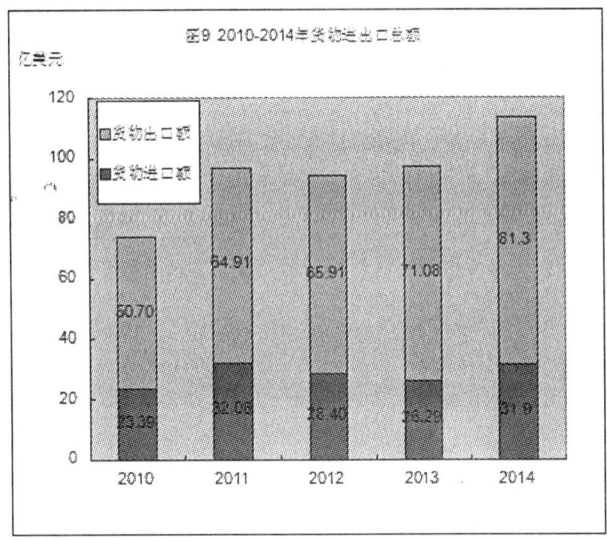

全年新批外商直接投资企业94家，比上年增长11.9%。实际使用外商直接投资金额10.12亿美元，增长7.0%。

表7　2014年非金融领域外商直接投资及其增长速度

行　　业	企业数（家）	比上年增长%	实际使用金　额（万美元）	比上年增长%
总　计	**94**	**11.9**	**101207**	**7.0**
农、林、牧、渔业	9	80.0	1493	196.2
制造业	48	4.3	64825	-26.6
批发和零售业	27	17.4	1900	252.5
房地产业	0		8604	172.8
租赁和商务服务业	4	300.0	106	135.6
居民服务和其他服务业	0		2	-99.4
其他行业	1	0.0	12562	10545.8

对外劳务合作派出各类劳务人员0.2万人，减少12.4%。

七、交通、邮电和旅游

全年货物运输总量10890.68万吨，比上年增长14.0%。全年港口完成货物吞吐量5853.25万吨，增长5.9%，其中外贸货物吞吐量1432.68万吨，增长39.3%。港口集装箱吞吐量44.99万标准箱，下降25.4%。

表8　2014年各种运输方式完成货物运输量及其增长速度

指　　标	单　位	绝对数	比上年增　长（%）
货物运输总量	万吨	10890.68	14.0
铁　路	万吨	53.70	9.8
公　路	万吨	9058.96	76.2
水　运	万吨	1887.22	-1.9
货物运输周转量	万吨公里		
铁　路	亿吨公里		
公　路	万吨公里	99.84	54.8
水　运	万吨公里	8.16	22.9

全年旅客运输总量3524.92万人次，比上年增长12.1%。

表9　2014年各种运输方式完成旅客运输量及其增长速度

指　　标	单　位	绝对数	比上年增　长（%）
旅客运输量	万人次	3524.92	12.1
铁　路	万人次	398.90	103.6
公　路	万人次	2876.96	-45.8
水　运	万人次	262.36	116.8
旅客运输周转量	万人公里		
铁　路	万人公里		
公　路	万人公里	22.78	-0.7
水　运	万人公里	0.39	22.7

年末全市民用汽车保有量达到31.76万辆，比上年末增长14.4%，其中私人汽车保有量27.07万辆，增长16.2%。民用小、微型载客汽车保有量22.9万辆，增长17.3%，其中私人小、微型载客汽车20.5万辆，增长19.3%。

全年共发生道路交通事故486起，死亡241人，受伤449人，直接经济损失150.10万元；道路交通万车死亡率为2.72人，下降2.5%。

全年完成邮电业务总量74.78亿元，比上年增长14.2%。其中，邮政业务总量10.76亿元，增长

78.8%；电信业务总量64.02亿元，增长7.7%。邮政业全年完成邮政函件业务2521.15万件，包裹业务10.28万件，快递业务量2742.88万件。电信业全年局用交换机总容量123.28万门；新增移动电话交换机容量[3]17.32万户，达到763.26万户。年末固定电话用户91.42万户，其中，城市电话用户33.97万户，农村电话用户57.45万户。新增移动电话用户138.18万户，年末达到492.83 万户，其中3G移动电话用户[4]155.68万户。年末全市固定及移动电话用户总数达到584.25万户，比上年末减少4.55万户。

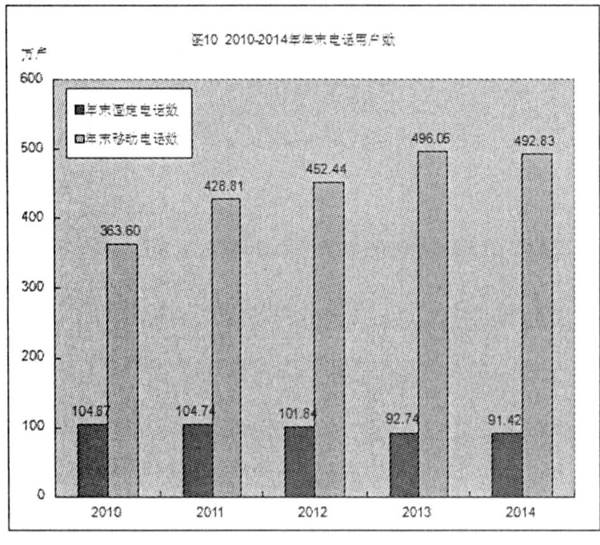

全年国内出游人数1901.35万人次，比上年增长19.6%；国内旅游收入187.72亿元，增长23.3%。办理出境签证人数33.79万人次，增长183.2%。入境旅游人数40.65万人次，增长9.6%，其中，外国人11.59万人次，减少13.61%；香港、澳门和台湾同胞29.06万人次，增长22.8%。

八、金　　融

年末全部金融机构本外币各项存款余额2096.61亿元，比年初增加245.57亿元，其中人民币各项存款余额2066.68亿元，增加237.01亿元。全部金融机构本外币各项贷款余额1638.72亿元，比年初增加218.34亿元，其中人民币各项贷款余额1569.32亿元，增加207.22亿元。全年社会融资规模为448.59亿元，按可比口径计算，比上年增加48.48亿元。

表10　2014年年末全部金融机构本外币存贷款余额及其增长速度

指　　标	年末数（亿元）	比上年末增　长（%）
各项存款余额	2096.61	13.3
其中:人民币	2066.68	13.0
各项贷款余额	1638.72	15.4
其中:境内短期贷款	821.73	10.7
境内中长期贷款	796.37	20.0

年末主要农村金融机构（农村信用社、农村合作银行、农村商业银行）人民币贷款余额268.75亿元，比年初增加41.10亿元。全部金融机构人民币消费贷款余额345.19亿元，增加83.73亿元。其中，个人短期消费贷款余额26.64亿元，增加6.79亿元；个人中长期消费贷款余额318.55亿元，增加76.94亿元。

九、教育、科学技术和文化

拥有各级各类学校3027所，其中，普通高等学校7所，中等职业学校30所，普通高中71所，普通初中138所，小学882所，幼儿园1777所，特殊教育学校10所。全年招生251294人，年末在校生914418人，其中，全年研究生教育招生256人，在学研究生778人，毕业生128人；普通高等教育本专科招生21117人，在校生69525人，毕业生16934人；各类中等职业教育招生11382人，在校生39596人，毕业生13218人；普通高中招生29945人，在校生87544人，毕业生28250人；初中招生50919人，在校生159933人，毕业生52505人；普通小学招生61325人，在校生340100人，毕业生51759人；特殊教育招生509人，在校生3119人，毕业生510人；幼儿园在园幼儿177816人。

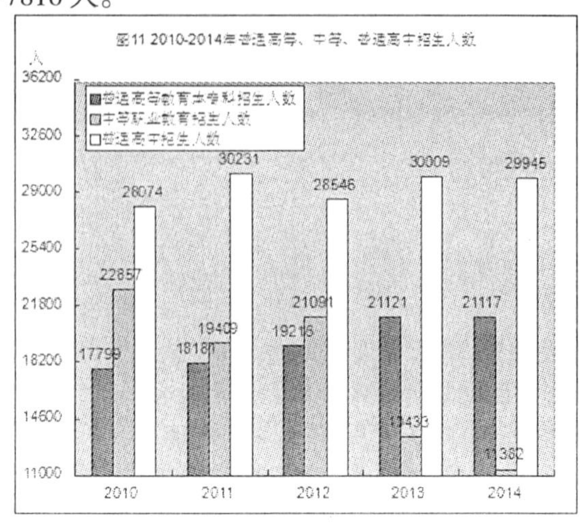

漳州国家高新区正式获国务院批准，获得“全国科技进步先进市”四连冠，入选“中欧智慧城市合作中方试点城市”，成功举办海峡两岸（漳州）工业设计科技创新大赛、首届中国钟表设计大赛。漳州国家农业科技园区新增“国家科技特派员农村科技创业基地”、“国家农业科技园区协同创新战略联盟”和国家花卉工程技术研究中心水仙花分中心等三个国家级科技品牌。钟表基地入选国家外贸转型升级示范基地，金都海洋生物产业园被认定为“国家科技兴海产业示范基地”。14 项科技成果荣获 2014 年福建省科学技术奖，其中二等奖 4 项，三等奖 10 项，获奖成绩位居全省前列。全年专利申请数 3655 件，减少 17.1%，发明专利申请数 607 件。全年专利授权数 2666 件，减少 15.3%，发明专利授权数 141 件。截至年底，有效发明专利 551 件。

年末共有省级质量技术检测中心 3 个，法定计量技术机构 10 个，法定产品质量检验机构 4 个。

年末共有综合台站 92 个，测震台 6 个，强震台 10 个，海峡台阵 1 个，16 个子台，烈度速报台 13 个，GPS 连续观测台站 6 个，流动地磁 14 个，流动重力 33 个，流动水准 5 个，前兆观测台站 4 个。

年末共有群艺馆 2 个，文化馆 11 个，博物馆、纪念馆 12 个，图书馆 10 个，专业艺术团体 10 个。全市拥有广播电台 11 套，电视台 2 套；有线电视用户 86.4 万户，有线数字电视用户 82.85 万户。广播节目综合人口覆盖率 99.1%，电视节目综合人口覆盖率 99.1%。建成一批文化馆、图书馆、博物馆、数字电影院、乡镇文化综合站，年末全市共有农家书屋 1650 家，实现全市行政村农家书屋全覆盖。

十、卫生和社会服务

开展了“医疗卫生事业三年行动计划暨 2014 年建设年”，全年新增床位 2139 张、卫技人员 1402 名。年末全市共有医疗卫生机构 4369 个，其中医院 12 个，乡镇卫生院 106 个，社区卫生服务中心（站）22 个，诊所（卫生所、医务室）606 个，村卫生室 3495 个，疾病预防控制中心 12 个，卫生监督所（中心）12 个。卫生技术人员 18928 人，其中执业医师和执业助理医师 6697 人，注册护士 7968 人。医疗卫生机构床位 18958 张，其中医院 2922 张，乡镇卫生院 3741 张。全年甲、乙类法定报告传染病发病人数 9785 例，报告死亡 17 人；报告传染病发病率 199.37/10 万，死亡率 0.35/10 万。

体育事业取得新成绩。成功承办第十五届福建省运动会，群众体育工作居全国先进行列。全年全市共有教练员 103 人，运动员 2422 人，建成 1585 个农民健身工程，行政村健身工程覆盖率达 100%。

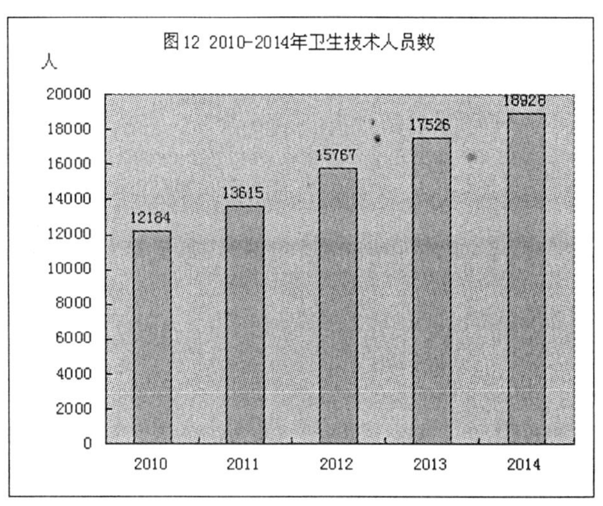

年末全市共有各类提供住宿的社会服务机构[5] 336 个，床位 18296 张，收养救助各类人员 9181 人。其中，养老服务机构 324 个，床位 17856 张，收养各类人员 1301 人。年末共有社区服务中心 263 个，社区服务站 279 个。年末共有 31595 人纳入城市居民最低生活保障，120401 人纳入农村居民最低生活保障，13126 人纳入农村五保供养[6]。全年救助城市医疗困难群众 4486 人次，救助农村医疗困难群众 134985 人次；资助 120401 城镇困难群众参加城镇医疗保险人次，资助 102596 农村困难群众参加新型农村合作医疗人次。

十一、人民生活和社会保障

城乡居民收入继续增加。全年全市居民人均可支配收入（新口径[7]，下同）18937 元，比上年增长10.0%，扣除价格因素，实际增长 7.8%。按常住地分，城镇居民人均可支配收入 25741 元，比上年增长 9.6%，扣除价格因素，实际增长 7.5%；农村居民人均可支配收入 12690 元，比上年增长 10.5%，扣除价格因素，实际增长 8.3%。城镇登记失业率 2.02%。

年末全市参加城镇职工基本养老保险人数 65.71 万人，比上年末增加 8.91 万人。其中，参保职工 53.29 万人，参保离退休人员 12.42 万人。参加城乡居民社会养老保险人数 208.81 万人，增加 0.51 万人。参加城镇基本医疗保险的人数 111.18

万人，减少 5.92 万人。其中，参加城镇职工基本医疗保险[8]人数 55.91 万人，参加城镇居民基本医疗保险人数 55.25 万人。参加失业保险的人数 35 万人，增加 3.55 万人。年末全市领取失业保险金人数 57.13 万人。参加工伤保险的人数 39.72 万人，增加 2.77 万人。参加生育保险的人数 36.36 万人，增加 3.14 万人。

十二、资源、环境和安全生产

2014 年建设用地供应总量[9]2.95 万亩，其中工矿仓储用地 1.33 万亩，房地产[10]用地 0.52 万亩。

全年新增有效灌溉面积 0.63 万亩，新增节水灌溉面积 7.15 万亩。全年水资源总量 104.31 亿立方米。全年总用水量 21.01 亿立方米，比上年增长 0.8%。其中，生活用水增长 0.8%，工业用水增长 0.9%，农业用水增长 0.6%。

初步核算，2014 年全年能源消费总量比上年增长 35.1%，其中，全社会用电量增长 19.2%。万元地区生产总值能耗上升 21.3%。

全市森林覆盖率 63.58%。全年完成植树造林总面积 19.88 万亩，占任务的 136.4%，其中，完成人工造林更新总面积 13.0 万亩，比上年减少 44.0%。全年共完成(人工)荒山荒地造林面积 10.1 万亩（含非规划林地造林 2.83 万亩），其中，用材林面积 7.8 万亩，防护林面积 1.49 万亩；完成幼林抚育实际面积 146.92 万亩；成林抚育面积 76.80 万亩。全年木材产量 156.35 万立方米，比上年增长 16.0%。人工迹地更新面积 2.93 万亩。截至年底，自然保护区达到 3 个，其中国家级自然保护区 2 个。

全年平均气温为 21.7℃，年平均相对湿度 75.0%，全年日照时数 1943.0 小时，全年降水量 1408.2 毫米，对我市有影响的台风有 4 个，无登陆台风。

九龙江流域（漳州段）Ⅰ~Ⅲ类水质断面比例占 93.6%，无劣Ⅴ类水质断面，县级以上集中式饮用水源水质达标率 100%。

近岸海域监测点中，达到国家一、二类海水水质标准的监测点占 100%，无三类、四类、劣四类海水。年末城市污水处理厂日处理能力达 27 万立方米，与上年末持平；城市污水处理率达到 85.0%，比上年提高 2 个百分点。全市新增建成区绿地面积 344 公顷，建成区绿地率达到 39.5%，提高 0.5 个百分点。

全年各类事故共死亡 258 人，其中生产经营性安全事故死亡 104 人，比上年下降 14.8%。亿元国内生产总值生产安全事故死亡人数为 0.103，下降 16.3%；工矿商贸企业就业人员生产安全事故死亡人数为 12 人，10 万人生产安全事故死亡率为 5.27，下降 4.4%；全年共发生道路交通事故 485 起，死亡 241 人，受伤 449 人，直接经济损失 150.1 万元；道路交通万车死亡率为 2.73，下降 3%。

注　释：

[1]本公报中数据均为初步统计数，财政数据为 2014 年财政总决算初步数，部分数据因四舍五入的原因，存在着与分项合计不等的情况。本公报“规模以上”工业系指年主营业务收入 2000 万元及以上的工业企业；“限额以上”批发零售与住宿餐饮业指年主营业务收入 2000 万元及以上的批发企业（含外贸企业）、年主营业务收入 500 万元及以上的零售企业和年主营业务收入 200 万元及以上的住宿餐饮企业。

[2]地区生产总值、各产业增加值绝对数按现价计算，增长速度按不变价格计算。

[3]移动电话交换机容量是指移动电话交换机根据一定话务模型和交换机处理能力计算出来的最大同时服务用户的数量。

[4]3G 是指第三代蜂窝移动通信系统(3rd-generation，简称 3G)，3G 移动电话用户是指报告期末在计费系统拥有使用信息、占用 3G 网络资源的在网用户。

[5]提供住宿的社会服务机构除收养性机构外，还包括救助类机构、社区类机构以及军休所、军供站等机构。

[6]农村五保供养是指老年、残疾和未满 16 周岁的村民，无劳动能力、无生活来源又无法定赡养、抚养、扶养义务人，或者其法定赡养、抚养、扶养义务人无赡养、抚养、扶养能力的村民，在吃、穿、住、医、葬方面得到的生活照顾和物质帮助。

[7]实行城乡住户调查一体化改革后，城乡居民收入采用新口径。其中，全市居民人均可支配收入为首次发布；城镇居民调查范围和调查对象扩大，将城乡结合部和在城镇居住半年以上的农民工纳入城镇居民统计；农村居民收入口径由原来的纯收入口径调整为可支配收入口径。

[8]城镇职工基本医疗保险人数包括参保职工和参保退休人员。城镇居民基本医疗保险的参保对象是不属于城镇职工基本医疗保险覆盖范围的城镇非从业人员。

[9]国有建设用地供应总量是指报告期市、县人民政府根据年度土地供应计划依法以出让、划拨、租赁等方式将国有建设用地使用权提供给单位或个人使用的国有建设用地总量。

[10]房地产用地是指商服用地和住宅用地的总和。

资料来源：本公报中城镇登记失业率、社会保障数据来自市人力资源社会保障局；财政数据来自市财政局；木材产量、林业相关数据来自市林业局；灌溉面积、水资源数据来自市水利局；新建公路、公路运输、水运数据来自市交通运输局；港口货物吞吐量数据来自市港口管理局；邮政业务总量、电信业务总量数据由省统计局反馈；邮政业务数据来自市邮政管理局；新增移动电话交换机容量、电话用户数等通信数据来自电信公司、联通公司、移动公司、铁通公司；保障性住房、城市污水处理、建成区绿地率数据来自市住房城乡建设局；货物进出口、外商直接投资、对外直接投资、对外承包工程、对外劳务合作等数据来自市商务局；民用汽车、交通事故数据来自市交警支队；旅游数据来自市旅游局；户籍人口相关数据来自市公安局；货币金融数据来自市人民银行；保险业数据来自保险协会；教育数据来自市教育局；高新技术企业等数据来自市科技局；专利数据来自市知识产权局；质量检验数据来自市质监局；平均气温、降水量、登陆台风数据来自市气象局；地震台站数据来自市地震局；艺术表演团体、博物馆、公共图书馆、文化馆、广播电视、电影、报纸、期刊、图书数据来自市文广新局；体育数据来自市体育局；卫生数据来自市卫计委；社会服务、低保和五保供养数据来自市民政局；国有建设用地供应数据来自市国土资源局；环境监测等数据来自市环保局；安全生产数据来自市安监局；居民收支、价格指数等数据来自市调查队；其他数据均来自市统计局。

中国统计出版社最新图书简目

（仅供参考，以实际出版为准）

统计资料

中国统计年鉴　中国统计摘要　中国发展报告
中国经济普查年鉴 2013　国际统计年鉴　金砖国家联合统计手册
中国 - 东盟国家统计手册　中国区域经济统计年鉴　中国县域统计年鉴
中国城市统计年鉴　中国农村统计年鉴　中国地区经济监测报告
中国贸易外经统计年鉴　中国对外直接投资统计公报　中国商品交易市场统计年鉴
大中型批发零售和住宿餐饮企业统计年鉴　中国零售和餐饮连锁企业统计年鉴　中国住户调查年鉴
中国价格统计年鉴　中国农产品价格调查年鉴　全国农产品成本收益资料汇编
中国环境统计年鉴　中国能源统计年鉴　国外资源、能源和环境统计资料汇编
中国工业统计年鉴　中国建筑业统计年鉴　中国房地产统计年鉴
中国城市建设统计年鉴　中国城乡建设统计年鉴　中国第三产业统计年鉴
中国证券期货统计年鉴　中国科技统计年鉴　中国高技术产业统计年鉴
工业企业科技活动资料　中国劳动统计年鉴　中国人口和就业统计年鉴
中国人才资源统计报告　中国社会统计年鉴　中国文化及相关产业统计年鉴
文化及相关产业统计概览　中国教育经费统计年鉴　中国民政统计年鉴
中国民族统计年鉴　中国工会统计年鉴　中国残疾人事业统计年鉴
中国妇女儿童状况统计资料(英)　中国乡镇街道行政区域简册

省级综合统计年鉴系列

北京　天津　河北　山西　内蒙古　辽宁　吉林　黑龙江　上海　江苏　浙江　安徽　福建　江西　山东　河南　湖北
湖南　广东　广西　海南　重庆　四川　贵州　云南　西藏　陕西　甘肃　青海　宁夏　新疆　新疆生产建设兵团

市(县)级综合统计年鉴系列

天津滨海新区　石家庄　唐山　邯郸　保定　沧州　邢台　廊坊　承德　衡水　秦皇岛　张家口　太原　大同　阳泉　长治　晋城
朔州　晋中　运城　忻州　临汾　呼和浩特　呼和浩特新城区　鄂尔多斯　包头　沈阳　大连　长春　四平　哈尔滨　齐齐哈尔
黑龙江垦区　上海浦东新区　南京　无锡　徐州　常州　苏州　南通　连云港　淮安　盐城　扬州　镇江　泰州　宿迁　江阴
丹阳　杭州　宁波　温州　嘉兴　绍兴　金华　衢州　舟山　台州　丽水　合肥　安庆　马鞍山　福州　厦门　漳州　宁德　南昌
九江　上饶　新余　抚州　济南　青岛　枣庄　滕州　郑州　洛阳　平顶山　三门峡　南阳　商丘　济源　武汉　十堰　荆州　宜昌
荆门　咸宁　长沙　广州　深圳　惠州　东莞　南宁　柳州　桂林　来宾　海口　三亚　成都　贵阳　昆明　西安　兰州　庆阳　银川
乌鲁木齐　兵团一师　兵团十师

调查年鉴系列

天津　山西　内蒙古　辽宁　吉林　上海　福建　河南　湖北　湖南　广西　重庆　四川　云南　甘肃　宁夏　新疆

“十二五”规划教材

统计学（经济管理类专业本科适用，单薇　等）　抽样调查理论与方法（冯士雍　等）
贝叶斯统计（茆诗松　等）　统计学（黄良文　等）　试验设计（茆诗松　等）
统计学：从数据到结论（吴喜之）　医学统计学（于浩）　统计学（经济、管理类专业基础教材，张小斐）
概率论与数理统计三十三讲（魏振军）　概率论与数理统计三十三：学习指导与习题解答（魏振军）
非参数统计（吴喜之　等）　统计学：经济与管理中的数据分析（李慧云　等）
卫生管理统计学（新编医学院校基础课教材，尚磊）　医院统计学（新编医学院校基础课教材，徐天和　等）
社会统计学（蒋萍　等）　现代金融投资统计分析（李腊生　等）
国民经济核算初级教程（经济类、统计类、管理类专业适用，蒋萍　等）

重点图书

图解中国经济 2015　新编英汉汉英统计大词典　中华医学统计百科全书
挑大学选专业 2016—考研择校指南　挑大学选专业 2015—高考志愿填报指南